HISTOIRE
DU
BEAUJOLAIS

MANUSCRITS INÉDITS DES XVIIe ET XVIIIe SIÈCLES

PUBLIÉS PAR

Léon GALLE & Georges GUIGUE

MÉMOIRES DE LOUVET

TOME SECOND

A LYON
CHEZ LE TRÉSORIER-ARCHIVISTE DE LA SOCIÉTÉ
Quai de la Pêcherie, 1
MDCCCCIII

HISTOIRE
DU
BEAUJOLAIS

MACON, PROTAT FRÈRES, IMPRIMEURS

HISTOIRE
DU
BEAUJOLAIS

MANUSCRITS INÉDITS DES XVIIe ET XVIIIe SIÈCLES

PUBLIÉS PAR

Léon GALLE & Georges GUIGUE

MÉMOIRES DE LOUVET

TOME SECOND

A LYON
CHEZ LE TRÉSORIER-ARCHIVISTE DE LA SOCIÉTÉ
Quai de la Pêcherie, 1
MDCCCCIII

TROISIÈME PARTIE

DE L'HISTOIRE DU BEAUJOLAIS
OU IL EST TRAITÉ DU PAYS DE BEAUJOLAIS AU DELA
DE LA SAONE, A LA PART DU ROYAUME DE BOURGOGNE,
DIT VULGAIREMENT LA SOUVERAINETÉ DE DOMBES

CHAPITRE PREMIER

QUEL EST LE SUJET DE CETTE HISTOIRE DE DOMBES

Un de mes meilleurs amis[1], des plus qualifiés de la province, connaissant, par l'honneur qu'il me faisait de souffrir quelquefois mon entretien chez lui, à Villefranche, quelque talent que je pouvais avoir dans la connaissance de l'histoire dont il est très capable et dont il avait vu quelques échantillons et ouvrages que j'avais composés çà et là, m'inspira le dessein de faire celle de Beaujolais, à quoi il m'aida beaucoup, tant par divers mémoires de sa grande et belle bibliothèque qu'il me fournissait continuellement que par les belles lumières dont son bel esprit qui n'ignore rien, me faisait part de temps en temps. M'étant laissé insensiblement persuader à ses discours et ayant tracé[2] le plan d'un ouvrage de si haute entreprise, je conviai par une lettre-circulaire les trois ordres de la province à agréer mon dessein et à me vouloir favoriser, en même temps, des mémoires de leurs maisons et familles qu'ils jugeraient y devoir tenir place ; à quoi j'ai vaqué tout autant que j'ai pu depuis quatre ans en ça.

En ce temps-là, je n'avais aucune pensée pour Dombes que je regardais comme pays étranger et tout à fait hors de la monarchie et du royaume de France, quoique enclavé des terres de Bresse et du Franc-

---

1. L, T, V : Un de mes amis les plus qualifiés de. — 2. L, T, B : dressé.

Lyonnais, depuis l'échange de ladite Bresse contre le marquisat de Saluces, l'an 1601, sans considérer qu'il a toujours appartenu à mêmes seigneurs que le Beaujolais, qu'il a couru même fortune et a été sujet aux mêmes révolutions et changements, à la réserve de la souveraineté qui n'a jamais été altérée ni contestée, au contraire qui a toujours été maintenue par nos rois qui s'en étaient emparés, ensuite de la désertion du connétable de Bourbon, l'an 1523[1]. J'avais, dis-je, borné mon dessein à faire simplement le narré historique des cent vingt-six paroisses qui composent le Beaujolais à la part du royaume, sans penser à traverser la Saône, ni m'attacher à cette souveraineté qu'on a appelée, pendant quelques siècles, assez[2] improprement, le Beaujolais à la part de l'Empire, à cause, comme j'ai dit, qu'il avait toujours appartenu à mêmes seigneurs qui n'en faisaient qu'un état uni et conjoint avec le Beaujolais au deçà de ladite rivière.

Quelque temps après, ce brave et généreux seigneur, à qui j'ai toute l'obligation de l'entreprise de cet ouvrage, m'ayant fait part d'un factum imprimé au sujet d'une femme artificieuse, nommée Catherine Lamachart, appelante d'un arrêt du parlement de Dombes au privé conseil du roi, ce factum, qui était l'ouvrage d'une savante plume, m'ayant instruit de beaucoup de choses que je ne savais pas, me donna courage de l'étudier et d'y rêver sérieusement, et on dit pour l'ordinaire *facile est inventis addere*, de l'étendre au mieux qu'il me serait possible, non pas pour vouloir enchérir sur ce travail qui était fort judicieux, mais pour en orner et enrichir mon histoire, que j'ai cru devoir être défectueuse si traitant d'une partie, je manquais à l'autre qui ne fait qu'un même corps, quoique différente, quant à la souveraineté, c'est pourquoi je l'ai déguisé tant que j'ai pu et lui ai donné tout une autre forme pour n'encourir le reproche que le poète Horace fait à Celsus qui dérobait dans la bibliothèque du palais impérial les riches pensées de divers auteurs qu'il débitait puis après comme de pures émanations de son esprit grossier.

> *Quid mihi Celsus agit? monitus multumque monendus,*
> *Privatas ut quaerat opes et tangere vitet*
> *Scripta Palatinus quaecumque recepit Apollo;*

1. G : 1533. — 2. L, T : aussi.

*Ne si forte suas repetitum venerit olim
Grex avium plumas, moveat cornicula risum
Furtivis nudata coloribus* [1].

Et comme dans mon histoire générale, j'ai divisé mon discours par chapitres, j'observerai le même ordre ici, afin de donner un peu de relâche au lecteur pour en goûter mieux les raisons, et partant pour éviter la confusion que l'abondance des matières pourrait engendrer [2] dans les esprits en les embrouillant par leur embarras, j'ai pensé de les développer et les ranger par ordre, et dire, en premier lieu, quel état c'est que le pays de Dombes ; secondement, en quelle monarchie il est situé, si dans le royaume de France ou dans l'Empire ; 3° si les seigneurs souverains de Dombes ont relevé de quelque puissance supérieure ou non ; 4° en quelle qualité les ducs de Savoie ont prétendu hommage sur eux, et, en dernier lieu, si la Dombes est un fief de France comme a voulu soutenir l'avocat général Lizet, en 1522, et depuis peu M. l'avocat général Talon, en 1655, disant que par la transaction de l'an 1560, le pays de Dombes est demeuré assujetti à l'hommage, ressort et souveraineté du royaume de France. Ensuite j'examinerai quel peut être le droit du roi pour obliger ses officiers à connaître des arrêts du parlement dudit pays, et ce avec toute la modestie et les respects que je dois au roi monseigneur de qui je suis très humble sujet.

1. Horace, épître III. — 2. L, T, B : produire.

CHAPITRE II

QUEL ÉTAT C'EST QUE LE PAYS DE DOMBES

SOMMAIRE. — *I. En quoi consiste la principauté de Dombes.* — *II. Quand est-ce que* [1] *le nom de Dombes a commencé d'être connu?* — *III. La Dombes a fait longtemps partie du Beaujolais.* — *IV. Opinion des sieurs Duchesne et Guichenon.* — *V. Contredite par divers actes et chartes anciennes.* — *VI. Et par les diverses acquisitions que les seigneurs de Beaujeu ont faites en divers temps.*

I. — La principauté de Dombes, dont Trévoux est la capitale, est une souveraineté enclavée [2] de toutes parts dans le royaume de France, limitée de la Bresse d'un côté et de la rivière de Saône et des pays de Lyonnais, Beaujolais et Mâconnais, et de la rivière du Rhône en partie.

Le climat de cette province est doux et parfaitement beau ayant, du côté du matin, les montagnes du Revermont et du Bugey, et du soir celles de Mâconnais, Beaujolais et Lyonnais dont l'aspect est très agréable. Le terroir est des plus gras et des plus fertiles : ce ne sont que petites collines, que prairies, que vignes, que champs ensemencés, forêts et étangs qui fournissent en abondance les choses nécessaires à la vie ; il serait seulement à souhaiter que pour rendre les Dombistes plus riches et plus heureux, ils fussent autant laborieux que le pays est bon et moins attachés aux procès qu'au commerce.

Ce pays est arrosé de quelques rivières qui lui portent beaucoup de commodités, car, outre la Saône qui le borde et borne du côté du couchant, la plus considérable du [3] pays est la Chalaronne qui sort du grand étang de Joyeu en Bresse dans la terre du Montelier, de là, enflée de l'eau de plusieurs étangs, elle passe au Châtelard, à Châtillon-

1. L, T, B : quand le nom. — 2. L, T : entourée. — 3. Un blanc dans le ms. G ; L, T, B, J, V portent : la plus considérable est Chalaronne.

les-Dombes, Saint-Étienne, Saint-Didier et à Thoissey, d'où elle va se rendre en Saône, on est après pour la rendre navigable depuis l'étang de Marlieu jusqu'en Saône.

Mognien est une autre petite rivière qui sort de l'étang de Saint-Trivier, passe auprès [1] du château de Monos [2], dans la paroisse de Béreins, et de là va en celle d'Antanains où elle se jette dans la Chalaronne, sitôt qu'elle entre [3] en la paroisse de Béreins; elle sert de limites à la Bresse et à la Dombes. Dans la légende de saint Trivier qui vivait environ l'an 600, mise au jour par le R. P. Bullioud, elle est appelée Movienta ou Moneta [4], d'où, par corruption, s'est fait le mot de Movient et Movier, Monier puis Monian [5].

La Veyle a sa source au grand étang de Chalamont et passe au-dessous de Lent et au bas du village de Longchamp; de là, elle entre en Bresse, et se va rendre en Saône, au-dessous du Pont-de-Vesle.

Renon n'est proprement qu'un ruisseau qui paraît au sortir de l'étang de Marlieu, en Dombes, d'où il entre dans celui de Montrosat, de là va à Saint-Georges, Romans, Neufville et Vonnas [6], où il se perd en la rivière de Veyle, auprès de l'église et, depuis l'église de Saint-George, il commence d'être en Bresse [7].

Fromante est aussi un ruisseau qui prend naissance entre Ambérieu et Juyz et se va rendre en Saône au-dessus de Trévoux.

Cette principauté a sept ou huit lieues de long, et trois ou quatre de large, et, en divers endroits, moins parce que sa figure est irrégulière et rhomboïde [8]. Elle consiste en douze châtellenies, qui ont pouvoir d'envoyer des députés aux assemblées générales [9]. Il y en a huit qui appartiennent à son Altesse Royale, savoir : Trévoux, Beauregard, Montmerle, Thoissey, Villeneuve, Ambérieu, Châtelard et Lent; celle de Chalamont appartenant à M. le duc du Pont-de-Vaux; celle de Saint-Trivier aux pauvres de la Charité de Lyon; celle de Lignieu à monseigneur l'archevêque de Lyon, par échange de MM. de l'Ile-Barbe, et celle de Banains au seigneur de Langeron. Ces châtellenies consistent

1. L, T : au travers. — 2. L, T, B : Monoz; J : Monor. — 3. L, T, B : dans la Chalaronne, en entrant dans la paroisse. — 4. L : Moventa; T : *Movienra* ou *Moventa*. — 5. T : s'est fait le mot de Movien, puis Moniet, et ensuite Monian. — 6. L : Novaz; T : Novas; G, B : Nouvas. — 7. J : Creuse. — 8. Ce mot manque dans les mss. T, B, J. — 9. L, T, B ajoutent : s'il y en a. Huit appartiennent.

en soixante-dix ou douze paroisses, outre quelques autres dont les clochers sont en Bresse, comme sont celles de Béreins dont le *Sancta Sanctorum* est en Bresse : Servat, toute l'église, avec les maisons proches du cimetière ; Peronas, proche de Bourg, toute l'église ; Longchamp, toute l'église ; Sartines, le *Sancta Sanctorum* ; Saint-Eloy, de même ; l'abbaye de Chassaigne, de même ; Saint-Cire, de même ; Le Bouchoux, de même ; Saint-Nizier, toute l'église ; Joyes, le *Sancta Sanctorum* ; le Montelier, de même ; Vassalieu, Boulignieu et Seurjet [1], de même ; La Grange et La Perouze, toute l'église.

Il y a plus de cent maisons ecclésiastiques, seigneuries, fiefs et châteaux. Il y a des principautés souveraines et des républiques libres ou indépendantes en Europe qui n'ont pas une si grande étendue ; quoi qu'il en soit, la souveraineté est une prérogative si illustre qu'il n'est point de petit état quand il est souverain.

Outre ces douze châtellenies, il y a un bailliage à Trévoux composé d'un lieutenant général civil et criminel, d'un lieutenant particulier, d'un avocat et procureur de son Altesse Royale et autres officiers dont les appellations vont directement au parlement de Dombes, séant à Lyon, composé de trois présidents, trois maîtres des requêtes, quatorze conseillers, douze titulaires et deux honoraires qui sont le doyen de Trévoux et un chevalier d'honneur, deux avocats et un procureur de S. A., de quatre secrétaires, etc.

Quant aux revenus de cette souveraineté, comme ils consistent au domaine, aux gabelles et en la monnaie, ils ne sont pas certains parce que le prix des baux à ferme change souvent ; ils sont pourtant à l'ordinaire de cent mille livres par an.

Toute la Dombes est du diocèse de Lyon ; il n'y a qu'un seul archiprêtre qui, en l'absence de l'archevêque, a droit de visite dans toutes les paroisses et la correction sur les curés qui lui payent les droits synodaux. Cette dignité d'archiprêtre fut annexée à celle de sacristain de Notre-Dame et de Saint-Thomas de Fourvière par transaction passée entre l'archevêque Pierre de Savoie et le chapitre de Fourvière.

II. — On a voulu dire que le nom de Dombes n'est pas beaucoup [2] ancien et qu'on n'avait jamais ouï parler de ce nom, ni sous les rois

---

1. L, T, B : Seurjat ; J : Vassalieu et Surjat. — 2. L, T, B : fort.

de Bourgogne, ni sous les seigneurs de Bresse et de Villars qui s'approprièrent cette province sous le débris et la décadence de ce même royaume de Bourgogne, depuis que les empereurs Conrad et ses successeurs en eurent hérité, et il est très certain que ce que l'on appelle aujourd'hui Dombes s'appelait la Basse-Bresse et la terre de Villars auparavant que les seigneurs de Beaujeu y eussent fait aucune acquisition. Depuis quoi tout ce grand pays de Bresse a été divisé, selon le sentiment du P. Monet, dans sa géographie celtique, en Bressans Chalonnais, Dombois et Francs-Lyonnais; et quoique véritablement il y eût un petit pays le long de la rivière de Chalaronne, depuis Thoissey jusqu'à Châtillon-les-Dombes, qui portait ce même nom de Dombes, *pagus Dumbensis juxta flumen Araris* [1], comme m'apprend la légende de saint Trivier, qui vivait environ l'an 600, qui [2] continua jusqu'en l'an 1280, auquel on trouve ce nom *in Dombis*, dans l'acte d'une donation faite par Louis, seigneur de Beaujeu, l'an 1280, à Guy Chabue, seigneur de Saint-Trivier et de La Colonge *in Dombis*, ce sont les mots de l'acte, d'autant que la véritable Dombes était, comme j'ai dit, depuis Châtillon-les-Dombes, tout le long de la rivière de Chalaronne jusqu'à Thoissey ; néanmoins, depuis les acquisitions que firent en divers temps les seigneurs de Beaujeu devant ou après, aux environs de ce pays de Dombes, ils qualifièrent ce qu'ils y possédaient du nom de Beaujolais, à cause que les seigneurs de Villars possédaient partie de la Dombes, comme on pourrait [3] voir dans l'*Histoire de Bresse* du sieur Guichenon [4], y ajoutant ces mots : *à la part de l'Empire*, à cause que la rivière de Saône partageait le royaume de France d'avec le dernier royaume de Bourgogne, dont les empereurs avaient hérité et que les mêmes seigneurs de Beaujeu étaient souverains dans l'une et dans l'autre partie, au temps que la France était partagée entre autant de roitelets qu'il y avait de provinces et de villes, et que les empereurs, devenus rois de Bourgogne, ne se sentirent pas assez forts pour empêcher l'usurpation de leur état faite par ceux qui le devaient maintenir, puisqu'ils en avaient la garde et le gouvernement.

---

1. L, T, B : *fluvium Ararim*. — 2. L, T, B : ce qui. — 3. L, T : pourra. — 4. G : chapitre XXII, fol. 40.

III. — Or, parceque[1] ce petit pays de Dombes et les acquisitions faites aux environs par les seigneurs de Beaujeu ne faisaient qu'un état avec le Beaujolais et était tenu par mêmes seigneurs et gouverné par mêmes officiers résidant à Villefranche, et dont les appellations allaient à la chambre du Conseil des ducs de Bourbonnais, séant à Moulins, les habitants du pays de Dombes étaient cotisés sous mêmes impositions qui se faisaient sur tout le pays, tant deçà que delà la rivière, parce que la taille a longtemps appartenu aux grands seigneurs du royaume, et que les ducs de Bourbonnais, devenus seigneurs de Beaujolais, imposaient la taille sur leurs sujets et avaient leur chambre des comptes à Villefranche pour tout le Beaujolais; mais, après que François Ier se fut saisi des terres de la maison de Bourbon et qu'il eut reconnu la souveraineté de Dombes, dont il se disait seigneur, les échevins de Villefranche ayant voulu continuer d'imposer comme auparavant sur ceux de Dombes, conjointement avec ceux du Beaujolais, et même fait emprisonner les échevins de Beauregard pour ce sujet, ceux de Beaujolais, à la part de l'Empire, recoururent à Sa Majesté qui les sépara et détacha d'avec le Beaujolais à la part du royaume, y mit des nouveaux[2] officiers et un autre bailli que celui du Beaujolais; y établit un parlement pour souverain et dernier ressort, et, depuis, ce pays quitta son nom de Beaujolais pour reprendre celui de l'ancienne Dombes.

IV. — Le sieur Duchesne qui, dans son *Théâtre de l'Univers*, imprimé chez Antoine Rubinot, devant le Louvre, à Paris, l'an 1646, reconnaît la souveraineté de Dombes, dit, en son *Histoire de Bourgogne*, que les seigneurs de Beaujeu n'avaient pas grand bien au delà de la Saône, avant l'an 1218, que Guy, seigneur de Miribel, de par sa femme, fille de Guillaume, comte de Chalon, donna cette place, située sur un coteau près du Rhône, à deux lieues de Lyon, en dot à sa fille unique, Marguerite de Baugé, la mariant avec Humbert, sire de Beaujeu, et que, de ce mariage, sont procédés les droits que les seigneurs de Beaujeu ont eus depuis en Dombes, ce que le sieur Guichenon assure en son *Histoire de Bresse*, disant que, pour lors, les seigneurs de Beaujeu ne

---

1. J : lorsque. — 2. L, T : y mit des autres.

possédaient rien au delà de la Saône que Miribel, qui comprenait Sathonay et une partie du pays appelé aujourd'hui Dombes, ce qui donna moyen d'étendre cette terre et, par acquisitions, guerres ou autrement, d'en composer, avec le temps, ce petit état qu'ils appelaient la terre de Beaujeu à la part de l'Empire, ce qu'on nomme aujourd'hui Dombes.

V. — Néanmoins, sans donner un démenti à ces deux illustres auteurs, je dirai avoir trouvé, parmi les archives du chapitre de Beaujeu, que Robert l'Enchaisné, voulant faire le voyage de Jérusalem, pria Guichard II, mari de Lucienne de Monthléry, seigneur de Beaujeu, de vouloir aller chez lui, à Montmerle et, pour le grand amour qu'il lui portait et les secours qu'il avait reçus de lui, il lui donnait en alleux son château et châtellenie de Montmerle, et tout ce qu'il y possédait, en présence d'Étienne de Franchelins, en Dombes, et autres témoins ; Eustache, comte de Forez, lui donna en fief le bourg de Saint-Trivier ; Arthaud le Blanc, vicomte de Mâcon, lui donna la moitié du château de Riotier, et la moitié de la châtellenie d'icelui et de tous les châteaux qui en dépendent, et, quoique les actes soient sans date, la concurrence des personnes qui vivaient en même temps fait bien conjecturer que ce ne pouvait être d'autre que lui qui était grandement considéré pour avoir épousé la parente et la fiancée du roi Louis le Gros. Ensuite, Humbert V, seigneur de Beaujeu, par le mariage de Marguerite de Baugé, acquit le château de Miribel, l'an 1218, et transigea, l'an 1236, avec l'abbé de Saint-Rambert, touchant le bourg de Saint-Christophe et les droits qui en dépendaient, et il y a lettres au trésor de Villefranche comme Isabelle, comtesse de Forez et dame de Beaujeu, fit donation, au mois d'octobre 1271, à messieurs Giraud de Longue, chevalier, de la prévôté du bourg de Saint-Christophe et de Meximieux pour la tenir d'elle et de ses prédécesseurs [1] à foi et hommage [2] ; cette terre de Meximieux avait été acquise un an auparavant, par Louis de Forez, seigneur de Beaujeu et de Dombes, par l'association que l'archevêque de Lyon, à qui ce bourg appartenait, en fit avec lui, pour la moitié de laquelle il devait faire hommage aux

---

1. J : successeurs. — 2. G : sac coté ; C : du premier coffre.

archevêques de Lyon, ce qui fut rendu par Guichard le Grand, fils de
ce même Louis et de Léonore de Savoie, l'an 1307, ensemble [1] de la
moitié de Chalamont, à Louis de Villars, aussi archevêque, et depuis,
par traité du mardi après la Conception de Notre-Dame, 1308, Pierre
de Savoie, successeur audit archevêché et oncle maternel dudit Guichard le Grand, remit à sondit neveu cette moitié qu'il avait en ladite
seigneurie, avec toute la justice haute, moyenne et basse, en échange
de quelques broteaux et îles que ledit seigneur de Beaujeu avait auprès
de Lyon, sur les rivières du Rhône et de la Saône, aussi en toute justice, et, parce que l'archevêque remettait plus par cet échange au seigneur de Beaujeu qu'il ne recevait, il fut dit que, pour supplément du
prix, Guichard de Beaujeu ferait l'hommage audit archevêque de Lyon
et à ses successeurs de toute ladite seigneurie de Meximieux, du château de Chalamont et du donjon de Montmerle, en Dombes.

VI. — Ensuite les mêmes seigneurs de Beaujeu furent curieux pour
agrandir cet état d'y faire bâtir des villes et châteaux, et entre autres
le même Guichard, fils de Louis, fit bâtir le château, ville et châtellenie de Thoissey, comme appert des privilèges qu'il donna en ladite
ville, l'an 1310, où il se qualifie *Guichardus dominus Bellijoci, fundator
villæ Toissiaci*; il fit bâtir encore le bourg de Saint-Christophe, qu'il
déclara, par ses lettres de samedi après la Saint-Barthélemy, au mois
d'août 1319, franc et libre, accordant de grandes franchises et immunités à tous ceux qui y viendraient habiter, avec exemption de tous
péages et leides dans la terre et baronnie de Beaujeu; le même acquit
encore, l'an 1324, la poype de Frans et prés contigus d'Étienne de
Gléteins, chevalier, pour la somme de six cents livres viennoises, et
encore la terre de Jonchire [2], sise audit lieu, avec les moulins, vignes,
terres contiguës à ladite poype de Frans. Édouard Ier, son fils, acquit
d'Étienne de Laye, seigneur de Saint-Lagier et de Cercié, l'an 1339,
la terre de Hérons, sise en la paroisse d'Agnereins, d'où s'est formée
la châtellenie de Villeneuve, en échange de la justice dudit Saint-
Lagier et de Cercié; en dernier lieu, Louis Ier de Bourbon, donataire
du Beaujolais, acheta, l'an 1402, d'Humbert, seigneur de Thoire et

---

1. L, T : ensuite. — 2. L, T, B : La Jonchère ; J : Bouchere.

de Villars, les villes et châtellenies de Trévoux, d'Ambérieu et Châtelard.

Voilà une partie de ce qui compose aujourd'hui l'état et la souveraineté de Dombes.

Voyons maintenant en quel pays il est situé.

CHAPITRE III
EN QUELLE MONARCHIE EST SITUÉE LA PRINCIPAUTÉ DE DOMBES, SI DANS LE ROYAUME DE FRANCE OU DANS L'EMPIRE

SOMMAIRE. — I. La Dombes a toujours fait partie de l'ancien royaume de Bourgogne. — II. Devenu le partage de l'aîné des enfants de Louis le Débonnaire. — III. Démembré après la mort de l'empereur Louis II. — IV. Et de Lothaire, roi de Lorraine, dont les enfants, réputés illégitimes, furent exclus de la Bourgogne par leur oncle, Charles le Gros, empereur. — V. Après la mort duquel Rodolphe, comte, s'empare de la Bourgogne et s'en fait déclarer roi. — VI. Rodolphe II, son fils, unit la Provence à la Bourgogne, par transaction faite avec Hugues, roi d'Italie. — VII. Rodolphe III, mourant sans enfant, fait héritier de ses royaumes l'empereur Conrad II, dit le Salique. — VIII. Sous lequel et son successeur les gouverneurs des provinces se l'approprient sous la redevance de l'hommage et de la foi. — IX. Ce qui fait voir que le royaume de Bourgogne étoit un royaume séparé de celui de France. — X. Et que la Bresse et la terre de Villars en étaient pièces mouvantes et qui avaient couru même fortune que les autres.

I. — J'ai dit ci-dessus que, dans le déclin et la chute du royaume de Bourgogne, ce qu'on appelle aujourd'hui Dombes faisait autrefois partie de la Basse Bresse, et partie de la terre de Villars et partie de la Valbonne; or, par l'assiette du pays, il est constant que tout ce qui est au delà de la rivière de Saône qu'on appelle encore aujourd'hui la part de l'Empire était de l'ancien royaume de Bourgogne, auparavant que les Français eussent jamais mis les pieds dans les Gaules; et depuis, pour les droits que le grand Clovis y prétendait, à cause de sa femme issue de ses anciens rois; et ensuite, par les conquêtes que ses enfants y firent, ce royaume tomba et demeura entre les mains de nos monarques jusqu'au partage que firent les enfants de Louis le Débonnaire, l'an 843, auquel temps tous les pays qui sont au delà de la Saône devinrent en partage à l'aîné, qui était Lothaire, empereur, roi de Lorraine, de la Provence et de la Bourgogne transjurane, comme les provinces du même royaume, qui sont au deçà de cette même rivière, appartinrent à Charles le Chauve, le puîné des trois frères, qui fut roi de France, et cette portion a, depuis, toujours fait partie du royaume de France et n'en a jamais été séparée, si a bien été l'autre comme je dirai ci-après, ne faisant ici aucune mention du second fils, qui était Louis, roi d'Allemagne, qui n'entre point dans notre sujet; notre affaire ne consistant qu'au royaume de Bourgogne, au delà de la Saône, qui, par ce partage, se vit entièrement éclipsé de la domination française par désordres qui survinrent [1] en ce royaume.

Ce royaume de Bourgogne était borné, au regard de la France, des rivières de Saône et du Rhône, enfermait la Franche-Comté, les Suisses, la Savoie, la Bresse, le Bugey, le Dauphiné, le Lyonnais et la Provence.

II. — Lothaire, empereur, mort l'an 855, ayant laissé trois enfants, Louis, Charles et Lothaire, leur partagea de même ses états, ce qui ne fut point en France, où la loi salique n'appelle à la succession que l'aîné, et c'est ce qui fit subsister et maintenir l'état, là où le partage fait entre plusieurs [2] causant le plus souvent du désordre, de la confusion parmi les partageants, les divise et menace la ruine d'un état, ce qui arriva parmi les enfants de Lothaire, qui fit: Louis, son aîné, empereur et roi d'Italie; Charles, son second fils, roi de Provence et d'une partie de la Bourgogne, et Lothaire, le dernier de ses enfants, roi de la Lorraine et de l'autre partie de cette même Bourgogne. Mais la mort de Charles étant advenue sans enfants, l'an 863, les deux frères, l'aîné et le cadet, s'accommodèrent de sa dépouille et de son héritage. Louis eut la Provence et le Viennois, la Bresse et le Bugey comme étant à sa bienséance et touchant son royaume d'Italie, et Lothaire la partie de Bourgogne que tenait son frère défunt, laquelle partie, jointe avec ce qu'il possédait déjà, devint un royaume tout particulier sous le nom de Lorraine, dont nous [3] verrons bientôt du changement.

1. L, T : par les désordres qui arrivèrent en. — 2. L, T ajoutent : enfants. — 3. L, T : dont nous parlerons et verrons.

III. — L'empereur Louis mourut l'an 875, laissant une seule fille, nommée Hermengarde, et, comme Lothaire, son frère, roi de Lorraine, était mort avant lui, l'an 867, Charles le Chauve, son oncle, roi de France, lui succéda en l'empire, quoique son frère Louis, roi de Germanie, fût le plus proche à la succession ; mais, soit qu'il fût trop éloigné, ou pour ce qu'il mourut un an après sondit neveu, ou qu'il eût partagé ses trois états entre ses trois enfants, Carloman, roi de Bavière, Louis, roi d'Allemagne, et Charles le Gros, qui suivra ci-après [1], ou qu'il fût occupé à vouloir recueillir la succession de Lothaire, son cousin, roi de Lorraine, de qui on réputait les enfants illégitimes, Charles le Chauve, roi d'un puissant royaume, ayant les forces en main, y accourut le premier, ou plutôt en fut couronné par le pape Jean VIII, le jour de Noël 875, et prit soin de marier Hermengarde à son beau-frère, Boson d'Ardenne, de qui lui-même avait épousé la sœur, Richilde, en considération duquel mariage il le fit roi de Provence, l'an 876, comme par manière de restitution d'une partie des biens du défunt empereur, son neveu, ou plutôt pour favoriser le frère de sa femme. Ce nouveau roi eut un fils, Louis, roi de Provence et empereur, dit l'Aveugle, d'autant qu'il fut aveuglé par Bérenger de Spolette qui lui disputait le royaume d'Italie. Ce Louis l'Aveugle ne laissa qu'un fils, Charles Constantin, sous qui ce nom de royaume de Provence s'évanouit, car il ne porta jamais autre titre que celui de prince de Vienne, ce qui ne fait rien à notre sujet.

IV. — Et partant il nous faut recourir à Lothaire, roi de Lorraine et de la Bourgogne transjurane, dernier des enfants de l'empereur Lothaire, lequel roi, ayant laissé un fils et deux filles réputés illégitimes, le fils, Hugues, fut dépossédé de la Lorraine, comme bâtard, par l'empereur Charles le Gros, roi d'Allemagne, fils de Louis II, fils de Louis le Débonnaire, qui avait succédé en l'empire à son oncle, Charles le Chauve, l'an 877, et qui, par conséquent, ne fut que deux ans empereur après la mort de son neveu Louis. Charles le Gros ayant fait prisonnier le susdit Hugues, roi de Lorraine, le fit aveugler, l'an 885, et renfermer dans l'abbaye de Prum où il finit ses jours. De ses deux sœurs, Gisèle fut mariée à Godefroy le Danois, et Berthe à un comte

---

1. G : *Regnum in se divisum desolabitur.*

d'Arles, nommé Thibaud, père de Hugues, marquis de Provence, duquel nous parlerons incontinent puisqu'il doit faire le fondement d'une partie de notre discours.

Cependant, par digression, voilà toute la maison de Charlemagne éteinte, à la réserve de la branche de Charles le Chauve qui ne durera plus guère, car l'empereur Charles le Gros n'eut point d'enfant et Arnoul, son neveu et bâtard, s'empara de l'empire, et après Louis [1], son fils Louis, contre qui le pape créa un autre Louis, fils de Boson, empereur, comme descendant de la race de Charlemagne; mais ce Louis fut pris comme j'ai dit et aveuglé par Bérenger.

V. — Retournons à notre discours et disons qu'après la mort de l'empereur Charles le Gros, sans enfant, l'an 888, un comte, nommé Rodolphe, fils de Conrad, occupa le pays d'entre les Alpes Pennines et le mont Jura, duquel il se fit couronner roi à Saint-Maurice de Chablais, la même année, et son royaume ne comprenait alors que la Suisse, la Savoie et la Franche-Comté; il laissa un fils, Rodolphe II, héritier de son royaume et roi d'Italie, duquel je ferai mention ci-après. Or, quand une fois l'arbre est tombé, chacun court aux branches; les désordres qui arrivèrent en France sous Charles le Simple empêchèrent ses successeurs de recueillir les débris d'un si beau royaume qu'était celui de Bourgogne, car en même temps, Thibaud, mari de Berthe, fille de Lothaire, roi de Lorraine, s'érigea en comte d'Arles, et son fils Hugues en marquis de Provence, lequel ayant été appelé au royaume d'Italie contre Rodolphe II, roi de Bourgogne, ci-dessus, il y alla et se rendit maître au gré et volonté des peuples qui se soumirent volontairement à lui, l'an 926; mais Rodolphe s'apprêtant pour y retourner, Hugues transigea avec lui en lui cédant sa comté d'Arles et tous les droits qu'il avait en Provence, à condition que le même Rodolphe renoncerait en sa faveur au royaume d'Italie, ce qu'il fit et ce qui rendit ledit royaume d'Italie paisible et assuré à ses successeurs, Lothaire qui n'eut qu'une fille, Emme, mariée à Lothaire, roi de France, fils de Louis d'Outremer; ainsi finit la lignée des rois de Provence issus de Lothaire, empereur, roi de Lorraine, de Provence et de la Bourgogne transjurane.

1. L, T : lui ; J : après Louis, son fils, contre qui.

VI. — Rodolphe II, roi de Bourgogne, ayant accru ses états des provinces de Provence et de Dauphiné, par la cession que lui en avait faite Hugues, devenu par ce moyen roi d'Italie, fut père de Conrad, dit le Pacifique, qui lui succéda au royaume de Bourgogne et qui épousa, l'an 955, Mahaud, fille de Louis d'Outremer et sœur de Lothaire, roi de France, à laquelle sondit frère Lothaire donna en dot le Lyonnais, la Suisse [1] et le Bugey que Charles le Chauve s'était réservés de la dépouille de l'empereur Louis II, son neveu, lorsqu'il maria Hermengarde, fille dudit Louis, à Boson, son beau-frère, qu'il fit et créa roi de Provence; Lothaire, roi de France, ayant beaucoup d'affaires au-dedans de son état où tous les grands seigneurs s'étaient cantonnés du vivant de son aïeul Charles le Simple, ne pouvait facilement conserver ces provinces si éloignées du cœur de la France, de peur que, suivant le dire du gymnosophiste Calanus, quand il aurait voulu marcher à l'extrémité du cuir l'autre bout ne se fût élevé, et c'était un temps auquel personne ne pouvait accuser son compagnon, à moins que de subir le reproche que l'orateur romain fait à Tuberon accusateur de Ligarius : *Quid enim, Tubero, tuus ille destrictus in acie pharsalica gladius agebat? cujus latus ille mucro petebat? qui sensus armorum tuorum? qua tua mens? oculi? manus? ardor animi? quid cupiebas? quid optabas*[2] *?*

Voilà donc par la cession du Lyonnais, de la Bresse et du Bugey encore une fois ces provinces éclipsées du royaume de France et réunies en un seul corps sous le nom de royaume de Bourgogne et d'Arles.

VII. — A Conrad succéda son fils, Rodolphe III, surnommé le Lâche, ou le Fainéant, l'an 994, lequel régna dans tous ses royaumes de Bourgogne et d'Arles jusqu'à l'an 1032, auquel il mourut, le 6 septembre, ayant institué, dès l'an 1027, héritier dans lesdits royaumes, Conrad II, empereur, dit le Salique, mari de Giselle, sa nièce, et père d'Henri III, aussi empereur, et consécutivement de tous les empereurs qui ont suivi jusqu'à Raoul d'Habsbourg, souche de la maison d'Autriche.

VIII. — L'empereur Conrad ayant pris possession du royaume de Bourgogne, après la mort de Rodolphe, et ayant eu beaucoup de peine

---

1. L, T, B, J : le Lyonnais, la Bresse et le Bugey. — 2. Cicéron, *Pro Ligario*, III.

à s'y établir à cause des troubles qu'y excita Eudes, comte de Champagne, qui prétendait le devancer en cette succession, se vit contraint par la mort de le quitter, l'an 1039, lorsqu'il commençait d'entrer dans la libre et paisible jouissance d'icelui qui fut la fin de sa vie ; néanmoins, un an auparavant, ayant fait couronner à Soleure son fils, Henri III, empereur et roi de Bourgogne, celui-ci y fit un voyage quatre ans après où les principaux du pays le vinrent trouver et se soumirent à lui ; mais, l'an 1047, son royaume fut entièrement démembré par divers comtes et gouverneurs de l'État qui, pendant la fainéantise de Rodolphe et les guerres qui survinrent après sa mort à cause de sa succession, ayant acquis une extraordinaire autorité sur les peuples, se rendirent maîtres chacun en leur province, de sorte que la haute Bourgogne, la Provence, le Viennois et la Savoie eurent des seigneurs particuliers qui se rendirent propriétaires des terres et seigneuries qu'ils ne tenaient qu'en titre de gouvernement, ce qui donna commencement à tant de principautés et seigneuries indépendantes. Guichenon, en son *Histoire de Bresse*, fol. 18, dit que Humbert aux blanches mains s'empara de la Savoie, Maurienne et des Alpes ; Guigues le Gras, comte et gouverneur de Grésivaudan, se rendit maître du Dauphiné ; Othe Guillaume, comte de Dijon, en fit autant de la Franche-Comté ; les Bérenger, de la Provence ; les sires de Coligny, du Revermont ; les sires de Villars, de la terre de Villars, de partie de la Dombes et du Franc-Lyonnais, et les sires de Baugé, d'une partie de la Dombes et du reste de la Bresse ; c'est ce que dit le sieur Guichenon au lieu sus allégué, quoique les Bérenger soient venus longtemps après, et qu'il y eut beaucoup plus d'usurpateurs du royaume de Bourgogne qu'il n'en compte pas, entre lesquels furent les comtes de Forcalquier et ensuite ceux du comtat Venaissin, les comtes de Valentinois et Diois, les archevêques d'Embrun, de Lyon, Besançon et Tarentaise, les évêques de Valence, Die, Gap et Saint-Paul-Trois-Châteaux, de Belley, de Lyon et autres, quelques abbés et prieurs qui se firent déclarer princes de l'Empire, les maisons de Thoire et de Coligny dans le Bugey et autres que le défaut de mémoire m'a fait oublier, à qui les empereurs successeurs de Conrad, désirant se maintenir dans le droit des rois de Bourgogne, inféodèrent le temporel sous la redevance de la foi et hommage, de sorte qu'il ne resta presque aux empereurs que le nom royal avec la souveraineté, laquelle encore s'en alla en fumée du temps de Frédéric Barberousse.

IX. — Suivant ce que je viens d'avancer, il appert que le royaume de Bourgogne était un véritable royaume indépendant de la France, possédé par l'aîné des enfants de Louis le Débonnaire et par ceux qui ont droit de lui, jusqu'au dernier roi, Rodolphe III, qui le donna à l'empereur Conrad, sans que pour cela il ait été uni à l'Empire quoique tenu conjointement par les empereurs avec ledit Empire, de la même façon que nos rois sont rois de Navarre, sans que ce royaume-là soit uni à celui de France, quoique possédé par mêmes princes, mais sous titres différents, sans confusion ni union de l'un à l'autre et sous diverses chancelleries.

X. — Il appert encore que la Bresse et la terre de Villars étaient pièces mouvantes dudit royaume de Bourgogne, lorsque cette grande révolution et invention des provinces se fit par ceux qui en avaient l'administration et le gouvernement, et qu'elles coururent la même fortune que les autres, c'est-à-dire qu'elles furent envahies et usurpées sur ce royaume-là par les sires de Baugé et de Villars qui étaient chacun seigneurs d'une partie de la Dombes avant que les seigneurs de Beaujeu y possédassent aucune chose.

Or, quoique les empereurs Henri IV, Henri V, Lothaire, Conrad, Frédéric Ier, dit Barberousse, Henri VI, Frédéric II, et plusieurs de leurs successeurs aient porté la qualité de roi de Bourgogne et Arles, et en aient donné le vicariat aux comtes et ducs de Savoie, aux dauphins de Viennois, aux princes d'Orange et à d'autres, si est-ce pourtant que leur puissance n'y était pas en trop grande considération, à cause de leur éloignement, néanmoins le pays qui est entre la Saône et le Rhône fut toujours appelé terre d'Empire, et les lois et constitutions impériales y ont toujours été observées, et encore à présent la Dombes est régie par le droit écrit d'où vient que, quand les sires de Beaujeu commencèrent à y avoir des terres, on nomma ce pays la terre de Beaujeu à la part de l'Empire, et les bateliers qui voyagent sur la Saône pratiquent encore cette façon de parler de nommer le Beaujolais le côté du Royaume, et la Dombes le côté de l'Empire, ce qu'a remarqué M. de

Thou. Ch. 2 : *Histor. Regnum Arelatense antequam in potestatem regum nostrorum veniret sub imperio fuit, cujus rei memoria post sublatam imperii jurisdictionem aboliri non potuit, nam et hodie in sermone vulgari interior Rhodani ripa imperii citerior regni indigetatur.*

CHAPITRE IV

SI LES SEIGNEURS DE DOMBES ONT RELEVÉ DE QUELQUE PUISSANCE SUPÉRIEURE OU NON

SOMMAIRE. — *I. Tous les princes usurpateurs du royaume de Bourgogne étaient indépendants les uns des autres. — II. C'est l'opinion de plusieurs auteurs. — III. Les seigneurs de Baugé et de Bresse ne prétendaient rien [1] sur ceux de Beaujeu. — IV. Guy de Baugé recherche l'alliance du seigneur de Beaujeu. — V. Ame V, comte de Savoie, devenu seigneur de Baugé et de Bresse, ne demande rien au seigneur de Beaujeu. — VI. Ni Édouard, son fils, au secours duquel le seigneur de Beaujeu vient à propos au siège de Varey, où il est pris prisonnier, et paye de ses places au dauphin. — VII. Le comte de Savoie le récompense mal en lui restituant d'autres places sous la prestation de l'hommage. — VIII. A quoi les seigneurs de Beaujeu n'avaient jamais été sujets, ce qui fut depuis bien disputé et débattu.*

I. — Tous ces princes et seigneurs usurpateurs des provinces du royaume de Bourgogne, ayant unanimement failli, tâchèrent à s'établir et à se maintenir dans leur usurpation avec indépendance des uns aux [2] autres. Ils étaient tous égaux en puissance et personne n'avait rien à démêler avec son compagnon, et l'un n'avait aucune supériorité ni juridiction sur l'autre, et quiconque l'aurait voulu prétendre, on lui aurait mis au nez le reproche qui est fait à Moïse au second chapitre de l'*Exode* : « quis constituit te principem et judicem [3] super nos ? » à cause que, comme j'ai dit, ils étaient plusieurs dans une même province en pareille dignité et en pareille faute, ce qui fut en quelque façon toléré et ensuite avoué par les empereurs, qui ayant trop à faire au dedans de l'Allemagne furent contraints de les laisser en paix, aimant mieux les avoir pour vassaux que de les assaillir et les avoir tout à coup et

---

1. L, T, B, J : alors. — 2. L, T : des. — 3. L, T, B : *ducem.*

tous ensemble sur les bras dont la victoire ne pouvait être qu'incertaine et périlleuse.

II. — L'historien de l'Ile-Barbe tient cette opinion en ses *Mazures de ladite ile*, disant que les archevêques de Lyon, les sires de Villars, les sires de Baugé et de Bresse, les princes de Dombes, les comtes de Savoie, les dauphins de Viennois, les comtes de Provence et autres devinrent souverains ou quoique ce soit indépendants, ne reconnaissant l'empire que par bénéfice d'inventaire, c'est ensuite du sentiment du sieur Guichenon en son *Histoire de Bresse*, fol. 39, disant qu'autrefois il y avait en Bresse plusieurs roitelets et grands seigneurs qui s'étaient partagé entre eux toute cette province par lambeaux et qui, éloignés des empereurs sous la domination desquels était alors la Bresse, y seigneuriaient absolument et la plupart comme en souveraineté, tels étaient les sires de Baugé, seigneurs de Bresse, qui véritablement étaient souverains, les sires de Coligny qui tenaient souverainement le Revermont, les sires de Villars, les seigneurs de Montluel, seigneurs de La Valbonne, les sires de Beaujeu, depuis seigneurs [1] de Dombes, qu'il dit n'avoir rien eu en Bresse avant l'an 1218, ni en ce qu'on appelle à présent Dombes, mais j'ai fait voir le contraire ci-dessus. De toutes lesquelles seigneuries séparées et détachées, les princes de Savoie, par divers moyens, ont composé un seul corps, tel qu'on le voit aujourd'hui, hormis de la Dombes qu'ils ont bien tâché de joindre à cet état-là, mais elle était alors en trop bonnes mains lorsque les comtes de Savoie commencèrent à s'agrandir par l'acquisition de la Bresse que Sybille, dame de Baugé et de Bresse, porta en mariage à Amé V, dit le Grand, comte de Savoie, l'an 1272.

III. — Auparavant lequel temps, les sires de Baugé n'avaient jamais rien demandé ni prétendu sur les seigneurs de Beaujeu de ce qu'ils tenaient en Bresse et en Dombes, ni pareillement sur les sires de Villars qui leur étaient égaux en puissance et en force. Bien loin de là, il appert, par deux lettres que Rainald III, seigneur de Baugé et de Bresse, écrivit au roi Louis le Jeune, de qui il était cousin issu de germain; comme le comte de Mâcon, et Imbert, sire de Beaujeu, lui

1. L, T : souverains.

avaient fait la guerre étaient entrés hostilement dans sa terre qu'ils avaient désolée et pris prisonnier son fils Ulrien, sur quoi il prie Sa Majesté de lui vouloir faire rendre son fils, offrant, au cas que Sa Majesté voulût venir jusques à Autun [1] ou à Vézelay, de lui aller au rencontre et de lui payer ses dépens [2]; mais quoique le roi en écrit au seigneur de Beaujeu pour la délivrance d'Ulrien de Baugé, son entremise ne servit de rien pour lors, à cause de quoi Rainald, son père, écrivit au roi, et, après l'en avoir remercié, il le supplie de nouveau de venir sur les lieux, lui promettant de lui rendre tous les dépens que Sa Majesté ferait au voyage et de reconnaître d'ell· tous ses châteaux, lesquels il ne tenait de personne. Or, s'il ne tenait ses châteaux de personne, le seigneur de Beaujeu qui avait des terres en Dombes ne les devait pas tenir de lui, puisqu'il lui faisait âprement la guerre et qui n'était guère en état de lui reconnaître aucun hommage, puisqu'il refusa, à la prière du roi, de lui rendre son fils; aussi le seigneur de Beaujeu ne se mettait guère en peine de le lui demander sachant bien à qui il aurait à faire.

IV. — Je dis bien plus, la paix ayant été faite entre ces princes, Guy de Baugé, fils du susdit Ulrien, prisonnier du seigneur de Beaujeu, ayant promis sa fille unique Marguerite à Humbert V, seigneur de Beaujeu, il vint à Belleville, l'an 1218, voir ce prince, pour assurer et ratifier cette alliance, auquel il donna en dot pour sa fille son château de Miribel qu'il avait en Valbonne, lequel il avait eu de sa mère, fille du comte de Chalon, sans réserve de fief [3] ni d'hommage. Il est bien à croire que le comte de Chalon le tenait en souveraineté et que le seigneur de Baugé devant qu'il en fût possesseur ne lui avait contesté aucun hommage, car ce que chacun avait usurpé sur l'empire, il le tenait indépendant d'autrui. Le susdit Guy, seigneur de Baugé, donne encore, audit Humbert de Beaujeu, son gendre, sa terre de Baugé, au cas qu'il n'eût point d'enfants. Mais, comme il alla en voyage d'outre-mer, il y mourut avant son père qui fit un autre de ses enfants, Rainald, héritier de sa terre de Baugé, le fils duquel Rainald fut Guy, dernier seigneur de Bresse, qui n'eut qu'une fille Sybille, laquelle

---

1. V, T, B : Ambrun ; L : Embrun. — 2. G : *Hist. de Bresse*, p. 50. — 3. L, T : foy.

porta, par mariage, les terres de Baugé et de Bresse à Amé V, dit le Grand, comte de Savoie, l'an 1272.

V. — Cet Amé ne pensa jamais à demander aucun hommage au seigneur de Beaujeu duquel il était parent en ce que Louis, seigneur de Beaujeu, avait épousé Léonore de Savoie, sa sœur, laquelle avait eu en dot sept mille livres, pour sûreté desquelles Thomas de Savoie, frère aîné d'Amé et de ladite Léonore, engagea, audit seigneur de Beaujeu, les châteaux et seigneuries de Cordon et Virieu, en Bugey, et Châteauneuf, en Valromey, et il y a charte au trésor de Beaujolais d'un traité fait, le jeudi devant la Pentecôte de la susdite année 1272, entre ledit Amé, au nom de Thomas de Savoie, son frère aîné, et Louis, seigneur de Beaujeu, touchant la somme de 3.000 livres pour reste de la dot de ladite Léonore, au payement de laquelle somme Amé s'obligea et donna caution, etc.

VI. — Édouard, fils du susdit Amé, devenu comte de Savoie et ayant guerre avec le dauphin, pria Guichard le Grand, sire de Beaujeu, son cousin germain, de le venir secourir, ce que Guichard fit avec un tel courage et valeur que les gens du comte ayant lâché le pied et perdu la bataille de Varey, l'an 1325, ledit seigneur de Beaujeu s'avança pour le secourir et empêcher qu'il ne fût pris prisonnier, ce qui lui causa sa perte, d'autant qu'après avoir secouru le comte, il fut pris lui-même, abandonné des Savoyards et mené prisonnier au château de Saint-Valier, d'où pour sortir, même avec beaucoup de peine et à la prière du roi qui s'était entremis pour sa délivrance, il lui fallut quitter, pour sa rançon, ses châteaux de Miribel, Saint-Christophe et Meximieux, au dauphin, par traité du 24 novembre 1327, ce fut tout le fruit qu'il retira de cette guerre que la perte de ses places qui demeurèrent toujours depuis au dauphin, jusqu'à ce que, par l'échange qui fut fait entre le dauphin Charles V, depuis roi de France, et le comte Vert de Savoie, ces terres enclavées dans la Bresse furent adjugées au comte de Savoie et, depuis, par l'échange de la Bresse avec le marquisat de Saluces, au roi, sans que les seigneurs de Beaujeu y aient jamais depuis prétendu.

VII. — Quelque temps après, Édouard sentant reprocher sa conscience de ce que son cousin avait ainsi perdu ses places à son secours, crut devoir le dédommager de sa perte et, à cet effet, ayant quelques terres sur la frontière de Bresse, voisines de la Franche-Comté, savoir Buenc et Coligny-le-Neuf qui lui étaient fort à charge, à cause des démêlés qu'il fallait avoir continuellement avec les officiers du duc de Bourgogne, il crut en faire un grand présent à Édouard Ier, fils de Guichard, et les lui bailla sous la prestation de la foi et hommage, et, en augmentation de fief, il lui promit encore 40.000 livres, étant bien aise d'avoir un tel homme-lige que le seigneur de Beaujeu qui appartenait et de parenté et d'alliance aux plus grandes maisons de France, de Flandres et de Savoie; et c'est où se connaît l'injustice de ce prince, cela soit dit avec respect, en ce que le sire de Beaujeu se met en campagne pour lui et est pris prisonnier pour le défendre, et, au lieu que le comte de Savoie le devait racheter, il fallut qu'il payât de ses places qu'il tenait en franc-alleu et indépendantes d'aucune puissance supérieure, pour l'indemnité desquelles le comte lui donne deux terres incommodes et à charge et encore sujettes à hommages que jamais seigneur de Beaujeu n'avait prêté, et à quoi il n'était aucunement tenu avant la perte de ses places; mais force et nécessité furent au seigneur de Beaujeu d'en passer par là, à moins que de tout perdre, d'autant que le fort emporte toujours le faible.

VIII. — On n'avait jamais parlé ni demandé aucun hommage des terres de Dombes, car, comme j'ai dit, les seigneurs de Baugé étaient trop petits compagnons pour cela, et les comtes de Savoie, avant l'acquisition de la Bresse, ne songeaient pas à passer le Rhône et avaient plus à faire à maintenir les peuples de leurs montagnes dans la sujétion et obéissance qu'à entreprendre sur leurs confrères; mais, depuis qu'ils eurent eu le Piémont et qu'Amé II du nom, comte de Savoie, eut agrandi ses états de quelques terres du Bugey, par la donation que lui en fit l'empereur Henri IV, l'an 1137, et de celles de Baugé et de Bresse comme j'ai dit et delà en après Amé VI, dit le comte Vert, neveu du susdit Édouard, eut acquis, l'an 1365, de l'empereur Charles IV, le vicariat de l'Empire sur les évêchés de Lyon, de Lausanne, de Genève, d'Aoste, d'Yvrée, de Turin, de Maurienne, de Tarentaise et de Belley sur le comté de Savoie, archevêché de Lyon, et sur les évêchés de Mâcon et de Grenoble en ce qui dépendait du royaume de Bourgogne, par lettres patentes données à Chambéry, au mois de mai de la même année 1365, il voulut s'en prévaloir sur ses voisins, et, pour lors, il prétendit l'hommage sur la terre de Villars et ses dépendances que les seigneurs de Beaujeu et ensuite de Bourbon avaient acquises et comprises sous le nom de Dombes, et ce à cause de la faiblesse d'Édouard, dernier seigneur de Beaujeu, qui avait des affaires de tous côtés contre ses parents qui lui disputaient son héritage; contre le duc de Bourgogne, au sujet de Coligny; contre ses sujets de Villefranche qui lui intentèrent un méchant procès au parlement de Paris, dont le comte de Savoie se prévalant commença de l'inquiéter, joint à cela que sa parenté commençait à s'éteindre. Mais, nonobstant toutes ses disgrâces, Édouard, qui n'avait pas le cœur lâche, se roidit comme la palme qui s'élève d'autant plus qu'on la veut abattre, et ne voulut jamais ouïr parler d'hommage, et il fallut en venir à la guerre, pour laquelle apaiser les ducs de Berry, de Bourgogne et de Bourbon s'entremirent. Le duc de Bourbon ayant acquis le Beaujolais, tant deçà que delà la Saône, du susdit Édouard, dernier seigneur de Beaujeu, et encore les châteaux et villes de Trévoux, d'Ambérieu et du Châtelart d'Humbert, sire de Thoire et de Villars, Amé VIII, duc de Savoie, en eut un tel déplaisir que, se prévalant des désordres qui survinrent en France entre les maisons d'Orléans et de Bourgogne, et de la prison de Jean, duc de Bourbon, en Angleterre, pris à la journée d'Azincourt, il entra hostilement en Dombes, s'en fit reconnaître souverain par plusieurs gentilshommes qui lui firent hommage, fit ensuite piller Trévoux par le seigneur de Varembon; mais, après que les choses eurent été rétablies et que la paix d'Arras eut redonné le repos et le calme à la France, il fallut chanter d'un autre air [1], désavouer la prise de Trévoux et en réparer les dommages, et quoique pendant toutes ses brailleries Philippe de Bourbon, fils de Charles, eût fait hommage au duc de Savoie à Chambéry, cet hommage, mal demandé et plus mal accordé, s'en est allé en fumée et il ne s'en est jamais parlé depuis.

1. L, T, B : ton.

CHAPITRE V

EN QUELLE QUALITÉ LES DUCS DE SAVOIE PRÉTENDAIENT L'HOMMAGE
SUR LA DOMBES

SOMMAIRE. — *I. Information faite pour prouver comme les seigneurs de Beaujeu, de Baugé et de Villars étaient de pareille dignité et égale puissance. — II. Autre information sur ce sujet. — III. Le droit de marques et de représailles fait voir l'indépendance d'une seigneurie à l'autre. — IV. Assemblée à Mâcon pour terminer quelques différends survenus entre les officiers de l'une et l'autre seigneurie. — V. Appointement pris à Lyon pour ce sujet. — VI. Qui conclut à la parité et égale puissance. — VII. Le titre de vicaire impérial ne donne point de préférence au comte de Savoie sur le seigneur de Dombes. — VIII. Deux lettres des ducs de Savoie autorisent cette indépendance. — IX. Réponse à ce que dit Bodin que les seigneurs de Beaujeu se sont érigés en souverains sous la protection du vicariat de Savoie.*

I. — J'ai fait voir ci-dessus qu'au commencement de l'usurpation des provinces du royaume de Bourgogne le comte de Savoie, renfermé dans ses montagnes, songeait plutôt à s'y maintenir et à s'y conserver qu'à entreprendre sur ses voisins; que le sire de Baugé et de Bresse était trop petit compagnon pour exiger quelque hommage des seigneurs de Beaujeu; que les sires de Villars étaient souverains et indépendants et n'avaient jamais rendu aucun hommage aux seigneurs de Baugé, et que ces trois seigneuries, Baugé, Beaujeu et Villars, étaient en pareilles dignités et égale puissance, comme m'apprend une information faite, l'an 1460 et 1461, pour terminer amiablement les querelles qui naissaient tous les jours entre les officiers de Bresse et de Dombes, pour les limites des lieux contentieux entre ces princes et ladite information faite par-devant les commissaires du roi : M. de Vivier, M. Itier

Voisi, conseiller du roi en sa cour du parlement ; M° Laurent Paterin, docteur ès lois ; noble Jean Palaix, écuyer, bailli d'Alençon, aussi conseiller du roi, ambassadeurs et commissaires en cette partie, où il est dit que, de très ancien temps, il y a eu trois baronnies circonvoisines, près la rivière de Saône, c'est à savoir de Beaujeu, Villars et Bâgé, et que celle de Beaujeu est tant deçà que delà ladite rivière de Saône, et lesdites baronnies de Bâgé et de Beaujeu étaient pareilles au regard du ressort et souveraineté, et usaient entre elles de parité, en telle manière que l'une baronnie n'avait sur l'autre aucun droit de ressort et souveraineté, et, quand il se mouvait entre les seigneurs desdites baronnies aucuns débats et controverse, ils convenaient ensemble, en certain lieu commun, et s'accordaient amiablement, si faire se pouvait, sinon ils élisaient, par entre eux, aucuns arbitres de leurs amis, comme médiateurs pour les appointer et accorder ; et, auparavant que la baronnie de Bâgé fût au comte de Savoie et partie de la seigneurie de Villars, les comtes de Savoie n'avaient rien demandé aux seigneurs de Beaujeu, ni auparavant eux les seigneurs de Bâgé, et ce n'a été que depuis que les comtes de Savoie se sont agrandis.

Dans d'autres productions est écrit que la sirie de Beaujeu ne partit [1] onques du fief de Savoie, mais a toujours été une sirie à part et voisine des princes de Dauphiné et de Savoie et autres circonvoisines. Item, quand MM. de Savoie d'ancienneté avaient quelque guerre soit contre MM. les dauphins ou ailleurs, ils requéraient les sires de Beaujeu de leur aider et secourir, comme leurs parents et voisins et non autrement et ès traités ou alliances qu'ils faisaient, les nommaient et appelaient leurs frères et coadjuteurs et en rien n'étaient hommes ou vassaux desdits de Savoie.

II. — Dans une information du 22 juillet 1461, vénérable et discrète personne, frère Gaspard de Bonneville, de l'ordre de Saint-Benoît, prieur du prieuré de Saint-Martin-de-Chalamont, et âgé de 60 ans et de bonne mémoire de 50 ans, sauf le plus, témoin examiné de la part de M. de Bourbon, à l'encontre de MM. les ducs [2] de Savoie et princes de Piémont par les commissaires, dit et témoigna par son serment donné aux saints Évangiles de Dieu, comme s'ensuit et premièrement

1. L, T, B, V : parut. — 2. L, T, B : comtes.

qu'il y a quarante-sept ans qu'il fut rendu religieux en l'abbaye de
Cluny, voisine assez prochaine de quatre à cinq lieues des baronnies
et seigneuries de Beaujeu, Villars et Bâgé mentionnées au premier
article, depuis continuellement icelles terres et baronnies a vues, sues
et fréquentées, et celle dudit Beaujeu s'étend, tant deçà que delà la
rivière de Saône, lesquelles trois baronnies sont attouchant l'une de
l'autre et prochaines et attouchant de ladite rivière de Saône.

Sur le second article, dit que de tout le temps de sadite mémoire, il
qui parle, et depuis le temps qu'il fut audit monastère de Cluny, il a
ouï dire, su notoirement et tenu pour vrai, entre plusieurs anciens
de lui et autres ayant connaissance desdites baronnies de Beaujeu et de
Bâgé, que lesdites baronnies sont pareilles, usant en tout ressort et
souveraineté également et en toute parité, et tellement que l'une
desdites baronnies n'a rien sur l'autre en droit de ressort et souveraineté
ni autrement, et dit plus, qu'il y a environ dix-huit ans que lui qui parle,
obtint ledit prieuré de Saint-Martin-de-Chalamont, vint de Savoie en
icelui étant exposé au mandement et châtellenie dudit Chalamont, qui
est de ladite baronnie de Beaujeu, outre ladite rivière de Saône appartenant à M. de Bourbon, auquel et en la ville dudit Chalamont depuis
a fait sa demeure et résidence continuelle, puis lequel temps et icelui
durant, il qui parle a vu, su et tenu notoirement ces choses et ainsi
user entre les officiers et sujets desdites seigneuries de Beaujeu et de
Bâgé attouchantes et voisines, sans qu'il ait été su ne vu faire ne user au
contraire comme il dit.

III. — Le droit de marque et de représailles entre les sujets de l'une
et l'autre baronnie est bien un témoignage de souveraineté et d'indépendance, ce qui appert des assemblées tenues entre les députés des
ducs de Bourbon et de Savoie, premièrement à Villars, les 16, 17 et 18
novembre 1446, où furent députés, de la part du duc de Savoie, noble
et puissant Jacques de la Baume, seigneur de l'Abergement et de Mar-
bost, lieutenant et bailli de Bresse, et, avec lui, Mᵉ Mermet Harnaud,
chevalier et docteur ès lois, juge de Savoie, Mᵉ Aimé Cemourd[1], docteur
en droit canon et civil, et Pierre Martin, procureur général de Bresse ;
et, pour M. de Bourbon, noble Édouard Rousset, seigneur de Cha-

1. AUBRET, *Mémoires*, t. II, p. 611 : Aimé Emonod.

neins, Guillaume Baudet, maître des eaux-forêts, M⁰ Michel de Rancié, procureur général du pays de Beaujolais, à ce commis et envoyé audit lieu de Villars pour pacifier certains débats et différends étant entre leurs sujets de leurs pays de Bresse et de Dombes, tant à cause des limitations de leurs seigneuries desdits pays comme autrement.

IV. — Il y eut une autre assemblée à Mâcon, le 16 octobre 1448, par-devant nobles et puissants seigneurs Louis, seigneur de Chantemerle et de La Clayette, bailli et juge royal de Mâcon, et Guillaume, seigneur de Cercey et Dignoray [1], bailli de Chalon, et aussi par vénérables personnes maître Jean Jacquelin, lieutenant audit bailliage et jugerie de Mâcon, et Jean de Saline, licencié ès lois et conseiller de M. le duc de Bourgogne, élus médiateurs et amiables compositeurs des débats et différends des susdits entre lesdits seigneurs, lesquels après qu'ils auraient ouï les procureurs desdites parties et vu par eux tous titres et information, lettres, instruments et autres choses que icelles parties voudraient produire et exhiber en leurs mains, feraient lesdites limitations et déclarations, en et sur les termes et moyens déclarés au traité de Chambéry, et aussi lesdits appointements de Villars et de Lyon, réservé le bon plaisir desdits seigneurs.

Item, et pour diligemment entendre au fait desdites déclarations et limitations, il a été avisé que lesdits médiateurs conviendront et se retrouveront ensemble au lieu de Mâcon, le 8ᵉ jour de mai prochain venant, et le lendemain ils iront commencer à besogner sur ce que dit est, là où ils aviseront être à faire selon raison, et afin qu'ils soient lors plus prêts d'y besogner, il a été avisé que, pendant ledit temps, c'est à savoir entre ci et ledit huitième jour de mai, lesdits sieurs feront informations sur le fait des fiefs et arrière-fiefs, hommages, rentes, souveraineté et juridictions des terres, seigneuries et châtellenies des susdites, et généralement des autres choses desquelles l'on entend à faire des limitations et récompensations déclarées audit traité pour savoir à qui elles sont et appartiennent et aussi de qui elles meuvent et comment et jusqu'en quel lieu elles s'étendent.

Item, que lesdites informations seront faites par quatre notables [2] personnes, élues par lesdits médiateurs, c'est à savoir : Denis Massin et

1. L, T, B : d'Igornay ; J : Crecy et D'igornay. — 2. L, T, B : par notables.

Guionnet de Vaux qui sont du bailliage de Mâcon, et Hugonin Pugert [1] et Pierre Germain qui sont du bailliage de Chalon, lesquels quatre y vaqueront deux et deux à la fois, dont l'un sera toujours du bailliage de Mâcon et l'autre du bailliage de Chalon, et, avec eux, y aura, pour chacun desdits seigneurs, un commis qui sera présent à faire lesdites informations, lequel ne sera point gradué mais notaire, et entend-on que lesdits de Mâcon et de Chalon auront l'autorité d'examiner, interroger et dicter, si bon leur semble, et, si lesdits commis des parties avaient entre eux aucuns débats en faisant lesdites enquêtes, les commis desdits médiateurs auront autorité et puissance d'y ordonner et appointer à leur bon plaisir et, dès maintenant, lesdits de Savoie ont nommé deux notaires qui y vaqueront l'un après l'autre, avec les commis desdits médiateurs, c'est à savoir : Antoine Rollet, de Villars et Jacques Aymond, de Baugé, notaires, et lesdits de Beaujeu nommés Jean Guichert, de Belleville et Claude Gaspard, d'Ambérieu, lesquels quatre y vaqueront comme dit est, l'un après l'autre, et, au cas qu'ils ne pourraient vaquer, en ce cas, l'on en pourra élire d'autres au défaut d'iceux, et seront tenus, tous lesdits commis, de faire serment ès mains desdits médiateurs ou l'un d'eux sur les saints évangiles de Dieu de bien et loyalement procéder à faire lesdites informations et non révéler le secret d'icelles, rejeter toutes faveurs ou malveillances quelconques et, se d'aventure, les nommés ne voulaient ou pouvaient vaquer, lesdits médiateurs ou les deux d'iceux y pourront commettre des autres qui feront les serments comme dit est.

Item, a été avisé que lesdits médiateurs d'un côté et d'autre, à leurs pouvoirs et selon leurs bons avis et d'un commun accord pacifieront tous autres débats qui sont ou pourraient mouvoir entre lesdits seigneurs, à cause des choses ci dedans écrites et mêmement les débats de Béreins, du dîme de Boulignieu, des panonceaux mis pour la controverse qui est entre le seigneur de Saint-Trivier et Henry Bagé, et aussi de Juis et Sainte-Olive, de Lordres [2] Vacheresses, et Amareins et autres quelconques dont est fait mention ès articles et appointements faits et pris à Villars et à Lyon ; et pour ce que pour le traité de Chambéry, il est contenu de ce qui se trouvera de l'une partie sur

---

1. L, B : Purgest ; T : Purget ; J : Puger. — 2. L, T, B : Lorde.

l'autre, se fera, au plaisir desdits seigneurs, mutuelle permutation ou autre équivalente récompensation, il a été avisé que lesdites parties, audit huitième jour de mai, montreront lettres patentes desdits seigneurs, par lesquelles iceux seigneurs feront déclaration du bon plaisir qu'ils auront sur cette matière ensemble puissance auxdits médiateurs de procéder avant, selon leurdit plaisir.

Item, que lesdits seigneurs, s'il est leur bon plaisir, ratifieront et approuveront, le plus tôt que ce pourra, ce présent avis et traité et le feront les procureurs desdits seigneurs signifier l'un seigneur à l'autre, dedans le premier jour de janvier prochain venant, c'est à savoir, de la part de M. de Bourbon, à Bourg-en-Bresse, aux officiers de M. de Savoie et, par mondit sieur de Savoie, à Villefranche, aux officiers de Beaujolais.

Item, que cependant ne se fera rien de nouveau d'un côté ne d'autre, mais cesseront les parties et officiers des susdits de faire aucune nouvelleté et se point en faisaient lesdits médiateurs auront puissance de tout traiter et pacifier à ladite journée et autres jours suivants, durant lesquels ils vaqueront sur les débats des susdits et en auront telle puissance comme sur les autres dessus écrites et desquelles les commis s'informeront comme dessus, et ne feront les officiers aucun exploit les uns sur les autres ès lieux contentieux, sans le su, consentement et mandement de leur bailli ou de leurs juges et lieutenants, selon lesdits appointements de Lyon et de Villars, et, au regard des gages pris d'un côté et d'autre, ils seront rendus et levés, sans empêchements, selon lesdits appointements.

Tout cela fut arrêté et accordé par lesdits médiateurs, à Mâcon, au cloitre de l'église dudit Mâcon, en l'hôtel d'habitation de M. Antoine de Feurs, chanoine dudit Mâcon, le 24 octobre 1448 [1].

V. — Il y eut un autre appointement pris à Lyon, le 18 avril 1450, entre R. P. en Dieu, M. Jean de Groslée, prévôt de Monjou et custode de l'église de Lyon, conseiller de M. de Savoie, et Me Pierre Balarin, docteur ès lois, juge de Beaujolais, etc., pour s'assembler à Villars, au 26 mai de ladite année, ce qui fut prolongé au 12 d'août, où fut accordé

1. T : 1748 ; V : 1478.

le 16 ensuite que, pour le regard de Juis et ses appartenances touchant le ressort et souveraineté, il demeurerait selon la forme et teneur [1] des appointements précédents et entre deux ne se ferait rien de nouveau d'un côté ni d'autre, soit à cause de la juridiction et justice qu'autrement, et, de plus, que les appointements ci-devant pris seraient exécutés, en ce qui touchait les choses qui avaient été jugées par iceux, et que, pour terminer les différents qui n'avaient pas été jugés, il en serait décidé à la première journée qui se tiendrait; laquelle se tint à Mâcon, où M. Charles de Bourbon, par ses lettres données au châtel de Moulins, le 5e jour de mars 1451, députa M. Jean de Beaufort, MM. Jacques de Lugny, chevalier et Godefroy de Germoles, écuyer, seigneur de Vinzelles, maîtres Jean Jaquelin et Imbert de Malefrettes, licencié ès lois, pour y assister au 16 du même mois. Il y eut encore un autre appointement, pris au lieu de Châtillon, entre les officiers de MM. de Bourbon et de Savoie, pour vaquer au lieu des limites, le 10 novembre 1451 [2], ensuite de quoi advint l'information du prieur de Chalamont dont j'ai parlé ci-dessus.

L'an 1464 et le mardi 8 mai, le roi étant à Chartres commanda à Guillaume Juvenal des Ursins, chevalier, seigneur de Treignel, et, du vivant de feu le roi Charles, chancelier de France, et Pierre d'Oriol, ses conseillers, commissaires en cette partie, de se transporter au pays de Savoie, pour certaines matières touchant les affaires dudit seigneur de Savoie et du pays, et les chargea de besogner touchant la matière des différends et attentats dont était question entre monseigneur le duc de Bourbon, d'une part, et MM. les ducs de Savoie et prince de Piémont, d'autre, à cause des terres de Bresse, et procéder à la publication d'icelles ; lesquels seigneurs, après avoir visité tous les lieux contentieux avec les députés de part et d'autre, se retirèrent à Lyon, au logis où pend pour enseigne le Porc scellé, pour travailler à ladite pacification, ce qu'ils firent depuis le 19e jour d'août, jusqu'au 16 octobre, sans rien avancer sinon que de prolonger les trêves pour un an au delà du premier jour de Toussaint de ladite année, à même jour finissant 1465, et donnèrent délai aux députés jusqu'au premier jour de février prochainement venant [3].

1. L, T, B, J : manière. — 2. G : sac 4 du 2e coffre, cote KK 2. — 3. G : Ibid. cote KK 3.

L'an 1501 et le 12 juillet, il y eut mandement et commission de M. Pierre de Bourbonnais pour informer des assemblées et entreprises faites par les sujets du duc de Savoie et pour saisir, à cause du fief non fait, les cens et rentes acquises en Dombes par le seigneur de Baneins, vassal de Bresse, à Dompierre de Chalaronne [1].

VI. — Toutes lesquelles choses font bien connaître que si ces deux seigneurs n'avaient pas été égaux et en pareille puissance, et que le duc de Savoie eût eu quelque prétention et préférence sur celui de Bourbon, à cause de la Dombes, il n'aurait pas transigé du pair, mais plutôt aurait mis ladite terre de Dombes en commise pour cause de félonie.

Dans d'autres mémoires et instructions, il est dit qu'au regard du ressort il ne se trouvera que onques les barons de Bagé ne les comtes ou seigneurs de Savoie eussent aucun ressort ou souveraineté sur ladite baronnie ou seigneurie de Beaujolais, tant deçà que delà l'eau, mais ont toujours usé de parité en toutes questions et débats qui étaient entre lesdits seigneurs et leurs sujets, en usant d'arbitrages et journeyemens ou de représailles, ou gaigemens ou autres semblables remèdes : *quia par in parem non habet imperium*.

Et, pour faire voir cette parité et égale puissance, il faut savoir que, l'an 1277, guerre ayant été émue entre les sujets du seigneur de Beaujeu en Dombes et Henry, seigneur de Varax, et Girard, son fils, dit La Guêpe, Philippe, comte de Savoie, se mêla de les vouloir accommoder, ce qu'il fit ladite année, à Bourg, le jour de Saint-André, apôtre, où, entre autres choses couchées dans l'accord, est dit : *insuper præfatus dominus comes Sabaudiæ quittat, donat penitus et remitit dictæ dominæ comitissæ* (c'était Jane, comtesse de Forez, mère de Louis, seigneur de Beaujeu), *damna illata per gentes domini Bellijoci in feodo dicti domini comitis, et ipsa domina comitissa, et dictus domini Bellijoci quittant penitus et remittunt dicto domino comiti damna et vadiamenta facta per gentes dicti domini comitis gentibus domini Bellijoci per dictum chacipulum Castellionis et ejus sequaces.*

Je dis encore, l'an 1292, comme le même Louis de Beaujeu et Humbert, sire de Villars, et Humbert de Montluel se fussent fait la

1. G : sac G, coffre 2, JJJ 2.

guerre l'un à l'autre; leurs amis communs désirant les accorder, leur firent promettre de mettre tous leurs différends entre Humbert, dauphin de Viennois, comte d'Albon et seigneur de La Tour, et Jean de Chalon, comte d'Auxerre, seigneur de Rochefort et noble homme Guy de Saint-Trivier, à qui ils donnèrent pouvoir de les accommoder et de s'en tenir à tout ce qu'ils ordonneraient sous peine de trois mille marcs d'argent, payables par le réfractaire à la partie obéissante, ou, si le comte de Savoie eût eu quelque supériorité sur eux, puisqu'il était déjà seigneur de Bresse, pourquoi souffrait-il la guerre en son pays et entre ses sujets, ou que ne les accommodait-il sans souffrir que le dauphin, son ennemi, y mît la main et connût de leurs démêlés.

J'ajoute de plus que dans la transaction qui fut faite, le 8 septembre 1318, entre MM. du chapitre de Saint-Vincent, de Mâcon, et les seigneurs Édouard de Savoie, seigneur de Bagé, et Guichard, seigneur de Beaujeu, notre Guichard va fort bien du pair avec Édouard et ne sont aucunement appelés que nobles barons et puissants M. Édouard de Savoie, seigneur de la terre de Baugié, et M. Guichard, seigneur de Beaujeu.

VII. — C'est assez parlé de la nullité des prétentions des comtes et ducs de Savoie en qualité de seigneurs de Bresse, voyons un peu si le titre de vicaire impérial leur donne quelque avantage sur les mêmes seigneurs de Beaujeu. Son pouvoir s'étend, comme j'ai dit, sur les évêchés de Sion, de Lausanne, etc., sur les archevêchés de Lyon et d'Embrun, sur le Dauphiné et la Provence; où sont les hommages que leur ont rendus les princes dauphins de Viennois, contre qui ils étaient en perpétuelle guerre? dans tous les traités d'accord faits entre ces deux princes, on n'en voit pas un mot, quel hommage leur ont rendus les comtes de Provence? je dis avant que nos rois eussent acquis ces deux provinces, car on pourrait dire que la puissance de nos monarques aurait fait secouer cette prétendue soumission, mais je parle auparavant; qu'on me fasse voir les reconnaissances que leur ont rendu les papes, comtes d'Avignon et du comtat Venaissin? où sont les actes de prestation de serment et de fidélité qu'ils ont reçus des archevêques de Lyon, d'Embrun et des princes [1] d'Orange qui ont bien su mainte-

1. L, T : évêques.

nir leur souveraineté, puisque leur pouvoir s'étendait sur toutes ces provinces-là, et partant si ces princes n'ont point reconnu son vicariat, pourquoi les seigneurs souverains de Dombes qui étaient en pareille dignité le reconnaîtront-ils ? Étaient-ils de moindre étoffe que les autres ; ceux qui ont fait les princes de Baugé et de Bresse n'ont-ils pas fait ceux de Bresse [1] et de Villars. Si le sieur Guichenon, qui a fait les histoires de Bresse et de Savoie, eût trouvé des hommages des sires de Villars aux comtes de Savoie, il ne les aurait pas oubliés, d'autant qu'il est trop attaché à leurs intérêts ; au contraire, il dit fort bien, en son *Histoire de Bresse* [2], que les ducs de *Savoie n'ont jamais prétendu l'hommage de tout le pays de Dombes ains seulement de quelques terres*, et que, pour le surplus, ils n'avaient aucune supériorité ; cet aveu d'un homme qui est stipendié et aux gages de la maison en vaut plus de cent.

Et c'est ce que Méraud de Bourg, procureur général de Beaujolais, protesta fort à propos, le 14 [3] août 1425, lorsque, pendant la prison de Jean, duc de Bourbon, en Angleterre, le duc de Savoie se fit rendre hommage aux gentilshommes de Dombes : *et una cum hoc ipse dominus dux Sabaudiæ et ejus officiarii jurisdictionem dicti domini nostri ducis et baronis in sua patria imperii usurparunt, in qua nullum unquam ipse dominus dux seu ejus antecessores domini Bellijoci imo nec domini de Villariis recognoverunt seu recognoscere consueverunt superiorem.*

D'où provient que, lorsque Philippe de Bourbon rendit l'hommage au duc Louis, l'an 1441, il fut dit ensuite des mille livres de rente qu'il lui donna à prendre sur la rève de Lyon et de Mâcon, que le duc aurait la souveraineté et le ressort des seigneuries, châteaux et mandements de L'Abergement et de Buenc et de Boha et, moyennant ce, qu'il renoncerait à toutes les autorités et prééminences qu'il prétendait sur le pays de Dombes, en qualité de vicaire général de l'empereur, et consentirait que le comte de Clermont y fît battre monnaie, à condition que celle de Savoie y aurait cours.

VIII. — Les lettres du duc Amé IX font bien voir la vérité de ce que je dis et que lui et ses prédécesseurs avaient si longtemps contesté pendant plus de cent ans qu'ils furent en guerre sans avoir pu rien avan-

1. L, T : Beaujeu. — 2. G : fol. 78. — 3. L, T, B, J, V : 19.

cer. En voici la copie, extraite de la liasse 4 du coffre 4 du trésor de Villefranche, cote KKK; sur le repli de la première est écrit :

« A Monsieur mon oncle le duc de Bourbon,

« Monsieur mon oncle, je me recommande à vous tant que je puis. La dame de la Bastie a envoyé un gentilhomme nommé George Grenille par devers vous, à cause du trépas de feu le seigneur de la Bastie, son mari, pour faire la fidélité et hommage de ladite Bastie et de Balvey qui sont rière vous, parce que ladite dame est demourée enceinte ainsi que l'on dit et que sondit feu mary a fait son héritier l'enfant qu'elle porte, et, en après ledit enfant, sadite femme, ainsi qu'il appert par ledit testament, fait par ledit de la Bastie. Si vous prie, Monsieur mon oncle, que pour amour de moi, vu que ledit de la Bastie était votre sujet et le mien, veuillez avoir pour recommandé ladite dame veufve en son bon droit, et faire donner telle provision audit Georges, au nom d'elle, qu'il puisse avoir la possession et jouissances desdites places, se quelque novité lui en étoit faite, car je vous promets que la pouvre femme est bien désolée. Vous avisant, Monsieur mon oncle, que, quand vous voudrez chouse que je puisse le moy faisant savoir, je le ferai de bon vouloir, en priant Dieu, Monsieur mon oncle, que vous doint ce que plus vous désirez. Écrit à Genève, le XX jour de février. Votre bon neveu, Amé. »

« A Madame,

« Madame, je me recommande humblement à votre bonne grâce; j'écris à Monsieur mon oncle en faveur de la dame de la Bastie, laquelle envoye un gentilhomme nommé George Geuille [1] devers lui, à cause du trépas de feu le seigneur de la Bastie, son mari, pour faire la fidélité et hommage de ladite la Bastie et de Balvey qui sont rière lui, en Beaujolais et en Dombes, parce que ladite dame est demourée enceinte ainsi que lon dit et que son dit feu mari a fait héritier l'enfant qu'elle pourte, et, après ledit enfant, ladite mère, comme il appert par le testament fait par ledit feu la Bastie; et pour ce, Madame, que volontiers aidés aux gentilfemmes veuves, si votre bon plaisir est, l'aurez pour recommandée, et tiendrés moyen envers mon-

---

1. L, T : Greville; J : nommé Grenille.

dit seigneur et oncle que son bon droit lui soit gardé et ferez faire telle provision audit George, au nom d'elle, que si d'aventure on lui faisoit quelque novité, qu'il puisse avoir la possession et jouissance desdites places dessus nommés, jouxte la forme dudit testament et dernière volonté de sondit feu mari, et, quand il vous plaira quelque chose, moy mander et moy faisant savoir je le ferai de bien bon cœur, à l'aide de Dieu, auquel je prie, Madame, qui vous doint bonne vie et longue. Écrit à Genève, le XX jour de février. Votre humble neveu, Amé. »

Quelque temps après, procès étant intervenu, l'an 1500, au conseil de M. le Duc, en la cause de la damoiselle Duyson, veuve du sieur de la Bastie-Balvey, et Me Philibert de la Platière et autres défendeurs, en laquelle cause ladite damoiselle et le seigneur de Londres, ayant débattu la souveraineté de Dombes et interjeté appel en la chambre de l'Empire, auraient été arrêtés en la ville de Trévoux, et depuis, à la prière du duc de Savoie, M. le duc de Bourbonnais ordonna qu'en se dédisant ils seraient élargis, ce qu'ils firent le 11 août 1503, et ce qui autorise bien la nullité des prétentions du duc de Savoie.

IX. — Pour répondre maintenant à ce que Bodin a écrit au chapitre IX de sa *République* que les seigneurs de Beaujeu s'érigèrent en souveraineté, sous la protection du vicariat de Savoie, duquel ils s'avouèrent et puis après s'en exemptèrent; je ne disputerai point de l'aveu, puisqu'il est certain qu'ils tenaient quelques terres des comtes et ducs de Savoie qu'Édouard avait données à Guichard le Grand pour le dédommager de la perte qu'il avait faite pour lui de ses châteaux de Miribel et autres en la bataille de Miribel [1] où il fut fait prisonnier combattant pour le comte de Savoie; dire maintenant qu'il n'y ait eu de l'injustice du côté du Savoyard, en ce que voulant évaluer la perte qu'avait faite M. de Beaujeu à son occasion, il l'assujettit à un nouvel hommage auquel il n'était aucunement tenu avant la perte de ses états; c'est ce que je ne puis désavouer, et, quant à l'exemption dont parle Bodin, je trouve que les seigneurs de Bourbon firent très sagement puisque le duc de Savoie n'avait aucun droit de le leur demander ni comme seigneur de Baugé qui n'avait jamais eu droit de supériorité sur la maison de Villars, ni comme comte de Savoie qui ne devait pas

1. L, T, B : en la bataille où il fut fait prisonnier.

avoir imposé une servitude sur une personne libre qui avait exposé son honneur, sa vie et ses biens pour lui, ni comme vicaire de l'empereur ès terre de Bourgogne qui n'avait jamais fait partie de l'Empire, non plus que les royaumes de Bohême et de Hongrie, qui sont royaumes séparés de l'Empire quoique possédés par les empereurs, et partant n'avait pu l'attribuer à l'Empire, sous couleur de son vicariat, ce qui fut fait par entremise, l'an 1398, pendant les querelles d'Orléans et de Bourgogne, ce qui n'a pas depuis continué comme j'ai fait voir ci-dessus.

CHAPITRE VI

SI LA DOMBES EST UN FIEF DE LA COURONNE DE FRANCE ET QUEL PEUT ÊTRE LE DROIT DU ROI POUR OBLIGER SES OFFICIERS A CONNAITRE DES ARRÊTS DU PARLEMENT DE DOMBES

SOMMAIRE. — *I. Si la Dombes est un fief de France. — II. Depuis le partage des enfants de Louis le Débonnaire, la Dombes n'a jamais été de France. — III. Lettres du roi Philippe le Bel qui autorise ce que dessus. — IV. Et l'érection du chapitre de Trévoux. — V. Raisons qui prouvent que la Dombes n'a jamais été du fief de France. — VI. François Ier en reconnaît la souveraineté. — VII. Que signifie la réserve de la bouche et de la main. — VIII. Qui ne détruit pas la souveraineté. — IX. Exemple tiré de l'histoire romaine. — X. Il y a fort peu de princes qui ne soient feudataires. — XI. Nos rois n'ont jamais demandé l'hommage de la Dombes. — XII. Ce qui conclut qu'il n'est pas du fief de la couronne.*

I. — Voici la question la plus difficile à décider comme étant la plus délicate : savoir si la Dombes est un fief de la couronne de la France et si elle en relève comme a voulu assurer le sieur avocat général Lizet, en 1522, au rapport de Bodin, au lieu sus allégué et, depuis peu, M. l'avocat général Talon, en 1655, au sujet du factum qui est imprimé disant que, par la transaction de l'an 1560, le pays de Dombes est demeuré assujetti à l'hommage, ressort et souveraineté du royaume de France.

J'avoue que je ne suis pas assez savant ni assez éclairé pour parler de cette matière, outre que je suis trop bon Français pour écrire au préjudice du roi Monseigneur, de qui je suis très humble sujet, pour un prince qui m'est étranger quant à la Dombes et qui a toujours été hors de la monarchie, sinon depuis l'échange de la Bresse contre le marquisat de Saluces, en l'an 1601, qu'il a vu son pays s'enclaver de toutes parts des terres de France.

II. — Car on sait bien que, depuis le partage des enfants de Louis le Débonnaire, l'an 843 et le commencement de Boson au royaume d'Arles, l'an 879, les Français n'ont rien eu au delà de la Saône du fief direct de la couronne. Voici une lettre de Philippe le Bel au seigneur de Beaujeu qui justifie ce que j'avance.

III. — « Philipes par la grâce de Dieu roi de France, à tous ceux qui ces présentes lettres verront salut. Comme notre amé et féals conseillers Guichard, sires de Beaujeu, ait et tiengne dans son châtel de Chalamont, hors de notre royaume Villain de Pouvreroche, Simond Viel et Guillemin [1] Mayron pour la souspetion de certains crimes et pour ce qu'il était souspenconné d'avoir faussé notre monoye et nos coins eussions requis ledit seigneur que il lesdits souspenconnés nous renvoyât parce que à nous, non pas à autre, apartient la connoissance et punitions des fausseurs de notre monoye et de nos coins, et ledit sire les nous veuille renvoyer, nous faisons à savoir que notre entente n'est, ne voulons que cette rémission soit préjudicial ne fasse en rien préjudice audit seignour ne à sa seignorie, ne à sa instance, ne à ses successeurs, ou tems avenir, en témoing de laquelle chose nous avons fait mettre notre scel à ces présentes lettres. Donné à Saint-Germain-en-Laye le XVIII° jour de février, l'an de grâce mille CCC et quatre. »

IV. — Les bulles de l'érection du chapitre de Trévoux, l'an 1527, par Clément VII, portent ces paroles : *extra regnum Franciæ*, lesquelles bulles furent approuvées par Louise de Savoie avec les modifications et réserve qu'elle y apporta par ses lettres données à Saint-Germain-en-Laye, le 16 février suivant, et encore lorsque, pour faire la guerre aux huguenots, on eut obtenu de Sa Sainteté permission de vendre pour 100.000 écus de rente du bien de l'Église en France, on ne toucha point à celui de Dombes ; et lorsque l'empereur Charles V poursuivait, par ses ambassadeurs, auprès du roi François Ier, la restitution des biens de feu le connétable de Bourbon, il dit que, quant à la Dombes, il lui en baillera telle investiture qui sera nécessaire, quoique abusivement pourtant, car le royaume de Bourgogne pouvait bien avoir appartenu

---

1. L, T : Guillaume.

aux empereurs successeurs de Conrad, mais non pas à ceux qui ont été
élus depuis l'empereur Frédéric II, dernier de ladite lignée, n'étant
pas un membre de l'Empire, les empereurs Raoul d'Habsbourg et ses
successeurs, élus d'autre famille, n'y avaient aucun droit. Ils étaient
bien élus à l'Empire mais non pas héritiers du royaume de Bourgogne,
et, lorsque le Dauphiné, la Provence et la Bresse sont venus à la couronne, il n'a pas été besoin de l'investiture de l'empereur, d'autant
que la famille de l'empereur Conrad étant faillie en Frédéric II, les
princes et seigneurs qui avaient eu auparavant en fief des empereurs
légitimes, héritiers du royaume de Bourgogne, les provinces qu'ils
tenaient en propriété, les pouvaient posséder alors de plein droit, sans
recourir aux empereurs qui n'y avaient plus rien, et partant le vicariat
de Savoie se détruisait de soi-même.

V. — Quoi qu'il en soit, que la Dombes fût alors fief de l'Empire
ou non, elle ne l'était pas de France, car si elle en eût été, nos rois
étaient si puissants et les princes de Dombes si peu de chose en com-
paraison, même la plus grande partie de ce long temps vassaux, sujets
et princes de sang pour leur naissance et leurs autres biens situés dans
le royaume que sans guerre et sans inconvénient, sans connaissance
de cause, ils pouvaient, d'une simple parole, s'y établir, s'ils y eussent
été fondés en droit, au contraire, ils ont toujours souffert que les princes
de Bourbon y aient seigneurié en souveraineté, sans leur avoir jamais
rien contesté. Jean de Bourbon, souverain de Dombes, par ses lettres
données à Paris, au mois de février 1473, habilite à succéder Hugonin
Rousset, bâtard, demeurant à Montmerle; Pierre de Beaujeu ou de
Bourbon transfère le siège de Beauregard à Trévoux, l'an 1502, par
ses lettres données à Moulins, le 23 janvier; Anne de France, sa
femme, y convoque le ban et arrière-ban de ses vassaux de sa seule
autorité; Louise de Savoie y modifie les bulles du pape Clément VII
pour l'érection de l'église paroissiale de Trévoux en collégiale;
François Ier en reconnaît la souveraineté lorsqu'il se dit, par la grâce
de Dieu, roi de France et seigneur de Dombes, de même que nos rois
prennent le titre dans le royaume de Bourgogne de dauphins de
Viennois, comtes de Valentinois et Diois, comtes de Provence, Forcalquier et terres adjacentes, pour faire la distinction des provinces qui,

n'étant pas du royaume de France, lorsqu'il fut limité au deçà de la Saône par le partage des enfants de Louis le Débonnaire, l'an 843, mais bien de celui de Bourgogne y sont arrivés par donations, acquisitions ou autrement. Et le même roi François Ier, par ses lettres données à Châteaubriant, au mois de mai l'an 1532, signées Deslandes, use de ces mots : « François, par la grâce de Dieu, roi de France, seigneur de Dombes, savoir faisons à tous présens et avenir nous avoir vu l'humble supplication de nos chers et bien amés les bourgeois manans et habitans de notre ville de Trévoux, ville capitale de notre dit pays, contenant que, par nos prédécesseurs, seigneurs souverains dudit pays de Dombes, leur ont été donnés les privilèges, franchises et libertés, etc. »

VI. — Ces paroles font bien voir qu'il en reconnut la souveraineté lorsqu'il reçut ses sujets à se donner à lui qui leur conserva leurs privilèges et leur justice souveraine ancienne, qu'il convertit en parlement, leur monnaie et gabelles, et, dans le traité de l'échange de la Bresse avec le marquisat de Saluces, il ne fut jamais parlé, en aucune façon, de la Dombes, pour marque que le duc de Savoie n'y avait aucun droit et que nos rois n'y prétendaient rien, puisqu'en l'an 1606, Sa Majesté députa les sieurs de Refuge, conseiller d'état et surintendant de la justice et police en la ville de Lyon et gouvernement de Lyonnais, Forez et Beaujolais, et de Maillart, trésorier de France et général de ses finances en Bourgogne et Bresse, ses commissaires, pour travailler avec les seigneurs de Villars et d'Austrain, présidents au parlement de Dombes, commissaires députés de la part de M. le duc de Montpensier, souverain de Dombes, au règlement des limites du pays de Bresse et de la Dombes, qu'ils en firent et en expédièrent un appointement provisionnel qui a tenu jusqu'à aujourd'hui sans aucun débat ni contestation, ce qui dénote bien ladite souveraineté, d'autant que si Sa Majesté eût prétendu quelque droit sur la Dombes elle n'aurait pas souffert que M. de Montpensier, son sujet de naissance et prince de son sang, eût marché de pair avec elle en ce fait de règlement.

VII. — La dernière objection qu'on nous peut faire est la réserve de la bouche et de la main que fit le roi François II, par la transaction de l'an 1560, sur quoi je dirai que lorsque le connétable Charles de

Bourbon passa au service de l'empereur, ennemi capital de la France, pour quelque déplaisir qu'il eut d'un arrêt du parlement de Paris qui le dépouillait de ses biens, François Ier pouvait bien mettre en commise et au fisc les biens dudit connétable qui étaient en France, pour ce qu'ils étaient de son fief; mais, quant à ceux de Dombes, j'oserai dire qu'il n'y avait point de droit, puisqu'ils étaient hors de son royaume, et le parlement de Paris n'en pouvait non plus connaître pour les adjuger à Louise de Savoie, puisque le pays de Dombes était hors de leur connaissance, si on ne veut dire que le roi s'en empara par droit de représailles sur son ennemi, comme il s'empara ensuite des pays de Bresse et de Bugey[1] sur le duc, son oncle; partant, François II devait rendre la Dombes dans la même intégrité que son prédécesseur et aïeul l'avait prise sans l'assujettir à une nouvelle charge, puisqu'il est dit dans la transaction qu'il lui remet et restitue les seigneuries de Beaujolais et Dombes, appartenances et dépendances en telle intégrité, droit et état qu'elles étaient lorsque feue dame Anne de France et Charles de Bourbon en jouissaient. Si le roi voulait établir une nouvelle servitude sur le seigneur de Dombes, il devait faire comme Édouard de Savoie, qui, donnant au seigneur de Beaujeu, Buenc et Coligny, en récompense de ses châteaux de Miribel et autres places en la Valbonne, lui donna, en augmentation de fief, 4,000 livres, et, quand Philippe de Bourbon fit hommage au duc Amé, à Chambéry, ce prince, connaissant bien qu'il n'avait aucun droit d'exiger cet hommage, lui donne, en augmentation de fief, mille livres de rente qui lui étaient dues sur le droit de rêve de Lyon et de Mâcon; mais, ici, François II, qui dit rendre le pays de Dombes dans la même intégrité qu'il était possédé par feue dame Anne, etc., l'assujettit sans rien donner.

VIII. — En quoi j'oserai dire que la réserve de la bouche et de la main ne détruit pas la souveraineté. Henri le Grand, advenant à la couronne, se qualifiait prince souverain de Béarn, titre que le parlement de Toulouse avait contesté à Jean d'Albret, son bisaïeul, à cause de l'hommage que les princes de Béarn avaient rendu aux ducs de Guyenne et dont j'ai deux actes. Et cependant Louis XI, quelque temps aupa-

---

1. G : Savoie.

ravant, passant par le pays pour aller à Notre-Dame de Chavance, avait fait abaisser son épée disant qu'il n'avait rien en ce pays-là.

IX. — Tiridate, frère de Vologèse, roi des Parthes, étant venu à Rome prendre la couronne d'Arménie des mains de l'empereur Néron, se mit à genoux devant l'empereur et mit ses mains en celles de ce monarque qui le baisa à la fin de cette cérémonie, et tous les alliés du peuple romain, quoique souverains indépendants et non tributaires, mais seulement sous sa protection, venant prendre investiture de leurs sceptres de la main des empereurs, se mettaient à genoux devant eux, et les empereurs leur présentaient la bouche et eux leur baisaient la main.

X. — A ce compte on pourrait bien dire qu'il n'y aurait personne de souverain dans l'Europe que le roi de France qui tient tout de Dieu et de son épée, car si l'on veut éplucher et parcourir tous les états, les uns après les autres, on trouvera que tous les princes sont feudataires ou de l'Église ou de l'Empire, même l'empereur, en la personne duquel gît toute la majesté de l'Empire, n'est pas souverain, puisque toutes les affaires de résolution prises ès diètes ou assemblées générales de l'Allemagne se résolvent à la diète, et qu'en la dernière diète de Ratisbonne, qui se sépara le 19 mai 1654, l'empereur ayant fait couler en la résolution cette clause de notre pleine puissance et autorité impériale, il en arriva un si horrible scandale que l'empereur, pour couvrir sa faute, fut obligé de la rejeter sur l'ignorance du commis qui avait dressé la minute et, quant à ce qui est de la bouche et de la main, il n'y a prince en Allemagne qui n'y soit sujet, et si pourtant chacun a sa cour, sa chancellerie, son parlement, sa monnaie, son ban et arrière-ban et toutes les autres marques de supériorité indépendante comme a eu de tout temps la Dombes qui n'a jamais été sujette au ban et arrière-ban du royaume, nos rois n'y ont jamais établi baillis et sénéchaux pour les cas royaux, il n'y a aucun intendant de justice ou autres commissaires du roi, ni levée des tailles, aides, péages ou gabelles pour Sa Majesté; au contraire, la levée des deniers publics est pour le prince; elle s'y fait de sa seule autorité, les péages sont à lui. L'exemption des tailles et des aides y est par son unique volonté, il y a monnaie pour toutes espèces d'or et d'argent, de billon et de cuivre, fabriquée sous son nom, à ses coins et ses armes. L'on y donne grâce, affranchissements et autres privilèges ; le droit d'amortissement et d'aubaine y est de même pour le prince comme pour le roi en France, on y paye l'avènement à la souveraineté, comme en France l'avènement à la couronne, le prince y érige les fiefs et y anoblit les familles qu'il lui plait. Il y a droit de succéder aux étrangers et aux bâtards et de les légitimer à sa volonté. Il a le droit de pêche sur la rivière de Saône et ses péages, de temps immémorial, qui sont toutes marques de souveraineté.

XI. — A quoi l'on peut ajouter la prescription centenaire, étant certain que M. le duc de Montpensier, feue Mme la duchesse d'Orléans et son altesse royale Mademoiselle ont rendu hommage au roi pour les terres enclavées dans le royaume de France, mouvant de la couronne, sans que jamais on ait fait mention de la souveraineté de Dombes, la prescription étant si certaine que si elle n'était établie il faudrait que la France eût reconnu le fief de la Provence et de Dauphiné aux empereurs, rois de Bourgogne, ce qu'elle n'a point fait, outre qu'il n'y a pas de quoi s'étonner si le roi, en rendant la Dombes, l'a assujettie à la bouche et à la main, puisque le vainqueur peut donner la loi au vaincu et l'assujettir. Le roi tenait la Dombes et en était saisi et traitait avec un sien sujet de naissance, et nonobstant cette réserve cela n'a point été exigé.

XII. — Et pour conclusion de tout ce discours, il faut dire qu'auparavant l'accession de la Bresse à la couronne par l'échange du marquisat de Saluces, le roi n'y avait jamais rien prétendu, comme étant hors de son royaume ; s'il y a quelque droit, ce doit être du chef de Savoie, en qualité de seigneur de Bresse, ou en qualité de vicaire impérial, j'ai fait voir la nullité de l'un et de l'autre en ce que les seigneurs de Baugé étaient beaucoup inférieurs à ceux de Beaujeu en qualité de vicaires de l'Empire. La Dombes n'en a jamais dépendu, et quand cela serait il y a renoncé, et quand bien il ne l'aurait pas fait, cette qualité ne donnerait rien au roi puisqu'il ne la lui a pas transférée dans la cession de Bresse ; et il faudrait qu'il eût eu connaissance sur les provinces de Dauphiné et de Provence aussi bien que sur la Dombes puisqu'elles étaient en pareille puissance et dignité; et partant, si les ducs de Savoie ont témoigné n'y avoir rien par les raisons que j'ai énoncées ci-dessus, le droit de nos rois s'évanouit de soi-même puisqu'ils ont témoigné que la Dombes était hors de leur royaume et qu'ils n'y ont jamais rien querellé ni demandé auparavant cet échange ni depuis; cela soit dit sous le respect que je dois à Sa Majesté comme j'ai protesté ci-dessus.

CHAPITRE VII

DIFFÉREND TOUCHANT LES LIMITES DE BRESSE ET DE DOMBES APPOINTEMENT ET EXPÉDIENT PROVISIONNEL PRIS SUR ICELUI SOUS LE BON PLAISIR DU ROI ET DE MONSEIGNEUR DE MONTPENSIER [1]

Après la cession de la Bresse faite au roi par le duc de Savoie, l'an 1601, Sa Majesté désirant d'être éclairée de ses droits et pour obvier aux vexations de ses sujets qui auraient pu être grevés par les officiers de Dombes au sujet des impositions et deniers publics, fut avisé entre sadite majesté et M. de Montpensier de procéder à la vérification des limites des lieux contentieux de part et d'autre, et, pour cet effet, furent envoyés de la part du roi les seigneur de Refuge, conseiller d'état du roi, surintendant de la justice et police de Lyon et gouvernement de Lyonnais, Forez et Beaujolais, et de Maillart, trésorier de France et général de ses finances en Bourgogne et Bresse, et, de la part de M. de Montpensier, les seigneurs de Villars et d'Austrein, présidents au parlement de Dombes, commissaires, députés de part et d'autre, assemblés en la ville de Lyon pour procéder audit règlement des limites desdits pays de Bresse et de Dombes.

Et parce que les commissaires députés par monsieur de Montpensier prétendaient les limites par eux désignées avoir été ainsi arrêtées du temps de Guichard de Beaujeu et d'Amé V, comte de Savoie, suivant la preuve qui résulte par une information de trente témoins, faite avant l'an 1400, vu que les pays de Beaujolais et Dombes entrèrent de la maison de Beaujeu en celle de Bourbon, l'an 1400, la date d'icelle n'étant certaine, faite par commission des députés des deux princes, deux desquels témoins parlent d'avoir été présents lorsque, par les commissaires desdits princes, lesdites limites furent arrêtées et plantées, et ladite information signée par deux personnes, qui vraisemblablement

1. G : Sac 9 du 2ᵉ coffre.

étaient greffiers desdits commissaires, et restent encore quelques-unes desdites bornes, savoir devant la porte du château de l'Albergement et derrière l'église d'Illie, et il y a au trésor de Villefranche, troisième sac du deuxième coffre, toutes les pièces d'un différend entre le comte de Savoie et M. de Beaujeu, touchant les limites de Thoissey et du Pont-de-Veyle, en Bresse, sur lequel fut dit que la rivière d'Avanon ferait la limite entre les deux châtellenies, qu'on ferait entre deux un fossé large de huit [1] pieds. Les lettres du comte de Savoie sont du 7 juin 1410.

Sur ce différend, il fut produit de part et d'autre un grand nombre d'actes, titres et reconnaissances de plusieurs particuliers, faites au profit tantôt de l'un et tantôt de l'autre prince, lesquels, devant être examinés plus particulièrement avant que d'y asseoir jugement certain, lesdits commissaires estimèrent qu'il était à propos de prendre appointement à écrire et produire et communiquer, et prirent le terme de six mois pour y satisfaire, d'autant que les commissaires de Sa Majesté n'étaient saisis d'aucuns titres, instruction ni mémoire de la part du roi, et le peu d'instruction qu'ils en avaient, ils l'auraient recueilli des titres et mémoires des particuliers dans le pays; cependant et attendant l'instruction de cette affaire qui ne pouvait être que longue, d'autant même que les titres concernant la Dombes, en Beaujolais, étaient demeurés par devers M. de Savoie, n'ayant été portés à la chambre des comptes de Dauphiné avec les autres titres de Bresse, comme M. d'Expilly, ci-devant procureur du roi en ladite chambre, l'aurait certifié; et n'ayant les commissaires de Sa Majesté voulu passer outre, lesdits commissaires de part et d'autre estimèrent pour obvier à la vexation des habitants contestés, lesquels étaient travaillés pour les tailles, par les officiers de Bresse et de Dombes, que l'on pourrait avec peu d'intérêt des deux souverains partager lesdits lieux et les séparer les uns des autres par confins perpétuels, comme par rivières ou chemins, sans préjudice du droit desdits princes et différends prétendus, pour raison desdites limites, et ce sous le bon plaisir de Sa Majesté et de M. de Montpensier, attendu le long temps qu'il faudrait y vaquer pour la multiplicité des titres, de part et d'autre; laquelle séparation fut désignée depuis l'embouchure du bief d'Avanon en la rivière de Saône et le

1. L, T, V : deux.

long d'icelui bief, jusqu'à la source, et de là, tirant vers Bramafant, au long du chemin du Pont-de-Veyle à Châtillon, au lieu dit le Péage, c'est-à-dire qu'il serait laissé du côté de Bresse tout ce qui se trouverait du côté de Châtillon, depuis le chemin qui commence au grand chemin dudit Pont-de-Veyle audit Chatillon, à l'endroit où est le mas du Péage tirant à Mestral et de Mestral au château de L'Abergement, laissant icelui château, excepté la tour de Chabeu de la part de la Bresse, et d'icelui château tirant vers Dompierre et passant par la paroisse tirant droit à l'embouchure de la rivière de Monian[1] en la rivière de Chalaronne, demeurant néanmoins l'église de Dompierre du côté de Thoissey, et depuis l'embouchure de ladite rivière de Monian, icelle pareillement incluse du côté de Bresse jusqu'au grand chemin qui traverse de Châtillon à Villefranche, et dudit grand chemin de Villefranche au carrefour ou treyve de Béreins, et dudit treyve de Béreins tirant par le chemin qui passe par la forêt de Morges et se va rendre à Saint-Cire, demeurant comme il a été dit tout ce qui est enclos par lesdits chemins et rivières, du côté de Chastillon de la part de Bresse, et de la part de Dombes demeurant aussi outre ladite tour Chabeu tout ce qui se trouvera au delà desdits chemins du Péage à Mestral, de l'Abergement à l'embouchure de ladite rivière du côté de Thoissey, renfermés par le grand chemin de Châtillon au Pont-de-Veyle, depuis le péage jusqu'à Bramafan et dudit Bramafan au treyve Meyneret, passant par la Croix-Luquet au pré dit de la Combette, où l'on prétend être la source du bief d'Avanon, et ladite source au long dudit bief jusqu'à la rivière de Saône, demeurant tous les chemins confinant de la part de Bresse, lesquelles limites comme l'on enfermait du côté de Bresse le château de Mons qui est en Dombes, aussi du côté de Dombes demeurait le mas de Bramefan qui était sans contredit aucun de la souveraineté de Bresse avec d'autres feux d'aussi grande valeur que ledit château de Mons, tout ce que dessus ayant été arrêté par lesdits commissaires sous le bon plaisir du roi et de M. de Montpensier sans préjudice des droits desdits souverains et dudit différend pendant pour raison desdites limites, jusqu'à ce que le présent avis eût été agréé par lesdits seigneurs roi et duc, fut accordé que les choses

---

1. G : Momain.

demeureraient en l'état qu'elles avaient été depuis la cession de la Bresse faite par M. de Savoie à Sa Majesté qui est à dire que lesdits lieux seront imposés tant en un lieu qu'en l'autre suivant les derniers rôles, fait et arrêté à Lyon le 23 août 1606.

Il ne sera pas hors de propos de dire ici en passant que, l'an 1410, fut faite limite entre la châtellenie de Thoissey et du Pont-de-Veyle par le bief d'Avanon, depuis Saône jusqu'au lieu dit en Grosse-Planche, par l'ordonnance du feu duc Louis et d'Amé, comte de Savoie et onques puis n'eut débat entre lesdites châtellenies tant que dura ledit bief d'Avanon et l'église d'Yllie et généralement en tant que s'étend, ladite châtellenie du Pont-de-Veyle contre Thoissey, ce qui servit de suite sur les hommes et servis, l'un sur l'autre en usant selon la disposition du droit écrit.

Le sieur Gayand a encore remarqué que l'an 1481, au mois de juillet, MM. Desbordes et d'Aiguemortes, juges de Forez et Beaujolais, et les avocat, procureur et trésorier de Beaujolais descendirent sur le bief d'Avanon et à l'église d'Illie d'une part et les président et lieutenant de Bresse et le procureur et autres y descendirent aussi, et pour le défaut de Bresse fut interrompue l'œuvre de procéder aux limites.

CHAPITRE VIII

SAISIE DU PAYS DE DOMBES PAR LE ROI FRANÇOIS Ier APRÈS LA RETRAITE DU CONNÉTABLE CHARLES DE BOURBON

SOMMAIRE. — I. Déclaration du roi sur la même saisie. — II. Établissement du parlement de Dombes par le même roi François Ier, en l'an 1523. — III. Érection du bailliage de Trévoux par Henri II. — IV. Privilèges dudit parlement tels et semblables dont jouissent les autres parlements de France. — V. Quels ont été les officiers dudit parlement depuis son établissement dans la ville de Lyon.

I. — Le roi François Ier s'étant saisi et rendu maître de toutes les terres et seigneuries de Charles de Bourbon, connétable de France, et principalement du pays et souveraineté de Dombes, à cause de sa retraite et sortie hors du royaume, Sa Majesté, par ses lettres patentes et déclaration du mois de novembre 1523, entre autres privilèges, droits et exemptions accordés aux sujets, manants et habitants dudit pays de Dombes, contenus auxdites lettres et pour plus grand soulagement desdits habitants, au lieu qu'en souverain ressort les appellations du juge d'appeaux dudit pays étaient relevées et introduites en la chambre du conseil des duc et duchesse de Bourbon, en la ville de Moulins, aurait voulu icelles appellations être introduites et relevées, les procès, visités et conclus en souverain ressort en la ville de Lyon par-devant le gouverneur qui était en ce temps-là M. de la Palisse, lequel avait été aussi établi par Sa Majesté gouverneur et lieutenant général dudit pays et souveraineté de Dombes, le sénéchal dudit Lyon, les lieutenants général et particulier dudit sénéchal, et deux docteurs de la qualité requise résidant en ladite ville, auxquels sadite majesté baillerait ses lettres à ce nécessaires pour l'administration de ladite chambre souveraine à Lyon, ensemble le procureur du roi en ladite sénéchaussée, un greffier et deux huissiers, lesquels Sa Majesté y aurait créés et établis sans pouvoir relever lesdites appellations ailleurs, ni lesdits sujets et habitants de Dombes être traités, pour quelque cause que ce soit, tant civile que criminelle, en autre cour et juridiction que par-devant lesdits gouverneur, sénéchal, lieutenants et gens dudit conseil, auxquels en était attribué et donné la totale et entière connaissance, jugement et décision. Les causes ventillantes audit conseil de Moulins évoquées en l'état qu'elles étaient par-devant lesdits gouverneur, sénéchal et chambre du conseil souverain audit Lyon, pour y être terminées et décidées, en étant toute cour, juridiction et connaissance interdite et défendue aux gens dudit conseil de Moulins ; ledit sénéchal de Lyon nommé garde des sceaux de ladite chambre et aussi la chambre de la Monnaie rétablie à Trévoux pour y être battu espèces d'or et d'argent et de billon aux coins et armes de Sa Majesté.

II. — Voici l'édit de l'érection dudit parlement :

« François, par la grâce de Dieu roi de France, comme par cy-devant et de grande ancienneté les sujets manants et habitants du pays de Dombes lez la rivière de Saône eussent été sous l'obéissance et souveraineté des ducs et duchesses de Bourbonnois, et jusques à puis naguères que pour raison et à cause des désobéissances, conspirations, proditions, machinations et entreprises faites et procurées contre nous, notre personne et royaume, par messire Charles de Bourbon, connestable de France, qui se seroit absenté et retiré au service et party de l'eslu empereur notre ennemy capital, nous aurions prins et réduit, et mis, fait prendre et réduire à notre main touttes et chacunes les terres et seigneuries dudit connestable et entre autres ledit pays de Dombes, auquel notre cher et bien amé cousin le seigneur de la Palisse, maréchal de France, notre lieutenant et gouverneur audit pays de Dombes, et des autres terres et seigneuries que tenoit ledit connestable, se seroit transporté et auroit pris et reçu de par nous le serment de fidélité des nobles et sujets dudit pays qui libérallement se sont soumis à notre sujection et obéissance, sachant que mieux et plus seurement ne sauroit être pour être bien et humainement traitez, considérant laquelle obéissance en laquelle lesdits sujets, manans et habitans de Dombes, se sont libéralement soumis envers nous et la loyauté qu'ils ont délibéré nous porter, inclinans aussi libéralement à leur requête et supplication qu'ils nous ont fait faire voulans ou désirans iceux favorablement traiter, soulager, suporter et entretenir, après avoir eu sur ce l'avis de notre conseil et pour plusieurs causes et considérations à ce nous mouvans, pour nous et nos successeurs rois de France, de notre certaine science, pleine puissance et autorité royale, avons esdits sujets, manans et habitans, accordé, dit, statué et déclaré, disons, statuons, déclarons et ordonnons ce que s'ensuit : premièrement, attendu que ledit pays est limitrophe et de frontière, que à toujours leur sera entretenu et leur entretiendrons un gouverneur ou notre lieutenant qui aura la garde et gouvernement pour nous audit pays. Item, considéré que ledit pays n'est et n'a été par cy-devant subjet à aucune contribution de tailles, fors excepté à quelque petit don et octroy que demandoient lesdits ducs et duchesses de huit à neuf ans, auquel temps et pour affaire étoient assemblés les états dudit pays, avons dit et déclaré ledit pays de Dombes, sujets et habitans d'icelui francs, quittes et exemps, à toujours desdites tailles à nous et à nosdits successeurs, excepté ledit don et octroy gracieux dans ledit temps en assemblant les états comme dessus en la ville de Trévoux. Item, pour le soulagement desdits sujets, seront par nous tenus commis et entretenus à toujours, juges ordinaires et d'appeaulx, avocat et procureur pour nous pour l'exercice de la justice qui feront leur résidence continuelle en ladite ville de Trévoux, en laquelle ladite justice sera exercée comme ville principale dudit pays, par-devant lequel juge d'appeaulx les appellations dudit juge ordinaire de Trévoux et autres juges ordinaires dudit pays de Dombes seront relevées et introduites sans moyen et, au lieu qu'en souverain et dernier ressort les appellans dudit juge d'appeaulx relevoient et introduisoient leurs appellations en la chambre du conseil desdits duc et duchesse de Bourbon, en la ville de Moulins, pour plus grand soulagement desdits habitans dudit pays de Dombes avons dit, statué et déclaré et ordonné que doresnavant lesdites appellations seront introduites et relevées, les procès visités et conclus en souverain et dernier ressort en cette notre ville de Lyon, par-devant notredit gouverneur et notre amé et féal le sénéchal de Lyon, quand ils seront en ladite ville et se y voudront trouver, les lieutenant général et particulier dudit sénéchal et deux docteurs résidans en ladite ville, esquels baillerons sur ce nos lettres à ce requises et nécessaires pour l'administration de la justice de notredite chambre à Lyon, pour ledit souverain et dernier ressort, ensemble notre procureur en ladite sénéchaussée et un greffier et deux huissiers aux gages qui par nous leur seront ordonnés, lesquels nous y avons créé et étably, créons et établissons par ces présentes, et après les arrêts et sentences définitives desdits procès ainsi vus et accomplis seront prononcés par ledit notre gouverneur, sénéchal de Lyon ou leursdits lieutenans ou autres dudit conseil, par eux délégués à ladite ville de Trévoux, comme par ci-devant a été de coutume faire, sans ce que l'on puisse desdits arrêts et sentences deffinitives et souveraines appeller ny relever ailleurs, ne lesdits sujets dudit Dombes être traités pour quelques causes que ce soient, tant civiles que criminelles, en autre cour ne juridiction que par-devant notredit gouverneur et sénéchal ou leurs lieutenans et gens dudit conseil à Lyon, ausquels en avons attribué et baillé la totale et entière cognoissance, jugement, décision, et parce que, par ces présentes, avons évoqué et évoquons toutes les causes ventilans audit conseil de Moulins en l'état qu'elles sont par-devant notre gouverneur et sénéchal et chambre dudit conseil audit Lyon, pour en icelle être décidées et terminées et y faire procedder lesdites parties présentes ou appellées ou procureurs pour elles, desquelles causes et procès avons interdit et deffendu, interdisons et deffendons toute cour, juridiction et connoissance ésdits gens dudit conseil de Moulins et ce scelleront et émolumenteroient lesdits arrêts et autres provisions de justice qui seront baillés par ladite chambre de conseil audit Lyon à semblables émoluments par-devant ledit sénéchal de Lyon ou son commis audit Lyon qui étoient accoutumés en la chambre du conseil à Molins, et lequel sénéchal députons garde de nos sceaux de ladite chambre, et, en outre, de notredite puissance et autorité royalle avons restably, réintégré et remis en ladite ville de Trévoux la chambre de monoye, et à telz officiers qui y souloient être d'ancienneté pour y être battu et forgé espèces d'or et d'argent et aloy, telles qu'en nos autres monoyes de notre royaume et qu'il est contenu en nos ordonnances sur le fait de nos monoyes, lesquels officiers, pour le fait et labourage de ladite monoye qui y souloient être d'ancienneté ou en tel nombre et quantité qu'il en y a en chacune de nosdites autres monoyes de notredit royaume en tant que de besoin, nous y avons créés et établis, créons et établissons par cesdites présentes esquels nous pourvoirons cy-après comme dessus. Lesquels officiers bailleront caution suffisante et telle que baillent les autres officiers des monoyes de notre royaume et seront portés les boites en la chambre des monoyes à Paris. Et d'abondant avons esdits gens dudit pays de Dombes, pour les cause et raisons que dessus confirmé, ratiffié et émologué tous et chacun leurs autres privilèges, franchises et libertez, dont ils ont cy par cy devant deubement et justement jouy et usé, jouissent et usent de présent, sans ce que en ladite jouissance ny ès choses susdites leur soit fait mis ou donné aucun destourbier ou empêchement. Ordonnons en mandement par ces mêmes présentes à notre amé et féal chancellier, à nostre dit cousin le seigneur de la Palisse, notredit lieutenant et gouverneur esdits pays, audit sénéchal de Lyon et à tous nos autres justiciers ou à leur lieutenans, présens et avenir, et à chacun d'eux sy comme à luy apartiendra que de nos présentes grâce, statut, ordonnance, déclaration, réintégration, confirmation et octroy ils fassent, souffrent et laissent jouir et user plainement et paisiblement, lesdits sujets, manans et habitans dudit pays de Dombes et si aucun détourbier ou empêchement leur étoit sur ce fait, mis, ordonné, le mettent ou facent mettre incontinent et sans délay à pleine délivrance, car tel est notre plaisir, nonobstant quelconques ordonnances, lois, statut, édits mandements ou deffences à ce contraires. Et pour ce que de ces présentes on pouroit avoir afaire en plusieurs lieux, nous voulons que au vidimus d'ycelles foy soit ajoutée comme au propre original. Et afin que ce soit chose ferme et stable à toujours nous avons fait mettre notre scel à cesdites présentes sauf en autres chose notre droit et l'autruy en toutes. Donné à Lyon, au mois de novembre, l'an de grâce mil cinq cent vingt et trois et de notre règne le neufvième. Par le roi, Robertet. Extrait des registres du parlement de Dombes. Roiollet [1]. »

Le premier scel duquel on scelloit les arrêts de ladite chambre souveraine est encore dans les archives du parlement de Dombes, autour duquel scel sont ces mots : *Sigillum domni nostri Francorum regis pro supremo parlamento Dombarum.* Ensuite, par l'autre édit de l'an 1543,

[1]. L, T, B : Roissollet.

le pays de Dombes fut entièrement séparé et désuni d'avec celui du Beaujolais, et le parlement confirmé et conservé dans ses privilèges.

Séparation du pays de Dombes d'avec le Beaujolais à la part du royaume [1]. — « François, par la grâce de Dieu, roy de France, seigneur de Dombes, à tous présens et avenir savoir faisons nous avoir reçue l'humble suplication de nos chers et bien amés les manans et habitans de notre pays de Dombes, contenant qu'en l'an 1523, à la réduction d'iceluy pays à notre couronne plusieurs libertés et privilèges leur ont été accordés et entrautre, qu'ils auront un gouverneur pour nous qui auroit la garde et gouvernement dudit pays et qu'iceluy pays seroit exempt, comme il étoit auparavant de toutes contributions aydes et tailles, excepté seulement d'un don et octroy gracieux qu'ils seront tenus de nous faire de huit à neuf ans, en assemblant à ces fins les états dudit pays, comme au temps que ledit pays étoit tenu par les feus ducs de Bourbonnois et leurs prédécesseurs, sieurs dudit pays, et en outre que les appellations interjettées du juge d'apeaux et autres juges subalternes ressortiroient au conseil suprême dudit pays de Dombes par nous étably en notre ville de Lyon, où lesdites causes seroient jugées et décidées en dernier et souverain ressort, ce qui a été observé du depuis et entretenu, joint que led. pays de Dombes est extrêmement séparé dudit pays de Beaujolois par le moyen de la rivière de Saône qui divise lesdits deux pays, et, quant à la juridiction, les causes dudit pays de Dombes sont décidées en dernier ressort aud. conseil de Dombes, et celle dudit pays de Beaujolois en notre cour de parlement à Paris; et leur eussions aussi généralement confirmé et apreuvé et ratifié tous et chacuns leurs autres privilèges, franchises et libertés, comme ils avoient accoutumé de jouir et user avant ladite réduction, entre lesquels ils auroient joui desdits privilèges, libertés, exemptions et franchises avec le scel, sur ce, par nous ordonné pour sceller et expédier les arrêts et ordonnances dud. conseil, sous lequel scel et chancellerie ils auroient accoutumé prendre et obtenir toutes lettres de justice, aussy étant exemps de toutes garnisons de gens de guerre, et semblablement [du payement] de notre droit d'imposition foraine, néantmoins,

---

1. G, J : au trésor de Trévoux.

sous couleur que le bailly de Beaujolois est pareillement bailly de Dombes, lesdits habitants de Beaujolois, pour eux décharger de leurs tailles sur lesdits suplians se sont efforcés et efforcent, par chacun jour, par toutes les voyes et manières, les comprendre et accueillir au département de leurs tailles et autres aydes qu'ils nous doivent, au lieu desquelles tailles et aydes les suplians nous fournissoient ledit octroy et don gratuit, auquel lesdits de Beaujolois ne contribuoient aucunement, et d'abondant, pour incorporer à leur pays iceluy pays de Dombes, ont, puis naguère, sous ombre de quelque commission adressée audit bailly de Beaujolois, pour tenir prest et faire marcher le ban et arrière ban dudit pays de Beaujolois voulu étendre lesdites lettres et commission sur iceluy pays de Dombes et sur les gentils-hommes et autres tenants fiefs audit pays, combien que auxdittes lettres ne fut fait aucune mention expresse dudit pays de Dombes, comme à la vérité nous n'avions entendu ; et, pour le défaut desdits habitans de Dombes de comparoir et obéir auxdites lettres, auroit ledit bailly de Beaujolois ou son lieutenant fait procedder par saisie et main mise sur les fiefs desdits suplians non comparans, laquelle, venue à notre connoissance, nous aurions, par nos lettres patentes de déclaration, fait lever et oter et deffendre audit bailly de Beaujolois que sous les commissions à luy décernées concernant ledit pays de Beaujolois il n'eut à comprendre ledit pays de Dombes ; et encore depuis, sous ombre d'autres lettres par nous octroyées audit bailly de Beaujolois pour lever sur les villes closes dudit pays de Beaujolois la somme à laquelle elles auroient été cotisées pour la soulde de cinquante mille hommes, ceux dudit pays de Beaujolois y auroient voulu accueillir lesdits suplians en se déchargeant d'autant qu'ils auroient chargé lesdits suplians dont toutesfois ledit bailly de Beaujolois ou son lieutenant, vu lesdites lettres et privilèges desdits supliants auroient debouté lesdits de Beaujolois et par sa sentence ordonné que lesdits suplians n'y seroient tenus y contribuer avec lesdits de Beaujolois, lesquels s'en seroient portés pour appellans, pendant lequel apel ils auroient sur leur faux donné a entendre et, au désçu desdits suplians, obtenu secondes lettres adressantes au lieutenant du sénéchal de Lyon, l'un des conseillers dud. conseil de Dombes, pour mettre ladite apellation au néant et contraindre lesdits suplians à payer la somme à laquelle ils auroient été cotisés par lesdits de Beaujolois et, en outre, auroient semblablement, puis ledit tems en sça, lesdits de Beaujolois mis et fait loger audit pays de Dombes toujours bonne partie des garnisons de nos ordonnances, aucune fois par vertu de nos lettres adressantes simplement au bailly de Beaujolois, autrefois adressantes au bailly de Beaujolois et Dombes, par inadvertance desdites lettres privilèges et coutumes par lesquelles ils en sont exempts, et aussy, puis trois mois en sça, se seroient efforcés faire payer ausdits suplians ledit droit d'imposition foraine, nonobstant l'exemption d'iceluy à cause dudit don gratuit et outre la garde du scel dudit parlement et dernier ressort de Dombes fait difficulté leur octroyer toutes lettres de justice que leur est gros dommage et intérest parcequ'il les faudroit aler quérir en nos autres chancelleries qui sont à cinquante et cent lieues d'illec et auparavant lad. réunion les auroient accoutumé prendre au dernier ressort ès cour de Parlement dudit Dombes. A cette cause nous auroient lesdits suplians requis pour les relever des frais et soulager, comme nous leur avons promis, aussi pour obvier à telles et semblables entreprises faites sur eux contre leurs dits privilèges, libertez et coutumes par lesdits de Beaujolois et autres, nous leur voussions, en confirmant lesdits privilèges, libertés et coutumes, faire une générale déclaration et ordonner que suivant iceux privilèges, libertés et coutumes ledit pays de Dombes soit entièrement distrait, distinct et séparé dudit pays de Beaujolois, tant pour raison de ladite contribution de tailles et aydes, ban et arrière ban et autres choses et que, suivant leursdits privilèges, libertés et coutumes, ils fussent exempts desdits aydes, tailles, impositions foraine, réception et assiete de garnisons et autres subcides et charges quelconques et outre que en ladite chancellerie de Dombes, ils puissent faire sous le scel d'icelle prendre et lever toutes lettres de justice comme ils faisoient par cydevant et ainsy qu'il est accoutumé prendre en nos chancelleries ordonnées pour nos parlemens; et, pour montrer le bon vouloir qu'ils ont de nous ayder et subvenir nous ont libéralement offert et présenté la somme de deux mille escus qu'ils ont mise ez mains de notre amé et féal conseiller trésorier et receveur général de nos finances extraordinaires et parties casuelles, Mᵉ Jean Laguette, ainsy qu'il nous est aparu par sa quittance qu'il en rendra comptable. Pour ce est-il que nous, inclinans à la suplication et requeste desd. suplians, voulans iceux, pour la bonne et grande loyauté qu'ils nous ont par cy devant portée favorablement traiter, à iceux, pour ces causes et autres bonnes considérations à ce nous mouvans, avons de notre certaine science, pleine puissance et autorité royalle, confirmé, loué et ratiffié, louons, confirmons et ratifions tous et chacuns leurs des susdits privilèges, à eux par cy devant donnés et octroyés tant par nous que par nos prédécesseurs, sieurs dudit pays, dont ils ont justement et duement jouy et usé auparavant et au temps de ladite réduction et en la manière que dit est, et suivant iceux avons dit et déclaré, disons et déclarons, voulons et nous plait que ledit pays de Dombes ait et soit distinct et séparé avec celuy dudit Beaujolois et que lesd. habitans soient exempts francs et quittes de toutes contributions de tailles, aydes, subsides, imposition foraine, perception et assiete de garnison, sinon en [cas] d'éminent péril de guerre audit pays, et pour la seureté, tuition et deffence d'iceluy, et de toutes autres charges et subsides quelconques, fors du don gratuit au temps et par la forme contenue en nosdites lettres, sans ce que sous couleur des commissions par nous envoyées audit bailly de Beaujolois et Dombes, tant par l'effet desdits ban et arrière ban, soulde de nos gens de guerre et garnisons, emprunts que autres charges et impositions quelconques, ledit pays de Dombes puisse être aucunement cotizé aux charges ou autrement, accueilly, comprins et entendu sous les commissions expédiées pour ledit pays de Beaujolois simplement ou pour ledit pays de Beaujolois et Dombes, ausquels ne voulons par eux être hobéy aucunement, ains que de ce, ensemble desdites autres charges, ils soient quittes, immunes et exempts, si non qu'il en fut besoin pour éminent péril de guerre audit pays et pour la tuition d'iceluy tant seulement; auquel cas leur sera les affaires offrans par nous pourvû de commissaire et commissions séparées spéciales et à part de celles dudit Beaujolois, dérogeantes ausdits privilèges, franchises, libertés et coutumes ainsy que nous verrons être à faire par raison pour ladite fois et sans préjudice de leurdites libertez et franchises et de ne le pouvoir retirer en conséquence, les entretenans et gardans toujours en leurdites exemptions, privilèges, coutumes, libertés et franchises. Voulons aussi et nous plait qu'ils puissent et leur soit loisible prendre sous le scel de notre chancellerie étably audit parlement et dernier ressort de Dombes dont est garde notre amé et féal conseiller en notredit parlement de Dombes et notre lieutenant général en la sénéchaussée de Lyon, M. Jean du Peyrat, toutes lettres de justice à ce pertinentes et nécessaires et lesquels, selon nos ordonnances ont accoutumé prendre et expédier en nos autres chancelleries ordonnées et établies pour les ressorts de nos autres parlements, lesquelles seront signées par notre greffier étably à Lyon et [mandons] aux gouverneurs, baillifs, sénéchaux et élus de nos pays de Lyonnois, Beaujolois, Masconnois et Bresse qu'à tous nos autres justiciers officiers et commissaires ou leurs lieutenans, présens et avenir et à chacun d'eux, si comme à luy apartiendra que de nos présente grâce, confirmation, octroy, volonté déclaration ils facent et souffrent et laissent jouir et user plainement et paisiblement lesdits sujets, manans et habitans dudit pays de Dombes, et si aucun détourbier ou empêchement leur étoit sur ce fait, mis ou donné le mettent ou facent mettre incontinent et sans délay à plaine délivrance, car tel est notre plaisir, nonobstant quelconques, troubles ou empêchemens que en choses dessusdites auroient été fait ausd. suplians par lesdits de Beaujolois et autres, lesquels nous avons oté et du tout mis au néant, ostons et mettons par ces présentes quelconques ordonnances, loix, statuts, édits, coutumes, mandemens, deffences, provisions lettres et commissions dérogeantes obtenues et à obtenir à ce contraires, ausquelles nous avons dérogé et dérogeons par ces présentes de notre certaine sience, pleine puissance et autorité royale, ains icelles voulons dès à présent, comme pour lors, être de nul effet et que à icelles ne soit obéy, et pour ce que de ces présentes l'on pouroit avoir affaire en plusieurs lieux, nous voulons qu'au vidimus d'icelles, fait sous le scel royal, foy soit ajoutée comme au propre original, et, affin que ce soit chose ferme et stable à toujours, nous avons fait mettre notre scel à cesdites présentes, sauf en autres choses notre droit et l'autruy en toutes. Donné à Evreux au mois d'avril, l'an de grâce mil cinq cent quarante trois et de notre règne le trentième; Marillac. Visa par le roy, seigneur de Dombes en son conseil: de Neufville. »

Lecta publicata et registrata, audito procuratore generali regis, id requirente, Lugduni, in parlamento Dumbarum, decima octava mensis Aprilis, anno Domini millesimo quingentesimo quadragesimo quarto a pascale sumpto. Porret. »

Confirmées par le roy Henri II à Fontainebleau, au mois de février 1547, et encore par autres lettres, données au même lieu au mois de mars 1549.

III. — Ledit parlement de Dombes ayant exercé plusieurs années la justice sous l'autorité du roi François Ier, après la mort dudit seigneur, il continua ses fonctions sous le roi Henri second, ainsi qu'il se justifie par la déclaration dudit roi, du mois de mai 1558, par laquelle l'établissement dudit parlement fait par le roi François Ier est rappelé et ledit pays de Dombes distinct et séparé de celui de Beaujolais, soit pour l'exercice de la justice ou autrement en quelque sorte et manière que ce soit, pour laquelle administrer aux sujets de Dombes, il aurait créé et érigé un siège de justice ordinaire et icelui composé du juge ordinaire et lieutenant général, civil et criminel, au bailliage de Dombes, un lieutenant particulier et procureur pour connaître des matières et causes dont les juges, lieutenants généraux, civils et criminels, des autres bailliages et sénéchaussées du royaume ont accoutumé de connaître, à la charge que les appellations qui seront interjetées des jugements desdits officiers établis à Trévoux se relèveront et introduiront par-devant le juge d'appeaux de Dombes, et celles dudit juge d'appeaux par-devant le parlement dudit pays établi à Lyon; lesdites lettres et édit de création adressées audit parlement pour y être enregistrées, au bas desquelles et susdit édit scellés en cire verte à lacs de soie pendants, et sur le repli est couché ledit enregistrement en ces termes : *Lecta publicata et registrata, audito et requirente procuratore generali regis in parlamento Dumbarum, die decima tertia octobris, anno Domini millesimo quingentesimo quinquagesimo octavo. Porret.*

Érection du bailliage de Trévoux. — « Henry, par la grâce de Dieu, roy de France, à tous présens et avenir salut. Comme nos chers et bien amés les sujets, manans et habitans de notre pays de Dombes delà la rivière de Saône, nous ayent en notre privé conseil fait remontrer que, après avoir par le feu roy, notre très honoré seigneur et père que Dieu absolve, réduit en sa main ledit pays par ses lettres patentes du mois de novembre 1523, dont le vidimus duement collationné et cy attaché sous le contre scel de notre chancellerie, et, pour les causes y contenues, leur donna et octroya plusieurs privilèges et exemptions, franchises, coutumes, libertez et immunitez et entrautres choses statua et ordonna pour le soulagement des subjets dudit pays qu'il y seroit mis et entretenu à toujours juges ordinaires et d'appeaux, advocat et procureur pour nous, pour l'exercice de la justice, qui feroient leur résidance continuelle en la ville de Trévoux, en laquelle ladite justice seroit exercée comme ville principale dudit pays de Dombes, et autres juges subalternes d'icelle seroient relevées et introduites, sans moyen et, au lieu qu'en souverain et dernier ressort les appellans dudit juge d'appeaulx relevoient leurs appellations en la chambre des ducs et duchesses de Bourbon en notre ville de Moulins, seroient dès lors lesdites apellations introduites et relevées et les procès veus, visités et concluds en souverain et dernier ressort en notre ville de Lyon, par devant les gens tenant le parlement, à cette fin lors pour luy ordonné et étably audit Lyon et, ainsi qu'il est plus au long contenu par cesdites lettres d'édit, qui pour ce regard a sorty effet, et depuis par autres lettres de édit, du mois d'avril mil cinq cent quarante-trois, auroit été déclaré ledit pays de Dombes être du tout distinct et séparé de celuy de Beaujolois, confirmant auxdits habitans tous et chacun les privilèges, franchises et libertés dont ils avoient accoutumés de jouir et user, ce qu'ils auroient fait du depuis, tant en vertu dicelles lettres que celles de confirmation et continuation par nous depuis notre avènement à la couronne a eux octroyées cy pareillement attachées, nous supliant, attendu ladite distinction, séparation et division desdits deux pays et que l'un d'iceux resortit en notre cour de parlement de Paris et l'autre en celuy de Dombes, pour ce étably audit Lyon, et l'incompatibilité des offices d'iceux, ainsy que suivant icelle séparation les offices de greffiers, enquesteurs, notaires, et sergens desdits pays scelleront distinctement tant pour le ressort dudit parlement de Dombes que celuy pays en chacun pour ses distroit, et outre que les habitans de Dombes sont contraints d'aller chercher et requérir à juges étrangiers la justice hors leurs pays et ressort de leurdit parlement, et que bien souvent n'entendant l'état de leurs plaidoiries, au lieu de relever leurs appellations au parlement d'où elles doivent ressortir, les relèvent en autre, eulx consommant par ce moyen en frais et dépens, qu'il nous plut, pour les causes et considérations susdites et en corroborant lesdits premiers édits, créer et ériger de nouveau et en tant qu'il en seroit besoin un juge ordinaire et lieutenant général civil et criminel audit pays de Dombes, un lieutenant particulier, un advocat et un procureur pour nous, ayant égard aux remontrances et plaintes susdites, voulans, conserver lesdits suplians en tout ce qu'il leur a été par la réduction dudit pays donné et octroyé et confirmé et faire que par l'établissement desdits officiers audit siège, les ressortissans à icelluy ayent soulagement et briève distribution de justice. Pour ces causes et autres bonnes considérations à ce nous mouvans, après avoir mis cette affaire en délibération avec aucuns princes de notre sang et autres grands et notables personnages de notre conseil privé, avons par leur avis et par édit perpétuel et irrévocable dit, déclaré, statué et ordonné, disons déclarons, statuons et ordonnons que ledit pays de Dombes sera d'icy en avant, en tout et par tout, distinct et séparé de celuy dudit Beaujolois, soit pour l'exercice de la justice ou autres, en quelque sorte ou manière que ce soit, pour laquelle administrer à nosdits sujets de Dombes avons en ladite ville de Trévoux créé et érigé et étably d'abondant et de nouvel et par la teneur de ces présentes, de notre certaine science, pleine puissance et autorité roialle, créons, érigeons et établissons un siège de justice ordinaire et iceluy composé d'un juge ordinaire et lieutenant général civil et criminel au baillage de Dombes, un lieutenant particulier, un advocat et un procureur pour nous, qui connoitront des causes et matières dont les juges, lieutenans généraux civils et criminels des autres baillages et sénéchaussées de notre royaume ont accoutumé de connoitre, et les apelations qui de nos officiers établis à Trévoux seront interjettés se relèveront et introduiront pardevant led. juge d'appeaux de Dombes, et celles dudit juge d'appeaux en notre parlement de Dombes étably aud. Lyon, sans que lesdits officiers dud. Beaujolois ayent plus pouvoir de cognoître sur nosdits sujets de Dombes, ne qu'ils soient plus tenu de plaider par devant eux, en révoquant par nous le pouvoir et autorité qui pourroit avoir été donné tant par nos prédécesseurs que nous ausdits officiers de Beaujolois de cognoître des procès et différends de nosd. sujets de Dombes et sera ausd. offices ainsy par nous présentement créés dès maintenant pourvu et cy après, quand vacation y échera, de personne de qualité et sufizance requises, qui en auront tiendront et exerceront et en jouiront à tels et semblables honneurs et autoritez, prérogatives, prééminances, pouvoir, facultez, droits proffits et émolumens tels et tout ainsy que faisaient ceulx dud. Beaujolois et tous les autres juges ordinaires lieutenans génerauls et particuliers, nos avocats et procureurs ès autres sièges de notre royaume. Sy donnons en mandement à nos amés et féaux, les gens de notredite cour de parlement de Dombes étably à Lyon que nos présent édit, création, érection et établissement dud. siège et officiers dessus nommés ils entretiennent, gardent et observent, facent entretenir, garder, observer, lire, publier et enregistrer, sans aller ne venir au contraire en aucune manière, nonobstant opposition, ou appellations quelconques, pour lesquelles ne voulons les receptions, jouissance et institution de ceux qui seront par nous pourvu, desd. offices être aucunement différé, et desquelles, s'aucunes sont, nous nous sommes réservés la cognoissance à notre dit conseil privé, et ycelle interdite et deffendue à tous nos autres cours de parlement et juges quelconques, et nonobstant aussy quelques autres droits, statuts, ordonnances, restrictions, mandements, deffences, et lettres à ce contraires, car tel est notre plaisir, et afin que ce soit chose ferme et stable à toujours, nous avons fait mettre notre scel à cesdites présentes. Donné à Paris, au mois de may l'an de grâce 1558 et de notre règne le douzième. Par le roy en son conseil, Fises. Sur le reply, visa ; scellé en cire verte sur lac de soie pendant et sur le replis : *Lecta publicata et registrata, audito et requirente procuratore generali regio in parlamento Dumbarum, decima tertia octobris anno Domini millesimo quingentesimo quinquagesimo octavo*. Porret. Collation faite à l'original par moy susdit greffier, icelle demeurée en la puissance d'honnête Antoine Farjot, consul de Trévoux, aujourd'huy 19 d'avril l'an 1561 après pâques, de Romans Extrait des registres du parlement de Dombes. Rodolle[1] greffier. »

Confirmation du roy François II. — « François, par la grâce de Dieu, roy de France, à tous présens et avenir, salut. Les manans et habitans

---

1. L, T, B : Rodollet.

du pays de Dombes nous ont fait exposer que se réduisans sous notre obéissance et souveraineté leur furent donnés et octroyés par feu très honnoré sieur et ayeul le roy François, que Dieu absolve, plusieurs libertez, graces, immunités et privilèges et entrautres qu'ils demeureroient comme auparavant ils étoient exempts de toutes tailles et subcides, que pour leur soulagement leur seroient commis et entretenus à toujours juges ordinaires et d'appeaulx, les appellations desquels et autres juges dudit pays seroient décidées en souveraineté et dernier ressort en notre ville de Lyon, par notre gouverneur et sénéchal de Lyon et autres juges et en la forme déclarée par les lettres patentes sur ce octroyées par lesquelles a été rétabli en la ville de Trévoux de nouvel, avec les facultés, droits et pouvoirs cy déclarés avec les confirmations de tous et chacuns les privilèges franchises et libertés dont ils auroient auparavant bien et justement [1] jouy, et, parce que contre la teneur notre bailly de Beaujolois les vouloit prétendre être dud. pays de Beaujolois et devoir contribuer aux charges que nos sujets dudit Beaujolois portent, notredit feu sieur et ayeul, par autres ses lettres du mois d'avril 1543, en confirmant les privilèges à eux auparavant donnés, déclara et ordonna que ledit pays de Dombes fut distint et séparé de celuy dudit Beaujolois, que lesdits suplians fussent exemps de toutes contributions de tailles, aydes, subsides, imposition foraine, resve et hauts passages, réception et assiete de garnisons, si non en tems d'éminent péril, et qu'ils puissent prendre sous le scel de notre chancellerie étably au parlement et dernier ressort de Dombes toutes lettres de justice pertinantes et nécessaires et que, selon nos ordonnances ont coutume expédier en nos chancelleries, lesquels privilèges ont été continués et confirmés par feu notre très honnoré sieur et père que Dieu absolve et d'autant qu'au préjudice d'ycelles on les vouloit comprendre au payement des deniers par notredit feu sieur et père ordonnés être levés pour le payement de notre gendarmerie et commutation de vivres et ustancilles en argent, notredit feu sieur et père, par autres ses lettres patentes du mois de mars 1549, déclara, voulut et ordonna que lesd. suplians fussent quittes et exemps du payement de notred. gendarmerie tout ainsy qu'ils étoient de la reception et

---

1. L, T : légitimement.

assiete de garnisons, sans que, sous couleur des lettres et commissions qui pourroient être expédiées pour la levée des deniers de notre gendarmerie, leur fut sur ce donné empêchement. Toutes lesquelles lettres ont été bien et duement vériffiées et du contenu en icelles ont lesd. exposans bien et duement jouy et usé, comme ils font encore de présent, mais d'autant que, sous couleur du deceds advenu à notre dit feu sieur et père, on les voulut troubler en ladite jouissance, ilz nous ont fait humblement supplier et requérir leur vouloir sur ce pourvoir. Nous, à ces causes, voulans bien et favorablement traiter lesdits suplians, en considération de la fidélité et obéissance qu'ils ont toujours porté à nos prédécesseurs, et pour leur donner plus d'occasion d'y continuer à notre endroit, avons tous et chacuns lesd. privilèges et exemptions de tailles, subsides, imposition foreine, resve et hauts passages, réception de garnison et autres portés par lesdites lettres cy attachées sous le contre scel de notre chancellerie loués, ratiffiés, confirmés et aprouvés et par la teneur des présentes de nos grâce spécialle, pleine puissance et autorité royale, louons, ratifions, confirmons et aprouvons, pour en jouir par lesdits suplians et chacun d'eux, tout ainsy qu'ils en ont cy devant bien et duement jouy et usé, jouissent et usent encore de présent. Sy donnons en mandement à nos amés et féaux conseillers les gens tenans notre conseil dudit pays de Dombes étably audit Lyon, et aux gouverneurs, baillifs, sénéchaux et élus de notre pays de Lyonnois, Beaujolois et Masconnois et à tous nos autres justiciers, officiers ou leurs lieutenans présens et avenir et à chacun d'eux, que de nos présentes continuation, confirmation et contenu cy dessus et ausdites lettres de nos dits prédécesseurs à chacun d'eulx jouir et user plainement et paisiblement et entièrement, sans pour ce leur faire, mettre ou donner ou souffrir leur être fait, mis ou donné ores ou pour l'avenir aucun trouble, destourbier ou empechement au contraire, lequel sy fait mis ou donné leur auroit été ou estoit, le mettent ou fassent mettre incontinent et sans délay à pleine délivrance et au premier état et deub, car tel est notre plaisir. Et affin que ce soit chose ferme et stable à toujours, nous avons fait mettre notre scel à cesd. présentes, sauf en autres choses notre droit et l'autruy en toutes. Donné à Chambourg, au mois de décembre, l'an de grâce mil cinq cent cinquante-neuf et de notre règne le premier. Du Mesnier. Ainsy signé sur le repli : par le roy

Ferey. Visa contentor Hurault. Scellé de cire verte pendant en lacs de soye rouge et verte. Collationné par moy susdit greffier à l'original demeuré en la puissance d'honnête Antoine Farjot, consul de Trévoux porteur d'icelles, ce dix neufvième jour d'avril 1561 après Pâques, de Romans. »

IV. — Après la mort du roi Henri II, ledit parlement continua ses fonctions ordinaires, sous le roi François II, ce qui est prouvé par la déclaration dudit roi François II, du septième mars 1559, par laquelle il continue et confirme les officiers dudit parlement dans le même exercice, veut et entend qu'ils rendent la justice sous son autorité comme ils avaient fait sous celle de ses prédécesseurs, à cause des bons et grands services qu'ils leur ont rendus ; cela étant porté en termes exprès par ladite déclaration, lesdits officiers ont joui des mêmes prérogatives, honneurs et privilèges sous lesdits seigneurs rois dont jouissaient les autres parlements du royaume.

Du depuis, ledit roi François II ayant transigé des droits de la succession de Charles de Bourbon, en l'année 1560, avec Louis de Bourbon, neveu dudit Charles, le pays et souveraineté de Dombes furent remis audit Louis de Bourbon, lequel confirma les officiers, qui composaient alors ledit parlement, dans leurs charges et, incontinent après, le roi François II étant décédé, et le roi Charles IX, son successeur, ayant aussi fort peu vécu, lesdits officiers ayant en crainte que, sous prétexte qu'ils n'exerçaient plus leurs fonctions souveraines sous l'autorité des rois, quelqu'un voulut donner atteinte à leurs privilèges, se pourvurent au roi Henri III, lequel leur accorda sa déclaration du mois de décembre 1577, par laquelle il veut et ordonne que les officiers dudit parlement, quoi qu'ils n'exercent plus la justice sous son nom, ains de Louis de Bourbon, duc de Montpensier, jouissent des mêmes privilèges, honneurs, prérogatives, franchises, libertés, exemptions et immunités dont jouissent les autres parlements et cours souveraines du royaume ont accoutumé de jouir et user sans aucune chose excepter et réserver. Ensuite, après la mort dudit roi Henri, troisième, lesdits officiers dudit parlement obtinrent une autre déclaration du roi Henri IV, en date du 18 septembre 1595, par laquelle il confirme auxdits officiers les mêmes privilèges, honneurs, prérogatives et prééminences qui leur avaient été ci-devant concédés et desquels jouissent les autres parlements et cours souveraines du royaume.

Le même roi Henri IV étant décédé, lesdits officiers eurent encore une déclaration du défunt roi Louis XIII, du mois de septembre 1611, par laquelle, en confirmant et corroborant les précédentes déclarations rendues en leur faveur, il veut et ordonne qu'ils jouissent de tous les mêmes honneurs, privilèges et prérogatives des autres parlements du royaume ; ladite déclaration, avec celles des rois Henri III et Henri IV, étant enregistrée au grand conseil avec attribution de juridiction, le 22 octobre 1611, pour en jouir par les impétrants du contenu et de l'effet d'icelles ; lesdites déclarations des rois Henri III et Henri IV n'ayant pu être plutôt enregistrées à cause des guerres civiles, grandes affaires survenues en la maison de Montpensier et absence [1] des officiers dudit parlement.

Le roi Louis XIII étant mort, lesdits officiers eurent recours au roi à présent régnant qui leur accorda ses lettres de déclaration du mois de mars 1644, par lesquelles il veut, entend et ordonne que lesdits officiers jouissent des mêmes honneurs, franchises, libertés, prééminences, privilèges et prérogatives dont jouissent les autres cours de parlement du royaume, ainsi qu'ils en ont ci-devant bien et dûment joui et usé, jouissent et usent encore dès à présent en tout le royaume, pays, terres et seigneuries de son obéissance, avec attribution particulière de juridiction pour connaître des contraventions à l'exécution des présentes, circonstances et dépendances, ayant interdit à toutes autres cours et juges la connaissance d'icelles. Lesdites lettres de déclaration ayant été enregistrées au Grand Conseil et à la cour des Aides les 21e d'avril et 16e juin 1644, pour jouir, par lesdits officiers, du contenu en icelles, suivant leur forme et teneur.

Lesdits officiers du parlement de Dombes et leurs descendants ont été conservés et maintenus, dans lesdits privilèges, par plusieurs arrêts [2] de la cour des Aides de Paris, du 22 septembre 1543, rendu en faveur de Mathieu Athiaud, contre les collecteurs et assesseurs des tailles, manants et habitants de Saint-Romain-la-Motte, et par autre arrêt de la cour des Aides de Provence, du 27e juin 1637, donné au profit de Jules

1. L, T, B, J : de la plupart ; V : de la plus grande partie. — 2. L, T, B, J : entre autres par arrêt.

Audoin, sieur de Janeyriac, contre les consuls et communauté de Chaponay, Pusignan et Jons, aurait été ordonné que ledit sieur était maintenu aux droits de l'ancienne noblesse dans le Dauphiné sur ce que François Audoin, son bisaïeul, avait été conseiller au parlement de Dombes et mort dans le service et par arrêt de la cour des Aides de Dauphiné du 28 juillet 1649, il fut ordonné que les fonds vendus par Louis Regnaud, seigneur de Champagnieu, à Jean Masuyer étaient nobles et hors du cadastre, parce que l'un des prédécesseurs dudit Regnaud avait été vingt ans conseiller au parlement de Dombes; la même chose a été aussi jugée en faveur de François de Bussillet, seigneur de Meyssimieu, par arrêt du conseil privé du roi, du 17 mars 1654, contre les consuls et communauté de Vénissieu, et le procureur des trois ordres de la province de Dauphiné, intervenant au procès, par lequel arrêt il est ordonné que ledit seigneur de Bussillet est maintenu aux privilèges et immunités dont jouissent les anciens nobles, ledit arrêt fondé sur la qualité de Louis de Bussillet, son aïeul, qui avait été plus de vingt ans avocat général au parlement de Dombes. Il y a eu aussi plusieurs autres arrêts et jugements rendus en faveur desdits officiers et leurs enfants, tant au sénat de Savoie que dans les autres cours et juridictions de ce royaume.

Ce n'est donc pas sans raison que les officiers dudit parlement ont salué, en cette ville, leurs majestés en robe rouge et debout, le 23 décembre 1658. Le roi ayant voulu, par sa présence, à la face de toute sa cour, donner des marques visibles que sa volonté a toujours été que lesdits officiers soient maintenus dans leurs privilèges, ce qu'il a depuis aussi confirmé par un arrêt solennel du 22 mars 1669, rendu au conseil, Sa Majesté y étant, par lequel lesdits officiers sont spécialement maintenus et gardés aux mêmes honneurs, franchises, libertés et immunités comme les cours de parlement de ce royaume, conformément auxdites lettres patentes et, en conséquence, ils auraient été déchargés des assignations à eux données sur le fait de leur noblesse, et comme, néanmoins, l'on aurait fait difficulté de sceller les commitimus auxdits officiers parce qu'ils n'étaient pas précisément nommés dans l'article de la nouvelle ordonnance qui règle le nombre de ceux qui en doivent jouir, ils auraient encore obtenu un arrêt du conseil d'État, le 27 octobre 1670, par lequel le roi, ayant égard auxdites déclarations et arrêts, les a maintenus et gardés au droit de committimus et, en conséquence, ordonné que les lettres leur en seront expédiées par les maîtres des requêtes tenant le sceau, sans aucune difficulté, tout ainsi qu'aux officiers des cours souveraines établies dans le ressort du parlement de Paris, ledit arrêt ayant été enregistré aux requêtes de l'hôtel, lu et publié, le sceau tenant.

Les premiers officiers dudit parlement ont commencé de rendre justice en l'année 1523, ainsi qu'il a été ci-dessus remarqué.

M. de la Palisse, gouverneur de la ville de Lyon, Lyonnais, Forez, Beaujolais et de la souveraineté de Dombes, lequel, lors de la réduction dudit pays à l'obéissance du roi, avait, au nom de Sa Majesté, pris le serment de fidélité de tous les nobles, sujets et habitants de la principauté dudit Dombes. Ledit seigneur de la Palisse fut aussi maréchal de France.

Monsieur le sénéchal de Lyon.

Messieurs les lieutenants général et particulier et deux docteurs de ladite ville.

Le procureur du roi en ladite sénéchaussée.

Depuis, ont succédé à la charge de premier président audit parlement, jusques en 1559 :

Monsieur de Dubourg, qui fut président au parlement de Paris et chancelier de France.

Monsieur Godon, conseiller du roi en son privé conseil.

Monsieur du Peyrat qui vivait en l'année 1543.

Monsieur Dupuis.

Il est fait mention, dans quelques historiens, d'un certain Claude de Baronnat, seigneur de Poleymieu, qui est qualifié premier président au parlement de Dombes. Mais il ne se voit pas, par les registres, en quel temps il a été président.

Il se justifie, par des actes dignes de foi, qu'il y a eu deux conseillers lorsque ledit seigneur du Peyrat était président.

Savoir : Messieurs Mathieu Athiaud et François Audoin.

A peu près au même temps, quelques particuliers firent créer et se firent pourvoir par surprise de six charges de conseillers qui étaient [1] :

Philippe de Gayand.

---

1. J : qui sont.

François de Villars.
Guillaume Martin.
Pierre Billoud [1].
Pierre Grollier.
Pierre de Lymandas.

Mais, sur la requête et remontrances des sujets de Dombes, Sa Majesté aurait supprimé et éteint ladite création de six conseillers audit conseil et parlement de Dombes établi à Lyon, voulant que lesdits sujets et habitants de Dombes jouissent pleinement de leurs privilèges; informé que l'étendue du pays n'avait besoin d'un si grand nombre d'officiers, ainsi qu'il est porté par son édit et déclaration du mois de juillet 1544, et, par ce moyen, ces six particuliers [2] ci-dessus nommés ne doivent pas entrer au nombre des officiers dudit parlement.

L'on ne peut pas dire précisément quels étaient les autres officiers au temps desdits seigneurs premiers présidents ci-dessus nommés, si ce n'est qu'il se voit, par la déclaration du roi François II, du 7ᵉ mars 1559, de laquelle nous avons déjà parlé, que sadite majesté, à son avènement à la couronne, aurait confirmé, avec éloge d'honneur, les officiers du parlement de Dombes en leurs offices, sans être tenus de prendre nouvelles lettres ni faire nouveau serment, lesquels officiers dénommés en ladite déclaration étaient :

Messieurs :
Hugues Dupuis, ci-devant nommé, président.
François de Villars.
Néry de Tourvéon.
Benoît Buatier, grand vicaire et official de l'archevêque.
Hierosme de Châtillon.
Jean Ciberan, official de la primace.
Jean Fournel
Nicolas de Langes } conseillers.
Toussaint Charretton
Mathieu de Vauzelles
Pierre Bullioud } avocats et procureur général [3].
Jean Girinet

1. L, T : Bulliond. — 2. L, T, B : conseillers. — 3. T : généraux.

Si bien que voilà les officiers dont la mémoire s'est conservée qui ont servi sous les rois, ne restant plus qu'à parler de ceux qui ont administré la justice sous l'autorité des princes de Bourbon, ducs de Montpensier, et de leurs successeurs, depuis la remise de la souveraineté de Dombes, faite en l'année 1560, jusqu'à présent ; les noms desdits officiers sont :

    Messieurs les premiers présidents :

Hugues Dupuis, qui continua encore d'exercer la charge de premier président quelque temps, sous Louis de Bourbon.

Jean Fournel, auparavant conseiller, puis second président et enfin premier, après le décès dudit Hugues Dupuis.

Hiérosme de Châtillon, premier président après le sieur Fournel, en 1571, avait été conseiller audit parlement comme appert ci-dessus.

Nicolas de Langes, auparavant conseiller, puis second président en ladite cour, fut premier [1] par le décès de Hiérosme Châtillon.

Baltazard de Villars, auparavant conseiller, fut pourvu, en survivance à Nicolas de Langes, de la charge de premier président, par lettres du 3 novembre 1596.

Pierre de Sève, seigneur de Laval et du Montillet, fut pourvu, en survivance à Baltazard de Villars, à la charge de premier président, pour exercer en l'absence l'un de l'autre, par lettres du dernier mars 1621, et reçu le 26 mai de la même année.

Guillaume de Sève, seigneur de Laval, conseiller du roi en ses conseils et au conseil de son A. R., fut pourvu de la charge de premier président en ladite cour, par lettres du 22 mars 1653, et reçu le trente avril suivant, au lieu de Pierre de Sève, son père, auquel, par les mêmes lettres, était permis d'exercer et jouir encore en ladite charge, pendant six années, conjointement avec sondit fils, lesdites lettres registrées en ladite cour pour jouir par lesdits sieurs père et fils de Sève du contenu en icelles, aux conditions portées par l'arrêt.

Seconds présidents audit parlement, sous Louis le Bon, duc de Montpensier. — Jean Fournel, en 1561, fut fait second président en ladite cour et depuis premier président, comme j'ai dit ci-dessus.

1. T : premier président.

Nicolas de Langes, auparavant conseiller, fut second président par la promotion du sieur Fournel à la charge de premier et en fut pourvu le 8 octobre et reçu le 29 dudit mois 1572, et, lorsqu'il fut pourvu de la charge de premier président en ladite cour, celle de second fut entièrement supprimée et éteinte par lettres du 17 mars 1593.

Pierre Austrein ayant fait rétablir l'office de second président, par édit du mois de janvier 1601, en fut pourvu et reçu le 10ᵉ dudit mois de janvier de la même année.

François Cousin, pourvu de l'office de second président que son A. R. avait fait revivre, en le créant et érigeant de nouveau par ses lettres de déclaration et l'édit du mois de mars 1635 registrés le 21 novembre audit an ; les provisions dudit sieur Cousin sont du 30 juillet 1637. Il fut reçu et installé le 2 juin 1638.

Pierre Chapuis, seigneur de Margnolla [1], conseiller du roi en ses conseils et au conseil de S. A. R., fut pourvu de l'office de second président sur la résignation de François Cousin, par lettres du 26 novembre 1646, reçu le dix-neuvième décembre suivant.

L'an 1658, S. A. R. étant à Lyon, par son édit du mois de décembre, créa, audit parlement, un office de troisième président, un maître des requêtes, un conseiller clerc, deux conseillers laïques et un second avocat général, et lors :

Jacques Troullieur [2], seigneur de La Douse, du Vierre et de La Vaupierre, auparavant conseiller du roi et maître de ses comptes en Dauphiné et pour lors conseiller au conseil de sadite A. R., fut pourvu dudit office de troisième président, le second janvier 1659, et fut reçu le 8 du même mois de la même année.

Louis Rousselet [3] de Rouville a été pourvu de l'office de président au lieu et par le décès de Pierre Chapuis, par lettres du 16 juin 1670, et reçu le 6 juillet de la même année.

Maîtres des Requêtes audit parlement. — Pierre de Montconis, seigneur de Liergues, a été pourvu d'un office de maître des requêtes de ladite cour, créé par l'édit contenant ladite provision du mois de février 1603, et reçu le 9 avril de la même année.

1. L, T, V : Marnolla. — 2. L, T : Troilleur ; B : Trouilleur. — 3. L, T, V : Rossellet.

Gaspard de Montconis, pourvu de la charge de maître des requêtes en ladite cour, sur la démission de Pierre de Montconis, son père; ses provisions sont du 27 juin 1629 et sa réception du premier août [1] suivant.

André Boullioud, seigneur de Fétan et de Fourquevaux, a été pourvu de l'office de maître des requêtes en ladite cour, sur la démission de Gaspard de Montconis, par lettres du 18 février 1642, reçu le 29 avril 1643, et installé le 6 février 1647.

Claude Butillon, seigneur d'Amareins et Aylle, a été pourvu de l'office de maître des requêtes en ladite cour, créé par l'édit du mois de juillet 1646; ses provisions sont du 24 juin 1647, et a été reçu le 3 juillet de la même année.

André Amyot, seigneur et baron d'Albigny, Bully et Montromant, a été pourvu de la charge de maître des requêtes en ladite cour, au lieu de défunt Claude Butillion, par lettres du dernier novembre 1651, reçu le 3 décembre audit an.

Constant de Silvecane, conseiller du roi en ses conseils, président en la cour des monnaies, fut pourvu de l'office de maître des requêtes audit parlement qu'exerçait feu André Bollioud, sieur de Fétan, par lettres du 28 novembre 1654, et reçu le 16 décembre suivant.

Jacques Pillehotte, seigneur de la Pape et de Meyssemy, conseiller au conseil de S. A. R., a été pourvu de la charge de maître des requêtes audit parlement, au lieu de Constant de Silvecane, par lettres du 11 mars 1658, et reçu dans le même mois de ladite année.

Gaspard de Vincent, seigneur de Panettes, conseiller au conseil de S. A. R., a été pourvu de l'office de maître des requêtes en ladite cour créé par l'édit du mois de décembre 1658; ses provisions sont du 9 mars 1659, et sa réception du 28 janvier 1660.

François Duprat, seigneur de Chassagny, ci-devant conseiller du roi et maître des comptes en Dauphiné, conseiller au conseil de S. A. R., a été pourvu à la charge de maître des requêtes audit parlement, au lieu et sur la résignation d'André Amiot; ses lettres sont du 15 mars 1660, et sa réception du 7 avril de la même année.

Jacques Ennemond Fabry, seigneur de La Barre, a été pourvu de l'office de maître des requêtes, par le décès de Gaspard de Vincent,

1. J : avril.

seigneur de Panettes; ses lettres sont du 1ᵉʳ juin 1665, et sa réception du 26 ¹ août de la même année.

Louis de Rousselet de Rouville a été pourvu et reçu à la charge de maître des requêtes au lieu de François Duprat, seigneur de Chassagne ², le 1ᵉʳ février 1668; ses provisions sont du 7 janvier de la même année.

Maurice du Fournel, seigneur de Bayères, a été pourvu de la charge de maître des requêtes au lieu et sur la résignation de Louis Rousselet, le dernier octobre 1670, et reçu le 3 décembre de la même année.

Conseillers clercs de ladite cour. — Étienne de la Barge, abbé d'Idrac, sacristain et comte de l'église de Lyon, pourvu en la charge de conseiller clerc au lieu de Benoît Buatier, par lettres du 10 janvier, et reçu le 15 février 1576.

François de Champier, doyen de l'église collégiale de Saint-Symphorien de Trévoux, en faveur et considération duquel et des sieurs de la Bastie, ses pères et frères, gouverneurs de Dombes, fut faite et créée une charge de conseiller né audit parlement, à cause de sa dignité de doyen, à l'imitation des parlements de France, où il y avait en quelques-uns un conseiller né premier en dignité spirituelle, en la ville capitale de la province, pour en jouir par lui et ses successeurs en ladite dignité qui se trouveraient gradués et de la capacité requise, suivant l'édit du 17 avril 1598, registré, et ledit seigneur Champier reçu en conséquence le 10 juin de ladite année. Depuis ladite charge a été désunie du doyenné par l'édit du mois de mars 1609, portant que ledit seigneur de Champier la tiendrait et posséderait à l'avenir comme office formé de conseiller clerc, et le pourrait résigner et ledit édit vérifié le 20 avril audit an, et, néanmoins, par un autre édit, du dernier décembre 1663, on a créé un office de conseiller clerc honoraire, pour être perpétuellement uni au doyenné de l'église de Trévoux, en faveur d'Étienne Chollier, doyen dudit Trévoux.

Maurice du Fenoil, obéancier de Saint-Just, pourvu, après le décès d'Étienne de la Barge, de l'office de conseiller clerc, nonobstant la suppression faite du premier office de conseiller vacant, par les précédentes lettres de déclarations et provisions desdits seigneurs de Bourg

---

1. L., T, B : 6 août. — 2. L., T, B, J : Chassagny.

et Austrein; les provisions dudit seigneur du Fenoil, en forme d'édit, étant du 25 janvier et ayant été reçu le 17 mars 1602.

Thomas de Meschatin Lafaye, chantre et comte en l'église de Lyon et grand vicaire de l'archevêque, a été pourvu de l'office de conseiller clerc ci-devant créé et uni au doyenné de l'église de Trévoux et depuis désuni dudit doyenné, par l'édit du 28 mars 1609; ses lettres de provisions sont du 24 février, et il a été reçu le 18 avril 1613.

Jean-François de Pradel Autherin, pourvu de l'office de conseiller clerc que tenait et exerçait défunt Thomas de Meschatin Lafaye, comte en l'église de Lyon, par lettres du 21 décembre 1636, et a été reçu le 6 septembre 1645, ensuite d'autres lettres de surannation et de dispense d'âge des 17 mai 1644 et 9 août 1645.

Claude de Pradel Autherin, protonotaire du Saint-Siège apostolique, conseiller, aumônier ordinaire du roi, prieur de Saint-Martin-de-Chalamont, fut pourvu de la charge de conseiller clerc au lieu de défunt Jean-François de Pradel, son frère, par lettres du 4ᵉ décembre 1656, reçu le 24 janvier 1657.

Claude d'Albon, conseiller du roi en ses conseils, abbé commendataire de l'abbaye royale de Savigny, archidiacre et comte en l'église de Lyon, fut pourvu de l'office de conseiller clerc créé par le même édit du mois de décembre 1658; ses provisions sont du deuxième janvier 1659 et a été reçu le 15 du même mois en ladite année 1659.

Étienne Chollier, doyen de l'église collégiale de Saint-Symphorien de Trévoux, a été pourvu de l'office de conseiller clerc honoraire, créé par édit du mois de septembre 1663, pour être perpétuellement uni au doyenné de Trévoux, moyennant que ledit doyen soit gradué, et après avoir été examiné en ladite cour ait été trouvé et jugé capable; ses lettres de provision sont contenues dans le même édit, et a été reçu le 5 décembre 1663.

Conseillers chevaliers d'honneur. — François de Bussillet, seigneur de Meyssimieu et de La Rivière, chevalier de l'ordre du roi, gentilhomme ordinaire de sa chambre, a été pourvu de la charge de conseiller chevalier d'honneur en ladite cour, créé par édit du mois de juillet 1646. Ses provisions sont du 24 juin 1647 et sa réception du premier septembre 1649.

Gabriel de Bussillet, seigneur de Meyssimieu, pourvu en survie de François de Bussillet, son père, à la charge de conseiller chevalier d'honneur par lettres du 9 juillet 1658, et ledit sieur de Bussillet fils, reçu le dernier août 1667.

Conseillers du parlement. — Jean Guillen, pourvu le 9 et reçu le 26 septembre 1571 en l'office de conseiller qu'exerçait ci-devant le seigneur de Châtillon.

George Grollier, pourvu de l'office de conseiller de Jean Ciberand par lettres du 17 janvier 1573 et reçu le 11 février de la même année, auquel office ledit George Grollier, après le décès dudit Ciberand, fut nommé et présenté au prince souverain de Dombes par ledit parlement avec deux personnes de mérite pour en choisir l'un des trois suivant l'ancienne coutume.

Antoine de Masso pourvu le 30 mai 1578 et reçu le 18 janvier 1579 de l'état de conseiller que tenait Nicolas de Langes, lequel office fut désuni de la charge de second président.

Claude de Tourvéon fut pourvu en la charge de conseiller au lieu de Néry de Tourvéon, son père, le 20 août 1578, et reçu le 13 mai 1579.

Claude de Rubys pourvu en sa charge de conseiller au lieu de Jean Guillen, le 17 février, et reçu le 22 novembre 1581.

André Charreton, pourvu de la charge de conseiller au lieu de Toussaint Charreton, son oncle, le dernier septembre 1582, et reçu le 22 juin 1583.

Claude Trellon, pourvu de l'office de conseiller au lieu d'André Charreton, par lettres du dixième mars, et reçu le 22 juin 1594.

Georges Langlois, pourvu de l'état de conseiller au lieu d'Antoine de Masso, le 12 mars, et reçu le 7 septembre 1594.

Pierre Allard fut pourvu de l'office de conseiller, vacant par le décès de Jean Guillen, lequel office s'étant trouvé rempli par Claude de Rubys, qui avait aussi été pourvu et reçu en icelui, le prince, néanmoins, n'aurait laissé de retenir et pourvoir ledit Allard d'un office de conseiller en ladite cour, pour faire le nombre de huit, par lettres du 15 novembre 1594, registrées en ladite cour et ledit Allard en conséquence reçu audit office le 18 novembre de la même année.

Toussaint Grollier, pourvu de l'office de conseiller, au lieu de défunt Georges Grollier, son père, par lettres du 26 mars, et reçu le 25 [1] avril 1596.

Baltazard de Villars a aussi été conseiller en ladite cour; l'on ne voit pas le temps de ses provisions et réception, y ayant apparence qu'il en a été pourvu et reçu au lieu de François de Villars ; ledit sieur Baltazard de Villars a été ensuite pourvu en survivance, à Nicolas de Langes, de la charge de premier président, par lettres du 3 novembre 1596.

Pierre Austrein fut retenu [2] par lettres de déclaration du souverain pour avoir entrée, séance et voix délibérative en ladite cour en qualité de conseiller, suivant la nomination faite de sa personne par le parlement, après le décès du seigneur de Tourvéon, sans autres gages, sinon qu'advenant le décès de l'un des conseillers, son office serait éteint et supprimé et entrerait, ledit sieur Austrein, en sa place et prendrait les gages. Lesdites lettres du 5 juillet, registrées le 29 du même mois de l'année 1598. Ledit sieur Austrein ayant fait rétablir l'office de second président, par édit du mois de janvier 1601, en fut pourvu et reçu le 10 dudit mois de janvier de la même année.

Laurent de Bourg, pourvu de l'office de conseiller que tenait et exerçait ledit sieur Pierre Austrein par lettres du 10 janvier 1601 et reçu ensuite.

François Bullioud [3] fut pourvu d'une charge de conseiller, l'on n'en sait pas bien le temps ni à qui il a succédé.

Alexandre Boullioud a été aussi conseiller plus de vingt ans, ainsi qu'il se justifie par les lettres de vétéran qu'il a obtenues le 25 janvier 1630, registrées le 20 avril de la même année; mais le temps de ses provisions et de sa réception ne se trouve pas ni à qui il a succédé.

François Regnaud, seigneur de Champagnieu, a été conseiller à la cour plus de vingt années, ainsi qu'il paraît par un arrêt de la cour des Aides de Dauphiné, rendu en faveur de Louis Regnaud, son fils; on ne sait pas bien le temps de ses provisions et réception ni à qui il a succédé.

Claude du Sauzey a succédé audit sieur Regnaud, audit office de conseiller; l'on ne voit pas aussi le temps de ses provisions et réception.

Abraham Valier fut pourvu de la charge de conseiller sur la démis-

1. J : 5. — 2. L, T : receu. — 3. T : Bouilloud.

sion de François Bullioud et ses lettres de provision sont du 21 octobre 1613.

Jacques de la Porte fut pourvu de l'office de conseiller, sur la démission de Laurent de Bourg ; ses provisions sont du 5 novembre 1613, et fut reçu le 29 janvier 1614.

Nicolas Regnaud a été aussi pourvu et reçu en office de conseiller, en l'année 1614.

Louis de Rochefort fut pourvu en la charge de conseiller au lieu et place d'Abraham Valier par lettres du 11 juillet 1619 et reçu le 18 septembre suivant. Depuis, en 1629, ayant résigné son dit office, il obtint lettres de conseiller d'honneur en ladite cour, pour y entrer et avoir séance et voix délibérative, nonobstant la résignation de sondit office ; lesdites lettres sont du 3 septembre et registrées le 17 octobre 1629.

Guillaume Langlois, pourvu de l'office de conseiller au lieu et sur la résignation de George Langlois, son père, par lettres du 12 juin 1623, reçu le 30 août suivant.

Henry Grollier de Servières, seigneur de Bellair, pourvu de l'office de conseiller, au lieu et suivant la résignation de Jacques de la Porte, par lettres du dernier juillet, et reçu le 20 novembre 1624.

Charles de Tourvéon, pourvu de l'office de conseiller vacant par le décès de Claude du Sauzey ; les provisions du 16 août 1625, et sa réception du 3 septembre suivant.

Louis Trellon, pourvu de l'office de conseiller qui avait été supprimé par le décès de Nicolas de Langes, et lequel on a fait revivre en faveur dudit sieur Trellon, en considération des services rendus par Claude Trellon, son père, par lettres du 5 décembre, registrées le 12, et ledit sieur Trellon reçu le 17 du même mois, de l'année 1625.

Louis Landry, pourvu de l'office de conseiller, vacant par le décès de Claude Trellon, par lettres du 5 [1] décembre 1625, confirmées par autres lettres du 9 [2] février 1626, et reçu le 28 mars audit an [3].

Pierre de Sève, baron de Fleschières, seigneur de Saint-André-du-Coing, Limonest et Villette, a été pourvu de l'office de conseiller, au lieu de Louis Landry, par lettres du 9 janvier, et reçu le 16 février 1629.

1. J : 13 décembre; V : 21. — 2. J : 1er. — 3. T, V : reçu le 28 dudit mois.

Jean Le Viste, seigneur de Briandas et de Montmengo, pourvu de l'office de conseiller sur la résignation de Louis de Rochefort, ses provisions du 10 juillet 1629, et sa réception du 12 septembre suivant.

Pierre Bouillioud Mermet, pourvu de la charge de conseiller sur la résignation d'Alexandre Boullioud, son père, par lettres du 25 janvier, et reçu le 10 avril 1630.

Louis Austrein, seigneur de Graveins, pourvu sur la résignation d·· Charles de Tourvéon, de l'office de conseiller, par lettres du 26 juillet 1630, et reçu le 21 septembre suivant.

Pierre du Fenoil, avocat général en ladite cour, a été pourvu en la charge de conseiller en icelle, sur la résignation de Maurice du Fenoil, obéancier de Saint-Just, pour en jouir nonobstant que ladite charge eût été possédée par des ecclésiastiques, en qualité de conseiller clerc, par lettres du 14 août 1630, reçu le 20 novembre suivant.

César de Bernoud, seigneur de Saint-Didier-de-Formant, Marrieu, Clavel et Rochefort, pourvu de l'office de conseiller, sur la résignation de Pierre de Sève, seigneur de Fléchères, par lettres du 6 juin 1630, reçu le 4 décembre de la même année.

Charles Phily, pourvu de l'office de conseiller, sur la démission de Pierre du Fenoil, par lettres du 20 septembre, et reçu le 29 novembre 1634.

Jean-Claude Charbonnier, seigneur de Grangeac, a été pourvu de l'office de conseiller que tenait feu Louis Austrein, par lettres du 26 août, et reçu le 27 novembre 1641.

Marc Antoine du Sauzey, seigneur de Jarnosse et de La Mollière, pourvu de la charge de conseiller, au lieu de Louis Trellon, seigneur de Mogneneins, par lettres du 26 février 1642, et reçu le 16 septembre 1643.

Alexandre Chollier a été pourvu de l'office de conseiller, au lieu d'Henry Grollier, par lettres du 5 mai 1644, et reçu le 8 juin suivant.

Pierre Chollier, conseiller du roi en ses conseils, a été pourvu de l'office de conseiller en ladite cour, au lieu de défunt Alexandre Chollier, son frère, par lettres du 10 avril 1646, et reçu le 22 du même mois et an.

Charles de Serre, seigneur de Charly, pourvu de l'office de conseiller sur la résignation de Gaspard Charrier, qui en avait été pourvu sans s'y être fait recevoir, au lieu de Guillaume Langlois; les provisions dudit seigneur de Serre sont du 26 novembre 1647, et sa réception du 6 mai 1648.

Barthélemy de Chavanes de Rancé, de Gleteins, seigneur de La Rey, conseiller au conseil de S. A. R., capitaine et gouverneur de la ville, château et châtellenie de Thoissey, a été pourvu de l'office de conseiller audit parlement, au lieu de Jean-Claude Charbonnier, seigneur de Grangeac, et sur sa résignation, par lettres du 12 septembre 1648, y a été reçu, suivant autres lettres de dispense d'âge du 18 du même mois, le 16 décembre 1648; ledit seigneur de Chavanes est encore à présent, en l'année 1671, doyen des conseillers et syndic dudit parlement.

Claude Cachet, seigneur de Montesant, Lurcy et La Poype, a été pourvu à l'office de conseiller, au lieu de Marc Antoine du Sauzey, par lettres du 17 janvier 1653, et reçu le 18 juin de la même année.

Guillaume Bollioud [1] fut pourvu de l'office de conseiller au lieu de Pierre Bollioud Mermet, son père, par lettres du 2 avril 1657, et reçu le 16 mai suivant.

Pierre Malet, ci-devant avocat général, seigneur de Gorges-de-Loup, a été pourvu de l'office de conseiller vacant par le décès de Jean Le Viste, seigneur de Briandas, du 29 novembre 1658, et reçu le 4 décembre audit an.

Benoît [2] Penet a été pourvu de l'office de conseiller créé par l'édit du mois de décembre 1658; ses lettres sont du 17 décembre 1658, et a été reçu le 15 janvier 1659.

Barthélemy Dreu [3] a été pourvu de l'office de conseiller audit parlement, aussi créé par le même édit que dessus; ses lettres sont du 19 décembre 1658 et fut reçu le 29 janvier 1659.

Jean-Clément Phili a été pourvu, par S. A. R., de l'office de conseiller, tenu et exercé par Charles Phili, son père, par lettres du 22 décembre 1658, portant pouvoir au père de tenir et exercer encore ledit office pendant trois ans, lequel seigneur Phili père étant décédé bientôt après, ledit sieur Phili fils a été reçu audit office le 18 juin 1659.

1. L, T, B : Bouilloud. — 2. L, T, V : Pierre. — 3. L, T : Dru ; J : Drue ; sous une rature, B porte : Dreux ; on a ajouté de Mongelas.

Louis Rousselet de Rouville a été pourvu de l'office de conseiller, par le décès de Charles de Serre; ses lettres sont du 1er avril 1662 et sa réception du 24 mai suivant.

Jean Deschamps fut pourvu de la charge de conseiller au lieu et sur la résignation de Guillaume Bollioud, par lettres du 31 décembre 1663, reçu le 7 janvier 1664.

Jean-Jacques Dutour Vulliard a été pourvu de l'office de conseiller, au lieu et sur la résignation de Clément Phili, par lettres du 8 mars 1667 et reçu le 27 août de la même année.

Pierre-François Mauga. a été pourvu de l'office de conseiller, au lieu et sur la résignation de César de Bernoud, par lettres du 5 décembre 1667, et a été reçu le 1er février de la même année (1668) [1].

Martial Carrette a été pourvu de la charge de conseiller, au lieu et sur la résignation de Louis Rousselet, par lettres du 7 janvier 1668, et a été reçu le 18 avril de la même année.

Alexandre Tholomet, seigneur de Fontenelles, a été pourvu de la charge de conseiller, au lieu et sur la résignation de Pierre Cholier, le 5 août 1669, et reçu le 11e septembre de la même année.

Avocats généraux. — Louis de Bussillet aurait succédé à une des charges de conseiller et avocat général audit parlement de Dombes qu'il aurait exercée plus de vingt années et jusqu'en 1594.

Justinian Micollier, pourvu de l'office d'avocat général, au lieu de Louis de Bussillet, le 15 février, et reçu le 14 septembre 1594.

Pierre du Fenoil, pourvu de la charge d'avocat général audit parlement, au lieu de Justinian Micollier, et vacante par son trépas; ses provisions sont du 19 décembre 1616 et fut reçu le 18 [2] janvier 1617.

Étienne Meyssonnier, pourvu de la charge d'avocat général en ladite cour, sur la résignation de Pierre du Fenoil, par lettres du 15 juin, reçu le 7 septembre suivant.

Pierre Mallet, conseiller au conseil de S. A. R., a été pourvu de la charge d'avocat général, au lieu de défunt Étienne Meyssonnier, par lettres du 1er avril 1653, et reçu le 28 mai suivant, auquel office Pierre Bernier aurait été pourvu le 28 septembre 1652 sans s'y être fait recevoir.

1. L, T, B : le 1er février 1608. — 2. J : 8.

Bonaventure Chollier, conseiller au conseil de S. A. R., pourvu de l'office d'avocat général, au lieu et sur la résignation dudit sieur Mallet, par lettres du 2 décembre, et reçu le 11 dudit mois de l'année 1658.

Claude-François de Poleins, conseiller au conseil de S. A. R., pourvu de l'office de second avocat général créé par le même édit du mois de décembre 1658 et reçu le 29 janvier 1659.

Procureurs généraux. — Pierre Bullioud, pourvu le 22 janvier et reçu le 26 mai 1574, en la charge de procureur général, au lieu de Pierre Bullioud, son père, décédé.

Alexandre Chollier, environ l'année 1596, fut procureur général en ladite cour; l'on ne voit pas la date de ses provisions et réceptions, ni à qui il a succédé, si c'est résignation ou vacance par mort.

Jacques d'Aveyne, pourvu à la charge de procureur général, par la démission d'Alexandre Chollier; les provisions sont du 14 décembre 1610 et fut reçu la même année.

Jean de Pomey a été pourvu de l'office de procureur général, au lieu et sur la résignation de Jacques Daveyne, par lettres du 12 mai 1620, reçu et installé le 3 juin de la même année.

Barthélemy Puget, pourvu en la charge de procureur général sur la démission à son profit du sieur de Pomey, par lettres du 22 novembre 1625, et reçu le 12 août 1626.

Étienne Meyssonnier, pourvu de l'office de procureur général au lieu de Barthélemy Puget, par lettres du 15 janvier, et reçu le 2 décembre 1643.

Jean Rhonet[1], conseiller au conseil de S. A. R., a été pourvu de l'office de procureur général en la cour, sur la démission d'Étienne Meyssonnier, par lettres du 15 mars 1646, reçu le 23 mai suivant.

Secrétaires du parlement qui sont à présent dans le service. — Jean-Baptiste Perrenaud, seigneur de Perey, secrétaire d'honneur, vétéran.

Claude Clair Penet.
Philibert de Veyle.
Louis Deschamps.
Estienne Turrin
Et André Rodollet, commis greffier.

1. L, T, B, V : Rhosnet.

CHAPITRE IX

S'ENSUIT LA TRANSACTION DE L'AN 1560, ENTRE LE ROI FRANÇOIS II
ET LOUIS LE BON, II° DU NOM, DUC DE MONTPENSIER

« A tous ceux que ces présentes lettres verront, Jean de Mareau, écuyer licentié en loix, seigneur de Pully, conseiller du roy notre sire, garde de la prévosté d'Orléans, salut. Comme Louis de Bourbon duc de Montpensier, eut, au mois de juin 1549, présenté sa très humble requête au feu roy Henry, dernier déceddé, à ce qu'il luy plut entendre les grands droits qu'il avait ès biens et succession de Bourbon et Montpensier et feue Madame Anne de France et sur iceux luy faire droit et raison; laquelle requête ayant, iceluy feu roy, envoyée par devers son procureur général, pour lui donner avis, auroit été délaissée par ledit duc sans autre poursuite, à cause des guerres dès lors survenues et qui depuis ont toujours continué jusques à peu de jours auparavant le décès dudit feu seigneur roy, qu'au plaisir de Dieu, paix auroit été faite et conclue entre led. feu seigneur, et le roy catholique des Espagnes, ce qui auroit meu et induit ledit duc à présenter requête audit seigneur roy à présent regnant. Pareille requête, à laquelle inclinant libéralement et équitablement, ledit seigneur roy, par ses lettres patentes, données à Blois, l'unzième jour de novembre, que l'on disoit 155 , auroit icelle renvoyée a quatre des présidents en sa cour de parlement à Paris, ou aux trois, ou aux deux, en l'absence ou empêchement des autres, et à iceux mandé et enjoint qu'appelez avec eux six ou sept conseillers d'icelle cour, nommés esdites lettres et, ouy son procureur général et led. duc sur lad. requête et vu les pièces qui voudroient respectivement produire, luy donner et envoyer leurs advis pour icelui veu, pourvoir sur ladite requête audit s' duc ainsi qu'il verroit être à faire, par raison. Lesquelles lettres et requêtes ledit duc auroit fait communiquer audit procureur général avec tous ses

titres, et par même moyen fourni de sa demande, lequel, auparavant
que de deffendre et proposer moyen contre icelle demande, auroit voulu
entendre les vouloir et intention dud. seigneur roy sur un avis ou
prétendu jugement donne le cinquième..... 1538, du temps du roy
François que Dieu absolve, par les gens de son privé conseil sur le
même fait, maintenant, ledit procureur général, ledit prétendu jugement donné au souverain et sacré consistoire du roy et enregistré,
tant en chambre des comptes que mis au trésor des chartes, en signe
de perpétuelle mémoire et depuis émologué par transaction faite audit
an mil cinq cent trente-huit, vériflié en la cour de Parlement de Paris
et aucuns desdits publiés en icelle cour, du tout exclure led. duc de sa
demande et prétendus droits, et, à cette fin, auroit ledit procureur
général envoyé copie dud. avis ou jugement. Vu lequel et requête
présentée par icelui duc, le roy, par l'avis des s[rs] de son conseil
privé, auroit par autres ses lettres patentes, du cinquième de mars
dernier passé, que lon disoit 1559, envoyé le tout auxdits commissaires, leur mandant faire outre procéder ledit procureur général sur le
principal suivant la première commission pour ce fait et, le tout instruit,
être donné avis tant sur le ledit premier avis prétendu jugement par
ledit procureur général ès fins de non recevoir qui subordinent sur le
principal de la matière. Suivant lesquelles qui auroient été communi-
quées et signifiées audit procureur général auroient lesdites parties
fourni des demandes, défenses, répliques, dupliques, produit et prins
appointement à forme de contredits et salvations et à ouïr droit et
tellement procédé que lesdites productions distribuées à l'un desdits
conseillers commissaires qui depuis en auroit fait son rapport pardevant
trois desd. présidents et autres conseillers denommés esdites lettres, à
quoi ils auroient vaqué par plusieurs vacations pendant deux mois,
durant lesquels ledit procureur général auroit fait plusieurs productions
nouvelles, dit et écrit ce que bon luy auroit semblé pour le soutène-
ment des droits du roy, et finalement lesd. présidents et conseillers
auroient, le neuvième septembre dernier passé, baillé par écript leur
avis par lequel ils auroient dit et déclaré leur avis être, sous le bon
plaisir du roy, que les duchés de Bourbonnois et d'Auvergne, comtés
de Montpensier, Clermont, la haute et basse Marche et Gien, leurs
appartenances et dépendances sont du vray domaine de la couronne de

France, retournez, réunis et reconsolidés en tous cas à icelle couronne par la mort de Charles de Bourbon sans hoirs masles de son corps et que ledit duc n'y peut prétendre aucun droit, et quant aux terres et biens desquelles ledit Charles de Bourbon jouissoit lors de son despartement de ce royaume, sont d'avis, parce qu'il y a procès indécis en ladite cour de parlement, qu'il est besoin, s'il plaît au roy, faire juger ledit procès, néantmoins que cependant, sans s'arrêter aux fins de non recevoir, proposées par led. procureur général, la provision faite à dame Louise de Bourbon et audit duc, son fils, par lettres patentes dud. feu seigneur roy François, données à Angoulême le dix-septième may mil cinq cent trente, ratiffiées, ledit jour, par feu dame Louise de Savoye, mère dudit feu roy, vériffiée en la cour de parlement avec ledit procureur général du roy, le vingt-unième [2] dud. mois doit, sous le bon plaisir du roy, sortir effet, et en ce faisant que led. s' demandeur, son fils, doit être mis en possession et jouissance des duchés de Chastelleraut, comté de Forests, terres et seigneuries de Beaujolois et Dombes, pour en jouir par provision et délaissement par eulx tout ce qu'il leur a été baillé par le feu roy François, par ses lettres patentes données à Blois au mois d'août 1538. Lequel avis l'un desd. présidents et ledit rapporteur auroient porté au roy, par son exprés commandement, à S' Germain en Laye, le 18 dud. mois, et iceluy présenté à sa propre personne, lequel, en la présence d'aucuns des princes de son sang et sieurs de son conseil, auroit voulu entendre par eux la déduction des mérites et meurs dudit procès et les raisons de leurd. avis, et encore depuis, pour plus particulièrement en être informé, auroit mandé ledit rapporteur, auquel, le dimanche vingt deuxième dud. mois, il auroit fait de rechef réciter lesdits mérites et déduire les raisons dud. avis, en la présence de lui et des sieurs de son conseil privé, au moyen de quoy led. duc ayant eu communication dud. avis, luy auroit présenté sa très humble requête à ce qu'il lui plût suivre et confirmer led. avis comme dit est, en renonçant par luy à tout le surplus desdits biens, terres et seigneuries, noms droits, raisons, et actions, procédant desd. successions, revenans à plus de soixante mille livres de rente, et en meubles, fruits et arrérages près de trois millions. Pour toujours conduire les choses à honnête et raisonnable composition, avec la bonne grâce et contentement dud. seigneur roy que le dit duc

préfère a tous les biens de ce monde, luy auroit par autre sa requête
fait trois offres pour en élire et choisir laquelle il luy plairoit : la
première de le laisser jouir de l'effet de ladite provision et faire vuider
le procès pendant en ladite cour, suivant les avis, ou bien de laisser, à
perpétuité, lesdits duchés, comtés, terres et seigneuries de Chastellerault,
Forest, Beaujolois et Dombes, en renonçant par luy à tout le surplus
desd. biens, ou faire revoir par sad. cour de parlement les productions
sur lesquelles lesdits commissaires, par luy choisis et élus, auroient
donné leur avis pour, sur icelles et ce que lesdites parties voudroient
produire de nouvel dedans six mois pour toutes prefixions et délais,
par jugement et arrêt confirmer ou infirmer ledit avis ou autrement
pourvoir auxdites parties ainsy qu'elles verront être a faire par raison.
Et, depuis, led. seigneur roy, après plusieurs meures délibérations sur
ce prinses avec les sieurs du conseil privé, se seroit condescendu à
composer et transiger en la sorte et manière et aux conditions et
charges ci après déclarées et spéciffiées au dispositif de ces présentes.
Pour ce est-il, savoir faisons que ce jourd'huy, date de cesdites présentes, personnellement établi pardevant Gilles Mesnager et François
Stuard, notaires royaux au Chatellet d'Orléans, très haut, très puissant
et très excellent prince François, par la grâce de Dieu roy de France,
en la présence et assistance des reines sa mère et reine très révéren-
dissime messeigneurs les cardinaux de Loraine et de Tournon,
messeigneurs les mareschal de Brissac, chevalier de l'ordre, gouverneur
de Picardie et capitaine de cinquante hommes d'armes; de l'Hopital
chancelier de France, et Me Giles Bourdin, procureur général du roy
en sa cour de Parlement à Paris, et autres sieurs étans à l'entour de la
personne dudit seigneur roy, d'une part, et très illustre princesse
Jacquette de Longvic, duchesse de Montpensier, au nom et comme
curatrice fondée de lettres de procuration spéciale dont la copie est cy
après transcrite de mes^{re} Louis de Bourbon, duc de Montpensier,
pair de France, comte de Mortaing, seigneur vicomte d'Augé, son époux,
d'autre part, de luy suffisamment autorisée, lesquelles parties et
chacunes d'icelles ont reconnu et confessé, reconnoissent et confessent
avoir fait, passé et contracté, font, passent et contractent avec les stipulations, acceptations, cessions et transports requis et nécessaires, les
traités, translations accords et apointemens qui s'ensuivent. C'est à

sçavoir que les duchés de Montpensier, terres seigneuries et droits cy devant baillées et délaissées par led. feu seigneur roy François à ladite dame Louise de Bourbon, tant en son nom que comme tutrice dud. duc, son fils, par les lettres patentes du mois d'août 1538 et depuis érigé en titre de pairie, sous le nom de Montpensier, sont et demeurent aud. duc pour en jouir, suivant lesdites lettres patentes dud. seigneur dudit mois d'août et pareillement selon le contenu en forme desdites lettres patentes d'érection en pairie, publiées et émologuées en ladite cour et outre sont délaissées par ledit seigneur roy audit duc, pour suplément de ce que luy pouvoit ou peut appartenir èsdits biens et succession de Bourbon et Montpensier et de ladite feue dame Anne de France, les terres et seigneuries de Beaujolois et Dombes, leurs appartenances et dépendances, en telle intégrité droit et état quelles étoient lorsque feue dame Anne de France et Charles de Bourbon en jouissoient sans que les inovations faites, tant par les roys François et Henry que dame Louise de Savoye, régente de France, et baux, engagemens et autres aliénations faites des terres particulières desd. feue dame Anne de France et Charles de Bourbon, aient lieu, si non en tant que la condition dud. duc en soit faite meilleure, et entend, led. seigneur roy, que ledit duc et ses successeurs jouissent pour leur regard dud. pays de Dombes de tous droits de souveraineté, prérogatives et prééminances, exemptions, immunités, franchises, libertés y appartenans, tant pour lui que ses sujets tels et semblables que les avoient lesdits dame Anne de France et Charles de Bourbon leurs prédécesseurs, sieurs dudit Dombes, sans aucune chose y réserver et retenir, fors la bouche et les mains tant seulement et outre ce, par ce qu'il y a eu au pays de Dombes plusieurs ventes et engagemens hipothèques, dons, échanges et autres aliénations des terres particulières desd. seigneurs, par lesdits seigneurs roys et lad. dame régente, a été accordé et convenu, accordent et consentent lesdites parties pour le regard de ladite seigneurie de Dombes que ledit seigneur roy les fera racheter descharger et réunir dedans quatre ans prochain venans, et sera tenu en délaisser la possession vuide et vacante audit duc et ce à ses propres coust et dépens, et cependant jusqu'à ce que ledit rachat soit fait, ledit seigneur roy a promis de bailler assignation sur une de ses recettes générales pour portion, et jusqu'à la concurrence du revenu desdites choses aliénées et ou, dedans ledit temps, ledit rachat décharge et réunion ne seroient faits, sera en l'option dudit duc de contraindre icelui seigneur roy à iceux faire précisément ou bien se mettre dedans les choses aliénnées, sauf le recours des acquéreurs pour leurs récompenses envers led. seigneur roy, et, quant à la baronnie de Beaujolois, pourra, ledit duc, faires les rachats, descharge et réunion des aliénations faites à tiltre onéreux à ses propres cousts et dépens et de ses deniers, si bon luy semble, sans qu'il se puisse remettre dans lesdites terres si non en remboursant et récompensant au préalable les acquéreurs et détenteurs des deniers et choses qu'ils avoient baillés et délaissés, ensorte que led. seigneur roy n'en soit inquiété ny poursuivy, bien pourra ledit duc débattre lesdites aliénnations de nullité et vice de simulation, dol et surprise, tout ainsy qu'eut put faire ledit seigneur roy auparavant ces présentes, et, quand aux choses simplement données, les pourra, ledit duc, réunir et retirer tant de son chef et droit, que de tel droit que ledit seigneur feu le pouvoit si faire luy eut semblé, en déchargeant le roy de toute éviction et recours et jouira, ledit duc, dudit pays de Beaujolois en tout droit de justice, haute, moyenne et basse, fonds proffits, émolumens des greffes et amendes et autres droits de l'exercice de justice, excepté les amendes et confiscations procédans des crimes de lèze majesté divine et humaine et sera la justice exercée et administrée sous le nom et titre de roy par officiers qui seront par luy pourveus, à la nomination toutesfois et présentation dud. s^r duc, sans faire distantion des délits commis, cas royaux, privilèges et autres, et outre sera tenu, ledit duc, de faire tous les frais de justice même ès crimes de lèze majesté divine et humaine, payer les officiers de leurs gages, sans ce que le roy soit tenu leur payer ou répondre aucune chose desd. frais et, en ce faisant, demourent les officiers ja commis par le roy et qui sont de présent audit pays en leurs états, sans ce qu'ils soient tenus prendre nouvelle provision et nomination, et outre, au moyen et contemplation du présent accord, a permis ledit seigneur roy, audit duc, jusques à douze mille livres de rente, sur toutes et chacunes les terres et seigneuries étans desd. biens successions et hérédités desdites maisons de Bourbon Montpensier et Anne de France, desquelles ladite feue dame régente avoit disposé par dons et autres aliénnations à elle permise jusques à la concurrence de ladite somme de douze mille livres tourn. de rente, par transaction d'entre le feu roy François et elle, faite au chastel de Ferre sur Oyse, le vingt cinquième jour du mois d'août 1527, si tant lesdites terres se montent en revenu, et ce qui se trouvera de moins, le roy permet, audit sieur, les reprendre et retirer sur les autres terres et seigneuries de lad. maison et succession de Bourbon, données par lesd. feus roys François et Henry par donations pures et simples ou colorées, causées sur remunération de services soient venditions simulées ou autres aliénations faites et autrement nulles et, à cette fin, a donné tous les droits et actions, tant pour le principal que restitution des fruits en déchargeant toutes fois par ledit sieur duc led. seigneur roy de tout recours de garantie envers les détempteurs et autres quelconques pour raison des choses susdites. Desquelles terres alliénées, comme dit est, étans ès mains des particuliers, ensemble des fruits et leuds recueillies par autres que par lesdits feus seigneur roy et dame regente, pourra ledit sieur duc faire poursuite tant en son nom et droit, comme héritier desd. feu Anne & Charles de Bourbon par luy prétendu que tel droit que audit seigneur roy peut compéter et appartenir et que ausdits feus seigneurs roys et dame régente compétoient et apartenoient par les voyes accoutumées, dont on a accoutumé user en tel cas, sans que le détempteur et autres quelconques puissent objecter ou fonder de l'arrest de confiscation et réunion donné contre ledit feu s^r Charles, lequel a déclaré et déclare, ledit seigneur roy, pour ce regard, ne vouloir préjudicier audit duc, ains son vouloir et intention être la restitution donnée et octroyée par led. feu roy François audit duc, le 20 may 1530, publié et homologué en lad. cour, du consentement de son procureur général, pour raison de ce que dessus tant seulement, sortir son plein et entier effet selon sa forme et teneur. Dont et de toutes lesquelles instances et poursuites ledit seigneur roy a attribué la cognoissance en première instance à sadite cour de parlement à Paris, lequel procès ledit seigneur duc sera tenu faire vuider et juger dedans six ans, du jour de la transaction et durant iceluy tems iceluy seigneur roy luy promet bailler assignation sur l'une de ses receptes, la somme de dix mille livres par chacun an qui s'éteindra et amortira à la raison que ledit duc aura recouvert lesd. terres et seigneuries alliénées comme dit est, et, lesdits six ans passés, ledit seigneur roy demeurera déchargé

desdites dix mille livres de rente, quelqu'issue qu'aient pris lesd.
procès, soit que led. sieur duc eut obtenu ou succombé en tout ou
partie, sans ce qu'il en puisse aucune chose demander à sa majesté et
demeurera led. sr duc en tout franc et quitte de toutes charges
héréditaires des successions desdites dame Anne de France, Charles de
Bourbon et, à cette fin, a consenti et accordé ledit seigneur roy, veult,
accorde et consent ledit seigneur que les inventaires, baux à ferme,
extraits et contrats quelconques et tous autres instrumens et pièces
concernans lesdits biens et successions qui se trouveront en sa chambre
des comptes, trésor de chartres, greffes de ses cours de parlement et
juridictions ordinaires et autres lieux quelconques, soient communiqués
audit duc, à ses successeurs et ayant charge et d'iceux baillé copie et
extraits en forme probante et authentique aux cousts raisonnables
d'iceluy sieur duc, et moyennant ce, a ladite dame audit nom ratifié
loüé et agréé, ratifie, loue et agrée quant au surplus de toutes les
terres, seigneuries, rentes et autres biens tant meubles qu'immeubles
desdites successions et hérédités de Bourbon et Montpensier et de
lad. dame Anne de France, les cessio s, délais, transports et renon-
ciations faites par ledit duc audit feu roy François, le mois de décembre
cinq cent trente-huit, et d'abondant en tant que de besoin est, ou bien
seroit, a ladite dame, audit nom, cédé, quitté, delaissé et transporté,
par ces présentee, audit seigneur roy, tout le surplus de toutes lesdites
terres, seigneuries, biens meubles et immeubles, fruits et arrérages
échus jusques à huy, sans qu'il puisse ne les siens y quereller ny prétendre
aucune chose pour quelque droit, cause ou occasion que ce soit ou
puisse être. A l'effet que dessus ont, lesdites parties, fait cession de
tous droits et actions pour pouvoir agir et entrer en jugement, faire
poursuites et exécutions à leur proffit des choses respectivement cédées
soit délaissées par l'une ou l'autre desdites parties, selon le contenu cy
dessus, lesquelles choses, en chacune d'icelle, sur leur foy et serment
ont promis de garder et observer sans rien enfreindre ni aucunement
venir au contraire et à ce s'obligent tous et chacuns leurs biens présens
et à venir, avec toutes stipulations et acceptations qu'ils ont respectivement fait et font que l'on peut et pourroit faire en tel cas, renonçant
à toutes exceptions, tant de droit que de fait, pour lequel l'effet des
présentes pourroit être empeché et même au droit disant la générale

renonciation non valoir si la spéciale ne précède, et a promis et promet led. seigneur roy faire émologuer ces présentes en sa chambre des comptes et partout ailleurs où il appartiendra et, pour cet effet donner et octroyer telles lettres patentes qui seront au cas nécessaires et opportunes. En témoin desquelles choses, nous garde de lad. prévôté d'Orléans, au rapport des notaires, avons fait sceller ces présentes lettres de transaction du seel aux contrats de ladite prévôté d'Orléans, ce fut fait et passé audit Orléans, le mercredy vingt septième jour de novembre mil cinq cent soixante. »

Ensuit la teneur desdites lettres de procuration dont ci-dessus est fait mention :

« A tous ceux qui ces présentes lettres verront, Antoine Duprat, chevalier, seigneur de Nantouillet, de Precy et de Rozay, baron de Thiert et de Thoury, conseiller du roy notre sire, gentilhomme ordinaire de sa chambre, garde de la prévôté de Paris, salut. Scavoir faisons que pardevant Claude Boreau et Pierre Layard, notaires jurés du roy notre dit seigneur, en son Chastelet de Paris, fut présent, en sa personne, très haut et très puissant prince monsieur Louis de Bourbon, duc de Montpensier, lequel a fait et constitué sa procuratrice générale et spéciale très haute et puissante princesse madame Jaquette de Longvi, son épouse, à laquelle seule et pour le tout ledit seigneur constituant a donné et donne plain pouvoir et puissance de, pour lui et en son nom, transiger, pacifier, accorder et appointer avec le roy pour raison des différens pendans entre eux, à cause des biens et successions de feu M⁏ le duc de Bourbon, de Madame Anne de France et autres biens quelconques des maisons de Bourbon et de Montpensier, pour raison desquels différends y a eu advis baillé audit seigneur roy et aucuns présidents et conseillers de sa cour de parlement à Paris à ce commis, et faire ladite transaction, accord et appointement ainsy et sous telles charges et condition que ladite dame, son épouse, advisera et verra bon être et de ce en passer tels contrats que mestier sera et au cas appartiendra, avec promesse d'iceux contrats ratiffier par ledit seigneur duc toutefois et quantes que requis en sera et générallement d'autant faire dire ès choses susdites, leurs circonstances et dépendances, tout autant que feroit ou faire pouroit ledit seigneur constituant sy présent en sa personne y étoit, jaçoit que le cas requit mandement plus spécial, promettant ledit seigneur constituant en parole de prince, sous l'obligation de tous et [un] chacun ses biens et de ceux de ses hoirs, meubles et immeubles, présens et avenir, qu'il en a soumis et soumet pour ce du tout à juridition et contrainte de ladite prévôté de Paris et toutes autres justices et juridiction où trouvés seront, à tenir, entretenir et avoir pour agréable tout ce que par sadite épouse procuratrice, sera fait, dit, procuré et besoigné en ce que dit est et qui, en dépend. En témoin de ce, nous, à la relation desd. notaires, avons fait mettre à ces présentes le scel de ladite prévôté de Paris qui passées furent l'an mil cinq cent soixante, le vendredy unzième jour d'octobre. Ainsy signé : Boreau et Layard, et scellé de cire verte sur double queue en scel apparent, ainsy signé : G. Mesnager et Stuard. Collationné à l'original de ladite procuration. *Lecta, publicata et registrata, audito et consentiente procuratore generali regis, sub modificationibus in arresto curiæ contentis, Parisius in parlamento, decima quarta die julii anno Domini millesimo quingentesimo sexagesimo primo. Sic signatum*, Camus. Collation est faite, Camus. »

Ensuite de laquelle transaction, et le 25 avril 1561, à cause que l'année commençait à Pâques, ledit seigneur duc de Montpensier passa une transaction à Fontainebleau avec Me Jean Chorel, par laquelle il fut accordé que ledit seigneur duc, quand il lui plairait, réunirait à son domaine l'office de garde des sceaux des juridictions ordinaires, appeaux, maîtrise des eaux de Beaujolais et de Dombes, ensemble du scel aux contrats desdits pays dont ledit Chorel avait été pourvu par le roi François Ier, en l'an 1537, moyennant le remboursement qui serait fait audit Chorel de la somme de 350 écus d'or sol., lesquels lui furent payés par mondit seigneur peu de temps après.

Le 3e septembre en suivant, il éteignit et supprima, par ses lettres patentes, l'office et état de juge d'appeaux au pays de Dombes [1], et réunit au bailliage de Trévoux toutes les justices et juridictions qui en étaient alors séparées et qui avaient été créées depuis l'an 1520.

Ensuite il fit un édit, le 15 septembre, dite année 1561, pour le règlement de la justice dudit pays de Dombes, contre les huguenots, qui fut vérifié le 18 décembre suivant, enjoignant à tous ses sujets et vassaux de vivre en la religion catholique.

1. G : vol. VII du coffre 7 du trésor.

Peu de temps après, et le 3 janvier 1561 [1], le lieutenant général au siège de Dombes donna commission, suivant les deux lettres patentes du roi [2], pour faire savoir à tous nobles et autres qui avaient acquis des feus rois de France, à faculté de rachat perpétuel, grande partie des domaines de Dombes, qu'ils eussent à rapporter en la ville de Trévoux, par-devant M. le bailli ou ledit lieutenant général, les titres des achats par eux faites.

L'an 1564, et au mois de juillet, il ordonna, par ses lettres patentes, que tous ses vassaux de la souveraineté de Dombes eussent à se trouver en la ville de Trévoux pour lui rendre leur foi et hommage, et commet M. de la Bastie, son lieutenant général audit pays, pour recevoir lesdits foi et hommages [3].

En ladite année 1564, ensuite d'une ordonnance de mondit sieur le duc souverain de Dombes, il y eut saisie et mainmise par messire Claude Champier, chevalier, seigneur de La Bastie, gouverneur et lieutenant général pour son altesse audit pays, assisté de M. Bardel, lieutenant général de M. le bailli dudit pays, et Me Claude Bourbon, secrétaire de la chambre du domaine et garde du trésor pour mondit seigneur, avec lesquels ledit seigneur gouverneur, à la requête de Me Claude Cholier, procureur général dudit seigneur, se transporta aux lieux d'Ambeyrieu, de Beauregard, de Montmerle, de Toissey, du Chastelard, de Lent et Chalamont, où il fit les saisies et mainmises desdites terres et seigneuries, comme aussi de la terre et seigneurie de Villeneufve, auquel lieu ils ne se transportèrent pas pour la crainte de la maladie contagieuse, et, l'année d'après, 1565, en vertu des lettres de S. A. R. du 17 juillet, ledit lieutenant général se transporta dans les susdites terres et seigneuries, au mois d'août, afin de les réunir au domaine dudit seigneur, et en mit ledit Cholier, son procureur général, en possession réelle et actuelle.

En l'année 1566, M. de Montpensier présenta une requête à Sa Majesté contenant que, par la transaction de l'an 1560, sadite Majesté était tenue et obligée d'acheter de ses deniers et à ses dépens, dedans quatre ans qui étaient passés, il y avait plus d'un an et demi, il ne s'en était encore rien fait ni aucune raison aux acquéreurs dudit pays de

---

1. L, T, B, V : 1661. — 2. G : 9e liasse. — 3. G : 60 feuillets du VIIe vol. enregistrements.

Dombes qui tous les jours le poursuivaient à l'encontre dudit duc pour être remis ès terres dont il les avait déchassés, suivant la faculté de ladite transaction, outre qu'il restait encore à payer de trois années ce à quoi avait été liquidé le revenu dudit pays de Dombes, montant 28.700 livres.

Il y avait plusieurs autres plaintes contenues en cette requête qui ne font rien à cette présente histoire, c'est pourquoi je les ai laissées ; mais n'ayant pas été satisfait de la réponse qu'on avait mise sur chaque article, il en présenta une autre, laquelle vue au conseil, le 15 juillet de la même année, la reine mère, qui tenait les rênes de l'état, craignant que le mécontentement du duc n'altérât l'affection qu'il avait toujours témoignée pour le bien du royaume, lui promit, par une lettre de sa main, que toutes les choses qu'il désirait seraient accomplies, et que le roi avait déjà commandé que sur les premiers deniers ordonnés pour le rachat des domaines il en serait pris les sommes nécessaires pour retirer la seigneurie de Montagu des mains des héritiers du feu archevêque de Vienne, et ce qui aurait été aliéné du domaine de Dombes, etc.

Depuis, et en l'année suivante, 1567, les rebelles hérétiques s'étant emparés de Mâcon, M. le Duc donna une ordonnance pour assembler les états du pays de Dombes à Trévoux, le 4 octobre, où ils furent convoqués par M. de la Bastie, gouverneur dudit pays [1], afin de pourvoir à la conservation et défense contre les courses desdits hérétiques qui s'étaient emparés de Mâcon, et fut résolu que les ecclésiastiques et ceux du tiers état qui ne pouvaient servir de leur personne fourniraient deniers pour la somme de deux cents arquebusiers qui seraient mis en garnison en la ville de Thoissey, et que les nobles tenus à l'arrière-ban serviraient en personne à cette occasion.

Ensuite de quoi, par ordonnance de M. le Duc, des sieurs gouverneur, lieutenant général, bailli et autres gens de son conseil, fut mandé à tous vassaux tenant fief de mondit seigneur de se trouver, le 12 octobre suivant, en la ville de Thoissey, pour son service avec l'état des deniers extraordinaires à recevoir sur les ecclésiastiques et nobles du pays de Dombes, ne pouvant porter les armes contre les

1. G : 5e coffre, cote E.

séditieux et rebelles de la religion prétendue réformée qui s'étaient emparés de la ville de Mâcon.

Cette même année, le pays de Dombes assemblé en la ville de Trévoux fit un don gratuit à M. le Duc de 10.000 livres, le 7 mai, avec l'impôt d'autres mille livres pour les vacations de messieurs qui avaient imposé.

CHAPITRE X

DE LA VILLE DE TRÉVOUX, CAPITALE DU PAYS DE DOMBES ET DE SA CHATELLENIE

Le R. P. Chifflet, dans l'*Histoire de Tournus* [1] qu'il a composée, dit que Tivurtium ou Trivultium [2] est Trévoux, capitale de la Dombes, sur le côté gauche de la Saône, à trois lieues de Lyon, car depuis Trévoux, qui est à la pente d'une colline, il y a, sur le coteau de montagne, une grande plaine qui est fermée entre le bord gauche de la Saône et le bord droit du Rhône, en s'étendant jusqu'à Lyon [qui] fait la pointe de cette île triangulaire, voisine des Allobroges, de laquelle Polybe et Tite-Live font mention en l'histoire d'Annibal, et Polybe la dit être fort semblable, et en grandeur et en figure, au delta de l'Égypte, et tient que ce fût en cette plaine, plus que capable de cent mille combattants [3], que se donna la sanglante bataille entre Severus et Albinus, laquelle Dion et Hérodien assurent avoir été donnée auprès de Lyon.

Cette ville est d'un grand circuit et mal peuplée pour l'étendue de ses murailles, d'autant qu'elle enferme une montagne en son enceinte, le château est au plus haut lieu de la ville, tout ruiné. Il n'y reste qu'une tour.

La ville de Trévoux était anciennement de la terre de Villars, c'est-à-dire que dans la révolution du royaume de Bourgogne advenu aux empereurs, les seigneurs de Villars s'en saisirent ou la possédaient déjà. On veut dire qu'ils en faisaient hommage à l'église de Lyon, mais c'était d'un péage qu'ils leur avaient engagé, et qu'ils ont depuis racheté.

Elle fut vendue, l'an 1402, et l'onzième août, par Humbert VII, sire de Thoire, seigneur de Villars, à M. Louis de Bourbon, devenu seigneur de Beaujeu et des terres de Dombes, avec les châtellenies du

---

1. G : à Dijon, chez Philibert Chavance, rue Saint-Jean, au Petit Jésus, 1644. — 2. B : Trivurtium ou Trivuctium. — 3. L, T, B : habitants.

Châtelard et d'Ambeyrieu, au sujet que le duc de Bourgogne députan. audit sire de Thoire la souveraineté des terres de Bugey [1], ensuite d'un arrêt donné en son parlement de Dôle, se voyant sans enfants, et le seigneur de Bourbon, désirant fort s'accommoder desdites terres qui étaient à sa bienséance, les acheta au prix de 30,000 francs d'or [2]. Ce contrat fut passé à Trévoux aux maisons basses du sire de Villars, en la chambre derrière la chapelle, le vendredi après la fête Saint-Laurent.

De quoi le comte de Savoie étant marri, à cause que ces terres étaient dans sa prétendue seigneurie de Bresse, il fit ses efforts pour acheter celles du Bugey et la terre de Villars dudit Humbert de Thoire, de peur que ledit sieur de Bourbon ne s'en prévalût par autre achat, comme il avait fait des autres, et comme pendant la prison d'Édouard, dernier seigneur de Beaujeu, Amé VIII, comte et premier duc de Savoie, eut obtenu de l'empereur Venceslas, le 17 mai 1398, lettres patentes du vicariat général de l'Empire [3] avec tous les privilèges que ses prédécesseurs empereurs avaient accordés aux comtes de Savoie, il avait contraint tous les nobles chevaliers et écuyers de Dombes ci-après nommés à lui faire reconnaissance, le 14 septembre de la même année [4], pour les châteaux, maisons, juridictions, revenus et autres biens qu'ils avaient au-dessous des limites de Dombes, savoir : les sieurs Henri, seigneur de Varax, Fromentin du Saix, Henri de Juis, Girard d'Estré, seigneur de Baneins, Hugues de Challes, Guichard de Challonnare [5], Jean de Franchelins, Humbert de Chaneins, André de Villette et Antoine du Saix ; plus Jean de Coligny, seigneur d'Ande-lot, Philibert de la Baume, sieur de Valufin, Humbert de Corgenon, sieur de Mallonas, Guillaume de Saint-Amour, Étienne de la Baume, François de Longue-Combe, Pierre Gerveysin de Bellin, seigneur de Château-Rouge, Humbert de Fromentin, Pierre de Vuerterel, Guion-net Fellay et André de Saint-Amour, lesquels déclarèrent qu'ils fai-saient lesdites foi et hommage sans préjudice et à la réservation des foi et hommage, fidélité et droits féodaux qu'ils devaient à M. de Beau-jeu. Ceci se vérifie par les actes du trésor de Villefranche ; mais le sieur Guichenon rapporte la chose autrement, il dit bien que cet hom-mage se fit à Bourg avec solennité, le 9 septembre, en la présence

---

1. G : liasse 1 du coffre 9, sous la cote E. — 2. *Hist. de Bresse*, fol. 233. — 3. G : *Hist. de Savoie*, fol. 448. — 4. G : 8e coffre du trésor, cote H. — 5. Lire Chaillouvres.

d'Yblet, seigneur de Chalant [1], et de Jean du Vernay, maréchaux de Savoie et autres. Les gentilshommes qui rendirent cet hommage sont : Guy, seigneur de Saint-Trivier, Antoine, seigneur de Juis, Hugonin de Laye, seigneur de Meximieux, Maïeul, du Saix, Henri de Juis, Henri de Gléteins, Troillard, de Gléteins, Méraud, seigneur de Franchelins, Fromentin du Saix, Girard d'Estrés, seigneur de Baneins, Jean de Franchelins, et Humbert, seigneur de Chanains, chevalier, Étienne de Challiouvres, Antoine du Saix, Jean de Buffart, Philippe, fils de Mile de Laye, et Hugonin, fils de Véruquier de Laye, damoiseaux, et ledit Guichenon ajoute que, depuis ce temps-là, le pays de Dombes fut régi et gouverné par les comtes et ducs de Savoie comme seigneurs souverains représentant la personne de l'empereur.

Il en voulut faire autant pendant la prison du duc Jean de Bourbon en Angleterre, et fit courir une armée dans le pays de Dombes sous la conduite de François de la Palu, seigneur de Varembon, qui y fit mille violences et pilleries, comme appert d'un sac, coté Trévoux, au 8e coffre du trésor, cote H, où sont les pièces de la prise de ladite ville avant jour par escalade, un dimanche 18 mars 1431, et les violences et pilleries commises par ledit sieur de Varembon et la déclaration faite, le 10 avril 1431, des prisonniers par lui détenus, de leur rançon et des obligations par eux passées pour icelle ; la quittance du payement des rançons du 13 mai 1433 [2] et ensuite l'acte fait, le 18 mai 1431, de ce qu'ensuite de ladite prise de Trévoux par ledit sieur de Varembon et ses complices, sujets du duc de Savoie, et que plainte ayant été faite au bailli de Bresse des hostilités et outrages, violences et voleries commises contre les sujets de M. le duc de Bourbon pour lui demander justice contre les personnes et biens des coupables, cela serait venu en la connaissance dudit duc de Savoie et du comte de Piémont, son fils, qui en auraient reçu un très grand déplaisir. Ensuite de quoi M. Amé de Talaru, archevêque et comte de Lyon, Jacques Malvoisin, abbé d'Ambronay, Humbert de Grolée, chevalier, conseiller, chambellan du roi, bailli de Mâcon et sénéchal de Lyon, se transportèrent vers lesdits seigneurs de Savoie et de Bourbon afin de moyenner la paix entre eux et par voie amiable faire faire réparation de méfaits et

---

1. L, T, B, J, V ajoutent : capitaine de Piémont, et Jean de Conflans, chancelier de Savoie, de Boniface de Chalem. — 2. L, T, B, V : 1438.

prirent jour au mois d'avril à l'Ile-Barbe d'accommoder ces différends, pour obvier aux maux et inconvénients qui s'en pourraient ensuivre, où fut dit que le duc désavouait l'action de laquelle il était très déplaisant et contre ses inhibitions et défenses, voulant que tous les trouvés coupables ou qui coupables se trouveront demeurent abandonnés aux gens et officiers de M. de Bourbon pour iceux prendre par ses gens en quelque part qu'ils fussent de ses terres, voulant que recherche en fût faite par ses officiers et qu'ils fussent livrés aux officiers de M. de Bourbon; item, qu'il ferait payer toutes les rançons que ceux de Trévoux auraient payées et prendre sur les malfaiteurs la somme de 10,000 écus d'or, de bon or et de bon poids, à raison de 64 au marc, et payer la moitié à la Toussaint et l'autre moitié à Pâques prochaines, dont il donnerait pleiges suffisant par l'entremise et sollicitation de ces bons médiateurs, Mme Marie de Berry de Bourbonnais, en l'absence de son mari, et M. le comte de Clermont, son fils, auraient député des commissaires de leur part, et les seigneurs duc de Savoie et prince de Piémont, son fils, en auraient aussi député de la leur pour traiter et accorder sur lesdites matières. Les députés de Mme la duchesse de Bourbonnais furent Me Pierre de Tholon, chancelier de Bourbonnais, Me Jean de l'Espinace, bailli de Beaujolais, Me Aimieu Vert, bailli de Forez, Me Jean Pelletier, juge de Forez, Jean du Breuil, auditeur des comptes en Beaujolais, et Robert Parent. Ceux d'Amé, duc de Savoie, étaient Henri de Collombier, chambellan, Lambert Ordinet, chevalier et docteur ès lois, président au conseil de Chambéry, Me Jacques Oriol, docteur en décret et en lois, juge de Bresse, et Pierre de Grolier, écuyer de l'écurie de M. de Savoie, tous lesquels s'assemblèrent à Lyon, un vendredi 18 mai 1431, pour terminer toutes matières, ce que lesdits sieurs ducs ratifièrent, et nonobstant lequel accommodement les prisonniers pris et obligés au sieur de Varembon ne laissèrent pas de lui payer leurs rançons. Ensuite est l'obligation, passée le 27 juillet audit an 1431, par Étienne Paradis et François Paradis, son frère, qui s'était rendu caution, au profit de Jean Frère, de la somme de cent écus, de laquelle somme il avait répondu au sieur de Varembon, pour la rançon dudit Étienne Paradis, qui avait été fait prisonnier en la prise dudit Trévoux, avec la quittance que lesdits Paradis payèrent audit Frère, en l'an 1443.

Accord fait le 8 janvier et 14 janvier 1432, entre Aynarde de la Baume, dame de Varembon, tant en son nom que comme se faisant forte de François de Varembon, chevalier, son fils, d'une part, et Abraham Leve, juif, d'autre, touchant la rançon des Juifs pris à Trévoux, pour laquelle ledit Leve s'était obligé de 3.060 écus envers ledit seigneur de Varembon.

Transaction passée, le 3 mai 1433, entre les officiers et commissaires députés de Mme la duchesse de Bourbonnais, et de M. Charles de Bourbon, comte de Clermont, son fils aîné, ayant pouvoir du duc Jean, prisonnier en Angleterre, et les officiers et commissaires députés du duc de Savoie, d'autre, par laquelle il fut accordé que ledit seigneur duc de Savoie ferait payer sur les biens des malfaiteurs toutes les rançons et finances que les personnes prises en la ville de Trévoux auraient payé ou payeraient auxdits malfaiteurs ou autres, pour cause de ladite prise en acquittement et délivrance d'iceux ; et, en outre, pour les dommages, intérêts, pertes et dépenses faites, tant par mondit seigneur de Bourbon que par ses sujets, ledit seigneur de Savoie ferait rendre avec effet et prendre sur les chevances desdits malfaiteurs la somme de 10.000 écus [1].

Lettres de Charles, duc de Bourbonnais, du 3 janvier 1438, par lesquelles il fit transport et cession et profit de ceux qui avaient été faits prisonniers à la prise de Trévoux, ses sujets, à l'encontre des cautions du duc de Savoie de la somme de 10.000 écus pour retirer, par lesdits prisonniers, jusqu'à la concurrence de ce que chacun d'eux avait payé de rançon.

Lettres de monseigneur le duc de Bourbon, du 7 août 1447, par lesquelles il déclara marques et représailles contre ledit duc de Savoie, ses officiers, hommes et sujets du pays de Bresse, pour le refus par eux fait de rendre les sujets dudit seigneur de Bourbon, avec la commission du bailli de Beaujolais pour en faire les significations, du 11 août audit an, et la signification faite le lendemain aux officiers de Bresse en la ville de Bourg. Le sieur Guichenon a omis cette particularité de la prise de Trévoux dans son *Histoire de Savoie*.

Extrait tiré de la chambre du trésor de Beaujolais, coffre VIII [2], cote H, sac Trévoux.

1. L, T, V : 30.000 livres. — 2. J. : 9.

« S'ensuivent les noms et surnoms de ceux qui furent pris prisonniers et emmenés à Presoy et Ternans, à la prise de Trévoux par le seigneur de Varambon, esquels a convenu de payer pour leurs rançons, audit Varambon et autres de son commandement, les sommes dessous escriptes, depuis l'accord fait par les gens de M. de Bourbon avec les gens de M. de Savoye.

« Antoine Raymond, Antoine Buatier, *decessit*, *Antonius, ejus filius et hæres*; Jean Ducrot, Benoist Verdache, Jean Giroud, Peironet le mareschal; Pierre Guigo, *alias* Dufort; Jean Boteillard, Girart Loup, Jean Philibert, Jean Perret, Jean Pacoud, *decessit, ejus liberi*; Étienne Ferand, Jean Dubos, *decessit non habens hæredem*; Pierre Dupont, *decessit, ejus filius hæres*; Étienne Agnet, Pierre Borsaut, Guillemin Burdant, *decessit, non fecit hæredem*; Jean Agnet, Guillaume de Vaux, le fils Folsi, *decessit, ejus hæredes*; le fils Guillaume Moiron, Jean Rey, *decessit*; Étienne Popon, Pierre de Monblein, Antoine Batel[1], *decessit*; Huguonin Jaquemin, Pierre Nugo, Pierre Calamandron, Jean Cordier l'ancien, le fils Étienne Jaquemin, Jean Hugonin, Pierre Bermussat, Antoine Johannon, Le Mausis, Pierre Daniels, Étienne Deschamps, Antoine Carra, *decessit*; Guillon Moriel, Guillaume, neveu Calamendron, Humbert Cluart; lesquels dessus nommés, tous ensemble ont payé et finé, le fort portant le foible, la somme universable de 1,050 écus d'or audit seigneur de Varrambon depuis ledit accord.

« Item, furent aussy prisonniers, ceux qui s'ensuivent, dudit seigneur Varambon, lesquieulx ont poyé depuis ledit accord, audit Varambon, les sommes particulières qui s'ensuivent. Premièrement : Jean Buyer, 250 écus, et Jean Bertaud, six écus; Jean Cordier le jeune, 88 écus; Jean Chanus, 7 écus; Antoine Malard, 56 écus; Antoine Paradin, 15 écus; Aimé Charlin, 12 écus; François Buenecourt, 30 écus; Jean Debourlant, 12 écus; le Capitan, 9 écus; Hugonin Chacipol, 23 écus; Mourier, 16 écus; Rubiliat, 80 écus; Hugonnin Pelletier, 40 écus; Jean de Nouvelles, 9 écus; Jean Bachelard, 7 écus d'or; Henriet Gentien, 1,030 écus d'or.

« Item, furent aussi prins audit Trévoux les juifs dessus nommés,

---

1. L, B, V : Bathel; T : Bathet; J : Batel.

premièrement : Samuel Gabriel, Josson Gabriel, Abrame Gabriel, Matassies Cohon, le filliastre Josson Gabriel, Lionnet Peynot, son fils, de Saint-Cavalet; Jayel, son fils; Vivant, le fils de la maîtresse de la Loy et Mariette; lesquieulx juifs dessus nommés ont poyé pour leurs rançons, tous ensemble, audit Varambon, depuis ledit accord, 3.100 écus d'or. Il est vrai que tant les chrestiens comme les juifs dessus nommés ont été questionnés pour occasion de leurs ranczons dessus dites qu'ils n'ont peu payer aux termes donnés, outre la somme de 1.000 écus d'or. Il est vray que, depuis ledit accord, pour deffaut de payement desdites rançons, sont morts ès prisons dudit Varambon, Pierre Traclart, Jean Galean, Guichard Barbier, Pierre Thoyreta, Antoine Janin, Hugonin Pecol, Jean Tison, Jean de la Praie, Pierre Cailhat, Thomas Faure, Antoine Gontier. Il est vray que, nonobstant les choses dessusdites, ledit Varambon, depuis ledit accord, ôta à sept desdits chrestiens, pour ce que ne fut payée leurs ranczon au terme accordé, c'est à savoir chacun une dent.

« Item, et à tous les juifs dessus nommés, à chacun d'eux trahit et ôta, ledit Varambon, une dent de la bouche et, avec ce, leur couppa, à chacun, une partie de l'oreille, pour ce que ne payèrent leurs ranczons au jour arrêté sur ce.

« Il est vrai que, depuis ladite prinse de Trévoux, ledit seigneur Varambon a détenu et détient misérablement prisonnier Jean Gentian auquel demande une somme excessive de 1.200 salus, qui a payé 1.000 é.., mme appert par quittance; ensuite, le 8 janvier 1432, à Bourg, Abraham Levi, juif de Bourg, par traité fait avec dame Aynarde de la Baume, dame de Varambon, tant en son nom que de François de la Palu, son fils, sous leur serment, et ledit Abraham sur le serment de sa loy, en mettant sa main sur sa teste, à la manière des Juifs, oblige tous ses biens présens et avenir, à honorable homme Guillaume de Martian, marchand de Milan, habitant de Genève, de la somme de 1.000 écus d'or, jusqu'au dernier jour de janvier, esquels 1.000 écus noble Jean de Compeys, seigneur de Griffiac, étoit obligé envers ledit marchand, et pour lesquels 1.000 écus d'or ledit marchand aurait rière soy un diamant précieux enchâssé en un anneau, une veste de velours d'haut et bas, couleur violet, brochée d'or, fourrée de martes, etc., tous lesquels gages apartenoient au seigneur de Varambon, et encore ledit Abraham promit 60 écus d'or audit marchand pour les intérestz, lesquels gages ledit marchand devoit restituer et rendre à Thoissey, chez ledit Abraham, au dépens pour le charois de ladite dame, pour lequel effet, ladite dame devoit rendre, au lieu du Pont-de-Vaux, audit Abraham, tous les Juifs susdits, dans quatre jours après les gages rendus dont elle donna caution. »

L'an 1502 et le 23 janvier, le siège et le tribunal de juridiction de Dombes, qui avait toujours été à Beauregard, fut transféré à Trévoux par lettres de M. Pierre de Bourbon, données à Moulins ledit jour 23 janvier 1502, les lettres sont aux preuves [1].

L'an 1523, M. le connétable de Bourbon ayant quitté le parti de France pour quelque dépit reçu en cour, s'en alla en Espagne au service de l'empereur Charles V, contre le roi, son souverain seigneur, de quoi Sa Majesté indignée se saisit de ses terres et entre autres de la souveraineté de Dombes, et quoique, par les traités de Madrid, il eût porté par articles exprès que l'héritier dudit sieur de Bourbon rentrerait dans toutes ses terres saisies et confisquées, et que dans les instructions que l'empereur bailla à ses ambassadeurs, l'official de Besançon, et le seigneur de la Trollière, l'an 1529, pour l'exécution du traité de Madrid qui concernait l'hérédité du connétable, il y eut ces mots entre autres : « Et quand au pays de Dombes remontrerés qu'attendu qu'il est mouvant et sujet de l'Empire, et ensuivant lesdits traitées ledit sieur roy ne s'en veuille mesler, ains le délaisser à nostre autorité et pouvoir comme la raison veut et nous en baillerons la jouissance et possession audit héritier selon la volonté dudit sieur défunt [2]. »

Nonobstant toutes ces belles promesses, l'empereur n'y put jamais rien faire, et ce fut de la seule bonté du roi François II, qui, par la transaction de l'an 1650, remit à M. Louis de Bourbon, duc de Montpensier, les terres de Beaujolais et de la Dombes, ensuite de quoi la seigneurie et terre de Trévoux fut réunie, en l'an 1567, au domaine dudit seigneur duc avec les droits de péage, et les grands greffes du bailliage de Dombes, et par une transaction, du 2 juin dite année, entre noble Étienne Fergon, seigneur de La Pacodière, conseiller et secrétaire

---

1. G : 9e liasse du coffre 7. — 2. G : J'ai fait voir ailleurs la nullité du fief; J : J'ai fait voir ailleurs la nullité de ce fait.

de son altesse, au nom et comme procureur ayant charge de mondit seigneur, d'une part, et Mᵉ Jacques de Romanet, qui avait été pourvu, en titre d'office du greffe du bailliage, judicature et maîtrise des eaux et forêts du pays et souveraineté de Dombes, d'autre part, par laquelle transaction il fut accordé entre eux que ledit greffe demeurerait réuni au domaine de Monseigneur, à la charge qu'il ferait payer, audit de Romanet, par Mᵉ Jacques Charretton, trésorier général audit pays, la somme de 270 livres de rente par an, jusqu'à ce qu'il eût été remboursé, tant de la somme de 800 écus d'or que de la somme de 90 livres qu'il avait financée aux coffres du roi pour ledit office.

Contrat passé à Lyon, le 22 août 1603, par lequel noble Artus Henry, sieur de La Salle, revendit, céda et transporta à M. le Duc tel droit de rente annuelle de 364 écus, 35 sols, au sort principal de 4.375 écus qui lui appartenaient pour son quart sur la ville de Trévoux, terre, seigneurie, péage et revenu d'icelle, ainsi que les avaient possédés les sieurs Henry et Passy, au tuteur desquels, pour eux et en leur nom, la totalité en avait été rendue [en 15..] par le roi Henri II, avec la ratification dudit seigneur duc, le 13 octobre audit an.

Contrat du 17 juillet 1604, à Lyon, par lequel damoiselle Marie Tricaud, veuve de feu noble Roland Henry, sieur de Germanet, mère et tutrice de noble François Henry, fils et héritier dudit défunt, et Jean Dubois, bourgeois dudit Lyon¹, revendirent, cédèrent et remirent à M. le Duc le droit de rente et pension annuelle de 364 écus, 35 sols au principal de 4.375 écus, qui lui appartiennent pour un quart sur la ville de Trévoux, terre, seigneurie, péage et revenu d'icelle.

Contrat du 17 février 1614, de l'extinction, rachat et amortissement fait par Mᵁᵉ Marie de Bourbon, duchesse de Montpensier, de la rente de 1.646 livres, 12 sols, 6 deniers, qui avait été constituée par M. le Duc aux religieux de la chartreuse du Lys Saint-Esprit de Lyon, laquelle extinction fut faite moyennant la somme de 26.250 livres qui leur furent payées par ladite dame, et cette constitution avait été faite par le roi Henri II de la seigneurie et péage de Trévoux, remise au domaine de mondit seigneur, et, par ce moyen, ladite seigneu-

---

1. L, T, B, J, V ajoutent : au nom et comme procureur de noble Gayet Henry, bourgeois dudit Lyon.

rie et péage est demeurée pleinement déchargée, moyennant une autre vente du dernier septembre 1598, faite par Léonard Barjot, seigneur de Moussy, auxdits Chartreux, de la somme de 200 écus soleil de rente, à lui due par mondit seigneur le duc, laquelle faisait partie de la susdite rente rachetée par madite demoiselle duchesse de Montpensier.

Contrat passé, le 10 février 1604, de la vente faite par M. Maissant, secrétaire de M. le Duc, au nom et comme ayant charge de lui, à M° Jacques Bermond, greffier pour le roi en l'élection de Lyonnais de tous les cens et servis, droits d'avenage et autres droits et devoirs seigneuriaux qui étaient dus à mondit seigneur, à cause de sa seigneurie de Trévoux, sur plusieurs fonds situés en la paroisse de Saint-Didier, de Formans, Saint-Bernard et La Bruyère au pays du Franc-Lyonnais, hors de son pays et souveraineté de Dombes. Ratification dudit contrat par mondit seigneur qui approuva et confirma ladite vente, le 26 desdits mois et an, avec la quittance de 1,500 livres, reçues pour le prix de ladite vente du 8 mars 1604.

La ville de Trévoux est à la pente d'une colline baignée au bas de ses murailles de la rivière de Saône, quatre lieues au-dessus de Lyon, du côté de la Bresse, ou, comme on parle vulgairement, à la part de l'Empire, quoique l'Empire n'ait jamais rien possédé en Dombes.

Dans cette ville, il y a un vieux château inhabité, l'hôtel de la monnaie, celui de M. le gouverneur du pays, le grenier à sel; se lèvent en ladite ville, le péage sur la rivière de Saône, et encore la rente noble ou directe. Il y a l'auditoire et prisons du bailliage, chambre du trésor de S. A. R., pour la garde de ses papiers, les greffes du bailliage et de ladite châtellenie de Trévoux, le tout de l'ancien domaine de Son Altesse.

Il y a encore une église collégiale de chanoines, érigée par Clément VII, l'an 1523, *extra regnum Franciæ*, portent les termes de la bulle approuvée par Louise de Savoie, avec les réserves et modifications qu'elle y apporta à Saint-Germain, le 16 février 1527; un couvent des Pères du Tiers Ordre de Saint-François, un couvent et monastère des religieuses Ursulines [1] et un petit collège.

Outre la paroisse dudit Trévoux, dépendent de ladite châtellenie

---

1. L, T, V ajoutent: un de carmélites.

les villages et parcisses suivantes : Reyrieu, Parcieu, Massieu, Poullieu, Toussieu, et environ les deux tiers de la paroisse de Saint-Didier-de-Formans ; le clocher de laquelle paroisse est du Franc-Lyonnais, une partie de la paroisse de Saint-Euphelme, le clocher de laquelle est dans la châtellenie de Villeneuve. Le mas du Bolan ou Cibeins, de la paroisse de Misérieu, le clocher de laquelle et le reste de la paroisse est dudit Villeneuve.

En ladite châtellenie de Trévoux, il n'y a aucune justice que celle qui dépend immédiatement de S A. R., savoir est le bailliage, où il y a un lieutenant général civil et criminel, un lieutenant particulier, un conseiller assesseur, un avocat et un procureur de sadite altesse royale un greffier et secrétaire de la chambre du trésor, un receveur des consignations et, ci-devant, un commissaire aux saisies réelles, à présent supprimé.

Le parlement de la Dombes est séant à Lyon, lieu emprunté où sont les officiers suivants.

Sont encore en ladite châtellenie les châteaux et fiefs sans justice qui ont seigneurs : le fief de Fétan, le fief de Fourquevaux, Le Roquet et Tancy château.

Fief de Fétan. — L'an 1601, au mois de juillet, M. Henri de Bourbon, par ses lettres vérifiées le 22 août suivant [1], érigea en titre de noblesse la maison de la grange de Fétan et moulin de Besan, en faveur d'Antoine Jaquet, tenant la poste pour le roi à Lyon, en reconnaissance des services que ledit Jaquet lui avait rendus, à la réserve de l'hommage et d'une paire d'éperons dorés, à chaque mutation de vassal ; lequel Jaquet en fit les foi et hommage audit mois et an, au prince, en la personne du lieutenant général au bailliage de Trévoux. Gaspard Jaquet, conseiller et secrétaire du roi, fils du susnommé, en obtint la confirmation de Marie de Bourbon, duchesse de Montpensier, souveraine de Dombes, au mois de juillet 1603, et vendit depuis Fétan, le 27 janvier 1644, à André Bouilloud, conseiller de S. A. R. et maître des requêtes en son parlement de Dombes, sur les héritiers duquel cette seigneurie ayant été mise en décret, la délivrance en fut faite à César Béraud, conseiller du roi, receveur général et payeur

1. G : coffre 4, cote D, 1re liasse.

des rentes de l'hôtel de ville de Lyon, qui est à présent seigneur de Fétan.

Contrat du 25 février 1604, par lequel M. le Duc céda, affranchit et délaissa à Antoine Jaquet, écuyer, maître de la poste de Lyon, sieur de la maison et fief de Fétan, assis en la paroisse et châtellenie de Trévoux, les cens et servis dus à Son Altesse sur les fonds appartenant audit Jaquet, pour demeurer lesdits fonds francs, quittes et exempts de tous droits et censive directe vers mondit seigneur, comme aussi M. le Duc vendit, audit Jaquet, les cens et servis à lui dus, en droit de directe, par les nommés Canet, dit Caresme, Gutain Sado, dit Molard [1].

Fief de Fourquevaux. — Ce fief s'appelait autrefois les moulins de Corcelles, et l'on voit, au trésor de Villefranche, sur les 108e, 109e, 110e et 111e feuillets du IIe volume des enregistrements [2], comme M. Charles, duc de Bourbonnais, par ses lettres de l'an 1433, confirmées par autres de l'an 1447, donna, en récompense de services, à M. Simon de Rovedis de Pavie, son médecin [3], la pension annuelle de

---

1. G : coffre 7, cote G, 9e liasse. — 2. G : vol. des enregistrements, cote n° 11. — 3. Le ms. J porte ici en note marginale : Des mémoires de famille donnent à Lancelot de Beccaria, père de Simon de Pavie, une femme appelée Charlotte de Royers, et il épousa cette demoiselle, à la charge par lui de porter ses armes qui étaient *trois roues d'or en champ d'azur*, et ce nom-là s'est perpétué pendant plusieurs générations. Jean de Pavie, qui acheta de son beau-frère, Jean Palquier, la baronnie de Fourquevaux, fait ajouter à son écusson celui de sa grand'mère, qui était cette Charlotte de Royères. Cet écusson est placé à un coin d'une tour du château de Fourquevaux. Des mémoires de famille donnent aussi à Simon de Pavie, père de Jean et fils de Lancelot, une femme nommée de Saint-Amour. La famille de Royères et de Saint-Amour a donné différents sujets pour comtes de Lyon en 1100. L'abbé Le Laboureur, dans un livre intitulé les *Mazures de l'Isle Barbe* de Lyon, article de la famille d'Eustache Dodieu, où est dit que Izabelle Dodieu, fille d'un Guillaume Dodieu, mort en 1483, après avoir été consul et échevin de Lyon, épousa Pierre de Pavie ou de Rovedis, de la maison de Fourquevaux. Ce Pierre de Pavie était fils de Simon et frère de Jean, conseiller au parlement de Toulouse. François de Pavie, fils de Jean, se maria en premières noces avec Rose de Magnen, dont il eut Reymon de Pavie. Cette femme étant venue à mourir, il se maria avec Anne Merlate ; il eut de cette femme quatre filles : 1° Marguerite de B. de P. de R., mariée à Lyon le 21 janvier 1530, avec Guillaume Guiliquin, docteur ès droits, juge de Montagnet au pays de Beaujolais ; 2° Anne ; 3° Marie, et 4° Béraude de

vingt ânées de froment dues par chacun an sur les moulins de Courcelles, avec toutes les appartenances desdits moulins, assis sur la rivière de Formans, au mandement de Trévoux, ensemble une maison et jardin assis en ladite ville de Trévoux ; autres lettres de Jean, duc de Bourbonnais, du 4 juin 1473, confirmatives de la précédente donation, faite par ledit feu seigneur, son père, audit de Rovedis, avec les vérifications et enregistrements d'icelles, ensuite desquelles sont encore autres lettres dudit seigneur, données les mêmes mois et an, par lesquelles il donna, à sondit médecin, natif de Lombardie, le pouvoir de tester de ses biens qu'il avait en Dombes.

Ce Simond de Rovedis était fils de Jacques, qui le premier vint en ce pays et eut un fils, Jean de Rovedis, dit de Pavie, qui suivit Jean de Bourbon, gouverneur de Languedoc, au moyen duquel il fut reçu conseiller au parlement de Toulouse, le 15 janvier 1467, et baron de Fourquevaux audit diocèse ; il vivait encore en 1487, comme appert d'un acte latin du 15 novembre, où il est nommé Jean de *Rovedis alias de Papia*, conseiller au parlement de Toulouse, d'un compromis et transaction entre lui et Guillaume, Benoit et Pierre Collet frères, de la paroisse de La Bruyère, touchant un pré appelé le Pré Neuf, certains arbres, saules et noyers, situés entre un sien pré et le pré desdits Collet que chacun d'eux disait lui appartenir. Il eut deux fils, Ray-

Pavie, religieuse au couvent de la Dézerte à Lyon. Il eut de ce mariage deux fils, Jean et Guichard, à qui Rémond, leur ci-dessus frère, donna pour leurs droits les biens situés dans le Lyonnais, Beaujolais, Dombes et Bresse. On n'a aucune trace de ces deux frères, qui apparemment sont morts sans postérité ; s'ils laissèrent des biens, il est probable qu'ils enfouirent (?) aussi les titres. Il y a apparence, cependant, qu'une Péronne de Pavie, qui épousa un Roset, qui avait la terre de Loubatière, près d'Ayda, était fille ou de Guichard ou de Jean, gouverneur de Narbonne. François de Salornay, seigneur de Champarnay, épousa, l'an 1494, Anne ou Agnès de Saint-Amour, fille de Claude de Saint-Amour et de Théode Pavie [1]. Il serait question de trouver le contrat de mariage de Claude de Saint-Amour avec Théode de Pavie. Pierre de Salornay, seigneur de Serière, et depuis seigneur de Champerny, par le testament de François de Salornay, son oncle, s'allia par mariage avec Philiberte de Saint-Amour, le 23 avril 1497. Cette Philiberte est fille de Claude de Saint-Amour, seigneur de Foncraine et de Villiers, et de Théode de Pavie. Chercher ces deux contrats de mariage, chez M. de Salornay, à Lyon, et chez M. de Saint-Amour. Chercher des actes qui prouvent que Jean de Pavie était fils de Simon.

1. Ce qui suit est d'une écriture plus récente.

mond et François de Rover (c'est ainsi que Raymond est appelé dans l'histoire manuscrite de la maison de ville de Toulouse); ce Raymond fut baron de Fourquevaux et gouverneur de Narbonne et ensuite de Toulouse, où il fut envoyé par M. le maréchal de Joyeuse, lieutenant général pour le roi au gouvernement de Languedoc, de l'an 1562, après que les huguenots se furent saisis de la maison de ville de Toulouse, et qui, l'année d'après, fut honoré du collier de l'ordre du roi, et fait chevalier, avec Louis de Carmain, seigneur de Nègrepelisse, à la réception desquels, en l'église Saint-Étienne, se trouvèrent le cardinal d'Armagnac, le seigneur de Monluc, les évêques de Tarbes et de Castres et les capitouls. L'ordre fut baillé premièrement au sieur de Fourquevaux, qui rendit de si grands services à l'État dans la ville de Toulouse où il était honoré de tous les corps du parlement et de la ville, et ses conseils suivis, comme font foi les livres manuscrits de la maison de ville.

François de Rovedis ou de Rover, son frère, prit aussi le nom de Fourquevaux et demeura en Dombes, et changea les noms des moulins de Corcelles en celui des moulins de Fourquevaux. Il fut père de Marie, mariée à François Fiot, enterrés l'un et l'autre au grand cimetière de Villefranche qui est à la porte d'Anse, sous une tombe de pierre où sont ces mots gravés : « Cy gisent vénérable Mᵉ François Fiot, docteur ez droits, avocat du roy au bailliage de Beaujolois et noble Marie de Royer, dite de Pavie et Fourquevaulx, sa femme, laquelle décéda le 29 jour d'août 1564 et ledit Fiot, son mary, le 24 jour d'avril 1585. »

Ce François eut encore une fille, Théode, mariée à noble Claude Saint-Amour, sieur de Foncraine et de La Butinière.

François Fiot fut père de Christophe Fiot, aussi avocat du roi et de Son Excellence audit bailliage, et procureur général de S. A. en la souveraineté de Dombes; de Claude Fiot, procureur, père d'Étienne Fiot; de Jean, religieux Carme; d'Angèle, femme de Jean-Baptiste Morin, père d'Antoine Morin, fameux médecin.

Christophe Fiot a eu Laurent Fiot, procureur du roi audit bailliage, père de François Fiot, avocat à Lyon, et de damoiselle Marguerite Fiot, dame de Mongré, femme de Laurent Bottu, écuyer, seigneur de La Barmondière, conseiller et secrétaire du roi et de ses finances, procureur de S. M. et de S. A. R. au même bailliage. Il ne faut pas oublier de dire ici que Christophe Fiot était en une si haute estime de probité dans Villefranche qu'il fut demandé au roi, par les échevins, manants et habitants de ladite ville pour exercer la charge d'avocat du roi, vacante par le décès de Paul Regomier, le 27 août 1587, décédé à tel jour, étant lors lieutenant général Jean Gaspard, sieur de Bionnay et Haute Chanal; Étienne de la Roche, lieutenant particulier, et François Poget, procureur du roi et de S. A. R.; le curé, le gardien des Cordeliers, le capitaine et les échevins de la ville, et plus de trente des notables habitants qui ont signé.

Depuis ce temps-là, le fief de Fourquevaux a passé en d'autres mains et je trouve un dénombrement du 11 avril 1540, rendu par Jeanne [1] Machard pour les cens et rentes qu'il avait acquis des enfants de feu noble François de Royer, en son vivant baron de Fourquevaux; et un autre dénombrement, du 12 avril 1540, par Gaspard Michelet, pour un pré assis près la ville de Trévoux, joignant la rivière de Formans, sur le chemin de Trévoux à Tanay, et, pour un autre pré sur ladite rivière, joignant le chemin tendant de Trévoux à Villefranche, lesquels prés furent aux seigneurs de Fourquevaux, et un dénombrement rendu, le 12 avril 1551, par M⁰ Claude Chollier, greffier de Beaujolais, pour les moulins de Courcelles ou de Fourquevaux, un autre du 28 août 1584, un autre de M⁰ Aymé Chollier, greffier au bailliage dudit Beaujolais, du 21 août 1571, et deux actes de foi et hommage rendus les 9 juillet et 9 août 1594, par M⁰ Claude Chollier, pour les moulins, prés et terres appelés les moulins de Corcelles ou de Fourquevaux.

Il fallait encore que le seigneur de Juis y eut quelque droit, puisque je trouve un autre acte de foi et hommage rendu, le 10 juillet de la même année, par Claude Champier, écuyer, gouverneur et lieutenant général de M. le Duc en ses pays de Dombes, pour la seigneurie de la Bastie et de Corcelles.

Au 372⁰ feuillet du VIII volume des enregistrements du trésor, il y a lettres patentes de mademoiselle Marie de Bourbon, duchesse de Montpensier et souveraine de Dombes, du 6 mai 1612, par lesquelles elle accorda plusieurs exemptions et privilèges [2] au sieur de Fourquevaux et à ceux qui seraient par lui employés à la manufacture de toutes

1. L, T : Jean; B : Jane. — 2. L, T : et franchises.

sortes de futaines et au négoce de la canabacerie et filaterie en la ville de Trévoux.

Fief du Roquet. — Je n'ai autre mémoire de ce fief, sinon un dénombrement, du 1ᵉʳ juin 1575, baillé par noble Louis du Croset, pour la terre et seigneurie de Roquet sise lès Trévoux.

Château de Tanay. — Dénombrement baillé, le 7ᵉ mars 1539, par noble François Varinier, pour le château et maison forte de Tanay, appartenances et dépendances assis en la paroisse de Saint-Didier-de-Formans; autre, du 23 août 1564, par Mᵉ François Varinier.

Dénombrement, du 10 mars 1539, par noble Claude Clavel, citoyen de Lyon, pour une rente allodiale et censuelle à lui due sur plusieurs fonds assis en la châtellenie de Trévoux et lieux circonvoisins, laquelle rente il disait avoir acquise depuis deux ans, tant de noble Claude de Glareins que de noble François de Varinier, seigneur de Taney.

Plusieurs autres biens dépendant de S. A. R. en ladite paroisse. — Dénombrement baillé par Mᵉ Guillaume Gilequin, docteur ès droits, juge d'Amplepuis, des moulins appelés les Moulins Blancs, et pour les prés appelés de Courans et Veyrie, des Ronds et du Cachet, qu'il possédait en la paroisse et mandement de Trévoux, le 7ᵉ mars 1539.

Dénombrement baillé, le 2 avril 1540, par Gabriel Bozon, pour 21 deniers de cens et servis annuels qui lui étaient dus par les tenanciers de quelques héritages situés au mandement de Trévoux, lequel Bozon déclara qu'il tenait un bois en franc alleu appelé Grand Bois du Mont, assis en la paroisse Saint-Jean-de-Turignieu, avec cinq septerées de terre assise audit lieu, comme aussi le fond de l'étang du Mory et une terre appelée Lardillère [1].

Dénombrement, du 27 avril 1552, par Guillaume Michelet, pour la moitié indivise avec la dame de Chancins, de quelques maisons, granges et colombiers, avec le domaine consistant en terres, vignes et prés assis à Reyrieu.

Dénombrement baillé, le 9 mars 1539, par les prébendiers de la chapelle Notre-Dame-de-Grâce, fondée en l'église Saint-Paul de Lyon, pour une petite rente censuelle en la châtellenie de Trévoux et autres

---

1. G : Sardillère.

lieux qui fut du sieur de Franchelins, audit pays de Dombes, et depuis acquise, de feu noble Philippe Crozet, par M⁰ Jean Marchand [1], en son vivant chanoine de ladite église et fondateur de ladite chapelle, lesquels prébendiers reconnurent, le 14 mai 1567, être hommes liges et vassaux de M. le Duc, à cause de la souveraineté de Dombes, pour les cens, rentes et devoirs des appartenances de la dotation de la chapelle qu'ils tenaient de mondit seigneur auquel ils promirent tant en leur nom que de leurs successeurs ès dites prébendes de lui payer ou à son receveur de Trévoux, à chaque mutation d'iceux trois prébendiers, douze livres, et outre ce, supporter les autres charges que leurs prédécesseurs avaient accoutumé de payer tous les ans, outre les cens et servis.

1. L, T. J : Machard; B portait aussi primitivement : Marchand.

CHAPITRE XI

DE LA CHATELLENIE DE BEAUREGARD

Beauregard se doit considérer en sa ville et château, la ville devait être jolie, sur le bord de la rivière de Saône, toute carrée, ceinte d'une belle muraille de brique qui subsiste encore pour la grand part, mais dénuée d'habitants; le château est beau, situé sur une colline qui commande à la ville, comme sont les châteaux et villes de Trévoux, de Riotiers et de Montmerle, mais inhabité, hormis d'un fermier qui le laisse dépérir. C'était autrefois la demeure des seigneurs de Beaujeu en Dombes et le siège de leur ressort, devant que les ducs de Bourbon eussent acheté Trévoux; de ce château dépend une rente noble, et le port dudit lieu de Beauregard, le greffe de ladite châtellenie, le droit de blairie, chacipolerée en toute la châtellenie.

Outre la paroisse de Beauregard, en dépendent quatre autres paroisses et villages, qui sont : Fareins, Meyssemy, Frens et Jassans.

Les seigneurs hauts justiciers, qui sont dans ladite châtellenie et qui relèvent dudit château de Beauregard, sont le seigneur de Fléchères, qui doit hommage et reconnaissance audit château, et le seigneur de Meyssemy.

Les fiefs sans justice sont : Grelonges, la maison de Gléteins, la maison de La Place, celle des R. P. Chartreux de Lyon, auxquels appartient le port de Frens; la maison du fief de Mondemango en la paroisse de Meyssemy [1].

Beauregard a été plusieurs fois sujet aux révolutions des querelles d'entre les comtes de Savoie et les seigneurs de Beaujeu, au sujet de l'hommage prétendu par lesdits comtes, et ce château ayant été pris, avec les villes de Lent et de Thoissey, par le comte Vert de Savoie, l'an 1377, il fut dit, par le traité de paix, que, moyennant les ducs de

1. Ce paragraphe manque aux mss. T, V.

Berry, de Bourgogne et de Bourbon, que le comte rendrait les places prises, à la réserve de Beauregard qu'il retiendrait sa vie durant ; mais M. de Bourbon étant venu à la seigneurie de Dombes, le comte de Savoie lui remit ladite place, château, ville et mandement, par traité fait entre eux, au mois de mai 1409.

L'an 1552 et le 10 août, le château et ville de Beauregard, avec toute sa seigneurie et mandement, fut vendu, par les commissaires du roi, à faculté de rachat perpétuel, à damoiselle Clémence Violle, autorisée de noble Jean Albis [1], notaire et secrétaire du roi, son mari, laquelle Catherine Violle vendit ledit château, terre et seigneurie de Beauregard, le 23 octobre 1555, au sieur Jean Baronnat, conseiller au parlement de Dauphiné, ce qui fut racheté par M. le Duc, le 4 mai 1572, qui remboursa tant le sort principal que les réparations, frais, mises et loyaux coûts, à noble Jean Baronnat, fils et héritier du susdit Jean.

Le château de Fléchères. — Cette seigneurie appartenait autrefois aux Palatins de Dyo, comme appert d'un dénombrement du 8 avril 1540, par Me Jacques Palatin de Dyo, seigneur palatin de Dyo, pour son château et maison forte de Fléchères, assise en la paroisse de Fareins, appartenances et dépendances, où il disait avoir haute, moyenne et basse justice, et pour un autre château où il disait avoir pareille justice. Elle a depuis appartenu à Louis Gaspard, comme il appert du dénombrement qu'il en fit, le 16 juillet 1575.

Lettres du mois de février de l'an 1620, par lesquelles madame Marie de Bourbon, souveraine de Dombes, de l'avis de M. le duc de Guise, son beau-père, et de Mme la duchesse de Guise, sa mère, ses tuteurs, cède à Me Jean Sève, sieur de Fléchères, le droit de haute, moyenne et basse justice, appartenant à S. A. R. à cause de ses châtellenies de Beauregard et de Villeneuve sur les maisons, fonds et héritages au dedans des limites portées par le procès-verbal, et à la charge de payer, par chacun an, trente livres de rente annuelle, perpétuelle, féodale et foncière, dont ladite terre et seigneurie de Fléchères et ses dépendances demeureront chargées, et, à chaque mutation de seigneur, un autour [2].

1. L, T : Albigny. — 2. L, T, B, V : vautour. Le ms. J ajoute : Jean Sève, premier président en l'élection de Lyon, fit bâtir le château de Fléchères, achevé en 1622 ; il eut pour héritier Mathieu Sève, qui épousa une Dugué ; Jean, son fils, lui succéda ; Pierre succéda à Jean, et Étienne à Pierre, né le 27 décembre 1707.

Le château de Messimy. — Dénombrement, du 24 février [1] 1539, par Jacques de Laye, chevalier, pour son château, terre et juridiction de Messimy, où il disait avoir haute, moyenne et basse justice.

Autre dénombrement de Claude Guerrin, bourgeois de Villefranche, pour une maison avec quelques prés et bois, assis en la paroisse de Messemy, et pour une autre rente à lui due en la paroisse de Vaux et autre dans le mandement de Chamelet.

Autre dénombrement, du 23 février 1539, par noble Lambert de Laye, seigneur de Messemy, pour une grange assise au lieu de Frans, joignant la Saône.

Dénombrement, du 1ᵉʳ mars 1539, par noble Philippe de Rancé, pour sa maison de Gléteins, appartenances et dépendances, assise à Jassans. Autre, par Jean de Gléteins, écuyer, le 2 janvier 1569 [2].

Contrat de vente faite, le jour de Saint-Pierre et Saint-Paul en 1325, par Étienne de Gléteins, chevalier, à haut et puissant seigneur Guichard de Beaujeu, de la poipe de Frans et prés contigus avec une terre appelée de La Jonchery. Donation faite, en 1357 [3], par dame Marie du Thil, veuve d'Édouard de Beaujeu, comme tutrice d'Antoine de Beaujeu, leur fils, au profit d'Étienne Perret, de la poype ou fort [4] de Frans, avec ses appartenances et dépendances en la paroisse et proche l'église de Frans, en récompense des services qu'il avait rendus audit feu Édouard de Beaujeu.

Dénombrement, du 24 décembre 1564, par damoiselle Marie du Tart [5], dame de Trazettes, pour sa maison appelée de La Place.

Dénombrement, du 1ᵉʳ avril 1540, par Claude Lanuat, pour les cens et servis qu'il tenait en fief de cette baronnie, ès villages et paroisses de Jassans et Frans, Mizérieu, Saint-Didier, Riottiers, de La Bruyère, Parcieu et Marcieu.

Dénombrement, du 9 septembre 1564, par dom Giraud Boyer, prieur de Sales et Bugissent, des maisons, prés, terres et bois, servis, cens et devoirs de Grelonges au pays de Dombes, étant des dépendances dudit prieuré de Sales.

---

1. J : 24 juillet 1539, par Jacques Savoye, chevalier. — 2. T, V : 1659. — 3. L, T, V : 1375 ; G : 26 et dernier fol. du liv. A, 1ᵉʳ coffre. — 4. L, T, V : port. — 5. L : Tast ; T : Past? ou Hast? ; V : Fast.

CHAPITRE XII

DE LA CHATELLENIE DE MONTMERLE

Le bourg de Montmerle est sur la rivière de Saône, deux lieues au-dessus de Beauregard, montant vers Mâcon où il y a un fort château au sommet d'une colline, qui a été donné, l'an 1599, par les seigneurs de Dombes aux RR. PP. Minimes qui y ont un fort beau couvent et une fort jolie église, où il y a grande dévotion à Notre-Dame, le jour de la Nativité de la Sainte Vierge, qui est le 8 septembre. Il y a, pendant trois jours, une fort belle foire, où il aborde par ladite rivière force marchandise et affluence de peuple. Il y a une rente noble qui appartient à Son Altesse aussi bien que le port.

L'an 1352 et le 7 juillet, l'abbé de Cluny donna commission, au doyen de Montbertoud et d'Arpayé, pour informer de la valeur du revenu de la chapelle de Montmerle, en laquelle, suivant l'ordonnance d'Édouard de Beaujeu, dame Marie du Thil, sa veuve, et ses exécuteurs testamentaires désiraient instituer des chanoines réguliers, par laquelle commission il est dit que l'on ne peut faire échange d'une rente ecclésiastique avec une temporelle, mais bien avec des dîmes [1].

De ladite châtellenie dépendent les paroisses et villages suivants : le bourg et paroisse dudit Montmerle, Guereins, Genouillieu, Montceau, Peysieu, Lurcy, Franchelins, Cesseins, Valeins, Amareins, Chaneins.

Les seigneurs hauts justiciers de ladite châtellenie sont les seigneurs du château de La Bastie, duquel dépendent les paroisses de Guereins, Monceau, Peysieu et Chaneins, le seigneur de Lurcy, le seigneur de Franchelins, le seigneur d'Amareins, le seigneur de Challiouvre, le seigneur de Tavernost et Cesseins, et le seigneur de Chavagnieu qui sont à présent les pauvres de la Charité de Lyon. Les fiefs de ladite

---

1. G : coffre 1 A, n° XLVII.

châtellenie sont la maison du sieur du Rosset et la maison du Petit Chavagnieu, appartenant aux pauvres de Lyon.

L'an 1525 et le 5 [1] février, M. Charles de Bourbon vendit les terres de Chalamont et de Montmerle à M. Laurent de Gorrevod, comte de Pont-de-Vaulx, lequel Laurent, faisant son testament le 26 mai 1527 [2], donna et légua à dame Claudine de Rouvoire [3], son épouse, tous ses biens meubles et l'usufruit sa vie durant de toutes ses terres et seigneuries, et, par le traité de Cambray, fut dit que ledit seigneur comte de Pont-de-Vaux, maître d'hôtel de l'empereur, serait, dans six semaines après la ratification du présent traité, mis en réelle possession des villes, châteaux et seigneuries de Montmerle et Chalamont par lui acquises dudit feu seigneur Charles, duc de Bourbonnais, avec ratification de madame Louise de Savoie, mère du roi François Ier, et la commission adressante à ses officiers, pour remettre cet article à exécution, ensuite de quoi Jean de Gorrevod, écuyer, sieur de Salins, neveu dudit sieur de Pont-de-Vaux, en prit possession, fondé de procuration de ladite dame de Pont-de-Vaux, laquelle en avait obtenu lettres le 3 janvier 1529, et, le 21 ensuite, madame Louise, mère du roi, ladite dame Claudine de Rovoire et ledit Jean de Gorrevod, neveu du défunt, passèrent contrat de grâce et faculté de pouvoir racheter perpétuellement lesdites seigneuries de Chalamont et de Montmerle ; ensuite il y eut lettres patentes du roi, de l'an 1536, pour la réunion desdites terres au domaine de Sa Majesté qui en fit don à M. le duc de Nevers, à quoi s'opposa ledit Jean de Gorrevod, et Sa Majesté accorda ses lettres patentes, du 4 juillet 1536, au bailli de Beaujolais, pour saisir et mettre entre ses mains lesdites terres et seigneuries de Montmerle et de Chalamont. Depuis, lesdits seigneur et dame de Pont-de-Vaux obtinrent lettres de réintégrande le 30 novembre 1545 [4], et encore autres lettres de la mainlevée, pour lesdites seigneuries de Chalamont et de Montmerle, du même jour, et il y a un dénombrement, du 10 avril 1540, par dame Claude de Semur, comtesse du Pont-de-Vaux, tant en son nom que du seigneur comte son mari, tant pour la terre et seigneurie de Chalamont que pour la terre et seigneurie de Montmerle.

1. L, B : 23 ; T, V : 15. — 2. G : 2e liasse du coffre 7, cote G. — 3. L, T : Rivoire. — 4. G : vol. V des enregistrements.

Outre le château et seigneurie de Montmerle, il y avait encore l'île de Montmerle qui avait été vendue, avec la châtellenie de Thoissey, à noble homme Antoine de Gondy, seigneur du Perron, par les commissaires du roi François Ier, l'an 1537, lesquelles furent depuis retirées par le roi Henri II, le 1er décembre 1549¹, et depuis revendues par d'autres commissaires de Sa Majesté, le 2 mars 1550, à Louis Allemand, seigneur de Castellen, en Provence, maître d'hôtel de la reine.

Dénombrement, du 6 mars 1539, par noble Charlotte de Belletruche, veuve de feu Jean de la Porte, seigneur de Chavagnieu, pour le château et seigneurie de Chavagnieu, appartenances et dépendances dont elle disait lui appartenir la moitié, et l'autre moitié à noble Jean de la Porte, frère du défunt, où elle disait avoir droit de haute, moyenne et basse justice.

Dénombrement, du 19 mars 1539, par damoiselle Magdelaine de Lymosin, femme de noble Claude de Champier, écuyer, dame pour la moitié de la terre et seigneurie de La Bastie en Dombes, par indivis avec damoiselle Diane de Lymosin, sa sœur, femme de noble Jacques Coutain ², et encore celui dudit Claude de Champier pour son château et maison de La Bastie où il disait avoir haute, moyenne et basse justice, plus pour sa maison de Corcelles et autres cens et servis en la paroisse d'Ambérieu.

Dénombrement, du 21 août 1540, par M. Jacques Varinier, doyen de Trévoux, au nom et comme pour M. Pierre de Vuarty, chevalier, pour le château et maison forte de Lurcy, etc.; plus, pour la maison et fief noble de Meyré, assis en Beaujolais, en la paroisse de Cublize; plus, pour la maison et fief noble de La Bastie, assis en la paroisse de Lacenas; plus, pour la maison et fief noble de L'Estraite en la paroisse de L'Estra, et pour la maison noble de Montchervet en la paroisse d'Amplepuis.

Dénombrement du 1er mars 1539, par Jean du Rosset, écuyer, pour la seigneurie et motte d'Amareins, où il disait avoir haute, moyenne et basse justice, outre les cens et servis de ladite seigneurie, tant en la paroisse d'Amareins que de Chaleins, Cesseins, Lurcy, etc., cette seigneurie avait été acquise par Claude Rousset ³, écuyer, lequel en fit foi

---

1. G : 2e fol. du IIe vol. des enregistrements. — 2. L., T : Costain ; J : Coutin. — 3. L., T., B : du Rosset.

et hommage, le 16 mai [1] 1530, entre les mains du seigneur lieutenant général de Beaujolais et de Dombes.

Dénombrement, du 16 mars 1539, par damoiselle Claude de la Baume, veuve de feu Philibert de la Taissonnière, écuyer, comme tutrice de damoiselle Claude de la Taissonnière, pour le château, terre et seigneurie de Chaneins, appartenances et dépendances, où elle disait avoir haute, moyenne et basse justice.

Autre, du 9 juillet 1564, par M. Louis de la Baume, baron de Corgenon, au nom et comme mari de damoiselle Claude de la Taissonnière, dame dudit lieu et de Chancins.

Autre, du 13 août 1564, par M. Claude de Fevre, chevalier, sieur du Touret, au nom et comme mari de dame Claude de la Baume, pour les cens, rentes et justices de la seigneurie de Chaneins, ensemble d'un petit étang, terres, bois et vignes, dépendant de ladite seigneurie. Autre, du 2 janvier 1369 [2], par Humbert, seigneur de Chaneins.

Dénombrement, du lundi devant la fête Saint-George 1326, à M. le baron de Beaujeu, par Guichard de Francheleins, écuyer, pour sa grange assise en ladite paroisse, entre la rivière de Morand et l'église dudit Francheleins. Autre, du 13 août 1565, par noble Alexandre de Ponceton, seigneur de Francheleins et de Fontaines, pour sadite maison de Francheleins où il disait avoir haute, moyenne et basse justice. Autre, du 2 janvier 1369, par Jean de Franchelins, sieur de Tavernost.

Dénombrement, du 23 février 1564, par les dames abbesse et religieuses [de Saint-Pierre de Lyon], pour les dîmes et rentes censuelles qu'elles avaient en la paroisse de Guéreins; plus, pour les blés des dîmes de Monthieux et pour partie des dîmes de Marlieu.

Dénombrement, du même jour, par M. Pierre d'Elbenne, abbé de Belleville et prieur de Cesseins, pour un dîme dépendant dudit prieuré en la paroisse de Cesseins, etc., et plus, pour le mas de Mesières, dépendant de ladite abbaye, assise en la paroisse de Plantaz, au mandement de Chalamont.

Deux dénombrements, l'un du 18 février 1539, l'autre du 25 avril 1551, par noble Benoît de Payrieu pour sa maison de Courcelles en

1. L, T : mars. — 2. L, T, V : 1639.

la paroisse de Genouillieu. Foi et hommage rendu le 16 juillet 1575 par noble Jean Thévenon, lieutenant général au bailliage de Dombes, pour le château et maison forte de Tavernost, appartenances et dépendances.

CHAPITRE XIII

DE LA CHATELLENIE DE THOISSEY [1]

La châtellenie comprend la ville de Thoissey, où il souloit être un château fort à présent rasé, depuis les guerres de la Ligue, à cause que les seigneurs [2] s'en étaient emparés ; le domaine de S. A. R. est en une belle rente d'où dépend le port de Thoissey, le pré Biojon, le bois de l'Eschanal en taillis, les fours banaux dudit Thoissey, la halle, le greffe de la châtellenie. En ladite ville, il y a un juge châtelain pour la juridiction ordinaire, quatre foires l'année, un grenier à sel [3].

Les villages et paroisses qui en dépendent sont Saint-Didier-de-Chalaronne, fameux par le martyre de saint Didier, évêque de Vienne en Dauphiné, arrivé au mois de juin, l'an de salut 615, à Brignais, *apud Prisciniacum villam, in territorio Lugdunensi, juxta fluvium Calaronam ubi natalis santi Desiderii colitur, XI cal. junii.* Ce village s'appelle aujourd'hui Saint-Didier-de-Chalaronne, près de Thoissey, qui changea de nom à cause du martyre dudit évêque à l'honneur duquel fut bâtie et consacrée l'église de Saint-Didier, laquelle dépend du chapitre de Saint-Nizier de Lyon, Saint-Étienne, Mogneneins, Iliac, Bay, à la part de Dombes, partie du village de Dompierre [4], partie du village de Clémentia.

Les seigneurs hauts justiciers de ladite châtellenie sont : le seigneur de Chazelles, Bezeneins, Beaumont et Collonges, le seigneur de Barbarel et de Challes, le seigneur de Mogneneins, le seigneur de Deaux, le seigneur de La Collonge et Mereige, le seigneur de Garnereins, le seigneur de Labergement, à la part de Dombes, le seigneur de Prouvenis, le seigneur de Villesolier, le seigneur de Portebœuf.

Les fiefs de ladite châtellenie sont les chanoines de Saint-Pierre de

---

1. G : La ville de Thoissey fut bâtie par Guichard le Grand, seigneur de Beaujeu, comme font foi les privilèges qu'il lui donna l'an 1310. — 2. L, T, B, J, V : ligueurs. — 3. B, V ajoutent : Guichard le Grand en est le fondateur. — 4. G : Dombes.

Mâcon, pour leur rente de la Poype à Miseria ; les fiefs des Illiards, celui de Chaneins.

La châtellenie, château, terre et seigneurie de Thoissey ayant été vendus par les commissaires du roi François Ier, l'an 1537, furent rachetés par le roi Henri II, le 1er décembre 1549, de noble homme Antoine Gondy, seigneur du Perron, avec l'île de Montmerle[1], et depuis revendus, avec ladite île, par autres commissaires de Sa Majesté, le 2 mars 1550, à Louis Allemand, seigneur de Castellan[2] en Provence, maître d'hôtel de la reine.

L'Abergement appartenait au sieur Chabeu, seigneur de Saint-Trivier en Dombes, qui fit bâtir le château en la paroisse de Clémencia, près de Châtillon-les-Dombes. Il y a encore une tour appelée Chabeu, laquelle, par les limitations de Bresse et de Dombes, faites en l'an 1606, est demeurée dans la souveraineté de Dombes et le reste en Bresse ; cette seigneurie étant venue en la maison des seigneurs de la Baume, ils refusèrent l'hommage aux seigneurs de Beaujeu souverains de Dombes, sur quoi il y eut commission de la chambre des comptes de Beaujolais, du 8 janvier 1422, pour saisir, à la requête du procureur de M. le Duc, le château de L'Abergement et ce qui en dépendait appartenant à M. Jean de la Baume, pour n'avoir fait les foi et hommage ; depuis, cet hommage a été rendu par Jean de la Baume, le 14 mai 1540.

Hommage rendu, le 2 janvier 1369, par Jean de Chales, à M. de Beaujeu.

Foi et hommage rendus à M. Antoine de Beaujeu, le 14 avril 1372, par Jean, seigneur de Bezeneins, des biens et possessions qu'il tenait en fiefs dudit seigneur de Beaujeu.

Dénombrement, du 11 mars 1639[3], par damoiselle Jane de la Taissonnière, veuve de feu noble Pierre de Saint-Trivier, seigneur de Chaseaux, Chazelles, Bezeneins et Collonges, tant pour ledit château de Chazelles en Dombes que pour ceux de Bezeneins, en la paroisse de Saint-Étienne-de-Chalaronne et ès paroisses de Percieu, Mogneneins, Saint-Didier et autres.

Dénombrement, du 13 mars 1539, par noble Jean de Challes pour

1. G : Fol. 11 du VIe vol. des enregistrements. — 2. L, T, B, V : Chatellan. — 3. J : 1339.

son château de Challes [1] assis en la paroisse de Saint-Didier-de-Chalaronne ; autre, du 5 septembre 1564, par Philibert de Challes, avec le dénombrement du 13 novembre 1447, par Humbert et Dalmas de Challes frères, écuyers, pour les cens et servis qu'ils tenaient à foi et hommage de M. le Duc en la paroisse de Thoissey.

Dénombrement, du 13 avril 1551, par Lionet du Saix, écuyer, pour sa maison de Beaumont en la paroisse de Saint-Étienne-de-Chalaronne ; autre, du 28 août 1564, par damoiselle Claudine de Ponceton.

Dénombrement, du 8 mars 1539, par noble Pierre Rodé, tant en son nom que de damoiselle Claudine du Saix, sa femme, pour la maison de Barbarel.

Dénombrement, du 1er mars 1564, par M. Jean de Miolans, chevalier, seigneur de Chevrières, et dame Françoise Maréchal, sa femme, pour le château de Deaux.

Dénombrement, du 6 avril 1540, par George de la Guiche, écuyer, pour sa maison de Garnereins.

Autre, du même, le 24 avril 1552.

Dénombrement, du 20 .... 1539, par noble George Chabeu, pour le château de Colonges et pour les seigneuries de Maraiges et Pionnins ; autre, du 10 août 1564, par Philibert Chabeu, pour les mêmes choses.

Dénombrement, du 12 juin 1540, par M. Charles de Simieu [2], pour une rente dépendant de son château et seigneurie de La Ferte [3], laquelle rente il avait droit de lever sur les tenanciers des héritages situés dans les paroisses de Saint-Didier-de-Chalaronne et de Chazelles [4] et autres lieux circonvoisins, et pour la terre et seigneurie de Ville-Solier, assise en ladite paroisse de Saint-Didier [5]-de-Chalaronne ; autre, du 13 août, par M. Philibert de la Baume, chevalier, pour la terre de Ville-Solier.

Dénombrement, du 19 mars 1539, par noble Guillaume Chabeu, d'Yllie en Dombes, au mandement et châtellenie de Thoissey, des biens qu'il tenait noblement au pays de Beaujolais et Dombes, qui avaient été de la maison de Pionneins.

1. L, T : Chazelles. — 2. L, T, B, J, V : Charles Diximieu. — 3. L, T, V : Féole ; J : La Ferte. — 4. L, T, B, V : Courcelles. — 5. L, T, B, J, V : Saint-Étienne.

Dénombrement, de Jean de la Bessée, docteur, syndic de la ville de Lyon, pour les cens, rentes et biens[1] qui lui appartenaient, tant au lieu de Fleurieu, paroisse de Mogneneins, qu'autres lieux du pays de Dombes.

Dénombrement, par Claude, baron de Montagny, et seigneur de Mogneneins, des servis et autres droits seigneuriaux qu'il disait lui appartenir au lieu de Mogneneins, en la châtellenie de Thoissey et au lieu de Peylieu, de Guerreins et de Genoullieu, en la paroisse de Montmerle, avec un écrit baillé par Benoît Buatier, curé de Saint-Vincent de Mogneneins, pour une rente noble, tant en blé, poules et en argent, qu'il avait droit de lever en ladite paroisse, à cause de sa cure.

Il y a un procès de Monguin en la châtellenie de Thoissey, entre Édouard, seigneur de Beaujeu, d'une part, qui soutenait que le village de Mogneneins[2] était en la seigneurie[3] de Thoissey, et le procureur du roi de Mâcon et le chantre dudit Mâcon d'autre, reconnaissances faites ès années 1383 et 1384, par Martin Mercier et Jean Fabry, notaires, par plusieurs habitants du village de Monguin qu'ils étaient, et leurs prédécesseurs avaient été de tout temps hommes justiciables en toute juridiction et taillables dudit seigneur de Beaujeu, à cause de son château et châtellenie de Thoissey, qu'ils avaient toujours plaidé en la justice dudit Thoissey, comme il se voit au registre, depuis 1344 jusqu'en 1485[4]. M. Louis de Bourbon entra en cause en l'an 1400.

Reconnaissance faite au mois de février 1306, à Philippe de Laye, chevalier, par Perrin d'Alpayé et Durand, son frère, et plusieurs autres paroissiens de Saint-Didier-de-Chalaronne qui reconnurent être ses hommes taillables et exploitables, à cause des terres qu'ils possédaient en la directe de son fief et domaine, et s'obligèrent de lui payer les sommes, tant en blé qu'en argent, dont leurs héritages étaient chargés envers lui, ne reconnaissant autre seigneur que ledit seigneur de Laye et monseigneur de Beaujeu, duquel relevait ledit fief dudit sieur de Laye.

Saisie et mainmise contre Jean Carion, faute de foi et hommage rendus par lui pour le fief de l'Ordre[5] et Vacheresses en 1456.

Foi et hommage rendus, en 1564, par MM. du chapitre de Saint-

1. L, T, B, J : rentes et servis. — 2. L, T, B, J, V : Monguin. — 3. B, V : châtellenie. — 4. G : sac 2 du 2ᵉ coffre du trésor. — 5. L, T, B, V : L'Orde.

Pierre de Mâcon, pour leur maison de la Poype de Miseria et ce qui en dépend, assis en la paroisse de Saint-Didier de Chalaronne, en la châtellenie de Thoissey.

Dénombrement, du 14 avril, par Andry Bailly, des cens, rentes et servis qu'il levait ès paroisses de Saint-Didier-de-Chalaronne, d'Yllie, de Mogneneins et de Bey.

Foi et hommage rendus, en 1570, par MM. du chapitre de l'église collégiale de Saint-Paul de Lyon, pour leur obéance de Berteneins, située en Dombes.

Dénombrement des biens et revenus de L'Epinay étant du fief de M. le Duc, le 29 août 1564.

CHAPITRE XIV

DE LA CHATELLENIE DE VILLENEUVE [1]

La ville de Villeneuve est fort petite et dont le château joignant est ruiné.

Le domaine de S. A. R. consiste en une belle rente ou directe et une grande forêt. Il y a une foire audit lieu tous les ans, le jour de la Magdelaine.

Les paroisses qui dépendent de ladite châtellenie, outre celle de Villeneuve, sont celles de Chaleins, Agnereins, Chanteins, Ars, Misericu, Sainte-Euphémie.

Les seigneurs hauts justiciers sont ceux de Graveins, de Villette et du château d'Ars.

Les fiefs sont le sieur de Villion, La Motade, Briandas, Boyard, le prieuré de Sainte-Euphémie, la rente de MM. de Saint-Paul de Lyon étant au village d'Ars, le moulin d'Haute-Chanal.

Foi et hommage rendus, le 3 janvier 1568, par noble Jean Gaspard, lieutenant général au bailliage de Beaujolais, pour la seigneurie du moulin d'Haute-Chanal, assis en la paroisse de Chaleins, qui fut de la seigneurie de Tavernost.

Foi et hommage rendus, le 16 juilllet 1575, par M⁰ Jean Le Viste, pour la maison de Briandas, étant alors en ruine, avec les appartenances et dépendances.

Contrat d'amortissement et achat passé, le 9 février 1613, par M. le cardinal duc de Joyeuse, au nom et comme tuteur de Mademoiselle, de 1.380 livres de rente dues à damoiselle Suzanne de Clébert, femme de Jean Sarjot [2], écuyer, gentilhomme servant du roi, et de lui autorisée, héritière substituée de feu noble Jean de Clébert [3],

1. G : voyez le Châtelard. — 2. L, T, B, J, V : Farjot. — 3. L, T, B, V : Jean Philibert.

son grand-père, auquel ladite rente, dès le mois de septembre 1543, avait été vendue et constituée par les commissaires du roi François Ier, sur les terres et seigneuries de Châtelard et de Villeneuve, situées en la souveraineté de Dombes; ledit rachat fait moyennant la somme de 22.356 livres 5 s., à quoi se montait le sol principal et les frais, mises et loyaux coûts.

Dénombrement, du 8 mars 1539, par damoiselle Marguerite Provincialle, veuve de feu Thomas Santian, bourgeois de Lyon, pour une maison forte appelée Villette, où elle disait avoir haute, moyenne et basse justice.

Dénombrement, du 11 mars 1539, par damoiselle Jane de la Taissonnière, veuve de feu noble Pierre de Saint-Trivier, en son vivant seigneur de Chazelle et Bezeneins, dame de Villion, où elle disait avoir droit de haute, moyenne et basse justice, assise en la paroisse d'Agnereins, et pour une maison et grange en la paroisse de Reyrieu. Il y en a un autre, antérieur à celui-là, du 2e jour de janvier 1369, par Gilot de Saint-Trivier, sieur de Chazelles.

Dénombrement, du 13 février 1539, par noble Claude Gatet, pour sa maison et château d'Ars, appartenances et dépendances, en la paroisse d'Ars, où elle disait avoir haute, moyenne et basse justice. Autre, du 12 avril 1551, par Me Claude Chollier, notaire et greffier audit pays de Beaujolais, seigneur d'Ars, pour ladite maison et château d'Ars.

Dénombrement, du 22 mars 1539, par nobles Antoine et Philibert Burdin, et Andriette, veuve de feu Me Jean Faure, sieurs respectivement de la Mothe-d'Ars, sans justice.

Acte du mois d'août 1286, passé entre M. de Beaujeu et Jean d'Ars, écuyer, par lequel mondit sieur de Beaujeu érigea en fief la maison d'Ars, assise proche l'église dudit lieu, avec dix livres viennoises d'annuel revenu que ledit sieur d'Ars recevait aux environs de ladite maison, à la charge qu'il les tiendrait, lui et ses successeurs, à foi et hommage dudit seigneur de Beaujeu, et lui en ferait hommage et serment de fidélité.

Hommage rendu, le samedi d'après la Nativité de la Vierge, en 1329, par Jean d'Ars, fils de Guichard, au seigneur de Beaujeu, pour ladite maison, et autre, du 6 juin, au seigneur de Thoire et de Villars, pour six livres de revenu annuel; autre, du second janvier 1369, par Jean d'Ars, écuyer.

CHAPITRE XV

DE LA CHATELLENIE D'AMBÉRIEU

Ambérieu avait été donné, par M. Jean de Bourbon, à sa fille naturelle, Marie de Bourbon, femme de Jacques de Sainte-Colombe, et Jean et Antoine de Sainte-Colombe, leurs fils, se départirent, l'an 1499, de tout le droit qu'ils pouvaient avoir sur le château, justice et châtellenie d'Ambérieu, appartenances et dépendances, au profit de M. le Duc, qui se départit de la convention, portant qu'en cas que ledit Jacques et Marie de Bourbon vinssent à décéder sans enfants procréés de légitime mariage, tous leurs biens lui appartiendraient. Il fut vendu, l'an 1537, à condition de rachat perpétuel, à noble Thomas de Gadagne, bourgeois de Lyon.

La châtellenie d'Ambérieu comprend le domaine d'Ambérieu qui consiste en un fort beau château appartenant à S. A. R., aux rentes nobles d'Ambérieu et Monthieu, en plusieurs beaux étangs, en une petite forêt [1].

Les villages et paroisses sont : Ambérieu, Monthieu, Sainte-Olive, Juis, Savignieu, partie de la paroisse de Chanteins; l'an 1425, il y eut enquête faite des limites de la châtellenie d'Ambérieu, pour savoir quelles forteresses, terres, maisons, servis, cens et hommes sont en icelles, par laquelle information il appert que les châteaux de Juis et de Sainte-Olive étaient enclavés en ladite châtellenie.

Les seigneurs hauts justiciers de ladite châtellenie sont ceux de Sainte-Olive et de Juis.

Les fiefs sont : Le Breuil, Le Buisson, Arcieu, La Fontaine, Argil, Mions, Labreille, Fontanelle, La Serpollière, Montbertoud, prieuré.

Acte des foi et hommage rendus, le 10 juillet, et ensuite le dénom-

---

[1]. L, T, B, J, V ajoutent : et en une taille trienne.

brement fait, le 9 août 1564, par noble Philibert Gaspard pour sa maison forte du Breuil, assise en la paroisse de Monthieu, plus pour sa maison noble du Buisson, assise en la paroisse de Saint-Jean de Thurignieu.

Dénombrement, pour la seigneurie d'Arcieu, le 21 mars 1539, par Étienne Berry; autre, du 23 avril 1452, par noble Nicolas du Pré, citoyen de Lyon, pour ledit château d'Arcieu; autre, du mois de juillet 1570, par R. P. en Dieu M⁰ Jean Joly, évêque de Saint-Paul-Trois-Châteaux, pour les seigneuries d'Arcieu et de La Fontaine.

Dénombrement, pour la maison forte de La Fontaine, sise proche d'Ambérieu, par Pierre Libellin, écuyer, du 23 mars 1539.

Foi et hommage, pour la seigneurie de La Fontaine, par M⁰ Jean de Joly, évêque de Saint-Paul-Trois-Châteaux, le 2 janvier 1570.

Dénombrement, du 26 avril 1552, par noble Claude Raisonier, bourgeois de Lyon, pour un vieux château appelé Sainte-Olive, où il disait avoir un châtelain, greffier, procureur et sergent.

Lettres de la concession faite, au mois de juin 1276, par monseigneur Louis de Beaujeu, à Guillaume de Juis, chevalier, du droit de justice des maléfices jusqu'à mutilation de membres, excepté le dernier supplice, ès paroisses de Dompierre, de Châtenay, de Saint-Nizier-le-Désert, de Chalamont, de Saint-Martin-de-Chalamont, et l'hommage rendu à M. Antoine de Beaujeu, le 2 janvier 1369, par Henri de Juis, chevalier, sieur de La Bastie, et encore à M. Louis, duc de Bourbonnais, par Henri de Juis, écuyer, le 27 septembre 1400, pour les possessions qu'il tenait en fief dudit sieur duc, à cause de la baronnie de Beaujolais.

Hommage rendu, le lundi d'après Saint-Michel, en 1336, à M. Édouard de Beaujeu, par Hugues de la Palu, pour la seigneurie de Juis. Autre, en 1348 [1], par la dame de Juis, au seigneur de Beaujeu, pour les moulins de Cachet et de Thuet.

Hommage rendu à M. de Thoire et de Villars, le 20 février 1373, par Jean de Grolée, chevalier, pour la maison forte de Juis. Informations faites, en 1425, par lesquelles appert que les châteaux de Juis et de Sainte-Olive sont du fief de M. de Bourbon et dans les limites de la châtellenie d'Ambérieu.

1. L, T, V : 1448.

Vente [1] du château de Juis, le 21 avril 1452, par Antoine de Grolée, chevalier, à Antoine, seigneur de L'Aubespine.

Lettres patentes de Jean, duc de Bourbonnais, à M. de Serrières [2], bailli de Beaujolais, de recevoir ou faire recevoir sous la main de S. A., les cens et revenus de la terre et seigneurie de Juis qui avait été saisie, à faute d'hommage rendu, en date du 28 juin 1458.

Lettres du même duc de Bourbon, données au mois de juin 1462 [3], par lesquelles il donne à son frère naturel, Louis, bâtard de Bourbon, et à ses enfants mâles, descendant de lui en loyal mariage, et aux enfants de ses enfants mâles en droite ligne, le château, châtellenie, terre et seigneurie de Juis, située en la souveraineté de Dombes, avec la juridiction, justice haute, moyenne et basse, retenus à lui et à ses successeurs seigneurs de Beaujolais, le fief et hommage et tout droit de ressort.

Lettres du duc de Savoie, du 14 juillet 1463, par lesquelles il déclarait qu'il avait agréable l'accord qui serait fait par le prince de Piémont, son fils, ses commis et députés, avec M. le duc de Bourbonnais, contenant [4] la mouvance de ladite seigneurie de Juis que ledit duc de Savoie prétendait relever de lui, à cause de son pays de Bresse.

Vente de la terre et seigneurie de Juis, faite à Paris le 29 octobre 1465 [5], par M. Jean de Bourbonnais à M. le duc de Calabre, son frère, comme ayant épousé Mme Marie de Bourbon, sa sœur, et ce pour payement de 8.000 écus d'or en déduction de partie de la dot qui lui avait été promise, et encore à la charge que ledit sieur duc de Calabre tiendrait ladite terre et seigneurie à foi et hommage de mondit seigneur.

Autre vente, faite, le 5 novembre audit an, de ladite terre et seigneurie de Juis, par ledit sieur duc de Calabre, à noble Aynard de Grolée, écuyer, seigneur de Bressieu et de Montrevel, en Dauphiné, conseiller et chambellan d'icelui duc de Calabre et capitaine de sa garde, pour le prix de ladite somme, le 5 novembre 1465, ce que le duc Jean de Bourbon agréa par ses lettres données à Paris, le 6 dudit mois, et en

1. T : autre ; B : acte du château. — 2. L, T, B, V : Ferrières. — 3. G : vol. III des enregistr., fol. 13, coffre 7. — 4. L, T : concernant. — 5. G : 25 fol. du même vol.

portant commandement à ses officiers de l'en mettre en possession [1].

Lettres du roi François Ier, du dernier mai 1541, par lesquelles Sa Majesté donne mainlevée à Guillaume de Balsac, baron de Juis, de la saisie qui avait été faite de ladite seigneurie, faute d'hommage et devoirs rendus.

Dénombrement rendu, le 15 juillet audit an, par ledit Guillaume de Balsac, de ladite terre où il disait avoir haute, moyenne et basse justice.

Dénombrement, du 13 mars 1539, par noble Claude Grangier, pour sa maison forte de Mions.

Dénombrement, du 18 avril 1552, par André Toussand, pour sa maison et grange de Fontenelles, appartenances et dépendances.

1. G : 26, 27, 28, 29 feuillets.

CHAPITRE XVI

DE LA CHATELLENIE DU CHATELARD

La ville et château du Châtelard sont ruinés et il ne reste à S. A. R. que la rente noble, quatre beaux étangs, beaux prés, un moulin au-dessous d'un étang, dîme inféodée, une belle forêt près Châtillon.

Il y a une clause du testament de Mme de Villars, touchant l'aumône du Châtelard, de l'an 1441, que j'ai ici insérée [1].

Extrait du testament de madame de Villars. — « Item veut et ordonne ladite dame que aucune aumône et donne générale de pain, de vin et de poisson et une escuelles de febvres que ja pieça a accoutumé de faire au Chastelart à toutes povres gens venans à lad. aumone, à chacune personne, un quartier de pain de soigle, une foillette vin, un tron de poisson et une écuelle de febves que a accoutumé de faire le jeudy saint sur son héritier cy dessous nommé et ses successeurs, seigneurs dud. lieu du Chastelard, soient tenus le faire, tous les ans chacun an, le jeudy saint, ainsy comme icelle dame l'a accoutumé de faire ; et se doibvent bailler et distribuer pour ladite aumône le pain de douse asnées de soigle, trois bottes de vin, quatre cent de poissons au nombre de l'estang et six bichets de febves, à la mesure de Chastillon, bien appareillés de sel, d'oylle et d'oygnons et pour la dépence des officiers et de ceux qui seront à livrer ladite aumône le pain de quatre bichets de froment.

« Item veut et ordonne ycelle dame testatrix que, en cas que sondit héritier universel dessus nommé et écript ou ses héritiers ne attendroient ou accompliroient ou feroient attendre et accomplir les choses dessusdites par la forme et manière que dessus est dit et déclaré, que les biens et héritages en quoy elle a institué héritiers soient et

---

1. G : n° X du coffre 1, sac coté C.

deviennent à très haut et puissant prince M. le duc de Savoye qui est pour le présent ou qui sera pour le tems avenir, parmy ce qu'il soit tenu d'accomplir bien et diligemment les choses dessusdites. Et, en cas que mondit sieur de Savoye ne les accompliroit, elle veut et ordonne que lesd. biens et héritages soient et deviennent a très haut et excellent seigneur M. le dauphin de Viennois qui sera pour le tems, par moyen qu'il face et soit tenu de faire les choses dessus dites. Et pour ce faire, attendre et accomplir bien et diligemment les choses dessusdites testées, léguées et ordonnées, ycelle dame testatrix fait ses exécuteurs et feaux commissaires de son présent testament et dernière volonté c'est a savoir très R. P. en Dieu, M. l'archevêque de Lyon, etc. Extrait l'an 1441, Gayand. »

Les paroisses de ladite châtellenie sont celles du Châtelard, de Marlieu, Saint-Germain, en partie, Saint-Georges de Renon, dont toute l'église est en Bresse, une partie du village de Bolignieu, dont le clocher est en Bresse, et de Romans, aussi en Bresse, les masages de Beaumont et du Bouchoux, dont le clocher est en Bresse.

Il n'y a aucun autre justicier que S. A. R. Les fiefs sont Monrosat, la maison appelée de Ville, sise à Marlieux, Le Bouchoux, Bachasières.

Dénombrement, du 24 août 1564, par Antoine de Monrosat, écuyer, pour sa maison forte et château de Monrosat, avec les cens, moulins, terres et bois qui en dépendent.

Dénombrement, du 20 avril 1552, par Pierre et Claude Hugonin, frères, pour une maison appelée la Ville et assise en la paroisse de Marlieux, en la châtellenie du Châtelard.

Lettres de Charles, duc de Bourbonnais, de l'an 1474, par lesquelles il donne à M⁰ Antoine de Levy, comte de Villars, sa vie durant, seulement, les fruits, revenus et émoluments de la ville de Sury-le-Comtal en Forez, et de la place du Châtelard, au pays de Dombes [1].

Transaction en latin, passée, le 26 juin 1432, entre Philippe de Levy, comte de Villars, et le duc de Savoie, sur les 24, 25, 26, 27, 28 feuillets, où il est remarqué que la vente faite de Trévoux, du Châtelard et d'Ambérieu, à M. de Bourbon est de l'onzième août 1402, et la vente de Villars faite au comte de Savoie est du 29 octobre de la même année.

1. G : coffre G, vol. II des enregistrements, fol. 130.

Transaction passée entre le seigneur de La Paccodière¹, ayant charge et pouvoir de M. le Duc d'une part, et noble David de Cléberge, seigneur de Saint-Trivier, d'autre, par laquelle le sieur de la Paccodière accorda pour mondit seigneur audit sieur de Cléberge, jusques à ce qu'il eût été effectuellement remboursé du principal de l'acquisition par lui faite des terres et seigneuries de Villeneuve et du Châtelard, il pourrait recevoir tous les ans, sur les fruits desdites terres, la somme de 980 livres sur ceux de la terre de Châtelard, et de 400 livres sur ceux de la terre de Villeneuve, le 5 juin 1567.

1. L, B, V : Pacaudière

CHAPITRE XVII

DE LA CHATELLENIE DE LENT

La ville de Lent est close et mal peuplée, le domaine consiste en rente noble, étangs, prés, moulins et forêts, partie des villages de Longeis, Serves, mas de Montugon, les Orgillières.

Il n'y a que cette seule paroisse de Lent.

Le seigneur de Corgenon est le seul qui ait justice au mas de Serva, encore y a-t-il à dire.

Les fiefs sont : Montugon, La Teissonnière, la rente de Maillard, la rente du sieur de Bonau, à Longeis.

Il y a lettres au trésor de Philippe de Savoie touchant les foires de Lent [1].

La seigneurie et ville de Lent ayant été vendue avec sa justice, cens, servis et autres droits au seigneur de La Forge et de Challiouvre, M. le Duc la voulant retirer et l'ayant fait saisir, il y eut opposition le 17 août 1565 par Étienne de la Forge, écuyer, seigneur desdits lieux, puis, le 5 juin 1567, il y eut transaction entre le seigneur de La Paccodière et ledit Étienne de la Forge, par laquelle transaction ledit seigneur de La Paccodière accorda, au nom de M. le Duc, audit seigneur de Challiouvre que, jusqu'à ce qu'il eût été effectuellement remboursé du prix de l'acquisition de la seigneurie de Lent, il prendrait tous les ans, la somme de 500 livres sur les fruits de ladite seigneurie [2].

Dénombrement, du mois de juillet 1286, par Guichard de Chamont, écuyer, seigneur de Corgenon, pour le mas de Les Orgillières et autres héritages assis dans le mandement de Lent.

Dénombrement, du 12 mars 1539, par Pierre Fournier, pour le château de Challiouvre, appartenances et dépendances où il disait avoir haute, moyenne et basse justice.

1. G : vol. des enregistrements, n° IV, fol. 39. — 2. G : III° vol. des enregistrements.

Autre, du 12 avril 1552, par dame Peronne Bousin, veuve de feu Jean Cléberger, pour ledit château.

Autre, du 17 août 1565, par Étienne la Forge, sieur de La Forge et de Challiouvre, pour ledit château.

Dénombrement, du 19 mars 1539, par noble Aimé Malivel, pour cens et servis qui lui appartenaient en la paroisse et châtellenie de Lent.

Ces huit châtellenies ci-dessus décrites appartiennent à S. A. R., les quatre suivantes sont bien royales, mais elles ont des seigneurs particuliers qui nomment leurs officiers, lesquels entrent aux assemblées générales et ont les mêmes attributs que les autres.

CHAPITRE XVIII

DE LA CHATELLENIE DE CHALAMONT

La châtellenie de Chalamont appartient à M. le duc de Pont-de-Vaux et consiste en la ville de Chalamont aliénée, ainsi que le domaine, depuis longues années. J'ai fait voir ci-dessus, au chapitre traitant de la châtellenie de Montmerle, comme Charles de Bourbon, connétable de France, l'avait vendue avec Montmerle, l'an 1525.

Les paroisses de ladite châtellenie sont : Chalamont, Saint-Martin, Dompierre-de-Chalamont, Saint-Nizier-le-Désert, dont toute l'église est en Bresse ; Ronsuel, Chastenay, partie du village de Versalieu, dont le clocher est en Bresse, comme ceux du Plantay et de Rignieur le Franc, Samares, paroisse.

Les seigneurs hauts justiciers sont ceux de Balvey, de Bohan [1], et l'abbé de La Chassagne.

Les fiefs sont : le prieuré Saint-Martin, La Franchise, rente du sieur de Rébé, Biard, partie des fiefs de Châtillon-la-Palu et de Versalieu, Moncolon, Mombernon, Les Hayes, La Verchière, Les Feules [2].

Il y a dans le trésor l'acquisition faite, en 1266 et au mois de décembre, par Renaud, comte de Forez et seigneur de Beaujeu, de Marie de la Granée, tout ce qu'elle avait au mas de la Fauge, en la paroisse de Saint-Nizier-le-Désert, pour le prix de quatre livres viennoises, et ce par Guillaume de Pisseys, chevalier, son châtelain de Chalamont, et encore l'acquisition faite en 1270, le mardi après Saint-Michel, par Mme de Beaujeu, de l'autre partie dudit mas, assis en la paroisse Saint-Nizier-du-Désert, de la susdite Marie et Jacques, son fils, Marguerite et Bernarde, ses filles, pour 16 livres viennoises [3] qu'elles reconnaissent être du fief de ladite dame, et encore la troisième partie d'une maison sise devant l'église de Chalamont.

1. L, T : Rohan. — 2. J : Feuilles. — 3. G : Coffre 7, 1re liasse.

Dénombrement, du 19 mars 1539, par Rembert Caillat, citoyen de Lyon, et Antoinette de Murys, sa femme, pour les trois quarts, par indivis avec Mᵉ Claude Bergier, de la seigneurie et mas appelés Béard, assis proche Chalamont, en la paroisse de Châtenay, où il y avait autrefois un château qui était alors ruiné ; ledit Bergier en fit autant le même jour pour sa quatrième partie.

Dénombrement rendu, le jeudi après la fête de la Magdelaine 1329, par dame Sibille de la Palu, pour ce qu'elle tenait en fief lige de M. Guichard de Beaujeu, en la châtellenie de Chalamont.

Hommage rendu à M. Édouard de Beaujeu, le dimanche après la Saint-Jacques et Saint-Christophe 1375, par le sieur Guy de Châtillon de la Palu, chevalier, pour certaines possessions, servis, usages et revenus.

Deux lettres d'Amé de Savoie, l'une du 20 février 1375, à M. le duc de Bourbonnais, son oncle, qu'il qualifie souverain de Dombes et baron de Beaujolais, et l'autre à madame la duchesse, par lesquelles il les prie d'avoir pour recommandée la veuve du seigneur de la Bastie, et de recevoir, par le procureur qu'elle lui enverrait les foi et hommage qu'elle lui devait rendre pour les seigneuries de La Bastie en Beaujolais et de Belvay en Dombes, attendu qu'elle ne pouvait elle-même les aller rendre à cause qu'elle était enceinte.

Dénombrement, du 20 mai 1539, par noble Jacques Coutin [1], tant en son nom que comme procureur de damoiselle Catherine Trie, pour la seigneurie de Balveys, assise en Dombes, en la châtellenie de Chalamont, en laquelle seigneurie de Balveys il disait avoir haute, moyenne et basse justice.

Dénombrement, du samedi devant les Rogations 1310, à M. Guichard de Beaujeu, par Jean de Courant [2], chevalier, pour les biens qu'il possédait en la paroisse de Drom, en la châtellenie de Chalamont.

Dénombrement, du 1ᵉʳ mai 1335, par Barthélemy de Marzola et Joannette, sa sœur, pour leur maison de Marzole et pour tout ce qu'ils possédaient depuis le vieux chemin tendant de Villars à Boyes et depuis le carrefour dit Aubert, au ruisseau de Charron.

Dénombrement, du 3 avril 1540, par Jean Coindrieu, sieur des

---

1. T : en note : de Costaing. — 2. L · Cousant ; T : Coussant.

Hayes, et plus comme père et administrateur de Jane, Françoise et Aymée, ses filles, et de feue Antoinette Roux, sa femme, pour la maison de Moncolond, assise en la châtellenie de Chalamont.

Dénombrement, du 3 novembre 1594, par Claude de Rébé, pour la rente qu'il avait en la ville et châtellenie de Chalamont tant en argent que seigle et gélines.

Dénombrement, du 21 mars 1539, par noble Ponthus Ponceton, pour la maison forte et seigneurie de La Franchise où il disait avoir justice basse jusqu'à soixante sous.

Foi et hommage rendus, l'an 1565, par la damoiselle veuve de feu noble Lyonnet de Poncetton pour la terre de La Franchise et ce qui en dépend.

Dénombrement, du mercredi d'après carême prenant 1362, par damoiselle Jeannette de la Franchise, veuve de Philippe Lombi, pour sa maison de La Franchise avec ses appartenances et dépendances.

Dénombrement, par Jean Minguet, pour sa maison de Montbernon, assise en la châtellenie de Chalamont.

Aveu, du 19 mars 1539, par le prieur de Monfovray, pour les cens et servis qu'il avait sur certains tenanciers d'héritages en ladite châtellenie.

Dénombrement, du 15 mars 1539, par noble Claude Thomasin, pour quelques cens et servis qui lui appartenaient en la paroisse de Vassalieu, au mandement de Chalamont.

Dénombrement, du 25 août 1564, par Hugues de la Rouë, pour la rente appelée de Chazelle, assise en ladite châtellenie.

Hommage, du 10 août 1570, par l'aumônier de l'abbaye de Notre-Dame d'Ambronay, à M. de Montpensier, pour les cens, rentes et servis, dîmes et revenus qu'il possédait au lieu de Dompierre, pays de Dombes, à cause de sa dite aumônerie.

Lettres patentes de Louis, seigneur de Beaujeu, données au mois d'août 1282, de la concession par lui faite à Guy, seigneur de Saint-Trivier en Dombes, du droit de justice en sa terre sise en la paroisse de Ronsuel, proche le château de Chalamont et en toutes les appartenances des lieux, de plus de la liste de Mortier, etc.

Deux pièces attachées ensemble touchant la sauvegarde et l'exemption du guet dus au château de Chalamont, octroyés au mois d'avril 1268, aux hommes de l'abbé et couvent de La Chassagne, par Renaud, comte de Forez, seigneur de Beaujeu, et Isabeau, comtesse de Forez et dame de Beaujeu, sa femme, à la charge que lesdits hommes tenant deux bœufs ou plusieurs, payeraient cinq ras d'avoine audit seigneur pour chacun feu et deux journées par chacun an, comme aussi au châtelain de Chalamont, deux ras d'avoine, et ceux qui n'auraient point de bœufs payeraient demi-livre de cire audit seigneur pour la sauvegarde, avec la ratification faite, le 10 mai 1361 [1], par Antoine, seigneur de Beaujeu, de l'autorité de Guillaume de Beaujeu, seigneur d'Amplepuis, son oncle [2] et curateur, auxquelles lettres est attaché un traité fait avec M. le duc de Bourbon par l'abbé et couvent de La Chassagne, le 21 juin 1401, touchant le petit étang qu'ils avaient fait construire proche ledit couvent, en ladite châtellenie de Chalamont et en la totale juridiction de Monseigneur, pour la plus grande partie, à la construction duquel le seigneur de L'Espinace, châtelain et capitaine dudit Chalamont, s'était opposé; néanmoins, cela leur fut accordé par mondit seigneur et madame qui prirent ledit couvent en leur sauvegarde et protection, au moyen de quoi il fut aussi accordé que la plus grande chapelle de ladite abbaye s'appellerait la chapelle de Bourbon et que l'abbé et les religieux de ladite abbaye célébreraient, à perpétuité, une messe par chacun mois à l'intention desdits seigneur, dame et de leurs enfants.

1. G : nos III et IV du sac coté C du 1er coffre. — 2. L, T, B, V portent : par Antoine, seigneur d'Ampepluis, son oncle et curateur, auxquelles.

CHAPITRE XIX

DE LA CHATELLENIE DE SAINT-TRIVIER

La châtellenie de Saint-Trivier appartient aux pauvres de la Charité de Lyon, et est une baronnie qui consiste en la ville dudit Saint-Trivier où est le prieuré appartenant aux RR. PP. Minimes de Montmerle.

Les paroisses qui en dépendent sont celles de Saint-Trivier et maisons hors la ville, Montagnieu, Percieu, Saint-Cire et Saint-Christophe; le clocher de Saint-Cire est en Bresse.

Il n'y a aucun seigneur haut justicier que les pauvres comme barons dudit lieu. Ils ont leur juge ordinaire et d'appel dont les appellations relèvent au parlement de Dombes sans passer au bailliage; la justice est haute, moyenne et basse [1].

Cette baronnie a été donnée aux pauvres de la Charité de Lyon par noble Jacques Moyron, baron dudit lieu, seigneur de Chavagnieu et de Chambost, l'an 1656, comme appert de l'épitaphe suivante :

> VIVIS ET POSTERIS
> JACOBVS MOIRON BARO DE ST TRIVIER DNVS DE CHAVAGNIEV DE
> CHAMBOST & CAVSARVM ACTOR DEIN ARBITER, VBIQVE ORACVLV
> THEMIDIS, QVI NEC FALLERE, NEC FALLI POTVIT, QVA INTEGRITATE
> QVA DOCTRINA ERAT, CVM VITĀ EGISSET IN FORI LABORIB. INTAMINATA
> VT PIETATĒ EXITVĒ PROROGARET, AC SIMVL QVI SINE LIBERIS VIXERAT
> NE ABSQ. IIS DECEDERET, HVIVS XENODOCHII PAVPERES SIBI ADOPTAVIT
> ET HÆREDES DIXIT IN SOLIDV, FRVCTV PARCIMONIÆ, STVDII ET
> AMICITIÆ IN DEVM TRANSFVSO HAC VNA MAXIME MVNIFICEÀ
> DIGNVS, QVI VIVAT IN OIV ANIMIS, DESIIT VIVERE, AN. ÆT. LXXXXI
> CHRĪ M. D. C. LVI MAII XXVI.
> ÆTERNĒ GRÆ ET HONORIS MONIMENTVM
> RECTORES HVIVS DOMVS POSVERVNT AN. DOM. M. D. C. LXII.

1. G : Ils ont le droit du prince qui est entre autres permission de faire les impositions en ladite châtellenie, de faire réparer les chemins [par] mesures particulières, et de condamner à l'amende.

L'an 1453 et le 5ᵉ mai, il y eut commission des officiers de M. le Duc pour informer contre Pierre Villion, sergent de Savoie, qui avait apposé les panonceaux du duc de Savoie à une perche proche l'église de Béreins; enquête du 14 dudit mois et an, par laquelle il appert que Béreins est de la châtellenie de Saint-Trivier et du ressort de la souveraineté de Dombes.

Hommage rendu à M. Antoine de Beaujeu, le 2 janvier 1639, par Jean, seigneur de Saint-Trivier en Dombes.

Dénombrement, foi et hommage rendus le mardi devant la Pentecôte 1393, à M. Édouard de Beaujeu, par Guillaume de Saint-Trivier, pour ladite seigneurie de Saint-Trivier en Dombes et ce qui en dépend.

Dénombrement baillé, le 18 août, par Mᵉ David de Cléberg, pour le château, maison forte et bourg de Saint-Trivier qu'il disait être baronnie, où il disait avoir haute, moyenne et basse justice; plus, pour la poype et motte de Graveins, pour le château et maison forte de Chaneins et ce qui en dépend, pour le château et maison forte de Béreins avec la justice et ce qui en dépend, pour le château et maison forte de Challiouvre avec la justice et ce qui en dépend; plus, pour le château et maison forte de Franchelins, avec sa justice et ses dépendances, pour la moitié de la seigneurie de Chavagnieu et ce qui en dépend; pour la terre et seigneurie de Mogneneins où il disait avoir haute, moyenne et basse justice, et rente noble à prendre ès paroisses de Mogneneins, Fleurieu, de Peysieu, de Genouillet et autres paroisses circonvoisines, ensemble pour la rente de La Bessée, au village de Fleurieu, avec la rente appelée Tavernost, assise audit Fleurieu.

Dénombrement, du 16 octobre 1564, par M. Pierre de Maise, prieur de Saint-Trivier, pour une maison, cour, jardin, grange, joignant ensemble, assis au château de Saint-Trivier, et pour les prés, bois et appartenances dudit prieuré, avec une rente noble qu'il a droit de prendre ès paroisses de Saint-Trivier et autres circonvoisines; ce prieuré appartient aujourd'hui aux RR. PP. Minimes de Montmerle.

Voyez Avenas, touchant quelques biens donnés, par les seigneurs de Beaujeu, aux seigneurs de Saint-Trivier.

CHAPITRE XX

DE LA CHATELLENIE DE LIGNIEU

La châtellenie de Lignieu appartient à M. Camille de Neuville, archevêque de Lyon, laquelle il a eue par échange de MM. de l'Ile-Barbe, à laquelle abbaye cette terre avait été donnée, l'an 1186, par Étienne, seigneur de Villars.

Lignieu est un château ruiné sur une motte de terre qui appartient audit seigneur archevêque, ainsi que la rente noble, une forêt et un grand pré; et est à remarquer que cette seigneurie fut donnée par dévotion, à Notre-Dame de l'Ile, par les princes de Dombes.

Il y a, outre cette paroisse, celle de Rancé et une partie de celle de Saint-Jean-de-Turignieu dont le clocher est au Franc-Lyonnais.

Il n'y a autre seigneur haut justicier que ledit seigneur de Lignieu qui a sa justice haute, moyenne et basse.

Les seigneurs de Beaujolais, souverains de Dombes, prétendant avoir la garde du château de Saint-Jean-de-Turignieu, le jour et fête de la Nativité de Saint-Jean-Baptiste, contre les doyen et chapitre de l'église de Lyon, ils eurent de longs différends entre eux, et quoique, l'an 1426, informations eussent été faites, tant à cause de ladite garde que chacune des parties prétendait, que pour les limites d'Ambérieu et de Goyne [1], et pour les fiefs de Turignieu, de Trévoux, de Franchelins, de Lurcy, de Barbarel et autres, il y eut grand procès au concile de Bâle sur ce que les seigneurs archevêque et chapitre prétendaient plusieurs places, villes et châteaux de Dombes devoir relever de leur dite église de Lyon; sur quoi il y eut acte de sommation, faite le 12 mai 1436 [2], par Me Soret, sacristain de l'église de Saint-Étienne de Lyon, au substitut du procureur du duc Charles de Bourbon, de faire

---

1. L, B : Geyné; T : Geyne; J : Goigne. — 2. L, T : 1486; J : 1426.

les foi et hommage de plusieurs châteaux, villes et fiefs que lesdits seigneurs archevêque, doyen et chapitre prétendaient relever de ladite église; acte du concile de Bâle, des 12 juin et 31 août 1436, sur la continuation des poursuites des monitions avec la présentation du procureur des susdits seigneur duc Charles et Philippe de Bourbon, son fils, seigneur de Beaujolais, pour s'opposer auxdites monitions, protestations faites le 21 juillet audit an, par ledit seigneur Dampierre, comme tuteur dudit duc Philippe de Bourbon, Louis de Savoie, prince de Piémont, fils et lieutenant général du duc de Savoie, sur les poursuites faites audit concile, touchant lesdits hommages prétendus par ladite église de Lyon. Décret dudit concile par lequel mondit seigneur fut exhorté et requis de ne répondre des susdits fiefs à autre personne qu'à l'archevêque de Lyon, recommandant audit seigneur archevêque les droits de ladite église, du 15 des calendes d'avril qui était le 17 mars 1436. Ensuite de quoi, le roi Charles VII qui, en qualité de chanoine de Saint-Jean de Lyon, avait intérêt de conserver les droits de ladite église, par ses lettres du 13 janvier 1455, prit en sa sauvegarde ladite église et celle de Mâcon avec les abbayes de Cluny, de Tournus, de l'Ile-Barbe et d'Ainay. Madame de Bourbon eut bien désiré de retirer une rente qu'avait l'abbé de l'Ile-Barbe à Saint-Jean-de-Turignieu pour, par ce moyen, pacifier tous ces différends, ce que ne s'étant pu effectuer, il y eut informations faites, à la requête du procureur général de M. le duc de Bourbonnais, contre les officiers du roi et des seigneurs du chapitre de Lyon, touchant la garde de l'église de Saint-Jean-de-Turignieu et les entreprises faites et exploits faits à leur requête par un sergent royal, en ladite paroisse, en la juridiction et franchise d'Ambérieu, et pour autres sujets, sur quoi il y eut appointement pris à Lyon, le 8 juin 1457, entre les officiers de M. le Duc et les officiers de l'église de Lyon, pour terminer à l'amiable les différends touchant la garde dudit Saint-Jean-de-Turignieu [1], ensuite d'un autre pris auparavant, le 20 mai de la même année [2], entre les mêmes officiers touchant les lieux, châtellenies et mandement d'Ambérieu et de Goyne [3], dont informations avaient été faites l'an 1426, tant à cause

---

1. G : coffre 9. — 2. G : coffre 2, cote 9, 1er sac. — 3. L, T, B : Geyne; J : Goine.

de la garde, laquelle chacune des parties prétendait avoir, en l'église Saint-Jean de Turignieu, le jour et fête de la Nativité Saint-Jean-Baptiste, que pour l'exercice de la juridiction tout le long de l'année, par lequel appointement ils demeurèrent d'accord qu'informations sommaires seraient faites, tant de la part de mondit seigneur que de la part desdits doyen et chapitre, lesquels ayant été parachevées le dernier mai 1457, elles furent examinées, le 10 août 1469, par M⁰ Jacques de Viry, juge ordinaire de Beaujolais, Pierre Chalendac, juge d'appeaux, Dalmais de Chales, écuyer, maître des eaux et forêts, Jean de Bourg, avocat fiscal, et autres gens de M. le Duc, d'une part, et M⁰ Jean de Mommartin, archidiacre de Lyon, Jean Palmier, juge des châteaux de MM. les doyen et chapitre de Lyon, d'autre part, étant assemblés en la chambre des comptes de Villefranche, par-devant et en la présence de M. du Chastel, lieutenant, et M⁰ Aymé Daignet, conseiller de M. le Duc, furent vues d'un commun consentement et fut dit et avisé que copie signée serait baillée auxdits seigneurs doyen et chanoines et après un jour qui serait avisé, y serait mise conclusion et pacification, jouxte la teneur desdits articles, signé Gayand, cote H. Les chanoines, de leur côté, firent des procédures, l'an 1458 et 1459, à la requête du procureur du roi et du seigneur archevêque de Lyon, contre M. le Duc, à cause de quelques fiefs et rentes du pays de Dombes que lesdits seigneurs archevêque et chapitre prétendaient relever d'eux, sous la souveraineté du roi, et répondirent aux articles des députés de M. le Duc par un gros cahier de papiers touchant les prérogatives et juridiction qu'ils prétendaient avoir sur le château et mandement de Geynè, et sur les lieux et paroisses de Saurières, de Poullieu et de Turignieu, et en la châtellenie de Saint-Bernard, lequel avertissement fut fourni le 11ᵉ jour d'octobre 1471, signé Petrot. Il y en eut ensuite un autre, le pénultième jour de décembre 1474, entre les officiers du seigneur duc et les doyen et chapitre, en la continuation des traités faits entre eux, l'an 1469, pour terminer leurs débats et différends touchant la susdite justice de l'église et cimetière de Saint-Jean-de-Turignieu, et autres terres, lieux, hommes et chemins, tant de ladite paroisse que celle de Chaleins. Après, il y eut une autre information faite, les 3 et 4 janvier suivant, par le châtelain d'Ambérieu pour mon dit seigneur, touchant les limites d'Ambérieu, en ladite paroisse de Saint-Jean-de-Turignieu, du côté des châtellenies de Montribloud et de Jeynê [1]; l'an d'après 1475 et le 7 novembre, il y eut accord et appointement entre lesdits sieurs du chapitre de Lyon et les officiers de S. A., de ce que devaient faire les arbitres par eux convenus pour terminer leurs différends touchant la garde dudit Saint-Jean-de-Turignieu et autres questions; cote J [2].

En 1477, il y eut encore une enquête faite, en octobre et novembre, à la requête de M. le Duc, contre les seigneur archevêque, doyen et chapitre de Lyon, tant conjointement que séparément, touchant les limites des châtellenies de Trévoux, de Beauregard, de Villeneuve et d'Ambérieu, faisant séparation des seigneuries de Riotiers, de Saint-Bernard et Geynê, appartenant au seigneur archevêque, doyen et chapitre, cote L. Autre enquête, desdits mois et an, à la requête des seigneurs doyen et chapitre, contre M. le Duc, touchant les limites de leursdites terres et seigneuries de Riotiers, Saint-Bernard et Geynê, cote M, et M. le Duc donna pouvoir, par ses lettres patentes du mois d'août audit an, à l'évêque du Puy, son oncle, de terminer ces différends, cote L.

Il y eut articles passés entre les officiers de chaque partie, le 23 juillet 1477, et un appointement ensuite donné par les arbitres députés, le 25 septembre 1477. Autre compromis, le 8 juillet 1495, entre S. A. d'une part, et les seigneurs archevêque, doyen et chapitre de Lyon, touchant les différends qui étaient entre eux, à cause des châteaux et châtellenies de Villeneuve et Beauregard, appartenant à M. le Duc, et celles de Saint-Bernard, d'Anse et de Riotiers, et de la juridiction spirituelle, auquel compromis sont nommés arbitres pour en ordonner, MM. Henry Seylas, abbé de l'Ile-Barbe, et Jean Rolin, docteur, prieur commendataire du prieuré de Saint-Martin, près d'Autun, signé Gayand, cote N. Lettres du duc Jean de Bourbon, par lesquelles il approuva et ratifia ce qui avait été fait et se ferait de là en avant, et ce qui avait été et ce qui serait jugé et appointé par M. l'évêque du Puy et par M. Claude Gast, doyen de l'église de Lyon, touchant lesdits différends qui étaient entre S. A. et l'archevêque et chapitre : datées du 3 octobre 1477; ce qui continua jusqu'en

1. L, T, B, J : Jeine. — 2. J : G.

l'an 1484 que tous ces différends furent terminés et, l'an 1573, M. le duc de Montpensier donna ses lettres patentes par lesquelles il confirma les doyen, chanoines et chapitre, bénéficiers, suppôts, et incorporés en ladite église Saint-Jean de Lyon en leurs privilèges avec exemptions des droits de péage, tant par eau que par terre ès pays de Beaujolais et Dombes de tous et chacuns leurs fruits, vivres et autres biens de leur cru et revenu [1].

Ces différends n'avaient pas commencé alors, il y avait longtemps qu'ils étaient en querelle touchant autres biens ; car je trouve que, l'an 1350, il y avait eu des informations faites entre les gens des seigneurs de Beaujeu, d'une part, et les gens des seigneurs archevêque et chapitre de Lyon, d'autre, pour raison des torts et griefs qu'ils se plaignaient avoir reçus des uns et des autres, et, l'an 1363, il survint encore un différend entre eux, touchant la juridiction d'entre le bois de Bourdelan et la grange Mélier, sur quoi fut dit qu'elle appartenait à M. de Beaujeu [2].

L'an 1512 et le dernier août, M. Antoine d'Albon, au nom et comme abbé du monastère de l'Ile-Barbe et en cette qualité comme seigneur de Lignieu, membre dudit monastère, céda et transporta à madame Anne de France, M. Charles de Bourbon, son gendre, et à madame Suzanne de Bourbon, femme dudit Charles, et à leurs successeurs quelques hommes de la juridiction dudit Lignieu, et, en contre échange, Madame céda et transporta, audit seigneur abbé et à ses successeurs, quelques autres hommes du mandement d'Ambérieu [3].

1. G : vol. VII des enregistrements. — 2. G : n° 28. — 3. G : coffre 7, 1re liasse B.

CHAPITRE XXI

DE LA CHATELLENIE DE BANEINS

La châtellenie de Baneins, depuis peu érigée, appartient au sieur de Langeron et consiste aux paroisses de Baneins en partie, dont le clocher est en Bresse, Dompierre-de-Chalaronne et Clémencia, dont le clocher est aussi en Bresse.

Ladite châtellenie est de la justice du seigneur de Baneins.

L'*Histoire de Bresse*, du sieur Guichenon, dit que partie de la paroisse et seigneurie de Baneins est en Dombes et l'autre partie en Bresse, le château situé sur un petit coteau à une demi-lieue de Châtillon-les-Dombes. Il dit encore que, l'an 1364, Girard d'Estrés, chevalier, chancelier de Savoie, ayant acquis ladite seigneurie en fit hommage, la même année, à Antoine, seigneur de Beaujeu, à Tournus sur Saône, et, parce qu'Amé V, comte de Savoie, prétendait que Baneins fut de son fief comme seigneur de Bresse, Édouard, seigneur de Beaujeu, étant au château de Chambéry, à la prière de Louis, duc de Bourbon, quitta l'hommage de Baneins audit comte de Savoie, présent ledit duc de Bourbon, Enguerrant, sire de Coucy et autres, ensuite de quoi Girard d'Estrés rendit ledit hommage au comte de Savoie, le 3 juin suivant. Depuis, la seigneurie de Dombes étant venue en la main des seigneurs de Bourbon, ils ont secoué cet hommage.

Deux dénombrements, de 1327 et de 1383, rendus par Mᵉ Guillaume de Bones, chevalier, pour quelques cens et servis d'Antheneins et de la terre qui fut de Mathelin, de Baneins.

Voilà en somme toutes les châtellenies en quoi consiste la souveraineté de Dombes, outre lesquelles il y a encore beaucoup de tenanciers des biens et rentes nobles comme le chapitre de Saint-Nizier de Lyon, qui a des pensions à prendre au pays de Dombes, à eux données par les prédécesseurs de M. de Bourbon qui leur donna ses lettres, en 1496, pour les lever.

MM. de Saint-Pierre de Mâcon doivent foi et hommage pour la seigneurie de La Poype comme ils firent le 27 janvier 1570.

Les dames prieure et religieuses du couvent de Neuville-les-Dames de ce qu'elles tiennent en fief de la souveraineté de Dombes, selon le dénombrement qu'elles en firent, le 18 août 1564.

Il y a encore un dénombrement du 20 avril 1552, par Pierre de Putrain, pour les cens, servis, rentes et autres droits seigneuriaux qu'il tenait en fief dans le pays de Dombes, entre lesquels est la rente de Jarnosse.

Foi et hommage rendus, le 16 juillet 1575, par noble Jean Jacob, pour la seigneurie de La Cottière.

Somme que toute la Dombes consiste en 60 ou tant de paroisses, je dis 60 ou tant, parce qu'il y a plusieurs paroisses dont les clochers sont en Bresse et une partie seulement dans la Dombes, comme l'on peut aisément voir sur le dénombrement que j'en ai fait ci-dessus. Cependant, quoique ce pays ne soit pas de si grande étendue que le Beaujolais, du côté du royaume, cela n'empêche pas qu'il n'ait contribué de plus grandes sommes à ses princes, comme l'on voit aux dons gratuits imposés sur les deux pays, savoir : l'an 1492, au pays de Beaujolais, du côté du royaume, la somme de 5.700 livres 15 sous, donnée et octroyée en l'assemblée des états dudit pays, tenue à Villefranche, le 25 février, à M. le Duc, pour subvenir à ses grandes charges et affaires ; en l'an 1497 et le 17 août, fut accordée la somme de 5.731 livres, audit seigneur, sur le pays de Beaujolais, du côté de l'Empire, en l'assemblée des états dudit pays, tenue au château de Beauregard, ledit jour, en vertu des lettres patentes dudit seigneur, et, le 19e du même mois et an, les états du pays, du côté du royaume, tenus à Villefranche, accordèrent, audit seigneur, la somme de 3.291 livres 15 sous, en vertu de lettres de Pierre de Bourbon, du 4 août audit an, et, l'an 1503, il y eut pareille somme de don gratuit imposée sur les deux pays ; en l'an 1508 et le 7 octobre, le Beaujolais de l'Empire imposa 6.726 livres 15 sous. Autre don gratuit de 9.000 livres, octroyées par les trois états de Dombes, à M. le duc de Bourbonnais, connétable de France, le 9 janvier 1517. Autre don gratuit, du 13 juillet 1518, de 7.026 livres 14 sous, sur le pays de Beaujolais, de la part du royaume, par commission et lettres patentes de Mme la duchesse de Bourbonnais, c'est à savoir la somme de 6.000 livres à M. le connétable et le reste pour être distribué ainsi qu'il est porté par l'acte. Autre don gratuit de 1.386 livres 15 sous, sur le pays de Beaujolais, de la part de l'Empire, l'an 1520. Autre don gratuit de 1.173 livres dudit pays, l'an 1523.

Et l'an 1523 et le 10 mars, comme le roi eut mis à sa main lesdits pays pour la félonie et la désertion du connétable de Bourbon, et qu'il fallut que les échevins et habitants des villes et paroisses de Beaujolais de la part du royaume vinssent à Villefranche faire serment de fidélité au roi et à M. le gouverneur, l'assemblée imposa 880 livres 5 sous pour les frais desdits députés. Depuis la remise desdits pays à M. de Montpensier, on n'a point fait d'impositions pour aucun don gratuit à la part du royaume, si bien en Dombes, de sept ans en sept ans, qui tient lieu de tailles qu'on ne lève point audit pays.

CHAPITRE XXII

TABLE DES FIEFS DE LA SOUVERAINETÉ DE DOMBES ET DE CEUX QUI EN ONT RENDU LES HOMMAGES, AVEUX ET DÉNOMBREMENTS

A

Par l'abbé de Chassagne et de Chaume.
Par l'abbé de Belleville, prieur de Cesseins.
Par l'abbé et religieuses de Saint-Pierre de Lyon.
Amareins.
Argil.
Ars.
Arcieu.
Les Ayes et Moncolon.

B

Balvey.
Baneins.
Barbarel.
Barbarel.
Beard.
Beaumont.
Béreins.
Bezencins.
Le Breuil.
Le Buisson.
Briandas.

C

Chalamont.
Challiouvres.

Par le sieur de Châtillon.
Chaneins, Mommerle.
MM. du chapitre Saint-Jean de Lyon.
MM. du chapitre Saint-Paul de Lyon.
MM. du chapitre Saint-Pierre de Mâcon, pour la poype de Miseria.
Chavagnieu.
Challes.
Chazelles et Collonges.
Rentes appelées de Chazelles, assises à Chalamont.
Corcelles.
Par le curé de Mogneneins.

D

Le Deaux.

E

L'étang de Leschière.

F

Grange de Fétan.
Fleschières.
Les Fontenelles.
Franchelins.

G

Garnereins.
Gléteins-Jassans.
Graveins.
Grelonges.

H

Haute-Chanal.

J

Juis.

L

La Bastie.
L'Abbergement.
La Colonges.

Rentes de La Bessée.
La Cottière.
Rente de La Ferle.
La Fontaine.
La Franchise.
La Place.
La Poype-Thoissey.
L'Ordres [1].
Lurcy.
La Ville, qui est une maison en la paroisse de Merlieu, châtellenie du Châtelard.

M

Margola ou Marzola.
Maraiges.
Meyssemy.
Mions.
Mogneneins.
Montbernoud.
Montluerde
Montmerle.
Montagny.
Moncolon.
Montrosat.
Motte d'Ars.
Moulins Blancs, en la part de Trévoux.
Moulin de Courcelle ou de Fourquevaux.
Moulin de Bezant.

P

Pionneins.
Par les prébendiers de Notre-Dame de Grâce et Saint-Paul de Lyon.
Pré de Courant et de Veysie, des Rousset et du Cachet.
Pré proche de Trévoux, sur la rivière de Formans.

1. L, T, B, J : Lorde.

Par le prieur de Cesseins.
Par le prieur de Montfaures.
Par le prieur de Saint-Trivier.
Par la prieure de Neuville.

R

Le Roquet.

S

Sainte-Olive.
Saint-Trivier.

T

Tanay.
Tavernost-Montmerle.
Rente de Tavernost.

V

Vacheresses.
Ville-Solier.
Villette.
Villion ou Villon.

Par dame Sybille de la Palu, pour ce qu'elle tenait en fief en la châtellenie de Chalamont.

Par Claude Chanel, pour rente allodiale qu'il avait acquise de noble Claude de Glareins et du seigneur de Tanay.

Par Gabriel Bozon, pour cens et servis à lui dus sur héritages situés dans le mandement de Trévoux.

Par Gaspard Michelet, pour moitié de maison, vigne, prés, en la paroisse de Reyrieu; par noble Lambert de Laye, pour granges, vignes et prés, en la paroisse de Frens.

Par Claude Lonat [1], pour cens et servis ès paroisses de Jassans et de Frens.

Par Claude Guerrein, pour maison, terres et bois, en la paroisse de Meyssemy.

Par Claude[2] Chabeu, pour héritages, en la paroisse d'Yllie [3].

1. L, T, B, V : Leonat. — 2. T, B, J, V : Guillaume. — 3. B : Yllie ; J : Illie.

Par Jean Chabeu, pour une maison et une rente noble, en la paroisse de Saint-Loup-d'Yllie.

Par Jean de la Bessée, pour rentes, cens et servis, au lieu de Fleurieu, paroisse de Mogneneins et autres lieux.

Par Audry Bailly, pour rentes, cens et servis ès paroisses de Saint-Étienne et Saint-Didier-de-Chalaronne, d'Yllie, de Mogneneins et de Bey ; par Janius Machard[1], pour cens et rentes, qui furent du seigneur de Fourquevaux.

Par Jean de Corent, chevalier, pour biens qu'il possédait en la paroisse de Dron.

Par le sieur de Rébé, pour rente en la ville et châtellenie de Chalamont.

Par Thomassin, pour cens et servis, en la paroisse de Vasselieu.

Par Aymé Malmet, pour cens et servis, à Lent.

Par Hugonin de M. Los[2] de Chalamont, écuyer, pour rentes et servis, qu'il avait droit de prendre sur les mas au Perreins et plusieurs autres lieux, et pour son étang appelé de Binel.

Par P. Ruerii, dit Artinge[3], de Lent, pour servis annuel, quatre ânées de seigle, deux ânées d'avoine et 60 sous d'argent, qu'il avait droit de prendre à La Frugerii, à M. Édouard de Beaujeu, de l'an 1393.

L'archevêque de Lyon doit hommage et fidélité à M. le Duc, pour les biens qu'il tient en la souveraineté de Dombes, à cause de son archevêché.

L'abbé et doyen de l'Ile doit la même chose[4].

Au sac cote D, du premier coffre, n° xxxi, il y a une sommation, faite par le châtelain de Cenve, en l'an 1369[5] de la part de M. de Beaujeu, au seigneur de Villars, parlant à sa femme, pour la remise de quelques prisonniers qui avaient été pris dans les maison et tènement de Bussière, en la seigneurie et justice dudit seigneur de Beaujeu, et avaient été menés dans les prisons du château de Villars.

---

1. L, T, V : Janus Marchand ; B : sous une rature, Janus Marchand ; ce dernier mot rectifié en Machard. — 2. J : Melos. — 3. L, T, B : Avringes. — 4. G : 234, 2ᵉ partie.

CHAPITRE XXIII

DE COLIGNY, DE BUENC ET DE CHATILLON-LES-DOMBES

Édouard, comte de Savoie, ayant été a.. 't en la bataille de Varey, l'an 1325, Guichard le Grand, sire de Beaujeu, le garantit et le sauva des mains du dauphin ; mais, comme il s'était trop avancé pour secourir le comte, il fut pris lui même, et, parce qu'il était un des principaux partisans d'Édouard à qui il appartenait et de parenté et d'alliance, aussi paya-t-il grosse rançon, car, pour sortir et se mettre en liberté, il lui fallut céder au dauphin, pour le rachat de sa liberté, les terres qu'il avait en Bresse et dans la Valbonne, qui avait donné commencement au pays de Dombes [1].

Le comte de Savoie, obligé par [2] ce prince du secours qu'il lui avait porté fort à temps et fâché qu'à sa considération il eût perdu partie de son bien et de ses terres, voulut en quelque façon réparer la perte qu'il avait faite, et, pour les terres qu'il avait perdues dans la Valbonne, il lui en donna d'autres, équivalentes ou approchantes, en Bresse, l'an 1328, qui furent Coligny-le-Neuf, Buenc, et 40.000 livres viennoises, à condition que le sire de Beaujeu prendrait en fief d'Édouard les villes et châteaux de Thoissey et de Lent en Dombes; le comte de Savoie étant mort l'année d'après, Aymond, son frère et successeur, ayant eu différend avec Blanche de Bourgogne, sa belle-sœur, pour la délivrance de son douaire, par traité fait à Bourg, le 8 février 1330, ce prince lui délaissa les villes, châteaux et mandements de Bourg, de Treffort, de Coligny et autres, et, l'an 1337 et le 5 juillet, étant à Ambronay, il quitta, à Édouard, sire de Beaujeu, fils de Guichard le Grand, les villes, châteaux et seigneuries de Thoissey, Lent, Buenc et Coligny, à la charge de l'hommage, tel que Louis de Savoie,

---

1. G : coffre 8, cote H. — 2. T, B, J, V : à.

seigneur de Vaud, Jacques de Savoie, prince de Piémont, et le comte de Genève le devaient à la couronne de Savoie, à la réserve faite, par le sire de Beaujeu, de la fidélité à laquelle il était tenu envers le roi de France, les ducs de Bourgogne et de Bourbonnais, l'archevêque de Lyon, et les abbés de Cluny et de l'Ile-Barbe. Le sire de Beaujeu se départit de son côté, en faveur du comte de Savoie, du droit qu'il avait sur les châteaux de Bourg-Saint-Christophe et de Beauregard-sur-Saône et sur le fief de Villars, se réservant le fief du château de Gordans, et, pour la sûreté des 40.000 livres que le comte devait donner au sire de Beaujeu, il lui donna pour caution Amé, comte de Genève, etc. Et d'autant qu'il avait baillé à sa belle-sœur Coligny, en partie de son douaire, sa vie durant, le sire de Beaujeu n'en peut jouir jusqu'au 18 juillet 1348, que cette princesse mourut, dont il eut assignat et ensuite la jouissance de ladite terre de Coligny; et Amé VI, dit le comte Vert, accorda à Antoine, sire de Beaujeu, le 6 novembre 1353, la grâce de rachat à vingt ans desdites terres et seigneuries de Coligny et Buenc, et Édouard II, sire de Beaujeu, vendit cette terre le 16 septembre 1361, à Guillaume de la Baume, seigneur de L'Abbergement, qui accorda audit sire de Beaujeu le pouvoir de racheter ledit château, terre et seigneurie de Coligny-le-Neuf, qu'il lui avait vendus moyennant cinq cents florins d'or. Le même Édouard de Beaujeu ayant démêlé avec Robert de Beaujeu, seigneur de Saint-Bonnet et de Joux, son oncle, pour les droits que ce dernier prétendait en la maison de Beaujeu, Édouard lui remit cette seigneurie de Coligny pour une certaine somme, à la réserve du rachat: voilà ce que dit le sieur Guichenon en son *Histoire de Bresse*; mais, pour mieux nous éclaircir, il faut savoir qu'il y a deux Coligny, l'un appelé le Vieil, qui est en Franche-Comté, et l'autre, le Neuf, qui est en Bresse. Les ducs de Bourgogne et comte de Savoie avaient toujours eu de grands démêlés entre eux au sujet de ces deux terres, qui furent accordés au mois d'octobre de l'an 1289, par lequel accord il fut dit que Coligny-le-Vieil serait du duc de Bourgogne, et Coligny-le-Neuf, du comte de Savoie, en la maison duquel il demeura jusqu'à ce qu'Édouard comte et son fils Aymond l'accordèrent au sire de Beaujeu, pour réparer la perte qu'il avait faite en la bataille de Varey. Or, Antoine de Beaujeu ayant vendu ladite terre au sieur d'Andelot, seigneur de Coligny-le-Viel, à faculté de rachat,

Édouard II, sire de Beaujeu, successeur d'Antoine, passa procuration, le 22 février 1374, pour la retirer de dame Marie de Vergy, mère du sieur d'Andelot, à qui cette terre avait été vendue à faculté de rachat, d'où s'ensuivit encore un traité et échange, le 7 mars 1379, entre Robert, duc de Bourgogne, et Amé, comte de Savoie, par lequel fut dit que le château et seigneurie de Coligny demeurerait du côté de Savoie, et, comme le seigneur de Beaujeu l'eût trouvé dégarni et les sujets affidés à autres seigneurs, il choisit Bérard Chadrion, écuyer, sieur de Ronchivol, gentilhomme de Beaujolais, et le constitua capitaine châtelain dudit Coligny, lequel, cherchant les droits égarés, en poursuivit les reconnaissances, ce qui lui suscita des ennemis et deux factionnaires contraires, comme porte l'acte, Humbert Pommier et Barthélemy Forquet, sujets et justiciables dudit seigneur de Beaujeu audit Coligny, lesquels mirent la division entre le châtelain de Mommoret, au comté de Bourgogne, duquel dépend Coligny-le-Vieil, et ledit de Ronchivol, châtelain de Coligny-le-Neuf, sur la marque des mesures et, de querelles à autre, lesdits Pommier et Forquet disposèrent un nommé Colin Larchier pour assassiner ledit Ronchivol, ce que ledit Larchier fit en trahison, lorsque ledit Ronchivol allait à la messe, et ce Larchier fut si bien assisté de plusieurs qui l'escortaient qu'ils meurtrirent ledit de Ronchivol de 29 plaies mortelles, ce qui arriva l'an 1392.

Le seigneur de Beaujeu, averti de cet affront et injure faite à son châtelain, envoya M⁰ Guillaume Galle et Humbert de Franchelins pour informer de cet assassinat, ce qu'ils firent et poursuivirent lesdits Pommier et Forquet dans le comté de Bourgogne, les attrapèrent et constituèrent prisonniers à Chalamont où ils furent maltraités et géhennés.

Madame la duchesse de Bourgogne, en l'absence du duc, son mari, avertie de la distraction desdits prisonniers, fait informer, par la cour de parlement de Dôle, contre ledit seigneur de Beaujeu, la Galle et de Franchelins, ses gentilshommes. Le seigneur de Beaujeu envoie son bailli à Dijon, avec les informations et procédures, pour faire ses excuses envers ladite duchesse, laquelle ne les voulut recevoir, disant qu'elle voulait avoir les prisonniers avant toute œuvre. Le seigneur de Beaujeu les lui envoie, mais ils sont enlevés en chemin par le bailli de Chalon, et les procédures contre le seigneur de Beaujeu continuèrent ; la duchesse étant implacable là-dessus, le seigneur de Beaujeu s'achemine par-devant le duc à Saint-Denis et lui fait ses excuses, sur lesquelles il y eut, surséance accordée par commission au comte de Nevers, fils du duc, et cependant, par provision, le duc ordonne que le château de Coligny sera remis entre ses mains ou à celui qu'il nommerait, ce qui fut effectué par le seigneur de Beaujeu. Depuis, il en poursuivit la mainlevée promettant de s'en rapporter au jugement du duc et d'avoir agréable ce qu'il en ordonnerait là-dessus; le duc le reçoit à bailler ses faits et articles, et ordonne, au mois de juin 1394, que son procureur général écrira contradictoirement, commet et députe ses officiers, qui font une enquête à l'encontre dudit seigneur de Beaujeu, en septembre et octobre 1395, et encore que le délit eût été commis en la terre de Savoie et non dans le comté de Bourgogne et qu'en tout cas la cause se dût traiter en la chambre de l'Empire, il voulut être juge et partie; ledit seigneur de Beaujeu fit faire une autre enquête, au même mois et an 1395, et bailla ses articles le 12 février, ensuite de quoi il y eut encore un autre procès-verbal, après quoi le duc de Bourgogne, en faveur du duc de Bourbonnais, donna ses lettres de prolongation, le 26 avril 1399, du délai qu'il avait donné audit seigneur de Beaujeu pour juger et terminer le procès sur l'assassinat dudit de Ronchivol; mais les affaires d'Édouard de Beaujeu étant devenues pires que jamais, à cause qu'il avait fait précipiter des fenêtres en bas du fossé de son châtel de Pouilly un huissier du parlement qui l'était venu ajourner au sujet du rapt de la fille du sieur de la Bessée, et les pays de Beaujolais et de Dombes étant advenus au duc de Bourbon, ce procès fut terminé, et Coligny, qui avait été donné par Édouard à son oncle Robert, seigneur de Saint-Bonnet et de Joux, pour les droits qu'il avait en la maison de Beaujeu, demeura à ses deux filles, Marguerite et Jane de Beaujeu, sœurs, qui partagèrent entre elles tous les biens de la succession, l'an 1421, de sorte que la seigneurie de Coligny-le-Neuf échut à Jane de Beaujeu, femme de Jean, seigneur de Cusance. Les seigneurs de Coligny-le-Viel et d'Andelot, fâchés de voir cette terre de Coligny-le-Neuf démembrée de l'autre et hors de leur maison firent tous leurs efforts pour la ravoir jusque là que Marie de Vergy, veuve de Jean II, seigneur de Coligny-le-Viel, acheta d'Antoine, seigneur de Beaujeu, la grâce de rachat de ladite seigneurie, du consentement du duc de Savoie. Mais les seigneurs de Menthon y ayant apporté de l'empêchement, cette acquisition fut sans fruits. A la fin, Bernard, seigneur de Menthon, vendit, cette seigneurie à Charles, duc de Savoie, qui la vendit, l'an 1533, à René, comte de Chalant, maréchal de Savoie, à faculté de rachat, et ledit Chalant l'a vendue à Louise de Montmorency, veuve du maréchal de Châtillon, l'an 1540, et l'amiral de Châtillon rentra dans cette terre, qui avait été éclipsée de sa maison l'espace d'environ 300 ans, et, par ce moyen, il réunit Coligny-le-Neuf à Coligny-le-Vieil; néanmoins, le prieuré dépend des deux souverainetés, savoir : de France, qui a le droit de Savoie, depuis l'échange du marquisat de Saluces, et d'Espagne, comme comté de Bourgogne, chacun y nomme de sa part : celui de France tire les fruits qui sont en Bresse, et celui d'Espagne, ce qui reste en Franche-Comté.

Buenc. — Buenc appartenait à ceux du nom et armes de Buenc [1], qui acquirent d'Amé IV, comte de Savoie, l'inféodation de la justice haute, moyenne et basse, l'an 1294, par lettres datées à Saint-Georges-d'Espéranche; le 1er août et l'an 1300, Hugonin de Buenc, chevalier, par contrat du lundi avant la fête de Saint-Michel, étant au Pont-d'Ain, vendit ladite seigneurie au comte de Savoie; depuis, le comte Aymon, par le traité qu'il fit, le 5 juillet 1337, avec Édouard Ier, sire de Beaujeu, lui remit les châteaux et seigneuries de Buenc et Coligny, avec 40.000 livres viennoises, pour le récompenser des dommages que Guichard, son père, avait soufferts pour lui en la bataille de Varey ; ensuite de ce traité, le seigneur de Beaujeu ayant été fait seigneur de Buenc, il y établit un juge et des officiers, les appellations desquels ressortissaient au bailliage de Beaujolais ; ce qui a duré jusqu'à la restitution faite au duc Emmanuel-Philibert de ses états, l'an 1559, qu'elles se relevèrent au sénat de Chambéry, car du temps du roi Henri II, y ayant eu grosse difficulté pour cela entre M. Philibert de Coligny, chevalier, seigneur de Crécie, et dame Denise de Loriol, dame de Beaufort, par arrêt du grand conseil de Paris, du 27 octobre 1551, il fut dit que les appellations du juge de Buenc se relèveraient au bailliage de Beaujolais, ainsi qu'il avait toujours été pratiqué par le passé [2], Antoine de Beaujeu vendit, du consentement du comte de Savoie, cette

---

1. G : *Hist. de Bresse.* — 2. G : fol. 48 du VIe vol. des enregistrements.

seigneurie à Humbert de la Baume, chevalier, seigneur de Fromentes, l'an 1371, avec justice haute, moyenne et basse, à la réserve de l'hommage et du ressort, ce qu'il fit à Paris, en l'hôtellerie de l'Ours, le 29 janvier 1377 (à Édouard II, seigneur de Beaujeu), présents : Girard d'Estrés, chancelier de Savoie, et autres. Depuis, Buenc a toujours demeuré dans cette famille de Fromentes, unie à celle de Coligny et d'Andelot.

Châtillon-les-Dombes. — Cette ville est située en un vallon, sur la rivière de Chalaronne, plus remarquable par le trafic et industrie de ses habitants que par une autre chose ; elle fut aliénée sous le roi Henri II et vendue par les commissaires de Sa Majesté, le 13 juillet 1555, à Étienne de la Forge, écuyer, seigneur de Challiouvres en Dombes, qui en jouit quelque temps jusqu'à la restitution de la Bresse au duc, Emmanuel-Philibert, par la paix de l'an 1559. Depuis ce temps-là, le duc désirant avoir la comté de Bennes en Piémont de Jean-Louis, comte de Bennes, lui remit, en la place dudit comté, les villes, châteaux et mandements du Pont-de-Veyle et Châtillon, qu'il érigea en comté, par lettres du 26 juin 1561. Desdits comtes de Bennes, les comtés de Châtillon et du Pont-de-Veyle passèrent à Christophe d'Urphé, chevalier, seigneur de Bussy, et de ses héritiers à François de Bonne, héritier, seigneur de Lesdiguières, maréchal et connétable de France, et de lui à Françoise de Bonne, sa fille, duchesse de Créquy, de qui monseigneur le duc d'Orléans l'a acquise, par contrat du 7 décembre 1646, passé à Paris, et appartient aujourd'hui à Mademoiselle. Châtillon a été presque tout brûlé, le 28 septembre 1670 ; sur le soir, qui était la veille du jour de Saint-Michel, deux capucins y furent grillés.

Château-Neuf et Berzé-en-Mâconnais. — Les seigneurs de Beaujeu ont encore possédé Châteauneuf, en Maconnais, comme appert des lettres de Philippe VI, roi de France, du mois de mars 1349, par lesquelles il baille à Édouard de Beaujeu le château et la ville de Châteauneuf, en Mâconnais, ensemble le péage de sept deniers pour livre, accoutumé être levé pour Sa Majesté en la ville de Villefranche, des toiles qui sont portées et menées hors le royaume pour en jouir jusqu'à ce qu'Humbert, dauphin de Viennois lui eût rendu le château de Miribel.

Le seigneur de Beaujeu possédait encore dans le Mâconnais la seigneurie de Berzé, comme appert d'un acte du trésor, d'un arrêt de parlement de l'an 1375, confirmatif d'un accord entre Marguerite de Beaujeu, princesse de la Morée, et Édouard, dernier seigneur dudit Beaujeu, qui lui délaissa ladite châtellenie, ensemble les châteaux de Cenves et de Juliénas, pour les droits qu'elle pouvait prétendre en la terre de Beaujolais.

Le sieur Chorier, en son *Histoire de Dauphiné*, fol. 778, dit que la terre de Vaux, située en Dauphiné, était un fief des barons de Beaujeu.

CHAPITRE XXIV

DES QUERELLES ET GUERRES QUE LES SEIGNEURS DE BEAUJEU ONT EUES
AVEC LES COMTES DE SAVOIE, POUR L'HOMMAGE QUE
CES COMTES LEUR DEMANDAIENT

Auparavant que les seigneurs de Beaujeu eussent aucune chose au delà de la rivière de Saône, du côté, comme on dit, de l'Empire, il est certain qu'ils n'eurent jamais rien à démêler avec la maison de Savoie ni même après l'acquisition du bourg Saint-Christophe, de Meximieux et de leurs adhérences, car les ayant eus par mariage de la maison de Baugé qui était souveraine en Bresse, personne ne leur demanda ni fief ni hommage, bien est vrai que les archevêques de Lyon prétendaient y avoir droit et s'en accommodèrent avec Humbert de Beaujeu, comme j'ai fait voir au premier chapitre de cette troisième partie.

Quelque temps après, Louis de Beaujeu ayant épousé Léonore de Savoie, fille de Thomas, prince de la Morée, comte de Maurienne et de Flandres, etc., et qu'on lui eut promis 7.000 livres viennoises pour sa dot, dont Amé V, comte de Savoie, fils dudit Thomas et frère de Thomas III et de ladite Léonore, fit son obligation de 3.000 livres au profit de Louis de Beaujeu, l'an 1373, pour supplément de ladite dot [1], et que pour sûreté de laquelle Thomas de Savoie, troisième du nom, frère de ladite Léonore, lui eut engagé les châteaux et seigneuries de Cordon, Virieu en Bugey et Châteauneuf, en Valromey, le comte de Savoie en demanda l'hommage à Louis de Beaujeu, sur quoi l'abbé de Savigny ayant été élu arbitre, il y eut transaction et acquiescement sur sa sentence arbitrale entre ledit Amé V et la dame son épouse, d'une part, et Louis de Beaujeu et Éléonore de Savoie, sa femme, d'autre part, laquelle entre autres clauses fut dit, le 3 des nones de novembre 1286, que ledit seigneur de Beaujeu ferait les foi et hommage

---

1. G : n° V 2° du sac coté E du 1er coffre.

audit seigneur de Savoie pour les terres qu'il tenait en Valromey, une fois sa vie durant seulement, *hoc pro una persona tantum, ita quod nullo modo istud homagium ultra personas predictorum dominorum extendatur, ita et eo modo duret et valeat quandiu ipsi ambo fuerint in humanis et quod altero decedente dictum homagium sit finitum.*

Quoique le sieur Guichenon [1] dise que le premier jour de février 1276 le même Louis de Beaujeu, étant à Vienne en Dauphiné, se fût départi desdites seigneuries et généralement de ce qu'il possédait en Bugey et Valromey en recevant de lui la dot promise, ce qui ne peut être, vu qu'il y a au trésor une promesse du 13 des calendes d'août *1288* [2], d'Amé, comte de Savoie, de rendre à Humbert de Beaujeu les châteaux de Virieu, Castel-Neuf, Cordon et La Brandonnière, en lui payant 2.500 livres viennoises pour lesquelles lesdites seigneuries étaient engagées, sur quoi il y eut une requête, présentée par Édouard de Beaujeu, sur l'exécution de ladite promesse.

Amé V dit le Grand, comte de Savoie, ayant épousé, en 1272, Sibille de Baugé, dame de Bresse, et par ce moyen devenu seigneur de ce pays-là, se fit reconnaître les foi et hommage par tous les gentils-hommes du pays, et comme le seigneur de Beaujeu possédait quelques biens dans la terre de Villars, le comte de Savoie fut bien aise de l'avoir pour vassal, et firent certains traités et conventions touchant cet hommage, ce qui mut plusieurs différends entre eux, qui sont énoncés dans un livre couvert de parchemin, au trésor de Villefranche, contenant cinq cahiers de papiers où sont plusieurs copies d'articles des différends mus, à cause de ladite foi et hommage faits par Guichard de Beaujeu, avec un fait exposé au long, par lequel est manifesté la surprise du comte de Savoie à la poursuite dudit hommage commençant ledit fait, *Carolus, quondam miles.*

La bataille de Varey, en 1325, ayant été funeste au comte Édouard de Savoie et malheureuse à Guichard de Beaujeu, qui, tenant le parti du comte, fut fait prisonnier du dauphin, auquel il quitta pour sa rançon les terres qu'il avait en la Valbonne, le comte se trouvant obligé à lui réparer la perte qu'il avait faite, lui bailla d'autres terres en Bresse, qui furent Coligny et Buenc, sous l'hommage, quoiqu'il ne le

---

[1]. G : *Hist. de Savoie*, fol. 31. — [2]. G : coffre 1, sac coté nº 11.

dût pas faire, puisque les places perdues par le seigneur de Beaujeu ne lui en devaient aucun, néanmoins il ne laissa pas de l'y obliger même pour les châtellenies de Lent, de Thoissey et de Montmerle, au moyen de 40.000 livres viennoises qu'il lui donna, et comme ledit seigneur de Beaujeu le voulut refuser, il lui fit faire la guerre par son fils Aymon, comte de Bresse, qui le força à ce faire. Il y a au trésor un volume en parchemin des différends qu'eurent ces princes ès années 1337, 1338, 1390, 1397, 1398, 1399, et encore une copie de quelques actes des foi et hommage que le duc de Savoie prétendait avoir été faits à Amé, comte de Savoie, en 1244, par Humbert de Beaujeu, de ce qu'il tenait de lui, au delà de la rivière de Saône, tirant vers l'orient, et encore une transaction faite en l'an 1337, entre Amé, comte de Savoie, et Édouard Ier, seigneur de Beaujeu, avec quelques hommages prétendus avoir été rendus anciennement au comte de Savoie, pour quelques fiefs, terres et châtellenies de Dombes.

Lorsque le duc Jean fut prisonnier en Angleterre, le duc de Savoie fit des courses en Dombes et en Beaujolais, prit Belleville et fit reconnaitre les foi et hommage aux gentilshommes et vassaux du pays de Dombes, de quoi il y eut informations faites à la requête de Mme Marie de Berry, duchesse de Bourbonnais, toutes lesquelles choses furent puis amendées par le comte qui commit par ses lettres du 7 octobre 1460 les sieurs de Chaland, de la Palu et autres, pour composer amiablement les différends qu'il avait avec la maison de Bourbon, d'où s'ensuivit un accord et appointement entre les officiers de Dombes et de Bresse, pris en l'année 1469 [1], et l'avis donné pour ce fait par M. Pierre de Juis, archidiacre de Mâcon, duquel lesdits officiers avaient convenu comme amiable compositeur, affectionné tant au service de M. le duc de Bourbonnais que des ducs de Savoie et comtes de Bâgé.

Le duc de Savoie n'en voulait pas seulement au seigneur de Beaujeu, mais encore il avait acheté l'hommage du comte de Forez pour les seigneuries de Châtelus et de Fontanès, au prix de 7.000 florins d'or [2], comme il appert d'un acte de signification faite, le 2 janvier 1325, à Édouard, comte de Savoie, par le procureur et à la requête de

---

1. G : coffre 7, 8º, 72 vº. — 2. G : coffre 8, cote 5 R.

Jean, comte de Forez, qui faute d'avoir, par ledit comte de Savoie, satisfait au payement de 7.000 florins auxquels il était obligé envers ledit sieur comte de Forez, à cause de l'hommage qu'il avait promis de lui faire des châteaux et seigneuries de Châtelus et de Fontanès, ledit sieur comte de Forez révoqua ladite promesse d'hommage et se déclara exempt d'iceluy [1]. Cependant il en avait fait un, le 27 avril 1325, l'année commençant à Pâques, pour lesdits châteaux de Châtelus, de Fontanès, de La Fouillouse, de Cournillon, de Cusy, de Montroy, de Botion et de La Berche.

1. G : Guichenon, *Hist. de Savoie*, fol. 379.

CHAPITRE XXV

SI LES ANCIENS SEIGNEURS DE BEAUJEU ÉTAIENT PRINCES AVANT QU'ILS FUSSENT SOUVERAINS DU PAYS DE DOMBES

La question que je mets ici en avant ne regarde pas la maison de Bourbon depuis qu'elle eut acquis le Beaujolais, ni les seigneurs de Beaujeu depuis qu'ils se furent rendus souverains de Dombes, la souveraineté ne fait rien à notre discours, vu qu'il y a des souverainetés en notre France dont les seigneurs ne sont pas princes de naissance, comme sont Yvetot, Boisbelle, Bidache, etc., et encore plus de princes qui ne sont pas souverains; mon dessein est de faire savoir l'excellence et la grandeur de nos anciens seigneurs de Beaujeu que l'on ne qualifie que des noms de sire et baron.

Quelqu'un me dira qu'il n'était nullement nécessaire de mettre cette question en avant, vu qu'il est très constant, par toute la connaissance que les historiens nous ont laissée, que tous les seigneurs qui usurpèrent le domaine de l'État, sous le règne de Charles le Simple et ses successeurs, se rendirent souverains sous l'hommage de la couronne, et par conséquent princes héréditaires de leurs états, car qui est-ce qui a fait les premiers princes du monde, que l'autorité et le commandement. Quand Dioclétien fut élu empereur il n'était pas prince non plus que Justin Ier, et plusieurs autres que la vertu et le mérite ont élevés à l'empire et non pas la naissance, n'étant auparavant que simples soldats. *Abdolonimus*, qui fut fait roi de Sidon par le seul caprice d'Alexandre à qui la fortune riait de tous côtés, s'est-il vu une plus aveugle fortune que celle de Changy, qui de maréchal ferrant de son métier, s'est vu le premier empereurs des Tartares, comme Seduch, le premier roi des Turcs; c'est Dieu qui fait les princes comme il fit Saül et David, ou la naissance et succession héréditaire dans l'état monarchique ou le peuple assemblé qui se les choisit et les établit sur soi dans l'état démocratique et aristocratique comme parmi les Suisses et chez les Vénitiens, d'autant qu'après Dieu, qui est le souverain seigneur de tout, le peuple a le plus prochain pouvoir de disposer de sa propre liberté ainsi qu'il le juge à propos pour son propre bien, et par cet aveu et reconnaissance ce peuple se soumet librement sous le commandement de celui qu'il a souhaité et à qui il a déféré. Il y a une autre voie de faire des princes qui est la tyrannie qui ne subsiste qu'autant que la force le permet, et qui n'a point de suite, comme on a vu naguère en la personne de milord Cromwell, qui a subsisté et qui a été reconnu de toutes les puissances de l'Europe pour souverain d'Angleterre autant qu'il a vécu, sans que ses enfants en sa postérité osent s'avouer pour princes; bien loin de là, s'ils paraissaient on leur ferait pis qu'à la race d'Hiéron, roi de Sicile, après le meurtre du roi Hiéronymus.

Or, comme Hugues Capet avait été un de ceux qui avaient usurpé le domaine royal et qu'à l'aide de ceux qui avaient failli comme lui il fut monté sur le trône, il ne put faire autre chose que ce que dit le poète [1] Lucain : *jusque datum sceleri canimus*; d'approuver l'usurpation faite par tant de seigneurs à qui il aurait eu peine de faire rendre gorge puisqu'il avait failli comme eux, et que s'il y eût eu lieu de les châtier il aurait fallu commencer par lui, et partant, les ayant laissés dans la possession de ce dont ils jouissaient moyennant la foi et l'hommage à la couronne, chacun gouvernait ses états à sa fantaisie. Il n'y avait pas encore de parlement établi à Paris et le roi ne se mêlait pas de ce qui se passait chez ses vassaux, moyennant qu'il fût servi par eux dans ses armées, et l'histoire dit que, du temps de saint Louis, il n'y avait que deux maîtres des requêtes qui demeuraient toute la matinée à la barre du Louvre en attendant les plaintes et les requêtes de ceux qui avaient quelque chose à leur présenter, et, quand l'heure de midi était sonnée, ils s'en retournaient le plus souvent sans avoir vu personne.

L'acquisition des comtés de Sens et d'Auxerre sous les rois Robert et Philippe Ier, la confiscation de la Normandie, de l'Anjou, du Poitou, du Maine, de la Touraine et autres provinces par Philippe-Auguste, et ensuite la conquête de Languedoc par Louis VIII, et l'achat de la comté

---

1. G : prophète.

de Mâcon par saint Louis, ayant fait reluire les rayons de la couronne un peu plus loin que la comté de Paris et d'Orléans, les seigneurs, qui auparavant tranchaient du souverain, voyant le domaine du roi accru et qu'il envoyait des intendants dans les provinces qu'on appelait *missi dominici*, ils commencèrent à y voir plus clair et à craindre le proverbe qui dit qu'il fait mauvais être voisin d'un grand chemin, d'une rivière et d'un grand seigneur. Et comme auparavant, à cause de la distance qu'il y avait de Paris chez eux, ils s'en faisaient beaucoup accroire à cause que quand le roi les voulait châtier il fallait qu'il passât par les terres d'autrui qui auraient pu lui disputer le passage, selon leurs forces et l'appui de leurs voisins, soit pour l'alliance qu'ils avaient entre eux ou que les uns fussent hommagers des autres, comme fit Guillaume IX, dit le Saint, dernier duc d'Aquitaine, qui vint au secours du comte d'Auvergne contre Louis le Gros qu'il fit retirer, alléguant que le comte d'Auvergne était son homme, et que s'il avait failli c'était à lui à le représenter à Sa Majesté. Quand les rois eurent étendu peu à peu leur domaine dans les provinces, les choses commencèrent d'aller d'un air et fallut reconnaître une cour de parlement établie à Paris par Philippe le Bel, l'an 1304, qui commença tout doucement à rogner les ailes aux petits roitelets du royaume, qui se sont vus tous ensuite, ou peu s'en faut, réduits sous le domaine de la couronne.

Or, les seigneurs de Beaujeu étant de cette nature, il n'y a point de doute qu'ils n'aient été souverains comme les autres puisqu'ils en avaient toutes les marques, ils donnaient des privilèges à leurs sujets, ils créaient des notaires, comme il appert des lettres de Henri II, du mois de novembre 1548, par lesquelles il déclara qu'il n'entendait que son édit de création de notaires et tabellions eût lieu en Beaujolais, au préjudice des anciens notaires de ce pays, et supprima l'office de notaire et tabellion dont M⁰ Hugues Charretton avait été pourvu par le roi François Ier. En second lieu, ils légitimaient des bâtards, ils avaient leur scel et leur chancellerie, leur chambre des comptes ; ils convoquaient et faisaient assembler leurs vassaux en guerre et composaient une armée, comme on peut voir dans les privilèges de France, où le prince dit qu'il pourra y entrer avec son armée, et, dans l'accord que Guichard II fit avec Paltonard, touchant Villiers, il est dit que toutes les fois qu'il voudra y mener son armée on sera tenu de lui remettre le château. Ils faisaient battre monnaie, je ne dis pas seulement en Dombes, dont il n'est pas ici question, mais en Beaujolais, dont les coins se voient encore au trésor de Villefranche ; bref, ils avaient les mêmes prérogatives et autorités dans leur pays qu'avaient chez eux les comtes de Chalon, d'Auxonne, de Mâcon, de Forez, et tant d'autres ; s'ils n'ont pas porté titre de comte, c'est qu'il ne s'est pas trouvé dans leur état une ville décorée du titre d'évêché non plus que dans le Bourbonnais, où les anciens seigneurs de Bourbon n'étaient pas de plus haute qualité qu'eux, non plus que les Bermond, d'Anduse, en Languedoc, qui étaient souverains aussi bien que les sires d'Albret, de Pons, de la Marche, de Montmorency, de Guines, de Coucy, de Turenne et tant d'autres dans le royaume qui vivaient dans cette liberté que leur permettait alors la faiblesse et le peu de force des rois de la troisième lignée.

Ce fondement posé, je viens à un autre, qu'on ne saurait disputer, qui est l'origine de nos anciens seigneurs de Beaujeu ; car soit qu'on les fasse sortir puinés ou cadets de la maison de Flandres ou de celle de Forez, de quelque souche qu'on les prenne, ils seront toujours princes, ce qui se prouve fort bien par l'acte de la fondation du monastère et abbaye de Belleville, faite, l'an 1159, par Humbert II, seigneur de Beaujeu, portant ces mots : *fundatio abbatiæ et ecclesiæ beatæ Mariæ de Bellevilla per illustrissimum et potentem principem Humbertum de Bellojoco* ; l'acte de fondation des Cordeliers de Villefranche qualifie Guichard son fondateur : *magnificus et potens* ; celui de la fondation d'Aigueperse : *illustris et potens dominus Ludovicus*, tous lesquels titres ne se donnaient en ce temps-là qu'aux princes, comme était Louis de Forez ; de plus, si ces seigneurs n'eussent été de la qualité, Guichard II aurait-il dû prétendre d'épouser Lucianc de Montlhéry, qui avait été fiancée au roi Louis le Gros et séparée à cause de la parenté qui était entre eux. Estime-t-on un petit honneur d'épouser la fiancée d'un roi de France et, pour arriver à ce degré, suffit-il d'être simple gentilhomme ? Guichard III aurait-il pu aspirer au mariage de Sibille de Hainaut, sœur d'une reine de France, femme de Philippe-Auguste et sœur de Baudouin et Henri, tous deux consécutivement empereurs à Constantinople, sans que je fasse mention d'Éléonore de Savoie, femme de Louis de Beaujeu, qui était cousine germaine de Marguerite de Provence, femme du roi saint Louis, Éléonore étant fille de Thomas de Savoie, comte de Flandres, et Marguerite, fille de Béatrix, frère et sœur, enfants de Thomas Ier, comte de Savoie. Je ne parle pas beaucoup des belles alliances qu'ils ont contractées avec les maisons de Forez, de Bourgogne, de Savoie, de Genève, de Chalon, de Baugé et tant d'autres des plus illustres de France qu'on pourra voir dans la suite de leur généalogie; mon premier dessein a été de faire voir que, quoique l'on ne qualifie pas nos seigneurs de Beaujeu du titre de princes, mais seulement du nom de sires et barons, ils étaient vraiment princes, non point à cause de leur souveraineté de Dombes, où personne ne leur dispute cette prééminence, et quiconque la voudrait révoquer en doute il n'aurait qu'aller faire sa déclaration au greffe du bailliage de Trévoux, sans aller au parlement séant à Lyon, ni non plus pour leur gouvernement souverain qu'ils avaient dans le Beaujolais, mais bien pour leur origine qu'ils tiraient, ou des anciens comtes de Flandres ou de Forez, et, s'ils n'eussent pas été de la qualité, le pape Innocent II, fuyant la persécution de l'antipape Anaclet et se réfugiant en France, ne serait pas venu à Beaujeu implorer le secours dudit seigneur; les personnes de cette qualité ne vont point mendier l'assistance des simples gentilshommes, qui, quand ils auraient pouvoir de les maintenir sous leur protection, n'oseraient l'entreprendre sans la permission du souverain, dans la juridiction duquel ils sont.

René Chopin, parlant de la fondation de l'église collégiale de Beaujeu, use de ces mots : *Berardus Bellijoci princeps Vandelmodis uxor et Humbertus filius extruxerunt primum Bellijoci templum*; et Severt dit, après Claude Paradin, que ces princes n'avaient mis au commencement dans ladite église que des prêtres sociétaires et que leurs enfants les instituèrent chanoines, et au Cartulaire de l'église de Beaujeu on y lit ces mots : *Guichardus, Humberti filius, princeps famosissimus.*

QUATRIÈME PARTIE

DE L'HISTOIRE DE BEAUJOLAIS
CONTENANT LES SEIGNEURS DE BEAUJEU
DU NOM ET ARMES DE BEAUJEU

CHAPITRE PREMIER

D'OÙ SONT SORTIS LES PREMIERS SEIGNEURS DE BEAUJEU

SOMMAIRE. — *I. L'origine des premiers seigneurs de Beaujeu est assez obscure et incertaine.* — *II. Leurs armes font conjecturer qu'ils sont sortis de Flandres.* — *III. Ce qui est contredit par Paradin et Severt.* — *IV. Les comtes de Forez n'avaient rien dans le Beaujolais.* — *V. Opinion de l'auteur sur ce sujet.*

I. — L'origine des premiers seigneurs de Beaujeu est assez obscure et incertaine, et tous ceux qui en ont écrit par occasion à cause de la connexité que cette histoire pouvait avoir avec celle qu'ils écrivaient en ont parlé avec tant d'incertitude qu'il est assez malaisé de les accorder ; je ne ferai pas pourtant ici comme fit autrefois le grand Alexandre qui ne pouvant dénouer le nœud gordien le trancha tout court, c'est-à-dire que je tâcherai de dénouer petit à petit cette difficulté en colligeant les diverses opinions des auteurs dont j'ai eu connaissance, comme sont les frères Paradin, Claude et Guillaume, qui ont été tous deux chanoines de Beaujeu et le dernier doyen ; Jacques Severt, qui a été aussi chanoine en la même église, qui a traité par occasion des seigneurs de Beaujolais, en son livre chronologique des archevêques de Lyon ; le sieur André Duchesne, qui a bien mérité de tous les savants pour leur avoir donné de si belles lumières dans la connaissance de l'histoire, en a dit quelque chose en son *Histoire de Bourgogne*, comme aussi le sieur Guichenon en celle de Savoie, et M. Le Laboureur, ancien prévôt de l'Ile-Barbe, dans divers ouvrages qu'il a donnés au public.

Après avoir concilié et conféré tous ces auteurs les uns avec les autres, je dirai ce que l'étude et le travail m'ont pu donner d'intelligence là-dessus; sans toutefois me vouloir si fort attacher à mon sentiment que je ne le soumette toujours très volontiers au jugement d'autrui, je me contenterai de sonder le gué, afin que quelque autre franchisse le pas avec plus de certitude et de fermeté.

II. — Il se rencontre ici, dès l'entrée, une difficulté assez considérable, savoir d'où sont sortis les premiers seigneurs de Beaujeu, pour à laquelle répondre les armes de Flandres que les seigneurs de Beaujeu ont toujours portées dans leur écu, à la différence du lambel de gueules, avec le cri Flandres, comme j'ai remarqué dans ma seconde partie, semblent favoriser l'opinion de ceux qui veulent dire qu'ils en soient originaires, car, s'ils sont cadets des comtes de Forez (comme c'est l'opinion commune de Paradin et de Severt), quel rapport a le lion de sable à son lambel de gueules de cinq pièces, au dauphin pâmé d'or sur gueules qui ont toujours été les armes de Forez, que l'on dit être sortis des comtes d'Albon, dauphins de Viennois[1]? Et puisque, selon Duchesne, en son *Histoire de Bourgogne*, livre III, on ne lit rien des comtes de Forez l'espace de 80 ans, savoir est depuis le roi Robert jusqu'à Philippe Ier que commença à paraître un comte de Lyon et Forez, duquel toutefois le nom n'est exprimé et qui fut père de Guillaume, comte de Lyon et Forez, qui accompagna Godefroy de Bouillon à la Terre Sainte, l'an 1097, quelle apparence y a-t-il que nos seigneurs de Beaujeu, qui sont antérieurs à ces comtes de Forez [de] plus d'un siècle, soient sortis d'eux, vu qu'ils n'en ont aucune marque en leurs armes et cri de guerre?

III. — Je ne veux pas contester ce que Paradin et Severt, après Belleforest[2], dans le commentaire qu'il a fait sur la cosmographie de Munster, ont écrit d'Artaud, comte de Lyon et Forez, qui avait deux frères,

1. G : Chorier, l. XI, § 14, fol. 829. Guichenon, *Hist. de Savoie*, fol. 1194. —
2. G : vol. I, fol. 317, 2.

Étienne, comte de Forez, et Humbert, seigneur de Beaujeu, fondé sur une épitaphe de l'église Saint-Irénée de Lyon : *hic jacet Artaudus comes Lugdunen. et comes Forensis et dominus Bellijoci, anno 993*. Et cette autre, rapportée par Belleforest ; *hic requiescunt dominus Artaudus comes Lugdunensis et Forensis, dominus Stephanus, frater ejus, et Amphredus Bellijoci dominus et pater ejus et frater eorum ; obiit dictus Artaudus, anno doñi nogentesimo nonagesimo tertio*. Severt ajoute que sur la tombe de pierre de ces seigneurs étaient gravées les armes que portent les seigneurs de Beaujeu, qui est le lion de sable en champ d'or, au lambel de gueules ; à ce compte, il faudrait dire que les premiers comtes de Forez portaient telles armes et que les seigneurs de Beaujeu, descendus d'eux, prirent le lambel pour brisure et marque de cadets, et qu'ensuite les comtes d'Albon étant entrés dans la maison des comtes de Forez par le mariage de Guigues Raimond d'Albon, frère de Guigues, VIe du nom, comte d'Albon et de Grenoble, avec Raimonde de Lyon, fille d'Artaud, V[e] du nom, comte de Lyon et de Forez, environ l'an 1085 [1], eussent quitté les armes des anciens comtes de Forez, qui devaient être ce lion de sable, pour y mettre les leurs qui est le dauphin, mais posé le cas que cela fût, pourquoi les seigneurs de Beaujeu ont-ils retenu le mot de Flandres pour cri de leurs armoiries ?

IV. — Et ce qui m'étonne le plus est, comme j'ai dit au ch. IV de ma première partie, quel droit pouvaient avoir les comtes de Forez dans le Beaujolais, qui est dans le diocèse de Mâcon, vu que les duchés et les comtés en ce temps [2]-là étaient limités selon l'étendue d'un archevêché ou évêché, quoique ces derniers eussent été formés selon l'ancienne police des duchés et comtés de l'Empire romain, car puisque, selon Duchesne, au lieu sus allégué [3], lorsque Lothaire, fils de Charles le Simple, bailla le Lyonnais en dot à Mathilde, sa sœur, la mariant à Conrad, roi de Bourgogne, qui y mit des comtes en son nom, l'un desquels fut Artaud, comte de Lyon, mentionné par une charte de l'an 993, avec Tetberge, sa femme, et Hugues, abbé, son frère ; ce prince ne lui donna rien dans le Mâconnais où il n'avait rien, et partant je ne vois point que Beaujeu ait jamais appartenu à ces comtes de Forez pour l'avoir pu bailler à un de leurs cadets, vu que dans tous les traités

1. G : *Hist. de Savoie*, fol. 1194. — 2. G : pays. — 3. G : fol. 425.

que les archevêques de Lyon ont fait avec les comtes de Forez, toutes les terres de Forez y sont mentionnées et il n'y a pas un mot de celles de Beaujolais, quoique ce pays s'étende en plusieurs paroisses du diocèse de Lyon. Severt n'a pas été assez hardi pour développer cette difficulté et s'est contenté de dire que Guillaume Ier, comte de Lyon, l'an 913, père d'Artaud Ier, pouvait avoir été peut-être appelé de Flandres par Charles le Simple, pour gouverner le Lyonnais, avant que son fils Lothaire l'eût baillé en dot à Conrad, roi de Bourgogne, qui y voyant ses enfants en crédit leur en laissa le gouvernement, et que ce Guillaume pouvait être le troisième fils de Baudouin, comte de Flandres, qui mourut à Gand, l'an 918.

V. — Pour moi, si je me sentais assez fort de dire ici mon sentiment, j'oserais dire que ce premier seigneur de Beaujeu serait sorti cadet de quelque maison de Flandres, comme je le présume par les armes et par le cri de Flandres, et qu'au temps que tout le royaume était en proie sous Charles le Simple, il pêcha en eau trouble aussi bien que les autres, et que, s'étant cantonné et fortifié dans le château de Beaujeu, il s'étendit, petit à petit, à la ronde, se faisant reconnaître par les simples gentilshommes, sous ombre de les protéger et maintenir, comme il était puissant et sorti de bonne maison ; puis en acquérant tantôt une place, tantôt une autre, il fit si bien ses affaires dans la conjoncture du temps que ses successeurs composèrent cet état et cette province de diverses pièces prises et tirées des diocèses de Lyon, Autun et Mâcon, laquelle a subsisté dans cet état jusqu'à aujourd'hui.

CHAPITRE II

QUEL A ÉTÉ LE PREMIER SEIGNEUR DE BEAUJEU

SOMMAIRE. — *I. Opinion de Duchesne touchant le premier seigneur de Beaujeu.* — *II. Sentiment de Guichenon.* — *III. De Paradin et de Severt qui admettent :* 1° *Omphroy 1er, seigneur de Beaujeu ;* 2° *Béraud ;* 3° *Humbert 1er ;* 4° *Hugues.* — *IV. Fondation de l'église collégiale de Beaujeu* [1].

I. — Je ne me trouve pas moins embarrassé que je l'ai été au chapitre précédent, et les mêmes auteurs que j'ai allégués sont aussi incertains en ceci qu'à leur origine. André Duchesne, qui est le plus assuré guide que je puisse imiter et suivre, a dit, dans son *Histoire de Bourgogne*, que le premier seigneur de Beaujeu a été un Vuischard ou Guichard, en l'an 1032, mari de Ricoaire de Salornay et père de Béraud, fondateur de l'église collégiale de Beaujeu, dédiée, en 1076, par Hugues de Die, légat en France, Gébouin, archevêque de Lyon, et Landry, évêque de Mâcon, et dit que ce Vuischard ou Guichard Ier du nom est mentionné dans les lettres que le pape Benoît XII écrivit aux prélats et seigneurs de Bourgogne, environ l'an 1024, le roi Robert étant lors à Rome, et se trouve ailleurs qu'il fit aussi quelque accord avec Gautier, évêque de Mâcon, élu l'an 1032 [2].

II. — Guichenon, dans son *Histoire généalogique de la maison de*

---

1. Le ms. J porte en marge : Omphroy, Béraud, Humbert Ier, Hugues, Guigues, Guichard Ier, Humbert II, Guichard II, Humbert III, Humbert IV, fondateur de Villefranche ; Guichard III, mari de Sibille d'Hainaud, sœur d'Isabeau, première femme de Philippe-Auguste, roi de France ; Humbert V, sous la garde, pendant trois ans, des chanoines de Beaujeu ; Guichard IV, dernier mâle de la branche d'Omphroy. — 2. G : *Hist. de Mâcon*, de Saint-Julien de Balleurre. — B s'arrête au mot Mâcon.

Savoie[1], dit, au contraire, que le premier seigneur de Beaujeu a été Béraud, qui mourut avant l'an 967. Voilà deux opinions bien éloignées quant aux personnes et quant au temps, car si Guichard Ier de Duchesne a commencé de seigneurier le Beaujolais en 1032, il ne peut avoir été père de Béraud, que Guichenon dit être mort avant l'an 967. Il semble qu'il y a plus de vérité de dire, avec Claude Paradin, dans ses *Alliances généalogiques*, que Béraud mourut l'an 1032, auquel an Guichard lui avait succédé, selon le titre que rapporte Duchesne ; mais encore, si cela est, que Béraud soit mort l'an 1032, comment aura-t-il fondé, avec sa femme Vandelmode, l'église collégiale de Beaujeu, l'an 1068, laquelle fut dédiée, huit ans après, par les évêques susnommés, et partant, puisqu'il nous faut établir un fondement de notre histoire, je suivrai Claude Paradin et Severt qui ont posé pour premier seigneur de Beaujeu.

III. — 1. Omphroy ou Umphred, quel qu'il soit, c'est-à-dire aventurier ou fils de Gérard, comte de Lyon, et frère d'Artaud II, et d'Étienne, comte de Forez, qui vivait sous Hugues Capet, l'an 989, lequel Omphroy eut deux enfants au compte de Severt, savoir Bérard ou Béraud, duquel je parlerai au paragraphe suivant, et Josmar qui n'est point dans la généalogie de Paradin, mais qui est mentionné au ch. II du cartulaire de Beaujeu, où il est marqué que ces deux frères allèrent à Rome visiter le pape Léon IX, et que ce Josmar mourut le 7 des calendes de mai, sans enfants.

2. Béraud ou Bérard, second seigneur de Beaujeu, fit un voyage à Rome du temps du pape Léon IX et, à son retour, fonda l'église collégiale de Beaujeu, dédiée, l'an 1076, par Géboin, archevêque de Lyon, Hugues, évêque de Die, légat en France, et Landry, évêque de Mâcon, dans l'enceinte duquel dernier diocèse Beaujeu est situé. La charte de la fondation nomme sa femme Vandelmode, d'une famille inconnue dit Severt, et leur donne pour fils entre autres Humbert. J'ai ouï dire, à des personnes qui avaient vu l'acte de la fondation de l'église collégiale de Beaujeu, que ladite Vandelmode se qualifiait de Savoie ; si cela était, le sieur Guichenon en aurait découvert quelque chose. Ils ont

---

1. G : fol. 1161.

peut-être pris Vandelmode pour Auxilie, qui était véritablement fille d'un comte de Savoie, comme il se verra aux preuves. Severt ne donne à Béraud que deux fils : Humbert Ier, son successeur, et Gautier, évêque de Mâcon, 36e en ordre, depuis l'an 1031 jusqu'à 1062, et encore penche-t-il plutôt à l'opinion qu'il soit frère de Béraud que son fils. Guichenon, en l'*Histoire de Savoie*, donne à Béraud plusieurs enfants, savoir : 1° Guichard aîné, qui épousa Adelmodis ; 2° Étienne ; 3° Humbert, mentionné ci-dessus ; 4° Umfred, qui donna à Cluny l'église Saint-Ennemond, au diocèse de Lyon, l'an 977 ; 5° Guigues, que le sieur Duchesne dit être mort à Lyon et avoir été enterré en l'abbaye d'Ainay, et que Béraud mourut avant l'an 967, ce qui ne convient, en aucune façon, à l'époque du sieur Duchesne et de Paradin, qu'ils disent qu'il mourut l'an 1032, et son fils Humbert l'an 1053, autrement il ne pourrait pas avoir été mentionné dans les lettres du pape Benoît XII, outre que le même Guichenon fait Ricoaire de Salornay femme de Guichard II, ce qui ne donne pas peu de peine, attendu qu'on ne peut assurer rien de certain dans une telle contrariété d'auteurs, desquels on peut dire ce que disait autrefois Mercure Trismégiste du législateur Moïse : *iste cornutus multa dicit sed nihil probat*. Paradin dit que Bérard avait un chancelier nommé Obdon, le vice-gérant duquel recevait les actes ; comme appert par les pancartes B ; la mémoire de Bérard et de sa femme se fait le 5 des ides de décembre, selon l'obituaire du chapitre.

3. Humbert, Ier du nom, fils de Béraud, succéda à son père en la seigneurie de Beaujeu, comme fait voir l'acte de la fondation qui suivra ci-après. Guichenon dit qu'il confirma une donation faite à Cluny par Guichard de Beaujeu, son frère aîné, l'an 977, ce qui ne peut être, et lui donne pour successeur Guichard II, mentionné en une charte de Saint-Vincent de Mâcon, sous le règne d'Henri Ier, qui mourut en 1060 ; jugez de la distance du temps ! Qu'est-ce que l'on peut croire ? Il lui fait encore épouser Ricoaire de Salornay, bienfaitrice de Cluny, sous l'abbé Saint-Hugues, qui mourut l'an 1109. Paradin et Severt ne s'accordent guère mieux, en lui donnant deux femmes, savoir : Auxilie de Savoie, fille d'Humbert Ier, comte de Maurienne, et Helmeest, d'une maison inconnue. Paradin lui donne pour première femme Helmeest, et Severt la met la dernière, et dit qu'Auxilie lui engendra cinq enfants mâles : Hugues, Guichard, Humbert, Guigues et Étienne, et la dernière

deux : Léotard et Vuicard; mais je ferai voir au chapitre suivant que cette Auxilie de Savoie fut femme d'Humbert II et que Humbert Ier n'a eu qu'une femme Helmeest, comme on peut voir dans l'acte de la fondation. Duchesne n'est non plus d'accord avec les autres, lui donnant de sa première femme : Guichard II, Hugues et Vandelmode, que Guichenon attribue à Humbert II. Severt dit que Humbert mourut en 1060 et, en un autre endroit, dit que ce fut en 1053 ; quoi qu'il en soit, la charte de la fondation lui donne trois fils : Hugues, Guichard et Étienne, et une fille, Vandelmode, à quoi nous nous arrêterons sans faire mention de Vuicard et Léotard, son frère, que les Annales disent le premier avoir été blessé, et le second avoir été tué en guerre, l'an 1080.

4. Guigue Ier, seigneur de Beaujeu, est mentionné dans l'acte de la fondation. Il y a apparence qu'il ne régna pas longtemps, puisque son fils Guigue, retournant de Rome pour la troisième fois, après avoir appris la mort de son père, tomba malade à Lyon, l'an 1066, et fut enseveli à Ainay, le 4 des calendes de février, comme il appert du livre des obits. Comme il sentit approcher la mort, il légua, à l'église de Beaujeu, le clos des Estoux, limité de trois chemins, et pareillement lui donna le mas de Montmey avec toutes ses appartenances, après quoi il mourut. Hugues, son père, possédait l'abbaye de Saint-Just de Lyon ; on fait mention de lui au chapitre de Beaujeu, le 8 des calendes de décembre, en ces mots : *VIII kal. decembris obiit dominus Hugo Bellijocensis autor et restitutor nostræ eclesiæ*. Le nom de sa femme nous est inconnu, et pour ce nous lui ferons succéder son frère, Guichard Ier.

IV. — *Fondation de l'église collégiale de Beaujeu*. — Il est constant, par tous les historiens qui ont écrit et par les actes qui suivront ci-après, que Béraud et sa femme Vandelmode, avec leur fils Humbert, ont été ceux qui ont fondé l'église du château de Beaujeu. Severt dit que ce prince et sa femme, Josmar, son frère et Humbert, leur fils, au retour de Rome où ils étaient allés voir le pape Léon IX, l'an 1052, en firent le projet, selon le dessein qu'ils avaient pris en chemin. L'auteur inconnu que j'ai allégué ci-dessus dit avoir vu, dans l'acte de la fondation, qu'ils faisaient cette érection de église collégiale pour le soulagement de leur noblesse. Il y a un titre aux archives du château qui dit : *Berardus et Vandelmodis donaverunt ecclesiæ Bellijoci quam fundaverunt in castello Petræ Aculæ omnem decimationem de illis exertiset condeminis quas in dominicatu illorum ubicumque laboratæ fuissent, scilicet de condeminis quæ sunt in parochia de Romnensis et de Draciaco et de multis aliis locis in pago Lugdunensi, etc. S. Berardi. S. Vandalmodis. S. Humberti. S. Ardrati. S. Soliconis. S. Humfredi. S. Duranni.* Mais je ferai voir tout maintenant qu'elle ne fut pas érigée alors en église collégiale, puisque les trois frères, Hugues, Guichard et Étienne, fils d'Humbert, avaient requis Dreux, évêque de Mâcon, de mettre dans ladite église des clercs servant à Dieu sous le titre et profession de chanoines.

Autoritate Drogonis nostri presulis Matisconensis et ejus jussu, disent ces princes, *sub Dei ac sanctæ genitricis ejus obtentu in ipsa nostri castri ecclesia clericos sub nomine et professione canonicorum imponi et attitulari optamus et posuimus, qui permanentes in Dei sanctorumque famulatibus eclesias et terras cum omnibus ad eas pertinentibus in suis habeant usibus*, etc., et René Chopin, au l. III, ch. I, de *Sacra politia*, dit ces mots : *Berardus, Bellijoci princeps, Vandalmoda, uxor ejus, Umbertus, filius, extruxerunt primum Bellijoci templum, sed Hugo, Viscardus et Stephanus fundatorum nepotes eam eclesiam canonicorum collegium instituerunt*. Guillaume Paradin, dans son *Histoire de Lyon*, dit que Béraud et Humbert, son fils, prièrent le légat Hugues, évêque de Die, Gébouin, archevêque de Lyon, et Landry, évêque de Mâcon, de venir consacrer ladite église, ce qui ne peut être, vu qu'ils étaient morts longtemps auparavant, savoir : Béraud, l'an 1032, et son fils, Humbert, l'an 1053, et Severt[1] dit, après Claude Paradin, que ces princes n'avaient mis et institué dans ladite église que des prêtres sociétaires, et que ce furent Hugues, Guichard et Étienne, fils d'Humbert, qui prièrent l'évêque Dreux, de Mâcon, d'y vouloir instituer des chanoines qui étaient déjà institués avant la dédicace et consécration de ladite église, et que même Hugues et Étienne n'assistèrent pas à cette consécration, étant tous deux morts l'an 1076, et que ce fut Guichard Ier, leur frère, qui pria ces prélats de se vouloir assembler pour une si bonne œuvre.

Duchesne, en ses *Antiquités des villes*, dit que Béraud et Vandelmode, sa femme, afin de rendre ladite église plus remarquable et recomman-

1. G : Fol. 1215. *in Gebuino Lugd.*, et fol. 112, *in Landrico Matiscon.*

dable la décorèrent d'un beau marbre blanc qui s'y voit encore, auquel est sculpté en ouvrage un sacrifice antique appelé *suovetaurilia* des latins, ouvrage où le prêtre, assis en une chaire, paré des ornements d'un pontife et tenant la coupe sur l'autel, par-dessus les entrailles des bêtes immolées ; en ce sacrifice, étaient offertes et immolées trois sortes de bêtes, savoir est : des taureaux, des pourceaux et des brebis, lesquelles sont si bien relevées en cette tablature de marbre, les unes menées au sacrificateur, les autres déjà immolées, que c'est bien l'une des plus rares et admirables pièces du royaume. Paradin dit la même chose en son *Histoire de Lyon* [1].

Claude Paradin dit, dans ses *Alliances généalogiques*, que Bérard et Vandelmode, sa femme, furent les premiers fondateurs de l'église collégiale de Beaujeu, qu'ils allèrent à Rome avec leur fils Humbert et Helmeest, sa femme, duquel lieu ils apportèrent, par consentement du pape, en ladite église de Beaujeu, les reliques contenues et écrites tant à la pancarte du trésor qu'au tableau affiché sur les vieux livres de ladite église, auquel lieu est aussi un autre tableau contenant la bulle du pape Alexandre, par laquelle il reçoit icelle église en la protection de l'Église romaine, laquelle bulle il adresse aux doyen et chapitre dudit Beaujeu, obtempérant à leur supplication et requête, et est ladite bulle datée de l'an 1070, au moyen de laquelle il appert que ladite église était déjà fondée et érigée en collège dès ces temps-là et auparavant.

On trouvera un acte aux preuves qui m'a été communiqué par M. Antoine Garil, très digne doyen de ladite église, qui justifiera à peu près ce que je viens d'avancer et en donnera de plus amples instructions.

1. G : fol. 41.

CHAPITRE III

GUICHARD, Iᵉʳ DU NOM, CINQUIÈME SEIGNEUR DE BEAUJEU

Guichard Iᵉʳ succéda en la seigneurie à son oncle Hugues ou pour mieux dire à son cousin Guigues, mort à Ainay, l'an 1066; ce doit être le fils de Guichard, mentionné, avec ses frères Hugues et Étienne et Vandelmode, leur sœur, dans l'acte de la fondation du chapitre de Beaujeu. Severt[1] dit qu'il épousa Luciane de Rochefort, et qu'il fit bâtir l'église Saint-Nicolas, l'an 1129, et qu'il seigneuria jusqu'à l'an 1137, qu'il se retira en l'abbaye de Cluny pour y finir le reste de ses jours; mais il y a bien à dire de celui-ci à Guichard II puisqu'il n'a pas régné longtemps, comme nous verrons par la suite de cette histoire. Duchesne aussi s'est mécompté en lui l'ayant mis devant Béraud et lui ayant fait épouser Ricoaire de Salornay, bien est vrai nécessairement qu'il faut qu'il ait épousé Ricoaire, mais non pas celle de Salornay, puisque l'acte que je fais voir aux preuves appelle Humbert son successeur, fils de Ricoaire. Severt[2] rapporte un acte des archives de Mâcon, qui porte ces mots : *Vuichardus de Bellijoco et Ricoaria, ejus uxor, nobilissima domina, aliquot dona impertiti sunt ecclesiæ Sancti Vincenti et episcopo de rebus quas Vuichardus pater annuatim a suis colonis percipiebat*, etc., et dit en autre lieu savoir en Guy, archevêque de Lyon, que ce Vuichard, mari de Ricoaire, était fils d'un autre Vuichard, fils d'Humbert Iᵉʳ et de sa seconde femme Helmeest, et ce qui semble être justifié pour lui par ces mots : *quas Vuichardus pater a suis colonis percipiebat*, mais non pas quant à la femme Helmeest, qui était femme d'Humbert Iᵉʳ, oncle du susdit Guichard Iᵉʳ, on verra aux preuves un acte qui fait voir comme Humbert II est fils de Ricoaire et mari d'Auxilie de Savoie, et puisque l'acte rapporté par Severt que Guichard, mari de Ricoaire, est fils d'un autre Guichard ; ce dernier doit donc être le frère de Hugues et d'Étienne, mentionnés dans la charte de la fondation du chapitre de Beaujeu.

1. G : fol. 279. — 2. G : Severt, *in episc. mastic.*, fol. 99.

CHAPITRE IV

HUMBERT II, MARI D'AUXILIE, SIXIÈME SEIGNEUR DE BEAUJEU

J'ai fait voir, par l'acte mentionné ci-dessus aux preuves, que, l'an 1086, Humbert seigneuriait dans le Beaujolais, qu'il était fils de Ricoaire, et qu'il avait épousé Auxilie de Savoie, que Guichenon[1] dit être fille d'Amé III et sœur d'Humbert III dit le Saint, tous deux comtes de Savoie, mariée (dit-il) à Humbert III du nom, sire de Beaujeu, fils de Guichard et de Luciane de Rochefort, dame de Monthléry, ce qui a, dit-il, été inconnu à Claude Paradin, en sa *Généalogie des seigneurs de Beaujeu*, mais comme quoi se peut-il faire que cet Humbert, qui se dit fils de Ricoaire et mari d'Auxilie, soit fils de Luciane de Montlhéry? Un homme pourrait bien être soupçonné d'avoir eu deux pères, mais non pas deux mères, outre que le temps du mariage d'Auxilie, qui est déjà mariée en l'an 1086, ne convient pas à celui de Luciane, qui fut fiancée à Louis le Gros, qui ne naquit que l'an 1081. Duchesne a heurté, aussi bien que les autres, en ses histoires de Châtillon et de Montmorency[2], lorsqu'il dit que ladite Luciane épousa Guichard Ier, seigneur de Beaujeu, et cependant il dit, en son *Histoire de Bourgogne*[3], qu'elle fut conjointe avec Guichard II; Severt, qui a donné deux femmes à Humbert Ier, savoir Auxilie et Helmeest, ne fait point de difficulté de dire que cet Humbert II était fils d'Humbert Ier et d'Auxilie, qu'il met première en ordre devant Helmeest, qui est mentionnée dans l'acte de la fondation de l'église de Beaujeu ci-dessus, et dit que cet Humbert Ier ne vécut pas longtemps et qu'il mourut, l'an 1053, et, en un autre endroit, l'an 1060; et cependant voyez un peu, je vous prie, comme il se méprend en faisant cet Humbert II fils d'Humbert Ier. Il rapporte un titre tiré

---

1. G : fol. 230. — 2. G : fol. 33. — 3. G : fol. 446.

du cartulaire de Beaujeu[1] en ces mots : *Anno ab incarnatione Dñi MXCIV et Philipi I regis an. 32, canonici requisierunt & dominus Humbertus et uxor sua Auxilia ac infantes eorum Hugo, Guichardus Humbertus et Guigo obtulerunt mansum integrum cum vineis pratis siluis & præfatæ eclesiæ ibid. Domino servientibus*. Ainsi il faudrait que Humbert Ier eût vécu longtemps; si cela est, Hugues, son fils aîné, n'a donc pas seigneurié dans le Beaujolais, ni son neveu Guichard après lui; il faut avouer le malheur ou l'ignorance du temps passé auquel on se contentait d'écrire les choses sans date, ce qui donne tant de peine à éplucher les choses; néanmoins, puisque ce dernier titre donne quatre enfants à Humbert II : Hugues, Guichard, Humbert et Guigues, et que je n'ai point de mémoire si cet Hugues a succédé à son père ou s'il est mort avant lui, ou si on l'a mis en cet acte, le premier, à cause de sa dignité d'abbé de Saint-Itère[2] en Mâconnais [puisqu'il y a vu Hugues, abbé dudit Saint-Itère], mentionné frère de Guichard II, dans la donation à lui faite de Saint-Trivier, Perreux, Chamelet, par Guillaume, comte d'Albon et de Forez, je lui ferai succéder Guichard II, qui convient mieux au temps d'avoir épousé Luciane de Montlhéry, puisque le Humbert, son père, vivait encore en 1094 et que Louis le Gros, qui naquit en 1081, pouvait avoir été fiancé avant son mariage avec Alix de Savoie, l'an 1115.

Paradin dit que ces quatre enfants confirmèrent la donation des biens de Fontenelles aux Étoux, que leur père et leur mère avait faite au chapitre.

Il ne va pas comme cela, ni l'un ni l'autre n'ont pas entendu ce qu'ils ont dit, car, quant à l'acte de Severt, il faut savoir qu'Herbert d'Andilié, voulant aller en Hiérusalem avec Ranulphe, prêtre, et plusieurs autres, vint devant l'autel de la Vierge du château de Beaujeu et là, en présence des chanoines, pleurant et regrettant ses péchés, promit de leur donner quelque chose de ses biens, sis en sa métairie d'Andilié, savoir : un mas avec ses appendices, à la charge qu'il le tiendrait tant qu'il voudrait sous l'usage de bénéfice; mais que s'il venait à décéder sans enfants il appartiendrait entièrement à l'église de Beaujeu; or, il faut savoir que ledit Herbert avait épousé une

1. G : *In Lugd.*, p. 279. — 2. L, B, J, V : Hilaire ; les mots entre [ ] manquent dans les mss. B, V.

femme à laquelle il avait donné, en augment de dot, la troisième partie dudit mas et en avait été séparé pour cause de parenté ; c'est pourquoi il dit qu'après le décès de cette première femme, cette troisième partie appartiendrait à l'église de Beaujeu, autant en dit-il de la seconde si elle vient à mourir sans enfants ; toutefois, dans l'investiture, il leur donna une sextérée de terre pour planter une vigne qui est située sur la grange des chanoines et le chemin passant ; cela fut fait à Andillié par la main de Durand, en la place d'Odon, chancelier, l'an 1087, les nones d'octobre, sous le règne du roi Philippe ; quelque temps après et environ l'espace de huit ans écoulés, l'an 32 du même roi Philippe, la première femme d'Herbert étant morte, les chanoines demandèrent ce qui leur avait été donné, mais Humbert, seigneur de Beaujeu, ne leur voulant accorder, leur dit que ses prédécesseurs avaient eu une coutume ou justement ou injustement sur le mas qu'ils demandaient et qu'il n'entendait pas le leur quitter sans un grand présent, c'est pourquoi les chanoines ayant pris conseil des sages, leurs amis, et entre autres de Landry, évêque de Mâcon, ils satisfirent audit seigneur, et lors lui, sa femme et leurs enfants, leur offrirent le mas tout entier avec toutes ses appartenances, vignes, cours, prés, forêts, terres, eaux et écoulement des eaux, et leur quittèrent toutes les coutumes qu'ils pouvaient y avoir de droit ou non, et sont signés : Humbert et sa femme Auxilie ; leurs enfants, Guichard, Humbert, Guigues et Hugues, qui ont fait faire cet acte et ont prié le seigneur Landry, évêque de Mâcon, de le signer avec les autres qu'on verra dans la preuve.

Quant à ce que dit Paradin n'est pas de même, ce fut un nommé Dalmais, surnommé de Verneys, qui, par la clause de son testament, donna au chapitre de Beaujeu deux courtils, savoir : l'un, situé aux Étoux, appelé Fontanelles, et l'autre, en Gerson, avec toutes leurs appartenances et dépendances, et les chanoines lui donnèrent 60 sols de deniers en bonne monnaie et lui promirent tous les ans, au jour de son décès, un anniversaire. Il fonda une lampe qui brûlerait perpétuellement devant le saint crucifix ; cela fut fait à Beaujeu, l'an 27 du roi Philippe.

Quant à Auxilie, il y a un acte aux preuves, tiré du chapitre de Beaujeu, qui dit que ladite Auxilie a fait de grands biens à ladite église, savoir : en ornements, chasubles, chappes, étoles, manipules, courtines et tabernacles et parements d'autel ; c'est pourquoi les chanoines de ce temps-là prient leurs successeurs d'avoir toujours mémoire de ladite dame au jour de son décès et de célébrer tous les ans son anniversaire, avec psalmes, messes, oraisons et aumônes.

Ce fut à cet Humbert que Herbert de Tisy [1] donna la part qu'il avait au château de Néronde; laquelle, Humbert donna en fief à Guillaume Chauve et à Artaud Chauve, frères, les enfants desquels en firent hommage à Guichard, successeur du même Humbert, comme l'acte qui est aux preuves le justifie.

1. B, J : Thisy.

CHAPITRE V

GUICHARD II, MARI DE LUCIANE DE ROCHEFORT, SEPTIÈME SEIGNEUR DE BEAUJEU

SOMMAIRE. — *I. Guichard II est probablement celui qui a épousé Luciane de Rochefort. — II. Opinion qu'a eue de lui Pierre le Vénérable, abbé de Cluny. — III. Il est fondateur de l'abbaye de Joug-Dieu. — IV. Reçoit le pape Innocent II en son château de Beaujeu. — V. Guichard fait construire l'église Saint-Nicolas de Beaujeu. — VI. Qui est consacrée par le même pape Innocent. — VII. Guichard agrandit ses états par diverses acquisitions. — VIII. Enfants de Guichard. — IX. Autre branche de Beaujeu.*

I. — J'ai fait voir avec plus de probabilité que j'ai pu la descente [1] de ce Guichard qui ne peut être autre que lui qui ait épousé Luciane de Rochefort, car si Severt veut confondre Guichard Ier avec celui-ci, disant que Guichard Ier a vécu longtemps, qu'il a seigneurié dans le Beaujolais, depuis l'an 1066 jusqu'à l'an 1137, qu'il alla finir ses jours à Cluny, que deviendra Humbert, fils de Ricoaire et mari d'Auxilie, et en quelle année ce Guichard Ier aura-t-il épousé Luciane de Rochefort, qui ne fut probablement mariée qu'après l'an 1115, après le divorce et la dissolution des fiançailles d'avec le roi Louis le Gros, à cause qu'ils étaient parents. Posé donc toutes ces circonstances, il faut établir pour fondement de l'histoire que c'est lui qui épousa ladite Luciane de Rochefort, selon Duchesne, en son *Histoire de Bourgogne*, laquelle était dame de Monthléry, fille de Guy, surnommé le Rouge, grand sénéchal de France, et d'Adèle, dame la Ferté-Baudoin, auparavant accordée à Louis le Gros.

1. L, T, B, V : descendance.

II. — Pierre le Vénérable, abbé de Cluny, parlant de lui, remarque qu'il surpassa tous ses prédécesseurs bien que vaillants et magnanimes en puissance et en réputation, mais que les employant à l'ambition et vanité plus qu'au service divin et à la dévotion il tomba en une grièwe maladie qui le fit penser à sa conscience, car, voyant qu'elle tirait en longueur et qu'il ne lui restait aucune espérance de pouvoir guérir, il prit l'habit de moine en l'abbaye de Cluny où il acheva pieusement le reste de ses jours, laissant de son épouse entre autres Humbert qui lui succéda. Guichenon lui donne plusieurs autres enfants, outre Humbert, savoir : Guichard, nommé, dit-il, avec son père et ses frères, en une charte de Saint-Vincent de Mâcon, Dalmace, mentionné en une charte de Cluny, avec sa mère, Liébaud [1], seigneur de Digoine, en Charolais, et Hugues, nommé en un titre de l'abbaye de Savigny en Lyonnais, mais il n'est pas d'accord avec Severt, qui attribue ces enfants à Ricoaire de Salornay, etc.

III. — Je ne m'étonne pas que Pierre le Vénérable, abbé de Cluny, ait si bien parlé de lui, vu que c'était un prince qui, au dire de Paradin, avait eu l'honneur de recevoir chez lui le pape Innocent II, fuyant en France la persécution d'Anaclet, intrus à la papauté, par les factions des Normands, rois de la Pouille et Calabre, qui, selon qu'a écrit Severt, avait fait bâtir l'église de Saint-Nicolas de Beaujeu et fondé l'abbaye de Joug-Dieu, de l'ordre de Saint-Benoît dans la paroisse d'Ougly, avant qu'on eût commencé à bâtir Villefranche, mais encore qui, outre ces actions de piété, avait fait plusieurs belles conquêtes et acquisitions et bien étendu son petit domaine dans l'évêché de Mâcon et dans le comté de Forez, comme je ferai voir ci-après aux preuves, après que j'aurai dit mes sentiments sur la venue du pape Innocent II et la fondation de Saint-Nicolas.

IV. — Je ne révoque pas en doute la venue du pape Innocent II en France, l'asile ordinaire des pauvres papes qui fuyaient la persécution de leurs ennemis car il faut ici remarquer en passant que la France n'a jamais tenu le parti des antipapes et qu'elle s'est toujours

1. L, T : N. Liébaud.

attachée à soutenir le droit des légitimes successeurs de saint Pierre. L'histoire dit donc que ce Saint-Père vint en France requérir aide et se réfugier sous la protection du roi Louis le Gros, de qui il fut fort bien reçu et célébra un concile à Reims, l'an 1131, où il couronna Louis VII, dit le Jeune, auquel concile de Reims, selon quelques-uns [1], furent institués les douze pairs de France, six d'église et six laïques, qu'il alla en la ville de Liége accompagné de saint Bernard, que, l'an 1132, en s'en retournant, il passe à Clairvaux où saint Bernard le fit recevoir avec beaucoup de respect. Néanmoins, dit l'histoire, il ne le traita qu'au commun réfectoire et à peine put-on trouver un petit poisson pour lui présenter, comme si on n'aurait pas pu pêcher, ou que le roi, qui le faisait accompagner, n'eût pas donné ordre à son voyage [2]; qu'ensuite il passa à Cluny, et de là à Beaujeu ; mais je ne me saurais imaginer ce que dit Claude Paradin, que ce Saint-Père ayant monté au château, le prince Guichard sortit au-devant de lui la barbe à demi faite, et que le pape, souriant de le voir ainsi, lui dit que c'était comme cela qu'il le devait recevoir; à ce compte, ou il faudrait qu'Innocent fût alors peu de chose et qu'il allât en cachette et de nuit et sans compagnie, pour aller de plain saut dans la terre d'un seigneur de considération tel qu'était le prince de Beaujeu et de monter à son château et en sa salle, devant que ce seigneur en eût rien su, puisqu'il sortit la barbe à demi faite, ou si Guichard de Beaujeu l'avait su, comme effectivement un pape ne va pas à si petit train qu'on ne sache son arrivée, puisqu'il s'en retournait à Rome sous l'aide et faveur du roi, ne devait-il pas aller au-devant de celui devant lequel toutes les puissances fléchissent le genou, sans attendre que le pape le vînt trouver de la sorte sa barbe à demi faite, cela semble un peu le roman, aussi bien que ce que l'on dit de l'église de Saint-Nicolas, que ce prince fonda et édifia.

V. — La tradition porte, car on n'en trouve rien d'écrit que le lieu où est cette église était un étang que le fils du prince Guichard, revenant de la chasse, y voulut faire boire son cheval et tomba dedans et ne parut plus ; la nouvelle de cet accident si inopiné étant

---

1. G : Paul Émile. — 2. G : trésor chronologique, de s^t Romuald.

portée à la dame sa mère, elle voua de faire bâtir une église à Saint-Nicolas, au lieu où son fils paraîtrait ; ce vœu ne fut pas plutôt énoncé de la bouche de cette princesse qu'on vit le prince, son fils, remonter du fond de l'étang au-dessus, ce qui fit que le prince Guichard fit bâtir l'église au lieu où elle est encore à présent, et, comme auparavant tous les habitants de Beaujeu avaient leur paroisse aux Étoux qui est au-dessus d'une éminence qui commande aux trois ponts qui sont sur l'Ardière, le pape Innocent passant, comme j'ai dit, par Beaujeu, consacra ladite église de Saint-Nicolas et la rendit paroisse y assujettissant celle des Étoux comme annexe, de sorte que celle qui était auparavant maîtresse devint servante, *erunt novissimi primi et primi novissimi*, dit l'Écriture, je ne puis pas m'imaginer qu'il y eût jamais étang audit lieu, car il n'y a ni vestige, ni apparence, cette église est le long de la rivière qui est beaucoup plus basse, et, s'il y avait là un étang, où était donc le grand chemin ? et si Guichard II, de qui le fils est tombé dans l'étang, l'a fait sécher pour faire bâtir ladite église et la faire dédier par le pape Innocent, il y a eu fort peu de temps pour faire toutes ces choses-là ; joint qu'il y avait des habitants au bourg ou non ; s'il y avait des habitants, comme il est aisé à conjecturer par la demeure des seigneurs de Beaujeu qui ont choisi ce lieu pour leur demeure et habitation, ils devaient avoir une église qui doit être apparemment plus ancienne qu'on ne dit pas ; s'il n'y eût pas eu d'habitation, lesdits seigneurs ne se seraient pas venu placer en un lieu désert et plus propre à y bâtir une chartreuse qu'une église collégiale de chanoines, et il fallait bien qu'il y eût des habitants et une église puisque, longtemps auparavant les seigneurs de Beaujeu et l'érection du chapitre, c'était un doyen rural ou archiprêtre du diocèse de Mâcon. Severt, en Josserand de Mâcon [1], croit que cette arrivée du pape à Beaujeu fut plutôt sur son entrée en France qu'à sa sortie où il était pressé de s'en retourner, ce qui semble venir beaucoup plus à propos et convenable à l'histoire et au mémoire de Saint-Nicolas de Beaujeu, et c'est chose étrange, dit Severt [2], que Pierre le Vénérable, abbé de Cluny, qui a écrit dix lettres au même pape pour plusieurs et diverses affaires, ne parle en aucune façon de cette avenue du pape à Beaujeu

---

1. L, T : Severt en ses *Évêques de Mâcon*. — 2. G : fol. 136 et 137.

ni à Cluny; seulement, au livre qu'il a fait des miracles, il dit ces mots : *Gallias venit Innocentius ubi ab eodem consecrata est nova major ecclesia Cluniacensis indeque gemino concilio Claromonti et Remis celebrato, per Alpes* [1] *ad Italiam Pisas usque regressus est.*

VI. — Aux archives du chapitre de Beaujeu, il y a ces mots : *Honorio papa defuncto, ortum est schisma inter Anacletum et Clementem secundum qui expulsus a sede profugit in Galliam et præteriens iter apulit Bellijocum ubi invenit capellaniam sub honore divi Nicolai per dominum Bellijoci summo opere ædificatam, quam dicavit idibus februarii, anno Dñi MCXX nono, regnante Ludovico sexto*, ce qui convient mieux à l'arrivée du pape en France qu'à sa sortie, et ce qui est encore contredit par un écrit affiché dans ladite église de Saint-Nicolas en ces mots : La dédicace de l'église paroissiale de Saint-Nicolas de Beaujeu est célébrée chacun an, le 13e jour de février, et fut consacrée par un pape Innocent II, auparavant nommé Clément, l'an de grâce 1129, étant chassé de son siège par Anaclet, antipape, et s'en retournant à Rome, après avoir fait quelque séjour en l'abbaye de Cluny, passant par ce bourg de Beaujeu, le seigneur baron dudit Beaujeu le reçut honorablement et pria Sa Sainteté vouloir bénir ladite église ou chapelle de Saint-Nicolas, par lui construite et édifiée à neuf. Auparavant, l'église paroissiale était Saint-Martin-des-Étoux, qui fut lors réduite dépendante de celle-ci.

Quant à l'abbaye de Joug-Dieu, que Severt dit avoir été instituée et fondée par ce prince, je n'en ai aucune nouvelle que ce qu'en a dit le même Severt, et Paradin dit qu'il donna à l'église de Beaujeu le mas de Mommey et le grenier d'une maison assise devant la porte de l'église.

VII. — Quant aux acquisitions qu'il fit, il y a dans les archives du chapitre de Beaujeu : *Istæ sunt aquisitiones quæ subsequntur, quas fecit Gaichardus dominus Bellijoci, Umberti Bellijocensis filius*, et quoique les actes soient sans date la concurrence des personnes qui vivaient en même temps fait bien conjecturer que ce ne pouvait être autre que lui qui était grandement considéré, puisqu'il avait épousé la parente et la fiancée du roi.

1. L, T, B : *petens Alpes.*

Premièrement, Guillaume, surnommé l'Allemand, comte de Mâcon, contemporain de notre Guichard, pour les grands services qu'il lui avait fait et pour se délivrer de cinq cents sols qu'il tenait de lui en fief, payables annuellement à la fête de Saint-Martin d'hiver, lui donna et transmit la terre de Cenves avec toutes ses appartenances, en présence des témoins qui se trouveront nommés dans l'acte et, après la mort dudit comte Guillaume, Renaud, à qui cette comté était échue par droit d'héritage, confirma la même cession à notre Guichard et encore après que le comte Renaud eut remis cette comté à son frère Guillaume, le même Guillaume fit la même chose envers notre Guichard.

Eustache, comte de Forez, lui donna en fief le bourg de Saint-Trivier, et lorsque Guichard en voulut faire hommage à Guigues d'Albon, successeur d'Eustache en la comté de Forez, le même comte lui donna de surplus tout ce qu'il avait au château de Perreux qu'il avait donné auparavant à Humbert, frère dudit Guichard, et de plus lui donna en augment tout ce que les comtes de Forez possédaient au château du mont Chamelet et dans toute la châtellenie dudit château. Guillaume, comte de Chalon, donna en fief, audit Guichard, le château de La Bussière, avec tout son casement et appartenances; Artaud le Blanc, vicomte de Mâcon [1] lui donna la moitié du château de Riotiers, et la moitié de toute la châtellenie d'icelui et de tous les chazaux en dépendant, et même ils firent un contrat entre eux, que si l'un des deux voulait vendre ou mettre en compromis sa moitié il était tenu d'avertir l'autre pour voir s'il voudrait le retenir sous titre d'achept ou engagement, que si, après l'avertissement, il ne voulait faire ni l'un ni l'autre, il fut en pouvoir de ce faire quand il aurait le moyen, ils convinrent encore que tout ce que l'un des deux acquerrait d'augment en ladite châtellenie, l'autre en aurait la moitié en payant la moitié de l'argent donné.

Après la mort de Aimon [2] de Lay, Robert Ruil, qui avait épousé sa fille, traita avec notre Guichard de Beaujeu et pacifia tous les différends qu'ils avaient eus ensemble, au moyen que le seigneur de Beaujeu aurait la troisième partie de tout ce qui appartenait au château de

---

1. L., T, B : Chalon. — 2. L, T, B, V : Raymond ; J : Antoine.

Lay et au bourg joignant ledit château, comme aussi au péage, marché et en toute la justice dudit château, et, par ce moyen, ledit Robert Ruil devint homme lige dudit seigneur de Beaujeu qui lui bailla en fief la garde de deux mois audit château de Lay et tout le reste de son fief.

Arnould Rabies, fils de Constance, donna en alleu, audit Guichard, le château qu'on appelle Urfé, et ledit Guichard le lui remit en fief, dont ledit Arnould lui en fit hommage et fidélité.

Paltonar [1] et Gueffier, frères, donnèrent audit Guichard tout ce qu'ils avaient en la grange des Ouches et tout ce qu'ils avaient à Villiers, et le même seigneur les leur remit en fief, dont ils lui firent hommage et fidélité avec promesse, sous serment, de les lui rendre toutes les fois qu'il les leur demanderait, soit par lui, soit par son messager, lorsqu'il voudrait y entrer avec son armée.

Hugues Bouchard et Guillaume Bouchard, frères, ayant partagé par égale portion tout ce qu'ils avaient entre eux à Perreux, Guillaume reçut sa part en fief de notre prince Guichard et lui jura fidélité, et la part que le comte de Forez avait audit Perreux et laquelle il avait donnée au susdit seigneur de Beaujeu, le même seigneur de Beaujeu la donna aussi en fief au susdit Hugues Bouchard.

Roland le Chauve donna au susdit seigneur de Beaujeu en alleu tout ce qu'il avait au château de Camosset et toute la terre que ledit Roland possédait au delà de la Loire, laquelle terre et château le même Guichard remit en fief audit Roland qui lui en fit hommage et jura fidélité.

Guillaume le Gras donna en alleu, à notre Guichard, la moitié du château de Néronde et la moitié de la châtellenie dudit lieu, et, pour l'investiture, il lui donna encore le fief de Milon de Rudiniac et les fiefs des Bruns, et le même Guichard remit en fief, audit Guillaume le Gras, lesdites moitiés, tant dudit château que de ladite châtellenie, et le reçut pour son homme lige et lui jura fidélité avec promesse que, quand ledit seigneur de Beaujeu voudrait aller deux ou trois fois l'an, avec deux ou trois cents chevaliers, audit château et en ladite châtellenie, que ledit château lui serait ouvert et qu'il serait pourvu à ses gens de vivres par ladite châtellenie.

1. L, T, V : Pattonar.

Archimbauld le Blanc, frère d'Artaud, donna en alleu, au seigneur Guichard de Beaujeu, le petit château appelé Cavages, avec ses appendances et appartenances, et Montagny et tout ce qu'il possédait dans les limites, depuis la vallée de Marzé et La Dune jusqu'à La Bussière, et depuis Marsily jusqu'à Sainte-Marie-de-la-Forêt, après quoi ledit Guichard lui remit le tout en fief, à telle condition que, s'il y venait à décéder sans légitime héritier de son corps, le seigneur de Beaujeu y succéderait en tout, et, dès lors, Archimbaud devint homme dudit seigneur de Beaujeu et lui jura fidélité; cela fut fait à Proprières, en présence des témoins signés en l'acte.

Robert l'Enchaîné, désirant faire le voyage de Jérusalem, pria le seigneur de Beaujeu de venir chez soi, dans sa maison à Montmerle et, pour le grand amour qu'il lui portait et pour plusieurs bienfaits qu'il avait reçus de lui, il lui donna en alleu le château de Montmerle et sa châtellenie, et tout ce qu'il avait audit château et châtellenie et encore tout ce qu'il avait à Châtillon, tant au château qu'en la châtellenie et tout ce qu'il possédait en alleu en autres lieux, avec le consentement de sa femme, mère de Guillaume l'Enchaîné, et de ses frères, Bertrand et Bérard, laquelle voulait accompagner son mari audit voyage, et alors tout ce que ledit seigneur Guichard avait reçu en alleu dudit Robert, il le donna en fief à ses enfants, Guillaume, Bertrand et Bérard, encore jeunes enfants, qui devinrent dès lors hommes liges dudit prince Guichard, et ledit Robert, leur père, demeura homme dudit seigneur, pour un ancien fief qu'il avait reçu de lui et de ses prédécesseurs. Toutes ces choses se passèrent à Montmerle, en la maison dudit Robert, le jour et fête des saints martyrs Fabien et Sébastien, et, le lendemain, Robert, sa femme et leurs enfants, Guillaume et Bertrand, se mirent en chemin pour aller en Jérusalem; les témoins qui assistèrent à ces contrats et donation furent, de la part du seigneur de Beaujeu, Étienne de Marchampt, Durant des Étoux, Étienne de Franchelins, Pons de Monbon; et, de la part de Robert, Hugues de Guarvenerie[1] et Haimon, son fils, Hugues de Miserieu, et Guichard de Miserieu et Artaud, son frère.

Artaud de la Forêt donna, au susdit Guichard, seigneur de Beaujeu,

---

1. L, T : Garvenerie; J : Guard de Venene.

en alleu Frotges et tout ce qu'il possédait entre deux eaux qui sont là, et la forêt et tout ce qui était depuis la forêt en bas, et le même Guichard lui remit le tout en fief, à condition que ledit Artaud lui ouvrirait et remettrait Frotges toutes les fois qu'il voudrait y entrer avec son armée. Cela fut fait à Beaujeu, en la maison de Girard de Corcelles, présents : le neveu dudit Artaud, Hugues de la Bussières, Simond de Germoules, Étienne de Marchampt, de la part du seigneur de Beaujeu.

Durand appelé, par sobriquet, Chair salée, donna en alleu, audit seigneur de Beaujeu, tout ce qu'il avait en la grange de Saint-Priest, que le même seigneur lui remit en fief dont il lui en jura fidélité.

Le seigneur Pierre, archevêque de Lyon, donna audit Guichard et à Umbert, son fils, 50 sous annuels au deçà du Mont-d'Or pour le fief de Guichard Grape, pour éteindre un différend qui était entre eux pour ledit fief.

Voilà ce que j'ai pu rencontrer des acquisitions de notre Guichard et il est fort à croire que ce seigneur étant bien venu du roi de qui il avait épousé la parente et la fiancée, beaucoup de seigneurs et gentilshommes, qui étaient muguetés de se donner et reconnaître les grands seigneurs dans les terres et étendues desquels ils étaient, furent bien aises de se mettre ainsi sous sa protection en se donnant ainsi à lui et lui jurant fidélité.

VIII. — Severt a donné à ce prince quatre enfants : 1° Humbert, son successeur ; 2° Martin, duquel on lit au livre des obits : *obiit V kal. martii Guibors, uxor Martini de Bellijoco*; 3° Baudouin, mentionné audit obituaire en ces mots : *8° kal. Augusti obiit Bauduinus, puer, filius Guichardi domini Bellijoci* ; 4° Gontier, au même livre : *XIII kal septembris obiit Gonterius de Bellijoco, confrater noster, canonicus et benefactor hujus ecclesie*; c'est de lui, dit-on, qu'a pris son nom la montagne de Gonty, au-dessus de Beaujeu.

IX. — Auparavant que de finir ce chapitre, il est à propos de parler ici d'une descendance de quelques seigneurs qualifiés du nom de Beaujeu, mentionnés dans l'obituaire du chapitre et rapportés par Severt, lequel donnant à Humbert Ier deux femmes, Auxilie et Helmeest, a fait cette dernière mère de Létard et de Vuicard Ier. Mais, comme j'ai fait voir la nullité de ces deux femmes et qu'on ne peut guère bien assurer de qui sont ces deux enfants, je rapporterai ici ce qu'en dit le même Severt, que Létard fut tué et son frère Étienne, fils d'Auxilie, fut fort blessé ; je ne puis deviner en quelle guerre ni en quelle année. J'ai bien fait voir en l'acte de la fondation un Étienne; mais si Liotard et Vuicard sont ces deux frères, il faut que ce fût d'Helmeest seule et unique femme d'Humbert Ier et partant, puisqu'il est écrit, au cartulaire des obits, ch. XVIII, l'an 1090 : *cum Letardus mortuus fuisset et Stephanus graviter vulneratus*, il faut de nécessité que ces deux seigneurs, s'ils étaient frères, ils l'étaient aussi de notre Guichard, attendu la conformité des temps qui se rencontre entre eux, et fils d'Humbert II plutôt que d'Humbert Ier. Car le livre des obits ne conclut rien plus pour l'un que pour l'autre, disant *XV kal. septembris, obiit Vuichardus Bellijocensis, filius domini Humberti*. Severt fait encore une difficulté qui n'est pas moins absurde, disant que Léotard a été tué, le 13 des calendes de mars, et, puis après, il dit que c'est peut-être le même que celui de même nom qui était chanoine séculier de Beaujeu et chanoine régulier de Saint-Irénée de Lyon, qui mourut, le 8 des nones d'avril, selon le livre huitième des obits : *VIII nonas aprilis obiit Letardus, canonicus Bellijoci et Sancti Yrenæi*. Quant à Vuicard Ier, frère de Léotard, Severt lui donne Vuicard II de Beaujeu, chevalier, qui fut fort affectionné au service de son oncle Vualtier, évêque de Mâcon, et lequel épousa Ricoaire, d'une nation [1] inconnue, de laquelle il eut deux fils : Vuicard III, bienfaiteur de l'église de Mâcon, sans enfants, et Hugues de Beaujeu, abbé de Saint-Just ; seulement, il marque ce qui est écrit au livre des obits : *Pridie idus junii obiit Hugo Bellijocensis, Lugdunensis ecclesiæ et istius ecclesiæ canonicus*, et dans le livre des obits de Mâcon, à pareil jour : *Pridie idus junii obiit Hugo Bellijocensis Lugdunensis et hujus ecclesiæ canonicus ac B. Justi abbas*, qui est la première dignité de l'église de Lyon, unie depuis à la manse archiépiscopale, et, poursuit aussi l'obituaire de Mâcon : *excellentissimus vir magnæ prudentiæ et utilitatis in Christo* ; on peut recourir aux preuves pour justifier toutes les acquisitions ci-dessus.

1. L, T : maison.

CHAPITRE VI

HUMBERT, IIIe DU NOM, HUITIÈME SEIGNEUR DE BEAUJEU

Humbert III du nom prit possession de la seigneurie de Beaujeu, l'an 1137, selon Duchesne, qui le met IIe du nom ; Severt commet bien une plus grande lourdise, lorsqu'il dit que Humbert II fut celui qui eut d'étranges visions [1] qui le firent songer à sa conscience et entreprendre le voyage de Jérusalem pour la satisfaction de ses péchés, et le fait père d'Humbert III qui fonda l'abbaye de Belleville, vu que, par les actes que je ferai voir ci-après, ces deux Humbert ne sont qu'un, qui doit être fils de Guichard, lequel Humbert eut un autre Guichard qui seigneuria pendant son absence et qui mourut avant lui, outre que celui duquel Pierre le Vénérable dit avoir eu d'étranges visions est celui-là même qui, étant allé faire le voyage de la Terre Sainte, fut rappelé, à sa prière, dans le pays et dispensé, par le pape Eugène III, du vœu qu'il avait fait parmi les Templiers, au retour duquel voyage, pour satisfaire au scrupule du vœu qu'il avait fait, il fit bâtir l'église abbatiale de Belleville, à la sollicitation de l'archevêque Héraclius, qui fut élu archevêque l'an 1153. C'est lui qui épousa la nièce de Guillaume, comte de Chalon, et fille de Hugues ou Hugonin, comme les actes ci-après le feront voir. Comme il était lié au monde par la jeunesse et par les richesses, comme par deux fortes chaînes, ainsi qu'écrit de lui Pierre le Vénérable, il vécut quelque temps en grande licence et liberté [2] ; mais enfin la bonté divine, le voulant corriger et ramener au bon chemin de salut, lui montra une vision telle que la rapporte ce même auteur au livre I des miracles arrivés en son temps, ch. XXVII, car il dit qu'une fois il prit les armes contre quelques siens ennemis du pays de Forez et venant au combat avec eux perdit un de ses plus braves chevaliers, nommé Geoffroy d'Iden ; après le combat, chacun se

1. G : jussions. — 2. G : Duchesne, l. III de l'*Hist. de Bourgogne*, ch. LXXXVI.

retira chez soi, et à peine deux mois furent écoulés que le défunt apparut à Humbert, seigneur de Beaujeu, l'avisant qu'il ne se trouvât en l'expédition d'Amé, comte de Savoie, où il délibérait d'aller pour ce que, s'il y assistait, il serait misérablement privé des biens et de la vie, ce qui donna telle frayeur à Humbert que, suivant l'avis de Guichard de Marzé, son principal conseiller, il voua d'aller en Jerusalem visiter le sépulcre de N. S., et y étant, prit l'habit de Templier. Mais depuis, à la requête de Pierre, abbé de Cluny, le pape l'en dispensa et le fit retourner en son premier état. Étant de retour, il fonda une église collégiale à Belleville, laquelle Ponce, évêque de Mâcon, dédia en l'honneur de Notre-Dame, l'an 1158, et, quelque temps après, Humbert la fit ériger en abbaye par Dreux, élu archevêque de Lyon, qui établit, pour premier abbé, Étienne, prieur de Saint-Iregny, l'an 1164.

Voilà ce qu'en écrit Duchesne, au lieu ci-dessus coté à la marge, qui dit ensuite que Philibert Pingon lui donne pour femme Alise de Savoie, fille d'Amé II, comte, que Guichenon appelle Amé III, et de Mahaut d'Albon, de laquelle il eut Humbert, Guichard et une fille. J'ai fait voir ci-dessus qu'elle était femme de Humbert II et je ferai voir, par les actes qui sont aux preuves, qu'il a épousé une fille de la maison de Chalon, fille de Hugues ou Hugonin et nièce de Guillaume, comte dudit Chalon.

Mais parce que Severt a confondu Humbert qui, ensuite de cette vision, alla au voyage de Jérusalem avec un autre Humbert qui fit consacrer l'abbaye de Belleville, lesquels pourtant ne sont qu'un, comme je ferai voir par l'acte de la fondation qui est aux preuves, qu'il donne à ce premier Humbert, d'une femme qu'on ne connaît pas, trois enfants : Humbert III, qui fit, à son dire, consacrer ladite église de Belleville, Vuicard IV, son frère, qui mourut jeune, le 18 août 1165, et une fille mariée à Guillaume, comte de Chalon et de Mâcon, que l'on dit avoir été emporté du diable à cause qu'il opprimait les églises et principalement celle de Cluny; et au second, Humbert III en nombre, trois autres enfants de la fille d'Hugues, comte de Chalon, savoir : Guichard II, seigneur de Beaujeu, marié à une certaine comtesse, sans enfants, Vuicard, V^e du nom, seigneur de Beaujeu après son frère, et une fille, Vuicarde, mariée et mentionnée dans le testament de son frère Vuicard. Je ne suis pas sans peine d'accorder toutes ces flûtes, car je vois que notre Humbert, fils de Guichard, a épousé une fille de Chalon, qu'il a eu deux fils, Guichard, qu'on lui apporta mort à Belleville, dans une bière ; qu'Herbert de Tisy donna à Humbert, seigneur de Beaujeu, la part qu'il avait au château de Néronde et l'autre part qui lui était échue par la mort de son frère Hugues, lesquelles deux parts Humbert donna huit ans après, en fief, à Guillaume et Artaud Chauves, frères, les enfants desquels Gerin et Arnould Chauves en firent hommage et serment à Guichard de Beaujeu, fils dudit Humbert. Cela ne donne pas peu de peine, à cause du manquement des dates, car ceci pourrait bien être arrivé à Humbert IV et à son fils Guichard, mari de Sibille de Flandres, mais parce que Severt admet ce Guichard seigneur de Beaujeu, marié à certaine comtesse, sans enfants, et que l'acte de la fondation de Belleville lui fait succéder Humbert et parle de Guichard qu'on lui apporta mort. Il faut donc à ce compte ou qu'il soit mort en Terre Sainte, là où Guichenon dit qu'il fut, en l'an 1147, en la compagnie d'Amé III, comte de Savoie, ou qu'il ait seigneurié dans le Beaujolais en l'absence de son père ; à ce compte, il serait toujours faux, ce que dit Severt, qu'il commença à régner l'an 1192, puisqu'il est mort avant son père ; j'appréhende qu'il n'ait pris renard pour martre, comme on dit.

Je ne puis pas si bien défendre Vuicard, qu'il dit cinquième en nombre, à cause que j'ai un testament qui fait voir qu'il a été seigneur de Beaujeu, ou du moins d'une partie ; qu'il fait mention de sa sœur Vuicarde et d'un fils qu'elle avait nommé Vuicard, à laquelle et auquel il donne ses terres de Beaujolais, s'il vient à mourir sans hoirs. Il fait mention de l'abbaye de Belleville, à laquelle il fait quelque légat, et partant, vu toutes ces choses, nous ne pouvons pas nous dispenser de le placer avec Humbert, mentionné fils d'Humbert dans l'acte de la fondation de Belleville, auquel dernier Humbert, Severt fait épouser la fille d'Hugues de Chalon, contre la teneur de l'acte qui fait cet Humbert fils de Guichard.

Il y a deux actes aux preuves, dont l'un fait voir que notre Humbert III a épousé Blanche de Chalon, fils d'Hugonin, et que le comte Guillaume de Chalon avait épousé la sœur du même Humbert, à qui il donne sa comté de Chalon, au cas qu'il n'ait point d'enfants d'elle.

L'autre fait mention d'un hommage dudit Humbert au même comte Guillaume, qui lui donne, en augment de fief, les châteaux de Chavagny et de Montagny. Voyons maintenant l'acquisition qu'il fit de Limans, de Guichard, frère de Milon, qui la lui donna en alleu, et à qui il la remit en fief et à la charge de l'hommage, à celle condition que si ledit Guichard venait à décéder sans hoirs légitimes, la terre de Limans demeurerait incorporée au domaine du seigneur de Beaujeu. L'acte, tiré du chapitre, se verra aux preuves, aussi bien qu'un autre qui fait mention de l'accord que Guillaume de Tisy fit avec lui, lorsqu'il lui donna tout ce qu'il avait en la vallée Soma [1] et en la vallée de Saint-Clément, en la vallée de Saint-Véran, etc. Severt dit que ce prince Humbert fit la guerre en Auvergne et qu'ayant pris le vicomte de Polignac il le mena et son fils au roi Louis VI; mais il est bien aisé à voir qu'il s'est manqué, puisque Louis VI mourut l'an 1137. Le sieur Justel, en son *Histoire d'Auvergne* [2], met entre les enfants de Guillaume IV, une fille............ mariée à .... comte du Puy, père de Guillaume, comte du Puy, à qui le roi Louis le Jeune fit la guerre, et à Guillaume, VI° du nom, comte d'Auvergne, son oncle, l'an 1162, en laquelle il fut pris. Il ne dit rien davantage; mais je trouve, dans les mémoires de M. de Rignac, conseiller du roi en la chambre des comptes et cour des aides à Montpellier, un Héracle, vicomte de Polignac, qui épousa Bellisande, dauphine, fille du comte de Clerm ont Dauphin d'Auvergne, ce qui est conforme à un acte du chapitre de Beaujeu qui est aux preuves, où il est dit que le roi Louis le Jeune lui rendit l'abbaye de Savigny qui avait été à lui et à ses prédécesseurs, et que le comte Guy de Forez, son neveu, tenait et qui la remit audit roi.

Reprenons maintenant la fondation de Belleville. J'en ai dit, au chapitre de cette ville-là, le motif et le sujet qui l'avait obligé à ce faire, qui était pour ôter le scrupule du vœu qu'il avait fait d'être toute sa vie religieux templier, duquel il avait été dispensé par la sainteté du pape Eugène III, à la prière de Pierre le Vénérable, abbé de Cluny; on verra mieux, par l'acte de la fondation qui est aux preuves, les biens qu'il donna à cette abbaye pour l'entretènement de ses religieux, et partant

---

1. L. : Joma. — 2. G : ch. VIII, l. II.

je ne m'amuserai pas ici à des redites inutiles pour dire ce que Severt a rapporté dans sa chronologie des archevêques de Lyon sous Héraclius, 83e archevêque, que l'an 1153, à cause de la trop grande malice et insolence des routiers qui exerçaient leur rage sur les possessions de l'abbaye de Cluny, à la prière de Pierre le Vénérable, abbé de ladite abbaye, Oddon, cardinal et légat du Saint-Siège, Héracle, archevêque de Lyon, avec ses suffragants les évêques d'Autun, Mâcon et Chalon, Guillaume, comte de Bourgogne, Guillaume, comte de Chalon, Humbert de Beaujeu, Jocerand Gros, Hugues de Berziac, Hugues de Scalciac, et autres notables, seigneurs et gentilshommes de Bourgogne, qui n'étaient pas en petit nombre, vinrent à Mâcon, en l'église de Saint-Vincent, pour traiter des affaires de Cluny et d'y établir une bonne et forte paix, et de courir sus à ces bandoliers qui se retiraient dans l'enceinte des rivières de Loire, Rhône et Saône, évêché d'Autun et château de Camon, au delà de Chalon, à quoi ils travaillèrent pendant trois jours. On peut recourir aux preuves, pour voir l'acte qui a été tiré de Severt et qu'il dit avoir extrait de l'abbaye de Cluny.

Cet acte fait bien voir qu'il était contemporain de Guillaume, comte de Chalon, qui avait épousé sa sœur, et duquel Humbert avait réciproquement épousé sa nièce; ce qui fait encore mieux voir cette alliance, est qu'il porta ses armes au secours de Girard, comte de Mâcon, fils dudit Guillaume, contre Rainald III, seigneur de Baugé et de Bresse, comme me l'apprend Guichenon en sa première partie de l'*Histoire de Bresse*, ch. XXXV, disant que Rainald III, seigneur de Baugé, eut guerre avec Gérard, comte de Mâcon, Étienne, son frère, et Humbert de Beaujeu, lesquels vinrent à main armée en Bresse et désolèrent toute la terre de Baugé et de Bresse par le feu et le fer. Le succès de cette guerre fut si malheureux pour ledit Rainald que son fils Ulrich y fut pris prisonnier, de sorte que, se voyant attaqué par de si puissants ennemis et menacé encore par Guichard, archevêque de Lyon, qui était de la partie avec le comte de Mâcon et le seigneur de Beaujeu, il eut recours au roi Louis le Jeune, auquel il écrivit une lettre, par laquelle il lui raconte son désastre, le prie de le secourir et de lui faire rendre son fils, offrant, au cas que Sa Majesté voulût venir jusques à Autun ou à Vézelay, de lui aller au rencontre et de lui payer ses dépenses; mais quoique le roi eût écrit au seigneur de Beaujeu pour la délivrance d'Ulrich de Baugé, son entremise pour lors ne servit de rien et je ne sais pas quelle issue eut depuis cette guerre.

De son temps, et dans la chapelle de Belleville, Étienne de Varennes fit don entier de tout ce qu'il possédait au delà de la Saône à Bérard de Verney, en présence dudit prince qui promit de faire valoir ladite donation.

Je ne m'amuserai pas à rapporter ici ce que dit de lui Philibert Pingon, qu'il épousa Alix de Savoie, puisque j'ai fait voir, par les actes ci-dessus, qu'il prit femme dans la maison de Chalon; je ne crois pas non plus à Guichenon qui lui donne pour femme Vandelmode, d'autant que cela est si éloigné de l'apparence de vérité que cela fait regretter ceux qui le lisent; je ne suivrai non plus Severt qui lui fait succéder Guichard, marié à une certaine comtesse, mais je m'attacherai à l'acte de la fondation de Belleville, qui dit qu'on lui apporta le corps mort de son fils Guichard, qu'il fit ensevelir dans ladite abbaye, et qu'il fit jurer à Humbert, son fils, de garder inviolablement tout ce qu'il avait ordonné par l'acte de ladite fondation, ce qu'il promit par l'attouchement des saints Évangiles, ce qui arriva l'an 1176, et partant je lui ferai succéder ledit Humbert IV en ordre.

CHAPITRE VII

HUMBERT, IVe DU NOM, NEUVIÈME SEIGNEUR DE BEAUJEU

Il y a bien de l'apparence que ce prince soit celui contre qui marcha à main armée Philippe-Auguste, pour ce qu'il persécutait les églises de Bourgogne avec plusieurs autres seigneurs du pays. Nicoles Gilles dit la même chose en ces mots : Il alla contre Imbert de Beaujeu et le comte de Chalon qui persécutaient les églises de leurs terres contre les immunités que les rois leur avaient données et faisaient plusieurs exactions, l'an 1181, et pilleries [1]; il prit et abattit de leurs places et châteaux jusqu'à ce qu'ils vinrent à merci et qu'ils restituassent aux églises ce qu'ils leur avaient ôté, ce qui est confirmé par un acte rapporté par le P. Chifflet, sur les additions à la lettre de Béatrix de Chalon, l'an 1180, en ces mots : *ex chronica Radulphi de Diceto decani Londoniensis, Philipus rex Francorum comitem Cabillonensem et Humbertum de Belloloco* (alias *de Bellojoco* à la marge) *quoniam ecclesiam Dei persequebantur exercitu congregato perdomuit*, ce qui ne peut pas convenir, à ce que dit le sieur Duchesne, que le roi Louis VII se servit de son conseil pour pacifier certain différend qui était entre Leesbaud, abbé de Tournus, et les bourgeois de ce lieu-là, l'an 1171; mais depuis, il fut un de ceux contre lesquels Philippe II marcha, l'an 1180, pour ce qu'il persécutait les églises de Bourgogne et ce qui doit se rapporter à notre Humbert IV, et non à Humbert III, son frère, fondateur de l'abbaye de Belleville, avec qui le roi Louis VII prit conseil touchant la pacification du démêlé qu'avait l'abbé de Tournus avec ses bourgeois : *communicato igitur consilio cum nobili et fideli nostro Umberto Bellijoei domino et cæteris qui nobiscum aderant* etc., dit l'acte de l'histoire de Tournus, du P. Chifflet, fol. 452, *actum Trenorchii anno 1171*. Humbert III était trop dévot envers les églises pour leur porter dom-

---

1. L, T, B, J, V : plusieurs exactions et pilleries.

mage et il n'aurait pas fondé une abbaye de Belleville pour en détruire d'autres, et partant il faut que ce soit son fils contre qui Philippe-Auguste ait armé, contre le sentiment de Severt qui confond le père avec le fils, disant que Humbert, fondateur de Belleville, mourut l'an 1192. En quel temps aurait donc seigneurié Humbert IV, son fils, puisque Guichard III se trouve seigneur de Beaujeu en 1200!

Arnaud [1] de la Porte et son frère donnèrent en alleu audit Humbert de Beaujeu tout ce qu'ils avaient à Parigny et le reçurent de lui depuis en fief, et lui en firent hommage et fidélité; autant en firent Étienne Gemme, Pierre Gemme et Bernard Gemme, frères, de ce qu'ils possédaient à Balieorum [2], Baleurre, et le reçurent depuis de lui en fief, dont ils lui firent hommage et fidélité.

Archimbaud Le Blanc, frère d'Artaud, voulant faire le voyage de Jérusalem, donna et céda audit Humbert de Beaujeu tout ce qu'il avait et possédait du côté de la Loire, dans la plaine, dans les montagnes, en bois, eaux, fiefs, en serviteurs et servantes. Au cas que ledit Archimbaud mourût sans hoirs, et parce qu'il est nécessaire audit Archimbaud de beaucoup de choses pour faire un tel et si long voyage, ledit Humbert lui prêta, sous titre de gage sur la terre de Chavagny, cinq mille sous et cent sous de la monnaie de Cluny, et cinq cents sous forts, monnaie de Lyon; outre plus, ledit Humbert de Beaujeu donna audit Archimbaud six cents sous forts, monnaie de Lyon, et trois marcs d'argent. Or, il faut noter qu'il n'était loisible à personne de racheter ces choses engagées ni même les choses engagées auparavant par ledit Archimbaud, hors de lui-même et sans le consentement dudit seigneur Humbert de Beaujeu, qui racheta, d'Artaud Morel mille sous et quatre cents moins dix de la monnaie de Cluny, pour le mas d'Arfeuil, que ledit Archimbaud lui avait engagé.

Guillaume de Marchanpt vendit et céda audit Humbert de Beaujeu, pour quarante livres, tout ce qu'il avait et possédait à Pomiers, dont ils étaient en procès; ce qui fut fait dans l'église de Béligny, la seconde fête de Pâques, présents les témoins dénommés en l'acte; le même Humbert paya cent cinquante sous engagés aux hôtes d'Aigueperse et encore trente sous à Hugues de Charin-Zolgs, sur une possession qu'il

1. J : Artaud. — 2. L : Balleorrum ; T, V : Balleorum ; B : Baleorrum ; J : Ballicorum.

avait en la châtellenie de Chavagny, et il acquit encore le droit que Roland et Girin Obscure avaient au château de Doncieu, lequel il leur rendit en fief et eux lui en firent hommage et jurèrent fidélité ès présence de Dalmace de Vernet, Arnould de Felgéres et Umfroy de Marchampt.

Étienne de Villars donna audit Humbert le château de Monteil qu'il reprit de lui en fief et lui en fit hommage.

La dame d'Ally donna audit Humbert le château d'Ally, avec consentement de ses héritiers, qui le reçurent au même temps en fief dudit seigneur et lui en firent hommage.

Ledit seigneur Humbert racheta le mas d'Arfeuil d'Artaud Morel, à qui il était engagé pour deux mille et cent sous, et ce du consentement d'Archimbaud Le Blanc, et encore de la volonté du vicomte Artaud. Il racheta, de Hugues de Marchampt, tout ce qui était engagé à la Chaana, pour mille sous et une cuirasse, et encore il y mit sept cents sous de surplus par droit d'engagement, et ledit Artaud, vicomte, de son propre mouvement et volonté, vendit et livra audit Humbert tout ce que dessus, de quelle manière que ce fût, pour la somme de trois mille sous et douze marcs d'argent, un jour de Pentecôte, dans l'église d'Azolettes, en présence de Guigues, comte de Forez, de Guillaume, comte de Chalon, et autres témoins mentionnés dans l'acte. Il racheta encore, d'Aimond de Montagny, ce qu'il avait en Riverie, pour 60 livres et prit de lui, en engagement, ce qu'il avait à Roorter, pour 80 livres ; ce qui fut approuvé par Étienne Le Blanc, qui approuva, céda et guerpit audit Humbert tout le droit qu'il y avait, ce qui fut fait au lieu de Pierre-Cave, entre Châteauneuf et Charlieu, etc. C'est lui qui est le fondateur de Villefranche, laquelle il fit clore de murailles et à laquelle il donna de beaux et amples privilèges.

Je ne m'arrête point à dire ici ce que divers auteurs, comme Guichenon, Severt et autres, ont dit de ses enfants, puisqu'ils sont si embrouillés entre eux qu'il n'est pas possible de les pouvoir développer ; néanmoins, il est très constant que Guichard III, mari de Sibille, était son fils, comme le justifient l'acte des privilèges de Villefranche et le fragment de la chronique de Belleville, qui dit que Guichard III était fils d'Humbert, fils d'autre Humbert, fondateur de l'abbaye de Belleville. Je n'ose pas assurer le même Vuicard, qui suit, qu'un acte de

Saint-Vincent de Mâcon fait fils d'un autre Vuicard ; il eut encore Alix, femme de Renaud de Nevers, comte de Tonnerre, qui mourut l'an 1199, et Pierre, prieur de La Charité-sur-Loire, en 1219. Humbert mourut probablement en 1200.

L'an 1189, Humbert, seigneur de Beaujeu, fut pleige et caution, au chapitre de Beaujeu, d'un traité qu'Étienne de Varenne, désirant aller en Jérusalem, avait fait avec ledit chapitre, auquel il donna tout ce qu'il possédait, depuis la rivière de Saône jusqu'au four des Chauves, et encore le fief de Figeroles, moyennant quoi le chapitre lui donna, pour son voyage, 20 livres, monnaie de Lyon, à la charge que, s'il retournait de son voyage, il rendrait au chapitre lesdites 20 livres, et rachèterait sa gagerie au prix de cent sous ; l'acte se verra à la fin des autres actes de ce chapitre.

CHAPITRE VIII

INCIDENT TOUCHANT VUICARD DE BEAUJEU ET D'AUVERGNE

Paradin et Severt qui avaient vu dans les archives du chapitre le testament de Vuicard de Beaujeu et d'Auvergne ont conclu qu'il avait été seigneur de Beaujeu ; le premier le fait fils d'Humbert, et le second, fils d'un autre Vuicard et le nomme V^e du nom et premier seigneur de Beaujeu, et lui fait épouser Ricoaire de Salornay, fondé sur un acte de l'église de Saint-Vincent de Mâcon, qu'il rapporte en Vualtier de Beaujeu, 36e évêque de cette ville-là, *Vuicardus de Bellijoco et Ricoaria, eius uxor, nobillissima domina, aliquot dona impertiti sunt ecclesiæ Sancti Vincentii et episcopo de rebus quas Vuichardus pater percipiebat a suis colonis,* et dit, fol. 99, qu'il était fils d'autre Vuicard et que, de Ricoaire de Salornay, il eut un fils, seigneur de Beaujeu, qu'il appelle Humbert, fol. 93. Cependant, en un autre endroit, il le fait fils d'Humbert III, seigneur de Beaujeu, et de la fille d'Hugues, comte de Chalon, et dit qu'il succéda à son frère Guichard, qui ne seigneuria pas longtemps, et qu'il eut cinq fils de sa femme. Je n'ai pu admettre ce Guichard qu'il dit, à moins que ce ne soit Guichard III, qui suivra ci après, fils d'Humbert IV, fondateur de Villefranche, comme me l'apprend l'acte des privilèges de ladite ville et un fragment de la chronique de Belleville, qui dit que Guichard III, mari de Sibille de Flandres, est fils d'Humbert, fils d'autre Humbert, fondateur de l'abbaye de Belleville. Si donc Guichard III est fils d'Humbert et cet Humbert fils d'autre Humbert, comment Vuicard pourra-t-il avoir seigneurié dans le Beaujolais, et en quel temps ? Le proverbe dit qu'il faut qu'un menteur ait bonne mémoire et cependant je vois Severt (je porte respect à son caractère de docteur de Sorbonne et à sa qualité de théologal de Lyon) qui dit, en un endroit, que Guichard, fondateur de Belleville, mourut l'an 1192, et, en un autre, que Humbert, son fils, contre qui alla

Philippe II, mourut l'an 1189, auquel on lui succéda Guichard, à qui succéda son frère Vuicard, père d'Humbert, fondateur de Villefranche, père de Guichard III, qui fit le fief au duc de Bourgogne des terres de Belleville, Thizy et Perreux. En un endroit, il appelle ce Vuicard V^e du nom et premier seigneur de Beaujolais et, en Rainaud, archevêque de Lyon, il l'appelle Vuicard II. Il faut avouer que je n'ai jamais vu une lecture plus puante et qu'on pourrait bien dire de lui, sans offenser sa dignité : *Nec malus est civis nec bonus historicus.* Il lui fait épouser Ricoaire de Salornay et dit qu'il en eut cinq enfants; son testament n'en dit mot; au contraire, il donne ses biens à son neveu Vuicard, fils de sa sœur Vuicarde, et lui lègue sa terre de Beaugé, c'est-à-dire celle qu'il avait en Bresse, laquelle terre Guichard III reprit aussi bien que celle d'Auvergne, puisque, dans son testament, il donne celles d'Auvergne à son second fils, Guichard, et celles de Bresse à son troisième fils, Henri, et fallait qu'il eût accommodé ces choses avec sa cousine Vuicarde, comme il dit, dans son testament, qu'il veut que l'accord qu'il a fait avec sa cousine et ses enfants tienne et soit gardé inviolablement.

Un acte du chapitre, qui est dans le même Severt, fol. 147, dit que, l'an 1196, le chapitre acheta de Blain Bocci et de sa femme et de ses enfants tout ce qu'ils avaient à Chazelles, hormis ce que possédait Étienne Borde, et ce sous la caution de Vuicard de Bellijoco, qu'il ne nomme pas seigneur, car probablement, en ce temps-là, seigneuriait à Beaujeu, Guichard III [1], mari de Sibille de Hainaut, qui mourut l'an 1216, au siège de Douvres, en Angleterre.

Le même Severt dit que ce Vuicard fut un riche comte d'Auvergne. Il paraît, dans son testament, qu'il y possédait des terres, mais non pas qu'il en fût comte, car cette comté était lors possédée par le comte Guy II et ensuite par Guillaume, contre qui alla Philippe-Auguste, qui en donna le gouvernement à Guy de Dampierre, sire de Bourbon. J'oserai conjecturer que ces terres d'Auvergne lui seraient venues d'Agnès de Thiern [2], qui pourrait avoir été femme de ce Vuicard, pour le recouvrement duquel château de Thiern, Guy IV, comte de Forez, épousant la fille de Guy II, comte d'Auvergne, fut stipulé, entre autres

---

1. L., T. V : II. — 2. G : Justel, *Hist. d'Auvergne*, l. II, c. XVI.

conditions, que si le comte de Forez mourait sans hoirs, le comté de Forez appartiendrait aux comtes d'Auvergne et, réciproquement, le comté d'Auvergne aux comtes de Forez, s'il mourait aussi sans enfants mâles, et promirent de s'assister [et secourir] l'un et l'autre, savoir : le comte d'Auvergne, le comte de Forez, contre Guichard III, seigneur de Beaujeu, pour recouvrer le château de Thiern, en Auvergne, qu'il lui détenait; et le comte de Forez, le comte d'Auvergne, contre Guy de Dampierre, sire de Bourbonnais, qui le troublait en la jouissance du comté d'Auvergne, dont le roi lui en avait baillé la garde et le gouvernement après qu'il en eut conquis les principales places et forteresses.

Severt dit que Vuicard accompagna le roi Philippe-Auguste au voyage qu'il fit contre les Anglais et qu'il aida le chapitre à recouvrer la terre de Chazelles, comme il dit avoir vu d'un acte en parchemin où pend le sceau de ce prince, courant l'épée nue, armé de son bouclier, etc., et que ce fut un prince fort dévot et aumônier qui fit beaucoup de bien aux églises, comme l'on verra par son testament. Le même Severt dit qu'il se trouve souscrit avec Amé, comte de Savoie, Géraud III de la Tour, Humbert de Coligny et autres seigneurs, en une charte de la Chartreuse de Portes, en Bugey, dans lequel acte il est marqué *Guichardus Bellijocensis*, immédiatement après Amé, comte de Savoie; dans *Renaud de Forez*, 88e arch. de Lyon, fol. 263, et par Justel, au l. V, ch. VII de son *Histoire d'Auvergne*, *Vuichardus Bellijocensis*, on ne sait pas bien le temps. Severt conjecture que ce ait été ou l'an 1186, 1196 ou 1206, ce qui pourrait aussi bien convenir à Guichard III; au reste, de dire qu'il ait été seigneur de Beaujolais, je n'en vois pas d'apparence, car il y a bien de la différence de posséder du bien en un lieu et d'en être seigneur, et l'accord que Guichard III dit dans son testament avoir fait avec Guicharde, sa cousine, fait voir qu'il n'avait point laissé d'enfant, et que ledit Guichard avait retiré les terres que lui et son frère pouvaient avoir eues en partage ou en apanage de la maison de Beaujeu.

CHAPITRE IX

GUICHARD III, MARI DE SIBILLE DE HAINAUT, DIXIÈME SEIGNEUR DE BEAUJEU

Guichard III n'eut pas plus tôt succédé à son père que, l'an 1202, il reconnut tenir en fief du duc de Bourgogne, Belleville, Thizy et Perreux; je ne sais pas précisément le temps de son mariage avec Sibille de Hainaut, mais il y a apparence qu'il était déjà marié, puisque, par son testament, de l'an 1216, il fallait que son fils et successeur fût grand, puisqu'il met ses autres enfants en la garde de leur mère et non pas de lui, auquel il défend seulement de toucher à son trésor, de trois ans en là, et veut que le chapitre de Beaujeu en garde la clef. Il fut ambassadeur à Constantinople pour le roi Philippe-Auguste, vers les empereurs Baudouin, comte de Flandres, qui mourut l'an 1206, et Henri, qui lui succéda, tous deux ses beaux-frères, desquels (comme j'ai dit) il avait épousé la sœur, Sibille de Hainaut, communément dite de Flandres, cadette de Isabeau de Hainaut, première femme du même roi Philippe, tellement que notre Guichard était beau-frère du roi et des deux frères Baudouin et Henri, empereurs de Constantinople; ce qui fait bien voir que les princes de Beaujeu n'étaient pas de petits seigneurs puisqu'ils contractaient de si hautes alliances. Un roi de France, tel qu'était Philippe-Auguste, n'aurait pas souffert qu'un sien vassal fût devenu son beau-frère en épousant la sœur de la reine sa femme; l'honneur qui est arrivé au dernier siècle à l'amiral Anne, duc de Joyeuse, qui épousa Marguerite de Lorraine, sœur de la reine Louise, femme de Henri III est semblable.

Guichard ayant achevé[1] son ambassade, se mit en chemin pour revenir en France, et passant par Assise, ville de l'Ombrie au duché de Spolette, il vit le bon père saint François, duquel il impétra certain

1. J : fini.

nombre de religieux qu'il emmena en Beaujolais et leur fit bâtir un couvent dans son château de Pouilly, l'an 1210, comme écrit le père Fodéré, et parce que le châtelain fâchait lesdits religieux et leur fermait la porte le soir lorsqu'ils retournaient tard de la quête, le même Guichard leur bâtit un couvent à Villefranche en son château Minorette, l'an 1216, et non pas l'an 1219, puisqu'il était mort beaucoup de temps auparavant.

Le sieur Duchesne dit qu'il faut que cela soit advenu devant l'an 1200, à cause qu'il a vu une charte de Sibille, dame de Beaujeu, datée de cette année-là, par laquelle elle reconnaît que son seigneur et mari, Guichard, étant à l'extrémité de la mort, fit son testament, et entre autres legs donna dix livres de rente, monnaie de Lyon, à l'abbé et église de Cluny, ordonnant qu'elles fussent assignées sur la châtellenie d'Allognet, ce qu'elle confirma avec Humbert, son fils aîné. Or, il faut qu'il y ait erreur à la date, qui pourrait être effacée, si tant est qu'il ait accompagné Louis, fils du roi Philippe II, en son voyage d'Angleterre et ait fini ses jours au siège de Douvres, l'an 1216 ; outre que la règle des frères mineurs n'était pas encore instituée en l'an 1200 et que Baudouin, empereur de Constantinople, beau-frère de notre Guichard, ne fut créé empereur que l'an 1204 et fut tué l'an 1206, auquel son frère Henri lui succéda, auprès duquel demeura encore le prince Guichard, qui s'en revint l'an 1209, et passant par Assise, l'an 1210, il en amena trois frères mineurs qu'il laissa en son château de Pouilly, jusqu'à ce qu'il leur eût bâti un couvent à Villefranche où il les fit transmarcher, l'an 1216.

Je ne sais où Severt a trouvé que notre Guichard ait accompagné le roi Philippe-Auguste, l'an 1209, à la guerre contre les Albigeois, vu qu'en ladite année Guichard n'était pas encore de retour de son voyage de Constantinople et que Philippe faisait la guerre au roi d'Angleterre dans les provinces d'Anjou, de Maine et de Touraine, et qu'il est constant qu'il n'est jamais venu contre les Albigeois, mais bien Louis VIII, son fils ; il dit encore qu'après cette guerre il fut envoyé en ambassade à Constantinople en 1210 et qu'il y fit bâtir la tour, dite de Beaujeu ; à ce compte, il aurait bien fait du chemin en peu de temps et n'aurait pas eu grand loisir de faire bâtir ladite tour, puisqu'il s'en retourna ladite année, et qu'en passant par Assise il en amena trois religieux que les chroniques du couvent de Villefranche disent avoir été amenés l'an 1209; il dit encore que ce fut après avoir fait la guerre au comte de Forez pour leurs communs démêlés; ce pourrait bien être pour le château Thiern, comme j'ai dit ci-dessus, cela ne donne pas peu d'embarras, car il est constant, par les *Mémoires* de du Tillet et l'*Histoire* de M. Castel, fol. 244, qu'il se croisa avec Pierre, archevêque de Sens, les évêques d'Autun, Clermont, Nevers, Eudes duc de Bourgogne, les comtes de Nevers, Saint-Paul, Montfort et Bar-sur-Seine, après lesquels vient lui-même Guichard de Beaujeu, Guillaume de Roches, sénéchal d'Anjou, Gautier de Joigny et infinis autres. Cette croisade ne se fit qu'après que le légat Milon eut vu le roi Philippe-Auguste à Villeneuve de Sens, l'an 1206 et la réconciliation du comte de Toulouse à Saint-Gilles, l'an 1209, et partant il faut qu'il y ait erreur en l'acte des Cordeliers de Villefranche sur son voyage à Constantinople, vers son beau-frère Baudouin, empereur, qui fut tué l'an 1206, et son retour par la ville d'Assise, l'an 1209, pendant lequel temps se fit la croisade contre les Albigeois et la réconciliation du comte de Toulouse à l'église; si l'on n'aime mieux dire que, s'étant croisé avec les autres princes, l'an 1206, et ayant appris la mort de son beau-frère, il ait été envoyé en ambassade vers l'empereur Henri, frère dudit Baudouin, par le roi Philippe-Auguste qui avait épousé leur sœur Isabeau, comme lui, Sibille, sœur de ladite reine et desdits deux empereurs, et que, quoiqu'il se fût croisé, il ne laissa pas d'y assister par ses lieutenants qui y conduisirent ses gens et son armée.

Cela n'empêche pas qu'il ne faille croire qu'il y fut en personne, l'an 1215, avec Louis de France, fils du roi, avec les évêques de Beauvais, les comtes de Saint-Paul, de Pontsieu, de Séest, d'Alençon, les sires de Montmorency, vicomte de Melun et plusieurs autres, comme font foi les *Mémoires* du sieur du Tillet et le susdit Castel, fol. 303.

L'*Histoire d'Auvergne* [1] dit qu'il fut pleige avec le duc de Bourgogne et le comte de Chalon, chacun de 300 marcs d'argent, pour Albert, seigneur de la Tour-du-Pin et de Coligny, envers le roi Philippe-Auguste, au cas qu'il ne lui fût fidèle.

1. G : fol. 157.

Il est très constant que sa femme s'appelait Sibille, qui le survéquit longtemps ; mais, parce que plusieurs auteurs en ont écrit diversement, il est bon de les éplucher les uns après les autres pour mieux éclaircir la vérité. Duchesne, grand historien à la vérité, n'a pas laissé de se méprendre aussi bien que d'autres assez versés dans la connaissance de l'histoire, quand il dit, dans son *Histoire de Bourgogne* [1], que Guichard épousa Sibille, réputée de la maison de Flandres, et, en un autre endroit, qu'elle était sœur de Philippe, comte de Flandres, décédé l'an 1191 et fille de Thierry d'Alsace, comte de Flandres, et de Sibille d'Anjou, qui étaient leurs aïeux, étant Marguerite de Flandres, mère de Sibille, fille du même Thierry d'Alsace, laquelle succéda à la comté de Flandres après la mort de son frère Philippe, advenue au siège d'Acre, l'an 1191 [2], sans enfants, et néanmoins cette Marguerite de Flandres épousa Baudouin, surnommé le Courageux, comte de Hainaut, V⁰ du nom et VIII⁰ de Flandres, père de Baudouin IX, comte de Flandres et empereur de Constantinople, de Philippe, comte de Namur, d'Henri, empereur de Constantinople après son frère, d'Isabeau, première femme du roi Philippe-Auguste, d'Yolande, seconde femme de Pierre de Courtenay, comte d'Auxerre et empereur de Constantinople, et de Sibille ou Sébille, mariée à Gérard de Ligny, dit le P. Labbé dans ses *Tableaux généalogiques*, disant que la chronique de Sauvage appelle ce Gérard, Guérard de Lingny et ajoute : « d'autres écrivent qu'elle fut femme de Guichard, sire de Beaujeu » ; cependant ce bon père m'excusera si je dis que, parlant d'Agnès de Beaujeu, fille de Guichard et de Sibille, mariée à Thibaud VI, comte de Champagne et Brie, roi de Navarre, il fait ladite Sibille fille de Philippe, comte de Flandres et de Hainaut ; en quoi il a été précédé par le sieur Ohienard, en son livre de *Notitia utriusque Vasconiæ*, fol. 333, quant à ce qu'il dit qu'elle a épousé Gérard de Ligny, il y a deux auteurs qui l'ont dit avant lui : Pierre d'Ondergest de l'Isle, en sa *Chronique et annales de Flandres*, imprimée à Anvers, chez Christophe Plantin, en 1571, et Nicolas Vignier, médecin, en l'*Histoire de la maison de Luxembourg* ; le premier auteur dit, au ch. LXXXVIII de sa chronique : « hors lesdits Baudouin et Marguerite eurent ensemble quatre fils et trois filles : 1⁰ Baudouin

---

1. G : l. III, ch. LXXXVIII, fol. 450. — 2. L, T : 1161.

empereur de Constantinople, comte de Flandres; 2° Jean, comte de Namur, qui n'est point admis par le P. Labbé; 3° Philippe, marquis de Namur, gouverneur de Flandres sous sa nièce Jeanne; 4° Henri, comte de Namur et empereur de Constantinople; 5° Isabeau, femme de Philippe-Auguste; 6° Yolande, comtesse de Nevers et d'Auxerrois, impératrice de Constantinople, et 7° Sibille, femme de Gérard de Luxembourg, comte de Ligny, dont sont sortis ceux de la maison de Luxembourg.

Nicolas Vignier au lieu sus allégué, ch. XVII, a suivi la même chose de point en point et cite encore, outre ladite chronique d'Ondergest, Lazius, qui rapporte la même chose en son livre des *Transmigrations* où il parle de ce même Gérard [1], et la vieille et nouvelle chronique (ajoute-t-il) déclarent expressément que cette Sibille était sœur d'Ysabelle, femme du roi Philippe-Auguste, et de Baudouin, empereur de Constantinople, et il dit encore que Henri de Luxembourg, fils dudit Gérard et de Sibille, épousa Marguerite de Bar, etc., ce qui est entièrement contredit par le sieur Duchesne dans l'histoire qu'il a faite de la maison de Luxembourg, qui dit au ch. VI de la maison de Limbourg, que Vueleran, II° du nom, duc de Limbourg, épousa en secondes noces Ermenson, fille unique d'Henri, comte de Namur et de Luxembourg, dit l'Aveugle, comtesse de Luxembourg, de laquelle il eut : Henri I⁰ʳ du nom, comte de Luxembourg, du chef de sa mère; Gérard de Limbourg, autrement dit de Luxembourg, à cause de sa mère, et Catherine de Limbourg, dite de Luxembourg, duchesse de Lorraine, que Gérard eut en partage les seigneuries de Durbuy, de Roussy et de Villance, qui épousa, selon aucuns, Mahaut de Coucy, et selon Baudouin d'Avesnes, Mahaut de Clèves, de laquelle il n'eut que deux filles, et quant à Henri, que Vignier lui donne pour fils et mari de Marguerite de Bar [2], il était son frère aîné, qui épousa Marguerite de Bar, fille de Henri, II° du nom, comte de Bar, et de Philippe de Dreux, sa femme, laquelle Marguerite de Bar porta en mariage à son mari la châtellenie de Ligny [3], érigée depuis en comté; d'eux issirent tous ceux qui retinrent le nom de Luxembourg et de Ligny qui n'était pas encore dans ladite maison au temps de Gérard, que Vignier fait fils

1. G : ch. XXIII. — 2. G : *Hist. de Bar-le-Duc*, ch. VI. — 3. G : Lincy.

de Conrad III de Luxembourg, contre ce que dit Duchesne qu'il était de la maison de Limbourg, fils de Vualeran II, duc de Limbourg, qui épousa, comme j'ai dit, l'héritière de Luxembourg, d'où vint Gérard qui en porta le nom.

Ce n'est pas tout, il faut maintenant raisonner et dire que si Sibille a épousé Gérard de Ligny ce doit être avant le mariage de Guichard de Beaujeu ou après, ce ne peut pas être devant, puisque l'*Histoire de Luxembourg*, de Vignier, dit dans ses notes : « pour le regard de Sibille, première femme de notre Gérard, notre auteur n'y a rien oublié [1], etc. » Par là, elle ne peut avoir convolé en secondes noces avec Guichard de Beaujeu, puisqu'à ce compte elle est morte avant son mari Gérard, qui a eu deux femmes, au compte de Vignier [2] la première, ladite Sibille, et l'autre, de laquelle il dit ignorer l'origine et l'extraction, c'est pourquoi je ne m'étonne pas si Duchesne ne lui a donné qu'une femme, Mahaud de Coucy ou Mahaud de Clèves ; dire aussi que Sibille ait épousé Gérard de Ligny après la mort de son mari Guichard de Beaujeu, arrivée au siège de Douvres, l'an 1216, il ne se peut, car elle est encore veuve, dame de Beaujeu en 1240, auquel an elle et son fils Humbert acquirent une partie du dîme des Ardillats pour l'église de Beaujeu et le chapitre, l'autre deux ans auparavant, c'est-à-dire en 1238 ; elle avait donné une partie du dîme de Villon à ladite église, qui ensuite acquit l'autre, et puisque son mari Guichard est mort en 1216 et qu'en ce temps-là elle était mère de huit enfants, comme je ferai voir par le testament, elle ne pouvait pas être jeune, à l'âge de 40 ans, pour retourner à un second mariage avec Gérard, comte de Luxembourg.

Voilà une difficulté épluchée, voyons-en une autre qui n'est pas moins lourde de ceux qui ont dit qu'elle était fille de Ferrand de Portugal, premier mari de Jeanne, comtesse de Flandres, fille de Baudouin, empereur de Constantinople. Paradin, en ses *Alliances généalogiques*, est celui qui a montré le chemin aux autres et qui a dit de plus que Sibille, fille de Ferrand de Portugal et de Jeanne, fille de Baudouin, empereur de Constantinople, n'était nullement mentionnée par les histoires, ains par les archives et églises de Beaujolais et sceaux de plusieurs pancartes d'icelles, esquels est gravée aussi son effigie équestre

---

1. G : ch. XXIII, fol. 141. — 2. G : ch. XXIII.

et portant un oiseau sur le poing, que ce fût une dame fort religieuse, sage et de grande vigilance sur les mœurs et érudition de ses enfants, qui demeurèrent en sa charge et tutelle, qui fit aussi parachever le premier édifice de l'église des Cordeliers de Villefranche, à quoi le seigneur Guichard de Beaujeu, son mari, avait donné consentement, qu'elle décéda l'an 1226 et qu'elle portait *parti de Flandres*. Il ne faut pas s'étonner si Severt a suivi la même opinion et, après lui, MM. de Sainte-Marthe, dans la *Généalogie de Portugal*. M. Le Laboureur, dans son livre des *Mazures de l'Isle-Barbe*, est de ce nombre, qu'elle était fille de Ferrand de Portugal, comte de Flandres, à raison de quoi elle a été réputée (dit-il) de la maison de Flandres, des uns sœur de Philippe, mort l'an 1191, et des autres filles de Baudouin, empereur de Constantinople, et dit avoir appris ceci d'une charte de la chambre du trésor de Beaujolais qui marque que Guichard, son mari, ayant amené les premiers Cordeliers que nous ayons eus en France les recommande à sa femme Sibille, fille de Ferrand, jusqu'à son retour de la cour où il allait rendre raison de son voyage de Constantinople et d'Italie [1]; il est vrai qu'il ne se trompe pas touchant cet acte qu'il dit avoir vu dans la chambre du trésor de Beaujolais, quoiqu'il n'y soit pas, mais bien chez les RR. PP. Cordeliers qui me l'ont communiqué et que l'on verra aux preuves; j'en ai vu un autre dans les archives du chapitre de Baujeu, presque semblable, hormis à la date qu'il met, l'an 1205, et celui de Villefranche étant de l'an 1210, mais posé qu'elle eût été fille, je ne dis pas de Ferrand de Portugal mais de la comtesse Jeanne, ne lui aurait-elle pas succédé en ladite comté, comme ladite Jeanne avait succédé à son père Baudouin, tué en une bataille contre les Bulgares, l'an 1206; ses enfants, seigneurs de Beaujeu, n'auraient-ils pas disputé la comté de Flandres contre les enfants de Guillaume de Dampierre, qui avait épousé Marguerite de Flandres, sœur de ladite Jeanne, qui lui succédèrent, ce qu'ils n'auraient pas fait si notre Sibille eût été fille de la comtesse Jeanne; outre qu'il appert, par tous les historiens, que Jeanne, comtesse de Flandres, n'a point eu d'enfants de ses deux maris, Ferrand de Portugal, qui fit la guerre à Philippe II, et qui fut pris à la bataille de Bouvines et mené prisonnier à Paris, ni de Thomas de Savoie,

1. G: fol. 151.

prince de la Morée, outre que la *Généalogie de Portugal* ne fait aucune mention de ladite Sibille; Mayerne Turquet, en son *Histoire générale d'Espagne*, n'en dit mot comme ne la connaissant point pour fille de Portugal.

Duchesne n'a donné à notre Guichard que quatre enfants : 1° Humbert, son successeur; 2° Guichard, seigneur de Montpensier; 3° Louis de Beaujeu, chanoine en l'église de Lyon, et 4° Agnès, qu'il dit avoir été femme de Thibaud IV, roi de Navarre, en quoi il a heurté aussi bien que Guichenon, d'autant que le premier Thibaud, comte de Champagne et Brie, qui succéda à la couronne de Navarre, l'an 1236, était Thibaud, VI° du nom, qui épousa en secondes noces notre Agnès de Beaujeu.

Le testament qu'il fit au siège de Douvres, en Angleterre, le 18 septembre 1216, où il était allé accompagner le prince Louis de France qui avait [été] appelé par les Anglais, montre qu'il avait huit enfants, savoir : 1° Humbert, qu'il fait son héritier en toute la terre de Beaujolais; 2° Guichard, à qui il donne la terre de Montpensier; 3° Henri, à qui il donne les terres qu'il avait en Bugey, desquelles il en ferait hommage lige au comte de Savoie. Il ne nomme pas son quatrième fils, mais il le laisse à son cousin Renaud, archevêque de Lyon, le priant de le vouloir faire chanoine de ladite église; ce dernier est appelé Louis par Severt et Duchesne, qui fut chantre et chanoine de Lyon, puis évêque de Bayeux, qui donna la maison de Beaujeu de Lyon à Amé de Talaru et qui légua cent sous de rente au chapitre de Beaujeu, pour l'amortissement desquels, Humbert, son frère, seigneur de Beaujeu, leur donna le dîme d'Ouroux; 5° Agnès, laquelle il laisse à la disposition de Louis de France, présomptif héritier de la couronne, cousin germain de ladite Agnès, pour la marier selon sa condition, et, au cas qu'il se trouvât empêché de le faire, il ordonne à sa femme Sibille et à son fils Humbert d'y pourvoir, et, pour cet effet, il lui constitue mille marcs d'argent de mariage; c'est celle qui épousa, depuis, Thibaud, VI° du nom, comte de Champagne et Brie et roi de Navarre; 6° Marguerite, qu'il dit avoir mariée, comme il croit, à Henri, fils de Guillaume, comte de Mâcon, et, au cas que ledit comte veuille observer les conventions dudit mariage, que sa femme et son héritier lui donnent ce qui a été convenu, et, au cas que ledit comte Guillaume ne veuille pas se tenir aux promesses faites, il ordonne à sadite femme et à son héritier d'y pourvoir et de lui donner dix mille marcs d'argent comme à la première ; 7° Philippe ou Philippine, laquelle il laissa en la garde de sa chère sœur la comtesse de Tonnerre, pour la faire religieuse à Fontevrault ; 8° Sibille, la plus petite, laquelle il laisse en la garde de sa mère, Sibille, et lui donne cinq cents marcs d'argent pour la marier, quand elle sera en âge.

Il ordonne encore de plus que ses deux enfants, Guichard et Henri, demeurent sous la garde et puissance de leur mère jusqu'à ce qu'ils aient atteint l'âge de manier leur bien, et, au cas que leur mère vînt à se remarier, il entend que Guichard et la terre de Montpensier qu'il lui a donnée demeurent en la garde et au pouvoir du prince Louis jusqu'à ce qu'il soit en âge de se gouverner, et de même de son fils Henri, qu'il soit en la garde de l'archevêque et chapitre de Lyon. Il veut encore que la paix qu'il a établie avec son cousin Guichard et ses enfants demeure ferme, stable et inviolable, que son fils et successeur n'ait rien en son bien qu'auparavant il n'ait payé toutes ses dettes et satisfait à toutes clameurs. Il ordonne de plus que la grande tour de Beaujeu soit fermée à clef et qu'il soit fait une muraille de pierre au-devant de la porte, afin qu'on n'emporte rien de ce qui est dedans et qu'on ne l'ouvre de trois ans en là, et que la clef soit baillée en garde au chapitre dudit lieu, qui la rendra audit terme, et non pas devant, à son successeur et héritier, pour l'ouvrir et se servir de ce qui sera dedans, excepté d'un flambeau d'argent qu'il donne à l'église de Saint-Rigaud pour faire prier Dieu pour son âme. Il prie son fils de ne toucher point à ses anneaux d'or ni à ses joyaux qu'il lui laisse et de ne les engager pour quoi que ce soit.

Voilà le principal contenu de son testament, qu'il pria M. Louis de France le vouloir autoriser de son seing et cachet. Il y a apparence qu'il mourut tôt après, puisque l'acte des privilèges de Villefranche porte ces mots : *qui in Anglia extremum diem clauserat* ; sa femme lui survécut longtemps, comme j'ai fait voir, puisque, l'an 1240, elle et son fils Humbert acquirent partie du dîme des Ardillats pour le chapitre.

J'ai dit ci-dessus, en Humbert V, que sa sœur s'appelait Alix, comtesse de Tonnerre, à laquelle il laissa sa fille Philippine pour [la] faire religieuse à Fontevrault, laquelle fut femme de Renaud, comte de

Tonnerre, qui mourut sans enfants et pourrait bien, étant veuve, s'être retirée audit monastère pour y venir finir le reste de ses jours.

Je ne suis pas en moindre peine touchant Guicharde, qu'il nomme sa cousine, si ce n'est la sœur de Vuicard, de laquelle il est parlé dans le testament de Vuicard que j'ai rapporté ci-dessus, auquel ledit Vuicard avait donné la terre de Beuzeis (je crois qu'il veut dire Bugey), c'est-à-dire les terres qu'il avait en Bugey et qu'on n'appelait pas encore Dombes en ce temps-là, lesquelles terres il pouvait avoir retirées et baillées à son troisième fils, Henri, et fait paix avec lui l'année qu'il mourut. Le pape Honoré III nomma les abbés de Belleville et de Joug-Dieu pour ordonner ce qu'ils trouveraient à propos sur la demande du dernier chanoine de Beaujeu, pour sa portion congrue, car, comme le nombre des chanoines n'était point limité, ils croissaient tous les jours, tant par les grâces expectatives des papes que par les lettres de recommandation des princes, jusqu'à ce que, l'an 1400, ils furent réduits à quinze, dont ils eurent confirmation du pape Sixte, le 7 des ides de juillet 1401.

Aux preuves, se verra l'acte qui fait foi qu'il reconnut le fief de Belleville à la duchesse de Bourgogne, Alix de Vergy, femme d'Eudes, IIIe du nom, duc de Bourgogne, lequel a été imprimé dans un livre des mémoires et chartes dudit pays, par le sieur Pérard.

Extrait d'une chronique trouvée au magasin de l'abbaye de Belleville du temps des troubles, l'an 1561, sans avoir pu trouver le commencement, à cause de la pourriture dudit livre et commence ainsi : « Revint en son pays de Beaujolais avec grandes richesses, en l'an 1210, et en passant à son retour par le saint lieu d'Assise, ouït les nouvelles de M. saint François, lors vivant et prêchant, auquel il demanda certain nombre de religieux pour amener en son pays de Beaujolais. M. saint François lui octroya trois frères mineurs, dévots, pauvres et simples, lesquels, après qu'il les eut amenés à son château de Pouilly, les recommanda à madame Sibille de Flandres, sa loyale épouse, laquelle leur ordonna une petite maison, près Venay[1], en allant à Mourgon, et depuis furent amenés à Villefranche où ils sont de présent, et en furent lesdits Guichard et dame Sibille de Flandres fondateurs et amateurs,

---

1. L, J, B, T, V : de Vernay.

comme appert par une épitaphe plaquée au chœur de leurdit couvent, à la main senestre, etc. Ledit Guichard mourut en Angleterre où il avoit été envoyé en ambassade de par le roi de France, en l'an 1216, et furent ses ossemens apportés en son pays de Beaujolois et en fut ensepulturé une partie à Clugny, au tombeau d'Humbert, son père, fils d'Humbert, fondateur de Belleville, et ce au pourchas de madite dame Sibille de Flandres, sa femme, et l'autre partie à Belleville, en l'église Notre-Dame dudit lieu, et, après le décès dudit Guichard, ladite dame Sibille acheva de fonder et édifier l'église des Cordeliers de Villefranche pour leur grande dévotion et cordiale amitié qu'elle avoit toujours eu et avoit à M. saint François, fondateur de l'ordre desdits frères mineurs, lequel vivoit encore. Ladite dame Sibille décéda l'an 1226 et le 9 janvier. »

CHAPITRE X

HUMBERT V, MARI DE MARGUERITE DE BAUGÉ
ONZIÈME SEIGNEUR DE BEAUJEU ET CONNÉTABLE DE FRANCE

Humbert, V^e du nom, selon Severt et Guichenon, et IVe, selon Duchesne, succéda aux états de son père, incontinent après sa mort, sous la garde toutefois des chanoines de Beaujeu qui devaient garder la clef de son trésor pendant trois ans et plus, jusqu'à ce qu'il fût en âge de le gouverner, le père prévoyant bien qu'il ne serait pas trop bon ménager, puisqu'il engagea, l'an 1226, pour deux cents marcs d'argent, à Renaud de Forez, archevêque, et à l'église de Lyon, tous les hommages qui lui étaient dus entre le château d'Yoin et la Saône, et encore les châteaux de Virieu, de Chateauneuf, de Cordon et de La Bordonnière, avec leurs appartenances en Bugey, à Amé, comte de Savoie, que ledit comte promit de lui rendre par ses lettres du mois de juillet 1248, en lui payant 2.500 livres viennoises, pour lesquelles lesdites seigneuries étaient engagées; ce qui ne fut racheté de long-temps, puisqu'on voit au trésor de Villefranche [1] une requête présentée par Édouard, seigneur de Beaujeu, au comte de Savoie pour le prier d'exécuter ladite promesse; elles avaient été baillées par Amé II, comte de Savoie, à Humbert II, seigneur de Beaujeu, au payement de la dote d'Alix ou d'Auxilie de Savoie, fille dudit Amé, quoiqu'il semble apparemment que ce prince dut avoir bien fait ses affaires, puisque Marguerite de Baugé, sa femme, lui avait apporté en dot des belles terres dans la Valbonne, Miribel, Meximieux et le bourg Saint-Christophe [2], et que l'empereur Frédéric II lui eût donné assignat de cent marcs d'argent annuellement en fief de la chambre de l'empire, comme il appert de ses lettres patentes du mois de juillet 1246, scellées sur lacs de soie jaune, jointes à celles de l'empereur Frédéric Ier,

---

1. G : sac du 1er coffre, n° 111. — 2. G : sac C. du 1er coffre, n° 1111.

de l'an 1157, par lesquelles il accordait à l'archevêque de Lyon et à ses successeurs tous les droits qui appartenaient à S. M. I. dans toute l'étendue de l'archevêché de Lyon.

En 1217 et le dernier de septembre, il confirma un affranchissement que son père avait fait des enfants de Guiton d'Andilié, Jean et Martin, qu'il mit en liberté et rendit au chapitre de Beaujeu.

Notre Humbert épousa, comme j'ai dit, au mois de juillet 1218, Marguerite de Baugé, fille de Guy, fils aîné d'Ulrich III, seigneur de Baugé et de Bresse, et de N. de Chalon, dame de Miribel [1] et autres terres, qu'elle porta depuis en la maison de Baugé, d'où elles vinrent, par ce mariage, en celle de Beaujeu, et depuis, par la prise de Guichard le Grand, à la bataille de Varey, en celle des dauphins Viennois, et finalement, par la transaction d'entre les mêmes dauphins et les comtes de Savoie, elles revinrent à ceux-ci. Guichenon, en son *Histoire de Bresse* [2], dit que la lettre de ce mariage est de l'an 1218 et le 15 juillet, et porte que cette Marguerite de Baugé était fille de Guy de Baugé, qui lui constitua 1.000 livres fortes et la ville de Miribel, avec ses appartenances, sous telles conditions qu'il pourrait retenir la seigneurie de Miribel pendant tout le temps qu'il voudrait, en payant cent livres fortes tous les ans, voulant de plus que la terre de Baugé appartînt, en toute propriété, audit Humbert de Beaujeu [3], son gendre, et à sadite fille, au cas qu'il vînt à mourir sans mâles ; et parce que ce mariage avait été conclu du temps de Guichard, seigneur de Beaujeu, Guy de Baugé, voulant faire le voyage d'outremer, alla en personne à Belleville en Beaujolais où lui et ledit Humbert de Beaujeu, son gendre, en conséquence dudit mariage, firent les conventions susdites. L'acte de ce mariage est aux preuves [4].

Le prieuré de Miribel dépendait de l'abbaye de l'Ile-Barbe, d'où s'ensuivit que notre Humbert eut quelque démêlé avec l'abbé Guigues, qui fut assoupi par le même Humbert, l'an 1222, et ratifié par Marguerite, sa femme, audit lieu de Miribel, qui était de son chef au mois de juillet, de l'an 1229, avec l'abbé Guillaume, successeur de Guigues, de qui cette dame reconnaît tenir cette belle terre ; l'acte

---

1. L, B, J ajoutent : qui avait eu de la maison de Chalon ledit Miribel et autres terres. — 2. G : fol. 54. — 3. L, T : Baugé. — 4. G : fol. 10.

est dans les mêmes preuves de la susdite *Histoire de Bresse* [1] où le sieur Guichenon a mis Guy, abbé de l'Ile-Barbe, pour Guillaume; le premier acte avait été fait, l'an 1222, entre Humbert, seigneur de Beaujeu, et Guigues, l'abbé, et non par Guy, car l'acte porte Guigo et non Guido, et le second acte est de l'an 1229, entre l'abbé Guillaume et ladite dame comme on le peut encore mieux voir dans les *Mazures de l'Isle-Barbe* [2], de M. Le Laboureur, prévôt de ladite abbaye.

Cette dame a été fondatrice des Chartreusines de Polleteins en Bresse, et Guichenon dit que, l'an 1230, elle donna à l'ordre des Chartreux tout le territoire et tènement de Polleteins, avec la forêt et l'étang en dépendant; promit d'y faire bâtir une maison et une église pour une prieure et des religieuses chartreuses, auxquelles elle concéda droit de pâturage pour leur bétail dans toute sa terre autour du Rhône et par de là, avec immunités de tous péages, leydes et tributs, consentant que tout ce que la prieure et les Chartreuses de ladite maison acquerraient mouvant de son fief fût tenu et possédé par elles franchement, à quoi elle obligea ses successeurs, seigneurs de Miribel. Cette fondation fut agréée et consentie par Humbert, seigneur de Beaujeu, son mari; et Jeanne, leur fille, y fut la première prieure. Les actes sont aux preuves de ladite *Histoire de Bresse* [3].

Reprenons notre Humbert et disons que, l'an 1218, au mois de mars, il fit le fief à la duchesse de Bourgogne, pour Belleville, Thizy, Perreux et Lay, que son père avait pris du duc de Bourgogne en augment de fief qui le devait secourir et aider contre le comte de Forez, comme l'acte qui est aux preuves fera voir.

L'an 1220, il traita avec Jean de Brenne, comte de Mâcon, touchant la terre de Cenve qu'il acquit entièrement, au prix de mille marcs d'argent, comme on peut voir d'un acte qui est aux preuves, que j'ai tiré du trésor de Villefranche, au livre A, fol. 38 verso.

Duchesne dit qu'il servit les rois Philippe-Auguste et Louis VIII en leurs guerres contre les Albigeois, d'où Severt conclut qu'il fut gouverneur de Languedoc, ce que je crois être plutôt arrivé à son cousin de même nom qu'à lui, car s'il a accompagné saint Louis au voyage de la Terre Sainte et qu'il y soit mort, il ne saurait avoir été gouver-

---

1. G : fol. 11. — 2. G : ch. XXIX. — 3. G : fol. 126; J : fol. 26.

neur de cette province-là, vu qu'après la mort du dernier comte de Toulouse, advenue l'an 1242, Alphonse, frère de saint Louis, qui avait épousé la fille unique du comte, lui succéda et qu'on n'a mis des gouverneurs dans ladite province qu'après leur décès, bien est vrai que le jeune comte Raimond ayant remué, Humbert de Beaujeu, lieutenant général du roi, fut envoyé contre lui, bloqua la ville de Toulouse et prit quelques places, dont le comte étonné eut recours à la miséricorde du jeune roi saint Louis.

Il fut connétable de France, comme le justifie la charte des privilèges de Villefranche, de l'an 1260. Duchesne dit qu'on apprend, d'une charte de l'an 1239, qu'il s'achemina en la Terre Sainte avec plusieurs autres princes et grands seigneurs de France, et y mourut. Severt dit qu'il donna de forts beaux privilèges aux chanoines réguliers de Belleville et à l'église de Beaujeu ; à laquelle il donna le dîme des Ardillats, du bourg d'Ouroux [1]. Une chronique manuscrite de Belleville dit que Louis, son frère, précenteur de Lyon et évêque de Bayeux, avait légué cent sols de rente audit chapitre, en récompense desquels Humbert leur donna le dîme d'Ouroux et de sa maison d'Allognet ; on voit dans les archives de Cluny qu'il eut quelque démêlé avec l'abbé Hugues, touchant quelques limites auprès de Thoissey en Dombes, qui dépendaient du doyenné d'Arpayé, situé dans le Mâconnais.

Il y a une charte au trésor de Villefranche d'une donation faite au mois de mars 1240, par Alix, comtesse de Mâcon, au profit dudit Humbert, de tous les fiefs qu'il lui devait pour les terres qu'il possédait au delà de la rivière de Saône, à la part de l'Empire ; à ce compte, il ne pouvait pas s'être encore mis en chemin pour le voyage de la Terre Sainte, en l'an 1239, comme veut Duchesne, vu que le roi ne s'embarqua qu'au mois d'août de l'an 1248 [2].

De son temps et l'an 1218, au mois de février, la société entre le chapitre de Beaujeu et celui de Saint-Irénée de Lyon, qui avait été faite dès longtemps, fut renouvelée où, entre autres conventions, est porté que si un chanoine de Beaujeu s'absente de son église, pour quelque occasion, le chapitre de Saint-Irénée le doit recevoir amiable-

---

1. G : Paul Émile, fol. 189. — L : les mots du bourg d'Ouroux sont supprimés par les mss. L, T, V. — 2. G : Sainte-Marthe, I, XXIII.

ment, tant au chœur qu'au réfectoire, et subvenir à ses nécessités et lui donner aide et conseil pour le réconcilier à son église; autant en devait faire le chapitre de Beaujeu envers un chanoine de Saint-Irénée, et encore toutes et quantes fois que les uns et les autres se voudraient visiter, ils fussent reçus avec joie et honneur, et que, quand quelque chanoine desdits chapitres viendrait à décéder, l'un serait tenu d'avertir l'autre au plus tôt, afin que l'âme du défunt pût être aidée de leurs suffrages et prières et qu'on pût aussitôt sonner les cloches, et ce pendant trois jours; on devait donner aux pauvres la portion d'un chanoine. L'acte qui se verra aux preuves instruira mieux.

L'an 1223, au mois d'octobre, Hugues Bordo, chanoine de Beaujeu, par son testament, donna à l'église Notre-Dame dudit lieu où il voulait être enterré les dîmes qu'il possédait en la paroisse de Saint-Jean-d'Ardière, en la métairie de Pormia. Il leur donna encore cent sous pour son enterrement et fit, outre cela, plusieurs beaux légats pies à diverses églises, comme à l'abbaye de Joug, de dix livres pour un anniversaire annuel, et pour acheter une terre à l'église de Belleville cent sous; sous la même condition, à l'église Saint-Pierre de Mâcon, autant; à l'église de Savigny, six livres; de même au couvent de Bonlieu; 60 sous au couvent de Pole, 20 sous à celui de la Bénissons-Dieu [1], 30 sous à Saint-Rigaud, 10 sous, à l'Ile-Barbe, 6 livres, et à vingt autres églises à chacune quelque chose; le testament est dans les archives du chapitre.

L'an 1223 et le 8 ides des de mai, Humbert renouvela l'accord que feu son père avait fait avec Guigues, comte de Forez; l'histoire est que ces princes ayant eu souvent des démêlés entre eux pour divers droits qu'ils querellaient après plusieurs guerres faites pour ce sujet, leurs amis communs s'étant mêlés de les pacifier et accorder, il s'ensuivit une paix entre Guigues, comte de Forez, et Guigues, son fils, qui mourut au voyage d'outre-mer d'une part, et Guichard de Beaujeu, père de notre Humbert, par lequel accord Guigues et son fils quittèrent à Guichard tout ce qu'ils pouvaient lui demander, à la réserve de

---

1. L. porte : 60 sous à celui de la Bénissons-Dieu, 30 sous au couvent de Paule, 20 sous de Saint-Rigaud; — T : Bonlieu 60 sous, à celui de La Bénissons-Dieu, 30 sous, au couvent de Pole, 30 sous; de Saint-Rigaud, 20 sous; à l'Ile-Barbe.

quelques fiefs que l'acte appelle *casamenta* [1], et l'hommage dû pour iceux que le seigneur de Beaujeu tenait du comte de Forez en fief, hommage et fidélité, et Guichard de Beaujeu quitta réciproquement audit comte et à son fils et à leurs successeurs les chasements ou fiefs de Néronde, Saint-Maurice et des Obches et d'Urfé, et les hommages et fidélités desdits châteaux, et encore tout ce qu'ils avaient et semblaient avoir en deçà les termes prescrits, outre ce qu'il possédait en La Plagny et outre le fief d'Arnould de Saint-Marcel à Sainte-Colombe et le fief de Charuselas à Saint-Priest, et le fief de Saint-Just-la-Pendue que ledit seigneur de Beaujeu s'était retenu, et, afin que cet accord fût de durée, ils mirent et assignèrent des termes et limites, passé lesquels il n'était pas permis, à aucun d'eux, de rien acquérir sur les terres de l'autre et que l'un ne protégerait ni maintiendrait les hommes et vassaux de l'autre contre sa volonté. Or, les limites d'entre ces deux états furent depuis le petit ruisseau qu'on appelle Gauz et qui coule jusqu'au sentier qui s'étend dudit ruisseau sous Croisel, vers le gourt [2] de Rostillos, jusqu'au chemin de Sayette, et de rechef depuis ledit chemin de Sayette jusqu'à la porte de Rochenne.

Or, comme cette paix eut duré quelque temps, Reynaud, archevêque de Lyon, qui avait la tutelle de son neveu, le jeune comte de Forez, eut querelle avec le susdit Guichard de Beaujeu et en vinrent aux armes; mais le roi leur commanda de les poser, et Raimond, évêque de Clermont, Ode, duc de Bourgogne, et Guy de Dampierre travaillèrent à les mettre d'accord, ce qui fut fait, sous les mêmes conditions qu'auparavant. Mais, après la mort de Guichard, advenue en Angleterre, l'an 1216, Hugues Dalmas, homme lige du comte de Forez, ayant pris en fief de Humbert, seigneur de Beaujeu, successeur de Guichard, le château de Cosant, icelui Humbert promit de le défendre et maintenir contre le comte de Forez et tout autre, ce qui était contrevenir au premier traité d'où s'ensuivit la guerre assez âpre ; mais enfin, par la bonté de Dieu, tout fut apaisé et la paix renouée, selon les premier et second traités, car le seigneur de Beaujeu reconnut publiquement ce que son père avait quitté à Guigues, comte de Forez, et à ses succes-

---

1. G : *Casamentum* est proprement un fief émané de l'église qu'on appelle *Casa Dei*. — 2. L, B : l'égout ; T : le Gout ; J : le Gours.

seurs tout ce qu'il pouvait avoir ès châteaux de Néronde, de Saint-Maurice et d'Urfé ou des Obsches, qui devaient appartenir au comte de Forez, qui de sa part quitta audit Humbert tout ce qu'il devait prétendre en La Plagny, et au cas qu'il arriva matière de querelle entre eux, au sujet dudit La Plagny, ils s'en remettraient au chapitre de Lyon, et quant au fief de Cosant et l'hommage de Hugues Dalmas que Humbert avait reçus contre les conventions, il le guerpit et quitta entièrement, et parce qu'Humbert avait reçu en fief ledit château de Cosant de Hervé, comte de Nevers, il fut dit qu'il ferait ses efforts envers la comtesse de Nevers, qu'elle le quitterait et laisserait librement et absolument et qu'elle en donnerait ses lettres comme elle remettrait le même château au même point et état qu'il était quand Hugues Dalmas le prit en fief du seigneur de Beaujeu, qui devait travailler envers ladite comtesse pour cet effet entre le jour de l'accord et l'octave de la Saint-Jean-Baptiste, à défaut de quoi les chevaliers d'Humbert seraient obligés de retourner en otage à Lyon et de n'en point sortir que toutes choses ne fussent effectuées, et ces otages étaient Guichard de Marzé, Jean de Chastell, Thomas de Marzey, sénéchal, Josseran de Pizey, Humbert de Noell, Barthélemy de La Cluse, Humfroy de Marchant, Étienne de Marzey, Étienne de Pizeys; ensuite Humbert fit l'hommage qu'il devait, de toute ancienneté, au comte de Forez, des fiefs de Chamelet, de Saint-Trivier et d'Amplepuis, et promirent, sur leur serment et sur les Saints Évangiles, d'observer ponctuellement tout ce que dessus et d'en prendre lettres testimoniales de l'archevêque et chapitre de Lyon, et encore Humbert devait procurer que le roi et son fils Louis leur en donnassent lettres d'agrément et de consentement, et encore, afin que cet accord fût de plus grande durée, Humbert promit de donner sa fille en mariage au fils du comte quand il serait en âge, lui assignant pour dot le bourg de Grandris et mille marcs d'argent, et promit encore d'en obtenir dispense de Sa Sainteté, à cause qu'ils étaient parents en quelque degré de consanguinité; à quoi ils devaient tous deux travailler. L'acte se verra aux preuves.

L'an 1223, au mois de mars [1], il travailla avec Renaud, archevêque

---

1. G : le sieur de La Mure, fol. 327.

de Lyon, et l'évêque de Chalon à terminer un différend entre Marie, duchesse douairière de Bourgogne, dame de Semur, et Guy [1] IV, comte de Forez.

L'an 1224, Humbert de Beaujeu fut caution d'un traité fait entre Thomas Ier du nom, comte de Savoie, et les sires de Thoire et de Villars, Étienne et Bernard frères, touchant la seigneurie de Festerne [2] en Chablais et la combe [3] de Saint-Rambert et autres prétentions.

Humbert eut encore quelque brouillerie avec Guy, comte de Forez, touchant les fiefs de Cosant et de Chambost, qui fut apaisée, l'an 1229, au mois de décembre, par Archimbaud de Bourbon et autres personnes [4], au moyen que Humbert quitta audit comte et à Reynaud Dalmas tout ce qu'il avait au fief de Cosant, et, réciproquement, le comte quitta audit Humbert tout ce qu'il avait au fief de Chambost.

L'an 1236, au mois de juin, il transigea avec l'abbé de Saint-Rambert, touchant les droits que chacun d'eux prétendait avoir sur la ville de Saint-Christophe, lesquels ils partagèrent entre eux, comme justifie l'acte de l'accord qui est aux preuves [5].

En ce temps-là, il y avait une autre branche de la maison de Beaujeu qui pouvait être descendue de ce Vuicard Ier, frère de Letbald, car je vois dans la lettre du P. Chifflet, sur les preuves de la lettre de Béatrix de Chalon, que l'an 1230, au mois de février, Othon, duc de Méranie, comte palatin de Bourgogne, maria sa fille Alix à Hugues, fils de Jean, comte de Chalon, et lui donna 600 livrées de terre à Saint-Aubin ou une autre terre de pareille valeur au comté de Bourgogne et, au cas qu'il ne pût ou ne voulût faire l'un et l'autre, il s'oblige envers ledit Jean de Chalon de lui payer mille marcs d'argent et donne des cautions pour le payement, savoir : Richard, seigneur de Rens, pour cent marcs ; Thibaud, seigneur de Neufchateau, pour autant ; Richard de Dampierre, autant ; le seigneur P. de Ceys, autant ; le seigneur Hugues de Thoire, pour autant ; le seigneur Hugues de la Grange, pour autant ; le seigneur Richard de Valgrenant, pour autant ; le seigneur Hugues de Beaujeu, pour autant ; le seigneur Hugues Cyens, autant ; le seigneur Renald Malechard, pour autant.

1. B : I. — 2. G : *Hist. de Savoie*, Guichenon, fol. 249. — L, T, B : Fristerne. — 3. L, T, B, V : comté. — 4. L, T, B : prud'hommes. — 5. G : Le sieur de La Mure, fol. 326.

Dans les mêmes preuves [1], il y a comme Étienne, comte de Bourgogne, donne à son fils Étienne et à ses héritiers, de l'aveu et consentement de Jean, son fils, seigneur de Salins, le château d'Oiselet, la garde de Bonevant avec tous ses fiefs; il lui donne encore *feodum de Pellijoco scilicet dni Simonis Rondet*, l'an 1237 [2].

L'an 1234, au mois de mars, Humbert, pressé et surchargé de dettes, requit des abbés de Belleville, de Joug-Dieu et du doyen et chapitre de Beaujeu de lui souffrir de faire, pour une fois seulement, une taille ou corvéage sur le bétail de leurs hommes et tenanciers, ce qu'ils lui accordèrent à regret; néanmoins, ledit prince, voyant leur bonne volonté, et qu'ils avaient fait chose à quoi ils n'étaient nullement tenus, les voulut reconnaître et gratifier de plusieurs beaux privilèges qu'il leur accorda et que le lecteur pourra mieux voir dans l'acte des preuves que je ne pourrais dire ici pour épargner l'ennui que coûte de lire une chose tant de fois.

Dans la chambre du trésor de Villefranche [3], il y a une donation faite, au profit d'Humbert de Beaujeu et de ses successeurs, par l'abbé et couvent de l'Ile-Barbe, de 18 deniers viennois et un cartal d'avoine à prendre par chacun an sur chacun feu dépendant du prieuré de Neyril [4], ses appartenances et dépendances, à l'exception de la maison du prieur et du chapelain, laquelle donation et concession fut faite audit seigneur pour le droit de garde qu'il avait sur ledit prieuré et ses dépendances, en date du mois de juin 1239 [5]. La même année, ledit Humbert, après s'être retenu quelques grains sur les biens de son homme de Saint-Jean-d'Ardière, lui-même, puis après, se disposant au voyage de Constantinople, à l'imitation de son père, quitta ses droits à l'abbé pour obtenir de Dieu un heureux succès de son entreprise et lui donna de surcroît et à son église *menagium decimæ* qu'il explique lui-même la dîme de la dîme de la paroisse d'Ardières.

Environ ce temps-là, Sibille, mère de notre Humbert, donna l'hôpital de Villefranche aux frères de Roncevaux, auxquels, pour ce qu'ils avaient cimetière et enterraient chez eux, le curé du lieu chercha querelle et mut procès qui fut apaisé par l'autorité d'Aimeric, archevêque

---

1. G : fol. 117. — 2. L, T, V : 1236. — 3. G : coffre 7, cote G, 1re liasse. — 4. L, T, B : Negril ; J : Neyrel. — 5. G : *Hist. de l'Ile-Barbe*, ch. XXXI.

de Lyon, l'an 1239, comme j'ai fait voir au traité des hôpitaux, dont l'acte se verra en son entier aux preuves.

Tous les historiens qui ont parlé de notre Humbert en ont dit merveille. Nicole Gille, en ses *Annales de France*, dit que Louis VIII ayant conquis partie du Languedoc y établit son lieutenant, pour la garde du pays, un vaillant chevalier, nommé Imbert de Beaujeu, qui était de son lignage [1] ; le sieur du Tillet et Castel l'assurent en divers lieux de leurs ouvrages. M. de Marca, en son *Histoire de Béarn* [2], dit qu'Imbert fut établi premier gouverneur de Languedoc, après y avoir servi les rois Philippe-Auguste et Louis VIII aux guerres qu'ils eurent contre les Albigeois ; le sire de Joinville, en la *Vie de saint Louis* [3], dit : incontinent après son couronnement, la reine sa mère fut avertie que le comte Raimond de Toulouse était venu à grosses troupes de gens assiéger Château Sarrasin, etc., à l'occasion de quoi elle délibéra et prit avis de donner ordre en toute diligence à cette nouvelle et soudaine guerre, et châtier la téméraire entreprise du comte de Toulouse [4], et pour ce faire envoyer aussitôt contre ledit comte Umbert, lieutenant du roi et bien expérimenté au fait de la guerre, accompagné de grand nombre de gens de guerre, Bernard Guy, évêque de Lodève : *Truncatur castrum quod dicitur Beceta in diocesi Tolosana, in quo hostes ecclesiæ et hæretici tutabantur, quod dominus Ymbertus de Bellojoco, ex parte regis Franciæ Ludovici, obsedit.* Le sire de Joinville poursuit qu'étant arrivé à Toulouse il mit le siège à la ville et l'assaillit de tous côtés si vivement que les ennemis n'avaient loisir de se fortifier, ce que voyant, les Toulousains, ils furent contraints de se rendre et recevoir en leur ville ledit Humbert et, au chapitre XII de la même chronique, il dit que l'an 1242, le roi saint Louis ayant mandé à ses chevaliers de se trouver à Chinon le lendemain des octaves de Pâques pour accompagner Sa Majesté contre Hugues, comte de la Marche, qui s'était ligué avec Henri III, roi d'Angleterre, dit que pour garder la table [5] du roi étaient ordonnés messire Imbert de Beaujeu, qui puis fut fait connétable et messire Honnorat du Coucy et messire Archimbaud de Bourbon au chapitre XXIII : et devez savoir que le roi avait en sa compagnie huit bons et

---

1. G : ils étaient cousins germains. — 2. G : fol. 755. — 3. G : ch. III. — 4. L, T, B, J modifient le paragraphe suivant : et pour ce faire aussi envoya contre lui ledit comte Humbert, lieutenant de roi. — 5. L, T : tente.

vaillants chevaliers, plusieurs avaient eu et gagné le prix d'armes tant outre mer que par deçà, et les appelaient communément les bons chevaliers du roi entre lesquels étaient messire Geoffroy de Sergines, messire Mahon de Marby, messire Philippe de Nanteuil et messire Imbert de Beaujeu, connétable de France. Il fit des merveilles à la bataille de La Massourre, comme il appert du chapitre XXIX dudit sire de Joinville, qui en parle à divers endroits; il fut prisonnier avec le roi, comme l'enseigne le chapitre XLIII, et mourut en ce voyage, comme dit le chapitre LIV, que le roi donna la connétablie de France à Gilles le Brun, le bon prud'homme, après la mort de messire Imbert de Beaujeu; il ne marque où ni en quelle année, mais il a apparence que ce fut l'an 1251, en Chypre, après la délivrance du roi; néanmoins, un fragment de la chronique de Belleville dit que ce fut le 29 mai 1250. Dans la promesse que lui fait Amé, comte de Savoie, l'an 1248, à Chambéry, de lui remettre les châteaux de Virieu, Courdon [1] et La Brandonnière [2], que Humbert lui avait engagés pour deux 2.500 livres viennoises, il est qualifié connétable de France. Voyez aux preuves, etc.

Les enfants furent, selon Duchesne [3]:

1° Guichard IV, seigneur de Beaujeu et de Dombes, qui suivra ci-après;

2° Isabeau, mariée à Renaud, comte de Forez, qui fut aussi baron de Beaujeu, à cause que ladite Isabeau se trouva la plus proche à succéder à son frère Guichard mort sans enfants;

3° Florie de Beaujeu, femme d'Aimar de Poitiers, comte de Valentinois, à qui elle porta en dot le château de Belleroche avec ses dépendances, et quelques autres biens assis en la terre et baronnie de Beaujeu;

4° Béatrix de Beaujeu, mère de Foulques ou Falcon, selon Justel, en l'*Histoire d'Auvergne* [4], seigneur de Montgascon, lequel, avec les enfants d'Aimar de Poitiers, ses neveux, querella la baronnie de Beaujeu contre Renaud, comte de Forez, et il y a une quittance au trésor de Villefranche [5], passée l'an 1301 par Robert, comte d'Auvergne, et Béatrix de Montgascon, sa femme, et par Guillaume de Bourbon, seigneur de Beçay,

1. L, T, B: Cordon. — 2. J: Brodonnière. — 3. G: Duchesne, *Hist. des comtes de Valentinois*, fol. 11. — 4. G: *Hist. d'Auvergne*, de Justel, ch. XXI, fol. 70. — 5. G: n° VI du sac coté C du 1ᵉʳ coffre.

et Mathilde de Montgascon, sa femme, de la somme de 5.000 livres pour les droits que lesdits de Montgascon pouvaient prétendre sur la terre de Beaujeu ;

5° Jeanne, première prieure du monastère des Chartreuses de Polleteins en Bresse, fondé par Marguerite de Baugé, sa mère.

Severt ajoute : 6° Marguerite, femme de Péraut, seigneur de Mont-Saint-Jean, et 7° une autre fille, nommée Vuicarde, mariée au vicomte de Combors en Auvergne. Il met encore une autre fille, mariée à Robert, comte de Boulogne, fils de Robert, comte de Clermont-Boulogne et d'Auvergne, ce que le sieur Justel a admis au chapitre XX de son *Histoire*, sans lui donner aucun nom, et dit qu'elle mourut l'an 1277, et cite, à la marge : Paradin, en ses *Alliances généalogiques* [1], quoique dans les preuves il ait mis un fragment extrait de la généalogie et alliance de la maison de Boulogne, manuscrite, où sont ces mots : Guillaume après Robert, son père, fut comte de Boulogne et ne tint la comté qu'un an : il avait épousé l'une des filles d'Humbert, V^e du nom, seigneur de Beaujeu, et de Marguerite de Baugé.

1. G : fol. 79.

CHAPITRE XI

GUICHARD IV, DOUZIÈME SEIGNEUR DE BEAUJEU
ET DERNIER DE LADITE MAISON

Guichard IV succéda à son père l'an 1251 ; il pouvait avoir commencé de seigneurier pendant que son frère était au voyage d'outre-mer, puisque Duchesne dit qu'il se trouve un hommage, par lui rendu à l'église de Lyon, de la moitié du château de Beauregard, en l'an 1248. Duchesne pourrait bien s'être trompé aussi bien qu'en ce qu'il a dit que Humbert, son père, était mort l'an 1240.

Il y a un acte, du 15 mars 1243, dudit Guichard, qui donne à Marguerite de Thurey, sa nièce, 500 florins de rente, par contrat de mariage avec messire Perceval de Rousset, seigneur d'Amareins et d'une partie de Malevart [1]. L'acte est aux preuves.

La *Chronique de Belleville* et Jacques Severt disent qu'il fut fait par saint Louis, connétable de France, à quoi je ne vois point d'apparence, car, dans les privilèges de Villefranche, qu'il jura l'an 1260, qu'il fait bien mention comme son père était connétable, mais il n'en dit rien de soi, au contraire ; il ne prend autre titre que celui de seigneur de Beaujeu. Severt dit qu'il châtia les Marseillais qui étaient rebelles à Charles d'Anjou, leur comte, ce que je n'ai pu découvrir ailleurs, vu que les histoires de Provence, de Nostradamus et de M. de Ruffy ne parlent aucunement dudit seigneur de Beaujeu. Il dit encore qu'il rendit hommage à Pierre de Savoie, archevêque de Lyon, comme son père Humbert avait rendu à l'archevêque Renaud de Forez ; mais Guichenon dit, au lieu ci coté [2], que ce fut à Pierre, comte de Savoie, l'an 1264, ensuite de ce que le comte de Genève [3] avait été châtié pour le déni du fief que l'un et l'autre faisaient au comte.

Il épousa Blanche de Chalon, de laquelle il n'eut point d'enfants ;

---

1. B, J : Malevard. — 2. G : *Histoire de Savoie*, fol. 285. — 3. L, T : Savoie.

elle était fille de Jean, comte de Chalon. Duchesne, en son *Histoire de Bourgogne*, dit qu'elle se remaria avec Béraud, seigneur de Merceuil, contre le sentiment du sieur de Rubys, ch. XXXVII, liv. III, de son *Histoire de Lyon*, qui dit qu'elle quitta le monde et fonda l'abbaye des dames de la Déserte, où elle se retira avec bon nombre d'autres dames, pour y passer le reste de ses jours, sous la règle de Mme sainte Claire; et fut, ce lieu de sa retraite, appelé la Déserte, parce que c'était un lieu désert, hors la ville et éloigné de voisins; il est aujourd'hui dans l'enclos de ladite ville et ne s'y voit ni en la vie, ni en l'habit des dames, aucun vestige ni marque de sainte Claire; elle leur fit de grands biens, comme aussi aux Cordeliers de Villefranche. Je ne sais comme quoi croire Severt, qui dit que Guichard, son mari, mourut en Angleterre, le 9 mai 1265, et que sa veuve, qui lui survécut longtemps après avoir fondé le monastère de la Déserte, à Lyon, au mois de juillet 1304, se remaria puis après à Béraud, seigneur de Mercueil, en Auvergne, c'est-à-dire après avoir demeuré veuve 39 ans; elle s'est remariée pour goûter encore une fois les plaisirs du monde. Il y a bien plus d'apparence qu'elle fut veuve dudit Mercœur, qui mourut, selon Justel, en 1251, lorsqu'elle épousa notre Guichard de Beaujeu, puisque ledit sieur Justel donne pour femme, audit Béraud de Mercœur, Blanche de Chalon. Severt dit que Guichard, son mari, mourut en Angleterre, où il avait été envoyé en ambassade, le 9 mai de l'an 1265, qu'il fut enterré à Belleville, entre le grand autel dudit lieu et l'autel de Saint-Pierre, où sa veuve lui fit dresser un magnifique sépulcre que les huguenots ont ruiné; il laissa sa femme héritière de Belleville; il avait donné auparavant, à l'église de Beaujeu, sept livres et demie de rente annuelle, pour les anniversaires de son père et de Marguerite, sa sœur, dame de Mont-Saint-Jean; sa sœur Isabeau, comtesse de Forez, lui succéda, comme je dirai ci-après.

CHAPITRE XII

DEUX ILLUSTRES SEIGNEURS DE LA MAISON DE BEAUJEU
GUICHARD, SEIGNEUR DE MONTPENSIER, ET HUMBERT, SON FILS,
IIe DU NOM, CONNÉTABLE DE FRANCE

Auparavant que de clore cette première partie des seigneurs de la maison et du nom de Beaujeu qui ont fini en Guichard IV, et auparavant que d'entamer la seconde famille, qui est des comtes de Forez, je n'ai pas trouvé à propos de passer sous silence deux illustres seigneurs de la première maison de Beaujeu, savoir : Guichard, seigneur de Montpensier, en Auvergne, et Humbert, son fils, IIe du nom, connétable de France.

J'ai fait voir ci-dessus, en Guichard III, qui donna, par son testament, la terre de Montpensier à son second fils, Guichard, qui est celui duquel je traite à présent, lequel épousa Catherine de Clermont, dame de Montferrand et d'Herment, fille de Guillaume, comte de Clermont, dauphin d'Auvergne [1] ; je ne sais pas si les enfants qu'il laissa furent de cette première femme ou de la seconde qui suit Léonore de Savoie, fille d'Amé IV, comte de Savoie, et de Cécile de Baux, sa seconde femme [2], laquelle Léonore il épousa, l'an 1269, après la mort de ladite Catherine de Clermont ; néanmoins, Justel donne ces enfants à ladite Catherine de Clermont et dit qu'elle vivait encore l'an 1244 et lui donne encore une fille, Jeanne de Beaujeu, femme de Jean II, comte de Dreux ; mais il s'est trompé, étant ladite Jeanne, fille unique d'Humbert, connétable de France, et non pas de Guichard. Duchesne lui donne trois enfants savoir : 1° Humbert, connétable de France ; 2° Eric ou Eracle, vaillant chevalier, maréchal de France, seigneur d'Herment, qui décéda au siège de Thunes, l'an 1270 ; 3° Louis de Beaujeu, seigneur de

---

1. G : Justel, fol. 107. — 2. G : Guichenon, fol. 276.

Montferrand, qui épousa une fille de la maison de Boms [1], en Berry, dont il eut trois filles, à savoir :

1° Blanche de Beaujeu, mariée à Guy de Chauvigny, seigneur de Levroux ;

2° Marguerite de Beaujeu, mère de Bernard, vicomte de Ventadour ;

3° Marie, religieuse en l'abbaye de Longchamps, près Saint-Cloud, où elle trépassa l'an 1337.

Louis, leur père, gît en l'église de Notre-Dame de Bourg de Déols, au diocèse de Bourges ; son épitaphe s'y voit à la main gauche du grand autel et se qualifie seigneur de Montferrand, frère de Humbert de Beaujeu, connétable de France.

Jacques Severt donne un autre fils à notre Guichard, seigneur de Montpensier, savoir : Guy de Beaujeu, archevêque de Lyon (au sujet duquel il a décrit toute la généalogie desdits seigneurs de Beaujeu), où il fut appelé de l'évêché d'Auxerre, l'an 1268, qui fut un des fondateurs de la Chartreuse de Polleteins, avec son oncle Humbert V et Marguerite de Baugé, sa femme.

Humbert ou Imbert de Beaujeu, seigneur de Montpensier et de La Roche d'Agout, en Auvergne, fut connétable de France, non pas immédiatement après la mort de son oncle, en la Terre Sainte, auquel succéda Gilles le Brun, comme j'ai fait voir de l'histoire du sire de Joinville, mais après ledit Le Brun, car quoique Severt dise sur les *Mémoires* de du Tillet qu'il est mentionné après Mathieu de Montmorency et Amaury de Montfort, messire Humbert de Beaujeu, sire de Montpensier, ils ont pris le neveu pour l'oncle et cela se doit entendre d'Humbert V, à qui succéda Gilles le Brun, auquel succéda cet Humbert, sire de Montpensier. Duchesne dit qu'il accompagna deux fois le roi saint Louis en la Terre Sainte, qui le fit connétable et qu'il servit depuis Philippe III, son fils, en la guerre qu'il eut en Aragon où il mourut, dit Severt ; le même roi lui donna, pour ses bons et agréables services, la seigneurie de La Roche d'Agout, en Auvergne, avec les châteaux du Poinssac et Montdegel, l'an 1277.

Il eut pour femme Isabeau de Melun [2], dame de Sainte-Marie en Puysaye, et laissa d'elle une seule fille, savoir : Jeanne de Beaujeu, dame

---

1. G : Sainte-Marthe, fol. 967. — 2. G : le sieur de La Mure dit de Mello, veuve du comte de Joigny, fol. 177 de son *Histoire de Lyon* ; L, T, B, V : de Mello.

de Montpensier et de La Roche d'Agout, mariée avec Jean II, comte de Dreux et de Braine, après la mort desquels et de leur postérité, Blanche de Beaujeu, dame de Leuroux, sa cousine, et Bernard, vicomte de Ventadour, fils de Marguerite de Beaujeu, sœur de ladite Blanche, intentèrent procès contre Louis, vicomte de Thouars, et Jeanne de Dreux, sa femme, pour les terres de Montpensier, Aigueperse et autres situées en Auvergne, comme à eux échues de la part de Jeanne de Beaujeu, leur cousine. Je ne sais sur quoi était fondé leur procès, puisque ladite Jeanne avait eu des enfants, dont Pierre, comte de Dreux, en était un [1], le père de ladite Jeanne, mariée à Louis, vicomte de Thouars, seigneur de Talmond. Dans l'*Histoire de la maison de Dreux* [2], de Duchesne, aux preuves, il se voit comme Jean, comte de Dreux, et Jeanne, sa femme, fille d'Imbert de Beaujeu, connétable de France, vendirent à Jean, comte de Forez, tout le droit qu'ils avaient en la ville de Roanne.

Dans les *Mémoires* du sieur Pérard, il est dit que, l'an 1280 et le lendemain de la Noël, lui et sa femme aliénèrent, au chapitre d'Auxerre, la terre de Corseins, mouvante du duc de Bourgogne.

1. G : P. Labbe, tableau 16. — 2. G : fol. 283.

CINQUIÈME PARTIE

DE L'HISTOIRE DE BEAUJOLAIS
CONTENANT LES SEIGNEURS DE BEAUJEU
DE LA MAISON DES COMTES DE FOREZ

CHAPITRE I

ISABELLE DE BEAUJEU
HÉRITIÈRE DU BEAUJOLAIS, COMTESSE DE FOREZ

Dans l'accord qui fut fait entre Humbert V de Beaujeu et Guigues IV, comte de Forez, il fut dit que Humbert donnerait sa fille en mariage au fils dudit Guigues, et partant Isabelle de Beaujeu, fille dudit Humbert, épousa Renaud de Forez, fils puiné dudit Guigues, lequel Renaud succéda à la comté de Forez par la mort de son frère, Guigues V, sans enfants, comme sa femme, Isabelle, succéda aux états et seigneuries de Beaujolais par le décès de Guichard V [1], mort pareillement sans enfants, l'an 1265; tellement qu'à cause d'elle, Renaud, comte de Forez, devint aussi baron de Beaujeu et en fut reçu à foi et hommage par le roi saint Louis, comme enseigne une charte de ladite année, et sur le différend mu par Foulques de Montgascon et les enfants d'Aimar de Poitiers, qui prétendaient part à ladite baronnie à cause de leurs mères, sœurs d'Isabeau. Le roi saint Louis députa Philippe, doyen de Bourges, et Renaud de Mormant [2], chevalier, pour faire enquête des droits qui leur pouvaient appartenir en icelle, à quoi ils vaquèrent l'an 1268, à la fin du mois d'août et au commencement

---

1. L, T : IV. — 2. L, T, B : Normand.

de septembre, et, suivant leur rapport, fut jugé par arrêt du parlement de la Pentecôte, l'an 1269, que cette baronnie n'était divisible, ains appartenait tout entière à l'aîné, tellement que le comte de Forez en jouit à cause de sa femme.

L'an 1271, Humbert, seigneur de Villars et de Thoire, chevalier, reconnut, soi et ses prédécesseurs, avoir tenu et tenir de dame Isabeau de Beaujeu, comtesse de Forez, et de ses prédécesseurs, au nom de la baronnie de Beaujeu, en fief tout le bourg de Villars, le châtel de Loyes, le châtel de Monthieu, le château de Montillier, le châtel de Corzieu et leurs appartenances; item, la maison de Sainte-Olive, laquelle M. Guillaume Palatin, chevalier, tenait en fief dudit seigneur de Villars, et, des choses dessus dites, ledit seigneur de Villars fit le fief et hommage à ladite dame de Beaujeu, ainsi que plus à plein est contenu ès lettres originales dudit vidimus [1], etc.

Guichenon, dans son *Histoire de Savoie* [2], dit que quand ladite Isabelle épousa le puîné de la maison de Forez, elle était veuve de Simon de Semur-en-Brionnais, et Severt dit qu'elle y institua un chapitre de douze chanoines sous le vocable de Notre-Dame *ad instar capituli Bellijoci*, ce qui est contredit par l'acte de la fondation, qui dit que ce fut Jean de Châteauvilain avec Pérard, évêque d'Autun, l'an 1274, sous le vocable de Saint-Hilaire. L'acte est aux preuves.

L'an 1268 [3], au mois d'avril, Renaud et Isabelle donnèrent sauvegarde et exemption de guet au château de Chalamont, au profit de l'abbé de La Chassagne, ce qui fut justifié [4] par Antoine, seigneur de Beaujeu, de l'autorité de Guillaume de Beaujeu, son oncle et curateur, seigneur d'Amplepuis, le 10 mai 1361, comme appert des chartes du trésor de Villefranche, n° 1111.

Renaud et Isabelle eurent deux fils : Guigues, VI° du nom, comte de Forez, et Louis de Forez, qui prit le nom et les armes de Beaujeu, et qui fit la seconde branche des seigneurs de Beaujolais et de Dombes, comme nous allons voir ci-après. Severt leur donne un autre Louis qu'il dit avoir été seigneur de Montferrand.

1. G : coffre 2, sac S, cote SS. — 2. G : fol. 1196. — 3. L, T, V : 1278. — 4. L, T, B : ratifié.

CHAPITRE II

LOUIS DE FOREZ, SEIGNEUR DE BEAUJEU ET DE DOMBES

Après la mort de Guigues VI, comte de Forez, Isabelle, sa veuve, se retira en son pays de Beaujolais avec son second fils, Louis, qui prit le nom et les armes de Beaujeu, et il y a apparence qu'ils gouvernèrent ce pays ensemble puisqu'il y a, dans le trésor de Villefranche [1], un aveu rendu, l'an 1274, par Gauthier de Châtillon, écuyer, à la dame comtesse de Forez et dame de Beaujeu, et à Louis, seigneur de Beaujeu, son fils.

L'an 1270, il épousa Léonore de Savoie, fille de Thomas, IIe du nom, comte de Maurienne, de Flandres, de Hainaut et de Piémont, seigneur d'Yvrée, de Canavays, de Bard, de Saint-Genis, prince de Capoue, gouverneur du patrimoine et grand gonfalonnier de l'Église, vicaire général du Saint Empire en Piémont et en Lombardie [2], etc.

Cette princesse eut 7.000 livres pour sa dot, pour sûreté desquelles (dit Guichenon, le lecteur remarquera s'il lui plaît l'erreur) Thomas de Savoie, IIIe du nom, prince de Piémont, son frère, lui engagea les châteaux et seigneurie de Cordon, Virieu en Bugey et Châteauneuf en Valromey, que Louis délaissa puis après à sondit frère, le premier jour de février de l'an 1276, à Vienne en Dauphiné [3], en recevant de lui la dot promise, ce qui ne peut être en aucune façon du monde, puisque lesdites terres étaient engagées au comte de Savoie et non pas au prince de Piémont, comme il appert d'une promesse d'Amé, comte de Savoie [4] (c'est Amé IV qui mourut en 1253), de rendre à Humbert de Beaujeu les châteaux de Virieu, Châtelneuf, Cordon et La Brandonière, du 13 des calendes d'août 1248, en lui payant 2.500 livres viennoises, pour lesquelles lesdites seigneuries étaient

---

1. G : l. A, fol. 3. — 2. G : *Histoire de Savoie*, fol. 308. — 3. G : *Id.*, fol. 311. — 4. G : *Id.*, fol. 271.

engagées, sur quoi il y eut une enquête présentée par Édouard de Beaujeu sur l'exécution de ladite promesse, laquelle est au trésor de Villefranche, au 1ᵉʳ coffre, sac coté n° 11 [1].

Le pape Grégoire X accorda dispense pour ce mariage, l'an premier de son pontificat, parce que Louis et Léonore étaient parents au quatrième degré. Isabeau, dame de Beaujeu, mère de Louis, en considération de cette alliance, fit donation de tous ses biens à son fils, par titre du mois d'octobre 1270, et lui, l'an 1280, donna à sa femme, pour sûreté de sa dot, les châteaux et seigneuries de Miribel, de Chalamont, de Montaney, de Meximieux et du bourg Saint-Christophe, et encore, par son testament du mois de mai 1294 [2], il lui délaisse, pour son douaire, les châteaux de Chamelet, de Pouilly, du Crozet, la leide du blé et les revenus des moulins de Villefranche.

Le même Guichenon, au ch. XXXIX de son *Histoire de Bresse* [3], dit qu'il se voit, au trésor de Beaujolais, un traité fait, le jeudi devant la Pentecôte, de l'an 1272, entre Amé V, au nom de Thomas de Savoie, son frère aîné, et Louis, seigneur de Beaujeu, touchant la somme de 3.000 livres pour reste de la dot d'Éléonore de Savoie, sa femme, au payement de laquelle somme Amé s'obligea et donna pour caution Jacques de Boczezel, Guy de Gléteins, Guy, seigneur de Groslée, etc., et partant, vu ces choses, Louis de Beaujeu n'aurait donc pas vendu les places de Virieu, etc., audit Thomas de Savoie en recevant de lui le supplément de la dot de sa femme [4], comme il dit, et ensuite qu'au mois de novembre 1286, en la salle de Saint-Trivier en Dombes, Amé V et Sibille de Baugé, sa femme, traitèrent avec Louis, seigneur de Beaujeu, et Éléonore de Savoie, sa femme, par l'entremise de l'abbé de Savigny, des prétentions que ladite Éléonore avait en l'hoirie de Béatrix de Flix ou Fiesque, sa mère, et de Boniface de Savoie, son frère, comme encore des terres que Louis de Beaujeu avait en Bugey, sorties de la maison de Savoie, auquel hommage le seigneur de Beaujeu s'obligea et ses successeurs. Bien est vrai qu'il y a au trésor de Beaujolais [5] une transaction

1. V : n° 7. — 2. J porte en note : Fol. 18 de l'inventaire du sieur de Lacande : je crois qu'il date son testament de 1295, ci-après il est daté de 1295. En 1280 et en 1294, Isabeau de Beaujeu, mère de Louis, mari d'Éléonore de Savoie, par son testament affecte pour le douaire d'Éléonore de Savoie... et les revenus des moulins de Villefranche. — 3. G : fol. 56. — 4. G : fol. 311. — 5. G : coffre 8.

passée le 3 novembre 1286, entre Amé, comte de Savoie, et la dame son épouse, d'une part, et Louis de Beaujeu et la dame Éléonore, sa femme, d'autre, par laquelle, acquiesçant à la sentence arbitrale donnée par l'abbé de Savigny, ils demeurèrent d'accord que ledit seigneur de Beaujeu ferait les foi et hommage audit seigneur de Savoie pour les terres qu'il tenait en Bugey et Valromey, sa vie durant seulement, et cela pour une personne tant seulement, de telle manière que cet hommage ne s'étendrait point outre les personnes desdits seigneurs et se pourrait seulement faire tandis que l'un et l'autre seraient en vie et que l'un d'eux venant à décéder l'hommage serait fini.

L'an 1277, et le jour de Saint-André apôtre, ladite Isabeau et son fils Louis, étant à Bourg, pacifièrent un différend qu'ils avaient avec Henri, seigneur de Varras, chevalier, et Girard, son fils, surnommé la Guêpe, et les leurs au moyen de Philippe, comte de Savoie [1], qui les avait priés de s'accommoder pour éviter plus grand dommage, lequel ordonna, du consentement des parties, que ledit Henri et son fils quitteraient et délaisseraient, à ladite dame et à son fils, les 80 grosses bêtes qui avaient été autrefois prises par Humbert de Beaujeu, père de ladite dame, dans la terre dudit seigneur de Varras, et leur quittaient tout le dommage que ledit Humbert avait causé dans sa terre lors de cette insulte qu'il estimait à 1.000 livres viennoises; ledit Henri et son fils leur quittèrent encore les 17 mas de terre dont ils demandaient la restitution à ladite dame. Ledit Henri leur quitta encore tout le dommage que le châtelain de Chalamont avait fait en sa terre qu'il estimait 30 livres viennoises; ils leur quittèrent encore l'affront et l'injure qu'ils avaient reçus en la prise et contreprise dudit Henri par le susdit seigneur de Beaujeu. Le seigneur Guespe remit encore au seigneur de Beaujeu le dommage qui leur avait été fait par ses gens dans le fief du comte de Savoie; ils remirent encore la mainlevée et les cautions données pour Barthélemy Magny, bourgeois de Villefranche, que le seigneur Guespe avait pris et mené prisonnier à Pruzilly; ils quittèrent encore les mainlevées et cautions données sur toutes les métairies pour les sept hommes de Chalamont que ledit Guespe avait pris et menés prisonniers à Prusilly, et, pour l'amende

1. G : aux preuves.

et l'honneur de ladite comtesse et de son fils, ledit seigneur Guespe lui doit faire hommage de 100 sols viennois annuels qu'il a pris de ladite dame en fief, et, tant qu'il vivra, il sera homme de ladite dame, et, après son décès, il le deviendra de son fils. A la pareille, ladite dame et son fils quittèrent et réunirent audit seigneur de Varras et à son fils toute la haine, rancœur, injures et torts qu'eux et les leurs avaient fait jusqu'au jour présent dudit accord, en sorte que tout dommage fut compensé de part et d'autre. En après fut ordonné, du consentement des parties, qu'on choisirait huit prudhommes, quatre de chaque côté, qui jureraient, ès mains du seigneur Guigues de Villars et du châtelain de Bourg, de bien et fidèlement limiter et faire la séparation du mas de Rosines, et, au cas que si ces huit prudhommes disent que ledit mas appartient à ladite dame comtesse, il lui demeurerait, sinon il serait restitué et rendu audit seigneur de Varras, et aussi le mas appelé Bosanice demeurerait en paix au même seigneur, et pour ce qui est du péage que ledit seigneur de Varras prétendait, il s'en tiendrait à ce que le seigneur Guigues de Villars et le châtelain de Bourg en ordonneraient, en sorte qu'il serait terminé par arbitrage; d'autre part, le seigneur, comte de Savoie, remit et quitta à ladite dame comtesse et à son fils tous les torts et griefs qu'il avait commis dans son fief, et pareillement ladite dame et son fils quittèrent entièrement tout ce que le chacipol de Châtillon et ses gens avaient fait aux gens du seigneur de Beaujeu, ce qui fut juré de part et d'autre sur les saints Évangiles, et signé et scellé des seings et sceaux des deux parties, auxquels Jacques Just, juge en toutes les terres du Viennois et de Bourg, pour le comté de Savoie apposa le sceau de la cour dudit seigneur comte, à la prière des deux parties, pour marque d'une longue durée et à ce qu'aucune desdites parties ne présumât de venir au contraire.

L'an 1282, au mois de novembre, il y eut une transaction[1] passée entre Louis de Beaujeu, d'une part, et l'abbé et couvent de Cluny, d'autre, sur les différends qui étaient entre eux, à cause des droits de subvention, guet et garde que le seigneur de Beaujeu prétendait lui être dus par les hommes dudit seigneur abbé dans les doyennés et prieurés dudit Cluny, entre les rivières de Saône et de Loire, pour

1. G : sac 9 du 1er coffre au trésor de Beaujolais.

lesquels terminer ledit seigneur de Beaujeu céda et quitta audit abbé tout le droit qu'il avait de prendre aux quatre cas, sur lesdits hommes, moyennant la somme de cinq cent cinquante livres viennoises, comme l'on peut voir plus amplement aux preuves. Nonobstant cette transaction, les gens des seigneurs de Beaujeu ne laissèrent pas d'imposer aux tailles les sujets de ladite abbaye demeurant ès doyennés de Limans et d'Alpayé[1], sur quoi il y eut plainte, comme aussi de ce que lesdits seigneurs de Beaujeu avaient mis un capitaine audit lieu, au préjudice des franchises et libertés de ladite abbaye, et contraignaient les hommes, tenanciers de ladite abbaye, à répondre en leur cour, en leur faisant payer tailles, subventions, subsides et autres émoluments, le procureur du seigneur de Beaujeu disant que lesdits doyennés étant dans la juridiction dudit seigneur ils en devaient reconnaître la justice; enfin, après plusieurs procès de part et d'autre, on les accorda, et par l'accord fut dit que l'abbé mettrait à ses dépens ésdits lieux, à ses dépens, capitaines ou gouverneurs qui seraient tenus de jurer fidélité au seigneur de Beaujeu ou à son bailly, et au cas qu'il y eût guerre dans le pays pour le roi ou pour ledit seigneur, les gens de l'abbé ne seraient exempts des contributions pour leur rate portion, etc., au mois de juillet 1339.

L'an 1284, Louis de Beaujeu acquit les dîmes de Lassieu pour le prix de 400 livres viennoises, comme l'on pourra voir aux preuves.

L'an 1286, au mois de juillet, il donna au chapitre de Beaujeu la forêt de Rouzières avec toutes ses appartenances et dépendances, pour l'anniversaire que Guichard, son oncle, avait fondé en ladite église et pour l'âme de ses père et mère et de Marguerite, sa sœur.

L'an 1288, il fonda le chapitre d'Aigueperse, conjointement avec Hugues, évêque d'Autun, en l'honneur de Dieu et de sainte Marie-Magdeleine, lequel ils composèrent d'un doyen et de douze chanoines, la nomination de quatre desquels appartiendrait au seigneur de Beaujeu et, au cas que le nombre desdits chanoines vînt à s'augmenter, il aurait toujours la nomination de la tierce partie d'iceux, à raison de ce, voulant ledit seigneur gratifier ledit chapitre, il leur donna toute la justice, juridiction, droits et émoluments qu'il avait et pouvait avoir en ladite

---

1. J : en note : « En 1339, doyennés de Limas et d'Arpayé exempts de toute contribution mais tenus de jurer fidélité au seigneur de Beaujeu. »

ville d'Aigueperse, et dans les lieux limités dans l'acte de ladite fondation que l'on peut voir aux preuves. Il leur donne encore la connaissance de toutes causes civiles et criminelles, prolations de sentences et exécutions d'icelles. En sorte que lesdits doyen et chapitre de ladite église aient à instituer d'office un prévôt et juge à vie pour l'exercice de la justice, connaissance desdites causes, jugement et exécution d'icelles, réservé toutefois que si la sentence porte mutilation ou inflixion de membre ou de mort, ledit juge doit rendre le malfaiteur condamné, nu en chemise et caleçons, hors des limites de ladite franchise, aux officiers du seigneur, pour l'exécution de sa sentence, et quant aux biens meubles des condamnés à mort, qui de droit ou par la coutume doivent être confisqués, la moitié en appartiendra au chapitre et l'autre moitié au seigneur; pour les immeubles, s'ils sont de la directe ou censive du chapitre, ils y demeureront, sinon ils appartiendront au seigneur ou à celui à qui ils devront appartenir de droit et selon la coutume, et le juge ou le prévôt sera tenu de compter auxdits chapitre et seigneur de toutes les amendes qui seront partagées entre eux par moitié, que s'il y a appel des sentences dudit prévôt, le ressort appartiendra au seigneur de Beaujeu; le même seigneur accorde encore auxdits doyen et chapitre de pouvoir instituer des forestiers en tous leurs bois, forêts et garennes, et d'y mettre baux, et dans toutes les eaux coulantes dans les paroisses de Saint-Bonnet, d'Aigueperse et de Santignie, et depuis la métairie de Croux[1] jusqu'à la maison des Replats, qui appartenait à Pierre de Viendes, chevalier, se retenant à lui et à ses successeurs, seigneurs de Beaujeu, le droit de pêche pour son gîte, lorsqu'il passera ou séjournera audit lieu ou la dame de Beaujeu ou aucuns de leurs enfants; en sorte que de toutes les amendes jugées et levées pour raison desdits eaux et forêts par ledit prévôt seraient partagées entre ledit seigneur de Beaujeu et le chapitre; et le prévôt de nouveau institué par lesdits doyen et chapitre, est tenu de jurer, à la requête dudit seigneur ou à son mandement, en la présence dudit chapitre, de lui tenir compte fidèlement de la moitié qui lui appartiendra à raison desdites amendes, et s'il arrivait que ledit prévôt se comportât frauduleusement envers lui, pour raison de ce, le chapitre est

1. L, T : Coux.

obligé de le destituer et en mettre un autre à sa place. De plus, le seigneur de Beaujeu accorde aux doyen et chapitre de pouvoir faire cloître et fermer et avoir portes fermées dans l'enclos susdit toutes et quantes fois qu'ils voudront et à leur bon plaisir, dans lesquels cloîtres et enclos ledit seigneur ne se retient aucune justice, ni juridiction, ni droit, ni émoluments quelconques, au contraire qu'ils jouiront de la même franchise et immunité que peut avoir église quelconque, et s'oblige, le seigneur de Beaujeu, de donner, assigner et asseoir tout présentement, audit doyen et chanoines, soixante et dix souldées de terre de revenu annuel, au sou viennois, sur le château de Chavagny et lieux plus prochains de ladite église d'Aigueperse, tant pour le repos de ses prédécesseurs que pour les légats faits à ladite église par les seigneurs Humbert et Guichard de Beaujeu, et par la dame de Mont-Saint-Jean. Voilà le sommaire de l'acte de fondation qui fut fait entre le susdit évêque d'Autun et Louis, seigneur de Beaujeu, le samedi après la fête de Saint-Nicolas d'hiver, l'an 1288, au mois de décembre; le surplus de l'acte se verra aux preuves.

Comme les sires Louis de Beaujeu et Humbert de Villars se fussent fait la guerre l'un à l'autre et aussi Humbert de Montluel, au moyen de leurs amis, ils compromirent et mirent tous leurs différends entre Humbert, dauphin de Viennois, comte d'Albon et seigneur de La Tour, et Jean de Chalon, comte d'Auxerre, seigneur de Rochefort, et noble homme, Guy de Saint-Trivier, à qui ils donnèrent pouvoir de les accommoder, et de s'en tenir à tout ce qu'ils ordonneraient, sous peine de 3.000 marcs d'argent payables par les réfractaires à la partie obéissante, ce qui fut arrêté au cloître du monastère de La Buysse, sous Montluel, l'an 1291, indiction 4, le samedi après la Pentecôte; ensuite ils furent accommodés par une transaction passée au mois de mars 1296 entre Guichard, seigneur de Beaujeu, fils de Louis, d'une part, par laquelle ledit seigneur de Beaujeu, mariant sa sœur Aliénor à Humbert, fils dudit seigneur de Thoire, comte de Villars, lui constitua 8.000 livres de dot, dont il en compensa 4.000 pour le dommage arbitré lui avoir été fait par ledit seigneur de Thoire et de Villars, qui est bien une marque que le comte de Savoie n'avait aucune juridiction sur eux, puisqu'il ne pouvait pas leur imposer de mettre les armes bas, ni empêcher que le dauphin, son ennemi mortel, ne les accommodât.

L'an 1294, et le lundi avant la Purification de Notre-Dame, il assista à un traité d'accord entre Amé V, comte de Savoie, et Philippe de Savoie, prince d'Achaie, neveu dudit Amé [1]. Il est mentionné avec son fils Guichard.

Au mois de mai ensuite, qu'on comptait 1295, il fit son testament au château de Pouilly, par lequel il ordonna d'être enterré en l'abbaye de Belleville, au tombeau de son oncle Guichard, et veut que toutes ses clameurs, légats, aumônes, soient payés, les testaments et dernières volontés de ses prédécesseurs, seigneurs de Beaujeu, et de sa mère Isabelle, acquités par ses exécuteurs testamentaires et par son héritier, et donne à ladite église de Belleville 12 livres viennoises de revenu annuel pour un anniversaire annuel qu'il veut être fait en ladite église, et de plus que l'abbé et couvent dudit lieu fassent célébrer tous les jours, par un certain prêtre qui sera élu par ledit abbé et couvent et par ses héritiers et exécuteurs, [une messe] [2] pour son âme et de tous ses parents et prédécesseurs seigneurs de Beaujeu ; il donne à l'église Notre-Dame de Beaujeu 20 sols viennois de revenu ou 20 livres viennoises pour l'acquit d'iceux, au choix de son héritier, et ce pour un service annuel qui se doit faire pour son âme en ladite église ; de plus, il donne aux monastères de Cluny, de Joug-Dieu, de l'Ile-Barbe, de Savigny, de La Chassagne, de Saint-Rambert, de Grammont, à chacun d'iceux, 10 sols viennois de revenu annuel, ou 10 livres viennoises une fois, pour l'acquit d'iceux, au choix de son héritier, pour un anniversaire qui se doit faire tous les ans en chaque église ; plus, au monastère Alverie, 5 sols viennois de revenu annuel ou 100 sols viennois, au choix de son héritier, pour l'acquit d'iceux pour un pareil anniversaire tous les ans ; plus, aux Cordeliers de Villefranche, 6 livres viennoises annuellement, au jour de son décès, pour trois anniversaires ; il ordonne de plus, à ses héritiers et aux exécuteurs de sa dernière volonté, que dans un an du jour de son décès ils aient à assigner en rentes aux religieuses du monastère de Polleteins 60 livres viennoises restantes du légat qui leur avait été fait par son oncle Guichard et desquelles il leur en avait donné ses lettres de promesse ; outre ce, il lègue, audit monastère de Polleteins, 60 sous viennois de revenu

---

1. G : Guichenon, fol. 355. — 2. Les notes [ ] manquent dans les mss. B et G.

annuel ou 60 livres une fois, pour l'acquit d'iceux, au choix de
son héritier, pour un anniversaire perpétuel ; plus, il lègue aux Cordeliers et Jacobins de Lyon et de Mâcon, et aux Cordeliers de Montbrison et de Charlieu, à chacun desdits couvents, 100 sous viennois pour
une fois, afin de prier Dieu pour son âme, etc. Il y a quantité d'autres
légats qui ne servent de rien ici et que l'on verra mieux dans la teneur
de son dit testament, qui est aux preuves. Il institue son héritier universel en tous ses biens, Guichard son fils aîné, et lui substitue, à
défaut de lignée légitime, Humbert, et audit Humbert, Thomas, et à
Thomas, Guillaume, et à Guillaume, Louis, et à ce dernier, Marguerite,
et à elle, Aliénor, et à celle-ci, Jeannette, puis Isabelle, Béatrix et Catherine. Il veut et ordonne que Guichard, son fils, se gouverne par le
conseil de sa mère et de Guy de Saint-Trivier, et que Humbert, Thomas, Guillaume et Louis, ses fils, aient chacun 300 livres viennoises de revenu annuel pendant leur vie seulement. Il déclare que sa
fille Marguerite a eu, pour son mariage, tant de ses biens que des
deniers de l'illustrissime dame Marguerite, reine de France [1], jusqu'à
10.000 livres tournois, et outre cela de ses biens 200 livres
viennoises de revenu annuel sur le château de Montmelas, outre lesquelles il lui donne encore pour une fois 50 livres viennoises. Il
donne à sa fille Aliénor 8.000 livres viennoises pour son mariage
et veut que ses quatre autres : Jeannette, Isabelle, Béatrix et Catherine
soient religieuses, et aient chacune 100 livres tournois, outre lesquelles il veut que son héritier fasse tous les frais nécessaires qu'on a
accoutumé de faire quand on met quelque fille en religion. Il confesse
avoir eu en dot, de sa femme 7.000 livres, desquelles il lui a fait quittance, sous l'obligation de certains biens qu'il lui a assignés sur les
châteaux de Parnesi [2], de Lay et de Chalamont ; outre quoi, il lui
donne, sa vie durant, les revenus des châteaux de Chamelet, de
Pouilly-le-Châtel et de Croset, au delà de la Saône, et la leide de blé
de Villefranche et le revenu des moulins, sa vie durant. Il nomme ses
exécuteurs de sa dernière volonté : frère Bernard de Geliles, cordelier,
et Étienne de Montgiraud, sacristain de Saint-Paul de Lyon, sa femme,
et le seigneur de Saint-Trivier, et prie le roi de France et son bailli

1. G, J : Léonore de Savoie était cousine germaine de la reine. — 2. L, T, B :
Parneys.

de Mâcon de faire contraindre par censures ecclésiastiques ses exécuteurs d'observer tout ce qui est contenu dans sondit testament, qui est signé par dix-sept chevaliers ou gentilshommes.

La même année et le samedi après l'Assomption de la Vierge, il fit un codicille par lequel il donna à Guy de Saint-Trivier dix sols de rente qu'il avait au port neuf de Beauregard et encore tout le droit qu'il avait sur la rivière de Saône, depuis le port de Frans jusqu'à certaine limite, et à Pierre, son chapelain, vingt livres de rente, sa vie durant, et confesse que de l'argent appartenant à sa femme Léonore, qui étaient cinq cents livres que sa mère Béatrix, comtesse de Savoie [1], lui avait léguées, il s'en était servi en ses affaires et encore qu'elle avait beaucoup de joyaux qui lui appartenaient. Il donne encore à M. Girard, son médecin, une pension sa vie durant.

Il mourut en son château de Beaujeu, le 23 août, l'année 1295. Léonore, sa veuve, le fit inhumer à Belleville, au tombeau de Guichard IV, son oncle, et elle mourut le 16 décembre de l'an 1296 et fut inhumée en l'église des Cordeliers de Villefranche, à côté droit de l'autel, en une sépulture de marbre relevée. Elle est peinte en l'arcade qui est dessus son sépulcre, vêtue de gris, en l'habit de Saint-François, avec un ornement de tête blanc et tout autour d'elle sont plusieurs écus semés de Savoie et de Beaujeu. Elle donna auxdits religieux, par son testament, dix sous tournois toutes les semaines, à perpétuité. Il y avait, au derrière de son tombeau, dans la sacristie, six vers latins qui ont été bouchés par un pilier qui appuie le clocher et dont il reste encore quelque fragment, ce qui a si fort déplu au sieur Guichenon que, dans son *Histoire de Savoie* [2], il a taxé ces religieux d'ignorance et de peu de respect envers leur bienfaitrice.

La même année qu'elle mourut et au mois de février, par-devant Péronin de Charlieu, clerc, notaire, juré des cours de Lyon et de Beaujeu, en présence de Milon de Vaux, chevalier, et de Simonin de Taney, damoiseau, à ce priés et appelés, vénérable père en J.-C., frère Étienne, abbé du monastère de Belleville, Nicolas Bonin, bourgeois dudit lieu, et M⁰ Étienne, curé de Genouilly, exécuteurs du testament

---

1. G : C'était Béatrix de Fiesque, nièce du pape Innocent IV, sœur du pape Adrien V et de Perceval de Fiesque, archevêque de Ravenne, chancelier et vicaire général de l'empire en Toscane, et cardinal. — 2. G : fol. 309.

et dernière volonté d'Aymonet d'Ouvrier, jadis bourgeois de Belleville d'une part, et noble homme Guy de Saint-Trivier, [exécuteurs du testament et dernière volonté d'illustre dame Aliénor de Savoie, jadis dame de Beaujeu, et en son nom, d'autre, lesdits][1] exécuteurs du testament d'Aymonet ayant plein pouvoir dudit Aimonet pour satisfaire à ses légats pies, dettes et aumônes, vendent à pur et à plain et à titre de pure vente et irrévocable, audit Guy, seigneur de Saint-Trivier, au nom comme dessus, pour le prix de 750 livres viennoises qu'ils confessent avoir reçu en bonne et réelle somme d'argent, savoir la moitié pour indivise de tout le péage que possédait ledit Aimonet, à Chavagnieu, sis sur la rivière de Saône, qui se perçoit et avait accoutumé d'être levé au port de Belleville, excepté toutefois la troisième[2] partie de tout le péage et le droit de gouvernail, *iure gubernaculi*[3], et aussi le péage des poissons qui appartenait audit monastère de Belleville et à la maison des Templiers de ladite ville, laquelle moitié de péage vendue était des domaines des nobles hommes Guichard, seigneur d'Anthon et de Milon de Vaux, chevalier, à chacun desquels était dû, tous les ans, dix sous viennois de servis, etc.

J'ai fait voir, par le testament de Louis, son mari, qu'ils eurent onze enfants :

1° Guichard V, dit le Grand, qui lui succéda.

2° Humbert, seigneur de La Juliane, chanoine de Lyon, l'an 1308, mais depuis marié avec une dame appelée Catherine, comme porte un arrêt de l'an 1318, il eut pour partage la terre de La Juliane et fut tué à la bataille de Varey, donnée, l'an 1325, entre le dauphin de Viennois et le comte de Savoie, ou du moins blessé et mourut à Ambrun, le 12 septembre; on lui fit un service solennel à Villefranche, le 3 octobre suivant, où il est enterré au tombeau de sa mère.

3° Thomas, qui mourut le 4 juin 1300 et est enterré au tombeau de sa mère à Villefranche.

4° Guillaume fut premièrement prévôt de Fourvières en l'église de Lyon, puis chanoine et précenteur, en 1320, et, finalement, évêque de Bayeux en Normandie, et mourut le 27 octobre 1337 et gît au tombeau de sa mère à Villefranche.

1. Les mots entre [ ] ne sont pas dans les mss. L, T, B. — 2. L, T, B : treizième. — 3. L, T : *gubernali*.

5° Louis, chanoine archidiacre de la cathédrale de Troyes. Severt dit [1] qu'il commit un grand sacrilège en la personne du cardinal Taleyrand de Perigord, évêque d'Albane, légat du pape en France, lequel il prit avec violence et le mena prisonnier au château, ce qui appert par les lettres d'Odon, évêque de Mâcon, successeur de Jean de Salagny. Il est enterré à Villefranche, au tombeau de sa mère. L'acte de fulmination est dans le même Severt [2], portant que ledit légat enjoint aux archevêques de Rouen, Sens, Reims, Bourges, Lyon et Vienne, et aux évêques de Paris, Chartres, Châlons, Troyes, Chalon, Mâcon, Autun, Viviers, Auxerre, Nevers, Meaux et Langres, et aux abbés, prieurs et recteurs des paroisses de fulminer la sentence [d'excommunication] contre Louis de Beaujeu, jadis archidiacre de Troyes, Jean de Jacquourt [3], moine de Saint-Seine, Daniel de Maisons, chevalier, et autres ses complices qui l'avaient arrêté en la ville de Châtillon, au diocèse de Langres, lorsque, au retour de sa légation, il s'en retournait à Rome rendre compte de sadite légation au pape et avaient poursuivi à main armée toute sa suite pendant cinq lieues, avec toute sorte d'hostilités, et avaient tout pillé et mené tout son équipage au château de Giant [4], etc. On m'a voulu dire qu'il y avait une maison de Beaujeu en Champagne, proche Joinville, qui porte mêmes armes que les seigneurs de Beaujeu et qui se disait être seul reste de ladite maison; si cela est, j'oserais présumer qu'ils fussent sortis de cet archidiacre qui pourrait bien avoir laissé là quelque enfant, ou légitime, ou autrement, car je ne vois point en toute la généalogie de Beaujeu d'où pourrait être sorti ce baron de Beaujeu qui dit à M. de Pierreux qu'il restait seul de ladite maison; cette sentence fut fulminée à Mâcon, le 11 mai 1539.

6° Marguerite, première femme de Jean de Chalon, seigneur de Rochefort, l'an 1320, qui, après la mort de ladite Marguerite, se remaria avec Alix de Bourgogne, comtesse d'Auxerre, dame de Saint-Agnan et de Montjay [5]. Duchesne dit, en son *Histoire de Bourgogne* [6], que ladite Marguerite donna à Marguerite de Chalon, sa filleule, fille de Jean, IIe du nom, comte de Tonnerre et d'Auxerre, 10.000 livres en augmentation de dot lorsqu'elle épousa Jean de Savoie, che-

---

1. G : Severt, fol. 180. — 2. G : fol. 180. — 3. L, T, B : Jacquoust. — 4. L, T, B : Giam; V : Giain. — 5. L, T, B : Monthlay. — 6. G : fol. 360 et 705.

valier, à quoi je ne trouve point de raison, car si elle est première femme de Jean de Chalon, père de Guillaume, père de Jean II, père de Marguerite, comment peut-elle avoir donné ces 10.000 livres à sa filleule Marguerite, puisqu'il faut qu'elle soit morte auparavant son mari (que l'on dit s'être remarié à la comtesse d'Auxerre, bisaïeule de ladite Marguerite), et partant, pour croire qu'elle ait donné cette augmentation de dot, il faut qu'elle ait été sa seconde femme, et que n'en ayant point eu d'enfants, elle ait fait cette libéralité.

7° Éléonore de Beaujeu, mariée à Humbert, sire de Villars, elle avait par testament de son père 8.000 livres de dot, 4.000 desquelles furent compensées par une transaction du mois de mars 1296, entre Guichard, seigneur de Beaujeu, frère de ladite Éléonore, et ledit Humbert, seigneur de Thoire et de Villars, pour les dommages arbitrés lui avoir été faits. Ils eurent entre autres enfants, Henri de Villars, IIe du nom, archevêque de Lyon, en 1343.

8° Jeannette [1] de Beaujeu, mariée à Jean de Luzy, seigneur de Châteauvilain, proche Langres (dit Sévert). Duchesne dit à Jean de Châteauvilain, seigneur de Luzy.

9. Isabelle de Beaujeu } toutes deux religieuses au monastère de
10. Béatrix de Beaujeu }   Polleteins.

11. Catherine, religieuse au monastère de Brienne-lès-Anse.

1. L, T, B : Jeanne ou Jeannette.

CHAPITRE III

GUICHARD LE GRAND, V^e DU NOM,
SEIGNEUR DE BEAUJEU ET DE DOMBES
ET DE SEMUR-EN-BRIONNAIS

SOMMAIRE. — *I. Guichard le Grand fait hommage à l'archevêque de Lyon. — II. Quel fut le sujet de cet hommage. — III. Il assure sa succession par l'extinction des procès et différends qu'il avait avec ses parents. — IV. Il est compris dans un traité de paix entre le dauphin et le comte de Savoie. — V. Le roi le prie de lui remettre quelques prisonniers qu'il avait en son château de Chalamont. — VI. Fait hommage à l'archevêque de Lyon des châteaux de Meximieux et de Chalamont, et transige avec le chapitre pour les limites de Villefranche et d'Anse. — VII. Son premier mariage avec Marie de Châtillon. — VIII. Il fonde la chapelle de Saint-Laurent dans son château de Beaujeu. — IX. Il transige avec l'abbé de l'Ile-Barbe pour la garde de l'imy. — X. Le roi lui donne la connaissance de fausse monnaie. — XI. Le dauphin prend sur lui Miribel, d'où s'ensuit matière de guerre. — XII. Et la bataille de Varey où Guichard fut prisonnier du dauphin. — XIII. Il fut maître de l'Hôpital d'outremer. — XIV. Sa mort. — XV. Ses femmes et ses enfants. — XVI. Son testament.*

I. — Guichard, V^e du nom, surnommé le Grand pour ses belles et généreuses actions et prouesses au fait de la guerre, succéda à son père, l'an 1295, ès seigneuries de Beaujolais et de Dombes, et, l'année d'après, il se trouva à Orléans avec Humbert de Beaujeu, son frère, lorsque Henri de Villars, Ier du nom, archevêque de Lyon, prêta le serment de fidélité au roi Philippe le Bel, l'an 1296, auquel temps il accorda aussi de certains différends qui étaient entre lui et le même archevêque. Paradin, et Duchesne après lui, ont dit que ce prélat était Humbert, ce qui est contrarié par la chronologie de Severt [1] qui dit que c'était Henri, et rapporte l'hommage que Guichard lui fit dans le chapitre de Lyon, l'an 1298, pour quelques différends que ledit archevêque avait avec le seigneur de Beaujeu et Guy de Saint-Trivier. Le père Saint-Aubin, dans son *Histoire de Lyon*, section 17, dit que Guichard ayant mis ses mains jointes entre les mains dudit seigneur archevêque, et l'ayant baisé comme c'en est la coutume, lui a promis fidélité en présence du doyen, de l'archidiacre, du chamarier, du custode, du prévôt de Fourvières et d'autres.

II. — Paradin, dans l'*Histoire de Lyon* [2], conte la chose de plus loin, disant que les seigneurs de Beaujeu possédaient en la cité de Lyon et en Lyonnais plusieurs beaux droits desquels, étant en controverse avec les archevêques, les choses s'aigrirent tant qu'ils en vinrent à la guerre, pendant laquelle les seigneurs de Beaujeu firent des dommages incroyables à l'archevêque de Lyon, par la prise de ses places et enlèvement des personnes et du bétail, et autres insolences que la licence de la guerre permet ou tolère [3]. Cette guerre avait commencé du temps de Louis, père de Guichard, et de l'archevêque Jean, dès l'an 1289, et Louis étant mort dans les censures ecclésiastiques et excommunié, Guichard, son fils, eut crainte d'encourir la malédiction de Dieu, et entendit volontiers à la paix qui lui fut proposée avec l'archevêque Jean II, auquel tant lui que son père avaient fait forte guerre qui avait causé grand dommage dans tout le pays lyonnais, pour réparation desquels torts et injures, le seigneur de Beaujeu convint avec l'archevêque qu'il lui laisserait la seigneurie de Lyssy, avec ses appartenances et dépendances, laquelle il reprit depuis en fief dudit évêque et de l'église de Lyon, pour raison duquel il en fit lors hommage à l'archevêque qui prétendait de plus que le seigneur de Beaujeu lui dut faire hommage des fiefs de Villefranche, Pouilly-le-Châtel et Chamelet, desquels ils tombèrent d'accord, à condition que Guichard laisserait à l'église les forteresses de Varennes et de Builly, et l'excommunication fut levée à l'âme de Louis, son père. Cette paix, procurée par l'abbé de Cluny et jurée par vingt chevaliers de la part

1. G : Severt, fol. 311. — 2. G : l. II, fol. 161; ch. LIV. — 3. G : Saint-Aubin, *Hist. ecclésias.*, part. 5, section 16, fol. 246.

du seigneur de Beaujeu et par les doyen et chantre de l'église de Lyon, dura quelque temps; mais Henri de Villars étant promu à l'archevêché, les querelles recommencèrent, à cause des droits que chacun disait avoir en la ville de Lyon, laquelle, quoique de grande étendue, ne pouvait contenir ces deux grands seigneurs en son enclos qui vinrent des paroles à de fâcheux événements, car l'archevêque ayant défendu à ses sujets de payer les cens et servis prétendus par le seigneur de Beaujeu en un broteau près le pont du Rhône, ce seigneur en fut si fort indigné qu'il fit prendre prisonniers quelques sujets de l'archevêque, emmener leur bétail, piller leurs biens et faire plusieurs actes d'hostilité dont advint grand trouble en la cité de Lyon, plus les officiers du seigneur de Beaujeu dépendirent un criminel exécuté aux fourches de Saint-Sébastien par sentence des officiers de l'archevêque et le firent rependre en une autre justice patibulaire, dans les limites du seigneur de Beaujeu. Davantage, Guy, seigneur de Saint-Trivier en Dombes, sujet, allié et ami du seigneur de Beaujeu, avait en ce même temps bâti et édifié une maison forte auprès du rivage de Saône, nommée Beauregard, et l'avait fortifiée et avait fait un barrage entre le bourg de Beauregard et la rivière, en sorte que personne n'y pouvait passer, ce que l'archevêque prétendait avoir été fait à son préjudice étant ledit château construit et fortifié dans les limites de l'église de Lyon, sans congé ni permission de l'archevêque, et avait, ledit seigneur de Saint-Trivier, reconnu ledit château du fief du seigneur de Beaujeu, contre la défense de l'archevêque, et encore ledit seigneur archevêque se plaignit que les officiers du seigneur de Beaujeu prenaient la hardiesse dedans la ville de Lyon d'ouvrir les testaments à son préjudice et diminution de ses droits et justice. Pendant toutes lesquelles querelles se firent de grandes hostilités de part et d'autre. Enfin les parties ayant compromis d'arbitres et fait choix du révérend seigneur Guillaume, archevêque de Vienne, du magnifique seigneur Humbert, comte d'Albon et dernier dauphin de Viennois, d'Humbert de Thoire, seigneur de Villars, frère de l'archevêque, et de Guy de Marzé, sénéchal de Toulouse; ces quatre seigneurs les mirent d'accord en prononçant que l'inhibition faite par l'archevêque de ne payer les cens du broteau au seigneur de Beaujeu cesserait et serait de nul effet, et que toutes personnes, bétail et gages pris de part et d'autre seraient restitués, et les prisonniers mis en liberté, et que le corps dépendu des fourches de Saint-Sébastien y serait remis, ou en sa place, s'il ne se pouvait trouver, un fantôme ou effigie ; l'excommunication fulminée contre ceux qui ouvraient et publiaient les testaments révoquée, étant contre les droits desquels les seigneurs de Beaujeu avaient joui de tout temps. Cette sentence fut prononcée par Guy de Marzé, ès jardins du Temple à Lyon, l'an 1298, en juin, et, touchant le château et place de Beauregard, que le seigneur de Saint-Trivier reconnaîtrait la moitié dudit château et place de Beauregard, du fief du seigneur de Beaujeu, et l'autre moitié de l'archevêque, et qu'il mettrait deux étendards audit château, l'un aux armes de l'archevêque et l'autre aux armes du seigneur de Beaujeu qui demeureraient apposés, savoir : celui du seigneur de Beaujeu, trois jours durant, et celui de l'archevêque, cinq, en signe de supériorité.

III. — L'an 1299, Justel en son *Histoire d'Auvergne*[1], dit qu'il s'obligea envers Robert VII, comte d'Auvergne, et Guillaume de Bourbon, seigneur de Bancay, en 15.000 livres viennoises, pour la part que leurs femmes pouvaient prétendre en la terre et baronnie de Beaujeu, pour terminer le procès qui était entre eux, d'autant que ce Robert VII, comte d'Auvergne, était fils de Béatrix de Beaujeu, sœur d'Isabelle, comtesse de Forez et dame de Beaujeu.

Pierre de Saint-Julien de Baleurre[2] dit, qu'environ l'an 1300 Édouard, comte de Savoie et de Baugé et seigneur de Bresse, et les seigneurs de Beaujeu et de Ber.. firent, chacun de leur part, plusieurs grands préjudices et dommages à l'église de Mâcon ; j'ai vu, dans le trésor, une transaction qui fut faite, le 8 septembre 1318, entre lesdits sieurs du chapitre de Saint-Vincent dudit Mâcon et les seigneurs Édouard de Savoie, seigneur de Bâgié, et Guichard, seigneur de Beaujeu, qui avaient porté leurs armes conjointement contre les sujets dudit chapitre, dans laquelle transaction Guichard va fort bien de pair avec Édouard et ne sont appelés que nobles barons et puissants M. Édouard de Savoie, seigneur de la terre de Bâgié, et M. Guichard, seigneur de Beaujeu.

1. G : fol. 70. — 2. G : fol. 291.

L'an 1302, et le 15 des calendes de juin, il délaissa à ses trois frères, Humbert, Thomas et Guillaume, qui, par testament de leur père Louis, avaient chacun 300 livres viennoises de rente annuelle, leur vie durant, les châteaux de Joug, d'Amplepuis, de Saint-Bonnet-le-Troncy, Claveysoles, d'Allognet et de Cenves, et 150 livres viennoises, à prendre, tous les ans, sur le péage de Thizy et ce, pour la somme de 900 livres viennoises qu'ils avaient à prendre, tous les ans, dans la maison pour leur entretien, avec tous les droits, rentes, usage, possession et justice, tant qu'ils vivraient, laquelle justice serait exercée par son bailli de Beaujolais au nom, néanmoins, de ses frères, Humbert, Thomas et Guillaume.

L'an 1303, et le jeudi après la Saint-Luc, il acquit d'Étienne de Chirung, écuyer, quelques cens, rentes et usages qui appartenaient audit Chirung, tant en divers grains que gélines, en la paroisse de Coux, en la châtellenie ou mandement de Thizy, lequel de Chirung lui fit encore une autre vente, l'an 1331, des cens et autres droits que lui devaient les tenanciers de plusieurs héritages sis en divers lieux [1].

IV. — L'an 1304, et le 7 mai, il y eut un traité de paix entre Amé le Grand, comte de Savoie, et le dauphin, par lequel il fut dit que le comte de Savoie remettrait au dauphin le droit qu'il avait sur Montluel, etc [2]., et que le dauphin se départirait de tout ce qu'il prétendait à Meximieux et au bourg Saint-Christophe qui appartenait au seigneur de Beaujeu, qui, avec le comte, restitueraient ce qu'ils avaient pris à Mayeul et à Guillaume du Saix, etc. Ce traité n'ayant pas été exécuté, le pape Clément V en voulut être l'arbitre et par sa bulle, datée à Saint-Cyr, près Lyon, au mois de mars 1306, fit trêve entre ces deux princes et les seigneurs de Vaud, de Beaujeu, le comte de Genève et le seigneur de Mercœur, leurs adhérents, et fit jurer à Jacques de Boczezel et à Jean de Revel, baillis de Savoie et de Dauphiné, en présence des abbés de Cluny et de Cîteaux, qu'ils visiteraient les lieux contentieux entre ces deux princes, pour assigner à chacun ce qui lui appartiendrait et, où ils ne pourraient convenir, qu'ils en prendraient avis d'Aimar de Beauvoir et de Guy Alleman ; à quoi le comte et le dau-

---

1. G : fol. 17 et 18 du l. A, 1er coffre. — 2. G : Guichenon, *Hist. de Savoie*, ch. XX, fol. 356.

phin seraient tenus de déférer, ce qu'ils promirent et plusieurs gentilshommes de leur parti, savoir : pour le comte de Savoie, Louis de Savoie, seigneur de Vaud, Guichard, seigneur de Beaujeu, etc.

V. — La même année, comme il avait quelques prisonniers en son château de Chalamont, en Dombes, qui avaient faussé la monnaie et les coins du roi, Sa Majesté, qui était Philippe le Bel, le pria de les lui remettre, à cause qu'il n'appartenait qu'à ses officiers de connaître de sa monnaie. Guichard ayant volontiers incliné à la volonté du roi, Sa Majesté déclara qu'elle n'entendait point que cette rémission lui portât préjudice ni à sa seigneurie, ni à ses successeurs au temps à venir. La lettre est datée du 18 février, à Saint-Germain-en-Laye, et se trouve au chapitre de la souveraineté de Dombes.

VI. — L'an 1307, Guichard fit hommage à Louis de Villars, archevêque de Lyon, des villes de Meximieux et de Chalamont avec leurs territoires [1], en quoi il se reconnut vassal de l'Église ; mais, auparavant, ce même prélat l'avait excommunié pour lui en avoir dénié le fief. Les paroles rapportées par Severt [2] sont : *Nos Guichardus dominus Bellijoci confitemur esse vassalum domini archiepiscopi Lugdun. et ecclesiæ propter villas de Max'miaco, de Chalomonte et eorum territoriis, præsentibus Humberto et Guillelmo de Bellijoco*, etc.

L'an 1308, et le mercredi après la Croix de septembre, il transigea avec Humbert, seigneur de Thoire et de Villars, qui lui remit tout le droit qu'il pouvait avoir aux péages de Chardonne.

La même année, et le mardi après la Conception de la Vierge, il y eut un compromis entre lui et le chapitre de Lyon, dans le chapitre de ladite église, *ad sonum campanæ* [3], par lequel ils promirent de se rapporter aux arbitres par eux nommés pour terminer les différends qui étaient entre eux, concernant les limites des seigneuries d'Anse et de Villefranche ; ensuite de quoi il y eut sentence arbitrale [4], donnée par les mêmes arbitres, le mercredi de la semaine sainte de ladite année 1308 [5].

1. G : Saint-Aubin, section 16, fol. 246, p. 5. — 2. G : fol. 316. — 3. G ; Fol. 9 et 10 du l. A du 1er coffre. — 4. G : et fol. xi. — 5. Tout ce paragraphe, dans les mss. L, T, est reporté à la suite du paragraphe suivant.

VII. — La même année, il épousa Marie de Châtillon, fille de Gaucher de Châtillon, comte de Porcéan, connétable de France, et d'Isabeau de Dreux, contre le sentiment de Severt et de Duchesne, en leurs histoires de Bourgogne et de Châtillon [1], qui disent que sa première femme fut Jeanne de Genève, et cependant on trouve, dans le trésor de Villefranche, trois pièces attachées ensemble dans le sac coté C, du 1er coffre, sous la cote VII et VIII, dont la première est une constitution de dot faite, en l'an 1308, par Gaucher de Châtillon, comte de Porcéan, connétable de France, de 8.000 livres de rente au profit de Guichard de Beaujeu, à prendre sur le roi de Navarre, comte de Champagne, pour le mariage de Marie, fille dudit comte, première femme dudit seigneur de Beaujeu [2]. La seconde est un acte d'émancipation fait par ledit seigneur connétable de France, au mois de janvier 1308, de ladite dame Marie, sa fille, de laquelle et dudit seigneur de Beaujeu est issue une fille, mariée au sieur Partenay; la troisième est un transport fait, en l'an 1317, audit Guichard de Beaujeu, par ledit seigneur connétable, des seigneuries et droits à lui appartenant sur les terres de Forges, Treivel, Trembly, Avany, Ormeaux, Corgenes et l'étang de Passy.

Le sieur Justel, en son *Histoire d'Auvergne* [3], dit que Robert, VIIe du nom, comte d'Auvergne, avec son fils Robert VIII intervinrent pleiges, pour la dot de 8.000 livres, avec Jean, comte de Forez; ils étaient tous cousins et parents, savoir : Robert, comte d'Auvergne, fils de Béatrix de Beaujeu, fille d'Humbert V et sœur d'Isabelle de Beaujeu, comtesse de Forez, mère de Jean. Je dirai ci-après les enfants qui vinrent de ce mariage.

L'an 1309, et au mois de décembre, Guichard de Beaujeu transigea avec Pierre de Verneys, chevalier, touchant les droits de justice et plusieurs autres, que l'un et l'autre prétendaient en la paroisse de Chambost.

VIII. — L'an 1310, il fonda la chapelle de Saint-Laurent de son château de Beaujeu, pour deux prêtres auxquels il assigna, annuellement, 11 ânées de blé, 12 ânées vin pur et 16 livres viennoises, comme les curieux pourront mieux voir aux preuves. Cette chapelle, depuis la

1. G : l. III, ch. XCIV, l. VII, p. 352. — 2. G : voyez aux preuves. — 3. G : fol. 69.

démolition du château, l'an 1611, par les ordres du roi, a été transférée en la ville et donnée aux religieux du tiers-ordre, qui ont bâti leur église sous le vocable de Saint-Laurent et sous le titre de la chapelle du prince.

IX. — L'an 1312, il y eut différend avec l'abbé de l'Ile-Barbe[1] pour raison de la garde de Vimy et autres terres adjacentes, ce qui fut assoupi moyennant une pension annuelle de 20 livres que l'abbé accorda à Guichard sur les hommes dudit lieu de Vimy.

X. — L'an 1315, le roi Louis le Hutin, par ses lettres patentes, accorda et attribua aux seigneurs, comte de Forez et baron de Beaujolais, la connaissance et correction du crime de fausse monnaie dans leurs terres où ils ont droit de justice[2].

XI. — L'an 1317, le dauphin prit sur lui Mirebel en la Valbonne[3], qui fut cause d'un funeste accident qui lui arriva par le traité de paix qui avait été fait entre Amé V, dit le Grand, comte de Savoie, et Jean II, prince dauphin. L'an 1304, il avait été dit que le dauphin se départirait de l'hommage de Foucigny et de tout ce qu'il prétendait à Meximieux et au bourg Saint-Christophe, et ce traité n'ayant pas été exécuté, le pape Clément V en voulut être l'arbitre, et par la bulle datée à Saint-Cyr, près de Lyon, au mois de mars 1306, fit trêve entre ces deux princes et les seigneurs de Vaud, de Beaujeu, le comte de Genève et le seigneur de Mercœur, leurs adhérents, où il fut dit encore que la ville d'Ambronay en Bugey demeurerait au comte; néanmoins, quelques religieux du monastère, ayant toujours inclination pour le dauphin, entreprirent de se soulever contre le comte, et pour y parvenir plus facilement, ils avancèrent les jours d'Amblard de Briord[4], leur abbé, qui était de contraire sentiment; ils reçurent des troupes du Dauphiné et arborèrent, sur la plus haute tour de la ville, la bannière du dauphin. Amé, pour venger cette injure, assiégea Ambronay, le prit, l'an 1316, et y mit un autre abbé[5], qui fut Pierre de Baulme. Le dauphin, de son côté, assiégea le château de Mirebel, en la Valbonne,

---

1. G : Le Laboureur, fol. 200. — 2. G : fol. 22 et 25 du l. A du 1ᵉʳ coffre. — 3. G, J : Guichenon, *Hist. de Savoie*, fol. 363. — 4. L, T, B : Briou. — 5. L, T, B ajoutent : de la maison de Fromentes.

qui appartenait au seigneur de Beaujeu, et s'en saisit; ainsi, il y eut guerre ouverte : le comte assembla toutes ses forces. Louis de Savoie, prince d'Achaie, son neveu, Louis de Savoie, baron de Vaux, son frère, Léopold, duc d'Autriche, son gendre, et le comte d'Auxerre, Pierre de Savoie, archevêque de Lyon, Robert, duc de Bourgogne, Guichard de Beaujeu, qui avait intérêt de rentrer dans son bien, et plusieurs autres seigneurs du voisinage lui amenèrent du secours. Avec ces forces, il mit le siège devant le château de Saint-Germain d'Ambérieu, appartenant au dauphin, le prit après quelques jours de siège et le donna au pillage, ensuite de quoi le bourg d'Ambérieu se rendit.

L'an 1318, et le 8 décembre, il y eut une transaction entre Guichard de Beaujeu, Édouard de Savoie, seigneur de Baugé, fils d'Amé V, et les chanoines de Saint-Vincent de Mâcon, sur les pertes et dégâts faits auxdits chanoines et autres conventions sur la paix entre lesdits seigneurs [1].

L'an 1320, il épousa Jeanne de Châteauvilain [2], comme appert d'une quittance de M. Jean de Châteauvilain, par laquelle il reconnaît avoir reçu, de Guichard de Beaujeu, la somme de 2.000 livres, pour satisfaire à certaines conventions faites entre eux dans le contrat de mariage dudit seigneur de Beaujeu, avec Jeanne, fille dudit seigneur de Châteauvilain; ladite quittance est de l'an 1320. Elle lui porta en dot la terre de Montaguillon avec toutes ses appartenances et juridictions, l'an 1320, le mardi après les octaves de la Saint-Martin. Ce mariage est au fol. 20 du l. A du 1er coffre.

L'an 1321, fut conclu, à Chalon-sur-Saône, le mariage de Robert de Bourgogne avec Jeanne de Chalon, fille du comte d'Auxerre, par l'entremise et du consentement d'Agnès de France, duchesse de Bourgogne, mère de Robert, du comte Amé, aïeul de Jeanne de Chalon, du comte d'Auxerre, son frère, d'Édouard et d'Amé de Savoie, de Louis de Savoie, baron de Vaud, et de Guichard, sire de Beaujeu.

La guerre ayant toujours continué entre le comte de Savoie et le dauphin [3], Guichard de Beaujeu, qui était attaché au parti de Savoie par proximité d'alliance et par la perte de sa ville de Mirebel, que le dau-

---

1. G, J : coffre 8 du trésor, 9. — 2. G, J : cote n° xi, sac C du 1er coffre. — 3. G : Guichenon, fol. 376.

p'ain lui avait enlevée, fut envoyé avec Aimon de Savoie, second fils d'Amé, en Genevois, à cause que lorsqu'il y avait quelque différend entre ces deux princes, le comte de Genève était toujours du parti du dauphin, parce qu'il lui fâchait de relever du comte de Savoie. Aimon et Guichard surprirent, le 10 août 1320, sur Guy [1] de Feuillens, vidame de Genève, le château de Genève et le firent démolir ; de là, ayant appris la mort de Guillaume, comte de Genève, arrivée au mois de novembre suivant, ils se saisirent encore du château de Seissains.

Amé V, comte de Savoie, étant décédé en Avignon, au mois d'octobre de l'an 1323, et son fils Édouard lui ayant succédé, il reçut le serment de fidélité de tous ses vassaux, au mois de novembre suivant, et traita avec son frère Aimon pour son apanage, l'an 1324, au château de Chambéry, présents les principaux de Savoie et Guichard de Beaujeu [2], qui acquit, ladite année, la poype de Frens et près contigus d'Étienne de Gléteins, chevalier, pour la somme de 600 livres viennoises, et encore la terre de La Jonchère, sise audit lieu, avec les moulins, vignes, terres contigus à ladite poype de Frens.

XII. — La guerre ayant continué entre les princes de Savoie et le dauphin, s'ensuivit la bataille de Varey, l'an 1323, au commencement de février, où les deux armées s'étant approchées en la plaine de Saint-Jean-le-Vieux, sous le château de Varey, se donnèrent un furieux combat, où la victoire ayant été longtemps balancée fut à la fin pour les Dauphinois ; le comte de Savoie s'étant trop avancé dans la mêlée fut arrêté par Auberjon de Maleys, gentilhomme du Dauphiné, et comme il se défendit généreusement, Tournon survint qui le prit prisonnier ; mais Hugues, seigneur de Boczezel, accompagné d'Entremons, ayant accouru, sauva le comte Édouard des mains de ses ennemis et l'emmena au château de Pont-d'Ain en sûreté.

En cette journée, le dauphin fit prisonnier Robert de Bourgogne, comte de Tonnerre, etc. Jean de Chalon, comte d'Auxerre, et Guichard, seigneur de Beaujeu ; Hugues de Marzé, Angelin l'Anglois de Farges et Girard de Chintré [3], qui étaient de sa suite, furent aussi pris, etc.

Robert de Bourgogne fut mis à 50.000 florins d'or de rançon, pour lui et ses écuyers, etc.

1. L, T, B : Giry. — 2. G : fol. 377. — 3. L, T, B : Cintré.

Et quant à Guichard de Beaujeu, il fut relâché sous l'obligation qu'il passa au dauphin, au mois de février de l'an 1325, de ses châteaux de Perreux, de Thizy et de Lay, pour sûreté de sa rançon; depuis, il traita de sa délivrance avec le dauphin à Saint-Vallier, le 24 novembre 1327, par l'entremise de Jean, comte de Forez, d'Aimard de Poitiers, fils du comte de Valentinois, et de Guillaume de Beaujeu, son frère, qui ordonnèrent que le seigneur de Beaujeu serait en liberté en remettant au dauphin les seigneuries et château de Meximieux et du bourg Saint-Christophe, en la Valbonne, le fief de la Grande-rue de Villars, de la maison de Loyes et des poypes de Montelier, de Corsieu et de Monthieu, et l'arrière-fief de Châtillon, de La Palu et de Gordans, que lui devait le sire de Thoire et de Villars, outre quoi le seigneur de Beaujeu prit en fief du dauphin son château de Mirebel et promit de le servir envers tous et contre tous, à la réserve du roi de France, de l'église de Lyon, du duc de Bourgogne, du comte de Clermont et des abbés de l'Ile-Barbe et de Cluny. Les gentilshommes de sa suite, au moyen de ce traité, furent renvoyés sans rançon; depuis, le seigneur de Beaujeu[1] fut récompensé de cette perte par traité fait à Baugé, le 29 de janvier 1327. Le comte de Savoie lui délaissa en propriété les châtellenies de Coligny-le-Neuf et de Buenc, à la charge du fief, et promit de lui payer 40.000 livres viennoises, à condition que Guichard de Beaujeu lui ferait hommage des villes et châteaux de Lent et de Thoissey, en Dombes. Ce traité se fit par l'entremise de Pierre de Savoie, archevêque de Lyon, et en présence de Guillaume de Beaujeu, d'Arnould, seigneur d'Urfé, et de Jean, seigneur de Franchelins, de Galois de la Baume, seigneur de Valetin[2], et d'Hugues de Châtelard, chevaliers.

XIII. — Guichard fut maître de l'Hôpital d'outre-mer, comme dit la *Chronique de Belleville*, et Severt ensuite par ces mots : *magnum postea exercuit magisterium hospitalis ultra marini*, et, en cette qualité, il eut la conduite du tiers bataillon français à la journée de Mont-Cassel, l'an 1328[3], ce que Duchesne, en son *Histoire de Bourgogne*, a confondu, disant qu'il avait cette conduite avec le grand maître des Hospitaliers,

---

1. G : Baugé. — 2. L : Vafefin; J : Valetein. — 3. L, T : 1318.

contre ce qu'a dit Nicolas Gilles, en sa *Chronique*, par ces mots : « La tierce bataille conduisait le maître de l'Hôpital d'outre-mer et seigneur de Beaujeu », en quoi il faut remarquer qu'il ne dit pas : « et le seigneur de Beaujeu, mais seulement le maître de l'Hôpital d'outre-mer et seigneur de Beaujeu, » pour montrer que ce n'était qu'une même personne, et pour marque qu'il y était bien considéré c'est que le roi de Navarre, le dauphin de Viennois, les ducs de Bretagne, de Bourgogne, de Bourbon, de Lorraine, d'Alençon, le connétable Gaucher de Châtillon, les comtes de Flandres, de Hainaut, d'Artois et de Bar et plusieurs autres seigneurs y étaient.

Il y est mentionné sous le nom de Richard, dans la lettre que les barons de France écrivirent au collège des cardinaux contre Boniface VIII.

XIV. — Enfin ce grand prince, tout couvert de gloire et d'honneur, après avoir servi cinq rois : Philippe le Bel, Louis Hutin, Philippe le Long, Charles le Bel et Philippe de Valois, desquels il avait été chambellan et un des principaux conseillers, paya le tribut à la nature, à Paris, le 18 septembre de l'an 1331 [1], et, comme il avait semé, pendant toute sa vie, des lauriers, il recueillit, à sa mort, des palmes, mourant plein d'honneur et de gloire, comme l'un des plus braves chevaliers de son siècle, auquel la valeur acquit, à juste titre, le glorieux surnom de Grand [2]. Il fut enterré à Belleville, dans une sépulture neuve qu'il avait fait faire pour soi, le 3ᵉ jour d'octobre ; les poètes de son temps célèbrent sa mémoire par diverses épitaphes dont en voici quelques-unes :

Epitaphium positum manibus domini Guichardi magni, domini Bellijoei, qui supremum diem clausit anno supra [3] millesimum trecentesimo tricesimo [4] primo, 4 non. novemb. Exequiæ istius celebrantur Bellevillæ

> *A milleno cum primo ter quoque deno*
> *Princeps Guichardus, leo corde, gigas, leopardus*
> *Bellatorque audax et nobilitatis amator*
> *Numquam devictus bello per militis ictus,*
> *Vincitur a morte, cæli pateant sibi portæ*

1. G : *Histoire de Châtillon*, fol. 352. — 2. G : Froissard. — 3. G : *suprema*. — 4. B. V : *trigesimo*.

L'an 331 après mille, Guichard
Prince, lion de cœur, géant et léopard,
Hardy guerrier, aimant noblesse vertueuse,
Non vaincu des soldats en guerre furieuse,
Est vaincu de la mort, qu'au haut ciel azuré
A toujours mais en heur soit son lieu asseuré.

L'an mil trois cent et trois fois dix
Un y ajoute, le prince Guichard
Lion en cœur, grand et puissant jadis,
Noble seigneur, hardy comme un léopard,
Chevaleureux, aimant arme, noblesse,
Onques vaincu ne fut en prouesse
Par coups de lance, arc, ou flesche,
Mais Atropos, qui tout opresse,
Le vint sommer d'aller aux bas palus.
Fuir ne peut, mais prions que son âme
Soit mise en Paradis, là sus
Avec Dieu et la glorieuse dame.

XV. — Il épousa trois femmes [1], desquelles il procréa divers enfants : la première fut Jeanne de Genève, fille de Rodolphe et sœur d'Aimon II, tous deux comtes de Genève, de laquelle il n'eut qu'une fille, selon Duchesne.

1° Marie de Beaujeu, mariée, l'an 1331, à Jean l'Archevêque, seigneur de Parthenay, Vouvent et Mervent, fils de Guillaume l'Archevêque et de Jeanne de Montfort. Elle était mariée devant la mort de son père, puisqu'il fait mention d'elle dans son testament disant qu'elle est femme du seigneur de Parthenay, à laquelle il donna 40 livres tournois de légat, avec ce qu'il lui a donné et assigné par son contrat de mariage, en sorte qu'elle ne puisse rien demander davantage pour raison de la dot de sa mère Jeanne ou autrement, sur ses biens, ni autrement, y ayant renoncé par ses lettres de renonciation en son contrat de mariage.

Severt dit encore que ladite dame eut un fils qui mourut en venant

---

1. G : Guichenon, *Hist. de Savoie*, fol. 1213.

au monde, avec sa mère, le 23 février 1303, et furent enterrés tous deux à Belleville.

La seconde femme de Guichard fut Marie de Châtillon, fille de Gaucher de Châtillon, comte de Porcéan, connétable de France, et d'Ysabeau de Dreux, sa première femme ; il en eut un fils et deux filles, qui suivent :

1° Édouard Ier, seigneur de Beaujeu, qui lui succéda.

2° Marguerite de Beaujeu, mal appelée Marie, par Paradin et Severt, puisque le testament de son père l'appelle Marguerite et la dit être femme du seigneur de Montmorency [1], à laquelle il lègue pour tous droits 50 livres tournois, de quoi il veut qu'elle se contente avec ce qu'elle a eu en mariage. Ce seigneur de Montmorency s'appelait Charles, seigneur de Montmorency, d'Écouen, de Damville, Argenton, Berneval, Feullarde [2], Vitry-en-Brie, Chaumont-en-Vexin, Blazon, Chimelier, etc., chevalier, conseiller et chambellan ordinaire des rois Philippe de Valois et Jean son fils, lieutenant général pour leurs majestés, sur les frontières de Flandres et de la mer, et en toute la Picardie, grand panetier et maréchal de France. Duchesne, au lieu ci-coté à la marge, dit que cette dame attachait aux plus puissantes [3] et relevées familles [4] du royaume, car, du côté de Guichard, son père, elle était alliée des ducs de Bretagne, des comtes de Dreux, de Savoie, de Forez, de Valentinois, de Ventadour, de Saint-Pol, de Boulogne et d'Auvergne, et, à cause de Marie de Châtillon, sa mère, elle avait aussi pour parents les mêmes ducs de Bretagne, comtes de Dreux, de Saint-Pol, les ducs de Bourbon, d'Athènes, les comtes de Flandres, de Nevers, d'Auxerre, d'Eu, de Blois, de Porcéan et autres, tant princes de la maison royale que seigneurs très illustres. Les conventions de ce mariage furent faites du consentement et volonté du roi Philippe de Valois, qui, en faveur d'icelui, donna 2.000 livres parisis à Marguerite de Beaujeu, par lettres du premier jour de juin l'an 1330. Elle mourut sans enfants, la veille des Rois de l'an 1336, et fut enterrée [5] à Notre-Dame du Val, ordre de Citeaux, devant le grand autel, sous une tombe plate qui s'y voit encore.

1. G : *Hist. de Montmorency*, l. III, ch. VII, fol. 198. — 2. L : Feuillarde ; T : Feuillade ; J : Feurlade. — 3. T : maisons de France, car du côté. — 4. L : de France. — 5. L, T, J : en l'abbaye de N.-D.

3° Aliénor [1] de Beaujeu, religieuse au monastère de Polleteins, en Bresse, à laquelle son père laisse, sa vie durant, un habit garni et accompli, selon la décence de la personne de son état et de sa religion, payable tous les ans, par son héritier, au jour de Saint-Michel, outre la donation qu'il lui avait faite d'une pension viagère sa vie durant, lors de son entrée en religion. Il y a bien de l'apparence que ladite Aliénor précédait sa sœur Marie en naissance, puisque le testament de son père la nomme devant sa sœur Marie; leur mère mourut le vendredi-saint de l'an 1317 et fut enterrée à Belleville.

La troisième femme de notre Guichard fut Jeanne de Châteauvilain, fille de Jean de Châteauvilain, seigneur de Luzy, qui lui engendra, selon Duchesne, quatre fils et une fille, outre lesquels Severt admet deux autres fils, Eustache de Beaujeu, maréchal de France, et Jacques de Beaujeu, qui ne sont point nommés dans le testament de leur père, auquel je m'attacherai sans m'écarter ailleurs et mettrai pour premier :

1° Guichard de Beaujeu, seigneur de Perreux, auquel le père donne, par son testament, les châteaux de Perreux et de Luzy, pour tous droits qui lui pouvaient appartenir. Il en sera fait plus ample mention après la postérité d'Édouard son frère.

Il y a, au coffre 1, sac C, n° XI, une reconnaissance de Jacques de Vienne, sire de Lombes et de Bellevenière, par laquelle il déclare que, du commandement de M. le duc de Bourgogne, comte d'Artois, palatin et seigneur de Salins, il avait pris en garde le châtel de Vadans jusque au jour de Pâques, sur les conditions contenues ès lettres dudit seigneur duc, lequel châtel il promettait et jurait de bonne foi rendre à M. Guichard de Beaujeu, en foi de quoi il disait avoir scellé la présente de son sceau, le 18 décembre 1356.

2° Guillaume de Beaujeu, seigneur d'Amplepuis, dont la branche sera aussi déduite à la fin de ce discours.

Il y a au trésor de Villefranche un contrat de partage fait, en juillet 1345, entre Guillaume, Robert et Louis de Beaujeu, par l'avis de leur mère Jeanne de Châteauvilain, par lequel partage le château d'Amplepuis advint à la part dudit Guillaume, pour en jouir sa vie durant seulement, d'autant qu'il était destiné à être d'église.

1. B : Éléonor.

3° Robert de Beaujeu, que le père commande par son testament de faire étudier pour le faire d'église, et lui donne les revenus du château d'Arcinges, sa vie durant, en sorte que ces revenus montent jusqu'à la somme de 300 livres viennoises, et où elles ne se trouveraient pas il ordonne à Guichard, seigneur de Perreux, frère dudit Robert, de lui assigner, sur les lieux les plus proches et plus voisins dudit lieu d'Arcinges. Duchesne [1] dit que le même Robert fut seigneur de Jou-sur-Tarare, de Saint-Bonnet, de Claveysolles et de Coligny [2], allié par mariage avec Agnès de Vienne, dame de Chandenay, laquelle il laissa veuve et mère de deux fils et deux filles, l'an 1380. L'ainé des fils fut Guichard de Beaujeu, seigneur de Jou et de Belleville et de Saint-Bonnet, qui accompagna Louis, duc de Bourbon, en Afrique et y mourut sans lignée, le 6ᵉ jour de septembre, l'an 1390. Le second, nommé Jean de Beaujeu, décéda pareillement sans enfants; la première fille fut Marguerite de Beaujeu, mariée, le 16 décembre l'an 1391, avec Louis, dit de Listenois, chevalier, seigneur de Montagu et de Châteloudon, chambellan du roi Charles VI, et l'autre, Jeanne de Beaujeu, femme de Jean, seigneur de Cusance et de Beauvoir, à laquelle par partage fait avec sa sœur, l'an 1421, après la mort de leurs frères et d'Agnès, leur mère, qui trépassa l'an 1418, échut entre autres terres le château de Collignac, et à sa sœur aînée, celui de Jou-sur-Tarare; Robert mourut à la bataille des Tard-venus, à Brignais, proche de Lyon, l'an 1360 [3].

Après la mort de Robert, Agnès de Chadenay, sa veuve, eut un procès avec messire Édouard II, seigneur de Beaujeu, pour être payée de 4.000 fr. [4] d'or, qu'Édouard lui devait en vertu d'un traité fait à Paris (qui est aux preuves) entre Robert, son mari, et lui, elle demandait encore que la terre, juridiction, revenus et autres, qui étaient communes et indivises à Claveysoles, Saint-Nizier, Saint-Bonnet-le-Troncy fussent partagées entre elles, à ce que chacune eut sa part; sur quoi Édouard, le dimanche devant la Nativité de N.-S., 1395, constitue ses procureurs généraux et spéciaux pour traiter avec ladite dame, sa tante,

1. G, J : *Histoire de Bourgogne*, t. III, ch. LXXXXIV. — 2. L, T : Collignac; le ms. B portait primitivement Collignac; J : Collignay. — 3. G, J : *Hist. de Lyon*, de Paradin, fol. 215 et 216. — 4. L, T, B, J : livres.

noble et puissant chevalier Robert de Trazettes, Philippe Hugan et Pierre Fantachin, licenciés.

4° Louis de Beaujeu, seigneur d'Alloignet, que le père lui laisse par son testament, pour en jouir sa vie durant, sur lequel il veut que son fils Guichard lui assigne 200 livres viennoises, outre lesquelles Guillaume, son autre fils, lui donne autres 100 livres annuelles, dont il veut qu'il se contente, désirant qu'on le fasse étudier pour être homme d'église, ce qui ne fut pas, car il se maria avec Jeanne de Beaujeu-sur-Saône, dont il eut une seule fille, Antoinette de Beaujeu, mariée avec Jacques d'Argueil, écuyer; elle trépassa, l'an 1385, et fut enterrée au prieuré de Saint-Mamert, laissant Jeanne de Beaujeu, sa mère, encore vivante, remariée avec Robert de Grancey, chevalier; Louis de Beaujeu, son père, mourut parmi les Turcs, l'an 1380, et fut enseveli à Raguse, en l'habit de Saint-François, au couvent des frères mineurs de ladite ville.

5° Blanche de Beaujeu, que le père voulait qu'elle [1] fût religieuse et, pour ce, lui ordonnait être payées tous les ans, par son héritier 30 livres; c'est pourquoi Duchesne n'a point fait difficulté de dire qu'elle fut religieuse à Polleteins avec sa sœur Aliénor [2]; elle fut puis après mariée à Mabrion, seigneur de Linières [3], qui fut au siège du château de La Roche-sur-Yon, l'an 1369, pris par les Anglais.

Les pièces d'un procès qu'elle eut contre Antoine, seigneur de Beaujeu, appellent son mari Jean, sieur de Linières, duquel étant veuve, elle intenta procès pour avoir supplément de la légitime qu'elle prétendait lui appartenir des biens de feu messire Guichard, seigneur de Beaujeu, son père, contre messire Antoine de Beaujeu et dame Marie du Thil, sa mère et tutrice, l'an 1373, ce qui fut continué par messire Philippe de Linières, fils de ladite dame Blanche et dudit feu Jean de Linières, contre dame Marguerite de Poitiers, veuve de feu Guichard de Beaujeu, seigneur de Perreux, et Édouard, seigneur de Beaujeu, leur fils, dont il y a plusieurs quittances dudit Philippe et de ladite Blanche, au profit dudit seigneur Édouard, dont la dernière finale est du 19 avril après Pâques 1395 [4].

---

1. B : voulait être. — 2. L, T : Éléonor. — 3. L, T : Linier. — 4. G : coffre 10, cote K, sac 1ᵉʳ.

Son contrat de mariage est au trésor de Villefranche, passé les 19 et 27 de juillet 1346, n° XII; ce mariage fut traité par la reine de Navarre et la comtesse de Savoie et le comte de Sancerre, cousin du seigneur de Lignières, le 7 juillet 1346; ladite Blanche eut en dot 5.500 livres, et de douaire, 1.200.

Je ne sais en quelle année mourut Jeanne de Châteauvilain, leur mère, elle vivait encore en 1333, comme je vois par une quittance au trésor, n° IX, sac C du 1ᵉʳ coffre, par le seigneur de Parthenay, au profit de ladite Jeanne de Châteauvilain, veuve dudit Guichard de Beaujeu et tutrice de Guichard de Beaujeu, leur fils, en déduction du mariage de Marie de Beaujeu, sa femme.

XVI. — Outre la substitution que Guichard fait dans son testament de l'un à l'autre de ses enfants, il y a encore quantité de légats pies qu'il fait à l'abbaye de Belleville, de Joux, de l'Ile-Barbe, de Savigny, de La Chassagne, de Saint-Rambert, de Grammont, de Brienne, aux Cordeliers et Jacobins de Lyon, Mâcon, Montbrison et Chalon, à tous les hôpitaux de Lyon et de Beaujolais, et à toutes les religieuses de Forez et de Beaujolais, et à tous les curés de ses terres et à l'abbaye de Citeaux, que les curieux pourront mieux voir dans son testament qui est au livre des preuves, comme aussi les légats qu'il fait à quelques-uns de ses gentilshommes qui l'avaient suivi ès guerres et avaient été pris avec lui. Il ordonne encore par son testament la fondation d'une chapelle de Sainte-Magdelaine à Thoissey, en Dombes, et institue un prêtre qui y célébrera la messe trois jours de chaque semaine, pour lesquelles il assigne cinq ânées de seigle et une ânée de froment, six ânées de vin, six livres viennoises à perpétuité; l'institution duquel chapelain appartiendra au seigneur de Beaujeu; il donne encore, à Pierre de Bruyre [1], son aumônier et chanoine de Beaujeu, 40 livres viennoises, pour une fois, et laisse à sa sœur Marguerite, veuve du comte d'Auxerre, son château de Montmelard, sa vie durant. Les curieux verront mieux les bienfaits et munificences de ce prince dans son testament qui paraît, comme j'ai dit, aux preuves, fait le 18 mai 1331 [2].

Il fut seigneur de Semur-en-Brionnais, qu'il eut de sa femme, Jeanne

---

1. L, T: Bruire. — 2. Cette date manque au ms. T.

de Châteauvilain, au sujet de quoi il traita, l'an 1321, avec le prieur et couvent de Marcigny, touchant la justice, comme l'on peut voir aux preuves; je ne sais si ce fut ensuite d'un procès qu'il eut avec ce prieur et couvent au parlement de Paris, où il fut condamné en 10.000 livres d'amende envers le roi, pour les excès que lui et ses gens avaient fait audit monastère, dont les actes sont aux preuves.

CHAPITRE IV

ÉDOUARD Iᵉʳ, SEIGNEUR DE BEAUJEU ET DE DOMBES

SOMMAIRE. — I. Il porte secours aux chrétiens en la Terre sainte. — II. Est grandement dévot à la Vierge. — III. Transige avec Étienne de Laye, de la justice de Saint-Lagier, pour l'acquisition de Horous, en Dombes. — IV. Reçoit Buenc et Coligny du comte de Savoie pour la perte que son père avait faite en la bataille de Varey. — V. Il combat contre les Anglais où il perd la vie. — VI. Son testament. — VII. Sa femme et ses enfants. — VIII. Quel était le chapitre de Beaujeu sous ce prince.

I. — Édouard, Iᵉʳ du nom, seigneur de Beaujeu et de Dombes, fils aîné de Guichard le Grand et de Marie de Châtillon, sa seconde femme, naquit le jour de Pâques, l'an 1316, et prit possession des seigneuries de Beaujeu et de Dombes à 15 ans. Depuis, il assista nos rois en plusieurs de leurs guerres et fit même un voyage à ses dépens contre les infidèles où il mena grand nombre de gentilshommes, au retour duquel voyage Philippe de Valois le créa maréchal de France, l'an 1347, par la démission de Charles de Montmorency, son beau-frère. Il y a dans le trésor de Villefranche une convention de l'an 1350, touchant le louage d'un navire pour passer de Constantinople à la Morée et Nègrepont.

Comme il fut arrivé à la succession du Beaujolais et qu'il se vit accablé de dettes qu'avait faites feu son père, dont il payait de grosses usures, il vendit, de l'avis de Girard de Chintreys, son curateur, à Guillaume, archevêque de Lyon, pour lui et ses successeurs archevêques, pour le château de Ternant, avec ses appartenances et la somme de 30.000 florins d'or, l'an 1333, Mirebel et son mandement de Montaneys et la garde de l'Ile-Barbe et de Vimy.

II. — Il était extrêmement dévot à la sainte Vierge, ce qui l'occasionna de fonder une chapelle en l'église de Notre-Dame de Montmerle, à laquelle il assigna 25 livres viennoises de rente annuelle, le jeudi après Pâques de l'an 1347 [1]; ce fut en considération de ce que sa femme, Marie du Thil, avait fait une donation perpétuelle à ladite chapelle desdites 25 livres pour l'entretien d'un prêtre qui devait servir avec les autres dans ladite église, sous l'habit régulier de Saint-Augustin; chassa tous les Juifs de ses terres de Dombes et enjoignit, par son testament, de ne les y souffrir jamais.

III. — L'an 1339, et le lundi, lendemain du second dimanche de carême, présents Hugues de Marchampt et Antoine de Laye, chevaliers et autres, il transigea avec noble et puissant seigneur Étienne de Laye, chevalier, sur la forme d'un échange qu'ils firent entre eux, savoir : que ledit seigneur de Laye lui quitta, à perpétuité, et à jamais, par droit de permutation et d'échange, sa terre de Horous, sise en la paroisse d'Agnereins, en Dombes, proche le château de Villeneuve, qui appartenait audit seigneur de Beaujeu, avec tous ses revenus, usages, journaux, corvées, services, forces [2], soit en deniers, blé froment, seigle, orge, avoine, poules, poulets, chapons, huile, miel, cire et toutes sortes de légumes, avec tous les domaines, soit en terres labourables, prés, pâquiers, vierres, forêts, chasses et autres choses cultes et incultes quelconques, avec mère et mixte, impère et toute justice, juridiction ordinaire, haute et basse, sur toutes personnes esdits lieux, et encore tout le droit qu'il avait sur les hommes taillables et non taillables et tenanciers dudit lieu, appartenances et dépendances, avec tous lods, ventes, reconnaissances et tous autres droits qui lui pouvaient appartenir pour quelque cause que ce fût ou pût être ; en échange de quoi le prince Édouard, seigneur de Beaujeu, céda, quitta et transporta, pour lui et ses successeurs à l'avenir, audit Étienne de Laye, chevalier, et aux siens, à perpétuité, tous les cens et revenus qu'il avait et pouvait avoir ès villes et paroisses de Saint-Lagier et de Cercié, avec tous ses hommes [3], rentes, usages, journaux, corvées, services, forces, soit en denier, blé froment, seigle, orge, avoine, vin, poules, poulets, cha-

1. G : Fol. 31 du l. A du 1er coffre. — 2. G : *Angaria, servitus coacta.* — 3. L, T, B : hommages.

pons, huile, miel, cire et toutes sortes de légumes, etc., mère et mixte, impère et toute juridiction ordinaire, haute et basse, entre toutes les personnes et en tous lesdits lieux et autres droits qu'il pouvait avoir sur les hommes taillables et non taillables et tenanciers desdits lieux limites, selon qu'il est spécifié dans l'acte qui sera aux preuves, en sorte que ledit seigneur de Laye y puisse bâtir bourg clos et fermé, y accorder foires et marchés avec franchises, toutes les fois que lui et ses successeurs le trouveront bon, sauf au seigneur de Beaujeu la supériorité et le ressort et le droit de ressort desdites villes de Saint-Lagier et de Cercié, dans lesdites limites, et ledit seigneur de Laye reçut en fief lige dudit seigneur de Beaujeu la maison forte ou château de Saint-Lagier et les forts qu'il y ferait à l'avenir, avec toute justice comme j'ai dit, foires, marchés et franchises, telles que ledit seigneur de Laye y voudrait instituer, de quoi il en fit pour lors hommage entre les mains dudit seigneur, qui lui donna la bouche, et confessa pour lui et ses successeurs qu'il était homme lige dudit seigneur de Beaujeu et de ses successeurs à perpétuité, à la même façon qu'était le seigneur de Vaux, qui avait pareille justice, en échange d'une portion du péage de La Marche, que Milon, seigneur de Vaux, avait droit de lever au port de Belleville et laquelle il avait cédée à Guichard le Grand, père d'Édouard, l'an 1308, en contre échange de la juridiction du lieu de Vaux, que ledit seigneur de Beaujeu lui remit et délaissa. Le reste se verra mieux dans l'acte qui est aux preuves.

IV. — Au précédent chapitre, j'ai dit que Guichard, seigneur de Beaujeu, ayant été fait prisonnier en la bataille de Varey, Édouard, comte de Savoie, pour le récompenser de la rançon qu'il avait payée au dauphin, lui promit, l'an 1328, les châteaux de Coligny et de Buenc et 40.000 livres viennoises, à condition que le sire de Beaujeu prendrait en fief de lui les villes et châteaux de Thoissey et de Lent, en Dombes [1]. En exécution de ce traité, le comte Aimon, fils d'Édouard de Savoie, étant au monastère d'Ambronay, le 5 juillet 1337, quitta à Édouard, sire de Beaujeu, fils de Guichard, les villes, châteaux et seigneuries de Thoissey, Lent et de Buenc et Coligny, à la charge de l'hommage, tel que Louis de Savoie, seigneur de Vaud, Jacques de Savoie, prince de Pié-

1. G, J : Guichenon, *Hist. de Savoie*, fol. 390.

mont, et le comte de Genève le devaient à la couronne de Savoie, à la réserve faite par le sire de Beaujeu de la fidélité à laquelle il était tenu envers le roi de France, les ducs de Bourgogne et de Bourbonnais, l'archevêque de Lyon et les abbés de Cluny et de l'Ile-Barbe ; le sire de Beaujeu, de son côté, se départit, en faveur du duc de Savoie, du droit qu'il avait sur les châteaux du bourg Saint-Christophe et de Beauregard-sur-Saône et sur le fief de Villars (desquels il avait été convenu, l'an 1334, que le pape en serait l'arbitre), se réservant le fief du château de Gordans, et, pour la sûreté des 40.000 livres que le sire de Beaujeu devait toucher, le comte de Savoie donna pour caution Amé, comte de Genève, etc. L'hommage fut prêté par le seigneur de Beaujeu, entre les mains du comte : *immissis dicti domini Bellijoci manibus infra m... as dicti domini comitis, osculo fœderis interveniente, cum expressione verborum fidelitatis et hommagii necnon aliis solemnitatibus in talibus consuetis.* Ce fut le 26 juin 1343, à Hautecombe, devant la petite chapelle de l'abbé, en présence de Guigues de Syon, d'Ancelin de Maurienne, de Jean de Grenoble, d'Alleman de Genève et de Jacques de Belley, tous évêques, où, après avoir contesté que les châteaux de Lent et de Thoissey, *erant allodiala et libera ab omni onere servitutis*, il se constitua homme et vassal dudit comte de Savoie pour certains châteaux qu'il dit tenir de lui en fief, lesquels il ne spécifie pas.

Notre Édouard aida au comte Vert, Amé VI de Savoie, à châtier les Valaisans qui s'étaient rebellés, à l'occasion de Guichard Tavel, évêque de Sion [1] ; lesquels s'étant rangés à leur devoir, il y eut paix entre eux.

Duchesne dit qu'il soutint le siège de La Mortagne, l'an 1340, contre le comte de Hainaut [2] et renversa même une fois, de ses propres mains, dix ou douze des ennemis dans les fossés. En 1345, il servit le duc de Normandie en Guyenne contre les Anglais et prit plusieurs places qu'ils occupaient ; il accompagna le roi Philippe VI tant en la bataille de Crécy, en 1346, qu'à la retraite d'icelle [3]. Il suivit le roi au siège de Calais, et finalement il combattit une armée d'Anglais auprès d'Ardres, où il prodigua sa vie et son sang pour la défense du royaume, car il y

---

1. G : Guichenon, *Hist. de Savoie*, fol. 405. — 2. G : Froissard, ch. XLV et LX. — 3. G : id., c. CXIX.

mourut joignant son enseigne, le 3ᵉ jour de mai 1351, âgé de 35 ans seulement ¹, et fut porté en l'abbaye de Belleville, au tombeau de ses prédécesseurs.

V. — La chronique de Belleville dit qu'il livra la bataille aux Anglais, près d'Ardres, plus hardi qu'un lion, et tellement se porta qu'il mettait déjà lesdits Anglais en fuite ; toutefois, ainsi que Dieu permit, y fut occis en ladite bataille, parce que les Lorrains se rallièrent ensemble, en si grande puissance, qu'ils vinrent courir sur l'enseigne dudit prince abattue ; messire Guichard de Beaujeu, son frère, seigneur de Perreux, lequel était en un autre quartier de ladite bataille, sut les nouvelles dont il fut dolent ; toutefois, il reprit et releva ladite enseigne et rallia tout ce qu'il put de ses gens, lesquels se portèrent si vaillamment, nonobstant la mort de leur chef, par la prouesse et chevalerie dudit Guichard, qu'ils gagnèrent la bataille et leur demeura victoire ès champ auquel furent tués Anglais et Lorrains en grand nombre, plusieurs blessés, et prit beaucoup de prisonniers, et tout le demeurant fut mis en fuite. Ledit messire Guichard commanda que le corps de son frère fût levé et porté à Saint-Omer, ce qui fut fait incontinent ; mais ce ne fut sans grande douleur qui fut faite sur le corps du maréchal, car il mourut à l'âge de 35 ans, l'an 1351 ² ; son corps fut apporté dudit lieu de Saint-Omer à Belleville, où il fut enseveli, le dernier juin, au tombeau de son père. Froissard fait ample mention de lui, l'appelant, en plusieurs endroits de son *Histoire*, pieux et hardi chevalier.

VI. — Il fit son testament en 1346, le 27 mai, par lequel il dit qu'il veut être enterré à Belleville, et donne à chaque prêtre qui sera présent à sa sépulture 3 gros tournois d'argent, monnaie de France, avec pleine réfection, aumônes et offrandes, lesquels diront chacun trois messes dans les huit premiers jours après sa mort. Il donne aux églises et monastères de Beaujeu, de Belleville et de Joug-Dieu, à chacune, 100 sous de rente, à perpétuité, à la charge de dire, chaque semaine, une messe basse des morts et un anniversaire au jour de son décès ; sa veuve, Marie du Thil, et son fils accordèrent depuis avec le

---

1. G : id., c CXLV. — 2. L, T : 1531.

chapitre de Beaujeu, pour lesdits 100 sous; de plus, il veut qu'il soit établi six prêtres religieux de Saint-Augustin dans la chapelle de Notre-Dame de Montmerle. Ce testament et celui de Guichard, son père, étaient insérés dans un livre couvert de peau tanée, fort usé, en la chambre du trésor de Villefranche, l'an 1540, d'où il fut tiré, le 27 mai, par ordonnance de M. Jean Gaspard, lieutenant général, et messire Rodolphe Strossi, vicaire général de l'abbaye de Belleville, par Gaudet, notaire royal, commis du clerc de la chambre et garde du trésor.

VII. — Il épousa, le 6 novembre de l'an 1338, Marie de Thil, dame de Bourboille, de La Roche de Noulay, de Montagny et de Carisy, en Lyonnais, qu'elle lui apporta en dot; elle était fille de Jean, seigneur du Thil, en Auxois, de Marigny, en Champagne, et d'Agnès de Frolois; elle lui procréa un fils et une fille :

1° Antoine, seigneur de Beaujeu et de Dombes.

2° Marguerite de Beaujeu, née au château de Montmerle, le 20ᵉ jour d'octobre 1346, et mariée avec Jacques de Savoie, prince d'Achaïe et de la Morée, comte de Piémont et seigneur d'Yvrée [1]; elle lui porta en dot les seigneuries de Berzé, Cenves et Juliénas; ce mariage se fit au palais épiscopal de Belley, le 16 juillet 1362; sa dot fut de 15.000 florins d'or, de la restitution de laquelle ce prince donna pour caution Amé, comte de Savoie. Un auteur a écrit que, depuis sa viduité jusqu'à son décès, elle porta l'habit du tiers ordre de Saint-François et passa le reste de sa vie dans une grande dévotion; elle laissa deux enfants de son mari : Amé et Louis de Savoie; elle testa le 21 octobre 1388.

Severt donne à notre Édouard un second fils, Amé, précenteur dans l'église de Lyon, qui vendit la maison de Beaujeu, qui était dans le cloître, à Jean de Talaru, cardinal, l'an 1376.

Marie du Thil demeura tutrice de ses enfants et prit tant de soin et ménagea si bien leur hoirie qu'elle acquit pour elle et pour les siens le château de Berzé, en Mâconnais; elle dit adieu au monde, au château de Pouilly, le 4 mars, l'an 1359.

1. G : Guichenon, fol. 331, 332.

Il y a une transaction passée, le 29 janvier 1345, entre Édouard, baron de Beaujeu, et dame Marie du Thil, son épouse, d'une part, et Jean, sire du Thil, père de ladite dame, d'autre, touchant la succession de feue dame Agnès de Frelois, mère de ladite dame Marie [1], par laquelle transaction ledit seigneur du Thil leur remit plusieurs terres assises en Bourgogne ; contrat de mariage dudit seigneur de Beaujeu et de ladite dame Marie du Thil, transaction passée, le 29 juillet [2] 1355, entre dame Marie du Thil, veuve d'Édouard de Beaujeu, comme tutrice d'Antoine de Beaujeu, leur fils, d'une part, et Pierre de Verneuille, écuyer, d'autre, auquel elle transporta le revenu de deux années de la terre et seigneurie de Berzé, pour demeurer quitte de quelque somme d'argent que ledit feu seigneur Édouard lui devait.

L'an 1349, au mois de mars, le roi Philippe VI lui fit don de la ville et châtellenie de Châteauneuf, en Mâconnais, en considération de la perte des places que feu son père avait faite étant prisonnier à la bataille de Varey, ce qui fait croire qu'il n'était pas encore satisfait du comte de Savoie, et partant faux ce que dit Guichenon ci-dessus, touchant l'hommage des seigneuries de Thoissey, Lent, etc. L'acte de donation est aux preuves.

Guichenon, dans son *Histoire de Savoie* [3], parle d'un bâtard de Beaujeu ; il ne dit pas de qui il était, mais qu'il eut d'Aimon, comte de Savoie, la châtellenie de Villeneuve et de l'Isle-de-Ciers, par son testament du 11 de juin 1343. La *Chronique de Belleville* dit qu'un bâtard de Beaujeu fut marié à La Douze, les seigneurs duquel lieu s'appelaient du Thil ; laquelle maison vendit la seigneurie d'Avenas.

VIII. — Avant de conclure ce chapitre, il sera bon de remarquer en quelle vénération était sous ce prince le vénérable chapitre de Beaujeu qui était composé, en ce temps-là, tout de gentilshommes, comme il appert d'un acte capitulaire inséré dans la chronique de Severt, en Jean, IIIe du nom, 53e évêque de Mâcon, portant que les officiers de la cour de Mâcon, étant venus à Beaujeu sommer le chapitre de procéder à la nomination d'un doyen, après la mort de Pierre de Thélis, qui avait été doyen et juge ordinaire de Beaujolais tout ensemble, le lundi

---

1. G ; n° XII, sac C du 1er coffre. — 2. L, T : janvier. — 3. G : fol. 394.

après la fête de Sainte-Marguerite, l'an 1332, s'assemblèrent en chapitre les sieurs Guichard d'Allant, chantre, Pierre de Monceaux, sacristain, Lancelot de Proprières, Guy de Franchelins, Jean du Duc, Louis de Proprières, Pierre de Bruyère, Geoffroy d'Oubletens, Pierre de Marzé, Jean de Caumont et Jean de Marcigny, tous chanoines, et qui furent trouvés habitants du château, et plusieurs autres commensaux qui demeuraient avec eux dans les maisons desdits chanoines, et, à la même heure, ils firent élection de Jean du Duc (cette famille est aujourd'hui une des plus nobles et des plus illustres de Bordeaux) que le chantre et sacristain amenèrent du chapitre dans l'église, et le firent siéger à la place du doyen.

CHAPITRE V

ANTOINE, SEIGNEUR DE BEAUJEU ET DE DOMBES

SOMMAIRE. — I. Naissance d'Antoine de Beaujeu et sa domination sous la tutelle de sa mère. — II. Don du fort de Frens, au profit d'Étienne Perret, par Mme Marie du Thil. — III. Les beaux exploits d'armes d'Antoine en diverses rencontres. — IV. Il est fait le second chevalier de l'Annonciade, en Savoie. — V. Son mariage. — VI. Son testament et fondation de la chapelle de Saint-Jean, en l'église de Beaujeu, et de Saint-Jacques et de Saint-Antoine, en celle de Villefranche[1].

I. — Antoine, seigneur de Beaujeu et de Dombes, naquit à Pouilly, un jour de Sainte-Claire, 12° jour d'août, l'an 1343[2]; à huit ans, il perdit son père et demeura sous la tutelle de sa mère, Marie du Thil, jusqu'à l'an 1358, après le décès de laquelle, arrivé à Pouilly-le-Châtel le 4 mars de la même année (comme j'ai dit ci-dessus), Antoine entra en la jouissance des seigneuries de Beaujeu et de Dombes.

II. — Ladite Marie du Thil, veuve d'Édouard et mère d'Antoine, en qualité de tutrice dudit Antoine, son fils, fit donation, l'an 1357, au profit d'Étienne Perret, de la poype ou fort de Frens, avec ses appartenances et dépendances en la paroisse et proche l'église de Frens, en récompense des services qu'il avait rendus à feu Édouard de Beaujeu, son mari[3], lesquels biens avaient été achetés d'Étienne de Gleteins, chevalier, par Guichard de Beaujeu, le jour de Saint-Pierre et Saint-Paul, en 1325, avec des prés contigus et une terre appelée de La Jonchère[4].

1. T, V : Belleville. — 2. G : Duchesne, *Hist. de Bourgogne*, l. III, chap. XCVI. — 3. G : dernier fol. du l. A du 1er coffre. — 4. G : fol. 26, *ejusdem*.

III. — Comme il était bien fait et d'une belle taille et honnête, et qu'il eut fait en sa jeunesse plusieurs beaux exploits d'armes[1], il fut aimé des rois de France, d'Espagne, d'Aragon et de Grenade, et du comte de Savoie, Amé VI, dit le comte Vert, auquel il porta secours à la bataille d'Arbrès[2], l'an 1354[3]; l'an 1358, il confirma les privilèges de Beaujeu et fonda une chapelle en l'honneur de Saint-Jean l'Évangéliste, dans l'église collégiale du chapitre, dont il assigna les revenus sur le péage de Belleville. Il se trouva, l'an 1364, à la bataille de Cocherel, en Normandie, où les Anglais et Navarrais furent vaincus[4]; il suivit Bertrand du Guesclin, connétable de France, au voyage de Gascogne, Espagne et Grenade, et y retourna encore depuis, avec le duc d'Anjou.

Il a fondé une autre chapelle en l'église de Villefranche, sous le vocable de Saint-Jacques le Majeur et de Saint-Antoine[5].

IV. — L'an 1362, le comte Vert, de Savoie, institua l'ordre du Collier qu'il appela l'ordre de l'Annonciade, duquel ordre il ne fit que quinze chevaliers, en l'honneur des quinze joies de la Sainte Vierge, et institua ensuite la chartreuse de Pierre le Châtel, en Bugey, de quinze chartreux pour y dire messe chaque jour, pour le salut desdits quinze chevaliers de son ordre, dont il était le chef[6].

Le second chevalier fut Amé, comte de Genève.

Le troisième, Antoine, seigneur de Beaujeu et de Dombes.

Le quatrième, Hugues de Chalon, seigneur d'Arlay.

Le cinquième, Aimon de Genève, seigneur d'Anthon et de Varey.

Le sixième, Jean de Vienne, seigneur de Rolans et de Bonencontre, amiral de France.

Le septième, Guillaume de Grandson, seigneur de Sainte-Croix.

Le huitième, Guillaume de Chalamont, seigneur de Meximieux et de Montanay.

Le neuvième, Rolland de Vessy, gentilhomme bourbonnais.

Le dixième, Étienne, bâtard de la Baume, seigneur de Saint-Denis et de Chavanes, amiral et maréchal de Savoie.

1. G : Severt, fol. 289. — 2. L, B : des Abrès; T : des Arbres. — 3. G : Guichenon, fol. 307. — 4. G : Froissard. — 5. Ce passage manque dans les mss. L, T, V. — 6. G : Guichenon, Hist. de Savoie, fol. 413.

Le onzième, Gaspard, seigneur de Montmajeur.
Le douzième, Barbe de Foras ou de Foural.
Le treizième, Tennard de Montsous [1].
Le quatorzième, Amé de Bonnivard.
Le quinzième, Richard Musard, gentilhomme anglais. Ce qui fait bien voir en quelle estime était le seigneur de Beaujeu, puisqu'il fut le second devant tant de seigneurs de si grande maison comme étaient ceux de Vienne, de Chalon et autres.

V. — La même année 1362, et le 4 août, il contracta mariage, pardevant Jean Laurens, notaire de Besançon, avec Béatrix de Chalon, fille de Jean, seigneur d'Arlay et de Cuisel [2], et sœur de Hugues et Louis de Chalon qui lui promirent en dot 10.600 florins d'or, de bon et grand poids, assignés sur la terre de Viteaux, de l'Isle sous Montréal et de Lorme, avec 500 livres de rente en fonds de terre et le château de Broyes, au moyen de quoi il la doua du château de La Roche-Noulay et de 1.060 florins d'or de Florence, assis sur le château de Chamelet et appartenances [3]; mais deux ans après, au retour du voyage qu'il avait fait avec le connétable du Guesclin, il mourut à Montpellier, sans enfants, le 12ᵉ jour d'août 1374, au même jour et mois qu'il était né; son corps fut porté à Belleville où il gît.

VI. — Il y a une clause de son testament au chapitre de Beaujeu qui parle de la fondation d'une chapelle qu'il avait instituée dans l'église collégiale dudit Beaujeu, en l'honneur de Saint-Jean l'Évangéliste, pour le service de laquelle il veut que les doyen et chapitre élisent un prêtre suffisant et idoine qui dise tous les jours la messe pour le salut de son âme, et auquel prêtre il assigne six livres viennoises, six ânées de vin, deux ânées de froment et quatre ânées de seigle, de revenu annuel et perpétuel, à prendre sur le péage de Belleville, qu'il oblige à perpétuité au payement de ladite fondation. Ce testament est du vendredi 1ᵉʳ septembre 1374. Il y a encore aux preuves une autre fondation d'une chapelle en l'église de Villefranche, sous le

1. L, T, V : Menthon; B : Menthon, mais correction au-dessus d'un grattage; J : Monsous. — 2. G : Duchesne, *Hist. de Bourgogne*, t. III, fol. 96. — 3. G : Ce contrat est au trésor de Villefranche, au sac coté C du 1ᵉʳ coffre.

vocable de Saint-Jacques le Grand et de Saint-Antoine, pour deux prêtres qui devaient journellement célébrer la messe pour le repos de son âme et de ses prédécesseurs, à chacun desquels il lègue six livres viennoises, deux ânées de froment, quatre ânées de seigle et six ânées de vin pur; mais depuis, Madame Anne, dauphine de Bourbonnais et dame de Beaujeu, considérant que ces deux chapelains seraient trop chargés de dire messe tous les jours, institua deux autres prêtres qui, avec les précédents seraient quatre, deux desquels diraient les messes une semaine et les autres deux la semaine d'après, et ainsi à tour de rôle, et leur assigna de surcroît douze livres tournois, qui, avec ce que dessus, auraient chacun une ânée de froment, deux ânées de seigle, trois ânées de vin, soixante sols viennois de première fondation et soixante sols tournois d'accroissement, les soixante sols viennois valant soixante-six sous, huit deniers tournois.

J'ai lu, dans une vieille chronique de Paradin, que Philippe de Sainte-Colombe était son maître d'hôtel, et Hugues de Gléteins son bailli [1].

1. Ce passage manque dans les mss. L, T, B, V.

CHAPITRE VI

ÉDOUARD II, DERNIER SEIGNEUR DE BEAUJEU ET DE DOMBES

SOMMAIRE. — *I. Édouard II est un vrai tableau de l'inconstance de la fortune. — II. Sa descendance et généalogie. — III. Prend possession de la seigneurie de Beaujeu à laquelle il était substitué par le testament de Guichard le Grand, son aïeul. — IV. Qui lui est contestée par son oncle Robert, seigneur de Joux, et par Marguerite, sœur d'Antoine, dernier mort. — V. Béatrix de Chalon, veuve d'Antoine, lui intente procès pour la restitution de sa dot. — VI. Le comte de Bresse lui fait la guerre pour le déni de l'hommage des terres de Dombes, ce qui est accommodé par l'entremise des ducs de Berry, de Bourgogne et de Bourbon. — VII. Fondation d'une messe chaque jour, à perpétuité, en l'église de Saint-Antoine de Charlieu, par Marguerite de Poitiers, mère d'Édouard. — VIII. Marguerite de Beaujeu, sœur d'Antoine, lui suscite un nouveau procès. — IX. L'assassinat de son châtelain de Coligny lui fait encourir la haine du duc de Bourgogne. — X. Transige avec l'abbé de Cluny de leurs différends. — XI. Le démêlé qu'il avait avec ses sujets de Villefranche est terminé par l'archevêque de Lyon. — XII. Son mariage sans enfants. — XIII. Cause qu'il enlève une fille, du rapt de laquelle étant compulsé, il précipite un huissier de la cour qui l'était venu ajourner. — XIV. Réflexion sur son malheur.*

I. — Je ne sais si je dois appeler ce prince le tableau de l'inconstance de la fortune, ou un vrai miroir d'affliction, car ce prince ne fut pas plutôt appelé à la succession du Beaujolais, par la mort de son cousin Antoine, décédé sans enfants, qu'il se vit accablé de procès de tous côtés, par ses plus proches parents, qui la lui disputaient. Il n'y fut pas plutôt établi qu'il fut en guerre avec le comte de Savoie, pour raison du prétendu hommage dont il n'avait jamais ouï parler, après quoi il eut grand démêlé avec le duc de Bourgogne, au sujet de deux prisonniers qu'il avait fait poursuivre et arrêter dans les terres dudit duc, pour avoir assassiné son châtelain de Coligny. Ce ne fut pas tout, ses sujets de Villefranche achevèrent de l'accabler, par procès au parlement de Paris, et par les poursuites qu'ils lui firent et les embûches qu'ils lui dressèrent, en sorte que bien lui en prit une fois d'être bien monté et de se sauver de leurs mains en passant vitement la Saône à Beauregard jusqu'où ils le poursuivirent, à dessein de le prendre et de le maltraiter; il fallut qu'il vînt à composition avec eux, au moyen de l'archevêque de Lyon, qui s'en entremêla, nonobstant lequel accord, ils le poursuivirent si vivement pour le rapt de la fille de Guyonnet de la Bessée, qu'ils lui firent perdre ses états, ensuite la vie, de déplaisir de survivre à tant de malheurs.

II. — Pour bien faire voir la descente d'Édouard, IIe du nom successeur d'Antoine, ès seigneuries de Beaujeu et de Dombes, il faut savoir que Guichard le Grand eut, comme j'ai dit, trois femmes et de la troisième, qui fut Jeanne de Châteauvilain, il eut entre autres enfants Guichard de Beaujeu, seigneur de Perreux, lequel prit à femme, le 14 mai 1343, Marguerite de Poitiers, sœur d'Aimard V, comte de Valentinois et fille de Louis de Poitiers, gouverneur de Languedoc, et de Marguerite de Vergy, sa femme, laquelle Marguerite eut en dot 8.000 florins une fois, et 1.200 livres de rente, pour lesquelles le comte Louis, son père, lui assigna 500 livres qu'il avait sur le trésor du roi et 700 livres sur ses terres assises en Bretagne, et encore le château de Vadans, en Bourgogne, et, outre ce, il lui légua encore, par son testament, 500 florins [1]. Marguerite de Vergy, mère de ladite Marguerite, donna audit Guichard la moitié de toutes les terres et seigneuries, châteaux et fiefs qu'elle avait en Bourgogne [2], et Aimar de Poitiers, frère de ladite Marguerite, se voyant sans enfants, fit son testament en Avignon, le 9 février 1373, par lequel il institua Louis de Poitiers, seigneur de Veyne, son héritier, et lui substitua Édouard de Beaujeu, son neveu, si pour lors il vivait, ou en cas de mort les enfants mâles d'icelui. Ce testament fut présenté à M. le chancelier de France et à

---

1. G : *Hist. des comtes de Valentinois*, de Duchesne, fol. 54, et aux preuves, 52. —
2. G : N° xi du 1er coffre, sac C; *Hist. des comtes de Valentinois*, fol. 34.

M. le chancelier de Bourgogne, au mois de juillet 1393; il est au trésor de Villefranche [1].

Jeanne de Châteauvilain, sa mère, fit de grands avantages à sondit fils Guichard, en considération de ce mariage, ce qui fut ratifié par Robert, Louis et Blanche de Beaujeu, ses frères et sœur, le 8 juin 1343, signé Proponeti. Au même jour, lesdits Robert, Louis et Blanche passèrent quittance des droits par eux prétendus en la baronnie de Beaujeu, au profit dudit Guichard, leur frère, en faveur de ce mariage, signé Le Sceleur, et, au mois de juillet suivant, Guillaume, seigneur d'Amplepuis, frère desdits Guichard, Robert, Louis et Blanche, donna sa ratification des mêmes avantages que sadite mère avait fait audit Guichard, son frère, par contrat de mariage.

Guichard eut de cette dame six enfants :

1° Édouard, seigneur de Perreux, où il était né, et de Beaujeu, après la mort de son cousin Antoine.

2° Philibert, décédé jeune et enterré à Belleville.

3° Marie de Beaujeu, mariée à Jean de Montagu, chevalier, seigneur de Sombernon, premier baron de Sombernon, premier baron du duché de Bourgogne. Ce château appartient aujourd'hui à la famille de Bauffremont. Marguerite de Poitiers, sa mère, pour demeurer quitte envers ledit seigneur de Montagu, son gendre, de la somme de 3,000 florins à lui promis ès mariage de sa fille, lui transporta les villes de Courcelles, de Villebœuf, de Saint-Aignan et autres choses, le 23 avril 1376.

Il y a, au trésor de Villefranche [2], un acte du 12 juillet 1379, du répit donné par ledit seigneur de Sombernon, à Édouard, sire de Beaujeu et de Perreux, de pouvoir retirer, dans les dix ans prochains, la terre et seigneurie de Montmelas, avec ses appartenances et dépendances, en remboursant, par ledit sire de Beaujeu, ledit seigneur de Sombernon et dame Marie de Beaujeu, sa femme, du prix qui en avait été payé par eux, avec cinq quittances de ladite Marie de Beaujeu des payements faits ès années 1394, 1396, 1397, 1398, 1415, signées Alex., Marescalli.

4° Alix de Beaujeu fut mariée trois fois :

1° Avec le seigneur de Fougerolles; 2° avec le seigneur de Vailly,

---

1. G : N° III secundo du sac coté C du 1er coffre. — 2. G : N° XVIII.

frère du comte de Sancerre, et, en dernier lieu, avec le seigneur de Corsant[1].

Il y a dans le trésor[2] un vidimus fait par les gens de la chambre des comptes de Beaujolais, le 23 novembre 1412, des lettres de Louis de Bourbon, du 28 septembre 1417[3], et des lettres de madame Anne, dauphine, duchesse de Bourbonnais, du 16 octobre 1412, pour le payement du reste de 8.000 florins de Florence à messire Édouard de Lavieu, pour le mariage d'Alix de Beaujeu, sa mère, sœur de M. Édouard de Beaujeu.

5° Jeanne de Beaujeu, femme du baron de Saint-Trivier, en Bresse.

6° Marie de Beaujeu, religieuse au monastère de Marcigny; elle prit l'habit en 1350.

Guichard, leur père, mourut à la bataille de Poitiers, le 29 septembre 1355, et gît à Belleville, au tombeau de ses ancêtres, et Marguerite, leur mère, demeura veuve le reste de sa vie et vivait encore en l'an 1379, comme appert d'une rémission par elle faite à son fils Édouard des droits par elle prétendus sur la comté de Valentinois, le mercredi, jour de la conversion de Saint-Paul, 1379, et l'an 1382[4] et le 20 avril après Pâques.

III. — Édouard n'eut pas plutôt appris la mort de son cousin Antoine, advenue le 12e jour d'août 1374, à Montpellier, qu'il se porta pour seigneur de Beaujeu et de Dombes, étant appelé esdites seigneuries par la substitution testamentaire de son aïeul Guichard le Grand; mais ce ne fut pas sans conteste et sans qu'elle fût bien disputée.

Cet auteur avait grande raison de dire à Auguste que la pluralité des Césars ni des Césarions de Cléopâtre n'était pas bonne; tel croit de bien affermir sa famille par la pluralité des enfants qui la détruit entièrement, d'où vient que Louis XI se trouvait bien de n'agrandir jamais ses parents et de ne pas trop élever les princes; mais sa politique n'a pas été trop bonne pour l'état, car s'il eût souffert que François d'Angoulême eût épousé Marie de Bourgogne, nous serions en possession de tous les Pays-Bas.

1. L, T, V : Cousan, id. B, mais en correction. — 2. G : N° xx du 1er coffre du sac C. — 3. L, T, B, J : 1407. — 4. G : 1482.

Édouard ayant pris publiquement possession de la baronnie de Beaujeu à Belleville, le premier septembre, avec le décret de l'official de Lyon et du juge ordinaire de Beaujolais, fit sa déclaration le 28 octobre suivant, par laquelle il donna pouvoir à Jean de Thélis, Guichard de Marzé, Hugues de Gléteins et Jean Chales, chevaliers, d'exécuter le testament de feu Antoine de Beaujeu, son cousin, qui l'avait, par sondit testament, déclaré son héritier universel.

IV. — Incontinent après, cette succession lui fut disputée, d'un côté, par Robert de Beaujeu, seigneur de Joux et de Chandenay, son oncle, qui y prétendait droit, et, d'autre part, Marguerite de Beaujeu, femme de Jacques de Savoie, prince d'Achaye et de la Morée, avertie du trépas d'Antoine, son frère, vint à Paris en espérance d'obtenir sa succession [1], ce qui donna sujet à divers procès intentés au parlement, ensuite d'une sauvegarde obtenue par ladite dame pour être maintenue en l'hoirie de son frère, du 24 mars 1374 [2]; mais Marguerite ayant trouvé par conseil que les filles ne pouvaient succéder en cette baronnie, elle se départit de ses prétentions, moyennant le châtel et châtellenie de Berzé, en Mâconnais, avec ses appartenances et 20,000 francs d'or [3], ce qui fut approuvé par le roi Charles V et vérifié en la cour de parlement, le pénultième juillet de l'an 1375 [4], par lequel arrêt la cour confirma l'accord fait entre ladite dame Marguerite de Beaujeu et la dame Marie du Thil, sa mère, d'une part, et Édouard de Beaujeu, son cousin, d'autre; par lequel accord il était porté que, pour le droit que ladite dame pouvait prétendre en la baronnie de Beaujolais, elle et ses hoirs ayant cause d'elle auraient en héritage le château et châtellenie de Berzé, en Mâconnais, lequel château ledit seigneur et les siens pourraient racheter dans sept ans, et furent encore délaissés par ledit seigneur de Beaujeu, à ladite dame, les châteaux et seigneuries de Cenves et Juliénas, ensuite de quoi il y a une quittance au trésor, écrite en latin, de 200 francs d'or, payés à ladite dame Marguerite, par Édouard, seigneur de Beaujeu, datée du 17 octobre 1377, cotée n° XVIII.

Ce point étant achevé, il fallut traiter avec Robert de Beaujeu, sei-

---

1. G : Duchesne, *Hist. de Bourgogne*. — 2. G : sac coté C. — 3. G : coffre 7 du trésor, D, 2. — 4. G : Guichenon, *Hist. de Savoie*, fol. 332.

gneur de Joux, lequel avait signifié à Édouard des exploits de signification, les 3 et 4 février 1375, pour l'exécution des lettres du roi, adressantes au parlement de Paris et obtenues le 28 août auparavant qu'on comptait la même année, qui commençait à Pâques 1375, pour être maintenu en la baronnie de Beaujeu; ensuite il y eut arrêt de l'homologation faite en parlement de la transaction passée entre ledit Robert d'une part, et Édouard d'autre, par laquelle transaction ledit Robert renonça à la saisive de la baronnie de Beaujeu et à la succession advenue par le trépas de feu Antoine au profit dudit Édouard, en date du 16 juillet 1376, et, sur le repli, est écrit : *Concordatum in curia*. Ensuite, il y eut contrat passé, le 19 desdits mois et an, en conséquence dudit accord, entre lesdits Robert et Édouard, par lequel Édouard remit audit Robert, son oncle, son château, ville et terre de Coligny, en Revermont, et, outre ce, la somme de 4.000 florins d'or. Ces pièces sont au trésor, cote n° XIV du sac[1] coté C du 1ᵉʳ coffre, avec lesquelles est une procuration passée, en décembre 1395, par ledit seigneur Édouard de Beaujeu, pour transiger avec dame Agnès, veuve dudit Robert, et avec Marguerite et Jeannette, leurs filles.

Il eut encore beaucoup à démêler pour le supplément de la légitime de Blanche de Beaujeu, sa tante, qui avait intenté procès au feu Antoine, seigneur de Beaujeu, et fallut que lui, comme héritier, terminât ce différend à ses dépens, comme j'ai fait voir en Blanche de Beaujeu, ci-dessus.

Voilà comme quoi Édouard, seigneur de Perreux, demeura seigneur des terres de Beaujolais et de Dombes, tant comme issu de l'aîné que comme excluant la fille, bien que plus proche en degré que lui.

L'an 1376, il confirma les privilèges de Villefranche, audit lieu, le 22 décembre : *in domo albergariæ ad signum Mutonis in aula posteriore dicti hospitii die lunæ ante festum nativitatis Domini.*

V. — Ce prince ne fut pas plutôt sorti d'un labyrinthe qu'il rentra dans un autre; voici Béatrix de Chalon, veuve d'Antoine, qui lui intente procès pour la restitution de sa dot; et il y a dans le trésor de Villefranche plusieurs actes et procédures et arrêts du parlement de Paris, attachés ensemble, intervenus sur les poursuites faites par ladite dame pour avoir restitution de sa dot, à l'encontre dudit Édouard, et, pre-

1. L, T, B, J : du 2ᵉ sac.

mièrement, un jugement donné par le duc de Bourgogne, le 23 octobre 1376, qui ordonna que, outre son douaire, elle aurait la seigneurie de Belleville contre ledit Édouard de Beaujeu ; une autre sentence dudit duc, au profit de ladite dame de Chalon, donnée à Rouvre, au mois de septembre 1377, pour l'exécution dudit jugement. Arrêt donné au parlement de Paris, au mois de janvier 1383; autre arrêt du mois de septembre 1384 [1]. Arrêt des mois de juin, août et 2 septembre 1385, portant restitution de 1.000 livres et 10.000 florins. Déclaration faite, par M. de Beaujeu, au commissaire exécuteur du susdit arrêt de remettre le tout au jugement de MM. les ducs de Bourgogne et de Bourbon, en date du 2 mai 1388; obligation passée par ledit seigneur Édouard, au profit de ladite Béatrix de Chalon, du 7 juin [2], audit an et en juillet 1388. Procuration respectivement passée, le 21 avril 1401, par messire Jean de Chalon, prince d'Orange, au nom et comme curateur des corps et biens de ladite dame, sa tante, pour recevoir de M. le duc de Bourbonnais les deniers adjugés par ledit arrêt et transiger sur l'exécution desdites sentences et arrêts concernant ce fait, et même la quittance passée par Jean de Chalon, prince d'Orange, au nom de ladite Béatrix de Chalon, sa tante, au profit de M. Louis de Bourbon, successeur dudit Édouard en ladite baronnie, le 9 mars 1402, de 200 francs [3] d'or, du 7 juillet 1403, et une autre de deux autres 100 francs d'or, du 27 février de la même année, toutes lesquelles sommes furent reçues de M. de Bourbon par les mains du trésorier général.

Pendant que durait ce procès, il termina une autre affaire avec sa mère, Marguerite de Poitiers, par une déclaration du mardi avant la Saint-Jean-Baptiste 1380, par laquelle il voulut et ordonna qu'en récompense de la somme de 20.000 livres, par lui reçue de Louis de Poitiers, à cause du transport des droits appartenant à madame sa mère, elle fut payée de ladite somme sur ses autres biens, ensuite de quoi, le même jour et an, il lui remit le château d'Arcinge et la seigneurie de Perreux. La même année, ladite dame fonda une messe perpétuelle dans l'église de Saint-Antoine de Charlieu, de l'ordre de Saint-François, où elle est enterrée avec sa fille.

1. G : cote nº xv. — 2. L, T : mai. — 3. L, T : livres ; B : florins.

VI. — Édouard s'étant démêlé de ses affaires domestiques se trouva embourbé en de plus grandes au dehors de sa maison, d'autant que, l'an 1379, étant allé visiter à Bourg le prince Amé VII, à qui le comte Vert, son père, avait remis la Bresse et la Valbonne, et l'ayant prié de vouloir être l'arbitre des différends qu'il avait avec le sire de Villars, il se trouva bien éloigné de son compte, car, croyant d'avoir ce prince pour ami, par la déférence qu'il lui faisait de le choisir pour arbitre et médiateur de ses affaires, il s'en fit un ennemi, parce que étant pressé de lui rendre hommage pour les villes de Lent, Thoissey et Chalamont, Montmerle et Villeneuve, et Beauregard en Dombes, et pour les châteaux de Coligny et de Buenc, en Bresse, refusa de le faire, quoiqu'il y fût obligé, dit Guichenon[1], par les traités du 5 juillet 1337 et du 10 février 1377. Amé, avant que de se résoudre sur ce refus, envoya Étienne de la Baume, seigneur de Fromentes, au comte Vert, son père, pour lui en demander avis; le comte, indigné de ce que le sire de Beaujeu n'observait pas ce qu'il avait promis, écrivit au seigneur de Bresse qu'il employât ses armes pour le mettre à la raison; ce jeune prince assembla ses troupes et, suivi de Pierre, comte de Genève, d'Hugues de Chalon, seigneur d'Arlay, de Jean et de Philippe, enfants du comte de Montbéliard, de Gauthier de Vienne, seigneur de Sainte-Croix, et d'autres grands seigneurs, entra à main armée en Dombes, prit le château de Beauregard-sur-Saône par assaut, et Lent par composition; de là, il alla mettre le siège devant Thoissey. Cependant le sire de Beaujeu, qui n'était pas en état de résister à ce jeune conquérant, implora l'aide et l'entremise de Philippe le Hardi, duc et comte de Bourgogne, et de Louis, II° du nom, duc de Bourbon, qui moyenna une trêve d'un an, laquelle fut arrêtée à Morge, le 5 décembre 1380, et, comme la trêve était prête à finir, le duc de Bourgogne envoya en Bresse Bertrand de Saint-Patour[2] et Renaud, seigneur de Montconnis, chevalier, ses ambassadeurs, pour en obtenir la continuation pendant une autre année.

Pendant laquelle, Amé, seigneur de Bresse, alla accompagner le roi Charles VI en Flandres, où il se trouva à la mémorable bataille de Rosbecque, le 27 novembre 1382, au retour de laquelle il s'en revint

---

1. G : Guichenon, *Hist. de Savoie*, fol. 431. — 2. L, T, B, J : Pastour.

en Bresse pour recommencer la guerre au sire de Beaujeu, avec qui la trêve était finie. Il ne fut pas plutôt arrivé à Bourg qu'ayant joint les troupes qu'il avait ramenées de Flandres avec celles qu'il leva sur les lieux, il entra en Dombes et y prit d'abord les villes et châteaux de Thoissey, de Montmerle et de Chalamont ; mais cet heureux succès fut troublé par la mort du comte Vert, qui obligea Amé d'aller à Chambéry prendre possession de ses états ; pendant son séjour à Chambéry, où il attendait l'investiture qu'il avait envoyé demander à l'empereur Venceslas, les ducs de Berry, de Bourgogne et de Bourbon et le sire de Coucy lui envoyèrent leurs ambassadeurs, pour moyenner une paix durable avec le sire de Beaujeu ; le duc de Bourbon même et le sire de Coucy allèrent en personne à Chambéry où le traité fut conclu, le dernier jour de mai 1383. Les articles furent que le comte de Savoie, pour l'amour du roi et des ducs de Berry, de Bourgogne et de Bourbon et du sire de Coucy, relâcherait au sire de Beaujeu toutes les places qu'il avait prises sur lui en Dombes, à la réserve seulement du château de Beauregard-sur-Saône, dont le comte jouirait sa vie durant [1], et à la charge qu'Édouard de Beaujeu, outre les villes et châteaux de Lent et de Thoissey, en Dombes, de Coligny et de Buenc, en Bresse, reconnaîtrait encore de tenir en fief, du comte de Savoie, la seigneurie de Montmerle. L'assistance que Louis, duc de Bourbon, rendit au sire de Beaujeu en cette guerre fut la principale cause de la donation qu'Édouard lui fit de tous ses biens, le 23 juin 1400, par le moyen de laquelle les seigneuries de Beaujeu et de Dombes entrèrent en la maison de Bourbon.

VII. — L'an 1380, Marguerite de Poitiers, mère d'Édouard, fonda une messe à chacun jour, à soleil levant, en l'église et couvent de Saint-Antoine de Charlieu, où elle voulait être inhumée, et une grand' messe, chacun an, à pareil jour qu'elle serait décédée, pour à quoi satisfaire elle donna, à ladite église ou couvent, douze ânées de seigle et 12 livres tournois, pour chacun an, à prendre sur la rente de Cours et de Sevelinges, en date du 7 août 1380, ce qui fut confirmé par Édouard, seigneur de Beaujeu, son fils, le 13 juin 1385 [2].

1. G : Ce délaissement est au trésor, n° XVII du 1er coffre, au sac coté C. — 2. G : au trésor, n° XVI du sac 2 du 1er coffre.

VIII. — Marguerite de Beaujeu, sa cousine, lui renouvela encore le procès de son ancienne prétention, comme il appert des lettres du roi, au mois d'octobre de ladite année 1383, que ledit Édouard avait obtenu pour faire surseoir toutes les poursuites qui se pouvaient faire contre lui jusqu'à ce qu'il fût de retour de la guerre de Flandres, où il était employé pour le service de Sa Majesté.

IX. — Il eut une mauvaise affaire contre le duc de Bourgogne qui ne fut pas à son avantage, ayant affaire avec un oncle du roi, prince du sang, premier pair de France et comte de Flandres, d'Artois, de la comté de Bourgogne et autres, dans les Pays-Bas. Le sujet vint de ce que j'ai dit, ci-devant au traité de Coligny-le-Neuf[1], que Bérard de Chadrion, seigneur de Ronchivol, qu'il y avait mis capitaine, ayant été assassiné pour ce qu'il recherchait les droits égarés et en poursuivait les reconnaissances, le seigneur de Beaujeu, averti de cet affront et injure faite à son châtelain, envoya maître Guillaume Galle et Humbert de Franchelins pour informer de cet assassinat, ce qu'ils firent et poursuivirent les assassins dans la comté de Bourgogne, les attrapèrent et constituèrent prisonniers à Chalamont où ils furent maltraités et gehennés. Madame la duchesse de Bourgogne, en l'absence de son mari, avertie de la distraction desdits prisonniers, fait informer par la cour du parlement de Dôle, contre le sieur de Beaujeu, La Galle et Franchelins, ses gentilshommes; le seigneur de Beaujeu envoya à Dijon son bailli, avec les informations et procédures pour faire ses excuses envers ladite duchesse, laquelle ne les voulut pas recevoir, disant qu'elle voulait avoir les prisonniers avant toute œuvre; le seigneur de Beaujeu les lui envoya, mais il sont enlevés en chemin par le bailli de Chalon, et les procédures contre le seigneur de Beaujeu continuées, la duchesse étant implacable là-dessus. Le seigneur de Beaujeu s'achemine par-devant le duc à Saint-Denis, lui fait ses excuses sur lesquelles il y eut surséance accordée par commission au comte de Nevers, fils du duc, et cependant par provision le duc ordonne que le château de Coligny sera remis entre ses mains ou à celui qu'il nommera, ce qui fut effectué par le seigneur de Beaujeu; depuis, il en pour-

1. G : ch. XV.

suivit la mainlevée, promettant de s'en rapporter au jugement du duc
et d'avoir agréable ce qu'il ordonnerait; là-dessus, le duc le reçoit à
bailler ses faits et articles, et ordonne, au mois de juin 1394, que son
procureur général écrira contradictoirement, commet et députe ses
officiers qui font une enquête à l'encontre dudit seigneur de Beaujeu, en
septembre et octobre 1395. Il y eut ensuite plusieurs procédures qui
durèrent jusqu'en l'an 1399 que les affaires du seigneur de Beaujeu
empirèrent, à cause qu'il avait fait précipiter des fenêtres en bas du
fossé de son châtel de Pouilly un huissier du parlement qui l'était
venu ajourner au sujet du rapt de la fille de Guyonnet de la Bessée, et
les pays de Beaujolais et de Dombes étant avenus à Louis, duc de
Bourbon, ce procès prit fin, et le sire de Beaujeu n'en eut point de satisfaction; au contraire, il eut l'affront et le déplaisir de voir l'assassinat
de son châtelain sans qu'il en pût avoir aucune réparation.

X. — L'an 1390, il y eut une transaction passée, le 21 juin, entre
messire Jean de Cosant, abbé de Cluny, et le couvent d'une part, et le
seigneur Édouard de Beaujeu d'autre, touchant les hommes qui
tiennent feu et lieu dans la censive et lieux qui dépendent de l'église
de Cluny; il y eut peu après un appointement à Villefranche, le 16 mai
1459, entre M. de Bourbon et l'abbé de Cluny, sur le même sujet, et
sur ce que le seigneur abbé prétendait que ses hommes devaient être
exempts de faire le guet au château d'Allogniet et aussi sur le procès
qui était à Lyon entre aucuns des hommes dudit Cluny d'une part, et
M. d'Amplepuis d'autre, à cause du guet et garde de son château de
Chavagnieu. Il y a d'autres transactions entre les mêmes abbés et les
seigneurs de Beaujeu et Louis de Beaujeu [1].

XI. — L'an 1398, l'empereur Venceslas ayant confirmé à Amé VIII,
comte de Savoie, le vicariat général de l'Empire, par ses lettres patentes
du 17 de mai, et tous les privilèges que ses prédécesseurs avaient accordés au comte de Savoie, les gentilshommes du pays de Dombes firent
hommage au comte, comme vicaire général de l'empereur, et lui
demandèrent sa protection et la conservation de leurs privilèges, ce qui
se fit à Bourg avec solennité, le 9 septembre, et ceux qui rendirent cet

1. T, V : Bourbon.

hommage furent Guy, seigneur de Saint-Trivier ; Antoine, seigneur de Juis ; Hugonin de Laye, seigneur de Meximieux ; Mayeul du Saix, Henri de Juis, Henry, seigneur de Gleteins ; Troillard de Gleteins, Méraud, seigneur de Franchelins ; Fromentin du Saix, Girard d'Estrés, seigneur de Baneins ; Jean de Franchelins et Humbert, seigneur de Chaneins, chevaliers ; Étienne de Chaliouvre, Antoine du Saix, Jean de Buffard, Philippe, fils de Milon de Laye, et Hugonin, fils de Verruquier de Laye, damoiseau, et, depuis ce temps-là, le pays de Dombes fut régi et gouverné par les comtes et ducs de Savoie comme seigneurs souverains représentant la personne de l'empereur, dit Guichenon, en son *Histoire de Savoie* [1].

XII. — Environ le même temps, notre prince Édouard eut un grand démêlé avec ses sujets de Villefranche qui se plaignaient contre lui : 1° de ce que ses gens et officiers avaient enfreint leurs privilèges, lesquels ils étaient obligés, à son avènement à la seigneurie, de jurer, avec vingt chevaliers, et faire jurer à tous ses officiers, ce qu'il n'avait point fait ; 2° de ce que, contre les libertés, ses officiers prenaient et arrêtaient les hommes de Villefranche pour dettes et pour les deniers du seigneur, ce qu'on ne devait point faire, à moins que d'homicide, larcin ou autre cas semblable, trouvé en flagrant délit ; 3° que, comme les habitants de Villefranche qui avaient maison, ou bordel [2], où étaient, exempts de leides et péages en toute la terre de Beaujolais, cependant on les avait fait payer à Montréal [3] et à Thoissey, et qu'on avait pris jusqu'à la somme de 500 livres [4] et plus ; 4° par les privilèges, il était porté que pour les crimes susdits les officiers du seigneur n'en devaient point prendre connaissance, à moins que la partie plaignante n'y fût présentée et donnât caution de répondre les dépens, auquel cas celui contre qui l'action était intentée devait être élargi, sous caution, voire même sans caution, s'il y avait des biens responsables, et quand bien même il n'y en aurait point, il devait être gardé en lieu décent et honnête, si aucun bourgeois ne s'offrait point pour le représenter, ce qui ne s'observait pas ; 5° de ce que les officiers et même le prévôt, pour une batture faite avec le bâton ou couteau, jusqu'à effusion de

1. G : fol. 449. — 2. L, T, B : Bourdelan ; J : ou Bordelan. — 3. G : Montéal ; T : Monréal ; J : Monéal. — 4. L, T, B : cinq livres.

sang, prenaient pour l'amende plus de 60 sous, quoique le battu ne fût pas complaignant, et en faisaient autant des petites égratignures ; 6° que pour clameur on ne devait que 7 sous, et que pour un coup de bâton ou de pierre, d'un soufflet, d'un coup de poing, ils faisaient payer autant où on ne devait que 3 sols ; 7° que ses officiers avaient levé et fait obliger les bouchers de leur donner les langues de bœuf qu'ils ne devaient pas ; 8° que ledit seigneur avait pris 200 francs et plus de ces deniers levés sur les habitants pour la réparation des murailles de la ville ; 9° que les habitants de Villefranche s'étaient obligés pour lui envers André de Tin [1], lombard, habitant d'Avignon, pour la somme de 3.000 francs, et par faute de non payer par ledit seigneur avaient été contraints et avaient payé d'intérêt 900 livres, et s'étaient encore obligés pour 300, ce qui leur était d'intérêt de 1.200 livres, sauf le droit de plus grande somme ; 10° que, depuis peu de temps en là, ledit seigneur avait fait sa demeure au château de Beauregard, d'où ses gens venaient de nuit prendre le foin des habitants de Villefranche et en avaient pris pour plus de 100 livres tournois, au dommage des habitants de ladite ville ; 11° que quoique les habitants de ladite ville ne dussent être pris et appréhendés que dans ladite ville ; néanmoins, ses officiers avaient pris Étienne de la Croix, Véran Gloton, Perrin, le Bastier et autres bourgeois qui avaient du bien au delà de la rivière et avaient saisi leurs biens et les avaient fait appeler à comparaître à Beauregard devant Guichard Marmier, commissaire à ce députe, qui leur avait fait des dépens à plus de 1.000 livres ; 12° que ledit seigneur de Beaujeu, de fait et sans cause, par force et menace de prison, avait exigé de Vincent de Valsonne et de Vincent de Juis, bourgeois de Villefranche, 110 livres tournois, quoiqu'ils ne fussent convaincus d'aucun crime ; disaient encore, lesdits habitants, que ses officiers avaient fait plusieurs exploits contre la forme de leurs privilèges et que, pour l'obliger à la manutention d'iceux, ils avaient impétré lettres du roi pour lui signifier, devant le bailli de Mâcon, où il l'avait fait ajourner, demandant qu'il leur fût fait droit, et de fait, il y a, dans les archives de la maison de ville [2], des lettres du roi, du 15 mars 1398 au bailli de Mâcon et sénéchal de Lyon, pour

1. L, T, B : Thin. — 2. G : au coffre à 4 clefs, cote 1398.

informer contre le seigneur de Beaujeu, à la requête des habitants de Villefranche.

Philippe de Thurey, pour l'archevêque de Lyon, voyant que ce prince avait assez à faire ailleurs avec les duc de Bourgogne et comte de Savoie, pendant quoi ses sujets n'y devaient pas prendre avantage de le poursuivre si vivement, s'offrit de terminer ce différend par quelque bon accord, et les ayant prié de venir en sa présence, après que les habitants de Villefranche eurent formé leur plainte comme dessus, le seigneur de Beaujeu y répondit disant qu'il avait vraiment juré d'observer leurs privilèges, qu'ils étaient véritablement exempts des péages et leides dans les terres qu'ils possédaient dans le royaume, mais non pas dans celles de l'Empire, qui n'étaient pas spécifiées dans leurs privilèges; que ses prédécesseurs, pendant plus de deux cents ans, avaient pris sept sous pour toute sorte de clameur sans qu'on s'en fût jamais plaint, que lesdits habitants, pour jouir de leurs privilèges, devaient jurer fidélité à leur seigneur, ce qu'ils n'avaient fait, quoique requis, qu'ils s'étaient assemblés plusieurs fois et avaient fait de monopoles contre lui et que, certain jour, s'en allant de Villefranche à Beauregard, accompagné seulement d'un gentilhomme et d'un valet de chambre, iceux habitants, attroupés et armés, l'avaient poursuivi pour l'offenser et même avaient fait soulever la populace et avaient pris les clefs de la ville, refusant l'entrée à ses gens, disant même qu'ils la refuseraient à lui-même s'il venait, avec une arrogance extrême, et qu'ils feraient en sorte de lui faire perdre sa seigneurie; qu'ils avaient injurié de fait et de parole plusieurs fois ses gens, qu'un habitant de Villefranche, nommé Guichard de Cropet [1], avait battu grièvement un nommé Étienne Piset, son sergent, et comme ses officiers eurent pris ledit Guichard, pour le mener aux prisons, lesdits habitants s'étaient attroupés pour le recouvrer et avaient fermé les portes, et avaient battu ses officiers, et avaient soulevé la populace contre lui étant dans la ville; qu'ils avaient imposé entre eux plusieurs cueillettes, pour le fait des réparations et fortifications de ladite ville, et avaient détourné les deniers à autres usages, tant à l'encontre de lui, dit seigneur, qu'en retenant, sous ce prétexte, les autres sommes; qu'ils avaient coutume,

---

1. L, T, B : Guichard Cropet.

tous les ans, de faire une cueillette, pour faire une donne en l'honneur de Dieu, qu'ils l'avaient faite et retenu les deniers pour eux, que plusieurs d'entre eux n'étant pas de la qualité d'obtenir lettres de sauvegarde du roi l'avaient fait et avaient apposé les panonceaux dudit seigneur roi, tant en général qu'en particulier, au préjudice de sa juridiction, et avaient fait plusieurs émeutes contre lui, et partant concluait ne leur être tenu en rien, au contraire qu'ils lui étaient tenus en des grosses amendes.

Là-dessus, toutes choses ouïes et contestées, l'an 1399, et le 25 mai, au moyen de révérend père en Dieu Philippe, archevêque de Lyon, de Barras de Guesnes, chambellan du roi et bailli de Mâcon, et du sénéchal de Lyon, ledit seigneur de Beaujeu d'une part, et prud'hommes Guyonnet de la Bessée, Peyronnet, Rochette, Peyronnet, Bastier et Jean de Valsonne, consuls échevins, d'autre, pour les habitants, ont accordé et transigé qu'il y aurait bonne paix entre eux et que l'exemption du péage s'étendrait tant en la terre d'Empire que du royaume, tant par terre que par eau, non compris ceux de La Marche et de Chavagnieu, acquis depuis leurs privilèges pour les langues de bœuf, les parties remirent leur différend entre les mains desdits arbitres pour en faire comme il leur plairait, entre ci et la fête de Toussaint, et pour toutes les autres injures, procès, griefs qu'ils avaient les uns contre les autres, ils se quittèrent réciproquement, et quant aux panonceaux et sauvegardes du roi, qu'ils y renonçaient, n'étant pas compris dans les ordonnances du roi, et promettaient de ne s'en aider et donnèrent de présent auxdits seigneurs 400 livres tournois et promirent de faire ratifier cet accord en la cour du bailli de Mâcon, se soumettant à toutes cours ecclésiastiques et temporelles ; cela fut fait audit lieu de Villefranche, au j[our] [chez] [H]ugonnet Baudet [1], proche la maison des Frères Mineurs, etc. [2].

XIII. — Cet accord semblait avoir terminé toutes les affaires que ce seigneur avait avec sesdits sujets, quand voici une autre matière de procès qui lui fit perdre ses états. Il avait épousé Eléonore de Beaufort, fille de Pierre de Beaufort, vicomte de Turenne, et nièce du pape Gré-

1. J : Bodet. — 2. J : du 25 mai 1399, en avoir une copie. Fol. 70 de l'*Hist. de Villefranche*.

goire, XI° du nom, de laquelle il eut un fils, appelé Guichard, né au château de Bame, près Valence, le 20 juillet 1372; mais, par malheur pour sa maison, il trépassa la même année de sa naissance ; c'est ce que dit Duchesne. Justel, en son *Histoire de la maison de Turenne* [1], est d'un autre sentiment, disant qu'Éléonore de Beaufort était fille de Guillaume Roger, II° du nom, frère du pape Grégoire XI, comte de Beaufort, vicomte de Turenne, et d'Aliénore de Comminge, auxquels comtés et vicomtés elle succéda par testament de son frère Rémond, l'an 1399, et dit qu'elle mourut l'an 1420. Si Édouard n'eût pas ainsi perdu ses états, il était pour se voir un jour grand seigneur, tant de son chef que de celui de sa mère et de sa femme.

XIV. — Édouard, se voyant sans enfants, s'adonna aux débauches de la chair et enleva un jour, publiquement, dans Villefranche, la fille de Guyonnet de la Bessée, pour raison de quoi un huissier du parlement le vint ajourner de répondre en personne, dont Édouard, indigné, lui fit avaler le scel de son mandement, puis le fit saillir par les fenêtres de son château de Pouilly dans les fossés, où il se rompit le col ; à cause de quoi il fut pris et mené prisonnier à Paris, où, aggravé d'une longue et languissante détention, et d'ailleurs oppressé de la guerre qu'il avait contre le comte de Savoie, pour raison de certain hommage et du procès qu'il avait contre M. le duc de Bourgogne, au sujet que j'ai dit ci-dessus, et appréhendant que, pour raison de ce rapt et mort de l'huissier, ses terres ne fussent confisquées à la couronne, il aima mieux en obliger le duc de Bourbon qui l'avait souvent protégé dans ses plus pressantes affaires, et, par contrat du 23 juin 1400, il donna toutes ses terres de Beaujeu et de Dombes audit Louis II, duc de Bourbon, qui, en reconnaissance de ce, moyenna son abolition et délivrance, mais il ne vécut pas longtemps après, car, étant de retour à Perreux, il y mourut, le 2° jour d'août de la même année, et est enterré à Belleville et, dès lors, le duc Louis, aussi comte de Forez, à cause d'Anne, dauphine, son épouse, prit possession du Beaujolais et des terres de Dombes, desquelles lui et ses descendants jouissent encore aujourd'hui.

1. G : fol. 70.

La femme d'Édouard survécut à son mari l'espace d'environ huit ans, dans un extrême déplaisir de voir sa maison ainsi abattue.

Au mois de juillet, un peu devant sa mort, il confirma la fondation, que sa mère avait faite, d'une messe perpétuelle, dans l'église des Cordeliers de Charlieu.

Paradin dit que, de son temps, on chantait encore dans la Franche-Comté cette chanson :

> Sire roy, sire roy, faites-nous justice,
> De ce larron Édouard qui nous prend nos filles.
> Édouard, Édouard, laisse-nous nos filles.

XV. — C'est pour apprendre aux grands que si leurs beaux exploits sont gravés en lettres d'or dans le livre de la postérité, leurs vilaines et sales actions sont aussi bien décriées par la vile populace à laquelle ils commettent leur réputation. Je crois que comme il était mal voulu en Bourgogne et en Franche-Comté, au sujet du procès qu'il avait pour l'assassinat de son châtelain de Coligny, les Bourguignons avaient fait cette chanson contre lui pour le décrier et diffamer.

Bref, [en lui] finit la branche des seigneurs de Beaujeu dont il a été le dernier. Le testament de son grand-père, Guichard V, appelait à la succession les enfants de Guillaume de Beaujeu, son oncle, seigneur d'Amplepuis, et même Philibert de Lignières prétendit de le disputer contre Jean II, duc de Bourbon ; mais cet héritage était tombé en trop bonnes mains pour en sortir à si bon marché.

CHAPITRE VII

DES SEIGNEURS D'AMPLEPUIS ET DE LIGNIÈRES
PORTANT LE NOM DE BEAUJEU

SOMMAIRE. — *I. Guillaume de Beaujeu, seigneur d'Amplepuis. — II. Édouard de Beaujeu, seigneur d'Amplepuis. — III. François de Beaujeu, seigneur d'Amplepuis. — IV. Jacques de Beaujeu, seigneur d'Amplepuis et de Lignières. — V. Philibert de Beaujeu, dernier seigneur d'Amplepuis et de Lignières.*

I. — Auparavant que de continuer la suite des seigneurs de Beaujolais de la maison de Bourbon, il reste à parler de la postérité de Guillaume de Beaujeu, fils puîné de Guichard le Grand et de Jeanne de Châteauvilain, sa troisième femme; il eut pour partage, comme j'ai dit ci-dessus, les terres d'Amplepuis, de Chavagny et de Chamelet, et fut, comme son père, marié trois fois : l'une avec la dame de Villedieu, l'autre avec Agnès de Saint-Germain, dame en partie de L'Estours, l'autre moitié appartenant à Jeanne de Saint-Germain, femme de Jean de Laye, seigneur de Saint-Lagier, et la troisième, avec Marguerite de la Gorze. Des deux premières femmes, il n'eut point d'enfants, mais la dernière lui en procréa deux : Édouard de Beaujeu, seigneur d'Amplepuis, et Guichard, trépassé en jeunesse, au dire de Severt; ce qui ne peut pas être, car si le père est mort en 1355, et que ces deux frères aient eu procès en 1415, contre Mme Marie de Berry, ce Guichard ne pourrait pas être mort en jeunesse, ce qui apparaît par une enquête et procédure entre lesdits deux frères, Édouard et Guichard de Beaujeu, frères, seigneurs d'Amplepuis, demandeurs en complainte d'une part, et Mme Marie de Berry, duchesse de Bourbonnais, et baronne de Beaujolais, défenderesse, d'autre, par-devant le bailli de Mâcon.

Le sujet de ce procès était que ladite dame soutenait qu'entre les prérogatives à elle appartenant, tant à cause de la baronnie de Beaujolais que par les privilèges octroyés par les rois de France aux prédécesseurs barons de Beaujolais, elle avait droit de justice haute, moyenne et basse au grand chemin tendant du pont d'Amalix jusqu'à la porte des faubourgs de la ville de Lyon, appelée de Vaise, ainsi que le chemin qui conduit dudit pont, tendant de Marcigny à Charlieu, et de Charlieu à Thizy, et de Thizy au lieu appelé de Reversechape, et dudit lieu de Reversechape à Saint-Clément, et de là à L'Arbresle et de L'Arbresle à ladite porte de Vaise, et encore ledit grand chemin tendant dudit lieu de Thizy à Saint-Jean-de-la-Bussière, et d'illec à Amplepuis, et d'Amplepuis à Tarare, et de Tarare à ladite porte de Vaise, comme il se voit dans ledit procès d'enquête, par-devant ledit bailli de Mâcon, de l'an 1415.

Guillaume, leur père, mourut à la bataille de Poitiers, en 1356 [1] ; son corps fut apporté à Belleville, où on lui fit des obsèques et un enterrement honorables, le 12 décembre 1357 [2]. Severt dit que ce fut lui qui fonda la chapelle Saint-Denis, audit lieu de Belleville.

II. — Édouard de Beaujeu, fils et héritier universel de Guillaume de Beaujeu, seigneur d'Amplepuis, et de Marguerite de la Gorse, épousa Jacqueline de Lignières, fille unique de Philippe de Lignières et de Jacqueline de Chambely, sa parente en tiers degré, d'autant que, comme j'ai dit ci-dessus, en Blanche de Beaujeu, cette princesse avait épousé Jean, seigneur de Lignières, et, par conséquent, Édouard pouvait être parent de Jacqueline.

Édouard eut de ladite Jacqueline trois enfants, qui suivent :

1° François, seigneur d'Amplepuis ;

2° Jacques, seigneur d'Amplepuis, après son frère, mort sans enfants ;

3° Anne de Beaujeu fut mariée trois fois : la première, avec Philippe de Culant, maréchal de France, par contrat de l'an 1441 ; la seconde, avec Jean, seigneur de Baudricourt, chambellan du roi, bailli de Chaumont, puis maréchal de France, avec lequel elle vivait l'an 1477 ; la troisième, avec Louis, seigneur de Beauvau, de Champigny et de La Roche-sur-Yon, sénéchal d'Anjou et de Provence.

1. G : 1355. — 2. L, T : 1537.

III. — François de Beaujeu, seigneur d'Amplepuis, fut marié avec Françoise de Maillé, dame de Châteauroux, de La Châtre et de Dun-le-Paleteau, mais il n'en eut point d'enfants, et elle, étant veuve, se remaria, l'an 1480, avec Jean, seigneur d'Aumont, chambellan du roi, gouverneur et maréchal de Bourgogne.

IV. — Jacques de Beaujeu fut seigneur d'Amplepuis, après la mort de son frère François, décédé sans enfants, et de Lignières, après le trépas de sa mère, quoiqu'il lui eût été donné pour partage de ses prétentions; il eut encore les terres de Chavagny et de Chamelet. Il épousa Jacqueline Jouvenel des Ursins [1], fille de Guillaume Jouvenel des Ursins, baron de Trainel, chancelier de France, et d'elle il eut :

V. — Philibert de Beaujeu, son successeur aux terres d'Amplepuis, Lignières, Meillant, Chaumont et autres terres, chevalier, conseiller et chambellan du roi François Ier, lequel épousa Catherine d'Amboise, fille de Charles d'Amboise, seigneur de Chaumont, et de Catherine de Chauvigny, veuve en premières noces d'un seigneur de Tournon, Philibert, n'en eut point d'enfants, et la fit son héritière en tous ses biens; ils vivaient encore en l'an 1540. Catherine d'Amboise épousa puis après, en troisièmes noces, Louis de Clèves, comte d'Auxerre, de la maison de Nevers, et le fit son héritier en toute la succession qui lui appartenait. Après leur mort, les héritiers des uns et des autres intentèrent procès aux parlements de Paris, Rouen et Grenoble, et, après plusieurs contestations vidées par divers arrêts desdits parlements, toutes les terres d'Amplepuis, de Ranchat, Thel et Chavagny-le-Lombard, furent adjugées, par le dernier arrêt donné au parlement de Grenoble, le 4 juin 1573, à Charles-Ludovic de Gonzague, duc de Nevers (qui, par contrat du 10 mars 1578, vendit toutes lesdites terres à messire Claude de Rébé, au prix de six vingt mille livres), mari d'Henriette de Clèves, fille aînée de François de Clèves, duc de Nevers, qui succéda à son frère Louis, mort sans enfants, tous deux fils d'Engilbert de Clèves et de Charlotte de Bourbon de Vendôme, et ledit Engilbert, encore puîné de Jean, duc de Clèves, comte de la Marche et d'Élisabeth de Nevers, de Bourgogne, fille de Jean, fils de Charles, fils de

---

1. G : *Hist. de Béthune*, Duchesne, l. VI, fol. 404.

Philippe, troisième fils de Philippe le Hardi, duc de Bourgogne. Ludovic de Gonzague était fils de Frédéric, duc de Mantoue, et de Marguerite Paléologue, marquise de Montferrat. La seconde fille, Catherine de Clèves, épousa Antoine de Crouy [1], prince d'Yortien, sans enfants, puis Henri de Lorraine, duc de Guise ; il eut pour son partage la comté d'Eu. La troisième fille fut Marie de Clèves, marquise d'Isle, comtesse de Beaufort, mariée à Henri de Bourbon, prince de Condé.

Jacques de Beaujeu [2], dit de Lignières, prétendit de quereller la seigneurie de Beaujolais contre le duc Jean II de Bourbon, en vertu de la substitution testamentaire de Guichard le Grand, comme j'ai vu par une vieille pancarte où sont ces mots, selon le langage de ce temps-là :
« Il est à sçavoir que, pour un débat qu'eut le feu s^r de Linières avec feu M. le Duc, en la présence du feu roy Louys, luy fut reproché entr' autres choses qu'il et ses prédécesseurs injustement détenoient ladite sirie de Beaujolois et qu'il la pourtoit sans titre raisonnable dont il seroit dampné et que icelle sirie lui appartenoit et que le roy en étoit bien informé et, après aucunes parolles, ledit feu M. le duc, en riant, dit au s^r de Linières s'il le voudroit quitter pour un brasselet d'or qu'il avoit sur luy, où il y avoit le beau balay et le diamant et plusieurs autres belles bagues qui valoit XL ou L mille écus ; mais, ledit de Linières luy répondit qu'il ne le quitteroit pas pour deux fois autant ; mais, luy fut répondu par ledit s^r duc, qu'il ne luy en voudroit avoir baillé un chapeau de paille, et lors, pour complaire au roy ou autrement, ledit s^r de Linières luy dit plusieurs grands outrages, à quoy le roy prit plaisir et le duc fut très mal content dudit feu s^r de Linières.

« Seroit venu que quatre ou cinq ans après M. N. se trouva au lieu de Roisson, devers M. le Duc pour les affaires de son maître et pour ce que ledit M. N. étoit résidant parfois audit pays de Beaujolois, où sa mère étoit mariée près d'Amplepuis, l'on luy avoit parlé, mêment un gentilhomme nommé de la Goutte, du fait de lad. terre dud. Beaujolois et montré aucunes lettres du testament d'un feu s^r de Beaujeu chargé de substitutions disant que ledit s^r de Linières entendoit quereller ledit pays par le moyen dud. testament et tellement que, à quelque

---

1. L, T : Croy. — 2. G : Faut que ce soit Jacques, son père, en ce que Louis de Bourbon est mort en 1408, Louis XI en 1483, et Philibert vivait en 1536.

bon propos, ledit M. N. en avertit ledit feu duc, présent Berry, son secrétaire, qu'il envoya quérir pour ouïr ce que ledit M. N. disoit sur lad. matière et le rédiger par écrit, ce qui fut fait, et fut lors avisé par mondit s^r le duc et donné charge expresse de recevoir ledit testament et d'en parler à M. de Sauxilanges, lors procureur de l'autre, pour en faire la diligence, et de fait, ledit M. N. en parla aud. M. le procureur pour ce qu'il connoissoit ledit s^r de la Goutte, lequel répondit qu'il fairoit volontiers le commandement de M. le Duc quand le lui manderoit par écrit; mais, pour la maladie qui survint à M. le Duc n'en fut faite aucune poursuite par ledit de Sauxillanges.

« Toutesfois, ledit M. N. par le commandement de mondit s^r le Duc, fit ses diligences et besogna de telle façon qu'il recouvra le double dudit testament, ensemble aucunes opinions qu'il montra secrètement à mondit s^r le Duc, présent led. Berry et cela veu fussent faites aucunes ouvertures de bailler aucunes terres qui étaient au pays de Lorraine et, si l'on aimait mieux argent qu'on en bailleroit et ces choses furent pratiquées par le commandement du duc, envers ledit agent et ledit Berry, et, aussitost après, mond. s^r le Duc trépassa, aussy fit ledit Berry et les choses sont ainsy demourées; pourtant si le plaisir est à M. et à Madame de vouloir entendre et reprendre les choses au point qu'elles ont été laissées, led. M. N. se emploira très volontiers pour y faire le possible, et semble que mesdits s^r et dame y doivent entendre, tant pour la conscience des s^{rs} ducs leurs prédécesseurs, et aussi pour la leur et avec ce pour asseurer ladite sirie pour le temps avenir qui est dangereux de perdre *vi substitutionum insertarum* audit testament et si l'on dit que ladite substitution est faite injustement, elle se doit entendre *usque ad ultimum gradum successionis* qui seroit le huitième ou le neuvième, etc. »

Voilà ce qui était dans ce papier que j'ai rapporté de mot à mot; le même Jacques, seigneur de Lignières, intenta procès, l'an 1516, à madame Anne de France et à M. Charles de Bourbon, connétable de France, et à madame Suzanne de Bourbon, pour raison des seigneurs de Beaujolais, ainsi qu'est contenu au procès qui était pour lors à Paris, à la cour de parlement, auquel procès lesdits seigneurs transigèrent et accordèrent, le 2 juin 1518, par-devant Blain et Montout, notaires royaux, et donnèrent audit M. Jacques de Beaujeu, petit-fils de

Guillaume, seigneur d'Amplepuis, la somme de 1,500 livres de revenu annuel, et pour parfaire l'assignat et l'acquit d'icelle somme, lesdits seigneurs et dames susnommés remirent audit seigneur de Lignières les hommes, emphyteotes, justiciables et tenanciers qui sont nommés audit contrat de transaction, pour d'iceux devoir jouir comme en avait joui lesdits princes auparavant, et c'est ce qu'on nomme encore aujourd'hui les remises de Bourbon, ès paroisses de Saint-Just, d'Avray, Claveysoles, Cublise et Lay, et qui continue à faire voir une marque infaillible du peu de droit, sur quoi je m'étonne que Philibert de Lignières, qui était chambellan du roi François Ier, et qui vivait encore en 1536, n'ait formé acte d'opposition à Louise de Savoie querellante ledit pays sur Charles de Bourbon, connétable, car il pouvait bien mieux faire valoir son droit en un temps que ce prince était très mal à la cour, laquelle il avait abandonnée pour suivre le parti de l'empereur Charles V. Il faut croire qu'il se croyait bien vengé, pourvu que ces biens-là sortissent de la maison de Bourbon, et ne se souciait en quelles mains qu'ils tombassent, pourvu que la maison de Bourbon en fût dépouillée.

CHAPITRE VIII

L'ÉCLAT ET LA GRANDEUR DES SEIGNEURS DE BEAUJEU SE CONNAIT PAR LES ALLIANCES ILLUSTRES QU'ILS ONT PRISES EN DIVERSES MAISONS SOUVERAINES DE L'EUROPE

Après avoir fait voir en détail la grandeur et l'excellence de la maison de Beaujeu, tant par les dignités de connétable et de maréchal de France et autres, par les fondations des chapitres, abbayes et prieurés et chapelles qu'ils ont faites dans le Beaujolais et dans la Dombes que par leurs beaux exploits dans les guerres et glorieux emplois d'ambassadeurs et généraux d'armées, et par les illustres alliances qu'ils ont prises en diverses maisons souveraines de l'Europe, j'ai cru d'obliger le lecteur d'en faire ici une petite récapitulation et dire qu'il y a eu deux connétables de même nom : Humbert V de Beaujeu, mari de Marguerite de Baugé, et Ymbert de Beaujeu, seigneur de Montpensier; qu'il y a eu deux maréchaux de France : Éric de Beaujeu, frère de ce dernier Ymbert, et Édouard Ier, seigneur de Beaujeu.

Que Guichard III a été ambassadeur à Constantinople vers les empereurs Baudouin et Henri; que Guichard V menait la troisième bataille à la journée de Mont-Cassel, en Flandres; qu'Édouard Ier est mort à la journée d'Ardres; Antoine s'est trouvé à la bataille de Cocherel; que les deux connétables ont suivi nos rois aux voyages d'outre-mer, outre Humbert III, et Guichard le Grand a été grand maître de l'Hôpital d'outre-mer; que Bérard a fondé le chapitre de Beaujeu; Louis de Beaujeu, celui d'Aigueperse; Humbert III, l'abbaye de Belleville; Guichard II, celle de Joug-Dieu et le prieuré de Grammont, et l'église de Saint-Nicolas de Beaujeu; Guichard III, les Cordeliers de Villefranche; Édouard Ier, une chapelle en l'église de Montmerle, où il établit six prêtres religieux de Saint-Augustin; outre plusieurs chapelles, comme celle de Saint-Laurent, au château de Beaujeu, par Guichard le Grand, pour deux prêtres; celle de Saint-Jean l'Évangéliste, par Antoine de Beaujeu, dans le chapitre dudit lieu, et une autre chapelle, en l'église de Villefranche, sous le vocable de Saint-Antoine et de Saint-Jacques le Majeur; Humbert II fonda le prieuré de Denicé; Sibille, femme de Guichard III, l'hôpital de Roncevaux, de Villefranche; Marguerite de Baugé, femme de Humbert V, les chartreuses de Polleteins, en Bresse; Marguerite de Poitiers, mère d'Édouard II, une chapelle de Saint-Antoine, de Charlieu; Isabelle de Beaujeu, le chapitre de Semur-en-Brionnais.

Quant aux alliances, ils ont appartenu trois fois de parenté à nos rois : la première, par le mariage de Guichard II avec Luciane de Rochefort, dame de Montlhéry, qui avait été fiancée par le roi Louis le Gros et séparée de lui, à cause de leur parenté; la seconde, par celui de Guichard III avec Sibille de Hainaut ou de Flandres, sœur de deux empereurs de Constantinople et d'Isabeau, femme du roi Philippe-Auguste; en sorte qu'Humbert V était cousin germain du roi Louis VIII. La troisième alliance de nos rois fut au moyen de Léonore de Savoie, fille de Thomas, comte de Flandres et de Piémont, qui épousa Louis de Beaujeu, laquelle Léonore était cousine germaine de Marguerite de Provence, femme du roi saint Louis, laquelle était fille de Béatrix de Savoie, sœur du susdit Thomas, comte de Flandres.

Ces illustres alliances font bien voir que nos princes n'étaient pas dans une petite estime. Il y en a encore deux autres dans la maison de Savoie : Humbert II épousa Auxilie de Savoie, fille d'Amé III et sœur d'Humbert II, dit le Saint, tous deux comtes de Savoie, et Marguerite de Beaujeu, sœur d'Antoine, épousa Jacques de Savoie, prince d'Achaie et de la Morée, comte de Piémont et seigneur d'Yvrée, en 1346. Quittons les Alpes pour entrer dans les Pyrénées où nous verrons Agnès de Beaujeu, fille de Guichard III, femme de Thibaud VI, roi de Navarre, comte palatin de Champagne et Brie.

Nos princes ont eu quatre alliances dans la maison de Chalon : Humbert III épousa N. de Chalon; Guichard IV, Blanche de Chalon; Antoine, seigneur de Beaujeu, Béatrix de Chalon, et Marguerite de Beaujeu, fille de Louis, Jean de Chalon; Marguerite de Beaujeu, sœur d'Agnès, reine de Navarre, épousa Guillaume, comte de Mâcon.

Je ne parle pas ici de celles qu'ils ont eues dans la maison des comtes de Forez, puisqu'il est constant que les seigneurs de Beaujeu de la seconde lignée en sont sortis par Isabelle de Beaujeu, femme de Renaud, comte de Forez, pour dire qu'ils ont eu deux ou trois alliances dans la comté d'Auvergne : par Vuicard de Beaujeu, qu'on a appelé Grand, comte d'Auvergne ; par Guichard de Montpensier, qui épousa Catherine de Clermont d'Auvergne, et par Béatrix, femme de Fouques de Montgascon d'Auvergne.

Humbert V épousa Marguerite de Baugé, qui était une maison souveraine en Bresse, aussi bien que celle de Thoire-Villars, qui entra dans l'alliance de Beaujeu par le mariage d'Éléonore, fille de Louis, avec Humbert, sire de Thoire et de Villars.

Humbert de Beaujeu, seigneur de Montpensier, connétable de France, épousa Isabeau de Melun, dont la fille unique, Jeanne de Beaujeu, fut mariée à Jean II, comte de Dreux, branche de la maison royale.

Ils ont eu pareillement deux alliances dans la maison de Poitiers, des comtes de Valentinois, qui était pareillement souveraine au temps qu'il y avait tant de petits roitelets en France et dans le royaume de Bourgogne, au delà de la Saône et du Rhône : Florie de Beaujeu, fille de Humbert V, épousa Aimard de Poitiers, IIe du nom, comte de Valentinois, et Guichard de Beaujeu, seigneur de Perreux et père d'Édouard II, dernier seigneur de Beaujolais, épousa Marguerite de Poitiers, fille de Louis de Poitiers, comte de Valentinois et gouverneur de Languedoc.

L'alliance que prit Édouard II dans la maison de Beaufort n'est pas moins considérable lorsqu'il épousa Léonore de Beaufort, fille de Guillaume Roger, comte de Beaufort et vicomte de Turenne, nièce du pape Grégoire XI et petite-nièce du pape Clément VI, oncle de Guillaume Roger.

Ils ont eu encore deux alliances dans la maison de Châteauvilain : par Jeannette, fille de Louis de Beaujeu, qui épousa Jean de Luzy de Châteauvilain, et par Guichard le Grand, qui épousa, en troisièmes noces, Jeanne de Châteauvilain, qui lui procréa une belle lignée. Il avait eu, en premières noces, Jeanne de Genève, d'une maison souveraine, et, en second lieu, Marie de Châtillon, fille de Gaucher de

Châtillon, [comte] de Porcéan, connétable de France, et d'Isabeau de Dreux, de laquelle il eut entre autres Marguerite de Beaujeu, femme de Charles de Montmorency, seigneur dudit lieu, d'Escouet[1] d'Amville, etc., chambellan des rois Philippe de Valois, et Jean, son fils; et Duchesne, en l'*Histoire de Montmorency*, dit que cette dame attouchait aux plus puissantes et relevées familles du royaume, car, du côté de Guichard, son père, elle était alliée des ducs de Bretagne, comtes de Dreux, de Savoie, de Forez, de Valentinois, de Ventadour, de Saint-Pol, de Boulogne et d'Auvergne; et, à cause de Marie de Châtillon, sa mère, elle avait aussi pour parents les mêmes ducs de Bretagne, comtes de Dreux et de Saint-Pol, les ducs de Bourbon et d'Athènes, les comtes de Flandres, de Nevers, d'Auxerre, d'Eux, de Blois, de Porcéan et autres princes de la maison royale que seigneurs très illustres. L'alliance de Marie de Beaujeu, fille du susdit Guichard et de Jeanne de Genève, avec Jean l'Archevêque, seigneur de Parthenay, allié à la maison de Montfort des ducs de Bretagne n'est pas moins illustre.

Non plus que celle de Jacques de Beaujeu, seigneur de Linières, avec Jacqueline Jouvenel des Ursins, fille de Guillaume, chancelier de France, dont la famille a produit une infinité de grands personnages[2], qui ayant mérité les plus honorables emplois de divers royaumes, états et républiques, ont aussi tenu et rempli en iceux, les plus hautes et les plus excellentes dignités, tant ecclésiastiques que séculières, ayant donné à l'Église des papes, des cardinaux et autres grands et insignes prélats; à l'Italie, plusieurs princes, ducs, marquis et puissants seigneurs, tels que sont ceux de Bisignan, de Bracciano, de l'Anguilare, de Gravine et semblables, qui a possédé diverses villes métropolitaines et épiscopales et un fort grand nombre de bourgs, tant aux environs de la ville de Rome qu'au royaume de Naples, où elle est encore aujourd'hui très florissante.

La maison d'Amboise, en laquelle Philibert de Beaujeu a épousé Catherine, était dans son haut lustre en ce temps-là, ayant eu, sous les rois Louis XI, Charles VIII, Louis XII et François Ier, quatre cardinaux, deux évêques d'Alby, deux archevêques de Rouen et deux

---

1. L, T, J : d'Escouvest; B : d'Escouvert. — 2. G : Duchesne, *Histoire de Béthune*.

de Narbonne, un grand maître de Rhodes, un évêque de Langres, un de Poitiers, un de Clermont et abbé de Cluny, de Montauban, deux lieutenants du roi ès provinces de Languedoc et de Bourgogne.

Je n'aurais fait de longtemps si je voulais raconter par le menu toutes les autres alliances qu'ont eues nos princes et seigneurs de Beaujeu dans les plus relevées maisons de France, comme sont celles de Ventadour, de Chauvigny, du Thil, de Sombernon, de Maillé, de Châteauroux, de la Châtre et plusieurs autres, pour dire que la plupart des grandes maisons de France tiraient à grand honneur d'être alliées à celle de Beaujeu, et si le malheur n'eût pas poussé Édouard à sa ruine, il se serait vu un des plus grands seigneurs du royaume, par l'héritage des terres de Valentinois du côté maternel, et des comtés de Beaufort et vicomté de Turenne, auxquels succéda sa veuve Léonore de Beaufort, nièce de deux grands papes, Clément VI et Grégoire XI.

SIXIÈME ET DERNIÈRE PARTIE

DE L'HISTOIRE DE BEAUJOLAIS
COMPRENANT LES SEIGNEURS DUDIT PAYS
DE LA ROYALE FAMILLE DE BOURBON

CHAPITRE PREMIER

LOUIS, IIe DU NOM, DE BOURBON, DIT LE BON,
SEIGNEUR DE BEAUJOLAIS ET DE DOMBES

I. — Il semble que Dieu, qui est souverain monarque des états et le distributeur des royaumes et des empires, avait destiné que le pays de Beaujolais dût être gouverné et dominé par des princes du sang royal, ce lui était trop peu que nos princes appartinssent d'alliance à la couronne et à tant de maisons souveraines si les princes du sang royal n'en devenaient les maîtres. Il fallait qu'une province qui avait tant et de si belles fondations des princes devint à la fin royale, et qu'elle tombât dans la famille du plus saint de nos monarques, saint Louis, que deux connétables du nom de Beaujeu avaient accompagné dans ses voyages d'outre-mer, pour la querelle de Jésus-Christ. Enfin cette maison ne pouvait mieux tomber que dans les mains d'un prince qui, par la générosité de ses belles actions, s'était acquis le glorieux surnom de Bon, titre qui lui fit mériter l'acquisition des provinces du Beaujolais, tant à la part du royaume qu'à la part de l'Empire qu'on appelle la souveraineté de Dombes.

II. — J'ai dit ci-dessus, en l'éloge d'Édouard II, que dans toutes les affaires épineuses qu'il avait eues, tant avec les comtes de Savoie qu'avec le duc de Bourgogne, il avait eu pour support et pour appui le même duc de Bourbon, qui même avait fait un grand voyage à Chambéry, pour moyenner son accord et sa paix avec le comte de Savoie ; j'ai dit encore que ce fut par l'entremise du même duc qu'il sortit de prison où il avait été longtemps détenu à Paris pour avoir précipité un huissier de la cour des fenêtres de son château de Pouilly, et que, pour reconnaissance de tant de bienfaits, il lui avait fait une donation entre vifs des pays de Beaujolais et de Dombes, le 23 juin 1400, après quoi il ne survécut guère et mourut le 2ᵉ jour d'août suivant.

III. — Ensuite de quoi, le même Louis de Bourbon, dit le Bon, petit fils de Robert de France, fils puîné de saint Louis, prit possession desdites seigneuries et fit hommage au duc Philippe de Bourgogne, fils de France [1], pour les châteaux, villes et seigneuries de Belleville, de Thizy, et d'autres villes et seigneuries qui avaient appartenu à feu Édouard de Beaujeu, comme appert des lettres dudit duc, données à Conflans-lès-Paris, le 16 août 1400.

Au trésor de Beaujolais, il y a lettres de mainlevée du duc de Bourgogne pour les villes et châteaux de Belleville, Thizy et autres, saisis par les officiers dudit duc de Bourgogne, pour le défaut d'hommage fait par Édouard de Beaujeu, du 16 août 1400, et ensuite lettres de Louis de Bourbon, contenant reconnaissance dudit fief, du 8 novembre 1400. On les verra aux preuves. Il fit sa déclaration le 4 octobre de la même année, sur l'exécution du testament d'Édouard de Beaujeu, en présence d'Éléonore de Beaufort, sa veuve, signée Rajace et Alexandre Marescali [2], et, le 18 du même mois et an, il confirma les privilèges de Villefranche et de Beaujeu, à Montbrison, ce qui fut vérifié par ses gens des comptes, le 19 décembre de l'an 1401, et par la princesse Anne, dauphine d'Auvergne, sa veuve, le 15 novembre 1413.

IV. — Mon dessein n'est pas de faire ici l'éloge de ce prince ni de ses descendants qui lui ont succédé en cette seigneurie, leur histoire est assez bien et amplement décrite par les historiens qui leur ont

1. G : liasse 7, de Perreux. — 2. G : sac coté C 2, n° XIX.

été contemporains, et encore par MM. de Sainte-Marthe, dans l'*Histoire généalogique de la maison de France*. Je ne parlerai non plus de leurs alliances, ni de leurs enfants, les tableaux généalogiques du R. P. Labbé, de la compagnie de Jésus, donnent assez d'éclaircissement à cette matière, et avec une belle méthode ; je me contente ici de rapporter ce qu'ils ont fait dans le Beaujolais, que personne n'a écrit et que j'ai seulement découvert par les divers actes qui sont dans le trésor de Villefranche.

V. — L'an 1401 et le 10 juin, il y eut arrêt du parlement de Paris [1] confirmatif d'une sentence donnée par le bailli de Mâcon et sénéchal de Lyon, au siège de Lyon, par lequel messire Édouard de Beaujeu avait été contraint de payer 115 livres 10 à Jean Cornille, aumônier de Lyon, l'appel avait été interjeté de ladite sentence en 1397.

VI. — Le 21 du même mois et an, il y eut un traité entre M. le duc de Bourbon et l'abbé et couvent de La Chassagne [2], touchant un petit étang qu'ils avaient fait construire, proche leurdit couvent, en la châtellenie de Chalamont et en la totale juridiction de M. le Duc pour la plus grande partie, à la construction duquel étang le seigneur de l'Épinace, châtelain, capitaine dudit Chalamont, s'était opposé, ce que leur étant accordé par Monsieur et Madame, ils prirent ledit couvent en leur sauvegarde et protection, au moyen de quoi il fut aussi accordé que la plus grande chapelle de ladite abbaye s'appellerait la chapelle de Bourbon, et que l'abbé et les religieux de ladite abbaye célébreraient, à perpétuité, une messe par chacun mois, à l'intention desdits seigneur et dame et de leurs enfants.

VII. — L'an 1402 [3], notre bon duc Louis fit l'acquisition des villes, châteaux et seigneuries de Trévoux, d'Ambérieu et du Châtelard en Dombes, qui étaient à sa bienséance. J'en ai parlé plus amplement au traité de Dombes, où le lecteur pourra recourir sans que je sois obligé à une ennuyeuse redite.

La même année et le 6 juin, il ordonna de payer à Mme Béatrix de Chalon, veuve d'Antoine de Beaujeu, quatre cents francs d'or,

1. G : coffre 10, cote K. — 2. G : sac C. du 1er coffre, n° III. — 3. J : 1400 ; G : Guichenon, *Histoire de Savoie*.

par chacun an, sa vie durant, et, le lendemain 7 dudit mois et an, il mande et ordonne à son trésorier de Beaujolais de payer à Jeanne, fille de Robert de Beaujeu, la somme de 1.200 livres restante de ce qui avait été convenu par l'accord fait entre messire Édouard de Beaujeu et ledit Robert s. J. Gadet. La quittance finale de ladite somme est du 18 avril 1404 [1].

L'an 1406, et le dernier jour de février, il acheta une partie du péage de la Marche-sur-Saône, qui appartenait au seigneur Amphoux de Saint-Abondant, écuyer, pour le prix de cent livres tournois, valant cent [2] francs d'or de monnaie de roi, qui furent payés audit Amphoux par Germain Mulatier, son trésorier de Beaujolais, coffre C des péages.

VIII. — L'an 1407, et le 25e jour de juillet, il fit les statuts et ordonnances qui suivent, concernant l'état et l'office du maître des eaux et forêts.

« Louis, duc de Bourbonnois, comte de Forez, baron et seigneur de Beaujeu, pair et chambrier de France, à tous ceux qui ces présentes lettres verront, salut. Scavoir faisons que pour obvier aux grands abus et entreprises qui, ou temps passé, ont été faits et procurés au fait de nos fourets et eaux de Beaujolais par les maitres gardes forestiers et autres officiers desd. eaux et fourestz qui ont induement poigé, preins et levé trop excessives sommes de deniers sur les........ et plusieurs autres droits et émoluments non deus sur lesdites fourestz et eaux au préjudice de nous et des fermiers et acenseurs d'icelles eaux et fouretz, comme par plusieurs personnes qui en icelles ont follement usurpé et mesfait ou autrement y ont porté très grand dommaige non dautant corretions ny pugnitions de nous ne de justice, nous avons levés tenues et avisées et fait aviser par notre grand conseil appellé pour ce pardevant nous certaines ordonnances qui ja pièça avoient été faits par nous et par notredit conseil et icelle par délibération de notre conseil en aucuns de leurs articles et puis à nous amendées et en état deu et convenable redigés en la forme et manière qui s'ensuit :

« Et premièrement le maitre des fourets, de deux en deux mois, visi-

1. G : sac C 2, cote C du 1er coffre, no XIX. — 2. T : cent livres.

tera lesd. fourets, par luy ou son lieutenant et, en les visitant, tiendra son siège es lieux accoutumés d'ancienneté, à ses déper

« Item, tous ormaux, versié, rompus et bois abattus de coignée, quand ils sont trouvés par le maître des fourets ou son lieutenant en visitant les fourests ou par les fourestiers, seront mis par escrit par qualité, quantité et déclaration de lieu et mis en vente par crié et attrousse aux plus offrans, ès assises dud. maître des fourets.

« Item, ledit maître des fourets aura son papier ordinaire ouquel seront écript par la main du cler de sa cour, qui aura serment à nous, tous les procès et exploits qui fait seront oudit office [1].

« Item, menus bois à chauffage seront vendus ès assises et par la main dud. maître des fourets ou sou lieutenant ou plus offrant, comme dit est, et tout mis et enregistrés oudit papier ordinaire et avant l'étrousse sera vù et visité par ledit maître des fourets ou son lieutenant.

Item, les fourestiers raporteront leurs prises par serment, sans fraudes, auxdites assises par écrit sous leurs seaux, et se, ils sont trouvés en coulpe ou en fraude ils seront privés de leurs offices et pugnis de leurs biens en amande arbitraire envers nous, laquelle amande chaira en la tauxation de notre conseil.

« Item, les fourestiers auront copie des privilèges des usages de leurs gardes et pour exprès se prendront garde lesd. fourestiers comme lesdits usagiers useront de leurs droits et, se ils sont trouvé abusant contre la teneur de leur privilège, le fourestier fera la prise et raportera en la chambre de nos comptes à Villefranche et en faira partie pour nous, et cependant chaira la main dud. usage, et dud. abus cognoitra ladite chambre et ne seront tenus prendre bois desdits usages se n'est par la main dud. maître des fourets, et aussy ne mettant ausdites fourets bètes en plus grand nombre qu'ils ne doivent.

« Item, si les fourestiers entour leurs gardes trouvent nouveaux édifices de maison ou autre ouvrage à un aisseu, doelle, planchier, roües et chavancé ou autre ouvrage de bois ils le pourront prendre ou arrêter et raporter la prise es assises dud. maître des fourets lequel sçaura et enquerra dequel bois et fouret et venu led. ouvrage ou d'où l'auront eu ceux sus qui y aura été trouvée, et qui ne poura montrer

---

1. T : audit greffier.

son titre raisonnable ledit maître des fourets le pourra condamner a émande selon le cas.

« Item, toute personne qui sera trouvée en forfait de bois prandre et ambler en nos fourets payera pour un plançon soixante sous pour estime, vingt cinq sols, pour une chavance de bois mort en bois menu à eschaufage dix sols, car cest la coutume ancienne, et pardessus payera l'émande et autre punition selon le cas et la faculté.

« Item, toute personne qui sera trouvée par nuit forfaisant esdites forets, il perdra ses bœufs, chavance et ferremens, pour le délit, lesquels bœufs seront par ce à nous et la chavance et ferremens seront au fourestier pour leur peine et diligence.

« Item, qui trouvera homme par nuit abatant bois ausdites forets à la coignée il payera soixante sols, à cause de la nuit, et en outre payera l'amende de forfait selon le bois qu'il abatra, ainsy comme si fait et abatut l'avoit par jour, où sera le cas criminel ou arbitraire a nous, et se il l'abat a la sie il sera punis criminellement, car le délit de la sie est plus grand que de la cogniée, parce que la coignée apelle le fourestier.

« Item, se le fourestier trouve bêtes à garde faite en nos taillis et revenues, chacune bête et son segant, se il y est, payera sept sols et, se il n'y a garde faite, chacune bête payera douze deniers et pour chacune fois que trouvés y seront.

« Item, les hommes de nos vavasseurs ne autre, hors que les notres sans moyens, n'ont point de pasturage en nos bois et, se trouvés y sont, en quelque saison que ce soit, ils payeront pour chacune bête l'amande comme dessus.

« Item, de demi en demy ans, led. maître des fourets tauxara ses exploits et les baillera à lever aux fourestier du lieu et les sommes desdits exploits avec tout autre emolument des fourets par parties et par écrit sous son scel raportera a notre trésorier de Beaujolois, lequel sera chargié d'en compter en recepte et en dépense.

« Item, les fourestiers ne pouront vendre bois ne avoir connoissance de cause, fors qu'en prendre, arrester, adjourner et raporter audit maître des fourets et seront crus de leurs prises par serment, en la manière accoutumée.

« Item, se adcenseront et vendront les bois paissons ès chatellenies ou mandement où elles seront assises.

« Item si les paissonniers ou leurs députés durant leur temps trouvent pourceaux ou bêtes en leurs paissons ou en leur paisson apanage, chacune bête avec son ségant et chacun porc payera douze deniers, dont à nous les deux parts et ou marchant le tiers, pour chacune fois que trouvées y seront.

« Item, a été ordonné que des restes des grosses ventes de vingt [1] franc en sous le maitre des fourets pour scel et écriture aura cinq sous, si elle excede trente francs [2] sept sous six deniers, de quarante franc [3] dix sols et, pour la plus grande vente, vingt sous.

« Item, semblablement de la vente des menus [4] bois revenans. Item, les restes des paissons sont tauxés comme des ventes. Item, des ormaux versier [5], mort bois ou bois par terre, néant, si le prix n'excedde dix francs [6], en celuy cas dix sols pour lettre.

« Item, tous dépens seront nuls sur les acheteurs et ne seront tenus de ne rien payer, fors tant seulement ledit restas le prix à quoy elle sera mise et les quittances du thrésorier, dont l'on payera audit trésorier, pour chacune quittance particulière, quatre blancs seulement et pour chacune quittance générale cinq sols tournois, par mise, que de vingt livres et au-dessous, l'on ne payera rien de quittance générale. Item, pour les ventes criées par trois mois en toutes les châtellenies esquels lieux les ventes seront aussi au jour des foires et marchiés. Item, le maitre des fourets et le clerc, ne chatelin, ne fourestier n'auront nul droit de cire d'abeilles trouvées d'espaves ès fourests ne ès bois abatus, mais seront recueillis par nous gens à notre profit et en comptera le trésorier. Item les fourestiers seront tenus, à chacune fois qu'ils trouveront les bêtes ès taillis de les mener à justice en lieux hors du bois, afin de scavoir à qui elles sont, pour en raporter plus seurement, et, au cas qu'ils ne les pouront pouter hors du bois, ils fairont crier deux ou trois fois se ils y viendra nuls de coté, pour mieux prouver leur prise.

« Item, de mettre ès ordonnances ceux qui abatront le bois à la sie, pour en faire pugnition corporelle de oster membres, selon les instructions royaux.

1. L : vingt-quatre; T : vingt-quatre livres. — 2. L, T, B : livres. — 3. L, T, B, J : livres. — 4. T : mêmes. — 5. L : vectices; T : vestier. — 6. L, T, B : livres.

« Item que le marchand des ventes est tenu de garder le bois de sa vente d'entour et d'autant comme lon peut oïre le cop de la cognié. Item, soit mémoire au fourestier de bien garder les revenus des taillis, à peine de nous rendre le domaige. Item, chacun fourestier est tenu d'aller deux fois le jour en sa fourest, le soir et le matin, et de raporter de quinze en quinze jours ses prises. Item, que lon baille à notre trésorier de Beaujeulois, deux fois l'an, les nouvelles ventes et exploits, cest à scavoir quinze jours avant Noel et quinze jours avant la Saint-Jean-Baptiste. Item, que les petites garennes soient baillées à cens et aussy les petits étangs. Item, ne se pouront vendre taillis, bois versé ne abatus de nuit des grosses ventes ne autrement sous le sein du martel ou l'aveu de la garde de celuy et qui le fera autrement il le mandera judiciallement. Item, quand il faudra faire grosses ventes en haute forests, là iront pour faire les susdites ventes le maître des fourest, la garde du martel et l'arpenteur sereviente [1] ou le trésorier avec les deux d'iceux pour voir et aviser le lieu plus profitable pour nous et le feront layer par ledit arpenteur tel quantité que bon leur semblera à vendre et la mettront à rancherie et seront vendus des layes d'icelle vente le plus profitablement pour nous et sera baillé au martel au marchand d'icelle, pour faire l'étrousse pour signer son bois s'il requiert. Item, que les ventes soient coupé près de la terre pour les revenus, laquelle sera gardé pour le temps deus et accoutumé. Item, que nous ne dourons nuls bois de nos fouretes; mais, si nous voulons donner à aucuns pour bâtir, nous leur donnerons de l'argent pour acheter des marchands et se payera par la main du trésorier, et ainsy ne seront pas foulé les marchands ne les fourestiers et selon le terme des vantes. Item, que tout bois qui sera nécessaire pour nos bâtimens et ouvrages sera avisé par le charpentier et maître de nosdits ouvrages et sera délivré par le maître des fourets et par la garde du martel. Item, semblablement seront gouvernés les étangs, eaux, moulins et garennes et seront remis sustenus en état et apoissonnés par le conseil de la chambre de nosdits comptes, des profits qui en y seront et aussy des mises qui y seront nécessaires compteront les maîtres des fourets et eaux le trésorier ou receveur, pour la certification dudit maître des fourets, par le conterolle du maître des

1. L., T : l'arpenteur ou le trésorier.

fourets, et sera défendu par tout notre pays de Beaujeulois que, en quelque rivière que ce soit, il ne soit pascheurs si hardis de peschier, si ce nest des filets de droite maison dont le patron leur sera baillé par les gens de notre conseil, et sera tenu ledit maître des fourests de aporter l'état des apoissonneurs sous son scel une fois l'an et saing dud. clerc et des garennes et moulins pareillement, afin que, si aucunes chose y fait faire, il y soit pourvu par lordonnance des gens de la chambre de nosdits comptes qui la fairont faire par le trésorier ou ceux à qui il apartiendra. Item, seront tenus les maîtres et clers des fourets de jurer garder et tenir lesd. ordonnances, sur peine de perdre leurs offices et d'émande arbitraire au cas qu'ils seront délinquans au contraire.

« Item que le clerc dud. maître des fourests qui écrira au papier des fourests sera tenu de nous faire serment, et éleus par l'ordonnance pour être conterollée ainsy qu'il apartiendra. Item, que cestes ordonnances soient publiées en lad. chambre des comptes et par toutes les châtellenies de Beaujeulais mises en un tableau, pour en prendre copie qui voudra, afin que les délinquans soient pugnis. Item, semblablement chacun ans, au lieux où les choses seront baillées.

« Lesquelles ordonnances dessus transcrites et tous les points et articles d'ycelles nous avons agréables et icelles avons louées, aprouvées et confermées et par ces présentes louons, agréons, aprouvons et confermons de notre certaine sience et pour l'avis de notredit grand conseil à meure delibération, et voulons que icelles et tous les articles d'icelles soyent doresnavant tenus sans les enfraindre en quelque manière que ce soit. Si donnons en mandement par ces présentes à nos amez et féaux gens de nos comptes, bailly de Beaujeulois et tous autres justiciers officiers présens et avenir, à leurs lieutenans et à chacun d'eux si comme à luy apartiendra que les ordonnances cy-dessus transcrites et tous les points et articles d'icelles tiennent et gardent et facent tenir et garder d'ores en avant, de point en point, selon leur forme et teneur, sans les enfraindre ne soufrir être enfrainte, en aucune manière, en punissant rigoureusement et sans deport les délinquans à ce contraire et par toutes voyes dûes et raisonnables et en tel cas accoutumés et tellement et si rigoureusement les punissent que ce soit exemple à tous autres. Et afin que nul n'aye cause de les ignorer, vous gens de nos comptes faites les publier et signiffier en notre dite chambre[1] et ailleurs tantot sans delay à chacun an, par la manière que dit est En témoin de ce, nous avons fait mettre notre scel a ces présentes. Données le 25ᵉ jour de juillet, l'an 1407. Par monsʳ le duc, à la relation de monsʳ de Norry, monsʳ de Lespinace, Gauget et plusieurs autres présens G. Denys. »

    IX. — Après la mort d'Édouard, dernier seigneur de Beaujeu, avenue le 2 août 1400, Amé VIII, comte de Savoie, demanda à Louis, duc de Bourbon, son donataire, l'hommage des villes et châteaux de Beauregard, Lent, Thoissey, Montmerle, Villeneuve et Chalamont, en Dombes, suivant le traité de l'an 1337, fait entre Aimon, comte de Savoie, et Édouard, Iᵉʳ du nom, seigneur de Beaujeu; ce que le duc refusa[2]. Le comte, irrité de ce procédé, envoya Amé, seigneur de Viry, avec mille chevaux pour lui faire la guerre, afin de le contraindre à faire par les armes ce qu'il ne voulait pas faire par raison. Viry prit d'abord les villes d'Anse et de Belleville, Chalamont et Lent, et assiégea Thoissey. Le duc de Bourbon dépêcha Châteaumorand avec quelques troupes, qui, après avoir repris Anse et Belleville, fit lever le siège de Thoissey et poursuivit Viry jusqu'à Ambronay, où il surprit partie de ses gens. Cependant vinrent au secours du duc de Bourbon : les ducs de Bavière et de Bar, les comtes d'Eu, de Saint-Paul, d'Harcourt et d'Alençon, le sire d'Albret, connétable de France, et les sires de Coucy, de Montagu et de Gaucourt; de l'autre côté, les ducs de Berry et de Bourgogne, s'intéressant pour le comte de Savoie, arrêtèrent le cours de cette guerre, de sorte que le différend fut mis en négociation. Il y eut assemblée de députés de part et d'autre qui demeurèrent d'accord que l'hommage demandé par le comte de Savoie était dû par résultat du 2 mars 1408, mais l'exécution en fut différée, le duc ayant demandé un plus grand éclaircissement de l'hommage que le comte de Savoie lui demandait; il y eut une journée assignée à Villars, en Bresse, où tous les députés, de part et d'autre assemblés dans l'église de Villars, prirent expédient que Jean de Bourbon, comte de Clermont, fils aîné du duc de Bourbon, ferait l'hommage au comte de Savoie, à quoi le duc, son père, consentit par ses lettres données à Villefranche, le

---

1. L, T, B : chancellerie. — 2. G : Guichenon, *Hist. de Savoie*, fol. 452.

20 mai 1409, et le 28 du même mois, le comte de Clermont, accompagné de l'évêque de Saint-Flour, de Louis de Bourbon, comte de Vendôme [1], etc., se rendit à Châtillon-les-Dombes, où il fit l'hommage au comte Amé; ainsi finit cette guerre.

La même année 1408, et le 5 décembre, à Moulins, il ordonna, par ses lettres patentes, que les paroisses de Rogneins, d'Ougly et d'Arnas contribueraient aux fortifications de Villefranche et que ceux de Rogneins seraient obligés de faire guet et garde en ladite ville en temps de guerre.

X. — Louis de Bourbon, par le mariage qu'il contracta avec Anne, dauphine, comtesse de Forez, fille unique de Béraud, comte de Clermont, succéda audit pays qu'il joignit avec ceux de Beaujeu et de Dombes à ses autres états. Il mourut à Montluçon, le 19 août 1410, âgé de 63 ans 16 jours, laissant entre autres enfants son successeur. [Jean, Ier du nom, duc de Bourbon.]

1. L, T : d'Auvergne.

CHAPITRE II

JEAN, Iᵉʳ DU NOM, DUC DE BOURBON, PAIR ET CHAMBELLAN DE FRANCE, SEIGNEUR DE BEAUJEU ET DE DOMBES

Ce prince a seigneurié si peu de temps dans le Beaujolais qu'il n'a pas donné matière de dire beaucoup de chose de lui, car son père étant mort, l'an 1410, et lui, ayant été fait prisonnier des Anglais à la bataille d'Azincourt, le 25 octobre 1415, et étant demeuré prisonnier en Angleterre, pendant l'espace de 19 ans jusqu'à sa mort, qui arriva l'an 1434, on ne peut probablement dire qu'il ait fait grande chose dans le pays, où pour les remuements qui étaient en France causés par les inimitiés des maisons d'Orléans et de Bourgogne, il ne saurait avoir fait grand séjour.

Pendant sa prison en Angleterre, le duc de Savoie fit des courses en Dombes et en Beaujolais, prit Belleville et fit reconnaître les foi et hommage aux gentilshommes et vassaux du pays de Dombes, de quoi il y eut des informations faites à la requête de madame Marie de Berry, duchesse de Bourbonnais, toutes lesquelles choses furent puis amendées par le duc, qui commit, par ses lettres du 7 octobre 1460, les seigneurs de Challand, de la Palu et autres pour composer amiablement les différends qu'il avait avec la maison de Bourbon, dont s'ensuivit un accord et appointement entre les officiers de Dombes et de Bresse, pris en l'année 1469. Ceci est au trésor de Villefranche, coffre 7, fol. 72 verso, ce qui a été inconnu au sieur Guichenon, qui dit bien, dans son *Histoire de Savoie*[1], que l'empereur Venceslas ayant donné au comte de Savoie le titre de vicaire général par tout l'Empire, le comte se fit reconnaître le fief par tous les gentilshommes de Dombes, l'an 1398, sous Édouard II, et qu'au commencement de l'an 1434 le duc de Bourgogne étant venu à Chambéry voir le duc de Savoie, ces deux princes

---
1. G : fol. 476.

résolurent de demander à Jean, duc de Bourbon. lors prisonnier en Angleterre, les hommages des terres qu'il tenait d'eux en fief, savoir : du duc de Bourgogne, pour les villes et châtellenies de Thizy et de Belleville, et du duc de Savoie, pour les villes et châteaux de Chalamont, Lent, Villeneuve, Thoissey, Montmerle, Beauregard, Trévoux, le Châtelard, Ambérieu, et pour toute la terre de Dombes; et qu'à défaut de leur en rendre l'hommage, qu'on lui ferait guerre ouverte, que ce qui se prendrait sur lui en Beaujolais et delà la Saône appartiendrait au duc de Bourgogne, et que toutes les conquêtes qui se feraient de çà la Saône, à la partie de l'Empire, demeureraient au duc de Savoie. Mais il ne dit pas que Trévoux eût été pris quelque temps auparavant par le seigneur de Varembon et que, pour le dédommagement, le duc de Savoie eût promis payer à Mme la Duchesse la somme de 10.000 écus [1], par ses lettres du 4 mai 1433, ensuite d'un autre accord fait par ladite dame de Berry, avec Aimarde de la Baume, dame de Varembon, touchant la rançon des juifs pris audit Trévoux, moyennant 3 060 écus, promis par Abraham Lévi, juif, du 8 janvier 1432.

1. G : mille écus.

CHAPITRE III

CHARLES, 1ᵉʳ DU NOM, DUC DE BOURBON ET D'AUVERGNE,
PAIR ET CHAMBRIER DE FRANCE,
SEIGNEUR DE BEAUJOLAIS ET DE DOMBES

Charles n'eut pas sitôt succédé à son père, décédé en Angleterre, qu'il vit le feu à son pays par les troupes que le [1] duc de Bourgogne mena lui-même en personne dans le Beaujolais, avec lesquelles il prit Belleville et quelques autres châteaux ; mais, comme il vit que le duc de Savoie ne remuait point, nonobstant le traité fait entre eux [2], il en fut si irrité qu'il s'accommoda avec le duc de Bourbon à une entrevue à Nevers où ces deux princes se festoyèrent [3].

Charles étant venu prendre possession de son pays de Beaujolais à Villefranche, il y confirma, au mois d'août de l'an 1434, leurs privilèges [4], et la même année, et le 15 janvier ensuite, il fit donation à M. Philippe de Bourbon, son second fils, des baronnies et seigneuries de Beaujolais, avec leurs appartenances, par ses lettres patentes dont voici la copie :

« A tous ceux qui ces présentes lettres verront, Colas Denis, conseiller de très excellent et très puissant prince et mon très redouté seigneur, M. le duc de Bourbonnois et d'Auvergne, et garde du scel aux contradicts de la chancellerie dud. duché de Bourbon, salut. Scavoir faisons que, pardevant notre Amé et féal Jean Tuchon, clerc juré, notaire de la court dudit scel et chancellerie de Bourbon, usant de nos autorité et pouvoir et auquel nous ajoutons plénière foy, personnellement établis ledit très haut et très puissant prince et mondit très redouté seigneur Monsʳ le duc de Bourbonnois et d'Auvergne, comte de Clermont, de Forez et seigneur de Beaujeu, d'une part, et très noble seigneur Philippe

---

1. L, T, B, J, V : Philippe. — 2. G : Guichenon, *Hist. de Savoie*, fol. 476. — 3. G : Monstrelet, vol. II. — 4. G : 5ᵉ, 6ᵉ et 7ᵉ fol., coffre 9, cote J, sac 1ᵉʳ.

de Bourbonnois, Mons', second fils de mond. s' le duc et par luy émancipé et noble et puissant homme messire Jacques de Chastillon, seigneur de Dampierre et de Revel, tuteur datif et ayant le gouvernement et garde de Phelipe de Bourbonnois, mondit seigneur, d'autre part, mond. seigneur le duc désirant, si comme il disoit, messeigneurs ses enfants être enchevancerés à l'honneur de luy et d'eux, afin que mieux et plus avant ils puissent chacun en droit luy faire devoir de service qu'il appartient à la maison de France dont ils sont partis et pour certaines autres causes et considérations à ce mouvans mondit s' le duc bien pourvu et de sa certaine science, à iceluy son second fils Philipes, seigneur de Bourbon, présent, et aussy présent et assistant avec luy led. seigneur de Dampierre, son tuteur, dessus nommé a donné et transporté, donne et transporte par ces présentes, par donation entre vifs, pure, accomplie et irrévocable et comme mieux pourra et devra valoir et ès descendans de luy en droite ligne et tant qu'icelle ligne durera, au défaillant de laquelle, que Dieu ne veuille, les chouses données dont cy après sera faite mention retourneront à mondit s' le duc et à son hôtel. C'est à scavoir la seignorie et baronnie de Beaujeu avec tous ses droits, apartenances et dépendances quelconques, tant et si avant quels seigneurie et baronnie de Beaujeu se extendent et comportent, peuvent extendre et comporter dans le royaume de France, hors dudit royaume en l'Empire, et que tenoit feu mess'° Édouard de Beaujeu par le temps qu'il vivoit seigneur desd. seigneurie et baronnie, soyent villes, châteaux, forteresses, fiefs, arrière-fiefs, justices, cens, rentes, domaines, noblesses et autres droits, devoirs et prérogatives quelconques comme que soyent nommées, dites et appelées, en le mettant dès maintenant en son lieu èsdites chouses données, et en le faisant vray seigneur en icelle; requérant, mond. s' de Bourbon par l'octroy de ces présentes, ceux dont lesd. chouses meuvent de fié que d'icelles veuillent recevoir à homme Phelipe, mondit seigneur, son second fils, en mandant et commandant à tous ceux que à cause desdites seigneurie et baronie de Beaujeu luy soient tenus, soit par fief et arrière fief, devoirs quelconques ou autrement, comme que ce soit, semblablement à ses officiers, bailly, juge, capitaines et officiers quelconques desd. seignorie et baronie de Beaujeu et autre sujets d'icelles que doresnavant en répondent et obéissent à sondit second fils, Phelippe Mʳ de Bourbon, ses gens commis et officiers, lesquelles seignorie et baronie de Beaujeu il baille et veut apartenir à iceluy son second fils, Phelipe, à cause de apanage en tout ou partie, par la forme et manière que de faire sera toutes les chouses dessusdites et chacune d'icelles, acceptant, stipulant et recevant pour iceluy Phelipes de Bourbon mons. led. seigneur de Dampierre, son tuteur présent, comme dit est, et a promis et juré, mondit seigneur de Bourbon, les donnations et transport et choses devant dites tenir et avoir agréables, fermes et stables à toujours et sans corrompre ne venir à l'encontre en manière aucune et, pour ce faire, a obligé luy, ses hoirs et biens quelconques, présens et avenir qu'il en a soumis à la juridiction de la cour et chancellerie dudit scel et de toutes autres, renonçant en ce fait, mondit sʳ le duc, et par sadite foy à toutes et singullières actions, exceptions, cautelles, cavillations, à tout ce généralement et expressement, tant de fait que de droit, que l'on pourroit dire, obvier ou alléguer contre ces lettres leur teneur et effet, mêmement au droit réprouvant générale renonciation si le spécial ne précède. Fait, témoins a ce présens, requis et appellés, Révérend Père en Dieu Monsʳ Geofroy Cholet, prieur du prioré de Souvigny, nobles hommes, puissans et sages messeigneurs Humbert de Lafaette, mareschal de France, Pierre de Thoulon, seigneur de Genat, chancelier de mondit seigneur le duc, Rolin Loup, seigneur de Beauvoir, chevaliers, et maitres Pierre de Tornamire, Rogier Roque, Jean Labise, licenciés en loys, et Étienne Debat, conseillers d'iceluy Mʳ le duc de Bourbon et d'Auvergne et plusieurs autres, si comme ledit juré notaire, nous a raporté par cet écript. En témoins de laquelle chouse, nous au raport d'iceluy juré notaire, auquel nous croyons publiquement, le scel dessusdit de lad. chancellerie de Bourbonnois, que nous tenons, avons mis et aposé a ces présentes lettres. Donné le quinzième jour du mois de janvier, l'an 1434. Tuchon. »

Ces lettres sont au trésor de Villefranche, au lieu ci-dessus coté [1], avec l'émancipation dudit seigneur Philippe, à qui il donna pour tuteur messire Jacques de Châtillon, seigneur de Dampierre, lequel seigneur de Dampierre passa procuration au seigneur de la Mollière et autres pour faire les foi et hommage au duc de Savoie de ce que mondit sei-

1. G : coffre 9, sac 1ᵉʳ.

gneur tenait relevant de lui ès pays de Dombes et de Bresse, et en l'Empire, du 27 mars 1435, et cet hommage fut rendu par le sieur de Dampierre [1] au prince de Piémont comme lieutenant du duc de Savoie, son père, pour les châteaux, villes et places que ledit seigneur possédait entre celles de sa souveraineté de Dombes qui relevait dudit duc de Savoie, en date du 21 juillet 1436 [2]. Guichenon [3] dit que Charles de Bourbon, ayant continué de faire battre monnaie d'or et d'argent à Trévoux, au préjudice des empêchements qu'y avait apportés, au nom du duc de Savoie, Hugues, seigneur de Chandée, pendant la prison de Jean, duc de Bourbon, en Angleterre, Amé lui envoya, au même mois de juillet 1436, Jean du Saix, chevalier, seigneur de Baneins, pour essayer de terminer ce différend par la douceur. Charles consentit à une assemblée à Saint-Trivier, en Dombes, au mois de novembre suivant, tant pour quelque entreprise de juridiction qu'il présumait avoir été faite par les officiers de Bresse sur ceux de Dombes; les députés réglèrent les différends de ces deux princes par l'accord qui s'en ensuivit, hormis celui de la monnaie de Trévoux, qui fut renvoyé à une autre journée qui se devait tenir à Mâcon.

Or, par ce qui a été dit au chapitre de Louis de Bourbon [4], que Jean, comte de Clermont, baron de Beaujeu et seigneur de Dombes, fit hommage au duc Amé VIII des villes et châteaux de Villeneuve et autres, situés en Dombes, le duc Louis, successeur d'Amé VIII, qui s'était retiré à Ripaille, le demanda au comte de Clermont, Philippe, à qui le duc Charles, son père, avait remis les seigneuries de Beaujolais et de Dombes, ajoutant à ses prétentions celui de Trévoux, d'Ambérieu et du Châtelard, et des autres terres de Dombes, venues de la maison des sires de Thoire et de Villars, qu'il soutenait aussi être mouvantes du duché de Savoie, ce que le comte refusa, offrant seulement de faire le même hommage à Louis qu'il avait fait au duc Amé, son père. Ce différend donna lieu à une assemblée à Villefranche, en Beaujolais, le 25 juillet 1441, du consentement de Charles, duc de Bourbon et d'Auvergne, père du comte de Clermont, où les ambassadeurs

---

1. L, T : de La Mollière, au lieu de Dampierre. — 2. G : cote ✦ KK ✦. — 3. G : fol. 483. — 4. G : fol. 506.

de ces deux princes se trouvèrent et où, par l'avis des députés, il fut résolu que le comte de Clermont, comme seigneur de Dombes, ferait l'hommage au duc de Savoie des villes de Lent, Thoissey, Chalamont, Villeneuve, Beauregard, Châtelard et Ambérieu, et qu'en augmentation de fief, le duc lui donnerait 1.000 livres de rente qui lui étaient dues sur le droit de rêve de Lyon et de Mâcon, que le duc aurait la souveraineté et le ressort des seigneuries, châteaux et mandements de l'Abbergement, de Buenc et de Boha, et, moyennant ce, qu'il renoncerait à toutes les autorités et prééminences qu'il prétendait sur le pays de Dombes, en qualité de vicaire général de l'empereur, et consentirait que le comte de Clermont y fît battre monnaie, à condition que celle de Savoie y aurait cours [1].

Charles, duc de Bourbon, pour mieux cimenter cette paix, alla en Savoie, et, étant à Chambéry, Louis ratifia solennellement ce traité le 11 septembre suivant, et, le lendemain 12, ils firent un autre accord par lequel, entre autres clauses, fut dit que le duc de Bourbon ou Philippe, son fils, seigneur de Beaujeu, ferait l'hommage au duc de Savoie, tel et semblable que les seigneurs de Beaujeu avaient fait aux ancêtres dudit seigneur de Savoie, et ensuite, l'an 1449 et le 16 avril, il y eut procuration passée par M. Philippe de Bourbon à messire Louis de Chantemerle, bailli de Mâcon, pour faire la foi au duc de Savoie, au 8ᵉ coffre, coté H ✠ R ✠. Et ✠ T ✠, dans lequel acte la transaction entre ces deux princes, Charles, duc de Bourbon, et le duc de Savoie, est tout entière qui règle et termine les différends qui étaient entre eux, touchant lesdits hommages, avec les lettres du duc de Savoie, du 14 septembre de la même année, pour l'alliance et communication entre ses sujets et ceux de monsieur de Bourbon.

Autres lettres du 11 desdits mois et an, par lesquelles il déclarait qu'il ne prétendait aucun fief sur la ville et mandement de Trévoux, avec autres lettres du même jour, de la donation par lui faite audit seigneur, Philippe de Bourbon, de la tierce partie de 3.000 livres de rente qu'il avait accoutumé de prendre à Lyon et à Mâcon sur les droits qui se lèvent en passant du royaume en l'Empire, par les rivières du Rhône et de Saône, depuis Saint-Jean-de-Losne jusqu'à la porte de Chavaney.

1. G : *Hist. de Bresse*, fol. 78.

Charles de Bourbon, seigneur de Beaujeu, sur une requête générale qui lui fut faite par les habitants de son pays de Beaujolais, leur accorda le privilège et permission de chasser aux bêtes sauvages, noires et rousses, comme loups, sangliers et cerfs, par ses lettres données à Moulins, au mois de décembre, l'an 1436, à la charge de donner au châtelain du lieu où irait mourir ladite bête noire, de porcelin sauvage, la hure et les quatre pieds, et d'une bête rousse, l'épaule droite ; et ce, pour un don de 450 écus royaux, de 64 au marc, payables ès mains de Philippe de Rancé, trésorier de Beaujolais, moitié à Pâques et moitié à Saint-Michel, hormis que quand lui, duc Charles, la dame duchesse, sa femme, et son fils, Philippe de Beaujeu, seraient audit pays, personne ne s'ingérerait de chasser auxdites bêtes ; l'acte est aux archives de l'Hôtel de Ville de Villefranche, au coffre des quatre clefs, ce qui fut vérifié par les gens du conseil dudit seigneur duc, comme appert de leurs lettres données à Villefranche, sous le scel des cours du bailli et juge de Beaujolais, le 7 du mois de mai 1437, adressantes aux châtelains, prévôts et lieutenants des châtellenies d'Alloignet et de Coux, d'imposer pour leur part et portion de 450 écus la somme de 40 écus d'or, laquelle somme et parcelle ils leur mandaient départir entre eux, le fort portant le faible avec défenses à aucun officier de les troubler ni molester en la possession et jouissance dudit privilège et concession de chasser auxdites bêtes, ainsi qu'il est porté. Voici la charte dudit privilège et ensuite la confirmation d'icelui, faite par M. le duc de Montpensier, à Paris, le 16° jour de janvier 1599.

Privilège de chasser. — « Charles, duc de Bourbonnois et d'Auvergne, comte de Clermont, de Forez, seigneur de Beaujeu, pair et chambrier de France, à tous ceux qui ces présentes lettres verront, salut. Scavoir faisons que reçue et ouye l'humble suplication et requête de nos hommes et sujets de notre pays de Beaujolois, tous bourgeois et habitans de nos villes closes, comme autres habitans audit pays, ès partie du royaume, contenant que jascoit que d'ancienneté nosdits hommes et sujets qui à présent sont et leurs prédécesseurs eussent accoutumé de chasser et prendre, à force et par manière d'engins de chasses à ce propices et convenables, toute manière de bêtes sauvages, noires et rousses, comme loups, sangliers et cerfs, pour obvier aux dégâts et consomptions de leurs biens champestres, bestiaux et leurs sepmences et autres fruits de quoy ils vivent et ont leurs soutenances, lesdites bêtes sauvages poursuir et prendre par les forets et destroits dudit pays et autres parts là où elles alloient cheoir et mourir, en rendant toutesfois et payant à nos chatelains, prévôts et officiers des lieux esquels icelles bêtes étoyent prises ou plus prochains d'iceux les droits d'ancienneté accoutumés, c'est à scavoir des bêtes noires comme des sangliers, truyes, d'une chacune prinse, la hure et les quatre pieds, et des bêtes rousses l'épaule droite, et, le résidu des bêtes sauvages demeure ausd. preneurs et de cette usance eussent jouy longtemps paisiblement jusques à feu notre cousin, Messire Édouard, lors seigneur de Beaujeu, pour aucun débat qui survint entre luy et les hommes et habitans de Beaujolois, leur en fit ou fit faire certaines inhibitions et défenses, moyenant lesquelles et autres débats et controverses meus entre eux, furent lesdits sujets démis et déportes de ladite usance et coutume de chasser et prendre lesdites bêtes sauvages, laquelle chose leur a été et est encore très préjudiciable et dommageable en leurs fruits et biens, ou leur font et portent de grand et excessifs dommages et leur dégastent et consument tellement et quotidiennement, et bonnement ne nous peuvent payer nos servis, cens, rentes et redevances, ny aussy suporter leurs autres nécessités et, pour ce, nous ont supplié et requis très humblement et à grand instance qu'il nous plut sur ce leur pouvoir de notre grâce et miséricorde, attendu mêmement que n'avons accoutumé faire demourance ne guières souvent estre ne faire chasser en notredit pays de Beaujolois. Pourquoy nous, ces choses considérées voulans et désirans obvier ausd. dommages gast et consomptions de biens et ruines qui surviennent et se continuent par lesdites bêtes sauvages et faute de chasser, comme dit est, et ouy [1] le raport tant des gens de notre conseil estant en tour nous, comme de notredit pays, avons donné et octroyé, donnons et octroyons, par ces présentes, par nous et nos successeurs sieurs de Beaujolois et mêmement pour et, au nom de notre très cher et très amé Philipes de Bourbon, s^r de Beaujeu, pour lequel avons prins et prenons en main à nosdits sujets d'icelle seigneurie de Beaujolois esdites parties du royaume et leurs successeurs perpétuelle-

---

1. L : aussi l'avis et.

ment, licence permission et congé de chasser et prendre lesd. bêtes sauvages, noires et rousses, à force de gens, ayes, engins et chiens, tels comm' à eux affiert et qu'ils ont accoutumé d'avoir et faire le temps passé, pour eux garder desdits dommages et gasts de leurs biens fruits et vivres, qui poursuivront et prendront, retenir et apliquer à eux où qu'elles voisent choir et mourir, parmy rendant au châtelain en quelle juridiction ou territoire que la bête ira choir et sera prinse, les droits dessusdits, c'est à scavoir d'une chacune bête noire de porcelin sauvage, la hure et les quatre pieds et d'une chacune bête rousse prinse l'épaule droite, le surplus demeurant esdits chasseurs, retenu toutesfois et expressément réservé à nous et à notredit fils, comme sieur de Beaujeu, et à ses successeurs seigneurs de Beaujeu, que quand il aviendra que soyons ou que le sieur de Beaujeu au temps avenir soit audit pays de Beaujolois, ou que notre chère et très amée compagne la duchesse, ou que notredit fils, Philippe de Bourbon, seigneur, ou la dame de Beaujeu, ou les enfans du s^r de Beaujeu y sera, tant que se devra ils y seront, les hommes dessusdits neauront ou fairont lad. chasse et de notre présente grâce, licence et octroy ne joiront ou s'aideront aucunement quand à chasser celuy temps durera, sinon qu'ils ayent licence expresse de ce faire : Ainsy lesd. supliants jouiront de lad. chasse tant que nous, notre fils seigneur de Beaujeu et notre dite compagne, le sieur de Beaujeu qui est et sera ou leurs enfans ne se tiendront au pays de Beaujolois, et lesquels hommes suplians èssusdits, par le moyen de notre congé et octroy et à cause d'yceux, ainsy par nous à eux fait, nous rendront et payeront pour ce, une fois, la somme de quatre cens cinquante écus ou royaux de soixante [1] au marc ; c'est à scavoir la moitié à Pâques prochaine et l'autre moitié à la Saint-Michel en suivant, ès mains de notre amé et féal secrétaire et trésorier de Beaujolois, Philipe de Rancé, lequel en tiendra compte et leur en baillera décharge et aquit, qui leur sera vallable envers nous, notredit fils et nosdits successeurs à toujours. Si donnons en mandement par cesdites présentes à nos amés et féaux gens de nos comptes, bailly, juge, maître des eaux et forêts et procureur et autres officiers dud. pays de Beaujolois et à chacun d'eux en droit soy que nosdits hommes et

1. L : soixante-quatre.

sujets d'iceluy pays de Beaujolois et leurs successeurs perpétuellement fassent, soufrent et laissent jouir et user de notre présente licence et octroy paisiblement et sans contredit et ne les molestent et empêchent de ce que dit est, la somme dessusdite payée pour une fois ès mains et à la manière, sans leur faire ny soufrir être fait aucun empêchement, contradiction ou empêchement au contraire, ains si mis leur étoit, les ostent et satisfacent à plain, car ainsy leur plait être fait par ces mêmes présentes, nonobstant ordonnances usances et coutumes à ce contraires; et afin qu'il aparoisse que ce vient et procède de notre volonté et que ce soit chose ferme et stable à toujours, nous avons fait mettre notre scel à ces présentes, sauf en autres choses notre droit et l'autruy en toutes. Donné en notre chastel de Moulins, au mois de décembre, l'an de grâce 1436. Par monseigneur le duc en son conseil, Tristin.

Extrait es collation prins à l'original étant en un livre rouge aux archives en ladite ville, exibé par honnorable François Corsant et Jean Gravillon le jeune, consuls échevins dud. Villefranche, et sur le champ remis auxd. consuls, fait par moy notaire royal et secrétaire de lad. ville soussigné, en l'hôtel dud. Villefranche, le 27 d'octobre l'an 1586, signé Corsant, Gravillon, échevins, signé et paraphé Quinpieu, notaire royal et secrétaire de lad. ville. »

« Henry de Bourbon, duc de Montpensier et de Châtellerault, pair de France, prince souverain de Dombes, dauphin d'Auvergne, prince de la Roche-sur-Yon et de Luc, marquis de Mézières, comte de Castres et de Mortaing, vicomte d'Auge et de Bresse, baron de Beaujolois et de Clermont, à tous ceux qui ces présentes lettres verront, salut. Scavoir faisons que nos chers et bien aimés subjets de notre baronie de Beaujolois nous ont remontré que, dès l'année 1436, Charles, duc de Bourbonnois et d'Auvergne, comte de Clermont, seigneur de Beaujeu, pair et chambrier de France, leur avoit, par ses lettres patentes, dont la copie collationnée est cy attachée et pour les causes y contenues, sous le contre scel de nos armes, accordé et permis de chasser à toutes sortes de bêtes noires et rousses, nous suplians de vouloir confirmer ladite permission, en quoy voulant bien les gratifier, autant qu'il nous est possible, salut ; scavoir faisons que, après avoir veu en notre conseil lesdites lettres patentes, avons, à nosdits sujets et habitans dudit Beaujolois, permis de jouir doresnavant de lad. permission de chasser en forme et manière contenues auxdites lettres de l'année 1436; sauf que si nous ou aucuns des enfants qu'il plaira à Dieu nous donner demeurions ou fassions notre séjour audit Beaujolois ou pays de Dombes, en ce cas, lad. permission n'aura lieu et ne pourront nosd. sujets chasser pendant lad. demeure et séjour, et le tout aussy sans préjudicier aux ordonnances du roy sur ce fait et défence de la chasse naguerre faite, pour raison d'icelle. Si donnons en mandement au bailly de notredite baronnie de Beaujolois, ou son lieutenant, maître des eaux et forêts, et autres nos officiers qu'il apartiendra, présens et avenir de faire, soufrir et laisser jouir nosdits sujets, habitans dud. Beaujolois du contenu en ces présentes, en la même forme, charges, clauses, conditions et réservations portées par icelles cessans et faisans cesser tous troubles et empêchemens au contraire. En témoin de quoy nous avons signé cesdites présentes de notre main et à icelles fait mettre notre scel de nos armes. Donné à Paris, le seizième jour de janvier 1599. » Signé, Henry de Bourbon; signé et paraphé Bremont. »

Philippe de Bourbon, second fils de Charles, qui lui avait donné le Beaujolais, ne fut point marié, et tous les historiens disent qu'il mourut jeune, quoique j'aie vu, au trésor de Villefranche, une procuration faite par lui-même à messire Louis de Chantemerle, le 16 avril 1449, pour faire la foi au duc de Savoie; il faut qu'il n'ait guère vécu après, d'autant qu'en l'an 1453, au mois d'août, Charles de Bourbon, son père, anoblit, par ses lettres, Claude et Antoine Guichardet [1], fils de feu Jean, en son vivant châtelain et capitaine de Villeneuve [2].

Charles mourut à Moulins, en Bourbonnais, le 4 décembre 1456, laissant, d'Agnès de Bourgogne, fille de Jean et sœur de Philippe le Bon, tous deux ducs de Bourgogne, plusieurs enfants, entre autres Jean, son successeur, et Pierre de Bourbon, seigneur de Beaujeu, puis duc de Bourbon, après son frère.

1. L, T, B, J : Guichard. — 2. G : fol. 29 du 2ᵉ vol. des enregistrements, coffre G.

CHAPITRE IV

JEAN, IIe DU NOM, DUC DE BOURBON ET D'AUVERGNE, PAIR CHAMBRIER ET CONNÉTABLE DE FRANCE, SEIGNEUR DE BEAUJOLAIS ET DE DOMBES

J'ai protesté, ci-dessus, que je ne prétendais pas de faire ici l'éloge des princes de la maison de Bourbon, sinon en ce qui concernait l'histoire de Beaujolais que j'ai entrepris de faire, d'autant que l'histoire de ces princes a été assez amplement décrite par MM. de Sainte-Marthe et autres auteurs, et partant ce serait passer pour copiste de répéter ce qu'ils ont dit. Je dirai donc que ce prince, ayant succédé à son père, donna une exemption de péage aux Célestins de Lyon par tout son pays de Beaujolais, par ses lettres de l'an 1459 [1], et qu'étant venu puis après en Beaujolais et à Villefranche, il confirma les privilèges de ladite ville audit lieu, l'an 1463, et ceux de Beaujeu de la même année.

Il eut querelle avec Amé IX, duc de Savoie, pour l'hommage du château de Besenens en Dombes, qu'Amé lui demandait et que lui refusa, et il y eut ouverture de guerre entre ces deux princes, et quelques hostilités sur la frontière de Bresse et de Dombes, dont le roi Louis XI ayant eu avis leur écrivit de Moliherne en Anjou, le 19 d'octobre 1462, qu'il en voulait être l'arbitre, pour conserver l'amitié qui avait été de tout temps entre les maisons de Bourbon et de Savoie ; à quoi ces deux princes consentirent. Il y eut trêve et ensuite assemblée entre les députés de part et d'autre, sans rien résoudre.

L'an 1465, il entra dans la ligue des princes qui s'élevèrent contre le roi Louis XI, sous prétexte du bien public, dont ils colorèrent leur

---

1. G : fol. 78 du 3e l. des enregistrements.

entreprise et leurs armes, à cause que le même roi, quoique son beau-frère, l'avait désappointé du gouvernement de Guyenne qu'il avait aidé à reconcourir [1] sur les Anglais, s'étant porté si vertueusement en la reprise de Bordeaux et autres places qu'il conquit sur eux, qu'il en remporta le glorieux surnom de Fléau des Anglais, à cause de quoi s'étant ligué, comme j'ai dit, avec les autres princes malcontents, le roi vint en son pays de Bourbonnais et d'Auvergne, assiégea Riom, dont il décampa à la prière de sa sœur, Jeanne de France, qui le vint supplier de n'éprouver sur son mari la puissance d'un grand roi ; ce qui n'empêcha pas pourtant que son pays de Beaujolais ne souffrît beaucoup par la descente qu'y fit Galéas Sforze, duc de Milan, qui y vint, à la prière du roi, et assiégea Villefranche où se trouvèrent les plus signalés de la cour d'Amé IX, duc de Savoie, qui avait été fort sollicité par le roi d'entrer en armes dans l· Dombes [2], mais qui se contenta, à la prière du duc de Bourgogne, de donner passage au duc de Milan et de permettre à ceux de ses sujets qui voudraient aller avec lui pour ne se trouver, comme l'on dit, entre l'enclume et le marteau, entre le roi, qui le priait de faire la guerre au duc de Bourbon, et le duc de Bourgogne qui l'en dissuadait, puisqu'ils étaient de même concert en ladite guerre prétextée du bien public.

Après cela, je ne trouve rien dudit seigneur qui concerne ledit pays de Beaujolais, tant parce qu'il demeura partie en Languedoc, son gouvernement, et que par le mariage de son frère, Pierre de Bourbon, dit de Beaujeu, l'an 1465, auquel il remit lesdits pays de Beaujolais et de Dombes. Il y a au trésor de Villefranche [3] un instrument par lequel, l'an 1475 et au mois de septembre, il donna à son frère naturel, Pierre, bâtard de Bourbon, la ville, châtellenie, terre et seigneurie du Bois-d'Oingt, au pays de Lyonnais, à lui et à ses hoirs et enfants mâles, descendant de lui en droite ligne et loyal mariage seulement, sans qu'il les pût transporter ou aliéner, de sorte qu'elle ne peut retourner audit seigneur ni à ses successeurs.

Par contrat du 7 mai 1473, Antoine de Levy, seigneur de Villars, lui vendit tous ses biens, entre autres le comté de Villars, en Bresse,

---

1. L, T, B, J : conquérir. — 2. G : Guichenon, fol. 549. — 3. G : vol. III des enregistrements, fol. 148.

suivant autres contrats faits entre le même duc et lui, dès l'an 1463 ; mais, après son décès, le duc de Savoie s'empara de ce comté.

Le roi Charles VIII connaissant les mérites dudit seigneur le fit connétable de France [1], l'an 1487, dont l'office avait vaqué depuis la mort du comte de Saint-Pol; il épousa trois femmes : Jeanne de France, fille du roi Charles VII ; Catherine d'Armagnac, fille de Jacques, duc de Nemours, et Jeanne de Bourbon, fille de Jean, comte de Vendôme, de toutes lesquelles il ne laissa aucuns enfants, et cette belle succession des duchés et comtés de Bourbonnais, d'Auvergne, de Forez, etc., passèrent à son frère Pierre, qui suivra ci-après.

1. G : Sainte-Marthe.

CHAPITRE V

PIERRE DE BOURBON, SEIGNEUR DE BEAUJEU ET SOUVERAIN DE DOMBES,
RÉGENT DU ROYAUME, ET DUC DE BOURBONNAIS ET D'AUVERGNE,
COMTE DE CLERMONT, DE FOREZ, DE LA MARCHE ET DE GIEN,
VICOMTE DE CARLAT ET DE MURAT, ETC.,
PAIR ET CHAMBRIER DE FRANCE

SOMMAIRE. — *I. Il succède à son frère aux provinces de Beaujolais et de Dombes. — II. Il épouse la fille du roi Louis XI qui, en considération de ce mariage, ordonne qu'il n'y aura aucuns commissaires pour les francs fiefs. — III. Pierre de Beaujeu chasse les Juifs de ses terres de Dombes. — IV. Exempte les dames de Saint-Pierre de Lyon de péages par ses terres. — V. Il donne permission de tester à un bâtard. — VI. Donne la terre d'Oingt à son neveu, bâtard de Bourbon. — VII. Préside au concile national d'Orléans. — VIII. Succède aux duchés de Bourbonnais et d'Auvergne, etc. — IX. Sa mort.*

I. — Pierre de Bourbon, dit de Beaujeu, était quatrième fils de Charles Ier, duc de Bourbon, qui, après la mort de Philippe de Bourbon, son second fils, à qui il avait donné le Beaujolais tant deçà que delà la rivière de Saône, donna les mêmes pays audit Pierre, son quatrième fils, qui en porta toute sa vie le surnom de Beaujeu.

II. — Il épousa, l'an 1474, Anne de France, fille du roi Louis XI, qui, en faveur de ce mariage, par ses lettres patentes, données au mois de décembre 1465, ordonna que delà en avant ne seraient envoyés aucuns commissaires au pays de Beaujolais pour les francs fiefs et nouveaux acquêts [1].

---

1. G : 23e fol. du 3e vol. des enregistrements.

III. — L'an 1467, il ordonna, par ses lettres patentes, que tous les juifs fussent expulsés de la ville de Trévoux et de toutes ses autres terres et seigneuries d'outre la rivière de Saône [1]. Paradin, en son *Histoire de Lyon*, rapporte la chose plus avant, au chapitre XCVIII de son *Histoire*, disant que la ville de Trévoux, capitale du pays de Dombes, a été longtemps habitée d'une synagogue de juifs, après qu'ils eurent été chassés des terres de France, et que, l'an 1429, cette ville se trouvant scandalisée d'infinies et énormes superstitions et diaboliques persuasions dont usait cette synagogue de juifs, le peuple catholique en fit plainte à Mme Marie de Berry, duchesse de Bourbonnais, souveraine de Dombes, et à M. Amé de Talaru, archevêque de Lyon, leur prélat, qui y donnèrent ordre et lettres patentes adressantes à M. l'official et vicaire général de Lyon et autres officiers de Beaujolais qui s'étant transportés en la ville de Trévoux, en qualité de commissaires, le mercredi saint, 23 mars de l'an 1428, les envoyèrent tous quérir en la maison d'Humbert Anserme, lieutenant du châtelain de Trévoux, où ils furent arrêtés au nombre de quatorze, avec défenses, sur leurs vies, de ne bouger jusqu'à ce qu'ils eussent autre mandement, et qu'enfin leur procès étant fait et parfait, et le tout rapporté au conseil de Mme de Bourbon, il leur fut fait commandement de vider ladite ville. Pourrait bien être qu'à cause que le duc de Savoie leur avait donné sauvegarde dans ses terres, ils auraient été tolérés encore, et que, retournant à leurs impiétés, ils furent enfin du tout chassés par lettres patentes dudit seigneur Pierre de Bourbon, l'an 1467.

IV. — L'an 1471, par ses lettres du 24 août, il ordonna de délaisser passer les vivres et autres biens des dames de Saint-Pierre de Lyon pour la provision de leur monastère, sans payer aucun péage [2].

V. — L'an 1476, il donna pouvoir de tester à un bâtard, habitant de Perreux, comme il appert des 56 et 57 feuillets du 3e volume des enregistrements du trésor de Villefranche.

VI. — L'an 1478, il présida au concile national tenu à Orléans sous Louis XI, sur le sujet de la pragmatique sanction, des annates et

---

1. G : id., fol. 57, 58, 59, 60. — 2. G : fol. 84 du 3e vol. des enregistrements.

autres exactions qui emportaient beaucoup d'argent à Rome. Auquel concile le chapitre de Beaujeu, assemblé comme de coutume au son de la cloche, le 21 octobre de la même année, députa MM. Pierre Meslier, Charles de Brie et Félix de Verchières, docteurs ès droits et chanoines de ladite église [1].

VII. — L'an 1494, et le 4 août, il donna la châtellenie d'Oingt, au pays de Lyonnais, à son neveu Mathieu, bâtard de Bourbon, pour en jouir sa vie durant, comme le duc Jean, son frère, l'avait auparavant donné à Pierre, son frère naturel.

La même année, et le 10 septembre, par ses lettres patentes, il ordonna de contraindre les habitants de Villefranche à contribuer à la chaussée, depuis Paulet jusqu'à Beauregard, pour faciliter le chemin des gens allant et venant, tant à pied qu'à cheval, audit Beauregard, où il avait transporté de Trévoux sa cour des bailli, juges ordinaires, d'appeaux et maîtres des eaux et forêts des pays de Beaujolais [2].

L'an 1499, étant à Moulins, le 4 février, il donna 1.200 livres aux habitants de Villefranche, pour être employées au bâtiment du portail de leur église, comme porte l'acte qui est aux archives de l'Hôtel de Ville dudit lieu [3].

VIII. — Après la mort de son frère, Jean II, il succéda aux duchés de Bourbonnais et d'Auvergne et autres grands biens de cette royale maison, et, après le décès du roi Louis XI, il fut établi régent en France pendant la minorité du roi Charles VIII, régence qui lui acquit de l'honneur et de laquelle il sut bien maintenir contre les menées des princes de la maison d'Orléans.

IX. — Il ne laissa d'Anne de France, son épouse, qu'une fille, Suzanne de Bourbon, laquelle fut mariée à Charles de Bourbon, comte de Montpensier, son cousin, et il mourut le 10 octobre, l'an 1503, et sa veuve, le 14 novembre de l'an 1522.

1. G : Severt, fol. 205. — 2. G : archives de Villefranche. — 3. B : dudit Lyon.

CHAPITRE VI

SUZANNE DE BOURBON, DAME DE BEAUJOLAIS
ET SOUVERAINE DE DOMBES, DUCHESSE DE BOURBON ET D'AUVERGNE

SOMMAIRE. — *I. Ordonnances de Madame Anne de France, usufruitière de Beaujolais, d'imposer sur tous possesseurs de biens dans ses terres qui s'étaient retirés à Lyon. — II. Le roi Louis XI avait auparavant fait une pareille ordonnance. — III. Exécution d'un assassin qui s'était voulu servir du privilège de cléricature. — IV. Anne de France ajoute trois fleurs de lys aux armes de Villefranche. — V. Et fonde une messe journalière dans l'église de Trévoux.*

I. — Suzanne de Bourbon, fille unique de Pierre II, duc de Bourbon, et d'Anne de France, naquit le 10 de mai, l'an 1491 ; son père étant mort l'an 1503, elle demeura sous la tutelle de sa mère, laquelle, en qualité d'usufruitière, seigneuria dans le Beaujolais, qui lui avait été délaissé pour son douaire, tant deçà que delà de la Saône, ce qui se justifie par plusieurs actes, entre autres de deux ordonnances de l'an 1504, l'une du 30 juillet et l'autre du 1ᵉʳ août, par lesquelles elle défendit aux étrangers d'acheter fonds en son pays de Dombes, sans sa permission, ordonnant que ceux qui feraient lesdites acquisitions, comme aussi ses sujets et vassaux demeurant en quelqu'une de ses châtellenies, de quelque état et condition qu'ils fussent, seraient imposés aux dons et octrois, avec ses sujets de la châtellenie où seraient situés lesdits fonds.

Ces ordonnances étaient pour obvier aux abus de ceux qui se retirent à Lyon pour ne payer tailles aux lieux où ils possèdent les meilleurs fonds. Ce qui est un notable préjudice aux habitants des lieux où les bourgeois de Lyon possèdent des terres et domaines, car, comme ils sont francs par privilège et qu'on ne peut pas les imposer à cause que la taille est personnelle, il faut de nécessité que le total de ladite taille retombe sur le reste des habitants, qui portent tout le faix des impositions et des gens de guerre ; c'est pourquoi, comme la plupart des habitants de Lyon ont leur plus liquide assis en fonds de terre aux environs de ladite ville et qui auraient voulu se prévaloir de leurs privilèges, la susdite princesse Anne, douairière de Beaujolais, fit ces ordonnances pour obvier aux abus qui s'en pouvaient ensuivre.

II. — Le roi Louis XI avait déjà fait une pareille ordonnance aux Forges-lès-Chinon, le 3 février 1480, adressante aux élus de Beaujolais, à la requête des échevins de Villefranche, d'imposer aux tailles ceux qui seraient retirés ailleurs et dans d'autres élections, pour ne payer la taille à Villefranche [1].

III. — L'an 1511, Jean Tiraudet, notaire de Villefranche, tua Antoine Charreton, aussi notaire dudit lieu, ayant obtenu lettres de grâce adressantes au sénéchal de Lyon, et depuis, s'étant rendu appelant de l'interlocution, il releva son appel au parlement, où s'étant allégué clerc et requis être rendu à son ordinaire, et le procureur de l'archevêque étant intervenu, la cour déclara qu'il ne pouvait jouir du privilège de clerc, et le condamna à être pendu et étranglé aux fourches patibulaires de Villefranche, ce qui fut exécuté le 27 novembre 1514 [2].

IV. — La même année 1514, et au mois de novembre, madame Anne de France, usufruitière de Beaujolais, étant à Moulins, donna ses lettres aux habitants de Villefranche, d'une concession du chef des armes de Bourbon, à la tour d'argent sur gueules, comme j'ai fait voir au discours de Villefranche, paragraphe XVIII.

V. — Ladite dame Anne a fondé, en l'église paroissiale de Trévoux, une messe journalière à haute voix, à diacre et sous-diacre, et aussi les heures canoniales, comme il appert du 224e [3] fol. du vol. IV du coffre 9.

1. G : archives, cote 1480. — 2. G : sac 2 du 9e coffre. — 3. T, B : 222.

CHAPITRE VII

CHARLES II, DUC DE BOURBON, CONNÉTABLE DE FRANCE, MARI DE SUZANNE DE BOURBON, SEIGNEUR DE BEAUJOLAIS ET DE DOMBES

SOMMAIRE. — *I. Charles n'est pas sitôt entré en la jouissance du Beaujolais qu'elle lui est disputée par Louise de Savoie.* — *II. Aussi bien que l'hoirie de la maison de Bourbon.* — *III. Charles vend la châtellenie et terre de Thizy à Philibert de Beaujeu de Lignières.* — *IV. Et lui échange les châtellenies de Coux et d'Allognet.* — *V. Il se trouve à la bataille de Pavie où le roi est fait prisonnier.* — *VI. Arrêt du parlement contre lui.*

I. — Charles de Bourbon ne fut pas longtemps seigneur de Beaujolais, car, puisque Anne de France, sa belle-mère, en était usufruitière, et qu'elle mourut un an après Suzanne de Bourbon, sa fille et femme dudit Charles, et ne jouit pas longtemps de cette succession qui lui fut bientôt disputée par Louise de Savoie, mère du roi François Ier. Indignée, à ce qu'on dit, de ce qu'il avait méprisé son alliance, grande faute sans doute à un prince de sa condition, qui, par ce moyen, serait devenu le plus grand du royaume, en qualité de beau-père du roi, ce qui lui coûta cher, et à tout le royaume et à sa postérité, comme l'on verra ci-après.

II. — Car, comme il avait menacé de disputer la succession de la maison de Bourbon après la mort de Pierre de Bourbon, dit de Beaujeu, qui n'avait laissé que Suzanne, lui qui tirait son origine de Louis, troisième fils de Jean Ier, duc de Bourbon, prétendit que l'hoirie de la maison lui devait appartenir, et, pour obvier aux procès qui pouvaient s'en suivre, on trouva bon de rompre les promesses de mariage d'entre Suzanne de Bourbon et Charles, duc d'Alençon, afin d'établir une bonne et ferme paix entre les deux maisons de Bourbon et de Montpensier. Mais, comme il n'y a rien de ferme ni d'assuré en ce monde, et que Dieu se joue du projet des hommes, il en arriva tout autrement, et ce qu'on croyait bien établi fut renversé en un moment par la mort de trois enfants mâles qu'avait ce prince, décédés en bas âge, et ensuite de celle de sa femme, advenue le 28 avril 1521, et, ce qui lui fut un surcroît, fut que madame Anne de France, sa belle-mère, mourut un an après, savoir le 14 novembre 1522. Alors ce qu'on avait cru être bien cimenté à chaux et à sable commença à s'écrouler et tomber par terre. Louise de Savoie, mère du roi, qui n'avait rien dit pendant la vie d'Anne de France, commença à se déclarer ouvertement contre le connétable et quereller l'hoirie de la maison de Bourbon comme plus proche à succéder, étant fille de Marguerite de Bourbon, sœur des ducs Jean II et Pierre de Beaujeu, mariée à Philippe, comte de Bresse et duc de Savoie; enfin soit par la faveur du roi, dont elle se sentait appuyée, qui prétendait aussi de son côté de réunir les duchés de Bourbon et d'Auvergne à la couronne, et qui d'ailleurs était fâché de ce que le duc de Bourbon avait pris Hesdin, après que Sa Majesté s'en fut retirée sans rien faire, il s'ensuivit un arrêt de séquestre donné au mois d'août, l'an 1522, au profit de ladite dame Louise, ce qui obligea le duc de se jeter entre les bras de Charles V, le plus grand ennemi de la France, soit pour se venger, ou que le désespoir[1] de se voir aussi dépouillé l'eût porté à cette désertion contre son roi et sa patrie. Il ne faut jamais disputer contre son prince, il en prit mal à Bernard de Cabrera et bien en prit à Ruy de Gomès, jouant avec Charles V au jeu de ce prince. Le connétable ne devait jamais avoir pris Hesdin pour ne faire affront au roi d'où procéda l'une des premières jalousies conçues contre lui.

III. — Cependant, au même mois et an que l'arrêt de séquestre fut donné contre lui, il ne laissa pas de vendre, le 21 du même mois d'août, étant à Moulins, le château, châtellenie, terre et seigneurie de Thizy à messire Philibert de Beaujeu, chevalier, seigneur de Lignières avec le consentement de madame Anne de France, duchesse de Bourbonnais, usufruitière de Beaujolais et de ladite châtellenie de Thizy,

---

1. L, T : chagrin.

laquelle fut puis après saisie et mise entre les mains du roi, le 21 décembre 1541.

IV. — L'an 1523, il fit un échange avec ledit seigneur de Lignières auquel il transporta et à Mᵐᵉ Catherine d'Amboise, sa femme, la châtellenie, terre et seigneurie d'Alloignet et de Coux, avec leurs appartenances et dépendances, réservé les foi et hommage contre échange de la terre et seigneurie et châtellenie de Rochefort que ledit seigneur de Lignières transporta audit sieur connétable.

V. — Ce prince se trouva à la bataille de Pavie, l'an 1525, le 24 février, où le roi François Iᵉʳ fut pris prisonnier des Espagnols, et comme il avait pris le parti de l'empereur, il s'attacha au siège de Rome, où, étant monté à la brèche, il y fut tué, le 6 mai 1527, son corps gît à Gaëte, au royaume de Naples.

VI. — L'an 1524, le roi tenant son lit de justice en la cour du parlement de Paris, chambres assemblées, assistant des pairs de France, ledit connétable fut appelé à la barre du parlement et à la table du perron de marbre, par Mᵉ Jean de Surie, premier huissier de la cour, où, personne n'ayant paru pour lui, fut donné arrêt pour le prendre au corps et l'amener aux prisons de la Conciergerie du Palais, et, par faute de ce, l'ajourner à trois briefs jours à comparaître en personne, à peine de bannissement du royaume et confiscation de tous ses biens.

Et le 2 juin ensuite fut donné arrêt contre lui qui le déclarait criminel de lèse-majesté, rébellion et félonie, que ses armes seraient rayées et effacées des lieux publics où elles étaient, privé de la cognomination de Bourbon, tous ses biens féodaux retournés à la couronne, et ses autres biens, meubles ou immeubles confisqués, prononcé par Mᵉ Antoine Duprat, chancelier[1] de France.

1. L, T, V : trésorier.

CHAPITRE VIII

LOUISE DE SAVOIE,
DUCHESSE D'ANGOULÊME ET MÈRE DU ROI FRANÇOIS Ier,
DAME DE BEAUJEU ET DE DOMBES

On doit toujours parler des princes avec grand respect quoiqu'ils soient bons ou mauvais, puisqu'ils sont les images vivantes de Dieu qui les a donnés pour gouverner les peuples; néanmoins, s'il m'était permis de dire ici mes sentiments avec tout le respect que je dois à la mémoire du grand roi François Ier, fils de ladite Louise, j'oserais dire qu'il eût été à souhaiter que cette princesse n'eût jamais mis le pied en France, puisqu'elle en soupire encore aujourd'hui, par la perte du fief de Flandres, l'une des plus nobles pairies de la couronne, d'autant que partie par son ambition de se voir mère d'un grand roi qui lui donnait part au gouvernement et la laissait régente pendant ses voyages, partie par la jalousie et envie qu'elle portait au connétable et à divers princes[1], elle pensa renverser l'état, et le mit aux abois et au point de sa ruine, premièrement par l'aversion qu'elle avait du seigneur de Lautrec, qui fut contraint d'abandonner l'état de Milan, l'an 1522, ce qui obligea le roi d'y retourner, d'où s'ensuivit sa prise devant Pavie, qui a coûté à la France, outre les sommes immenses qu'il a fallu payer pour sa rançon, l'aliénation, comme j'ai dit, de la souveraineté de Flandres et pour les 400.000 écus qu'elle prit au surintendant des finances Samblancay, qui avait ordre du roi de les faire tenir audit seigneur de Lautrec, nous serions encore en possession de la duché de Milan, le roi n'aurait pas été pris et la France aurait épargné les 2.250.000 écus qu'il a fallu payer pour sa rançon. Ceux qui ont lu Martin du Bellay, fol. 56, savent tout le narré de cette histoire qui coûta la vie à Samblancay. Pour le second chef, la passion avec laquelle

---

1. G : *manet alta mente repostum judicium Paridis spretæque injuria formæ*.

elle persécuta le connétable obligea ce prince à se détacher du service de son roi : chacun en sait assez le sujet sans qu'il soit besoin de rouvrir une plaie qui saigne encore dans la maison de Bourbon; elle ne fut guère meilleure à ses parents puisqu'elle fit dépouiller le duc de Savoie, son oncle, de ses états, qui lui furent rendus par la munificence de nos rois, qui ont toujours fait gloire de conquérier et de donner plutôt que d'envahir le bien d'autrui.

Je n'ai rien à dire de ce que Louise de Savoie a fait dans le Beaujolais, sinon que le roi, son fils, ayant, par ses lettres de l'an 1529, donné commission de demander aux nobles tenant fiefs dans le royaume la dixième partie de leur revenu pour la rançon de MM. le dauphin et duc d'Orléans, ses enfants, détenus en Espagne, sa mère donna aussi ses lettres de commission pour le faire lever dans le Beaujolais où les publications en furent faites.

Elle mourut à Grez, en Gâtinois, le 22 septembre 1531, laissant le roi, son fils, héritier des pays de Beaujolais et de Dombes.

CHAPITRE IX

FRANÇOIS Ier, HENRI II ET FRANÇOIS II, ROIS DE FRANCE, SEIGNEURS DE BEAUJOLAIS ET DE DOMBES

François Ier ayant succédé, par le décès de sa mère, aux provinces de Beaujolais et de Dombes, érigea, l'an 1532, le bailliage de Beaujolais en siège royal, par ses lettres patentes, données à Châteaubriant, au mois de mai [1], et l'an 1533, à Lyon, au mois de décembre, il confirma les privilèges de Villefranche, ce qui fut registré en la chambre des comptes dudit lieu, le 12 [2] janvier 1534.

Sous ce prince et Henri II, son successeur, le Beaujolais souffrait une rude secousse par l'aliénation de tout le domaine qui avait appartenu aux seigneurs de Beaujeu, comme l'on a pu voir dans le dénombrement des paroisses; et il a fallu qu'après la remise du pays à M. Louis de Bourbon, duc de Montpensier, par la transaction de l'an 1560, S. A. ait racheté le tout à ses propres coûts et dépens.

L'an 1542, le roi adressa ses lettres patentes, données à Paris, le 7 février, à M. le bailli de Beaujolais ou à monsieur son lieutenant, par lesquelles Sa Majesté lui mandait de faire le département de l'impôt de la somme de 720 livres, par elle ordonnées être levées sur les villes closes de ce bailliage pour la solde de trente hommes, gens de guerre à pied, durant quatre mois [3]. Autres lettres du même roi, de l'an 1543, par lesquelles Sa Majesté mandait audit sieur bailli ou à son lieutenant de faire le département de l'impôt de 720 livres sur les villes closes et faubourgs d'icelui bailliage, laquelle somme, nonobstant opposition et appellation des habitants du Beaujolais, de la part de Dombes, fut départie ainsi, savoir, que les habitants des villes closes du Beaujolais, du côté du royaume, en payeraient les deux tiers, et les habitants des villes closes du Beaujolais, du côté de Dombes, en payeraient le tiers, en date du 10 avril 1543, avant Pâques. Signé Laye.

1. G : 5e vol. du coffre 7, cote 9 du trésor. — 2. L, T, B. V : 21. — 3. G : coffre 5, cote E.

Autres lettres du 5 mars 1551, données au faubourg Saint-Honoré-lès-Paris, adressantes à M. le bailli de Beaujolais ou à son lieutenant général à Villefranche, de la subvention générale que Sa Majesté voulait être levée sur toutes les villes closes, bourgs et bourgades de ce royaume, auxquelles lettres est attaché le contre-scel des villes et bourgs du bailliage de Beaujolais, qui devaient contribuer à la subvention générale de ce qui était dû aux reitres et aux Suisses, et étaient marquées : Villefranche, 3.000 livres [1] ; Beaujeu, 2.000 livres ; Belleville, 1.000 livres ; les autres bons bourgs et villes du bailliage, 2.000 livres [2].

L'an 1530, et le 17 mai [3], le roi étant à Angoulême, inclinant, à la prière de l'empereur, qui lui avait envoyé Jacques de Trouillière [4], gentilhomme de sa chambre, et Lyonnard de Guyres, official de Besançon, ses ambassadeurs, pour contenter la princesse de La Roche-sur-Yon et Louis de Bourbon, son fils, des biens et successions du feu connétable, et ensuivant les traités de Madrid et de Cambrai, le roi, par ses lettres, leur remet, par manière de provision, pendant le procès qui était à Paris, en sa cour de parlement, entre madame sa mère et feu Charles, connétable, pour en jouir par elle et sondit fils, leurs hoirs et successeurs, sans aucun détourbier ou empêchement, jusqu'à la sentence définitive, les comtés de Forez et Beaujolais, leurs appartenances et dépendances, ainsi que les prédécesseurs de la maison de Bourbon en avaient joui et usé avec le pays de Dombes, le duché de Châtellerault, ses appartenances et dépendances, etc., avec le consentement de madame Louise, sa mère, donné le même jour et an, et jussion aux officiers, sénéchaux de Poitiers, Lyon et bailli de Montferrand de les mettre en possession desdites terres, le 23 mai audit an. Mais toutes ces lettres furent révoquées à Cognac, le 7 août de la même année, sous prétexte qu'ils demandaient des choses déraisonnables et remises au procès pendant en parlement.

L'an 1559, et le 17 janvier, le roi François II, étant à Blois, donne à la reine Catherine, sa mère, pour son douaire, valant 72.000 livres de rente, les comtés de Forez et de Beaujolais, pour en jouir sa vie durant, etc.

---

1. L, T : 2.000, et les mots Beaujeu 2.000 manquent. — 2. L, T, V : 1500. — 3. G : fol. 62 du vol V. — 4. L, T : Tremollière.

CHAPITRE X

LOUIS DE BOURBON, DIT LE BON, IIe DU NOM,
PREMIER DUC DE MONTPENSIER, PAIR DE FRANCE, SOUVERAIN DE DOMBES, PRINCE DE LA ROCHE-SUR-YON ET DE LUC, COMTE DAUPHIN D'AUVERGNE, DE CASTRES ET DE MORTAIN, VICOMTE D'AUGE ET DE BROSSE, BARON DE BEAUJOLAIS, SEIGNEUR DE CHAMPIGNY, DE ROCHE-EN-REGNIER ET D'AZAY-LE-DUC, GOUVERNEUR DE TOURAINE, D'ANJOU, DU MAINE, DE DAUPHINÉ ET DE BRETAGNE, LIEUTENANT GÉNÉRAL DES ARMÉES DU ROI, ETC.

La naissance de ce prince, fils aîné de Louis de Bourbon, prince de La Roche-sur-Yon, et de Louise de Bourbon, fille de Gilbert, comte de Montpensier, et sœur du connétable, dont je viens de parler, fut au château de Moulins, en Bourbonnais, l'an 1513, le 10 de juin. La mort de son père étant survenue sept ans après, il demeura sous la tutelle de la princesse, sa mère, qui eut beaucoup de soin de son éducation, d'où s'ensuivit qu'en tout le cours de sa vie il se montra un continuel exemplaire de bonté, dévotion et magnanimité, ayant été toujours porté d'un grand zèle au service des rois ses princes, au bien et à la défense de sa patrie et de la religion catholique.

Il n'avait que dix ans lorsque Charles de Bourbon, connétable de France, son oncle maternel, quitta le parti de France pour suivre celui de l'empereur, l'an 1523. Je laisse à penser si cette disgrâce et si ce malheur rejaillit aucunement sur lui et sur ceux de sa maison qui lui attouchaient de si près, puisque la princesse, sa mère, se vit déchue de toutes les espérances que la grandeur du même connétable, son frère, promettait à notre jeune prince, son fils, et ne fut pas seulement éloignée de la cour, mais encore des bonnes grâces du roi ; néanmoins, par le traité de Madrid, l'an 1526, la restitution de tous les biens du connétable ayant été expressément convenue entre le roi François Ier et l'empereur, elle se vit en état, après la mort du duc, son frère, arrivée un an après, à l'assaut de Rome, de pouvoir prétendre à sa succession pour la restitution de laquelle l'empereur lui promit toute assistance, par une lettre qu'il lui écrivit de sa main à Valladolid, le dernier juillet 1527.

Depuis, par le traité fait à Cambrai, le 5 d'août 1529, entre Louise de Savoie, duchesse d'Angoulême, mère du roi, et Marguerite, archiduchesse d'Autriche, douairière de Savoie, tante de l'empereur, ayant encore été accordé que, suivant le traité de Madrid, les héritiers du duc de Bourbon auraient telle part en ses biens, tant meubles qu'immeubles qu'ils eussent eu par son décès, s'il ne se fût retiré hors du royaume de France et n'eût suivi le parti de l'empereur, nonobstant tous arrêts et sentences prononcés durant la vie dudit feu duc de Bourbon, et, après son décès, unions, incorporations, cessions et transports qui pourraient être faits, ou partie d'iceux qui furent cassés et annulés ensemble toutes les autres procédures et actes faits, tant contre sa personne, honneur et biens que sesdits héritiers; l'empereur envoya en France, incontinent après, M. Léonard Degruyères, official de Besançon, et le sieur de la Troillière, gentilhomme de sa chambre, avec lettres et instructions pour obtenir les choses promises par ledit traité, touchant ladite succession; à quoi le roi eut tant de peine à se résoudre, qu'il refusa de voir la princesse de La Roche-sur-Yon qui était venue à la cour, par l'ordre des ambassadeurs de l'empereur, qui en avait écrit lui-même de Boulogne au roi et madame Louise de Savoie, sa mère, le 23e jour de novembre 1529.

Néanmoins, Sa Majesté, quoique outrée de la désertion du connétable, qui avait été cause, en partie, de sa prise devant Pavie, écrivit au sieur de Morette, son ambassadeur vers l'empereur, ensuite des demandes que l'official de Besançon et le sieur de la Troillière lui avaient faites de sa part, que quant à l'abolition et révocation des cas commis par feu messire Charles de Bourbon, en ensuivant le traité de Cambrai, les lettres leur en seraient expédiées quand bon leur semblerait, selon qu'il leur avait octroyé, et quant à la jouissance des biens de ladite maison de Bourbon pour Louis, prince de La Roche-sur-Yon, neveu dudit Charles, qui disait être son héritier testamentaire, il en avait remis la connaissance à son conseil, qui avait dit que des biens appartenant audit Charles de Bourbon et desquels il pouvait disposer, sans avoir aucun égard au crime par lui commis et perpétré, et là où le testament serait trouvé valable, il ne lui serait denié ni refusé; mais quant à la succession de Bourbon, madame sa mère, comme plus proche de feue madame Suzanne de Bourbon, y avait succédé et, par la générale coutume de France, en était saisie auparavant que ledit de Bourbon s'en allât, le procès étant pendant en son parlement et bien avancé, desquels biens il n'était fait aucune mention au traité de Cambrai, qui parle seulement des biens appartenant audit de Bourbon, qui est la succession de Montpensier, laquelle pareillement appartenait à ladite dame, sa mère, d'autant que par l'apanage baillé à ceux dudit Montpensier, il avait été dit que, à faute d'hoirs mâles en ladite maison, l'apanage retournerait à ladite maison de Bourbon et aux successeurs; or, la ligne de Montpensier, étant tombée en femmes, était retournée à ladite dame et mère, descendue de ladite maison de Bourbon, seule et plus proche héritière, qui même avait le droit de madame Renée, duchesse de Lorraine, seconde sœur dudit connétable, mêmement qu'en pays coutumier, et qu'ainsi on ne savait quelle délivrance faire audit Louis, prince de La Roche-sur-Yon et, quant aux meubles qu'il offrait de les rendre et que les héritiers lui feraient grand plaisir de l'en décharger, s'ils voulaient payer les dettes, qui se montaient seulement à 8 ou 300.000 livres de rente, dont il avait déjà payé une partie, et pour faire voir à l'empereur qu'il allait rondement en besogne et qu'il voulait s'acquitter de ce qu'il lui avait promis par ledit traité.

L'empereur ayant témoigné à ses ambassadeurs son peu de satisfaction sur le peu de fruit qu'ils avaient fait pour la restitution de ladite succession de Bourbon et l'archiduchesse Marguerite, sa tante, appréhendant que la longueur que l'on mettrait à leur rendre justice ne causât quelque rupture de paix et d'amitié entre ces deux potentats, elle leur écrivit encore de procéder à quelque accommodement, par l'avis et conseil du sieur du Perrier, ambassadeur principal de sadite Majesté, lesquels travaillèrent si bien que, nonobstant toutes les difficultés proposées par le roi, à la fin, pour faciliter la délivrance de ses enfants, il consentit, par ses lettres patentes, données à

Angoulême, le 17 mai 1530 [1]; que, par provision, la princesse de La Roche-sur-Yon et son fils jouiraient des duchés de Châtellerault, du comté de Forez et des terres et seigneuries de Beaujolais et de Dombes; mais six mois après, le roi remit en ses mains lesdits biens et révoqua, par ses lettres patentes du 7 août audit an, ce qu'il avait accordé par ces précédentes, ce qui obligea l'empereur de s'en plaindre et d'en écrire d'Augsbourg, le 7 octobre 1530 [2], à l'archiduchesse, sa tante, et à ses ambassadeurs pour essayer d'y apporter quelque remède et encore au sieur de Noircarmes [3], du même lieu d'Augsbourg, le 21 [4] novembre suivant, lequel il subroge, en la place de l'official de Besançon, avec instruction et lettres de créance au roi, à la reine, sa sœur, à Madame la régente et au grand maître de France, avec ordre de dire, à Mme la princesse de La Roche-sur-Yon, qu'il ne délaisserait chose quelconque qui pût servir et convenir à une bonne et briève fin auxdites affaires.

Mais la mort de l'archiduchesse étant survenue au même temps, savoir au mois de novembre de la même année 1530, et l'official de Besançon tombé malade, le peu de faveur que la princesse de La Roche-sur-Yon avait à la cour et le bas âge de son fils empêchèrent qu'elle ne reçût la satisfaction du roi, qui, d'ailleurs, tenait suspect tout ce qui venait de la part de l'empereur; mais après la mort de la régente, mère du roi, avenue le 22 septembre 1531, qui était son plus grand obstacle, elle se résolut d'entendre au mariage qui lui fut proposé par l'amiral Chabot, qui, pour lors, possédait entièrement les bonnes grâces du roi, du prince, son fils, avec Jacqueline de Longvic, sœur de la femme de l'amiral et fille de Jean de Longvic, seigneur de Givry, baron de Lagny et de Mirebeau, en Bourgogne, et de Jane d'Orléans, dame d'Angoulême, sœur naturelle du roi, sans autre avantage, néanmoins, que l'espérance que l'amiral lui donna de lui faire avoir raison de toutes les choses prétendues par elle et son fils, en la succession de la maison de Bourbon; car, par le traité qui en fut fait, l'an 1534, l'amiral se servant du temps et de sa faveur, il fut accordé que, moyennant la somme de 60.000 livres pour la dot de Jacqueline, et dont le roi en

---

1. G : 5e vol. du coffre 7, cote G, du trésor de Beaujolais, sur les 64, 3, 4, 5, 6 feuillets. — 2. T, B : d'en écrire d'Augsbourg, en 1530. — 3. L, T, B : Benoît Carmes. — 4. L, T, B, J : 11.

donna 50, elle renoncerait à son profit et de la dame amirale, sa femme, à tout le droit successif et autres biens à elle échus en la maison de Givry ; et qu'en cas qu'elle ou les siens s'en feraient relever, ou en commenceraient la poursuite, la princesse de La Roche-sur-Yon serait tenue de payer audit amiral 20.000 écus de peine, auparavant que poursuivre ladite restitution et de lui rendre à un seul remboursement la somme de 60.000 livres par lui promises pour la dot de sa belle-sœur.

Cette alliance ayant rendu l'accès de la cour libre au jeune prince, il servit le roi dans ses armées et se trouva au camp d'Avignon, l'an 1536, étant pour lors âgé de vingt-trois ans, d'où ensuite il servit Sa Majesté en son voyage de Piémont, la même année et partout ailleurs où la nécessité de ses affaires l'obligèrent de porter ses armes. Il fit pareillement le voyage de Picardie, en l'an 1537, où le roi était en personne quand il prit les villes et châteaux de Hesdin. Il fut l'un des princes qui se trouvèrent au parlement à l'arrêt qui fut donné, la même année, le roi séant en son lit de justice contre l'empereur, par lequel les comtés de Flandres, d'Artois et de Charollais furent déclarés commis et confisqués à la couronne, par félonie, ayant déjà eu l'honneur d'y accompagner le même roi, l'an 1527, après le traité de Madrid, lorsqu'il y fut pour demander avis s'il retournerait en Espagne.

L'an 1538, son mariage ayant été consommé au mois d'août, le roi lui céda et à la princesse, sa mère, pour toutes les choses par eux prétendues en la succession de Bourbon, les comtés, terres et seigneuries de Montpensier, Dauphiné d'Auvergne, de La Tour, de La Bussière, de La Roche-en-Regnier, ensemble le pouvoir de racheter ce qui avait été distrait, vendu et aliéné desdits comtés, terres et seigneuries, à Blois, au mois d'août, l'an 1538, vérifié en parlement, le 6 mars 1538, et au mois de février ensuivant, par lettres données à Fontainebleau, il décora Montpensier du titre de duché et pairie, avec union du Dauphiné d'Auvergne, baronnie de La Bussière et châtellenie d'École, pour être le tout tenu à une seule foi et hommage de la couronne de France, auquel duché il incorpora depuis le pays de Combraille, par lettres patentes données à Paris, au mois de février, l'an 1543.

Depuis le premier accès qu'il eut à la cour, il ne laissa jamais passer aucune occasion du service de ses rois, où il ne fit paraître son courage, et la même année qu'il fut marié, il accompagna le roi au voyage de Nice, où se devait faire l'entrevue de Sa Majesté et de l'empereur, par l'entremise du pape Paul III. L'an d'après, qui fut en 1539, il fit le voyage de Boulogne avec le roi, quand il ordonna de la fortification d'Ardres. Il accompagna encore, à Perpignan, le dauphin Henri II, l'an 1542, où était aussi le prince de La Roche-sur-Yon, son frère ; ils furent encore tous deux au voyage de Champagne, lorsque les deux armées du roi et de l'empereur furent prêtes à combattre, l'an 1544, et son frère y fut fait prisonnier, dont lui fallut payer de grosse rançon, nonobstant que l'empereur lui fut redevable de plusieurs sommes notables qu'il devait au feu connétable, son oncle, tant à cause du traité fait avec lui, l'an 1518, pour les droits que le connétable prétendait du duché de Cesse, comté de Liche, seigneurie de Somme et autres terres au royaume de Naples, cédées à l'empereur, moyennant 100.000 livres, payables en dix ans, que pour un grand nombre de bagues et pierreries de grand prix engagées pour son service, tant au duc de Savoie, seigneurie de Gênes, que ailleurs, et, pour les appointements accordés au connétable par l'empereur, pendant qu'il était avec lui, dont il n'avait rien reçu, et comme après la paix conclue, ladite année 1544, le duc de Montpensier et la duchesse, sa mère, comme héritiers du connétable, envoyèrent en Flandres, vers l'empereur, pour en demander le remboursement, suivant la promesse qu'il en avait faite au même duc, cinq ans auparavant, étant en France, et pour traiter de la délivrance du prince Charles, son frère, l'empereur, qui s'était montré si zélé à la poursuite de la restitution de la succession de Bourbon ne le fut point du tout en ce qui le touchait, et quoique le connétable eût perdu la vie et les biens pour son service, il crut que c'était assez satisfaire ses héritiers que de leur faire des promesses sans effet et fallut que le prince de La Roche-sur-Yon payât une somme notable pour sa délivrance, de même que fit le duc, son frère, quand il fut pris à la bataille de Saint-Quentin, comme je dirai ci-après en son lieu.

L'an 1547, il assista au couronnement du roi Henri II, en la ville de Reims, en qualité de l'un des pairs de France représentant le comte de Champagne, et sur la contestation arrivée pour les rangs, le roi, par ses lettres patentes données le jour auparavant, déclara que la préséance des ducs de Guise et de Nevers, représentant les ducs de Guyenne et comte de Flandres, ne lui pourrait nuire ni préjudicier, soit en semblables actes que tous autres d'honneurs et prééminences où l'on devrait avoir respect et égard à la dignité du sang royal dont il était issu, conformément à l'arrêt de la cour donné entre le même duc de Montpensier et sa mère, et Marie d'Albret, duchesse de Nevers, et François de Clèves, son fils, l'an 1541, sur la distribution des roses.

L'an 1548, M. le duc de Montpensier fut au siège de Boulogne et, après la paix faite avec les Anglais, il assista à l'entrée solennelle que le même roi fit dans sa ville de Paris et à celle de la reine.

L'an 1552, il fit le voyage d'Allemagne avec le roi Henri II, et, l'an 1554, il suivit encore Sa Majesté à Mariembourg, Bouviney, Mariemont et Renty, et l'an 1557, le roi d'Espagne ayant mis le siège devant la ville de Saint-Quentin, au mois d'août il fut à l'avitaillement [1] de cette ville et vit le désastre de la bataille de Saint-Laurent où, combattant avec sa compagnie et celle du prince, son frère, il eut un cheval tué sous lui, dont, étant abattu, il fut fait prisonnier des ennemis, entre les mains desquels il demeura onze mois, jusqu'à ce qu'il eût payé 70.000 écus, tant pour sa rançon que pour les frais de sa détention.

Après son retour de sa prison de Flandres et la mort du roi Henri II, il se trouva au couronnement de son fils François II, le 7 septembre 1559, et, au commencement de ce règne, il se vit presque exclu de la succession de son oncle, vu que le roi donna, par ses lettres patentes du mois de janvier 1559, à la reine, sa mère, les terres et seigneuries de Forez, de Beaujolais et de Dombes [2]; mais la nouvelle religion ayant divisé l'état et excité plusieurs troubles dans le royaume et particulièrement dans l'Anjou, Touraine et le Maine, le roi, pour éteindre ce feu, le pourvut du gouvernement de ces provinces, en y ajoutant celles de Blois, le Perche, le pays Chartrain, Vendomois et Loudunois, pour remédier aux séditions qui s'y tramaient et y alla si à propos en la ville d'Angers, au mois d'octobre 1560, qu'il en empêcha la révolte; cette ville étant déjà pleine de factieux et étrangers, desquels il fit exécuter plusieurs, en ramena plusieurs autres à leur devoir et fit raser quelques châteaux autour de la ville, et conserva cette province au roi et à l'Etat.

1. L, T, B sous une rature : au ravitaillement. — 2. G : vol. VI des enregistrements du coffre G, fol. 239.

Tous ces beaux exploits et la bonté et affection que leurs majestés virent paraître en notre duc à leur service les obligèrent de terminer pour une bonne fois les différends que ce prince pouvait prétendre de la succession du feu connétable, son oncle, par une transaction qui fut faite à Orléans, le mercredi 27 novembre 1560, entre le roi François II et Mme la duchesse de Montpensier [1], procuratrice de monsieur son mari, par acte passé à Paris le 11 d'octobre de ladite année, laquelle porte que, comme Louis de Bourbon, duc de Montpensier, eut, au mois de juin 1549, présenté sa très humble requête au feu roi Henri, dernier décédé, à ce qu'il lui plut entendre les grands droits qu'il avait ès biens et succession de Bourbon et Montpensier et feue madame Anne de France, et sur iceux lui faire droit et raison, laquelle requête le roi avait envoyée par devers son procureur général pour lui donner avis, mais que les guerres survenues en avaient empêché l'effet, et ensuite la mort dudit roi Henri, et que, depuis la paix faite, ledit duc de Montpensier en aurait présenté une autre pareille au roi François II, lequel, inclinant libéralement et équitablement à ladite requête par ses lettres patentes, données à Blois, le 11e jour de novembre 1559, aurait renvoyé à quatre des présidents de sa cour de parlement de Paris ou à trois ou deux d'iceux pour, appelés cinq ou six conseillers d'icelle cour, et son procureur général, examiner les fins d'icelle et y prononcer ce qu'ils verraient nécessaire, ce qu'ils auraient fait et exclu ledit duc de sa demande et prétendus droits, à cause d'une transaction faite l'an 1538, vérifiée en la cour de parlement de Paris, nonobstant quoi le roi, par l'avis des sieurs de son conseil privé, aurait, par autres lettres patentes du 5 mars, que l'on comptait 1559 [2], renvoyé le tout auxdits commissaires, leur mandant outre faire procéder ledit procureur général ès fin de non recevoir que subordinement sur le principal de la matière, etc., et tant procédèrent lesdits commissaires, pendant deux mois qu'ils baillèrent leur écrit, le 9 septembre, par lequel ils auraient dit et déclaré leur avis être, sous le bon plaisir du roi, que les duchés de Bourbonnais et d'Auvergne, comté de Montpensier, Clermont, la haute et basse Marche et Gien, leurs appartenances et dépendances étaient vrai domaine de la couronne, retourné et réuni à ladite cou-

---

1. G : vol. VII des enregistrements du coffre G du trésor de Beaujolais. —
2. L, T : 1539.

ronne par la mort de Charles de Bourbon sans hoirs mâles de son corps, et quant aux autres terres et biens desquels ledit Charles de Bourbon jouissait, lors de son département de ce royaume, ils étaient d'avis, attendu qu'il y avait procès indécis en la cour du parlement de Paris, que cependant, sans s'arrêter aux fins de non recevoir proposées par ledit procureur général, la provision faite à dame Louise de Bourbon et au duc, son fils, par lettres patentes dudit feu seigneur roi François, données à Angoulême, le 5 mai 1530, ratifiées ledit jour par feue dame Louise de Savoie, mère dudit feu roi, et vérifiées en la cour, consentant le procureur général du roi, le 21 dudit mois, devait, sous le bon plaisir du roi, sortir son effet, et en ce faisant que ledit seigneur duc demandeur devait être mis en possession et jouissance des duchés de Châtellerault, comté de Forez, terres et seigneuries de Beaujolais et Dombes, pour en jouir par provision en délaissant par eux tout ce qui leur avait été baillé par le feu roi François, par ses lettres patentes, données à Blois, au mois d'août 1538. Lequel avis l'un desdits sieurs présidents et ledit rapporteur avaient porté au roi, par son exprès commandement, à Saint-Germain-en-Laye, le 18 dudit mois, et icelui présenté à sa propre personne, lequel, en la présence d'aucuns princes de son sang, sieurs de son conseil, aurait voulu entendre par eux la déduction des mérites et moyens du procès et les raisons de leurs avis, et, après plusieurs mûres délibérations sur ce prises avec eux, se serait condescendu à transiger et composer en la sorte et manière, et aux conditions et charges ci-après déclarées, et spécialement[1] comme s'ensuit : à savoir que, par-devant Gilles Mesnagier et François Stuart, notaires royaux, au Châtelet d'Orléans, ledit sieur roi François II, en la présence et assistance des reines, sa mère et sa femme, des cardinaux de Lorraine et de Tournon, du maréchal de Brissac, du chancelier de l'Hospital, de Gilles Bourdin, procureur de Sa Majesté en sa cour de parlement de Paris et autres, étant entour la personne dudit sieur roi d'une part, et très illustre princesse Jacquette de Longvic, duchesse de Montpensier, au nom et comme procuratrice de messire Louis de Bourbon, duc de Montpensier, son mari, etc., lesquelles parties et chacune d'icelles ont reconnu et confessé, reconnaissent et confessent

---

1. L, T, B : spécifiées.

avoir fait, passé et contracté, font, passent et contractent avec les stipulations, cessions et transport à ce requis et nécessaires les traités, transactions, accords et appointement qui suivent, c'est à savoir que les duchés de Montpensier, terres, seigneuries et droits ci-devant baillés et délaissés par ledit feu roi François à ladite dame Louise de Bourbon, tant en son nom que comme tutrice dudit duc, son fils, par les lettres patentes du mois d'août 1538, et depuis érigées en titre de pairie, sous le nom de Montpensier, sont et demeurent audit duc, pour en jouir suivant lesdites lettres patentes dudit seigneur roi, du mois d'août, et pareillement selon le contenu en forme desdites lettres patentes d'érection en pairie, publiées et homologuées en ladite cour, et outre sont délaissés par ledit seigneur roi, audit duc, pour supplément de ce qu'il lui pouvait et peut appartenir desdits biens et successions de Bourbon et Montpensier et de ladite feue dame Anne[1] de France, la terre et seigneurie de Beaujolais et de Dombes, leurs appartenances et dépendances en telle intégrité, droit et état qu'elles étaient lorsque feue dame Anne de France et Charles de Bourbon en jouissaient, sans que les innovations faites tant par les rois François Ier et Henri que dame Louise de Savoie, régente de France, et baux, engagements et autres aliénations faites des terres particulières par lesdits feue dame Anne de France et Charles de Bourbon aient lieu sinon en tant que la condition dudit duc en soit faite meilleure, et entend, ledit seigneur roi, que ledit duc et ses successeurs jouissent pour leur regard dudit pays de Dombes de tous droits de souveraineté, prérogatives, prééminences, immunités, franchises, libertés y appartenant, tant pour lui que ses sujets, tels et semblables que les avaient lesdits dame Anne de France et Charles de Bourbon, leurs prédécesseurs, seigneurs dudit Dombes, sans aucune chose y réserver ni retenir, fors la bouche et les mains tant seulement, et outre, parce qu'il y a eu, au pays de Dombes, plusieurs ventes, engagements, hypothèques, dons, échanges et aliénations faites des terres particulières desdites seigneuries par ledit seigneur roi et ladite dame régente, a été accordé et convenu, pour le regard de ladite seigneurie de Dombes, que ledit seigneur roi les fera racheter, décharger et réunir dans quatre ans prochains, et d'en laisser

1. L, T, B : Jeanne.

la possession vague et vide audit duc, et ce à ses propres coûts et dépens, et cependant, jusqu'à ce que ledit rachat soit fait, ledit seigneur roi a promis de bailler assignation sur une de ses recettes générales, pour portion et jusqu'à la concurrence desdites choses aliénées, et, quant à ladite baronnie de Beaujolais, pourra ledit duc faire les rachats, décharge et réunion des aliénations faites à titre onéreux à ses propres coûts et dépens, si bon lui semble, sans qu'il se puisse remettre dedans lesdites terres, sinon en remboursant et récompensant au préalable les acquéreurs et détenteurs des deniers et choses qui lui auraient [été] baillées et délaissées, en sorte que ledit seigneur roi n'en soit inquiété et poursuivi, et jouira, ledit duc, du pays de Beaujolais en tous droits de justice haute, moyenne et basse, fruits, profits, émoluments des greffes et amendes, et confiscations procédant des crimes de lèse-majesté divine et humaine, et sera la justice exercée et administrée sous le nom et titre de roi, par officiers qui seraient par lui pourvus, à la nomination toutefois et présentation dudit sieur duc, sans faire distinction des délits commis et cas royaux privilégiés et francs, et outre sera tenu, ledit duc, de faire tous frais de justice, même de crime de lèse-majesté divine et humaine, payer les officiers de leurs gages sans que le roi soit tenu de payer ou refondre aucune chose desdits frais faits, etc.; ce fut fait et passé à Orléans, le mercredi 27 novembre [1] 1560 [2].

Le roi étant décédé audit Orléans huit jours après, savoir le 5 décembre, le roi Charles IX, qui lui succéda, confirma, ratifia et approuva ladite transaction audit lieu d'Orléans, le 17 décembre suivant, par ses lettres patentes, lesquelles furent enregistrées avec la susdite transaction ès registres de la cour du parlement de Paris, le 14 juillet 1561, après que le prince, qui était occupé à éteindre les feux de la rébellion des provinces d'Anjou et de Touraine, fut revenu à la cour, sur le commencement de mai de l'année 1561, pour assister à la cérémonie qui se devait faire à Reims, le 19 du même mois, pour le sacre [3] du roi Charles IX

Au sortir de cette réjouissance, il se vit dans un deuil domestique, par la perte de sa mère, qui mourut le 5 juillet ensuivant, et encore de la duchesse, sa femme, cinquante jours après.

1. L, T, V : septembre. — 2. G : coffre coté xi, 3ᵉ sac. — 3. T : couronnement.

Toutes ces afflictions ne l'empêchèrent pas de pourvoir à ses états, puisque, l'année 1566, il confirma les privilèges de Villefranche, par ses lettres, données à Paris au mois de mai [1].

Il racheta encore, le 25 janvier audit an, des sieurs consuls et échevins de Lyon, comme recteurs du grand hôpital du pont du Rhône de ladite ville, les droits de dîmes de Villefranche et de Gleizé, qui leur avaient été vendus par les commissaires du roi François Ier, le 21 octobre 1543, à condition de rachat perpétuel [2]; il racheta encore, le 23 mars ensuivant, le droit de coupons de blé et autres grains qui se vendaient au marché de Villefranche, de noble François Gaspard, trésorier de Troyes.

Il racheta encore, le 15 janvier 1561, les seigneuries de Laye et de Pouilly de Beaujolais et de Sainte-Colombe et Charlieu, en Lyonnais, avec leurs appartenances et dépendances, qui avaient été vendues par MM. les commissaires du roi, le 7 juin 1558, à noble Me Jean Fournel, lieutenant général civil en la sénéchaussée de Lyon, à la charge de rachat perpétuel.

Il racheta encore, le 19 dudit mois et an, la terre, seigneurie et mandement de Chamelet, qui avaient été vendus, le 12 janvier 1552, par le roi Henri II à Pierre Vincent, bourgeois de Lyon [3].

Il racheta encore, le 20 janvier 1561, de M. Claude Lafont, le greffe de la prévôté de Beaujeu, que les commissaires du roi avaient vendu audit Lafont, le 5 février 1552 [4].

L'an 1562, les huguenots s'étant emparés des meilleures villes du royaume et de toutes les villes du gouvernement d'Anjou, hormis de celle de Chartres, M. de Montpensier usa d'une telle diligence à empêcher leurs rébellions qu'à la faveur du château d'Angers, qui tenait encore pour le roi, il reprit la ville et tous les châteaux et forteresses dont les séditieux s'étaient emparés autour dudit Angers; de là, il s'en alla à Saumur, qui fut abandonné par ceux qui le tenaient, lorsqu'ils sentirent son approche, comme firent aussi ceux qui s'étaient emparés des villes de Tours, du Mans et de Château-Chinon.

Étant allé trouver Sa Majesté à Blois, elle lui fit expédier un ample pouvoir de lieutenant général ès pays de Guyenne et de Poitou, où il

---

1. G : vol. VII du coffre 7 du trésor. — 2. G : 2e liasse du coffre 9. — 3. G : 8e liasse du 7e coffre — 4. G : 4e liasse dudit.

s'achemina à la fin du mois de septembre de ladite année 1562, et d'arrivée il prit Saint-Jean-d'Angély, et Pons se rendit, d'où il alla à Mirambau [1], à Blaye, à Bourg [2], à Libourne, pour joindre les sieurs de Burie et de Montluc [3], lieutenant au gouvernement de Guyenne, en l'absence du roi de Navarre, et il les alla attendre à Bergerac, et chemin faisant il assura Sainte-Foy-d'Agénois. Après avoir assuré la Guyenne, il s'en vint à La Rochelle où il fit mettre bas les armes aux habitants et y fit rétablir la religion catholique dans toutes les églises, même dedans la principale où ils faisaient les prêches et assemblées des huguenots, il se trouva 22 ministres qu'on fit jeter en mer, il y célébra la fête de Toussaint et contraignit les principaux habitants d'assister au service divin, aux processions et au sermon qu'il y fit faire, et y séjourna jusqu'après la fête de la Saint-Martin. Après avoir donné ordre à la sûreté de La Rochelle, fait amunitionner les tours du Garot et de la Chaine de toutes choses nécessaires, ordonné le capitaine Richelieu pour les gouverner, avec bon nombre d'hommes, il s'en retourna à Saint-Jean-d'Angély, de là à Taillebourg et à Saintes, pour pourvoir à leur sûreté.

En 1563, et le 20 mars, il racheta le droit de pêche et étanche en la rivière de Saône, au pays de Beaujolais, qui avait été vendu, en l'an 1558, par les sieurs commissaires députés du roi Henri II à Antoine Goujon et autres.

La même année, il racheta la justice haute, moyenne et basse de Quincié et Marchant.

L'an 1564, le roi ayant résolu de visiter une partie des provinces de son royaume où il n'avait point encore été, M. le Duc l'accompagna jusqu'à Lyon, d'où il partit le 9 de juillet, pour s'en retourner en sa maison de Champigny, par ses terres de Beaujolais, Auvergne et Berry.

Par ses lettres patentes, il manda à M. le bailli de Beaujolais ou à ses lieutenants de faire très exprès commandements, sous grosses peines, à tous ceux qu'il appartiendrait de tenir entièrement nette la rue par laquelle les PP. Cordeliers ont accoutumé de passer, allant en proces-

---

1. L : Mirabeau ; T : Mirebeau. — 2. L, T, B : Vourg. — 3. L, T : Monglas ; B : Monclas.

sion en l'église paroissiale de Villefranche, en défendant à toutes personnes de tenir en ladite rue ordures, immondices, bêtes et sang, ni faire aucune chose qui cause incommodité, puanteur ou infection quelconque, en date du 13 juillet de ladite année 1564.

Et le lendemain, 14 dudit mois, par autres lettres patentes, il octroya et donna pouvoir à Me Hugues Charreton, son trésorier et receveur général en ses pays de Beaujolais et Dombes, de construire et édifier en sa maison forte de La Terrière, tours, tournelle, pont-levis et autres fortifications nécessaires pour la tuition et défense de ladite maison.

Le premier août suivant, il reçut les foi et hommage des terres, seigneuries et justice de l'abbaye de Joug, par messire Simon de Pierrevive, abbé dudit lieu.

Au retour du voyage du roi à Bayonne, S. M. fit venir à Moulins tous les principaux princes et seigneurs de son royaume, au commencement de l'année 1566, par l'avis desquels il fit plusieurs édits et ordonnances qui gardent encore le nom d'ordonnances de Moulins. Après que cette assemblée eut été finie, M. de Montpensier voyant le peu de soin qu'on avait eu de faire exécuter la transaction passée entre le roi François II et Mme la Duchesse, sa femme, le défaut de payement de ses états, depuis le commencement du règne de Charles IX, et plusieurs autres sujets de plainte et de soupçon qu'on lui avait donné l'obligèrent de présenter une requête à S. M., comptant que comme sadite Majesté avait fait des édits sur la réunion de son domaine, au préjudice desquels on avait conservé quelques-uns, qui n'avaient pas l'honneur d'être de sa qualité, en la possession et jouissance d'aucunes terres qu'ils tenaient de son domaine, lui, néanmoins, se trouvait privé et dépossédé de la comté de Bar-sur-Seine et seigneurie d'Azay-le-duc, qu'il avait plu au roi François Ier donner et laisser ensemble l'émolument du grenier à sel dudit Bar-sur-Seine, à la survivance de lui et de la duchesse de Montpensier, sa femme, avouée et reconnue dudit feu seigneur roi pour sa nièce et ce, en faveur et contemplation de leur mariage, et encore à titre si onéreux que, moyennant ce bien, ladite duchesse, autorisée de son mari, renonça à la succession de ses père et mère, au profit de l'amiral de Brion et de ses descendants et de feue dame Françoise de Longvic, son épouse, sœur de ladite duchesse, encore que le bruit courait qu'on voulait procéder par saisie sur sa comté de Mortaing et vicomté d'Aulge ¹, qu'il tenait dudit feu roi François I⁽ᵉʳ⁾, en échange et récompense des terres de Leuze et Condé, en Hainaut, lesquelles Sa Majesté avait prises et baillées à l'empereur pour le payement de partie de sa rançon, qui n'étaient moins belles et seigneuriales que lesdits comtés et vicomtés, et quoique pour toutes ses prétentions et droits qu'il avait à l'héritage de feu son oncle, le connétable, on l'avait fait contenter des duchés de Montpensier, baronnie de Beaujolais et souveraineté de Dombes; il n'avait encore tiré un sol de ladite baronnie, ayant été contraint de l'employer au rachat du domaine de ladite baronnie, d'où il n'avait su tirer une seule pièce sans procès; de sorte qu'il y avait mis plus de 50.000 livres de ses autres deniers, et était encore en procès aux requêtes du palais et au privé conseil pour la poursuite d'aucuns desdits rachats, et encore qu'il dut retirer 12.000 livres de rente des terres qui avaient été à la maison de Bourbon, données ou vendues par feue Madame la régente, ou en défaut d'en trouver de cette qualité pour pareille somme en revenu prendre jusqu'à ladite concurrence de celles de ladite maison de Bourbon qui avaient été données ou vendues par les défunts rois François I⁽ᵉʳ⁾ et Henri II, lui duc, n'ayant trouvé avoir été disposé par ladite dame régente que des seigneuries de Thiers, Germigny, Breulle, Laissy, Tourry, Marigane et Gignac, qui ne valaient pas 7.000 livres de revenus, et pour lesquelles il était en procès en la cour de parlement, il aurait retiré des héritiers du feu archevêque de Vienne la seigneurie de Montagu, autrefois de ladite maison de Bourbon, sur le bail à ferme de laquelle les seigneurs de Puiguillon et Cestel ², trésoriers des finances établis à Riom avaient commencé à exécuter la commission du bail du domaine, en quoi il se trouvait empêché à la première pièce, qu'il avait retirée, suivant ladite transaction, combien qu'elle ne valut 13 ou 1.400 livres et qu'il en dut retirer jusqu'à 12.000 de revenus.

Mais n'ayant pas été satisfait, il en présenta une autre, laquelle vue au conseil, le 15 juillet de la même année; la reine mère, qui tenait les rênes de l'état, craignant que le mécontentement du duc n'altérât l'affection qu'il avait toujours témoignée pour le bien du royaume, lui promit, par une lettre de sa main, que toutes les choses qu'il désirait seraient accomplies.

1. L, T : d'Auge; B : Aulge. — 2. L : Cuiptel; T: Cuystet; B : Puyguillon et Cystil.

Tous les mécontentements qu'il pouvait avoir reçus du côté de la cour ne le purent jamais détacher du service de leurs majestés, puisqu'il combattit en vrai prince à la journée de Saint-Denis contre le prince de Condé, son parent, et qu'il postposa son sang et sa parenté à son devoir. Il tailla en pièces les arquebusiers que ledit sieur prince et les siens avaient amenés en croupe en venant à la charge pour les mettre à la tête des chevaux, entre deux, un, et si son avis eût été cru on n'aurait pas laissé entrer les reîtres en France joindre le prince de Condé.

L'année 1567, et au mois d'octobre, il défit auprès de Périgueux l'armée des Provençaux, qui était composée de 600 chevaux, conduits par les sieurs Dacier et de Baudiner, et de 80 compagnies de gens de pied, conduits par les sieurs de Monnans et de Pierregourde, qui furent tous taillés en pièces, et leurs enseignes prises au nombre de 24; de là ils passèrent dans le Poitou, où se donna la bataille de Jarnac, où fut tué le prince de Condé, et, s'il faut dire la vérité sans passion, M. le Duc et M. le Prince, son fils, furent les seuls qui emportèrent le prix de cette bataille, comme ils le firent de celle de Moncontour. L'an 1569, il assiégea et prit Lusignan, ville et château imprenables, et fit démanteler la ville et raser le château, pour éviter aux peines et dépens qu'il avait donnés; il en aurait fait autant à La Rochelle, si la jalousie des envieux de sa vertu n'en eût empêché l'exécution. Il fit encore démanteler quarante-sept places qu'il avait prises et forcées, lesquelles servaient de retraites aux huguenots et voleurs.

L'an 1575, M. le duc d'Alençon, frère du roi, s'étant retiré d'avec Sa Majesté, pour quelque mécontentement, M. le Duc le réconcilia, au bout de six ou sept mois, pendant lesquels il ne l'abandonna jamais; s'étant encore émue une guerre de la part du roi de Navarre, à l'issue des États de Blois, au mois de janvier 1577, il trouva encore moyen de la pacifier et alla pour cet effet, au mois d'avril, jusqu'à Bergerac, où elle fut conclue, le mois de juillet ensuivant; l'an 1578, au mois d'août, il fut encore trouver la reine en Périgord et jusques en Gascogne pour pacifier le roi de Navarre sur un nouveau mécontentement qu'il avait encore conçu, auquel voyage il tomba malade et faillit à mourir à Moissac et à Limoges, d'où il ne retourna qu'en l'année 1579, et encore ne laissa pas d'aller par commandement du roi aux États de son gouvernement de Bretagne, au mois de septembre ensuivant.

Enfin ce bon et vaillant prince étant chargé d'ans [1], d'honneurs et de biens, décéda dans son château de Champigny, qu'il avait fait bâtir, le 23 septembre 1582, étant presque septuagénaire et laissant une mémoire si agréable de sa bonnaireté et de ses vertueux déportements qu'il en acquit le surnom de bon duc. Il maintint toujours la religion catholique, et, pour marque de sa piété, il fonda diverses églises et un couvent de religieuses de Saint-François à Champigny, et fit édifier la sainte chapelle de ce lieu, l'une des plus belles qui se voient, dédiée en l'honneur de saint Louis, où il élut la sépulture de son corps et celle de son cœur dans l'église d'Aigueperse, principale ville de son duché de Montpensier.

Il fut marié deux fois : la première avec Jacqueline de Longvic, comtesse de Bar-sur-Seine, avec des conditions assez rigoureuses pour lui, comme j'ai dit ci-dessus; néanmoins, c'était une dame de grand esprit, courageuse et prudente; il en eut un fils et cinq filles : le fils fut François de Bourbon, duc de Montpensier, qui sera le sujet du chapitre suivant.

La première des filles fut Françoise de Bourbon, duchesse de Bouillon, mariée avec Henri Robert de la Marck, duc de Bouillon, prince souverain de Sedan, etc. Le 7 février 1558, à Paris, elle eut 70,000 livres de dot et elle décéda l'an 1587.

La seconde fut Anne de Bourbon, duchesse de Nevers, laquelle, au retour du voyage d'Espagne où elle était allée accompagner Élisabeth de France, reine d'Espagne, fille du roi Henri II, fut mariée avec François de Clèves, second du nom, duc de Nevers, le 6 septembre [2] 1561 ; ce duc fut blessé à la bataille de Dreux, le 29 décembre 1562, dont il décéda en la ville de Dreux, le 10 janvier ensuivant, sans enfants, et elle mourut du vivant du duc, son père, l'an 1572, qui en porta un extrême regret.

La troisième fut Jane de Bourbon, abbesse de Sainte-Croix de Poitiers, puis de Jouarre, où elle mourut, le 6 mars 1624, et lui succéda en l'abbaye de Jouarre, Jane de Lorraine, prieure de Prouillé, en Languedoc, fille d'Henri de Lorraine, duc de Guise, et de Catherine de Clèves, son épouse.

La quatrième fut Charlotte de Bourbon, princesse d'Orange,

1. L, T, B : de tant d'honneurs. — 2. L, T : décembre.

laquelle ayant été mise en religion à Jouarre, en fut abbesse contre son gré, d'où étant sortie en l'an 1572, et retirée en la cour de Frédéric III, comte palatin du Rhin, électeur de l'Empire, qui s'en excusa au duc par sa lettre écrite à Heidelberg, le 15 mars de la même année, laquelle il lui envoya par un gentilhomme exprès, elle épousa, le 12 juin 1574, à Briele, Guillaume de Nassau, prince d'Orange, dont elle en eut six filles. Le duc de Montpensier, son père, tant pour la décharge de sa conscience que pour l'honneur de sa maison et de sa fille fit faire une exacte recherche de ceux qui la pouvaient avoir incitée à ce changement de vie; mais six des religieuses qui avaient assisté à sa profession ayant déposé qu'elle l'avait fait contre son gré et pour la crainte des menaces de feue la duchesse, sa mère, et elle ayant imploré le secours du roi de Navarre auquel elle envoya d'Anvers, le 21 février 1579, un ample mémoire des raisons qui la pouvaient justifier, les prières dudit roi firent tant envers M. le Duc qu'il la reprit en grâce et ratifia son mariage avec assignation de dot; elle mourut à Anvers, le 6 mai 1582, quelque peu avant son père, et son mari, surnommé le Taciturne, fut assassiné à Delft, en Hollande, le 10 juin 1584.

La dernière des filles de M. le Duc fut Louise de Bourbon, abbesse de Jouarre et de Faremoustier, laquelle décéda à Paris, au mois de février 1586. Sa sœur, Jane de Bourbon, lui succéda en l'abbaye de Jouarre.

M. le Duc épousa en secondes noces Catherine de Lorraine, fille de François, duc de Guise, et d'Anne d'Est, son épouse, par contrat du 4 février 1570. La dot fut de 300.000 livres, desquelles le roi donna le tiers, tant en considération des services des ducs de Montpensier et de Guise qu'à cause de la proximité du sang; le douaire fut de 10.000 livres. Le contrat de mariage fut fait à Angers, en présence du roi Charles IX, de la reine Catherine, mère de Sa Majesté, du duc d'Anjou, depuis roi Henri III, de Charles, cardinal de Bourbon, d'Amée d'Est, duchesse de Nemours, mère de la princesse, de Henri de Lorraine, duc de Guise, et de Charles de Lorraine, marquis de Mayenne, ses frères, et des cardinaux de Lorraine et de Guise. Il n'en eut point d'enfants et elle[1] mourut à Paris, le 6 mai 1596.

1. L., T, B : et mourut.

CHAPITRE XI

FRANÇOIS, HENRI ET MARIE DE BOURBON DE MONTPENSIER,
SEIGNEURS ET DAME DE BEAUJOLAIS, SOUVERAINS DE DOMBES

François, fils unique de Louis de Bourbon de Montpensier et de Jacqueline de Longvic, sa première femme, a été un exemple de valeur et de fidélité, en un temps auquel l'état des affaires aurait bien fait changer de face à tout autre qui n'aurait pas été doué de tant de piété qu'il était. L'an 1562, et ensuite, il suivit son père au siège de Rouen et aux mémorables batailles de Jarnac et de Moncontour, et à la défaite des Provençaux; il succéda au gouvernement d'Anjou, par la promotion de son père au gouvernement de Dauphiné, et encore à celui de Normandie, après sondit père, et eut un tel soin de maintenir la paix dans ses gouvernements qu'il mérita justement les titres de prince craignant Dieu, fidèle serviteur de son roi et amateur du bien de sa patrie.

Le roi Charles IX, connaissant ses mérites, lui confia le commandement de son armée, après le siège de Saint-Jean-d'Angély, quoiqu'il fût jeune, ayant plus d'égard à son mérite et à sa vertu, dont il avait rendu de si bonnes épreuves, qu'à la grandeur et dignité de son extraction; ensuite de quoi il le fit gouverneur du Dauphiné, à cause que cette province divisée avait besoin d'une sage tête pour la ramener à son devoir, ce qu'il fit en partie et aurait continué si le roi Henri III n'eût eu besoin de lui pour accompagner son frère, le duc d'Alençon, à l'expédition des Pays-Bas et ensuite en Angleterre, vers la reine Élisabeth, pour arrêter les conventions de mariage proposées entre son dit frère et la même reine. Il fut un des ennemis de la Ligue, le parti de laquelle il défit en plusieurs endroits, tant ès pays de Touraine et de Poitou qu'en Normandie, dont il eut le gouvernement, en l'an 1588, en laquelle il défit la garnison de Falaise, excitée contre le roi

Henri III qu'il accompagna au siège de Paris, où ayant été tué, il fut un des premiers qui reconnurent le roi Henri IV, le suivit à Dieppe et au signalé combat d'Arques, où il se porta vertueusement, et ensuite à la bataille d'Ivry où il avait la conduite de l'un des escadrons de l'armée royale; ensuite il réduisit la ville d'Avranches en l'obéissance de Sa Majesté et se trouva au siège de Rouen.

Mais la mort, jalouse de tant de prospérité, lui envia le bonheur de voir la réduction de cette ville, l'ayant assailli en la ville de Lisieux où il rendit l'esprit, le 4 juin 1592, l'année cinquantième de son âge, ayant laissé de Renée d'Anjou, sa femme, un seul fils :

Henri de Bourbon, duc de Montpensier, de Châtellerault et de Saint-Fargeau, pair de France, souverain de Dombes, prince de La Roche-sur-Yon et de Luc, dauphin d'Auvergne, marquis de Mézières, comte de Mortain et de Bar-sur-Seine, vicomte d'Auge, de Domfront et de Brosse, baron de Beaujolais, de Thiery, d'Escole, Montagne-en-Combraille et de Mirebeau, seigneur de Champigny, d'Argenton et de Saint-Severt, lieutenant général du roi en ses armées, gouverneur de Dauphiné, puis de Normandie, lequel naquit à Mézières, en Touraine, le 12 mai 1573, lorsque son père et son aïeul étaient au siège de La Rochelle, sous le duc d'Anjou, lieutenant général du roi Charles IX, son frère.

L'an 1588, il fut gouverneur du Dauphiné, par la promotion du duc, son père, au gouvernement de Normandie. Après la tenue des États de Blois, il eut le commandement de l'armée de Bretagne, où il fit lever le siège que la Ligue avait tenu pendant neuf mois devant Vitré, s'assura de Rennes et se rendit maître de l'affection des habitants qu'il disposa au service du roi; il assiégea et prit la ville d'Hannebond, le château de Châtillon, Moncontour, Guingamp et autres places. Étant gouverneur de Normandie par le décès de son père, il fut au siège de Dreux, où il reçut une périlleuse arquebusade. Il suivit le roi à la conquête de la Savoie et Bresse; il tint la place du duc de Guyenne au sacre d'Henri le Grand; trois ans après, Sa Majesté l'associa en l'ordre des chevaliers du Saint-Esprit, et en l'assemblée des notables, tenue à Rouen, elle voulut qu'il présidât à la première des trois chambres de cette assemblée.

L'an 1597, et le 27 avril, il épousa Henriette-Catherine de Joyeuse, fille unique et héritière de Henri, duc de Joyeuse, maréchal de France, et de Catherine de la Valette, duquel mariage ne vint qu'une fille, Marie de Bourbon, de laquelle je parlerai ci-après; il mourut à Paris, le 27 février 1608, âgé de 35 ans, comblé de gloire et de mérites, ayant reçu cet éloge de la bouche d'Henri le Grand, qui rendant raison du regret universel de sa mort répondit parce qu'il avait aimé Dieu, servi son roi, bien fait à plusieurs et jamais n'avait fait tort à personne.

L'an 1559, et le 16e jour de janvier, à Paris, ce prince confirma aux habitants de Beaujolais le privilège de chasser dans le pays que Charles Ier, duc de Bourbonnais et baron de Beaujolais, leur avait accordé à Moulins, au mois de décembre 1436.

Il fit son testament au profit de M. le duc d'Orléans, à Paris, le 13 février 1608, au cas que sa fille vînt à décéder sans enfants et, au défaut de M. le duc d'Orléans, M. le Dauphin, et au défaut de M. le Dauphin, les autres enfants du roi et de la reine; le lendemain ensuite, il en fit une donation irrévocable entre vifs, excepté la donation qu'il avait faite à Mme Henriette de Joyeuse, sa chère épouse.

Marie, sa fille, duchesse d'Orléans, souveraine de Dombes, prit naissance au château de Gaillon, en Normandie, le 15e d'octobre 1605; après la mort de son père, elle demeura sous la tutelle du cardinal de Joyeuse, son grand-oncle maternel, et ensuite de Mme de Guise, sa mère; elle avait été accordée, peu de temps avant le décès du duc, son père, le 14 janvier 1608, avec Monseigneur le duc d'Orléans, second fils du roi Henri le Grand, auquel traité, outre le roi, la reine et la reine Marguerite, les princes du sang et autres princes et les officiers de la couronne, intervint le susdit seigneur cardinal, qui de nouveau confirma la donation faite à la duchesse, sa nièce, lors de son mariage avec M. de Montpensier; mais le jeune prince décéda quatre ans après, sans que le mariage eût été accompli avec cette princesse. Mais deux mois après la mort de son père, Monseigneur le duc d'Orléans, frère unique de Sa Majesté, ayant pris naissance au château de Fontainebleau, le 25 avril 1608, le ciel destina ce prince à la consommation du mariage avec cette grande princesse qui n'avait pu avoir son effet par le décès du jeune prince, son frère.

La solennité en fut faite dans le château de Nantes, en Bretagne, le 6 du mois d'août 1626, en présence du roi et de la reine; mais, comme les choses du monde sont peu assurées, le contentement que toute la France avait conçu de cette belle alliance dura fort peu de temps, puisqu'un an après la duchesse passa de cette vie en une meilleure, le 4 juin 1627, n'ayant encore atteint la 22ᵉ année de son âge, laissant une seule fille qu'elle avait eue le 29 du mois de mai audit an, laquelle suivra ci-après.

CHAPITRE XII

ANNE-MARIE-LOUISE D'ORLÉANS, SOUVERAINE DE DOMBES, PRINCESSE DE LA ROCHE-SUR-YON, DAUPHINE D'AUVERGNE, DUCHESSE DE MONTPENSIER, DE SAINT-FARGEAU ET DE CHATELLERAULT, MARQUISE DE MÉZIÈRES, COMTESSE DE MORTAIN, VICOMTESSE D'AUGE ET DE DOMFRONT, BARONNE DE BEAUJOLAIS, ETC.

Cette illustre princesse, ou plutôt le modèle de toutes les grandes héroïnes qui l'ont précédée, prit naissance à Paris, le 29ᵉ jour du mois de mai 1627, du sérénissime prince Gaston, fils de France, duc d'Orléans et de Chartres, et de la même princesse Marie de Bourbon, duchesse de Montpensier, sa première femme; elle fut levée sur les sacrés fonts de baptême par la reine régente Anne d'Autriche et par l'éminentissime cardinal Armand-Jean du Plessis, duc de Richelieu et de Fronsac, principal ministre d'état; la cérémonie en fut faite, l'an 1636, le 17 juillet, en la ville de Paris, par Dominique Séguier, lors évêque d'Auxerre, puis de Meaux, premier aumônier du roi, et fut nommée Anne-Marie, et quelques années après, lorsque cette princesse reçut le sacrement de confirmation par l'évêque de Nîmes, Denis Cohon, le roi Louis le Juste, son oncle paternel, lui donna le nom de Louise.

Cette auguste princesse se trouve naturellement si bienfaisante que tous les peuples qui maintenant habitent cet heureux pays de Beaujolais doivent se glorifier de n'être pas tant, chacun en particulier, ses créatures, qu'ils sont ses sujets; car s'il est vrai que c'est la même action par laquelle Dieu crée et conserve toutes choses et que, pour cette raison, la conservation des êtres est appelée une création continuée, ne sommes-nous pas obligés de publier que cette héroïne de son siècle fait encore tous les jours autant de créatures que l'on peut compter de ses sujets dans ses pays, puisque tous ses soins, tout son crédit et toute sa puissance ne s'emploient qu'à conserver ses peuples dans leurs vies, dans leurs biens et dans leurs honneurs, si bien qu'il semble que Dieu l'a fait naître afin qu'elle seule fît autant et plus dans cette province que n'ont fait tous ensemble les Bérard et Vandelmode, les Guichard, les Humbert, les Louis de Beaujeu, les Édouard et tant de grands princes qui font tant de bruit dans l'histoire pour avoir fondé tant de chapitres, tant de monastères et tant d'hôpitaux, puisque tous ces illustres monuments de la piété des ancêtres de cette auguste princesse étaient depuis très longtemps ensevelis dans les ruines, si son bras tout-puissant ne travaillait tous les jours, non seulement à les conserver, mais encore à en augmenter l'éclat. De quel amour donc, de quels respects et de quels hommages les Beaujolais ne doivent-ils point reconnaître des bienfaits qui seraient infinis si Dieu, en nous donnant les princes comme les images vivantes de son souverain pouvoir en terre, ne s'était réservé, à lui seul, celui de produire des actions infinies.

MEMOIRES
CONTENANS
CE QV'IL Y A
de plus remarquable
DANS VILLEFRANCHE,
CAPITALE DV BEAVIOLOIS.
A Messieurs
LES ECHEVINS DE VILLEFRANCHE.

A VILLEFRANCHE,
Chez ANTOINE BAVDRAND, Imprimeur
de la Ville, 1671.

AVERTISSEMENT.

LE LECTEVR fera averty qu'il a paru cette mesme année un petit Livre Imprimé ayant pour Titre, Histoire de Villefranche : l'Impression est faite à Lyon par Daniël Gayet ; mais comme il s'est rencontré beaucoup de fautes, non seulement dans l'Impression, mais encore dans les Memoires qui avoient esté donnez à l'Autheur, on a esté obligé de revoir tous ces Memoires, & encore d'autres, & les faire Imprimer de nouveau à Villefranche, en la maniere que vous les verrez icy. On y a aiouté les Privileges de la Ville, que Messieurs les Echevins ont iugé à propos estre mis en Latin, en la maniere qu'ils ont esté concedez par les Seigneurs de Beauieu, & depuis confirmez, tant par plusieurs Seigneurs de la mesme Maison, que par plusieurs Princes de celle de Bourbon, où la Maison de Beauieu a passé.

L'on y a encore ioint plusieurs autres Titres curieux, qui se sont trouvez dans les papiers de la Maison de Ville, à l'avantage des Habitans : comme sont les Privileges de la Chasse, concedez par les Seigneurs de Beauieu, & confirmez par Messieurs les Princes de Bourbon, & de Montpensier ; les Lettres Pattentes accordées par nos Roys aux mesmes Habitans, pour élire entr'eux des Iuges-Consuls des Marchands, à l'imitation de ceux de Paris ; des Titres curieux concernans l'Hôpital de Roncevaux.

L'on y a encore fait graver trois Planches curieuses : La premiere, du Frontispice de l'Eglise Paroissiale de la Ville, avec l'Aiguille anciennement sur le Clocher. La seconde, d'un Tombeau estant dans l'Eglise des PP. Cordeliers de la Ville, de Dame Eleonor de Savoye, Dame de Beauieu. Et la troisième est une Figure assez curieuse, du Prince Edoüard, dernier Seigneur de la Maison de Beauieu.

MEMOIRES,

Contenant ce qu'il y a de plus remarquable dans
Villefranche Capitale du Beaujolois.

A MESSIEVRS

MESSIEVRS

GABRIEL DV SAVZEY ESCVYER SIEVR DE
la Venerie & Charmes, Conseiller du Roy, Lieutenant Particulier, Civil & Criminel au Baillage de Beaujollois.

AYMÉ DE BVSSIERES SIEVR DV CHASTELART
& Ecuffoles, Conseiller & Procureur du Roy en l'Election
dudit Païs de Beaujolois.

ANTOINE DV SAVZEY SIEVR
de Ioutecrot.

ET ANTOINE MORESTIN ADVOCAT
en Parlement, Echevins de Villefranche.

ESSIEVRS,

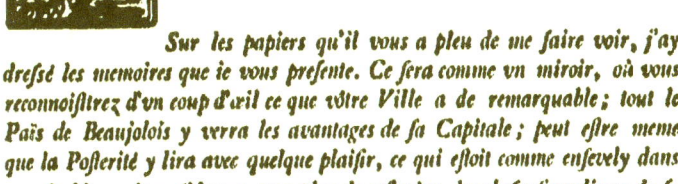

*Sur les papiers qu'il vous a pleu de me faire voir, j'ay
dressé les memoires que ie vous presente. Ce sera comme vn miroir, où vous
reconnoistrez d'vn coup d'œil ce que vôtre Ville a de remarquable; tout le
Païs de Beaujolois y verra les avantages de sa Capitale; peut estre meme
que la Posterité y lira avec quelque plaisir, ce qui estoit comme ensevely dans
vos Archives, & considerera avec plus de reflexion, les choses singulieres de sa*

Patrie, quelle auroit negligées par l'erreur commune, de n'avoir pas beaucoup d'estime, pour ce qui s'offre aux yeux tous les iours. Cette posterité devra encore vous sçavoir gré, du soin que vous prenez de l'instruire, & de luy donner vne connoissance, qu'elle auroit vraysemblablement ignorée : Et elle sçaura que ce soin n'estoit qu'vne suitte des autres, où vous vous appliquez sans relache, pour le bien du public, pour les commoditez de la Ville, & pour le soulagement de ses Citoyens.

Et afin de garder quelque ordre dans ces Mémoires, ie les divizeray en huict Articles ; qui seront.

    I. De la situation, & de la disposition de Villefranche.
    II. De sa fondation, & de ses progrés.
    III. De l'Eglise de Parroisse, & des Confrairies de Penitens.
    IV. Des Convens de Religieux, qu'elle nourrit.
    V. Des Monasteres de Religieuses qu'elle a receus.
    VI. De ses Hôpitaux.
    VII. Des corps de Iustice.
    VIII. De la maison de Ville, & des hommes remarquables, qui sont nez dans Villefranche.

I. PARTIE.

de la situation de Villefranche.

VILLEFRANCHE Capitale de Beaujolois est à l'entrée de tout le Païs, dont elle fait comme la teste du coté de midy. Sa situation est avantageuse, dans une campagne assez étendue agreable par sa beauté & tres vtile par l'abondance des grains qu'elle produit, dont elle paye avec vsure innocente les soins de ceux qui la cultivent. C'est sur le milieu qu'elle enrichit ses maistres de ses moissons: car aux extremitez elle leur fournit tout ce qui est necessaire à la vie des hommes, & à celle des animaux qui les servent. Vers le couchant cette riche plaine aboutit aux montagnes du Beaujolois, qui par vne Perspective agreable bornent la veuë, la recréent par la verdeur de leurs bois, & par les pampres de leurs vignes. Le haut des montaignes estant couvert d'arbres, dont la couppe sert à beaucoup de commoditez & le bas estant chargé de vignobles, de diuers plans, de diuerses couleurs, & de diuers gouts pour l'vsage & pour le plaisir de ses possesseurs. Les arbres fruitiers s'elevent sur les colines & dans la campagne, & donnent de leur abondance à toutes les saisons de l'année, dequoy couvrir les tables, & satisfaire à l'innocente volupté du goût, qui se contente des productions de la nature. Ces mêmes colines, qui sont au bas des montagnes, & qu'on pourroit prendre pour leurs rejettons, sont couvertes de quantité de maisons agreables & diuertissantes, où les maistres se retirent au temps des belles saisons, & rendent à la terre par leurs soins, ce qui entretient sa merueilleuse fecondité.

Cette belle plaine ayant presté son terroir à la Ville que je décris; s'abaisse insensiblement vers le levant; elle va porter ses eaux à la Sône, & se dispose à recevoir celle de cette riviere bienfaisante dans ses prairies, qu'elle étend le long de ses bords. Ce côté n'est pas moins agreable que l'autre; quoy que l'espace en soit plus petit : Les jardins qu'on y cultiue, sont également fertiles pour le plaisir & pour le profit, & les prez dont j'ay parlé, outre l'agréement d'vne verdure qui brille toûjours, font si abondans en herbages, que les habitans de la Ville, apres leur vsage, pour les beftes de leurs écuiries & de leur granges, en font vn commerce confiderable.

C'eft dans cette plaine qu'on decouvre la Ville de Villefranche. Elle eft au milieu de deux grandes villes, de Lyon & de Mafcon ; dans vne diftance affez éloignez, pour en tirer les commoditez, dont elle à befoin fans eftre incommodée de leur voifinage, comme elle le feroit, s'il eftoit plus proche. Car fi elle à au midy la grande Ville de Lyon, cét apres vne feparation de cinq lieuës ; Et Mafcon quelle regarde du côté du Nort, en eft éloigné d'vn efpace encore plus grand. Ainfi eftant comme vnie à ces deux villes par la Sône, qui fait pour ainfy dire les deux bras de cette vnion, elle entretient le commerce en haut & en bas, donnant ce qu'elle produit, & recevant ce qu'elle defire.

Sa figure eft prefque femblable à la forme d'vne Galere, par fa longueur, vn peu étroite, & par fes deux extremitez, qui s'élevant au nort & au midy, ne reprefentent pas mal la prouë & la poupe d'vne Galere, l'enfoncement du milieu ayant du rapport avec le corps de ce Vaiffeau. La Ville a quatre Portes, qui font vne croix ; ce qui ne doit eftre que de bon augure. La Porte qui mene à Lyon, eft appellée la Porte d'Anfe ; celle qui luy eft oppofée à l'autre bout de la Ville, fe nomme la Porte de Belleville ; à caufe que ces deux lieux font les plus proches de ces deux Portes : & celles qui font la croifée, l'vne qui regarde le couchant s'appelle la Porte des Freres, parce que le Convent des Peres Cordeliers en eft proche, on nomme l'autre la Porte de Fayette.

Ces deux Portes femblent s'ouvrir pour donner paffage à vne petite riviere, qui prenant fa fource dans les montaignes vers le couchant, & ayant arrouzé les champs qui ont eu befoing de fes eaux, entre dans la Ville, luy fournit des commoditez confiderables, & comme fi elle ne couloit que pour elle, fortant de fon enceinte, elle fait moudre quelques moulins, & à l'ombre des faules parmy le vert naiffant des prairies, elle finit fon cours dans la Sône, Mourgon, c'eft ainfi qu'on l'appelle, pour faire de biens à la ville, fe partage en deux branches en y entrant : la plus groffe paffe fous la boucherie, & en nettoye les immondices ; elle paffe en fuitte fous diuerfes maifons de la grande ruë de la Ville, fous de grandes voûtes faites exprés pour la loger & la recevoir ; aprés quoy elle fe va joindre hors des murailles à l'autre branche, qui n'eſt pas moins glorieufe des biens qu'elle a faits : car aprés fon paffage dans l'Hôpital de la Charité, ou par divers vfages, elle apporte tous les avantages qu'on tire de cét élemèt, elle paroit au milieu de la Ville, dans vn grand refervoir, où elle eſt arretée dans des coffres de bois, pour y conferver le poiffon, ou qu'elle porte, ou qu'on luy confie. Ainfi ces deux branches fervent à la nourriture des Habitans, & le fecourent également dans la diverfité de leurs viandes.

Les maifons de la Ville font belles, commodes, toutes bâties de pierre de taille, avec des tours fur beaucoup de montées, qui portent la veuë auffi loin que la campagne fe peut étendre, & qui dehors font vn afpect tres agreable, par leur nombre, & par la diverfité de leur conſtruction. Aux deux coſtez de la grande rüe, deux autres s'etendent fur les aifles de la même longueur, outre plufieurs petites rûes de traverfe, qui fe communiquent avec la grande. Mais cette grande rûe eſt fi remarquable, par fa longueur, par fa largeur, & par la beauté de fes bâtimens, qu'on ne peut la voir fans admiration, & fans vn plaifir fingulier. Comme la Ville eſt fur le grand chemin de Bourgongne, entre Lyon & Mafcon, comme je l'ay dit ; Il femble que les Fondateurs ayent voulu luy donner vn caractere particulier, par la beauté de cette rûe, & qu'ils ayent fait ce que la nature fait tous les jours, laquelle ne paroit pas moins dans fes petites productions, que dans les plus grandes.

II. PARTIE.

La fondation de la Ville.

JE parle de fes fondateurs, quoy qu'il y ayt quelque obfcurité à les difcerner, & que Villefranche ait cela de commun avec beaucoup de grandes Villes, que l'origine en foit cachée, & qu'on connoiffe fes progrés, fans en fçavoir les commencemens. Ce qui eſt certain, c'eſt que Villefranche a eſté bâtie par vn Seigneur de Beaujeu. Et ce lieu demanderoit qu'on traitât au long de cette Illustre & grande Maison. Mais veu que ce n'est pas son Histoire que j'ecris, & que ce grand sujet m'éloigneroit trop de celuy ou ie me suis attaché, ie me contenteray de dire en peu de paroles; qu'aprés la Maison Royale, la France à peu de Familles plus anciennes, ny plus Illustres par leur employs, que la Noble Maison de Beaujeu. Elle paroît grande dés son origine. Omfroy Comte de Beaujeu, est le premier dont l'Histoire parle, qui vivoit au neufviéme siecle du temps de Hue Capet, premier Roy de la troisiéme race : Et ce Comte possedoit alors tout le Beaujollois, lequel de son étendue enfermoit les deux bords de la riviere de Sône.

Ce qui est au deça de ce Fleuve, & qui est le vray Païs de Beaujolois, estant distingué de l'autre Païs par vn nom qui monstroit qu'il estoit compris dans la France, ce que signifient ces deux mots Latins, *à parte regni* : comme les deux autres, *à parte Imperij*, du côté de l'Empire, montrent que les terres qui y sont comprises estoient venues de l'Empire. Et ces terres contiennent le Païs de Dombes, que les Seigneurs de Beaujeu possedoient en toute Souveraineté, sous le titre de Comté, de Baronnie & de Sirie ; aprés qu'ils eurent acquis ce Païs des Roys de Bourgongne.

Les descendans de cet Omfroy, bien loin de degenerer d'vn Pére si considérable, ont augmenté en beaucoup de rencontres la splendeur & la grandeur de leur Maison : Ils ont eu les plus belles charges de la Couronne, comme celle de grand Chambellan ; il y en a eu de Generaux d'Armées, de Marechaux de France, quelques-vns mêmes sont montez au plus haut dégré d'honneur, ou vn Seigneur en France puisse estre élevé qui est d'estre Connestable ; Ils se sont signalez dans les guerres Saintes par leur pieté & par leur valeur, on trouve encore dans Constantinople des marques du courage de Guichard Seigneur de Beaujeu, qui se fit considerer par des actions extraordinaires ; lors que les François allans à la Terre Sainte, prirent cette Ville Imperiale, & y établirent le Comte de Flandres pour Souverain.

Ce même Seigneur de Beaujeu pour laisser de ses marques à la posterité, dans cette même Ville de Constantinople, y fit bastir vne Tour appellée la Tour de Beaujeu, où il fit mettre vne table d'Airain, sur laquelle se voit encore écrit aujourd'huy, *Turris Bellijocensis*. Leurs alliances avec les plus Illuftres Maifons de France, même avec la Royale, ont mêlé leur fang avec la plus éclatante Nobleffe du monde : leur fainte magnificence paroit auffi dans les fondations qu'ils ont faites, des Chapitres, des Abbayes, & des Hôpitaux qui fubfiftent encore dans les Provinces qu'ils poffedoient, à l'eternelle gloire de leur nom. Et c'eft à ces Seigneurs que la Ville de Villefranche doit fa fondation, fes progrés, & fon parfait établiffement.

Il eft vray qu'elle peut accufer les premiers Habitans de quelque forte de négligence, de n'avoir pas remarqué, & tranfmis à la poftérité le nom du premier & veritable Fondateur, qui la comme tirée du neant, & renduë fi confiderable, qu'elle eft la Capitale de tout vn Païs. J'ay leu exactement ce que vous m'avez communiqué des doctes & curieufes remarques que Mc François de la Praye en a faites, Avocat celebre dans vôtre Ville, homme de bon fens, & d'vne probité reconnuë. Aprés avoir leu toutes les Chartres qui font dans les Archives de vôtre Trefor, il avouë qu'il n'a pû venir à la fource du Fondateur, & il fe contente d'en marquer quelques ruiffeaux, felon que ces Chartres les luy découvrent. Je fuivray fes traces, & laifferay conclurre au Lecteur ce qu'il jugera de vray femblable.

Le Titre le plus remarquable en ce point eft de l'An 1131. du 12. de May, où font contenus les principaux Privileges, que les Seigneurs de Beaujeu ont accordez à la Ville de Villefranche ; & où le Seigneur qui les donne parle en ces termes : *Quondam Humbertus Pater extitit Fundator Villæfrancæ*. Cét Humbert eftoit pere de Guichard premier, lequel Guichard eftoit l'Auteur de ces Privileges : ainfi la fondation de la ville auroit efté faite par Humbert, au commencement de l'vnziéme Siecle. Vn autre Titre qui confirme les mêmes Privileges, en datte du mois de Novembre 1260. femble encore établir la fondation par cét Humbert : voicy comme parle ce Seigneur, qui eft Guichard fecond du nom : *Humbertus pater Dominus Bellijoci, qui Fundator extitit Villæfrancæ, in ipfa Fundatione dedit & conftituit Villamfrancam liberam*, &c. En fuite il nomme les Seigneurs fes Predeceffeurs, qui avoient confirmé les mêmes Privileges ; fçavoir Guichard, *qui prædicto Humberto fucceffit* ; & puis vn autre Humbert, de qui il fe dit eftre le fils. Dequoy l'on peut conclurre ce me femble, que ce premier Humbert fut le Fondateur de la Ville ; & que lors que Guichard fecond le nomme fon

Pere dans l'Acte dont nous parlons; il veut dire qu'il est son Ayeul ou son pere mediat; ce qui se conjecture par ce mot *quondam*, & ce qui se verifie clairement; en ce que le même Guichard, ayant nommé Humbert second, le nomme son Pere : & se dit estre son fils. Or le même Guichard ne pouvant pas avoir deux peres, il faut venir necessairement à l'explication que j'apporte & la recevoir.

Ie croirois même que les deux Humberts premier & second, peuvent estre appellez Fondateurs de la même Ville : Le premier y ayant fait bâtir vn nombre de maisons suffisant, pour le commencement d'vne Ville ; Et le second l'ayant fermée de murailles, & flanquée de tours. Au moins est-ce le sentiment de Monsieur de la Praye ; si j'ay bien sçeu le penetrer. Quoy qu'il en soit du Fondateur; il est certain que la Ville n'est parvenüe à la grandeur ou elle est, qu'aprés de foibles commencemens. La tradition commune dans le Païs est, qu'il y avoit vne grande Tour, qui dure encore, & qui est à la porte d'Anse, du côté de Lyon ; & qu'on l'appelloit la Tour du Peage; à cause qu'on y levoit vn droit, pour les Seigneurs de Beaujeu, selon la coutume de ces temps-là. L'occasion de ce Peage fit qu'on bâtit plusieurs maisons au prez de la Tour ; veu même que c'estoit vn lieu de passage, sur le grand chemin de Bourgongne. Ces maisons firent vn Bourg, qui estoit dans la Parroisse de Limas, & ne furent poussées que jusqu'à l'endroit, ou l'on voit encore aujourd'huy vne Tour, que l'on appelle la Tour de Liergues : C'estoit vers le couchant; & il y avoit vne Porte qu'on a murée.

Ce Bourg ou cét amas de maisons s'avançoit hors de la principale Tour, dans tout l'espace où est presentement le grand Cimetiere, hors la Porte d'Anse. L'Eglise estoit dans ce même lieu, sous le titre de saincte Marie Magdeleine : en memoire de quoy, le Curé & les Ecclesiastiques de la grande Eglise, ou est maintenant la Parroisse de la Ville, vont en Procession tous les ans le Dimanche des Rameaux en ce grand Cimetiere, accompagnez des Habitans, & ou le Prestre qui officie, benit les Rameaux, selon la coutume de l'Eglise. Il arriva donc que ce Bourg se trouvant avantageusement situé, & plusieurs Habitans s'y venants loger; les Seigneurs de Beaujeu l'augmenterent, le firent fermer de murailles, & en firent vne Ville. Et pour l'acroître de plus en plus, ils luy donnerent des Privileges considerables, avec le nom de Villefranche ; à caufe des franchifes & immunitez, dont ils l'ornerent plus qu'aucune autre Ville de leurs Seigneuries.

Mais avant que de quitter cette Noble & ancienne Maifon de Beaujeu, le Lecteur remarquera, qu'elle finit en vn Prince nommé Edoüard, lequel n'ayant point d'enfant, fit Donnation l'an 1400. de toutes fes belles & riches terres, à Louïs Duc de Bourbon, qui eut le furnom de bon Duc, à caufe de la finguliere douceur de cette Maifon de Bourbon. Les mêmes Seigneuries ont efté dônées à la Maifon de Montpenfier ; de laquelle l'vnique heretiere Marie Princeffe de Dombes, fut mariée à fon Alteffe Royale le Duc d'Orleans frere vnique de Louïs XIII. Cette Maifon de Beaujeu, ayant ce rare avantage, que de croître en gloire & en honneur, par ce qui fait dechoir, & ce qui ruyne les autres maifons : le manquement d'enfans & de fucceffeurs legitimes n'ayant fervy qu'à l'élever jufques à la Maifon Royale. Il n'y eut qu'vne fille de ce mariage, qui eft fon Alteffe Royale Madmoifelle, Souveraine de Dombes, & Dame du Beaujolois. Venons maintenant à l'accroiffement de la Ville, & commençons par l'Eglife.

III. PARTIE.

De l'Eglife paroiffiale.

IL n'y a qu'vne Parroiffe dans la Ville, quoy qu'elle contienne plus de quatre mil Communians. L'Eglife eft dediée à la fainte Vierge mere de Dieu, & a pour titre le nom de nôtre Dame des Maretz. La Tradition tres ancienne affigne la caufe de ce nom là ; & quoy qu'elle foit jointe à vn miracle, le Sauveur du monde a fait tant de merveilles, & en opere tant tous les iours, en l'honneur de fa fainte Mere, qu'il y auroit quelque efpèce de témérité, de ne pas croire celuy-cy, que la Foy de nos Peres nous a tranfmis comme certain. Le lieu où eft l'Eglife, n'eftoit qu'vn maretz ; c'eftoit vn creux ou toutes les eaux s'affembloient, le maretz eftoit plein de joncs, & les bords eftoient couverts d'herbe, ou l'on menoit paître le beſtail. Vn iour les Bergers qui conduiſoient leurs bœufs dans ce pâquerage; les virent ſe courber, ſe mettre à genoux, & ſe proſterner en terre, vers vn endroit que tous regardoient. Les Bergers s'aprochent, frappent leurs bœufs, pour les faire ſortir de ce lieu; & ne pouvans les faire bouger de leur place; ils s'aprochent du marets, cherchent parmy les rozeaux, & y trouvent vne ſtatuë de la ſainte Vierge.

Ils en avertiſſent le Curé de la Ville & les principaux Habitans; on viſite le lieu, on trouve que le raport des Bergers eſt veritable : Tous enſemble viennent en Proceſſion, prendre cette Image avec tout le reſpect & les ſentimens de devotion, que meritoit vne action ſi Sainte, & la portent dans l'Egliſe de ſainte Magdeleine, dont j'ay parlé, la repoſant dans vn lieu decent. Mais Dieu vouloit faire honorer ſa Mere, d'vn culte plus grand & plus ſingulier. Le lendemain la ſtatuë ne ſe trouva plus dans l'Egliſe de ſainte Magdeleine; ce Curé & les Habitans bien étonnez, la vont chercher dans le maretz, & la trouvent au même endroit ou ils l'avoient priſe le jour de devant. Alors ce ſecond miracle leur faiſant connoître, que ce lieu eſtoit deſtiné au culte de la ſainte Statuë, & de la ſainte Vierge; Ils y bâtirent vne Chapelle, qu'on appellà la Chapelle noſtre Dame des Maretz. Et en ſuitte la devotion des Habitans croiſſant avec la grandeur de leur Ville, ils firent de cette Chapelle vne belle Egliſe, qu'ils y bâtirent, qui eſt l'Egliſe de la Parroiſſe, & celle dont nous parlons.

Elle eſt grande, agreable, bien percée, commode pour ſes vſages, & avec ſes ornemens dedans & dehors : les voûtes tant de la nef que des Chapelles, ſont belles à voir, preſque toutes differentes dans les ornemens & dans la ſtructure. Elle contient trente vne ou Chapelle ou Autels, tous entretenus avec la bien-ſeance neceſſaire, même fondez & rentés, pour vn certain nombre de Meſſes pendant l'année. La Chapelle des Princes eſt la plus conſiderable, par ſa ſculpture, & par quatre Prebendiers, qui ſont fondez pour ſon ſervice. Elle a cét Illuſtre nom des Princes, à cauſe de ſes Fondateurs; qui furent en premier lieu les Seigneurs de Beaujeu, en ſuitte les Ducs de Bourbon : Les Titres de ces fondations ſont dans la Chambre-du Treſor, on voit proche du Iubé au milieu de l'Egliſe, de fort bonnes Orgues & harmonieuſes, dont on ſe ſert aux jours des Feſtes ſelon l'vſage de l'Egliſe.

Mais le grand Frontiſpice qu'on voit à l'entrée attire les yeux des

A Frontispice de l'église de Villefranche B le clocher C Aiguille autrefois sur ce clocher

Habitans & des Estrangers ; Et certainement il est digne d'estre regardé : quoy que la rage des Huguenotz dans les Guerres civiles sous Charles neufviéme en ait gâté les principaux ornemens, en defigurant ce que la sculpture y étoit de plus curieux. Il est de la maniere Gothique, comme le sont toutes les anciennes Eglises de France. Toutes les Figures sont en relief de pierre de taille, avec quantité de festons, de feüillages & d'arabesques. Il est partagé en trois parts, sous lesquelles sont les trois portes de l'Eglise. Les armoiries de la Maison de Bourbon sont élevées au milieu de la façade, à la place la plus Noble & la plus visible : tout le reste est semé de la devise & Armes de cette Maison, par ce mot *Esperance* ; par des feüillages de plusieurs chardons, qui sont propres à cette magnifique Famille, & par vn chiffre particulier, qui donne connoissance du Prince & des deux Princesses, dont la liberalité s'etale sur ce Frontispice P. S. A. sont ces lettres liées ensemble & entrelassées ; qui signifient Pierre de Bourbon, Suzanne de la même maison, & Anne de France. On trouve encore dans les Papiers, de la Maison de Ville, que Pierre Duc de Bourbon donna aux Habitans de Villefranche, l'An 1499. la somme de douze cens livres, pour estre employée au Frontispice de leur Eglise, & cette somme y pouvoit suffire selon ce temps là, où les ouvriers ne prenoient chacun que six deniers, pour le salaire d'vne journée ; comme on le voit par les comptes, qui sont dans la même maison de Ville. Sur l'vne des portes, qui est à la droite en entrant, il y a vn Clocher, ou sont six Cloches, grandes selon la proportion, & d'vn metal fort resonant, elles sont vn accord fort agreable. Il y a encore un autre Clocher ; mais il sert plûtost d'ornement & d'agrement à la veüe, que d'autre chose.

Ce Clocher qui est sur la Porte, n'est que le reste d'vne Tour élevée en Pyramide, la plus haute & la mieux travaillée, qui peut-estre fut alors en France. On voit par le prix-fait, qui en fut donné par les Habitans, qu'elle fut commencée l'An 1518. Cette Tour d'vne hauteur extraordinaire, estoit à huict angles, tous garnis de plomb, & le toict d'ardoise : on voyoit sur tous les angles, les Chardons de la Maison de Bourbon, avec leurs feüillages, quelques vns dorez, & les autres en azur. Trois Galleries regnoient à l'entour de cette aiguille, & en faisoient la symmetrie : Elles estoient l'vne sur l'autre ; la plus basse eſtoit la plus grande, & les autres eſtoient moindres, à proportion de leur hauteur. Elles eſtoient couvertes de plomb; l'or & l'azur y brilloient de toutes parts dans les découpures & dans les feüillages, enfin c'eſtoit vn ſpectacle digne des yeux les plus curieux. Il y avoit trente-deux mille huict cens livres de plomb.

Mais ce chef d'œuvre ne fut pas de longue durée, par la malice & par le crime d'vn homme ſeul. Car l'an 1566. ce rare edifice fut entierement brûlé; le plomb doré & aſuré, qui ſervoit à ſa magnificence, accroiſſant de beaucoup l'embraſement qui le conſuma. On n'en peut mieux ſçavoir la cauſe, que par vn Manuſcrit de Claude Favre, qui eſtoit alors Secretaire de la Ville, & qui marquoit fort ſoigneuſement dans ce Manuſcrit, ce qui arrivoit de remarquable. Il dit donc que le 23. jour du mois d'Avril, 1566. le feu ſe prit à ce Clocher, avec tant de violence, que l'aiguille fut toute brûlée, & toutes les Cloches fonduës; ſans neantmoins faire autre dommage à l'Egliſe. Il ajoute que ce fut par la conſpiration d'vn Huguenot, natif de Roüen, & qui alors demeuroit à Roanne, lequel s'accorda pour cette mal'heureuſe action, avec quelque Serruriers étrangers, qui habitoient dans Villefranche; & que d'vn commun accord ils trouverent le moyen de mettre le feu en cette Tour. Et afin qu'on ne douta point de la verité de ſon recit; Il dit que ce mechant jncendiaire Huguenot; fut pris à mille pas de la Ville, comme il s'enfuyoit, qu'à l'abord il confeſſa ſon crime, que ſon procés lui fut fait, & que par la Sentence il fut brûlé devant l'Egliſe; il ne dit pas que devinrent les Serruriers.

Monſieur Guillaume Paradin Doyen de l'Egliſe de Beaujeu, fort connu par ſa pieté, & par les beaux Livre qu'il a publiés, déplora cét embraſemët par des vers, qui méritent bien d'eſtre leus; ils ſont dans ſes œuvres Poëtiques Imprimées, en 1581. en ces termes :

DE INCENDIO TVRRIS TEMPLI
Villæfranchæ.

Vrbis honor, patriæque decus, templique venuſtas,
Turris, & aurato radiantia culmina plumbo,
Mirificum que ſacræ ædis opus, pia pyramis arſit,
Exornata ducum clypeis à ſanguine regum.

Quam pia fors templi, quam vectigalia quondam
Principis, & quam cenfus, opefque leuarant,
Ipfaque liquenti defluxit nol a metallo,
Fluminis inftar agens æratos ignibus Imbres:
Vnde aræ, fufifque calent delubra metallis:
Perlaticefque æris Immiflum euoluitur aurum:
Cuius pars varios per fornicis acta meatus,
Fluxit ad vfque pios iam condita funera manes:
Pars glaciata riget, fundo teftudinis hærens.
Impia conflauit qui facræ incendiaturris,
Dignus erat flammis qui conflagraret eifdem,
Aut qui membra rotæ radijs diftentus, hiantes:
Pafceret infœlix laniata per entera coruos,
Aut qui mille neces paffus, fcelus vfque nefandum
Fufte, rotis; flamma, gladiis, ac refte piaret.

Cét accident fut caufe que les Ducs de Bourbon accorderent aux Habitans de Villefranche, la moitié des Laods des maifons qui fe vendroient dans la Ville, pour la reparation de ce Clocher. La conceffion qui n'étoit que pour vn temps, du depuis fut donnée pour toûjours par les mêmes Ducs. Mais comme ces Laods ne fe payèt dans la Ville qu'au treziéme denier, dont elle n'a que la moitié, & que les charges du public font grandes, elle n'a pû travailler à cét ouvrage, felon fon defir. Il ne faut pas oublier que devant le Portail de l'Eglife, il y a vn grand efpace, fort commode pour la promenade & pour l'entretien des honneftes gens. Cét Meffieurs, ce que vous appellez la Calade, affez fameufe, pour ne pas dire redoutable dans tout le Païs.

L'Eglife à fa Sacriftie, ou l'on voit vne Argenterie confiderable, des ornemens en broderie d'Or & d'Argent, de brocatel & de foye, felon les couleurs confacrées à ce faint vfage, il y a encore de riches tapifferies, dont tout le chœur eft orné au temps des Feftes Solemnelles. Les cierges qui luifent fur le grand Autel font fournis aux dépens de la Ville, par vn Habitant qu'on nomme Recteur du Luminaire, qui eft délegué à ce faint employ châque année, par les Echevins de la Ville. Proche de l'Eglife on entre dans vn petit Cimetiere, ou l'on enterre plufieurs perfonnes outre le grand dont j'ay parlé. Le divin Service s'y fait foigneufement & devotement, par le Curé de la Ville, & par vne Societé de Prêtres ; tous fort eftimés par leur Doctrine, & par la probité de leurs mœurs. On y chante tous les jours la Meffe, & toutes les heures Canoniales, avec les mêmes ceremonies qu'obfervent les Eglifes Collegiales du Royaume. La pieté des Predeceffeurs a fondé diverfes rentes pour la celebration de l'Office. Autre fois on y fuivoit l'vfage de l'Eglife de Lyon : mais dépuis environ quinze ans, on a pris le chant & les ceremonies, que le Concile de Trente prefcrit. La Cure eft de la Colation du Prieur de Sales, & ne s'étend que dans le feul enclos de la Ville. Il y a eu divers traictez, aux années 1415. 1484. & 1485. Entre les Curez, Societaires, & autres Prêtres, qui ont des maifons dans la Ville, avec les Habitans. Ces traictez font dans les Papiers de la Maifon de Ville, ils ont efté faits pour les reparations de la Ville & de fes murailles, & pour les droits qu'on peut exiger, des Mariages & des Sepultures.

On peut joindre à ce qui concerne l'Eglife, les deux Confrairies des Penitens, des Blancs & des Noirs. Celle des Blancs fut établie la premiere en l'an 1621. Et elle a pris pour Titre, le tres-faint Sacrement de l'Autel. Elle a fes Regles & fes Statuts, qui font fort Religieufement obfervez ; foit dans leurs Offices & ceremonies. Leur foin particulier eft d'honorer le faint Sacrement : & pour cét effet, quand on le porte aux malades ils le fuivent en grand nombre avec des flambeaux allumez, que la Confrerie fournit. Leur Chapelle eft propre & fort devote proche du Convent des Cordeliers. Souvent ils y expofent le faint Sacrement : même durant les trois derniers jours du Carnaval, avec vne Indulgence Pleniere ; & leur chant, leur devotion, l'ornement de leur Chapelle, font des attraitz affez puiffants, pour y attirer toutes fortes de perfonnes, & les divertir de la licence, que ces jours mal'heureux portent avec eux.

Les Penitens Noirs s'établirent dans la Ville deux ans après ; ce qui fut l'an 1623. C'eftoit à l'imitation de ceux de Lyon ; & la fin principale de l'Inftitution, fut pour reparer le fcandale, les ravages & les defordres, que l'Herefie avoit commis en France, dans le Siecle precedent ; durant fa puiffance & fa plus grande fureur. Ils ont bâty vne Chapelle pour leurs faints employs, derriere l'Eglife Parroiffiale ; la devotion & la netteté y paroiffent, & touchent les cœurs de ceux qui y entrent. Ils font fous le Titre du faint Crucifix; & felon leur Inftitution, à l'imitation du Sauveur, ils s'occupent à tous les Offices de charité; Ils vifitent les malades, & les prifonniers, les confolent & les affiftent: Ils rendent les derniers devoirs aux criminels, qui font condamnez à la mort; Ils les fuivent en Proceffion, jufques au lieu de l'execution, ils prient pour eux, ils les enterrent; & leur charité pour ces miferables les fuivant encore dans l'autre vie, ils font dire pour leurs ames des Meffes & des prieres particulieres. Ils Expofent le faint Sacrement dans leur Chapelle en diverfes occafions: mais avec plus d'appareil en la Fefte de tous les Saints, & au jour des Morts; ou l'Indulgence Pleniere excite l'vfage fi avantageux des Sacremens, dans toute forte de perfonnes. De l'Eglife, & des Penitens, paffons aux Maifons Religieufes, qui font dans la Ville: & pour commencer par la plus ancienne, il faut parler du Convent des R. R. Peres Cordeliers.

IV. PARTIE.

Des Convens des Religieux.

JE n'en puis rien dire de plus certain que ce qu'en a écrit le Pere Foderé, Religieux de ce faint Ordre, dans le Livre qu'il a compofé des Monafteres de faint François, établis en France. Il eft presque hors de doute que celuy de Villefranche eft le premier de cét Ordre, que la France ait veu, qu'il a efté receu du vivant de faint François, & que ce faint Patriarche choifit lui même les Religieux, qu'il envoya d'Italie en France, & qu'il deftina à cét ouvrage fi important, voicy comme ce choix fut fait, & comme les Religieux furent envoyez.

Guichard troifiéme du nom, Seigneur de Beaujeu revenoit d'vne Ambaffade de Conftantinople, ou le Roy Philippe deuxième l'avoit envoyé. Ce Seigneur paffant par l'Italie, voulut voir faint François eftant attiré par la reputation de fa Sainteté, qui rempliffoit toute l'Europe. Il vint à Affize, il y vit le Saint, & luy demanda de fes

Religieux, pour les mener en France avec luy; promettant qu'il les logeroit dans ses Terres, & qu'il leur bâtiroit vn Convent, selon la forme que le Saint luy voudroit prescrire. Saint François accepta ses offres, & s'accordant à sa demande; il luy donna six de ses Religieux; ce qui estoit vn nombre assez grand, & qui monstroit l'estime que le Saint faisoit de ce bon Seigneur. Guichard les mena avec luy en France, & eut l'honneur de fonder la premiere Maison à ce grand Ordre dans vn Royaume, ou dépuis le même Ordre à tant de grandes & belles Maisons. Il arrive dans le Beaujolois au mois d'Octobre, l'an 1210. Et mena ces six Religieux dans son Chateau de Poüilly proche de Villefranche, dans lequel il faisoit sa demeure la plus ordinaire.

Il leur assigna vn endroit de la bassecour du Chateau, ou ils se logerent, en attendant que le Convent qu'il leur preparoit à Villefranche fut en état : Il est vray, que l'edifice alloit lentement; car ces bons Religieux demeurerent neuf ans dans le Chateau de Poüilly, soit que le Seigneur eut peine de souffrir leur separation, soit que les frequens voyages qu'il faisoit à la Cour, l'empechassent de presser & d'achever le Convent à Villefranche. Mais à la fin les Religieux assez mal traittez par le Concierge en l'absence du Seigneur, & ne pouvans pas bien s'acquitter de leurs fonctions, ny vivre dans la retraite, au milieu d'vne grande maison, exposée à toute sorte de visites; ils obtinrent de leur Fondateur, le congé de se retirer à Villefranche, dans son Chateau de Minorette, qu'il leur donna, où il leur fit bâtir vn fort beau Convent. Mais de six qu'ils estoient au commencement, ils se trouverent reduits à trois. Le Seigneur avoit accordé les trois autres, à trois de ses parens & amis, qui excitez par la sainteté de ces bons Peres, voulurent établir leur Ordre chacun dans sa principale Terre. Ainsi le premier Religieux de ces trois fut envoyé au Seigneur de Moyrand en Dauphiné; le second à Vienne; le troisième à Montferrand en Auvergne. Ce fut l'an 1219. que cét Etablissement fut fait à Villefranche, à la grande satisfaction de tous les Habitans. Il y a quatre vers François écrits sur la principale porte du Convent, qui sont fort anciens, & qui témoignent que ce Monastere est le premier que les Freres Mineurs ayent eu en France. Si la Politesse du temps ne s'y trouve pas, l'Antiquité les rend plus dignes de veneration : le Lecteur agréera de les voir icy.

Sache, ô Passant, qui que tu sois,
Qu'en ce lieu saint & salutaire,
Tu vois le premier Monastere,
Qu'on fit en France à saint François.

Mais il n'y a rien de plus Authentique, n'y de plus Illustre, pour la preuve de tout ce que j'ay dit de ces Religieux, qu'vne Charte qui se voit dans le Chateau de Beaujeu, & que Monsieur Antoine Garil, Doyen de ce venerable Chapitre, vous a communiquée : comme ie le trouve dans vos Memoires. Elle est si belle, qu'elle merite bien d'être écrite icy tout du long. En voicy les termes.

Fratres Michael, Drago, Guillelmus, adducti sunt, ab Illustrissimo Principe Domino Guichardo à Bellijoco, concedente beato Francissco fundatore ordinis fratrum minorum, qui constructo conuentu Villæfranchæ, vbique confirmatæ minoritarum professionis regulari disciplina, perrexerunt Viennam Delphinatum Metropolim, qui post multa Sanctitatis Insignia, tandem inde feliciter ad Deum migrauerunt, quorum, corpora requiescunt in insigni conuentu sui ordinis vulgo sancta Colomba nuucupato. Primus aquam in vinum mutauit, secundo aliquando Missarum solemnia celebranti, Angelus ministrauit, & præparauit omnia, ad huiusmodi Sacramentum necessaria, in quadam Ecclesia deserta & derelicta, rursus alia vice eidem itinire fatigato alius Angelus equos præparauit ad ambulandum, Tertius Spiritu prophetico claruit, omnesque multis aliis fulsere miraculis.

L'Eglise de ces Peres est assez grande, bien voûtée, & commode pour leurs vsages. Il y a plusieurs Chapelles garnies de Tableaux bien peints & bien travaillez. Celle de nôtre Dame de bonnes Nouvelles est au côté droit du grand Autel : Elle a esté fondée & dotée par Messieurs de Monpensier; les Religieux y doivent chanter vne Messe tous les Dimanches à huict heures; aussi l'apelle-on la Messe des Princes. On voit encore au bas de l'Eglise vne autre Chapelle dediée à la sainte Vierge, où la dévotion est grande pour l'heureux accouchement des femmes enceintes.

On voit dans l'Eglise & dans le Cloître plusieurs Tombeaux élevez, dignes de remarques; Ils sont pour quelques Princes de Beaujeu, & mémes pour quelques Religieux, qui sont morts dans l'estime de sainteté. Le plus remarquable de ces monumens est celuy qui est dans le chœur de l'Eglife, au côté gauche du grand Autel. Il eft élevé dans le mur, & conftrit par Leonor de Savoye, pour elle & pour quatre de fes enfans, qui tous y font enterrez avec leur mere. Elle eftoit de la maifon de Savoye, femme de Louys Seigneur de Beaujeu, & Conneftable de France. Les quatre fils furent Humbert Comte de Lyon; Thomas & Louys, jeunes Seigneurs, qui moururent à Paris, l'an 1300. & le quatriéme auffi Comte & Precenteur de l'Eglife de Lyon, & enfuitte Evefque de Bayeux, ou il mourut l'an 1337. la mere eft peinte fur le tombeau, contre la muraille, vetûe de gris, de l'habit de faint François; & à l'entour plufieurs Ecuffons de la Royale maifon de Savoye. De plus (ce qui eft bien digne d'eftre remarqué) plufieurs Religieux de l'Ordre font peincts dans le même endroit, avec des Capuces longs & pointus, comme les Peres Capucins le portent prefentement. Le Convent eft bien bâti, en fes Cloîtres & en fon dortoir. Il y a vn grand efpace pour le jardin, la cloture eft de bonnes & fortes murailles, avec des Tours qui les flanquent; telles apparemment qu'elles eftoient, lors qu'elles enfermoient le Chateau du Prince.

On a tenu dans ce Convent plufieurs Chapitres Provinciaux, dont le dernier fut en l'an 1621. Mais fur toutes chofes ce Convent eft remarquable par vne vifion, que Dieu y voulut découvrir pour l'inftruction de tous les Ordres Religieux. Le Pere Foderé la raconte dans le Livre que j'ay alegué, & dit qu'elle luy a efté afleurée comme veritable par fon Provincial, homme de foy & de probité. Voicy comme la chofe fe paffa. Le pere Sacriftain s'eftant levé vn peu avant minuit, pour fonner les Matines, vint à la cuifine prendre du feu. En mefme temps il ouït la voix d'vne perfonne, qui lifoit dans le Refectoire, avec le même ton de voix & de la même maniere, que faifoit le lecteur, pendant que les Religieux prenent leur repas. Il entre dans le Refectoire, il y avoit vn grand nombre de Religieux de l'Ordre affis à table; & en même temps celuy qui eftoit à la place du Superieur, commande au lecteur de chanter à haute voix, jufques à trois fois, les paroles qu'il luy prononça. Le lecteur obeït, & chanta tout haut ces mêmes mots : *Propria voluntas, rerum proprietas, fecularium familiaritas, & nimia mulierum confortia, nos duxerunt ad tartara.* Apres que le lecteur, eut repeté pour la troifiéme fois ces paroles; tous difparurent; & ce Sacriftain épouvanté, fe retirant dans la cui-

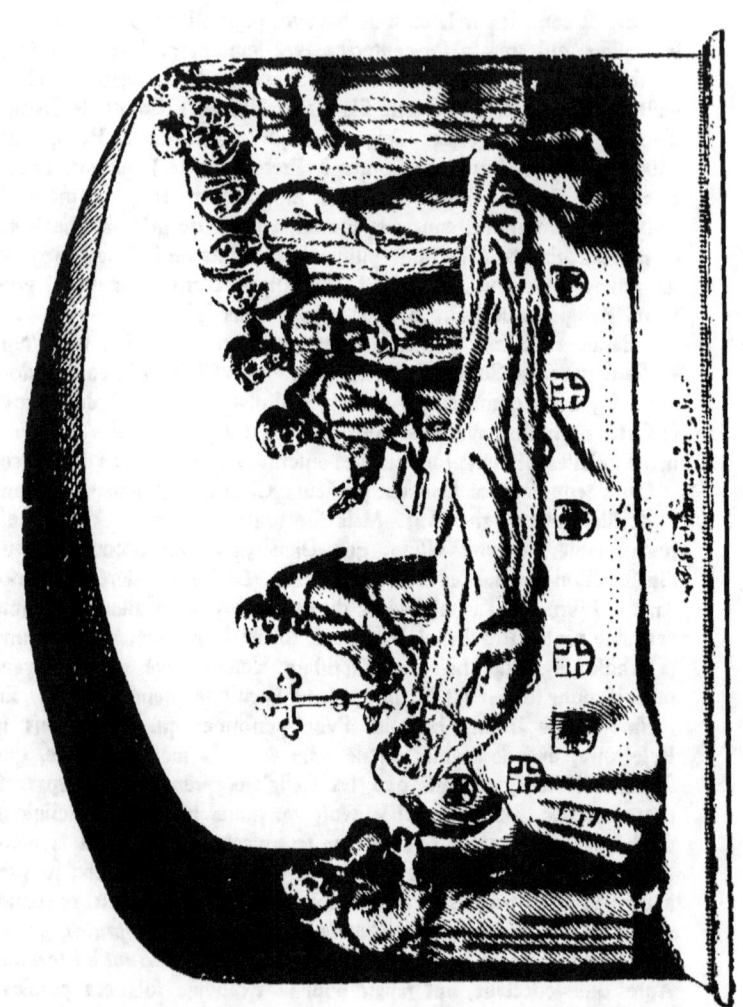

fine y tomba évanouy; & y fut trouvé par vn autre Religieux, qui voyant qu'on ne fonnoit point pour les Matines, venoit prendre du feu à la cuifine pour aller les fonner luy méme.

Bien long temps aprés l'etabliffement des Cordeliers à Villefranche, l'Ordre de faint François croiffant par le nombre & par la vertu de fes nouveaux fujets, on vit n'aiftre la fainte Reforme des Capucins. Quand cét Ordre fut approuvé par le faint Siege, & receu par toute l'Europe; la Ville de Villefranche defira de participer à ce trefor, & d'avoir les veritables jmitateurs de faint François, comme elle avoit de fes premiers enfans. Elle demanda donc des Capucins, & leur demande leur fut acceptée. Ce fut en l'an 1615. que le Convent fut commencé; La Croix fut plantée en la prefence de Monfeigneur de Marquemont, Cardinal & Archevefque de Lyon; lequel honora cette fainte folemnité par vn Sermon qu'il fit, plein de zele & de pieté; Il y eut vne Proceffion de tous les Eclefiaftiques, & de tous les Corps de la Ville. Le lieu qu'on leur affigna pour y bâtir leur Convent, eft le méme ou prefentement on le voit, à cinq cens pas hors de la porte de Belleville, vers le nort. La premiere pierre fut pofée au nom de fon Alteffe Royale Madame Marie de Bourbon, Ducheffe de Montpenfier; laquelle donna deux mille livres, pour commencer ce faint edifice. Il fut bien toft achevé par les foins & par les aumônes des Habitans de la Ville. Et aujourd'huy ce Convent eft vn des plus beaux & des plus commodes, que ces Peres ayent dans la Province. L'Eglife, qui eft fort claire & fort agreable, fut Confacrée l'an 1619. par le méme Seigneur & Archevefque de Marquemont; La Sacriftie eft propre, & fournie de meubles facrez, felon la pauvreté Religieufe. Le Convent eft bien bâty, avec des jardins fermez de murailles; les Religieux ont embely agreablement ce petit efpace, & le confervent toûjours net & propre par leurs foins & par leur culture. On voit au milieu le grand jardin potager, qui eft leur plus grande refource, & comme le trefor de l'épargne; deux vergers d'arbres fruitiers bordent les deux côtez du jardin, à droit & à gauche; l'vn eft de fruits à noyau, & l'autre à pepin. On trouve en fuitte vn petit bocage de tillots, & plufieurs allées & cabinets de charmes, qui donnent de l'ombre en toutes les heures du jour. Mais la vertu & la fainte vie de ceux, qui habitent cette agreable demeure, eft fans comparaifon plus eftimée & plus recherchée, que tous les agréemens que la nature & l'art étallent dans la petite enceinte de leur maison. Il ne faut pas oublier parmy ces ajancemens de campagne, vne belle fontaine, qui jaillit au milieu du jardin, & qui retombe dans vn grand bassin de pierre qui reçoit ses eaux. La Ville pour l'ordinaire n'a point d'autre Predicateur pour l'Advent, pour le Carême, & pour l'Octave du saint Sacrement, qu'vn Religieux de l'vne de ces deux Maisons de saint François; apres en avoir esté invitées par les Echevins de la Ville; tant elle a d'affection & d'esftime pour les enfans de saint François, qu'elle honore comme ses Peres, & qu'elle cherit comme Freres.

V. PARTIE.

Des Monastères des Religieuses

IL sembloit pourtant que quelque chose manquoit à la Capitale du Beaujolois, dans cette affluence de biens spirituels; en ce qu'ayant pourveu au soin & à la culture des hommes, les femmes n'avoient point d'exemples dans les personnes de leur sexe, qu'elles pûssent imiter, & qui excitassent leurs filles à la suite de Iesus-Christ, dans la vie Religieuse les Habitans s'appliquerent serieusement à remedier à ce mal. Dans leur assemblée du 17. d'Avril de l'année 1623. Il fut resolu d'vn commun consentement, qu'on recevroit dans la Ville les Religieuses de sainte Vrsule. Elles demandoient cette grace, & s'offroient selon leur Institut, d'enseigner gratuitement aux filles qu'on leur envoyeroit, la doctrine Chrétienne, à lire, & à écrire. Le Contract de leur Reception fut fait, & ensuite il fut ratifié par Monseigneur Alphonse de Richelieu Cardinal & Archevesque de Lyon.

Ces Religieuses sont logées dans la Ville, vers la porte de Belleville, sur le côté qui est tourné vers le levant : où elles s'acquittent dignement de leur fonction, & de l'instruction de toutes les filles, qui se presentent. Elles-on acheté plusieurs maisons pour leur logement, &

ont bâty vne belle & grande Eglife, ou l'on entre par la grande Ruë, cette Eglife eft bien ornée ; vn beau Tabernacle doré brille fur le grand Autel, & renferme vn grand Tableau fort devot. Le chœur fort fpacieux & commode s'étend à côté de l'Autel, elles y chantent leur Office avec vne devotion finguliere. L'enceinte de leur maifon porte leur jardin dans vn grand'efpace iufques aux murailles de la Ville.

Et la même année 1632. Les Religieufes de la Vifitation fondées par le faint Evêque de Geneve François de Sales, furent auffi receües dans Villefranche, aux conditions qui font portées dans le Contract qu'elles pafferent avec la Ville & les Habitans. Il leur fut permis de fe loger hors de la Ville, & d'étendre leur Clôture iufques aux murailles de la Ville ; laquelle creut en cette rencontre, qu'elle ne pouvoit point avoir de meilleur Rampart, ny de plus fort Baftion qu'vne maifon de faintes Filles, lefquelles comme autant d'Anges garentiroient la Ville de tout peril. Elles acheterent le lieu ou elles vouloient s'établir, hors & proche de la Porte, qu'on appelle des Freres du côté du couchant. Et l'on peut remarquer que la Ville a comme quatre Baftions pour fa deffence, qui font les quatre Monafteres, deux au levant, & deux au couchant ; deux dans la Ville, & deux hors l'enceinte de fes murailles ; & ce qui fait encore ce petit partage plus furprenant ; cét qu'on trouve dans la Ville vn Convent de Religieux & vn de Religieufes, chacun en deux differens côtés, & que la même chofe fe rencontre dans les deux Monafteres qui font dehors.

Les Religieufes de la Vifitation receurent plufieurs filles de bonne maifon, foit de la Ville ou de la campagne : & bien toft tant par les dots de ces filles, que par leur épargne, elles bâtirent vn Monaftere des plus agreables, des plus folides & des plus commodes, qu'elles ayent en France. Ce bâtiment confifte en quatre grands corps de logis, bien percez & regulierement élevez de fept à huict pieds à rets de chauffée fur le terrein. On y entre par vne place agreable, toute ombragée de tillots : Elle fe termine par vn grand Perron, qui foûtient vne Baluftrade, on y monte par quelques degrez, & la grande porte du Convent paroit à l'abord, les Parloirs font à la main droite, & à la gauche vn beau Frontifpice, decouvre l'Eglife.

Cette Eglife a quelque chofe de fingulier, que comme elle arrête les yeux de tous les étrangers, qui vont l'admirer, le Lecteur permettra, que ie m'arrête quelque peu de temps à la d'écrire. On commence à la regarder par le Frontifpice, qui eft fort exaucé, d'vne favante Architecture, orné de plufieurs figures en relief, la principale eft fur la porte, en deux figures de la fainte Vierge, & de fainte Elizabet, qui s'entrefalüent ; faint Auguftin & faint François de Sales, paroiffent aux deux côtez, le premier comme le directeur & l'Auteur des Regles des Religieufes, le deuziéme comme leur faint & tout aimable Fondateur.

Entrant dans l'Eglife, le grand Autel attache d'abord les regards ; le grand Tableau fait par vn excellent Peintre reprefente tout le myftere de la Vifitation. Il eft revétu & environné d'vn grand Retable, qui s'éleve iufques a la voute de l'Eglife, & remplit toute fa largeur. Quatre grandes Colomnes en font le corps, avec leurs Corniches, leurs frizes, & leurs Architraves ; on y voit tous les ornemens que peuvent fournir la Sculpture, & l'Architecture relevez par plufieurs figures ; Les figures & les ornemens reluifent de l'Or qui les couvre, & font paroître le corps de la piece, qui eft peint en marbre, partie de blanc, partie de noir. A la droite de l'Autel, à l'endroit où l'on Communie les Religieufes, paroît vn grand Dôme de pareille Architecture, & femblables ornemens. Vis à vis de l'autre côté, la Chaire pour le Predicateur, a tout de même que le Retable fes dorures & fes ornemens. Vn Tabernacle tout d'oré remplit le milieu de l'Autel, & renferme le faint Sacrement, comme la veritable Arche d'Alliance. Le chœur eft feparé de la nef, par vne baluftrade de fer, delicatement travaillée. Vne femblable baluftrade renferme vne Chapelle, pouffée dans le bâtiment hors de l'enclos de l'Eglife, & dediée à faint François de Sales.

Mais rien n'eft plus furprenant dans ce faint & rare edifice, que les belles & favantes peintures à frefque, dont toute la voute eft merveilleufement embelie ; C'eft ouvrage eft de Dominique Borbonio Peintre, Italien, excellent & renommé pour cette forte de peinture, qui trompe agreablement la veuë, & qui donne l'ame aux figures qu'elle reprefente, par le bel art de la Perfpective, les faifant paroître hors de l'ouvrage, & en quelque maniere animée. En effet prenant icy le point de veuë, qui eft au milieu de l'Eglife, toutes ces peintures, qui font fur la voute & fur les murailles, font vn fi prodigieux effet fur l'imagination des spectateurs, qu'à croire à la veuë on jugeroit, que les pieces d'Architecture sont reelles solides & veritables, que les figures sont l'ouvrage d'un savant Sculpteur, & quelles sont formées par le cizeau, plûtost que par vn pinceau & par des couleurs. Ces belles figures representent la vie de la saincte Vierge. La Sacristie à de l'argenterie & des ornemens, qui repondent à la beauté de cette Eglise; les paremens de l'Autel & les habits du Prêtre qui Sacrifie, accompagné de Diacre & du Soudiacre, qui brillent par leur broderie d'Or & de Soye, tous du travail & de l'industrie des Religieuses, ont vn éclat lors qu'ils paroissent, qui charme les yeux, & qui accroissent la sainte veneration des Mysteres ou la Religion les employe.

Cette Eglise & ce Monastere eurent le bon-heur & l'avantage de plaire à ce que la France a de plus grand & de plus Illustre. Le Roy Louys XIV. passant par Villefranche où sa Majesté coucha, l'an 1659. daigna bien visiter cette maison, & s'y arreter durant l'espace de deux heures; Il estoit accompagné de la Reyne sa mere, de Monsieur son frere vnique, & de Madmoiselle; toutes ces personnes Royales s'occupans agreablement, à considerer les beautés du Monastere, & à traiter des choses du Ciel avec les saintes Religieuses, qui sont le plus grand & le plus rare ornement de cette maison.

Ces ornemens parurent encore avec vn éclat tout nouveau, à la Beatification, & à la Canonization de saint François de Sales. Cette derniere solemnité, qui fut la plus grande & la plus Auguste, commença le 22. jour d'Aoust, en l'année 1666. par vne Procession des Religieuses avec l'étendard du Saint; La Messe solemnelle fut chantée par Monsieur le Curé, & par les Prêtres Societaires; La Musique fournie aux dépens des Religieuses, fut excellente durant tout l'Octave; ou les mêmes ceremonies estoient renouvellées, à la Messe, aux Vespres, & à la Benediction du saint Sacrement; avec des Panegeriques prononcez châque jour en l'honneur du saint. La Ville voulut témoigner sa joye, & prendre part à cette sainte allegresse. Elle mit en armes trois cens Habitans, commandez par le sieur Dephelines Capitaine Enseigne, qui par deux fois vinrent à la porte de l'Eglise, honorer le Saint par la décharge de leurs Mousquets : laquelle décharge fut accompagnée du bruit des Canons & des Boestes selon l'ordre que les Echevins en avoient donné.

L'Eglife avoit efté confacré le dernier iour de Septembre en l'an 1656. par Monfeigneur l'Archeveſque Camille de Neufville, fous le Titre de la fainɛte Vierge, Reyne des Martyrs. Les Religieufes en fuitte obtinrent de fa Majefté des lettres Patentes, qui confirment leur Etabliffement dans la Ville : les premieres font de l'année 1659. & les dernieres de l'an 1666. Apres les maifons Religieufes, il nous faut traiter de celles des Pauvres, & des Hôpitaux.

VI. PARTIE.

Des Hôpitaux.

ON peut dire de vôtre Ville, que la Charité eſt née avec elle, cette vertu du Chriftianifme, recommandée par Iefus Chrift en tant de manieres. Car dés le commencement que Villefranche fut habitée, on y vit trois maifons deftinées pour le logement des Pauvres, & pour le foulagement des malades. On trouve encore dans la Maifon de Ville quelques Titres de leurs Fondations. Il y avoit donc vn Hôpital dans la Ville, les deux autres eftoient dehors, l'vn à la porte d'Anfe, l'autre à la porte de Belleville, celuy de la porte d'Anfe, dans la Parroiffe de Limas contenoit vingt-quatre Chambres, & il eftoit deftiné pour recevoir les Pauvres étrangers dans leur paffage. Cét Hôpital a efté détruit, ou par les Huguenotz, ou par le long mal'heur des Guerres civiles. Il n'en refte que la Chapelle dediée à faint Lazare; où l'a devotion continue encore, eftant fort vifitée par les Habitans.

Celuy du milieu de la Ville a duré & s'eft confervé plus longtemps; Il eftoit entre les deux bras de la riviere de Morgon, avec vne Chapelle pour l'vfage des malades. Mais comme il y avoit peu de bâtiment, on n'y pouvoit loger que fort peu de pauvres : Ainfi il fut vni au troifiéme Hôpital de la Porte de Belleville : Et en fin du confentement de la Ville, la maifon qui le compofoit fut vendue à vn particulier l'an 1644. & le revenu qu'il avoit, fut transféré en la nouvelle maifon de la Charité, dont ie parleray ci-deffous.

Il ne reste que le troisiéme Hôpital, le plus considerable par son établissement & par sa durée. Il fut bâty hors de la Porte de Belleville, comme je l'ay dit; Dame Sybille de Flandres fut la Fondatrice de cette sainte Retraite des Pauvres. Elle estoit femme de Guichard troisiéme Seigneur de Beaujeu, de celuy qui le premier fit voir à la France des Religieux de saint François. Cette Princesse voulut par vne pieuse emulation égaler la liberalité charitable de son cher Epoux, & employer son bien au soulagement des corps; son mary ayant pris le secours des ames pour son partage. Elle fit donc bâtir vn grand Hôpital où l'on traiteroit les pauvres malades; elle y établit des Religieux de saint Augustin, jusques au nombre de sept; qui prendroient le soin des malades & des mourans, & qui rendans à leurs corps tous les saints devoirs qu'exige vne charité vrayement Chrétienne, y ajoûterent tous les soins qu'on peut apporter à secourir les ames, & à operer leur salut. Cette Dame fit donc bâtir vn grand logement pour les malades, & vn dortoir separé pour les Religieux, elle y fit construire vne Eglise & assigna vne terre pour le Cimetiere; où l'on enterroit les morts dans l'Hôpital, & même plusieurs honnêtes personnes de la Ville.

Ces Religieux avoient esté pris dans le grand Hôpital de Roncevaux, qui estoit dans la Navarre; cét pourquoy celuy de Villefranche, eut le même nom de Roncevaux. Sa Fondatrice voulut qu'il dépendit de la direction du plus grand, qu'il en fut comme vne Commanderie, & que les Religieux qu'elle y mettoit reconnussent pour Superieurs, ceux qui l'estoient dans le grand & principal Hôpital de Roncevaux, & il reste encore plusieurs Titres de cette jonction: Ce sont des Actes passez avec les Superieurs du grand Hôpital, aux années 1416. & 1428. & quelques autres; Par lesquels il paroit, que les Superieurs de la maison de Roncevaux dans la Navarre, Ont asservizé plusieurs fonds, de l'Hôpital de Villefranche a des particuliers Habitans; Ce qui se voit encore aujourd'huy dans les Terriers des Rentes de cét Hôpital. Il y a encore deux Procurations de l'année 1455. passée par les Prieur & Chanoines de saint Augustin, du Convent & Hôpital de nostre Dame de Ronceuaux, dans le Dioceze de Pampelune. L'vne de ces Procurations au profit de Guillaume d'Obreza, pour l'administration des Chapelles & Hopitaux, dépendans du grand Hôpital: l'autre est pour Barthelemy Buisson, particulierement pour la direction de l'Hopital de Villefranche.

On trouve encore deux Actes remarquables, touchant la même maison des Pauvres. Le premier est vne Transaction, faite au mois de Mars l'an 1239. Entre le Curé de la Ville, & les Religieux de l'Hopital; c'estoit pour assoupir vn Procés excité entre les parties. A cause des enterremens des habitans dans l'Eglise de l'Hospital, & pour les offrandes qu'y presentoient les mêmes habitans par leur devotion, & par leur amour pour les pauvres. La Transaction fut passée par l'authorité d'Aimeric, Archevesque de Lyon. Le second Acte fait foy que les Echevins de la Ville, sont les premiers Recteurs & Administrateurs de ses Hopitaux. L'Acte est du 15. d'Avril 1456. Entre les Echevins de Villefranche, & le Procureur des pauvres du Beaujolois; ou il est dit que les Echevins auront vne chambre dans l'Hospital dit de Ronceuaux; où ils s'assembleront pour deliberer entr'eux des affaires des Pauvres, & pour ouïr les comptes de l'administration de leurs biens, qui se rendront en leur presence.

C'est Hopital fut dans sa vigueur, jusqu'aux malheureux troubles de l'an 1562. sous Charles neufvième, ou les Huguenots s'emparerent des principales Villes du Royaume, & y firent les ravages que l'on voit encore, & qui marquent les traces de leur fureur. Villefranche comme ie l'ay dit, ne fut pas acouver de leur rage. Dix mille des leurs venans de Bourgongne, & suivans les bords de la Saone, prirent Villefranche, se saisirent de l'Hospital de Ronceuaux, & chasserent les Religieux, & les malades, & y firent vn degat étrange. Neantmoins ils en delogerent assez tost, estans poursuivis par le Comte de Tavanes, qui commandoit les Troupes du Roy; ils se retirerent à Lyon, dont ils estoient les maitres, & ou ils se pouvoient mieux deffendre. Le Comte de Tavanes bailla vne garnison dans la Ville avec vn Gouverneur, pour la garentir des surprises : & ce Gouverneur se crût obligé pour la seureté de la place, de faire razer tous les Faux bourgs, & les maisons qui estoient hors des Portes d'Anse & de Belleville. Ainsi cét Hospital fut entièrement détruit, par le mal'heur de la Guerre, laquelle souvent ne fait pas moins de mal par le secours qu'elle donne, que par ses attaques, & par ses ravages.

Depuis ce temps là vn riche Bourgeois de la Ville, nommé Rolin

Guichard, fit rebâtir au même endroit vn autre Hofpital, bien moins ample & moins commode que le premier, toûjours avec le premier nom de Roncevaux ; mais fans aucuns Religieux ; Il fert à retirer les pauvres paffans & les mandians : Il n'y a qu'vn Concirge, qui les y reçoit, lors qu'il eft ouvert, felon l'ordre des Echevins ; qui font quelquefois obligez de le fermer à caufe des infolences que les mandians y commettent. Cét Hofpital a fa Chapelle & fon cimetiere, ou plufieurs habitans fe font enterrer. La devotion eft grande en la vifite de cette Chapelle, deux jours de l'année, qui font le troifiéme Dimanche de Carême, & le jour de l'Annonciation à la fainte Vierge ; Il y a Indulgence pleniere ; l'on a la Bulle, fcellée de vingt-vn Seaux, & fignée d'autant de Cardinaux.

Depuis & comme les Echevins & les Recteurs & les Adminiftrateurs des pauvres, eurent reconnu la neceffité d'avoir vn Hôpital dans la Ville, pour loger & traiter les pauvres, lors qu'ils font malades ; Ils fe refolurent de choifir vne place, pour y bâtir vne maifon à cét effet ; laquelle depuis ils appellerent la maifon de la Charité. Ils furent en fuitte excitez à cette bonne œuvre, par vne aumône confiderable, deftinée à l'execution de ce bon deffein. Ce fut Meffire Nicolas Gay Curé de la Ville qui par fon Teftament de l'an 1643. donna aux pauvres la plus grande partie de fes biens ; à condition qu'ils feroient employez à commencer de bâtir vne maifon de Charité pour le fervice des pauvres malades.

En execution du Teftament, on commença l'an 1644. le bâtiment de la Charité tel qu'on le voit aujourd'huy : entre les deux bras de la riviere de Morgon ; proche du Convent des Cordeliers. Ce fut vne grande Infirmerie au premier eftage, avec les Offices & bas, & vne Chapelle dediée à fainte Magdelaine.

Dieu benit les foins de la Ville ; les biens des Pauvres fe trouvans beaucoup augmentez, & rendus plus confiderables, par les biens faits & aumônes de plufieurs Officiers Bourgeois & Habitans de la Ville, & notamment par la liberalité de Noble Guillaume Corlin fieur de Blazet, Côfeiller du Roy, Eleu en l'Election de Beaujollois, lequel par fon Teftament de l'année 1650. Inftitua les pauvres de la Ville fes heretiers vniverfels de tous fes biens tres confiderables, tant par la bonté de leur terroir, que pour le revenu, & à la porte de la Ville.

Cette liberalité donna la penſée aux Echevins & Adminiſtrateurs des biens des Pauvres de chercher les moyens de mieux à l'avenir les faire ſervir, & pour cét effet ils creurent de n'y pouvoir remedier plus avantageuſement qu'en tachant d'y mettre des filles Hoſpitalieres qui ſervent les Pauvres de l'Hôpital de Chalon ſur Sône, à l'exemple de pluſieurs autres Villes du Royaume.

En conſequence dequoy, & en Iuillet 1666. Meſſieurs David Dephelines, ſieur de la Chartonniere, Conſeiller du Roy, Lieutenant particulier aſſeſſeur Criminel au Baillage de Beaujolois, Ponthus Beſſie ſieur de Montauzan, Conſeiller du Roy, aſſeſſeur & premier Eleu en l'Election de Beaujolois, Claude de la Roche Cōſeiller & Advocat du Roy audit Baillage, & Pierre Bergiron auſſi Conſeiller du Roy & Eleu en la méme Election Echevins de la Ville, convoquerent vne aſſemblée des Habitans en la Maiſon de Ville, ou ayant fait la propoſition d'appeller de ces filles Hoſpitalieres pour le ſervice des Pauvres, ſur l'agréement & permiſſion qu'ils en avoient de Monſeigneur l'Archeveſque de Lyon, l'aſſemblée leur donna pouvoir de ſe tranſporter en la Ville de Chalon pour tacher d'avoir des Religieuſes Hoſpitalieres.

Sur cette deliberation le ſieur Beſſie Echevin, & avec luy ſieur Iean Bonneruë l'vn des Recteurs de la Charité, furent deputez du corps de Ville pour cette negotiation, & s'eſtans tranſportez en la Ville de Chalon au mois d'Aouſt ſuivant, ils obtinrent de Meſſieurs les Magiſtrats Directeurs & Oeconomes de l'Hôpital de Chalon, les ſœurs Claude Maire, & Thereze le Iouhan, la premiere l'vne des filles Hoſpitalieres, & l'autre pretendante à l'Hôpital de Chalon, avec leſquelles ayant traicté de l'autorité de leurs Parents; elles furent conduites en cette Ville, ſous l'obeïſſance & permiſſion de Monſieur l'Evêque de Chalon, le troiſiéme jour du méme mois d'Aouſt, & en ſuitte receuës dans la maiſon de la Charité & miſes en poſſeſſion pour y ſervir les pauvres malades ; Apres que lecture leur fut faite des Statuts pour la conduite & adminiſtration de la maiſon ; l'Acte de miſe en poſſeſſion fait par les Echevins cy-deſſus nommez, & par Nobles Iacques Ennemond Fabry ſieur de la Barre, Maître des Requeſtes au Parlement de Dombes, Conſeiller du Roy, Lieutenant en l'Election de Beaujolois, & Iean Deſchamps ſieur de Talencé Conſeiller au Parlement de Dombes, Executeurs teſtamentaires de Monſieur Corlin, ſieur Iean Bonneruë, & maitre François

Tournier Conseiller du Roy, Receveur des Consignations au Balliage de Beaujolois, Recteurs et Administrateurs des Hôpitaux & Charité de Villefranche.

Comme cét établissement de ces filles Hospitalieres n'avoit esté fait que sur la permission & sous la direction de Monseigneur l'Archevêque de Lyon, on eut recours à sa grandeur, pour l'homologation de cet établissement, ce qu'elle fit faire par Monsieur l'Abbé de saint Iust son grand Vicaire, par son Ordonnance du 18. du même mois d'Aoust.

En suitte en 1668. l'on fit des Regles & Statuts concernant tant le gouvernement Spirituel des filles hospitalieres, que pour l'administration des biens temporels des Pauvres de la maison de la Charité; lesquels furent confirmez, approuvez & homologuez, par Monseigneur l'Archevêque, en suitte de l'Ordonnance mise au bas par Monsieur de saint Iust le 23. du mois d'Aoust 1668.

Comme les Echevins, Directeurs & Administrateurs de la Charité reconurent le fruit & vtilité qu'apportoient au gouvernement de la maison les filles hospitalieres, notamment la sœur Claude Maire, tant pour sa pieté, que pour sa vigilance au service des pauvres, & œconomie de la Maison; Le Conseil des pauvres trouva à propos d'augmenter le nombre des filles hospitalieres jusques à sept, compris les sœurs Maire & le Iouhan; desquels la sœur Maire fut faite sa vie durant maîtresse & Superieure, & à ce que les pauvres fussent regulierement servis de toutes leurs necessitez, & les filles hospitalieres soulagées par ce nombre.

Et attendu qu'il falloit du logement d'aventage, tant pour le nombre des filles servans les pauvres, que pour loger vn Prêtre Chapelain pour le service de la maison, & encore pour avoir quelques chambres de reserve, pour recevoir & loger les personnes de condition, qui voudroient se faire porter dans la Charité, pour se faire servir dans leurs maladies, à l'exemple des autres Hôpitaux, ou il y a des filles servans les Pauvres, & pour plus grande commodité des pauvres malades; le Conseil des pauvres assemblé en 1667. trouva à propos de bâtir vn appartement dans la Charité, du côté du couchant, lequel par les soins des Echevins en charge en 1668. & 1669. fut bâty, s'y trouvant vne Infirmerie de quatre vingts & tant de pieds de longueur, sur trente deux de largeur, sans comprendre la Chapelle au bout; dans laquelle infirmerie il y a vingt licts, faits d'vne maniere fort commode pour les pauvres malades, avec des cabinets entre-deux, & au bout de cette infirmerie on y a transferé la Chapelle de fainte Magdelaine, d'où les pauvres malades entendent la Meffe tous les iours; la Chapelle eft fort propre, la voute exaucée, l'Autel orné d'vn tres beau Tabernacle doré, ou repofe le faint Sacrement.

Ce bâtiment a efté fait non feulement par les foins des Echevins en charge, mais encore par vne finguliere application & vigilance qui y ont apporté les fieurs Tournier & Bonnerue, lefquels pour cêt effet le Confeil des pauvres ayant veu fi zelez pour le fervice de la maifon, les a continuez pendant cinq ou fix années, & font encore prefentement en charge de Recteurs des Pauvres.

La nouvelle Chapelle par la permiffion de Monfeigneur l'Archevéque fut Benifte le jour de fainte Magdelaine en l'année 1669. par Meffire Alexandre Challiard Curé de la Ville, qui Officia folennellement avec tous les Prêtres de fon Eglife, & la Ceremonie s'acheva apres les Vefpres par vne docte Predication qu'y fut faite par Meffire Claude Bottu de la Barmondiere Docteur de Sorbonne, perfonnage autant confiderable par fa vertu & pieté exemplaire que par fa Doctrine.

Par les Statuts & Reglemens de la maifon de la Charité il a efté arrefté, que tous les deux ans, les Officiers du Balliage, les Echevins, les Executeurs teftamentaires, nommez par le Teftament de Monfieur Corlin, & les Directeurs de la Charité & Hôtel-Dieu s'affembleroient en la chambre du Confeil de cette maifon, le jour & Fefte faint Thomas, pour nommer conjointement & à la pluralité des voix vn Directeur, à la place de celuy qui devra fortir de charge, & qui exercera la charge pendant deux ans, à la fin defquels il rendra compte exact, parl recepte & defpence de l'adminiftration du bien des pauvres, à celuy qui entrera en charge apres luy, à laquelle reddition de Compte affifteront les Officiers du Baillage, Prefident de l'Election, Echevins et Executeurs teftamentaires, conformement & ainfy qu'il eft porté par le Teftament de Monfieur Corlin.

Par ces mémes Statuts on a encore ordonné, que les Adminiftrateurs temporels du bien des pauvres, feront comme ils eftoient anciennement les quatre Echevins & les deux Directeurs, lefquels compofent vn Confeil de fix, qui s'affemblent tous les quinze iours, dans la maison de la Charité, & plus souvent quand il est necessaire, pour regler toutes les affaires qui concernent le bien & l'vtilité des Pauvres, & lors qu'il s'agist de quelques affaires, qui ont rapport au service Divin, ou qui concernent les Sœurs filles Hospitalieres, on appelle pour lors le Pere Spirituel des filles pour assister au Conseil, auquel assiste ordinairement la Maîtresse des filles avec sa compagnie, pour faire ?- port de l'estat & des necessitez de la maison.

Et par ce que plusieurs personnes meuës de pieté & charité envers les pauvres ont fait cy-devant des aumônes considerables aux Hôpitaux de cette Ville, il est juste que la posterité les connoisse, outre la recompense que ces personnes en ont receu dans l'Eternité.

Messire François de Nanton Chevalier de l'Ordre du Roy, Gentil-Homme ordinaire de sa chambre, Seigneur de Pizey, Tanay, des Tours, la Bastie, & autres Places, scituées dans les Baillages de Chalonnois, de Mâconnois, & de Beaujollois, par son Testament du dernier Avril 1593. publié & insinué au Balliage de Beaujollois, le 8. Aoust 1594. Legua la somme de six vingts écus annuellement, qu'il destina, sçavoir la moitié pour faire apprendre vne vacation à trois jeunes hommes, & l'autre moitié pour marier trois pauvres filles, qui seroient choisies, preferant les iusticiables de ses terres aux autres, & pour ce ordonné qu'on rapporteroit au sieur Lieutenant General de Beaujollois, & aux Recteurs & Administrateurs des pauvres de Villefranche tous les ans, les Quittances en bonne forme de l'employ des Legz, pardevant Notaire, tant des Maîtres qui auroient enseigné leurs Professions, que des Maris des trois filles : A defaut de quoy il ordonnoit que cette somme de six vingts écus fut payée (à moins de justifier de l'employ) és mains de Monsieur le Lieutenant General, & des Recteurs des pauvres, au bien & vtilité d'jceux. Pour raison dequoy à defaut du payement d'aucuns Arrerages fait par les Heritiers du Seigneur de Pizey, il y auroit eu Instance devolüe aux Requestes du Palais à Paris, entre les Echevins & Recteurs des pauvres Demandeurs, le sieur Lieutenant General intervenant, & les Heritiers du sieur de Pizey Deffendeurs, sur laquelle Instance, Transaction seroit intervenuë entre les parties, le 20. Decembre 1623. receuë Bessie Notaire Royal, par laquelle les Heritiers du sieur de Pizey, se seroient obligez au payement des Arrerages de la Pension qu'ils auroient payée, & promis de continuer à l'advenir le payement, en forte que depuis cette Tranfaction eftant encore écheus aux pauvres par le même deffaut de la part du Seigneur de Pixey, beaucoup d'Arrerages, il les auroit payé fans difficulté aux Recteurs des Pauvres, revenans à la fomme de neuf mille, neuf cens livres, fuivant qu'il eft porté par la Quittance de l'année 1668. receüe Tournier Notaire Royal : Laquelle fomme a efté employée au bâtiment de la grande Infirmerie & nouvelle Chapelle de la maifon de la Charité, aux années 1669. & 1670.

L'an 1593. François Fabry Bourgeois de Villefranche, legua par aumône aux deux Hôpitaux de Roncevaux & de la Ville, à chacun cinq cens écus, qui font mille écus pour les deux, par fon Teftament, receu par Pierre Fruitard & Claude Blondel Notaires Royaux, laquelle fomme fut depuis payée par fieur Michel Fabry Receveur general du Taillon, en la generalité de Lyon fon frere, qu'il avoit fait fon heritier vniverfel.

L'an 1610. Noble Guillaume Beffie Conseiller du Roy, Grenetier au Grenier à fel de Villefranche, legua par fon Teftament aux Hôpitaux de la Ville la fomme de neuf cent livres.

L'an 1629. Noble Antoine Bottu fieur de la Barmondiere, Confeiller du Roy, Eleu en l'Election de Beaujolois, par fon Teftament legua aux pauvres de la Ville, la fomme de quinze cens livres.

L'an 1637. Noble Laurens Beffie fieur de la Fontaine, Confeiller du Roy, affeffeur & premier Eleu en l'Election de Beaujollois, donna aux pauvres par fon Teftament vne terre à froment fcize en la Parroiffe de Iaffans en Dombes, contenant quatre vingts bichonnées.

L'on a parlé cy-devant de la liberalité faite en 1643. Par le Teftament de Meffire Nicolas Gay Curé de la Ville, qui a donné la plus grande partie de fes biens aux pauvres de la Ville, à condition d'y commencer vn bâtiment & maifon de Charité, pour la retraicte des pauvres malades.

L'an 1659. Meffire Nicolas Vincenot Prêtre Curé de faint Iulien, par fon Teftament legua aux pauvres de la Ville, deux Domaines, l'vn dans la Parroiffe de faint Iulien, & l'autre dans celle de Blacé, ces deux Legs font gravez fur deux pierres en lettres d'or, avec les Eloges defdits deux Curez, dans la muraille de la grande Infirmerie de la Charité.

Nous avons cy-devant parlé du Teſtament de Monſieur Corlin, qui avoit donné tous ſes biens, & maiſon de Blazet aux pauvres de la Ville, il ne reſte qu'à faire voir la recognoiſſance qu'en ont eu Meſſieurs les Recteurs des Pauvres, qui luy ont fait ériger ſa Statuë en marbre, avec vn beau Mauzolée, élevé dans la muraille de la nouvelle Infirmerie de la Charité, où ſon corps repoſe, à droite de l'Autel, avec cette Epitaphe gravée ſur vne table de Cuivre.

DEVS MORTALI IVVARE
mortalem.

Piis manibus Domini Guillelmi Corlin, D. de Blazet, in ditione belliiocenſium tributaria Regis conciliarij, hoc æternæ pietatis monumentum erexit mutuo gratiæ commercio, hæc publicæ charitatis familia ſolemnibus tabulis in vniuerſam eius bonorum ſubſtantiam hæres inſtituta, vltimum diem in hoc munificentiæ ſuæ cumulo expectaturus D. D. Corlin miſſæ ſingulis diebus in perpetuum celebrandæ commiſſionem inſtituit, tum recurrente quolibet anno pro animæ requie precibus celebrari Iuſſit, hiſce voluntatis vltimæ mandatis ſuo deſignantis teſtamento moderatoribus depoſitis.

Et hæc ad æternam vitæ gloriam via.

Ob iit octauo Auguſti, anno ſalutis 1651.

Legua aux pauvres, la ſomme de trois mille livres, pour eſtre employée à l'acquiſition d'vn fonds à bled, Nobles Iean de Sauzey ſieur de Iaſſeron, & Pierre Bergeron ſieur de Fontenailles, ſes gendres, Eſleus en l'Election de Beaujollois, en ont fait mettre vne table de Cuivre, dans la même Infirmerie de la Charité.

L'année 1650. Alexandre Bottu Ecuyer ſieur de la Barmondiere & de la Fontaine, Conſeiller & Secretaire du Roy, maiſon & Couronne de France & de ſes Finances, par ſon Teſtament legua aux pauvres vne terre à froment ſcituée en la Parroiſſe de Chalins en Dombes, avec la ſomme de cinq cens livres, pour eſtre employée à l'acquiſition d'vn heritage de pareille nature.

L'année 1669. Damoiſelle Elizabet Beſſie fille & heritiere dudit ſieur Laurens Beſſie, & veſve dudit ſieur de la Barmondiere, par ſon Teſtament legua aux pauvres, la ſomme de deux mille livres, & quantité de meubles & linges, les Legs deſdits ſieurs Mariez de la Barmondiere &

Beffie, & de leurs predeceffeurs, cy-deffus, font gravez fur des tables de Cuivre dans l'Infirmerie de ladite maifon de la Charité.

L'année 1664. Damoifelle Marie Ducoing vefve dudit fieur Laurens Beffie, par fon Teftament legua aux pauvres vne rente de cent vnze livres par an, au fol principal de deux mille livres.

L'année 1666. Damoifelle Ieanne Efpinay vefve de Noble Laurens Fiot fieur de Mongré, Confeiller & Procureur du Roy au Baillage de Beaujolois, par fon Teftament legua aux pauvres la fomme de mille livres.

Il ne faut pas obmettre vn Legs confiderable fait en 1337. aux pauvres de la Ville, par vn Symon Alby de Lyon de tous les droits de Corée qu'il avoit fur les Bouchers de Villefranche, du depuis reconnu par vingt-fix Bouchers de la Ville, fuivant les Actes qui en font dans la Maifon de Ville.

Il eft jufte auffi de parler de la continuelle prevoyance, qu'ont eu de tout temps, les Echevins de la Ville, pour fon bien & vtilité, ayant fait bâtir vn Hôpital pour retirer les pauvres peftiferez, au deffous de la Ville, fur la riviere de Morgon, & dans la Parroiffe de Beligny, dans laquelle il fut bâty, au fujet d'vne Donnation faite à la Ville, par Noble Guillaume de Ponceton Seigneur de Franchelins, Procureur General de Beaujolois habitant à Villefranche, le 24. Avril 1522. d'vne terre contenant deux bichonnées, fur la riviere de Morgon; auquel heritage les Habitans de la Ville ayans joints par acquifitions plufieurs bichonnées de terre, és années 1537. 1542. & 1544. Ils y firent achever & clorre de murailles le clos dudit Hôpital, avec vne Chapelle pour le fervice des malades, & pour raifon de ce bâtiment d'Hôpital des peftiferez, il y a eu beaucoup de difficultez entre la Ville, & le fieur de Foncraine, & les Habitans de Beligny, qui ne vouloient fouffrir cét Hôpital, mais en fin elles furent terminées par Tranfaction de l'année 1537. les Tiltres en font dans la Maifon de Ville.

VII. PARTIE.

Les Corps de Iuſtice.

LES Corps de Iuſtice établis dans Villefranche, la rendent conſiderable, non ſeulement dans le Païs, mais encore parmy les grandes Villes de France. Le Baillage eſt le plus ancien, cét vne Iuriſdiction, ou l'on rend Iuſtice à tout le Pays. Les Sires de Beaujeu en ont eſté les premiers Auteurs; car ſachans bien que la Iuſtice eſt vn droit, que les ſujets exigent de leur Seigneur, ils la faiſoient rendre par vn Iuge ordinaire, ſous lequel eſtoient des Prevots & Châtelains, dans les lieux qu'ils deſignerent, dont les appellations eſtoient jugées par vn Iuge d'appeaux, & par le Bailly de Beaujolois, ou par ſon Lieutenant étably à Villefranche. Ce Baillage fut formé ſur celuy de Macon, qui eſtoit vn des premiers Baillages de France. On voit encore vne declaration du Roy Philippes le Bel, de l'an 1304. Par laquelle, il declare que par ſes autres Ordonnances, il n'entend point preiudicier au droit qu'à le Sire de Beaujeu, de connoître dans ſes terres du crime de fauſſe monnoye; lequel crime à toûjours eſté vn cas Royal.

Le même droict de nommer les Iuges dans le Baillage, paſſa avec la Seigneurie en la Maiſon de Bourbon. Ainſi Dame Marie de Berry, venuë de Iean premier Duc de Bourbon, ſoûtenoit que la Iuſtice de ſes terres, s'étendoit depuis le pont d'Amalix, bien loin au deſſous de Roanne, juſques au Faux-bourg de Veze de Lyon. Il eſt vray qu'alors le Forets eſtoit poſſedé par la même Dame: Et que depuis Iean deuziéme Duc de Bourbon, donna des lettres Patentes l'an 1468. Par leſquelles il declaroit Lieutenans Generaux, les Lieutenans des Baillifs de Beaujollois, & de Forets.

La Seigneurie de Beaujolois fut vnie à la Couronne par Frãçois premier, avec les autres terres du Duc de Bourbon. Mais le Roy conſerva les Officiers du Baillage, voulũt qu'ils rendiſſent la Iuſtice au nom de ſa Majeſté; il leur envoya les lettres Patẽtes du ſeptiéme Septembre

1532. Par lesquelles il érigeoit en siege Royal lé Baillage de Beaujolois. Tout le Païs fut rendu à Louys de Bourbon, par le Roy François second du nom, selon la Transaction de l'an 1560. & le siege Gardant, la qualité de siege Royal, prit la nomination de ses Officiers, des Ducs de Montpensier ; comme encore aujourd'huy il les prend de son Altesse Royale Madmoiselle, ceule heritiere de cette Maison. Il faut remarquer que les appellations des Sentences renduës par les Lieutenans Generaux, ont toûjours ressorti nûement & sans moyen, au Parlement de Paris : Il y en a méme vn Arrest du Parlement rendu le 26. de Mars l'an 1493.

Le ressort du Baillage s'étend dans tout le Beaujolois, qui contient cent vingt-six Parroisses, elles sont divisées en huict Iustices, qu'on appelle Châtelenies ; qui sont Villefranche, Beauieu, Belleville, Chamelet, Lay, Perreux, Amplepuis, & Thizy. La Iustice s'y rend au nom du Prince, hormis à Thizy & Amplepuis ; dont les Iustices ont esté venduës à des Seigneurs particuliers, ainsi que beaucoup d'autres, pour la reunion desquelles, tous les Possesseurs sont assignez & poursuivis, à la Requeste de son Altesse Royale Madmoiselle. La Prevoté & Châtelenie de Villefranche a esté reunie à la charge de Lieutenant General, du temps de Monsieur Claude Charreton Seigneur de la Terriere, & Lieutenant General.

Autrefois les Châtelenies n'avoient que Iustice basse, & ne cognoissoient que iusques à soixante sols, mais François de Bourbon ayant obtenu permission du Roy, crea en l'année 1584. des Iuges ordinaires Civils & Criminels en toutes les Châtelenies, & leur accorda la totale Iustice à l'instar des Prevots & Châtelains Iuges Royaux, sous le ressort & la superiorité neantmoins du Baillage de Beaujolois.

Le Baillage avoit de tout temps son Bailly, & son Lieutenant, Advocat fiscal & Procureur fiscal, qui indifferemment & plus ordinairement prenoient la qualité d'Avocat & Procureur General ; On trouve qu'vn des premiers Lieutenans Generaux s'appelloit Io, qui vivoit environ le douzième siecle.

Le Bailly d'ancienneté a toûjours esté homme d'Epée, & de qualité par sa naissance, aussi bien qu'à present.

Outre ces Officiers, il y avoit vn Iuge d'appeaux pour les causes d'Appel, à present le dernier fut le sieur Baronnat, qui vivoit environ l'an 1560.

Tous les Officiers du Baillage avoient non feulement dans le diftroit de leur Iuridiction, le grand Beaujolois du côté du Royaume ; mais encore le petit Beaujolois du côté de l'Empire, à prefent appellé la Dombes. Le dernier Bailly des deux fieges fut Alexandre de Ponceton Seigneur de Franchelius, apres luy, Charles de Villeneuve fut pourveu par le Roy de la charge de Bailly de Beauiolois à Villefranche.

Le dernier Lieutenant General des deux Baillages, fut Iean Gafpard, & apres luy Eftienne de la Roche fut pourveu de la charge de Lieutenant General, & Iuge ordinaire de Beauiolois, Alexandre Bottu Ecuyer fieur de la Barmondiere, Advocat du Roy & de fon Alteffe Royale aux Baillages de Beauiolois & Dombes, defunit les deux charges, & vendit celles de Dombes au fieur Aubret.

Le Baillage eft compofé d'vn Bailly, qui eft toûiours Gentil-homme & d'Epée, d'vn Lieutenant General Civil & Criminel, qui a ioinct à fa charge celle de Prevoft & Iuge ordinaire de la Châtelenie de Villefranche, vn Lieutenant Particulier Civil & Criminel, vn Lieutenant Particulier, Affeffeur Criminel, vn Advocat, & vn Procureur du Roy.

Ils font tous Officiers Royaux, & de Son Alteffe Royale, Dame & Baronne de Beaujolois, la Iuftice s'exerçant fous le nom du Roy & de fon Alteffe, qui a la Nomination, la Prefentation, & la Finance des Offices de ce Baillage, & le Roy la Prouifion. Depuis quelques années la même chofe s'obferue pour les Procureurs poftulans au Baillage, les Notaires, les Huiffiers & Sergens, qui ont efté fixez à vn certain nombre.

Les Officiers du Baillage font aujourd'huy :

Meffire Iean-Philippes de Champiers, Sieur de Rabutin, Chevalier, Comte de Chigy, Seigneur de Bionnay, Bailly de Beaujolois.

Monfieur Me. François Mignot, Efcuyer, Sieur de Buffi & de la Martiziere, Confeiller du Roy en fes Côfeils, Lieutenãt General Ciuil & Criminel, Preuôt & Iuge ordinaire de Villefranche, Limas & annexes.

Monfieur Me. Gabriël du Sauzey, Ecuyer, Sieur de la Venerie & Charmes, Confeiller du Roy, Lieutenant Particulier, Ciuil & Criminel.

Monfieur Me. Dauid Dephelines, Sieur de la Chartonniere, Confeiller du Roy, Lieutenant Particulier, Affeffeur Criminel.

Monsieur Me. Claude de la Roche, Sieur de Ponciè, Conseiller & Advocat du Roy.

Monsieur Me. Laurens Bottu, Ecuyer, Sieur de la Barmondiere, Conseiller & Secretaire du Roy, Maison & Couronne de France & de ses Finances, Procureur du Roy au Baillage, & de Son Altesse Royale.

Les Greffes appartiennent à Son Altesse Royale, qui les fait exercer par Fermiers & Commis. Il y a outre ce vn Enquesteur & Commissaire, Examinateur, vn Receveur des Consignations, douze Procureurs postulans, autant de Notaires Royaux, reservez dans la Ville, & six Sergens Royaux.

Il y a plusieurs Advocats fameux Plaidans au Siege, qui sont M*e* Iean Dephelines leur Doyen, Plaidant depuis l'année 1614. M*e* Antoine Morestin, Me. Ponthus Bessié, M*e* Alexandre Bessié, M*e* Claude Cuzin, M*e* Iean Gay, & autres.

Dans l'enclos du Palais où l'on rend la Iustice à Villefranche : Il y a la Chambre du Tresor, où anciennement estoit la Chambre des Comptes des Seigneurs de Beaujeu, & en suitte des Princes de la Maison de Bourbon; Ils avoient establi vne Iustice Souveraine à Villefranche, pour le Domaine de Beaujolois & Dombes, de même qu'à Molins vn Conseil Souverain, pour Iuger en dernier ressort les Appellations des Iuges de Dombes, auparavant l'Election du Parlement, qui fut faite par François premier, & l'on trouve presentement dans la Chambre du Tresor, les comptes rendus année par année, en la Chambre des Comptes de Beaujolois, & plusieurs Ordonnances, tant de la Maison de Beaujeu que de celle de Bourbon, au bas desquelles il y a écrit, *lecta, publica, & registrata apud Villamfrancam, audito & consentiente Procuratore Generali*.

Et cét à present le lieu dans lequel on garde fort soigneusement les Archives & Tiltres du Beaujolois, & de la Souveraineté de Dombes.

Cette Chambre est fermée par trois differentes serrures, dont chacune a sa clef : l'vne desquelles est gardée par le Lieutenant General, la seconde par le Lieutenant Particulier, & la troisiéme par le Procureur du Roy : & on ne peut avoir communication d'aucune piece de la Chambre, sans le consentement de ces Magistrats.

Il y a vne Iuridiction particuliere pour cette Chambre, touchant ce qui appartient au Domaine du Roy, & à celuy de son Altesse Royale dans le Beaujolois.

Les Officiers font obligez de s'affembler tous les quinze iours, pour ce fujet; il y a vn Greffier particulier, qu'on nomme le Secretaire de la Chambre.

Outre l'honneur & l'avantage qu'a Villefranche du Siege de la Iuftice, & des Lieutenans Generaux; elle a encore d'autres Iurifdictions, qui luy donnent rang parmy les principales Villes du Royaume. La plus confiderable, apres le Baillage, eft celle de l'Election; Et bien qu'on ne fçache pas precifement le temps de fon établiffement dans Villefranche, il eft certain qu'elle eft vne des plus anciennes qui foient en France. Le nombre des Iuges qui la compofent, qu'on appelle Eleus, a efté plus grand ou plus petit, felon la volonté de nos Roys. Il y avoit iufques à vingt-cinq Officiers, lors qu'en l'année 1661. ils furent reduits à vn nombre bien plus petit : fçavoir pour les Elections, qui ont plus de cent Parroiffes, comme eft celle du Beaujolois, neuf Officiers, qui font deux Prefidens, vn Lieutenant Civil & Criminel, vn Affeffeur, quatre Eleus, & vn Procureur du Roy, avec vn Greffier, & deux Receveurs des Tailles.

Leur connoiffance & Iurifdiction s'étend dans toute la Province de Beaujolois, en premiere jnftance, fur toutes matieres tant Civiles que Criminelles, concernant le fait des Tailles, Aydes, Etapes, & generalement de tous les deniers qui fe levent fur le Peuple pour fa Majefté, pour lefquelles leurs Sentences s'executent par provifion indefiniment, & jufques à certaines fommes en dernier reffort, & fans appel, fuiuant le pouuoir à eux donné; des autres Sentences, les Appels font releuez à la Cour des Aydes de Paris.

Les Officiers de l'Election font aujourd'huy :

Me. Antoine du Boft, Sieur de Montieu, Confeiller du Roy, premier & ancien Prefident.

Me. Charles Dephelines, Sieur de Ruyre, Confeiller du Roy, fecond Prefident.

Me. Iean d'Epinay, Sieur de Chauanes, Confeiller du Roy, Lieutenant Ciuil & Criminel.

Me. Pontus Beffié, Sieur de Montauzan, Confeiller du Roy, Affeffeur & premier Eleu.

Me. Pierre Gravillon, Confeiller du Roy, Eleu.

Me. Iean de Sauzey, Sieur de Iafferon, & de grand-Pré, Confeiller du Roy, Eleu.

Me. Pierre Bergiron sieur de Fontenailles, Conseiller du Roy Eleu.
Me. Charles de Montchanin sieur de Charnay & monchervet, Conseiller du Roy Eleu.
Me. Aymé de Bussieres sieur du Chatelart, & Ecussoles, Conseiller & Procureur du Roy.

Le Greffe appartient à Monsieur Dugué Seigneur de Baignols, qui le fait exercer par vn Commis Greffier & Fermier.

Il y a six Procureurs Postulans, pourveus par sa Majesté, ainsi que trois Huissiers Audianciers.

Il y a aussi deux Receveurs des Tailles en Tiltre d'Office.

Les Officiers de l'Election iouïssent de l'exemption des Tailles, Aydes, gens de guerre, droit Annuel, & autres Privileges & immunitez attribuées à leurs charges.

Dans Villefranche, & pour tout le Païs de Beaujolois, il y a Maréchaussée, de fort ancienne creation, composée d'vn Prevost des Maréchaux, vn Lieutenant, vn Assesseur, vn Procureur du Roy, vn Exempt, vn Greffier, & dix Archers.

Les Officiers de cette Maréchaussée sont aujourd'huy, Charles le Caron Ecuyer sieur de Beaulieu, Prevost des Maréchaux.

Me. François Dompoint Lieutenant.

Me. Alexandre Bessie sieur du Peloux Assesseur.

Laurens Bottu Ecuyer sieur de la Barmondiere, Procureur du Roy.

Me Iean Dubois Greffier.

Il y a aussi dans Villefranche & pour le Païs de Beaujolois, vn Office de Maître des Eaux & Forets, celuy qui le possede aujourd'huy, est Me. Charles de Phelines sieur de Ruyre.

Dans Villefranche, il y a vn Grenier à sel, étably depuis longues années, il y avoit cy-devant dans la ferme des Gabelles de Lyonnois, d'où dépend le Grenier à sel de Villefranche, plusieurs Officiers en chacun Grenier, qui ont esté supprimez par Edit de sa Majesté, en l'année 1667. Et par le même Edit créé en chacune Province des Gabelles de Lyonnois, Forests, & Beaujolois, Vivarets, Maconnois, Bresse, Bugey, Veromey & Gex, vn Visiteur general, vn Procureur du Roy, & vn Greffier, & en chacun Grenier, vn Controleur.

VIII. PARTIE.

De la Maison de Ville.

IL ne me reste plus à déduire, que ce qui regarde vôtre Maison de Ville, & l'autorité de vos Echevins. Ie trouve dans vos Memoires, que ce droit de se faire des Magistrats, que les Roys & les Republiques accordent aux Villes, qu'ils considerent, par leur grandeur, par leur importance, & par leur fidelité ; que ce droit, dis-je qui est toûjours accompagné de ses Privileges, a esté accordé à Villefranche, dés que les Princes de Beaujeu l'ont établie la Capitale de leur Païs. Le premier Tiltre qui se presente est de l'an 1360. par lequel Antoine Seigneur de Beaujeu, qui estoit né à Villefranche, & qui outre les raisons qu'avoient ses Predecesseurs d'élever vne Ville, qui estoit leur pur ouvrage, vouloit encore faire du bien au lieu de sa naissance, que ce Seigneur accorda ou confirma par lettres Patentes, le droit d'Echevinage à la Ville de Villefranche, donnant pouvoir aux Habitans de choisir parmy eux ceux qu'ils voudroient, pour estre Consuls & Echevins, & d'avoir Maison de Ville, pour s'y assembler, & deliberer de leurs affaires, sous la direction des Echevins qu'ils choisiroient. Que ces Echevins choisis par eux, auroient l'autorité de les appeller aux assemblées, lors qu'ils le jugeroient à propos, sans en demander permission au Prince, qui ne se reservoit autre chose que le droit d'exiger le serment des Echevins, apres leur nomination ; lequel il recevroit quand il se trouveroit dans la Ville ; & en son absence, son Bailly le recevroit, ou son Lieutenant General, le Procureur General y estant present. Il leur accorde par le même Acte, le droit de Seau, pour s'en servir, voulant qu'il ayt la même force & le même effet que le sien.

Ce n'est pas comme ie l'ay dit, que les Seigneurs de Beaujeu, n'ayent accordé avant ce temps là, de grands Privileges à cette Ville, qu'ils consideroient dés lors, comme la Capitale de leur Païs. Aussi ie vois que dés l'année 1260. Guichard quatriéme accorda des Privileges à Villefranche, que fes Succeffeurs les augmenterent ; & que Louys les amplifia ; Ce Louys eſtoit fils de Renaud Comte de Forets, mary d'Iſabelle Dame de Beaujeu ; & l'Acte de la confirmation des Privileges, eſt du 12. de Mars 1331. En ſuitte les mêmes Privileges furent confirmez par cét Antoine que i'ay nommé, l'an 1369 par Edouard le dernier Seigneur de la Maiſon de Beaujeu, le 25. de May 1399. Par Louys de Bourbon, l'an 1400. avec la verification des gens des Comtes de Beaujolois pour le Seigneur, du 19. Decembre, de la même année. Par Anne de France, Ducheſſe de Bourbonnois, Dame de Beaujeu, par ſes lettres Patentes données à Villefranche le 15. Novembre 1413. Par Charles Duc de Bourbon, par ſes lettres auſſi données à Villefranche au mois d'Aouſt 1434. Par Iean Duc de Bourbon en 1463. Et par Pierre Duc de Bourbon, au mois de Mars 1489.

On voit encore dans les Tiltres de la Maiſon de Ville, que les Baillifs de Beaujollois, & leurs Lieutenans, ſont obligez à leur inſtalation, de iurer dans la Maiſon de Ville, qu'ils maintiendront & obſerveront les Privileges de la Ville. Cela ſe iuſtifie par diverſes iuſſions, que les Princes en ont faites en divers temps. Vous avez celle de Louys de Bourbon donnée à Ganat le 25. de Mars 1408. par laquelle il commanda au Bailly de Beaujolois ; de iurer les Privileges de Villefranche.

La même choſe ſe iuſtifie par les lettres Patentes, de la Princeſſe Anne Dauphine de Bourbonnois, du 15. de Novembre, en l'an 1413. par le ſerment que préta Gilles Seigneur de ſainct Prieſt & de Vaux, en qualité de Baillif de Beaujolois, le 8. de Fevrier 1451. par d'autres lettres de iuſſion de Iean Duc de Bourbon, au même lieu au mois de Fevrier 1463. Iean Dalbõ Chevalier Seigneur de ſaint André, Baillif de Beaujolois pour Madame Louiſe de Savoye mere du Roy François I. les jura dans l'Hoſtel de Ville le 9. Iuin 1528. ſelon qu'il y eſtoit tenu, & que ſes Predeceſſeurs avoient obſervé de tout temps, entrant dans leurs charges. Autres lettres de pareille juſſiõ du Roy François I. données à Lyon au mois de Decembre 1533. au Baillif, Iuge & autres Officiers, & juſticiers de jurer & faire obſerver ces mêmes Privileges. Autres lettres de Louïs de Bourbon Duc de Montpenſier données à Paris au mois de May 1561. commandant au Baillif de Beaujolois de iurer leſdits Privileges. Autres ſemblables lettres de François de Bourbon Duc de Montpenfier, données à Roüen, au mois de Iuin 1588 Autres de Henry de Bourbon auſſi Duc de Montpenfier, données à ſaint Quentin, au mois de May 1596.

Edouard dernier ſeigneur de Beauieu, eut pluſieurs démelez avec les Habitans de Villefranche, qui ayans moyenné leur accommodement prés de luy, ils obtinrent divers Privileges, entr'autres celuy d'exemption de Peages en toute ſa terre, tant deçà que de là la riviere de Sône; c'eſt accord eſt du 25. May 1399. confirmé par Iean Duc de Bourbonnois, par ſes lettres données à Villefranche le dernier Fevrier 1463. deüement verifiées par les gens de ſon Conſeil, & ce même Duc les confirma à Moulins le 5. May 1470.

Dans ces mêmes Privileges il y a conceſſion de Foires & Marchez pour cette Ville, auſquelles ayans eſté troublés les Habitans, ils eurent recours au Roy Henry IV. lequel par ſes lettres Patentes données à Paris le 23. Fevrier 1602. confirma les Privileges des Foires & Marchez de Villefranche, fit deffences à toutes perſonnes de les troubler, avec injonction au Baillif de les en faire ioüir comme auparavant.

Les Habitans de Villefranche avoient auſſi de toute ancienneté eſté gratifiés du Privilege de toute ſorte de chaſſe par les anciens Seigneurs de Beaujeu; depuis en l'année 1436. ce Privilege leur fut confirmé par Charles Duc de Bourbonnois, Seigneur de Beaujeu, non ſeulement aux Habitans de Villefranche, mais à tous les Habitans du Pays de Beaujolois, auſquels par ſes lettres Patentes, il vendit ce droit de Chaſſe douze cens cinquante écus, de laquelle, la ville de Villefranche en paya quarante royaux à ſa part, comme ſe iuſtifie par la quittance eſtant dans la Maiſon de Ville.

Ce Privilege de toute ſorte de Chaſſe a depuis eſté confirmé aux Habitans de Villefranche par Arreſt du Parlement de Paris rendu en l'année 1494. avec les Officiers & Commiſſaires du Duc de Bourbonnois qui avoient fait deffences auſdits Habitans de Villefranche de chaſſer, bien qu'ils en euſſent les Privileges, que l'on verra avec cét Arreſt à la fin de ces Memoires.

La Ville jouït encore de pluſieurs autres Privileges, qu'on peut lire dans l'Extraict qui en a eſté fait, qui ſe verra auſſi en ſuitte de ces Memoires.

Ce que ie trouve encore de conſiderable, cét l'antiquité de vôtre

Consulat; lequel depuis plus de trois cens ans s'eſt toûjours conſervé ſans interruption, preſque dans la même forme que vous obſervez maintenant. Vos Regiſtres fort exacts & fort fideles, nomment tous ceux qui ont exercé cette charge d'Echevin ; ce qui ne témoigne pas ſeulement l'exactitude des Secretaires, mais ce qui fait voir encore l'eſtime que l'on faiſoit de cette charge, & de l'honneur de la poſſeder. Il paroît par ce Regiſtre, qu'il y a toûjours eu quatre Echevins dans Villefranche ; que tous enſemble ſont pendant deux ans dans cêt employ ; que chaque année deux ſortent de charge, & que les deux qui ſont nommez prennent leur place, les deux plus anciens quittans à la fin de leurs deux années.

La nomination ſe fait tous les ans à la fin de l'année, le Dimanche avant la Feſte ſaint Thomas, dans la Maiſon de Ville, où les Officiers Bourgeois & Habitans ſont convoquez, & apres que l'ancien des deux Echevins, qui doivent ſortir de charge, à fait la propoſition d'vne nomination, pour les deux années ſuivantes, fait ſon compliment & remerciement à la Ville, l'on procede à la nomination de deux nouveaux Echevins, à la pluralité des voix de l'aſſemblée, de laquelle nomination, Monſieur le Procureur du Roy ayant requis Acte, il eſt octroyé par Monſieur le Lieutenant General, ou l'Officier du Baillage, qui ſe trouve preſider en ſon abſence. En ſuitte les deux nouveaux Echevins ayans preſté le ſerment devant Monſieur le Lieutenant General, en preſence de Monſieur le Procureur du Roy, ils ont l'honneur d'aller vers Monſeigneur le Gouverneur de la Province, preſter le Serment de fidélité qu'ils doivent au Roy, entre les mains de Monſeigneur, qui leur en fait délivrer l'Acte en bonne forme.

Apres cette nomination les Echevins nomment les Recteurs des Pauvres, du luminaire de l'Egliſe Parroiſſiale, & vn autre pour le banc qu'on nomme des Trépaſſez, qui tous rendent compte de leur maniement aux Echevins.

Ils nomment & pourvoyent ſeuls les Officiers, qui dépendent de la Maiſon de Ville, comme le Capitaine Enſeigne, le Secretaire, l'Advocat & le Procureur, tant de la Ville que des Pauvres, les quatre Sergens de Ville, quatre Mande-ville, les quatre Portiers des quatre Portes, les deux Tambours & le Trompette. Ils nomment encore l'Organiſte, le Recteur du College, le Marguillier ſonneur de cloches, & conducteur des horloges, & leur font payer leurs gages. Ils font encore en poffeffion de choifir & prefenter à Monfeigneur l'Archevefque de Lyon, vn Predicateur, pour l'Advent & le Câreme, que la Ville paye tous les ans.

Quand il eft neceffaire de mettre les Habitans fous les armes, par la permiffion de Monfeigneur le Gouverneur, foit pour quelque parade, ou entrée de quelque Prince ou Seigneur, ou faire garde aux portes, c'eft aux Echevins à commander les armes, ils ont vn Capitaine Enfeigne qui les commande fous eux, le fieur Advocat de Phelines exerce cette charge avec honneur depuis l'année 1616. qu'il en fut pourveu par les Echevins.

Les Echevins ont la garde des clefs des Portes de la Ville, donnent le mot du Guet en temps de guerre, & lors qu'ils reçoivent les ordres du Roy, & de Monfeigneur le Gouverneur, pour faire garde aux Portes.

C'eft auffi à eux que font addreffez les ordres du Roy & de Monfeigneur le Gouverneur pour les paffages, logemens de gens de guerre, qu'ils font par billetz dans la Maifon de Ville, & ont foin de faire fournir l'Eftape par les Eftapiers nommez.

Ils ont l'honneur de porter le Poefle fur le faint Sacrement reveftus de la marque Confulaire, le iour de la Fefte Dieu, & aux autres occafions importantes, où l'on porte le faint Sacrement parmy la Ville aux Proceffions generales; ils ont leur feance à la gauche & dedans le Chœur de l'Eglife Parroiffiale, & quand ils marchent en ceremonie, revetus de la marque Confulaire, ils font precedez des quatre Sergens de Ville, portans leurs halebardes, du Secretaire de la Ville, & fuivis des quatre Mandeville portans leurs manteaux violets.

Ils font en poffeffion de tout temps d'impofer, & faire dans la Maifon de Ville eux feuls, les Rolles des Tailles mandées impofer fur les Habitans contribuables dans la Ville, apres en avoir receu les Commiffions, de Meffieurs les Officiers de l'Election, & les Rolles faits & verifiez, ils les remettent aux Collecteurs nommez par eux Echevins, pour en faire par ces Collecteurs la levée & acquits aux Receveurs des Tailles en exercice. Dans ces Rolles des Tailles de la Ville les Echevins y doivent quelques fommes de deniers à eux concedez par lettres Patentes de fa Majefté, pour eftre employées annuellement, tant pour les reparations des murailles, pavez de la Ville, que pour payer les gages des Officiers. Ils font aussi en possession d'examiner, clorre & arréter dans la Maison de Ville, les comptes du maniement que les Echevins ont eu des deniers & affaires de la Ville.

Comme il n'y a point de Sindicqs dans le Païs de Beaujolois, les Echevins de Villefranche convoquent & font assembler dans la Maison de Ville, les autres Chatelenies du Païs, qui sont au nombre de huict, compris Villefranche; sçavoir Belleville, Beaujeu, Chamelet, Lay, Perreux, Thizy, & Amplepuis, pour deliberer, dans l'Hôtel de Ville, des affaires generales qui regardent la Province, les propositions faites de l'affaire, dont il s'agit, par les Echevins de Villefranche, les deputez envoyez par les Chatelenies donnent leurs voix, commencent par Villefranche, & en suitte les autres en leur rang & ordre, les déliberations sont arrêtées à la pluralité des voix, & passent dans la Province, comme si châque Parroisse en particulier avoit donné sa voix dans l'assemblée, ou preside Monsieur le Lieutenant General en presence de Monsieur le Procureur du Roy, qui requierent & donnent acte des délibérations, mises sur le Regiftre de la Maison de Ville, par le Secretaire, qui en expedie les Actes à ceux, qui en ont besoing.

Autrefois les Echevins de Villefranche convocquoient l'assemblée des trois Estatz du Païs, comme il paroît par les lettres de Iean Duc de Bourbonnois & d'Auvergne, à eux adressées sous ces mots. A nos tres chers & bien aymez les Echevins, Bourgeois & Habitans de nôtre ville de Villefranche. Le Duc de Bourbonnois & d'Auvergne

Tres-chers & bien amez, Pour aucunes choses touchant tres-grandement le bien & vtilité de nôtre Païs de Beaujolois : Vous mandons assembler, les gens des trois Estats de notredit Païs de Beaujolois, en nôtre ville de Villefranche, au 19. du mois d'Octobre prochain venant, ausquels iour & lieu, beau-frere de Beaujeu sera, & sera exposer de par Nous lesdites choses; Si vous mandons que soyez audit iour, ou aucuns de vous les plus suffisans pour ouïr & consentir lesdites choses, & en ce ne devez aucunement saillir, tres-chers & bien amez, nôtre Seigneur soit garde de vous; écrit à Paris le 19. Septembre, signé Iehan, & plus bas Petide.

Pour faire voir que nos Roys ont considéré cette Ville, comme vne des principales de leur Royaume, le Roy Charles IX. ayant par son

Edit du mois de Novembre 1563. crée des Iuges Confuls des Marchands en toutes les Villes marchandes de fon Royaume; Le méme Roy par autres lettres Patentes du mois de Mars 1566. fit l'honneur à cette Ville, & donna pouvoir aux Echevins d'élire cinq notables Bourgeois & Marchands, pour juger du fait des marchandifes, à l'inftar de la Ville de Paris, les lettres deüement verifiées au Parlement de Paris oüy & confentant Monfieur le Procureur General.

La ville de Villefranche a auffi Privilege de Foires & Marchez, & dans les Papiers de la Maifon de Ville, il y a lettres Patentes de Madame Marie de Berry Ducheffe de Bourbonnois & d'Auvergne, du premier Janvier 1427. qui luy donna deux Foires; fçavoir qu'outre la Foire de faint Simon, elle en auroit vne les Lundy & Mardy avant la Chandeleur, & vne autre les Lundy & Mardy avant l'Accenfion; ces Foires confirmées comme il a efté dit cy-deffus par le Roy Henry IV. en 1602. mais elles ne font pas meilleures, que les Marchez ordinaires de la ville, qui font tous les Lundy de chaque femaine ; & quand il fe trouve vne Fefte double, le Marché eft remis au landemain : ces Marchez font confiderables, par le negoce des toiles, vente des beftiaux, & particulierement par la vente des bleds à la Grenette, que l'on peut dire debiter autant de bleds, qu'en aucune Grenette de France, eu égard à l'étenduë de la Ville.

Il y a vn College dans la Ville, où le Recteur tient diverfes Claffes, pour enfeigner à lire, à écrire, & la langue Latine, autrefois il a efté meilleur ; mais depuis l'établiffement des Colleges voifins tenus par les Peres Iefuites il a diminué de fa fplandeur. Il eft forty de cette Ville quantité d'hommes Illuftres & fçavans. Papirius Maffon dit y avoir étudié, ie diray quelque chofe de fes perfonnes, à la fin de ces Memoires.

Il y a dans la Ville deux exercices honnorables, établis pour le divertiffement, & pour exercer l'adreffe des Habitans; fçavoir les jeux de l'Arc, & de la Sible, ou de l'Arquebuze, ils font hors la porte de Fayette, il y a deux lieux deftinez à cét effet, le long des murailles de la Ville, annuellement au mois de May les Chevaliers de l'vn & de l'autre jeu, tirent chacun vn oizeau, & celuy, qui l'abbat, en eft le Roy toute l'année, & joüit de certains Privileges entr'eux. On y propofe divers prix, principalement au jeu de l'Arquebuze, ou fe tirent fouvent des prix confiderables, aufquels les Chevaliers de l'Arquebuze des Villes voisines, comme Lyon, Mâcon, Châlon, Bourg, Trevoux, & autres leur font l'honneur de venir tirer. Ils y sont receus & regalez avec tout l'empressement qu'on peut s'jmaginer ; comme aussi les Chevaliers de l'Arquebuze de Villefranche vont tirer aux prix, qui se proposent dans les mêmes Villes, portant l'Etendart aux Armes de cette Ville, & sont receus par les Chevaliers & regalez de la même maniere.

La Ville de Villefranche porte pour Armoiries, de Gueules à la Tour d'Argent, massonnée de sable, au chef de Bourbon ou de France. La Princesse Anne de France femme du Prince Pierre Seigneur de Beaujeu, & doüairiere Beaujolois, voulant gratifier la Ville de Villefranche, & decorer ses Armes, y adjouxta le chef des Armes de Bourbon, qui est d'azur à trois fleurs de Lis traversée d'vn filet ou bâton peri en bande de Gueules : Comme les portoit la Maison de Bourbon ; cette concession fut faite à Moulins au mois de Novembre 1514. La figure des armoiries est peinte dans les lettres de la concession, & au commencement de ces Memoires ; voicy la teneur des lettres.

Anne de France Duchesse de Bourbonnois & d'Auvergne Comtesse de Clermont, de Forets, de la Marche, & de Gien, Vicomtesse de Carlat, de Murat, de Chateleraut, Dame de Beaujolois, d'Annonay, de Rochereynier, & de Bourbonlancy ; Sçavoir faisons, à tous presens & advenir, que nous reduisans à memoire la bonne loyauté parfaite amour, & vraye obeïssance que nos chers & bien amez les Echevins, Bourgeois, manans & Habitans de nôtre ville de Villefranche en nôtre Païs & Baronnie de Beaujolois, ont toûjours montrée envers feu nôtre tres-cher Seigneur & Epoux le Duc, que Dieu absolve, nous & autres nos Predecesseurs de la Maison de Bourbon, ont & continuent de bien en mieux envers nous ; considerant aussi que ladite Ville est la principale, & Capitale dudit Païs, & qu'elle est remplie de plusieurs bons & notables personnages de divers Estats ; lesquels comme representans le Corps & Communautez de ladite Ville ont de longue ancienneté acoutumé d'avoir les Armes de ladite Ville ; à sçavoir est vn écu de Gueules, à vne Tour d'Argent ; voulant de nôtre part pour consideration & reconnoissance, des choses dessus dites, icelles Armes leur decorer, & lesdits Echevins, manans & Habitans acroitre en honneur & en dignité, & les faire participans en nos bienfaits & liberalitez, à ce que cy-apres soient toûjours plus enclins de perseverer en leur dite obeiffance ; à iceux pour ces caufes, & autres à ce nous mouvans, avons de nôtre grace, liberalité, plaine puiffance, & authorité, donné & octroyé, donnons & octroyons, par ces prefentes, vn chef des Armes de la Maifon de Bourbon, & des nôtres, par deffus les leurs, felon la forme & maniere, qu'elles font cy peintes, & figurées ; voulans & octroyans, que lefdites Armes, ils puiffent d'orénavant à perpetuel avoir prendre & porter, & icelles mettre & afficher aux portaux, Tours & autres lieux de ladite Ville, & ailleurs ou ils voudront, & que bon leur femblera, & tout ainfi qu'on à acoutumé de faire aux autres bonnes Villes de ce Royaume, en mandant à tous nos Iufticiers, Officiers & fujets, que lefdits Echevins manans & Habitans de Villefranche, & leurs fucceffeurs ores, & pour le temps à venir, ils ne troublent, & n'empêchent en l'effet & contenu defdites prefentes, mais les en laiffent joüir paifiblement, fans aucunement venir au contraire : Car tel eft nôtre plaifir, & afin que ce foit chofe ferme & ftable à toûjours ; Nous avons fait mettre nôtre Seel, à cefdites prefentes, fauf en autres nôtre droit, & l'autruy en toutes. Donné à nôtre Châtel de Moulis, au mois de Novembre l'an de Grace mille cinq cens & quatorze, par Madame la Ducheffe ; les Sires de Coulan & de Mortare, du premier Prefident des Comtes, & de Brigneu, Maître des Eaux & Forets de Beauiolois & autres prefens, figné Billon, & feellé du Seau de la Princeffe.

Il ne faut pas oublier qu'il y a tiltres dans la Maifon de Ville, qui obligent les Parroiffe voifines & confignes à la Ville, d'y tenir faire Guet & Garde, en temps de guerre, & contribue aux reparations des murailles, comme retirans leurs perfonnes & biens dans la Ville, en temps de guerre. Ces Parroiffes font Pommiers, Limas, Beligny, Chervinges, Glaizé, Oully, Arnat & Rognains.

Les Echevins voulans de plus en plus decorer la Ville, y ont fait établir depuis quelques années vne Imprimerie, pour la commodité du Public.

Avant que de finir ces Remarques fur nos Memoires, ie diray encore trois chofes, dont l'vne regarde la fidelité & la valeur de vos Habitans ; & l'autre la Pieté liberale des anciens Seigneurs de Beaujeu. Pour la premiere, j'aprens par ce titre ancien, qui eft dans vôtre Maifon de Ville, qu'vn Seigneur de Beaujeu, qu'il ne nomme pas, auoit vn demelé contre le Comte de Breffe, qui eftoit voifin de la

Dombe, possedée par les Seigneurs de Beaujeu. Comme en ces temps-là les Princes & les grands Seigneurs plaidoient & vuidoient leurs procés par les armes; Il y eut vne forte guerre entre ces deux Seigneurs de Beaujeu & de Bresse; le premier eut du malheur en quelques combats, & fut contraint de se retirer à Belleuille, où le Comte de Bresse poussant sa victoire, le vint assieger auec ses troupes victorieuses. Mais le seigneur de Beaujeu trouua le moyen de sortir, & vint à Villefranche chercher du secours. Les Habitans ne balancerent point à luy en donner : Ils se saignerent, dit le Registre, & luy fournissant de l'argent & des hommes, il fit promptement de nouuelles troupes, vint attaquer le Comte deuant Belleuille, le défit, le prit prisonnier, & reconquit tout son pays de Dombes, qu'il auoit perdu.

Ce que Guichenon rapporte dans son Histoire de Bresse, fait encore voir l'estime que les Seigneurs de Beaujeu auoient pour la Capitale de leur Pays. Il dit qu'en l'année 1409. Loüis Duc de Sauoye, pretendant que le jeune Comte de Clermont, Baron de Beaujeu, luy denioit quelque hommage, pour quelques terres scituées en Dombes, ils conuinrent de s'assembler à Villefranche en Beaujolois, & les Ambassadeurs ou Commissaires, qui s'y trouuerent du côté du Duc de Sauoye, furent Pierre de Marchant, Chancelier de Sauoye, Iean de Seisseil, Seigneur de Barjat & de la Rochette, Maréchal de Sauoye, Guillaume de Bolonier, Maître des Requestes, & Iean de Lorney, Escuyer de Sauoye; Et pour le Comte de Clermont, Baron de Beaujeu, le Seigneur de la Fayette, Maréchal de France, le Seigneur de Chalamont, le Senéchal de Bourbonnois, le Seigneur du Chatel, Gaston Gaste, Seigneur de Luppé, le Bailly de Beaujolois, Maître Gilles Bassier Docteur és Droicts, Louis de la Vernede Iuge de Foretz, & Pierre Balarin Licentié és Loix, Iuge de Beaujolois. Lequel traicté & accommodement fut depuis signé par le Duc de Sauoye, & le Comte de Clermont, Baron de Beaujeu.

Pour la Pieté des Seigneurs de Beaujeu, il en reste trois insignes monumens dans le Beaujolois, qui selon les apparences, ne dureront pas moins que le monde. Ce sont trois Fondations illustres, d'vne Eglise Collegiale, & de deux Abbayes. Car en l'an 1032. Beraud Seigneur de Beaujeu, & la Dame Vandermode son Epouse, fonderent vn Chapitre de Chanoines, & leur bâtirent vne Eglise dans leur Château de Beaujeu ; lequel Chapitre fubfifte encores, à la gloire de Dieu, & à l'auantage de tout le Pays ; l'Eglife eft dediée à la fainte Vierge. L'an 1158. Humbert deuxiéme du nom, fonda de mefme vne Eglife Collegiale à Belleuille, à l'honneur de la fainte Vierge, comme celle de Beaujeu ; Et l'Eglife fut confacrée par Ponce Euêque de Mafcon : Mais quelque temps apres, qui fut l'an 1164. le mefme Prince Humbert fit changer ce Chapitre en Abbaye, y mettant des Religieux de faint Auguftin, gouuernez par vn Abbé ; Dreux Archeuêque de Lyon fit ce changement, & le premier Abbé fut vn nommé Eftienne, Prieur de faint Irenée. Peut eftre qu'Humbert en ce changement voulut imiter son predeceffeur Guichard premier, lequel en l'an 1037. fonda vne Abbaye de l'Ordre de S. Benoift à Ioux auprés de Villefranche, dediée pareillement à la fainte Vierge, & appellée Nôtre Dame de Ioux-Dieu ; tant ces bons Princes auoient de deuotion em ·rs la glorieufe Mere de Dieu. Vn Pape Innocent au Chapitre vingt-neufviéme De SIMONIA, nomme cette Abbaye, & Villefranche, IN CAVSA PAROCHIARVM DE VILLAFRANCA.

Pour la troifiéme chofe que ie me fuis referué de dire, c'eft de nommer quelques perfonnes illuftres, qui ont eu naiffance à Villefranche, & qui ont fait rejaillir l'éclat de leur gloire fur leur Patrie, & fur le lieu de leur origine. Antoine Prince de Beaujeu nâquit à Villefranche le 12. d'Aouft, l'an 1343. Il fut fils d'Edouard premier, Maréchal de France, & de Marie de Thil. Il n'auoit que huict ans lors que fon Pere mourut ; fa Mere prit la conduite de fes terres, qu'elle garda iufques à fa mort, qui fut à Pouilly le Châtel, l'an 1358. Le ieune Antoine, qui n'auoit alors que quinze ans, parut bien toft dans la Cour du Roy Charles cinquiéme, qui eftoit encore Dauphin ; Il eftoit beau par excellence, fa valeur & fon courage paffoient encor fa bonne mine, & fa douceur & fa modeftie le rendoient aimable à tous. Il affifta le Comte de Sauoye, furnommé le Vert, en plufieurs rencontres, & le feruit de fes troupes, & de fa perfonne ; Le Comte le choifit pour vn des premiers Cheualiers de fon Ordre. Le mefme Antoine ne manqua point à feruir fon Roy : Il eftoit à la bataille de Cocherel, où les Anglois & les Nauarrois furent vaincus. Dés lors il s'attacha au vaillant Bertrand de Guefclin, & le fuiuit dans fes deux voyages d'Efpagne. Aprés la mort de ce grand Guerrier, le Prince Antoine fe donna au Duc d'Anjou. Il épousa Beatrix, fille de Iean Comte de Châlon, & mourut à Montpelier sans enfans, deux ans après son mariage. Il auoit témoigné pendant sa vie beaucoup d'estime pour Villefranche, qu'il cherissoit comme sa Patrie.

Geoffroy de saint Amour nâquit à Villefranche, d'vne famille considerable : puisque Geoffroy de saint Amour son Ayeul auoit transigé l'an 1323. auec Guichard Seigneur de Beauieu, pour plusieurs droicts Seigneuriaux, que ledit Geoffroy auoit acquis de Iean de Franchelins. Son petit Fils, dont ie parle, s'auança dans l'Eglise, par sa pieté & par les lettres. Il fut premierement Precenteur de l'Eglise de Mâcon, & en suite il fut Euéque de la mesme Ville. On ne peut mieux iuger de la sainteté de sa vie, que par la Fondation qu'il fit de la Chapelle de S. Chaude, dâs son Eglise Cathedrale; Et par son Testament, laissant la moitié de ses biens à son Eglise, & l'autre moitié aux Pauures.

Frere Antoine Fradin Cordelier, fut renommé par ses Sermons sçauans & pieux. Il vint à Paris, l'an 1478. du Regne de Loüis XI. & bien-tost ses Predications luy acquirent la reputation qu'il meritoit. Il s'appliqua tout à la correction des vices, il fit de grandes conuersions par la force de son Eloquence, & l'Histoire de ce temps-là remarque que plusieurs Courtizannes, après l'auoir ouy, quittoient leur vie debauchée, & entroient dans des Monasteres, pour y viure & mourir dans la Penitence.

Claude Guilliaud fut Docteur en Theologie, de la Maison de Nauarre. Il y enseigna la Theologie, & fut Predicateur celebre, ayant prêché des Advens & des Carémes, à Paris, à Lyon, & à Autun. Cette derniere Ville l'arresta, le faisant Preuost & Chanoine de la Cathedrale. Aprés quelques années, l'amour de la Patrie le rappella dans Villefranche; Il y fut Curé de la Ville, & il y mourut l'an 1545. Il auoit composé plusieurs Traitez sur l'Escriture sainte; Griffius Libraire celebre à Lyon, imprima le Commentaire, qu'il auoit fait sur les Epistres de S. Paul.

Iean Bonnet, Docteur és Droits, & Iuge ordinaire de Villefranche, a composé vn Traité fort curieux de la Iurisdiction Criminelle.

Quoy que Iean Godard, Lieutenant General de Riblemont, se dise Parisien dans l'Impression de ses ouurages : neantmoins comme il les a tous composez à Villefranche, & qu'ils sont remarquables par leur

merite & par leur nombre, ils doiuent reconnoiſtre le lieu de leur naiſ-
ſance, & luy rendre vne partie de leur gloire.

L'Illuſtre & Noble Maiſon de Villars, qui a donné de ſi Grands
Hommes à la France, eſt originaire de Villefranche ; on void encore
les Armes de cette Famille en beaucoup d'endroits de l'Egliſe Paroiſſiale,
qui marquent la Pieté & la Liberalité des Anceſtres de tant d'Illuſtres
Prelats, qui font l'honneur de l'Egliſe & de la ville de Vienne.

Claude le Brun, Sieur de la Rochette, fameux Iuriſconſulte, a paſſé
ſa vie dans Villefranche, où il étoit né ; Il a compoſé vn Liure tres-vtile
pour la Pratique du Barreau, du Procez Ciuil, & du Criminel, auec
quelques autres Traitez.

Iean Baptiſte Morin eſt né à Villefranche le 7. jour de Mars, l'an 1583.
& eſt mort à Paris le 6. de Nouembre, l'an 1656. Il eſtoit Profeſſeur
Royal des Mathematiques à Paris, & fort conſideré parmy les Sçavans
de l'Europe, par la connoiſſance de cette ſcience, & par celle de l'Aſtro-
nomie. Les Cardinaux de Richelieu & Mazarin en faiſoient eſtime : &
l'on void par ſes ouurages qu'il la meritoit. Il a donné au Public ce
Liure tant deſiré, des Longitudes & des Latitudes, les Tables Rudol-
phines, diuers Traitez de Phyſique : & ce rare ouvrage d'Aſtrologie,
qui n'a eſté imprimé qu'aprés ſa mort, ſous le Titre, *Aſtrologia Gallica*.
Finiſſons par ſon Anagramme :

IOANNES BAPTISTA MORINVS,
Mira ſapiens, vni bono ſtat.

On peut encore adjoûter quelques Familles conſiderables qu'il y a
eu dans Villefranche, entr'autres celles des Baudets, de la Beſſée, &
Gayand. Celle des Baudets a eſté alliée dans la Maiſon de Ferrieres en
Bourgongne Maiſon qu'on peut dire Illuſtre, puis qu'elle a eſté alliée
dans la Maiſon de Bourbon; Il y a eu des Baudets deux Doyens de
l'Egliſe Collegiale de Beaujeu, Pierre & Hugues Baudet : le premier
viuoit enuiron l'an 1390. & le ſecond, l'an 1410. Ils ont fait de belles
Fondations dans cette Egliſe Collegiale, même donné tous leurs biens,
qui étoient conſiderables, par ſubſtitution, de laquelle ce Chapitre ne
joüit pas.

Baudet portoit pour Armes d'Azur à trois Fleurs de Lys d'argent, au chef d'or, chargé d'vn Lyon paſſant de gueules armé & lampaſſé d'argent.

La Maiſon de la Beſſée a eſté auſſi Illuſtre dans Villefranche, il y en a eu qui ont poſſedé des dignitez dans le même Chapitre de Beaujeu ; on void qu'vn Aymé de la Beſſée eſtoit en l'année 1352. Chantre & Chanoine dans lad. Egliſe, & y fonda la Chapelle de ſainte Croix. Il portoit pour Armes faſſé d'argent & de gueules de ſept pieces, au Lyon d'argent brochãt ſur le tout. Cette Maiſon de la Beſſée fut encore en conſideration prés d'Edoüard dernier Seigneur de la Maiſon de Beaujeu : juſqueslà, qu'vne Fille de la Beſſée fut aſſez heureuſe de meriter les bonnes graces de ce Prince ; en ſorte que bien ſouuent il ſe plaiſoit à joüer aux échets auec elle : ainſi qu'il paroit dans des anciennes vitres de la maiſon de la Beſſée ; Et comme la Figure eſt curieuſe par la rareté des habits de ce temps-là, on en verra icy la Planche.

A l'égard des Gayands, ils ont auſſi eſté conſiderables dans Villefranche, & y ont poſſedé des premieres charges. Ils ſe ſont pouſſez iuſques dans les Cours Souueraines, y en ayant eu des Conſeillers & des Preſidens au Parlement de Paris dans le ſiecle dernier, & dans celuy-cy. Autrefois ils ont auſſi poſſedé des Dignitez dans la meſme Egliſe de Beaujeu. On y trouue vn Guillaume Gayand, qui eſtoit Chantre & Chanoine en l'année 1480. & outre ce, Doyen d'Aigueperſe : Iean Gayand en 1519. luy ſucceda aux meſmes Dignitez : Et à celuy-cy ſucceda Charles Gayand en l'an 1525. En ſuite vn Philippes Gayand en l'année 1540. fut Sacriſtain & Chanoine de la même Egliſe & Doyen d'Aigueperſe : Et le dernier fut Pierre Gayand, qui en l'année 1557. ſucceda aux meſmes Benefices ; & outre ce, fut Chanoine & Official de l'Egliſe Cathedrale de Mâcon.

Gayand portoit pour Armes d'azur à quatre lozanges, mis en lozange d'argent.

Voila, MESSIEVRS, ce que vos Memoires me fourniſſent de vôtre Ville. Excuſez mon peu de ſuffiſance à écrire, ce qui demandoit vn Eſprit plus éleué que le mien; Acceptez le deſir que j'ay eu de vous ſatisfaire, en ne diſant que la verité; & me croyez,

MESSIEVRS,

Voſtre tres-humble
& tres-obeïſſant
Seruiteur
L. I. S.

ESTAT DE CEVX QVI
ont esté appellez à la Charge

D'ECHEVINS
DE LA VILLE

DE VILLEFRANCHE,
CAPITALE DE BEAVIOLOIS,
depuis prés de trois cens ans.

En 1376.

I OFFROY Peyſe,
Guichard du Mont,
Guionet de Riuiere,
Iean Barberet.

En 1398. *le* 9. *Iuin.*
Furent élus pour entrer au iour S.
Iean Baptiſte.

Guionet de la Beſſée,
Perronet Rochette,
Perronet Gerbaut, dit
 Gaſtier,
Iean de Valſonne.
Ce furent eux qui traiterent l'accord
avec Edoüard, Seigneur de Beau-
ieu, le 25. *May* 1399. *& conti-*
nuerent encore toute cette année-là.

En 1407.
Iean Ponceton,

Hugonet Pontanier,
Antoine Verſaut,
Gilet de Briene.

1408.
Pierre de Briandas, Licencié,
Michel de Ville, bourgeois.

1416.
Pierre Nadal,
Iean de Viri, dit Gateſolier,
Benoiſt Rubat.

1417.
Veran de la Beſſée,
Pierre Garin,

1419.
Robert Gayand,
Hmbert Mercier,
Humbert Bonet.

1423.
Iacquemin de Monceaux,

Hugonet Danay,
Gilet Chancel,
Iean Ogier, dit Marquet.

1424.
Veran de la Beffée,
Pierre Nadal,
Barthelemy Dortand,
Pierre Codurier.

1425.
Pierre Ponceton, Licencié,
Michel du Val,
Iean Thibaud,
Iean Cropet, dit Guichenon.

1429.
André Adzolles,
Monet Iordan de la Baftie,
Edoüard Hugan,
Matthieu Bernard.

1430.
Gerard de Buffy,
Pierre Mondard,
Antoine de la Beffée.

1431.
Guillaume Garin,
Iean de la Croix,
Humbert Mercier, Notaire,
Perronin le Serralieux.

1432.
Les deux derniers,
Philibert de Cofte,
Laurens Bernard.

1433.
Les deux derniers,
Pierre Nadal,
Iean Ponceton le vieux.

1434.
Pierre Aiguetan,
Iean Thibaud.

1435. *le 6. Novembre.*
Veran de la Beffée,
Iean Bernard, dit Gilet.

1436.
Antoine de Roche,
Iean Iulien,

1437.
Robert Gayand,
Barthelemy Tremblay.

1438. *le 19. Novembre,*
Iean Chalendat, Licencié,
Antoine Peyret.

1439. *le 29. Novembre.*
Iean de Monceaux,
Philibert Sotifon.

1440. *le 14. Novembre.*
Pierre Codurier,
Pierre Brunel.

1441.
On fit élection de trois Echevins.
d'Eftienne Chatillon *pour un an*
à la place de
Pierre Codurier *defunt.*
Et pour deux ans,
Humbert de Maleual,
Humbert Thibaud.

1442.
Iean Nadal,
Iean Cropet, Notaire.

1443.
Iean de Briendas,

Hugonin Campet.
1444.
Iean Chapuis le vieil, Notaire,
Barthelemy Souffrey.
1445.
Veran de la Beſſée,
Iean de la Croix.
1446.
Guillaume Garin,
Pierre Cholet.
1447.
Guillaume Manſoud,
Philibert Coſte.
1448.
Laurens Bernard,
Iean de les Motes, dit Morance.
1449.
Iean Gayand,
Claude de Monceaux.
1450.
Humbert de la Beſſée,
Humbert Thibaud.
1451.
Iean Gramond,
Iean Coyron.
1452.
Michel de Rancé, Licencié,
Pierre Brunel.
1453.
Claude Viennois,
Antoine du Poiſat, dit de Roche.
1454.
Pierre Tinet, Bachelier,
Humbert Malaual.

1455.
Edoüard Hugan,
Guionet Secretain.
1456.
Iean de Briendas,
Iean Nadal.
1457.
Iean Retis,
Iean la Place.
1458.
Iean Ponceton,
Guillaume de la Beſſée.
1459.
Iean de Rancé,
Meraud Corſin.
1460.
Iean Laborier,
Aymé Aujard.
1461.
Michelet Thibert,
Humbert de la Beſſée.
1462.
François Teiſſier,
André Favre.
1463.
Perrin Gayand,
Philippes Hugan.
1464.
Iean Thibaud,
Guionet Bonnet.
1465.
Iean de Bourg, Licencié,
Nicolas Bernard.
1466.
Veran de la Beſſée,

Claude de Monceaux.

1467.

Iean Gayand,
Antoine Mafuier, dit Panqualier.

1468.

Iean Nadal,
Pierre Cholet.

1469. *le premier Novembre.*

Pierre Guillaud,
Claude Bachelard.

1470.

Humbert de la Beffée,
Claude Thibaud.

1471.

Iean de Malaval,
Antoine Eyminet.

1472.

Guillaume de Briendas,
Pierre Gayand.

1473.

Antoine Favre, ou Fabri,
Iean Thibert.

1474.

Philippes de Faye,
Guillaume de la Beffée.

1475.

Philippes de Faye, *eſtant decedé,
on mit pour un an en ſa place.*
Pierre Tinet, Bachelier,
Et pour deux ans,
Iean Chalendat,
Iean de la Place.

1476.

Iean Cropet,

Claude Voyron.

1477.

Philibert de grand Ris, dit Barjot.
Iean du Val, dit Rodigue.

1478.

Claude de Monceaux,
Guichard de Vaux, Notaire.

1479.

André Favre,
Iean Eyminet,

1480.

Antoine Mafuier,
Guionet Bonet.

1481.

François Teiffier,
Nicolas Coyron.

Mil quatre cens huitante-deux.

Veran de la Beffée,
Guillaume le Breton.

Mil quatre cens huitante-trois.

Claude de grand Ris, dit Barjot,
Audry Ponceton.

Mil quatre cens huitante-quatre.

Pierre Gilet,
Nicolas Campet.

*Mil quatre cens huitante-cinq, le
ſeptiéme Novemb.*

Philippes Hugan,
Humbert Coſte.

*Mil quatre cens huitante-ſix, le
cinquiéme Novembre,*

Guillaume de la Beffée,
Colin Troillibert.

Mil quatre cens huitâte-sept.
Iean Gayand,
Pierre Garnier.

Mil quatre cens huitante-huit, le deuxiéme Novemb.
Hugonin de grand Ris,
Chatard Bochardet.

Mil quatre cens huictante-neuf, le huictième Novem.
Iean Chalendat,
Iean Bernard, Marchãds.

Mil quatre cens nonante,
Iean Bocard,
Perrin Campet.

Mil quatre cens nonante-vn,
Iean de la Beſſée,
Iean Thibert.

Mil quat. cens nonante deux le quatre Novembre,
Claude de grand Ris,
Pierre Gilet.

Mil quat. cens nonante trois.
Girard de la Bruiere, Docteur és Loix,
Ponthus Gayand, Marchand.

Mil quatre cens nonante quatre, le deux Novemb.
Iean Garnier,
Antoine Villiatrix.

Mil quatre cens nonante cinq le vingt Decembre,
André Branthe, Bachelier és Loix,
George Guerrein, Marchand.

Mil quatre cens nonante six, le ſixiéme Novembre,
Laurens Bernard.
Iean Lyvet.

Mil quatre cens nonante-ſept le cinquieme Novemb.
Guillaume de la Beſſée,
Iean de la Croix.

Mil quatre cens nonante huict,
Antoine Charreton,
Philippes de Rancé.

Mil quatre cens nonanté-neuf, le 3. Novembre,
Pierre Gillet,
Pierre Coturier, Marchands.

1500. le huictième Novembre,
Iean Bernard.
Claude Gaſpar, Marchands.

1501. le 7. Nouembre,
Iean Chalendat,
Iacques de Monceaux, Bourgeois.

502. le cinquiéme Nouemb
Antoine de Sourre, Licencié,
Pierre Bonnet.

1503 le quatriéme Nouemb.
Iean Garnier, dit Bourguignon.
Iean Guillaud.

Mil cinq cens quatre, le 3. Novembre,
Iean de la Croix,
Claude de Rancé.

1505. le 2. Novembre.
Pierre Gayand,
Antoine de Monceaux, Marchands.

1506. *le* 8. *Nouembre*,
Iean de la Beſſée,
Pierre Gilet.

1507. *le* 7. *Nouembre*,
Iean Chalendat,
Nicolas Cayron, Marchands.

1508. *le* 5. *Nouembre*,
Iean Ponchon.
Amé Aujard, Marchands.

1509. *le* 5. *Nouembre*,
Louys Gayand,
Iean Garnier, Marchands.

1510. *le* 3. *Nouembre*,
Claude de Monceaux,
Matthieu Mefple.

1511. *le* 2. *Nouembre*,
Philippes de Rancé,
Iean de la Moliere.

1512. *le* 7. *Nouembre*,
Iean de la Croix.
Antoine Guerrin.

1513. *le* 6. *Nouembre*,
Iean de la Croix, *eſtant decedé, on mit en ſa place pour un an*
Pierre Thibert.
 Et pour deux ans,
Antoine Charreton,
Laurens Bernard.

1514. *le cinquième Nouemb. dans la Tour de Courſin*,
Pierre Gayand,
Girard Petit-Roux.

1515. *le* 4. *Nouembre*,
Antoine de Monceaux,
Philippes Bottu.

1516. *le* 2. *Nouembre*,
Louys Gayand,
François de la Place.

1519.
Iean Gayand,
Veran Gilet.

1520. *le* 12. *Nouembre*,
François Bernard,
Claude Feraud.

1521.
Pierre Guerrin,
Michel Odille.

1522.
Claude Gafpard,
Philippes de la Croix.

1523.
Iean Nalard,
Imbert Guillaud.

1524.
Louys Gayand,
Amé Aujard.

1525. *le cinquième Novemb.*
Veran Mondard,
Iean Gayand.

1526. *le* 4. *Nouembre*,
François Garnier, dit Bourguignon,
Humbert Farcet.

 Mil cinq cens vingt-ſept,
François Chataney,
Guillaume Gafpard.

 Mil cinq cens vingt-huict,
Veran Mondard,

Claude de Monceaux.

Mil cinq cens vingt-neuf, le septiéme Nouembre.

Iean de grand Ris,
Iean Gilet.

1530.
Guillaume le Mort,
Guillaume Bernard.

1531.
François Garnier,
Antoine de Lolme.

1532.
Claude Gaſpard,
Claude Campet.

1533.
Philippes Hugan,
Iean Gilet.

1534. *le 8. Novembre,*
Claude de Monceaux,
Veran Aujard.

1535. *le 7. Novembre,*
Guillaume Gaſpard,
François Bernard.

1536.
Iean de grand Ris,
Rolin Guichard.

1537.
Iean Gilet,
Veran Aujard.

1538.
François Mercier,
Laurens Romanet.

1539. *le 8. Novembre,*
Veran Mondard,
Guillaume Gaſpard.

1540.
Pierre Codurier, *à la place de* Verand Mondard,
Germain Cuſſier,
Pierre de Monceaux :

1541.
François de Chaſtenay,
Humbert Guillaud.

1542.
Iean de grand Ris,
Guillaume Gaſpard.

1543.
Louïs Cler, Docteur en Medecine,
Rolin Guiſchard.

1544.
Matthieu Garnier,
Guillaume Boullard.

1545.
Guillaume Regonier, Docteur és Loix,
Claude Guerriens.

1546.
Guillaume Mandy, Docteur en Medecine,
Iean de Lolme.

1547.
Michel du Bourg,
Iean Saladin, Marchands.

1548.
Bernard de Roche,
François Nadal.

1549.
Louïs Cler, Docteur en Medecine,

Michel Odille.

1550.
Philibert de Monfort,
Iean de grand Ris.

1551.
Claude du Crofet,
Claude de Rancé.

1552.
Michel du Bourg.

1553.
François Mercier,
Antoine de Monceaux.

1554.
Antoine Porte,
Pierre Gobier.

1555.
Claude de Rancé,
Audry Fiot.

1556.
Iean de Lolme,
Iean Saladin.

1557.
Iean de grand Ris,
Matthieu Garnier,

1558.
Jean de grand Ris, *eſtant mort*,
Antoine de Monceaux, *fut mis en
 ſa place, pour continuer avec*
Matthieu Garnier,
Claude Chapuis,
Iean Moinard.

1559. *le 5. Nouembre,*
Iean Gilet,
François Bernard.

1560.
Iean Doyet,
François Aiguetan.

1561.
Ponthus Mondard,
Francois Fevre.

1562.
Antoine Giliquin,
Laurens de Chafteney.

1563.
Iean Valfort,
Francois Livet.

1564.
Iean Saladin,
Iean de Meaux.

1565. *le 4. Nouembre.*
Iean Gilet,
Pierre de Monceaux.

1566.
Antoine Porte le jeune,
Philippes Bernard.

1567.
Iean Beyffard,
Francois Morin.

1568.
Claude Gilet,
Laurens Beffié.

1569.
Francois Garnier,
Francois Talebard.

1570. *le cinquiéme Nouembre,*
Iean Gilet,
Pierre Saladin.

1571.
Claude Bourbon, Receveur,

Matthieu Garnier.

1572.

François Convers,
Iean de Meaux,

1573.

Estienne de la Roche, Lieutenant Particulier au Baillage,
Iean de grand Ris,

1574.

Thomas de la Praye, *pour y demeurer vne année, à la place du sieur de grand Ris, comme ancien.*
Aymé Cholier,
Iean Doyet, dit Minet.

1575.

Ponthus de la Praye,
Louïs Frivard.

1576.

Paul Regonier, Aduocat du Roy,
Ponthus Guillaud.

1577.

Barthelemy Aiguetan,
Pierre Gilet.

1578.

Michel Regonier,
Humbert Campet.

1579.

Pierre Roux,
Pierre Nadal.

1580.

Humbert Campet, *continué,*
Iean de Meaux l'aisné.

1581.

François de la Porte,
Noël Bottu, Sieur de la Barmondiere.

1582.

François Garnier, Sieur des Garets,
Thomas de la Praye.

1583.

François Livet,
Iean Hacte.

1584.

Philibert de la Varenne,
Pierre Morin.

1585.

Benoist G.. .r,
Iean Piajard.

1586.

Iean Mabiés,
Iean de Meaux le jeune.

1587.

Daniel Gilet, Esleu,
Christofle Fiot, Aduocat du Roy.

1588.

Claude Mondard,
Humbert Espiney.

1589. *le Vendredy 7. Juillet,*

Thomas de la Praye,
Antoine Turrin, *à la place desdits Mondard & Espiney, qui negligerent de faire la Charge, & le Dimanche cinquiéme de Novembre,*
François Livet, Sieur de Raconnas,
Philibert du Cloux.

1590.

Thomas de la Praye.

Claude Turrin, *furent continués pour vne année, attendu les vrgens affaires de la Ville.*

1591. *le 27. Decembre*,
Livet & du Cloux, *continués pour vne année.*
François Fabri, ou Fevre.
Ioan Doyet, dit Minet.

1592.
David Belet, Lieutenant Particulier,
Noël Bottu, fieur de la Barmondiere.

1593. *le 28. Novembre*,
Guillaume du Bois,
Iean Garnier, fieur des Garets,

1594.
François Garnier, fieur des Garets.
Iean des Champs.

1595.
Crefpin Mazuy, Prefident en l'Election,
Guillaume Beffié.

1596.
Humbert Efpiney,
Iean Michel.

1597.
Iean Gravillon le jeune,
François Corfand.

1598.
David Belet, Lieutenant Particulier,
Claude Chappuy.

1599.
Noël Bottu fieur de la Barmondiere,
Matthieu Favre.

1600.
Claude Charreton,
Noël Laifné, Greffier en l'Election,
Le fieur Charreton, *s'étant fait décharger, fut élû en fa place*
Iean des Champs.

1601.
Noël Bottu, fieur de la Barmondiere,
Matthieu Favre, *continuez pour deux ans.*

1602.
Benoift Gobier, Controolleur en l'Election,
Aymé Gilet.

1603.
Noel Bottu, &
Matthieu Favre *quitterent, & furent élus*
Claude Charreton, Efleu en l'Election,
Loüis Piajard,
Et le fieur Charreton *s'étant fait decharger, fut élû en fa place*
Claude Mondard.

1604.
Philibert du Cloux,
Edoüard Mignot.

1605.
Claude Mondard, *continué*,
Philippes Turrin.

1606.
Iean Rollin, Advocat,
Touffainéts Hacte.

1607.
Philippes Chapuis,
Iean Perrette.

1608.
François de la Praye,
Iean Guibert.

1609.
Aymé Chrestien,
Claude Bertrand.

1610.
Noel Bottu, sieur de la Barmondiere,
Laurens Bessié.

1611.
Aymé Chrestien, &
Claude Bertrand *continuez*.

1612.
Iean Michel,
Iean Gillet.

1613.
Iean Saladin,
Ponthus Perrete.

1614.
Ponthus Bessié, Enquest.
Guillaume Chappuys.

1615. *le 8. Nouembre*,
Iean Saladin, *continué*
Noel Bottu, sieur de la Barmondiere.

1616. *le sixiéme Novembre*,
David Belet, Lieutenant Particulier,
Claude Turrin.

1617. *le cinquiéme Nouembre*,
Noel Bottu, *continué*,
Cesar Retis, Lieutenant Particulier, Assesseur Criminel.

1618. *le 2. Decembre*,
François de la Praye, Advocat,
Antoine de Lolme.

1619. *le 20. Novembre*,
François Belet, Lieutenant Particulier,
Philippes Turrin.

1620. *le 5. Novembre*,
Claude Convers, Esleu,
Iean Guibert.

1621. *le 21. Novembre*,
Laurens Bessié,
Iean Rolin, Advocat.

1622. *le 27. Novembre*,
Claude Convers, &
Iean Guibert, *continuez*.

1623. *le 5. Novembre*,
Iean de Phelines, Advocat, Capitaine-Enseigne de la Ville, sieur du Martelet,
François Michel.

1624. *le 3. Novembre*,
Iacques Belet,
Guillaume Corlin.

1625. *le 17. Decembre*,
Nicolas Deschamps le jeune,
Guillaume Espiney.
Et en la place dudit Deschamps mort, le 17. Mars 1626. fut mis en sa place,
Iean Gilet.

1626. *le 8. Novembre*,
François de la Praye, Advocat,
Iean Bessié le jeune.

1627. *le 21. Novembre,*
Iean Gilet, *continué,*
Edoüard Mabiés.
  1628. *le 8. Novembre,*
Antoine Blondel, Procureur,
Claude la Foreſt le jeune.
  1629. *le 11. Novembre,*
Ceſar Retis, Lieutenant Aſſeſſeur Criminel.
Philippes Turrin.
  1630. *le 10. Novembre,*
André Cartier, Advocat,
Pierre de Phelines, Receveur du Taillon.
  1631. *le ſixiéme Novembre,*
Claude Dumas, Procur.
Pierre de Phelines, Marchand.
  1632. *le quatorziéme Novembre,*
Iean de Phelines, Advocat, ſieur du Martelet, Capitaine-Enſeigne de la Ville,
Claude Turrin, bourgeois.
  1633. *le quatriéme Novembre,*
Gilbert Noyel,
Antoine Courteille.
  1634. *le 14. Novembre,*
Benoiſt Cuſin,
Claude Tholomet.
  1635. *le 11. Novembre,*
Gabriel du Sauzey, Eſcuyer, ſieur de la Venerie, Conſeiller du Roy, & Lieutenant Particulier au Baillage.
Alexandre Bottu, Eſcuyer, ſieur de la Barmondiere, Conſeiller & Secretaire du Roy & de ſes Finances, & Advocat du Roy au Baillage.
  1636. *le neufviéme Novembre,*
Antoine Maſuyer, Preſident en l'Eſlection.
Iacques Heron, Conſeiller au Grenier à Sel.
  1637. *le 8. Novembre,*
David Roland,
François Eſpiney.
  1638. *le 14. Novembre,*
Iean de Phelines, Advocat, ſieur du Martelet, Capitaine-Enſeigne de la Ville,
Robert Simonard.
Ledit Sieur de Phelines s'étant fait décharger le 21. dudit mois, fut mis en ſa place
Iean Deſchamps, Eſleu en l'Eſlection.
  1639. *le 21. Novembre,*
Henry Convers, Lieutenant Particulier.
Philibert de Montchanin, Advocat.
  1640. *le 4. Novembre,*
Loüis Bourbon,
François Michel.
  1641. *le 17. Nouembre,*
Claude Eſpiney,
Pierre Gravillon.
  1642.
Iean de Phelines, Advocat cy-devant,
François Damiron, Procureur.

1643. *le 15. Novembre,*
Guillaume Corlin, Eſleu,
Claude Turrin.

1644. *le 20. Novembre,*
Henry Convers, Lieutenant Criminel,
Gilbert Noyel.

1645. *le 12. Novembre,*
André Cartier,
Edoüard Mabiés.

1646. *le 18. Novembre,*
Antoine Blondel,
Antoine du Sauzey, ſieur de louxtecros.

1647. *le 17. Novembre,*
Iacques Ennemond Fabri, Lieutenant en l'Election,
Pierre de Phelines, ſieur de la Chartoniere, Receveur du Taillon.

1648. *le 22. Novembre,*
Claude Chavorrier, Enqueſteur,
Humbert Cuſin, Procureur en l'Election.

1649. *le 21. Novembre,*
Loüis Deſchamps,
Claude du Sauzey, ſieur de la Beluiſe.

1650.
Eſtienne Gay, Procureur,
Claude Tholomet, Bourgeois.

1651. *le 26. Novembre,*
Gabriel du Sauzey, ſieur de la Venerie, cy-deſſus mentionné,
David Labbes, Bourgeois.

1652. *le 8. Decembre,*
Pierre Bergiron, Eleu,
David Eſpiney, Bourgeois.

1653. *le 9. Novembre,*
Iean Rolin, Advocat du Roy en l'Election.
Chriſtofle de Roche, Marchand Apoticaire.

1654. *le 29. Novembre,*
David de Phelines, Advocat du Roy, ſieur de la Chartoniere,
Claude Laurens, Notaire Royal, & Greffier au Baillage.

1655. *le 19. Decembre,*
Aymé de Buſſieres, Procureur du Roy en l'Election,
François Gilet, Marchand.

1656. *le 17. Decembre,*
Loüis Mabiés, Eleu,
Ponthus Beſſié, Advocat.

1657. *le 23. Decembre,*
Iacques Ennemond Fabri, ſieur de la Barre, Lieutenant en l'Election,
François Tournier, Conſeiller du Roy, Receveur des Conſignatiõs.

1658. *le 22. Decembre,*
François Mignot, Eſcuyer, ſieur de Buſſi et de la Martiziere, Lieutenant General Civil & Criminel au Baillage,
Loüis Bernard, Bourgeois.

1659.
Iean Guerin, ſieur de Briſeville, premier Preſident en l'Election,

Antoine Moreſtin, Advocat.

1660. le 19. Decembre,

Laurens Bottu, Eſcuyer, ſieur de la Barmondiere, Conſeiller & Secretaire du Roy & de ſes Finances, & Procureur du Roy au Baillage.

Iean du Sauzey, ſieur de Iaſſeron, Eſleu.

1661. le 18. Decembre,

Iean Deſchamps, Eſleu,

Eſtienne Turrin, Preſident au Grenier à Sel.

1662.

Les ſieurs de la Barmondiere & du Sauzey, *continuez pour deux années, &*

François Damiron, Procureur, *nommé pour exercer avec ledit ſieur Turrin, le ſieur Deſchamps eſtant mort.*

1663. le ſeizième Decembre,

Antoine du Boſt, premier & ancien Preſident en l'Election,

François Damiron, *continué pour deux ans.*

1664. le 21. Decembre,

David de Phelines, Lieutenant Criminel, ſieur de la Chartoniere,

Ponthus Beſſié, Advocat, Eſleu Aſſeſſeur.

1665. le 20. Decembre,

Claude de la Roche, Advocat du Roy au Baillage,

Pierre Bergiron, Eſleu.

1666. le 19. Decembre,

Charles de Phelines, ſieur de Ruyere, Preſident en l'Election.

Alexandre Beſſié, ſieur du Peloux, Advocat.

1667.

François Mignot, Eſcuyer, ſieur de Buſſy & de la Martiziere, Conſeiller du Roy en ſes Conſeils, Lieutenant General, Civil & Criminel au Baillage de Beaujolois,

Iean de Phelines, Advocat, ſieur du Martelet.

1668. le Dimanche 16. Decembre,

Antoine du Sauzey, ſieur de Iouxtecros,

Raymond de Meaux, bourgeois.

1669. le Dim. 22. Decembre,

Gabriel du Sauzey, Eſcuyer, ſieur de la Venerie, & Charmes, Conſeiller du Roy, Lieutenant Particulier au Baillage de Beaujolois,

Aymé de Buſſieres, ſieur du Chaſtelart, & Eſcuſſolles, Conſeiller & Procureur du Roy en l'Election dudit Païs.

1670. le Dimanche vingt-vn Decembre,

Antoine du Sauzey, ſieur de Iouxtecros, *continué,*

Antoine Moreſtin, Advocat en Parlement.

PRIVILEGES,
LIBERTEZ,
ET
FRANCHISES
De la Ville
DE VILLEFRANCHE,
CAPITALE DE BEAVIOLOIS.

OS PETRVS HASTE Domini noftri Françorum Regis Clericus, tenens Sigillum commune Regium in Baillivia Matifconenfi conftitutum, & Nos Martinus de Vlmo, Licentiatus in legibus, Sacrifta Sancti Nicetij, Officialis Lugdunenfis : Nofque Guillelmus de Moncellis, Licentiatus in legibus, Iudex ordinarius Curiæ Domini Bellijoci ; Notum facimus vniuerfis præfentes litteras infpecturis, & etiam audituris, Quòd cùm propter humanæ creaturæ labilem memoriam, quæ in proceffu longæui temporis non fine grauibus & nefandis geftorum fcandalis nofcitur oberraffe, fagax difcretio antiquorum hominum labilitate penfata, ne diuturnitate temporum, ea quæ inter contrahentes aguntur, fub obliuionis velamine defectui fubjacerent, docuerit, ea quæ inter contrahentes aguntur, per manum publicam fcripturæ memoriæ commendare. Sciens & attendens quia certiora funt, & minus poffunt calumniâ perturbari ea quæ vigorem à teftimonio aliorum accipiunt, quàm ea quæ verbo tantum, & fine fcriptis, inde memoriæ commendantur. Idcirco cùm inclytæ recordationis Dominus Humbertus Pater, quondam Dominus Bellijoci, qui Fundator extitit Villæfranchæ, in ipfa Fundatione dederit, & conftituerit ipfam Villamfrancham, & liberam, & jure jurando firmauerit, & promiferit fe franchefiam & libertatem ipfius Villæfranchæ omnibus habitantibus ciufdem Villæ, pro fe, & fuis inuiolabiliter cuftodire. Dominus vero Guichardus exiftens poftea Dominus Bellijoci, qui prædicto Domino Humberto fuc-

ceſſit, voluerit, & præceperit eandem libertatem & francheſiam dictæ Villæ cuſtodientibus, & inde juramentum tenendæ libertatis prædictæ Villæ præſtiterit ad vtilitatem, commodum, & ædificationem dictæ Villæfrancæ, pro ſe & ſuis, cum viginti militibus, tactis Dei Euangeliis corporaliter ſacroſanctis.

Cui Domino Guichardo ſucceſſit Dominus Humbertus, quondam Dominus Bellijoci, Conneſtabilis Franciæ, & pro ſe & ſuis libertatem, & francheſiam prædictam, redactam in litteris inſtrumento ſuo confirmauerit. Poſtmodum vero Guichardus Dominus Bellijoci, qui prædicto Domino Humberto Conneſtabili Franciæ, ſucceſſit, prædictam libertatem ad opus & commodum dictæ Villæfranchæ, & francheſiam per iuramentum ſuum promiſerit tenendam, & obſeruandam iurauerit pro ſe & ſuis, & litteras ſuper hoc confectas ſigilli ſui munimine roborauit. Poſt vero Dominus Reynaudus Comes Forenſis, & Dominus Bellijoci, & Domina Iſabella eius vxor Comitiſſa Forenſis, & Domina Bellijoci, Soror & hęres prædicti Domini Guichardi, quondam Domini Bellijoci, prædictam libertatem, & francheſiam ad vtilitatem & commodum prædictæ Villæfranchæ per iuramenta ſua pro ſe & ſuis inuiolabiliter in perpetuum tenendam, & obſeruandam iurauerit, & litteras ſuas ſuper his dictis Burgenſibus datas ſigillorum ſuorũ munimine roborauerunt. Quibus vero Dño Reynauldo Comiti, & Dñi Bellijoci, & Dominæ Iſabellæ Comitiſſæ, & Dominæ Bellijoci ſucceſſerit Dominus Ludouicus eorum filius quondam Dominus Bellijoci, & eandem libertatem & francheſiam in ſcriptis redactam ſub iuramento ſuo confirmauerit, & ſigilli ſui, ac etiam ſigilli Officialatus Lugdunenſis munimine roborauerit. Deinde vero Dominus Guichardus quondam Dominus Bellijoci, filius quondam dicti Domini Ludouici eidem Domino Ludouico patri ſuo ſucceſſerit, & eandem libertatem, & francheſiam in litteris redactam ad opus, vtilitatem, & commodum dictæ Villæfranchæ, per iuramentum ſuum tenendam, & in perpetuum obſeruandam, pro ſe & ſuis iurauerit, ſigilli ſui appoſitionem confirmauerit, & roborauerit. Cui quidem Domino Guichardo, quondam Domino Bellijoci ſucceſſerit Dominus Edoüardus, eius filius, quondam Dominus Bellijoci, qui etiam Dominus Edoüardus, dictam libertatem, & francheſiam tenendam & obſeruandam perpetuo ad opus, commodum & vtilitatem dictæ Villefranchæ, & omnium & ſingulorum habitantium in poſterum in eadem per iuramentum ſuum cum ſigilli ſui munimine roborauerit, & confirmauerit. Poſtea vero Dominus Antonius, Dominus Bellijoci, quondam filius prædicti Domini Edoüardi, quondam Domini Belliioci defuncti, volens ſuos Prædeceſſores imitari ſuo poſſe, libertates, immunitates, & francheſias Villæfranchæ, per ſuos Prædeceſſores Burgenſibus, & habitantibus dictæ Villæfranchæ pro ſe & ſuis tenendas & in perpetuum obſeruandas iurauerit, & promiſerit per ſuum iuramentum, & sub obligatione omnium bonorum suorum mobilium & immobilium, præsentium, & futurorum quorumcumque, eandem libertatem, & franchesiam pro se & suis Burgensibus prædictis, & habitatoribus dictæ Villæ tunc præsentibus & futuris tenere & inuiolabiliter obseruare; eademque priuilegia, ipsas etiam libertates, immunitates, & franchesias de iuribus suis ad plenum certificatus, laudauerit, ratificauerit, emologauerit, acceptauerit, pro se & suis successoribus quibuscumque, prout in litteris authenticis, sigillo communi Regio Matisconensis Bailliuiæ prædictæ, & Curiæ dicti Domini Belliioci, Officialatus Lugduni confectis per Michaëlem Meillam, & Girardum Rogati, Clericos, authoritate Regia Notarios publicos, & Curiarum prædictarum Iuratos expeditis, datis die Martis post Festum Epiphaniæ Domini, octauâ die mensis Ianuarij, anno Domini millesimo trecentesimo sexagesimo nono: sanis, & integris, non cancellatis, non vitiatis, non rasis, nec in aliqua sui parte obolitis, sed omni vitio & suspicione carentibus pleniùs continetur. In quibus Litteris superuenit omnis solemnitas Iuris & facti, quæ debet, & consueuit in talibus adhiberi, cum omnibus solemnitatibus, promissionibus, obligationibus, suppositionibus, renunciationibus, pariter & cancellis in talibus adhiberi consuetis necessariis de Iure & facto, & etiam opportunis. In quibus Litteris libertates & franchesias, de quibus suprà fit mentio, descriptæ sunt, & ipsæ continentur sub his verbis.

LIBERTAS AVTEM ET FRANCHESIA
Villæfranchæ est talis.

DOminus Bellijoci non potest, nec debet facere collectam, exactionem, collectam, seu quælibet alia grauamina, quibuscumque nominibus censeantur, Burgensibus Villæfranchæ, nec aliquid ab eis per vim, seu violentiam, vel alio modo infrà Villam, vel extrà extorquere aliquid, vel auferre.

Quicumque tenet pedam integram in Villa, debet pro ea duodecim denarios de seruitio. Peda integra est de quatuor teisiis in fronte, & ita debet teisia tres denarios de seruitio : & si non est integra, secundum quod tenet debet.

Si quis emerit domum in Villafrancha, vel pedam, tenetur Domino de tertiodecimo denario pro laudibus, & non vltrà ipsi Domino, vel eius Bailliuo.

Si quis autem pro sepultura sua legauerit Ecclesiæ vel Sacerdoti, domum vel pedam infra Villamfrancham, bene potest hoc facere, sed infra annum & diem debet vendi homini laico, qui possit & debeat tamquam alij Burgenses facere v[a]gium dictæ Villæ.

Si aliquis Burgenfis moriatur fine teftamento, & fine omni hærede, Burgenfes fanioris confilij de Villa, pro fe & fuis, mandato, & familia Domini, debent capere res defuncti, & cuftodire per annum & diem poft mortem ipfius defuncti, & debent fatisfacere Burgenfes mortui creditoribus, & cuilibet conquerenti de ipfo fuper vfuris & maleficio Ecclefiæ pro anima fua. Reliqua vero debent cadere in bonis Domini Bellijoci, fi fine teftamento moritur, & habens hæredes, propinquior fuccedit ei in hæreditate.

Si Burgenfis Villæfranchæ teftamentum compofuerit, qualecumque fit, inuiolabiliter obferuetur, dum tamen per duos teftes, vel tres legitimos probetur viros, vel mulieres.

Quicumque per annum & diem in Villafrancha moram fecerit, & fidelitatem Domini, & Villæ jurauerit, vel vfagium ipfius Villæ fecerit, de pedagio & lediis in terra Bellijoci immunis eft, & eodem gaudet priuilegio quo alij Burgenfes, dum tamen faciat, vfagium fuprà dictum, & Dominus debet eum requirere, & facere deliberari pro poffe fuo à quocumque captus fuerit, vel detentus.

Si alicui Burgenfi res fua in aliquo loco ablata fuerit, fi Iuri ftare velit, Dominus debet ei facere reddi res fuas, fi poteft, cum fuis expenfis propriis, & non debet inire concordiam cum auferente, quoufque res ablata reftituta fuerit amittenti.

Si autem amittens in terra Bellijoci, vel extrà, rationabile vadium inueniat, illud poteft capere per feipfum fine Bailliuo vel mandato eius; & fi aliquis eidem Burgenfi in capiendo vadium aliquam vim, vel violentiam inferat, Dominus Bellijoci debet illam vim vel violentiam remouere, & vim paffo emendari.

Dominus Bellijoci, vel eius Mandatum, vel Bailliuus eius, vel tenens Curiam Domini aliquem Burgenfem dictæ Villæ non capiat, nec capi faciat, feu capi patiatur propter aliquam caufam, nec equum, nec afinum, nec aliquid quod eifdem Burgenfibus fit, nec domum firmet, nec firmari faciat; quod fi factum fuerit, Dominus habeat pro non facto, & Burgenfem faciat emendari, nifi tale maleficium perpetrauerit, & legitime probatum fuerit, pro quo fecundùm vfagium Villæfranchæ meruerit quòd pecunia fua, vel ipfe Burgenfis debeat deuolui ad manus Domini, videlicet pro homicidio, latrocinio exceptis, delinquentibus in criminibus læfæ Majeftatis, hærefeos, & publicorum depopulatorum, & confimilium delictorum.

Si quis Burgenfis commiferit aliquod delictum, pro quo debeat condemnari, & res ipfius ad manus Domini deuolui, fecundùm tenorem præfentis priuilegij creditores debent primo folui de debitis fuis, quæ debebat eis ante commiffum perpetratum, de rebus ipfius delinquentis.

Dominus Bellijoci non debet mouere causam, vel placetum contra aliquem Burgensem Villæfranchæ, nec sustinere quod aliquis Bailliuus, vel aliquis de familia Domini, vel quilibet alius moueat, nisi ipse sufficienter cauerit (si cauere potest) quod causam legitime prosequatur.

Si Burgensis Burgensi fecerit aliquam injuriam, vel alius qui infrà Villam, vel in Bailliuia de Limans inhabitet, & coram amicis suis concordare voluerit antequam clamor ad Præpositum, vel ad Dominum, vel ad Auditores causarum Curiæ Domini deueniat, sine qualibet occasione possunt mutuo concordare : & si clamor inde factus non fuerit, actor, siue reus in clamore vel emenda propter hoc Domino non tenetur.

Burgenses Villæfranchæ ire in chaualchiam non tenentur.

Si Dominus Bellijoci adducit exercitum suum apud Villamfrancham ad morandum pro vtilitate sua, & Terræ suæ, bene potest hoc facere sub tali pacto, quod aliquod damnum non inferat Burgensibus, vel rebus eorum.

Dominus Bellijoci debet habere credentiam in Villafrancha per duodecim dies, & non plus, & non alius nisi ipse.

Si Burgensis Villæfranchæ terram vel possessionem aliquam tenet à milite, vel à quolibet alio ad seruitium, de seruitio tenetur eidem tantùm : & si oppositum fuerit eidem quoć ipsæ cessant in solutione eiusdem seruitij, non credatur apponenti nisi de duobus annis, nisi legitime probauerit quod monuit ipsum Burgensem ad soluendum seruitium prædictum, & quod Burgensis ipsum soluere contradixerit, & super prædictis duobus annis credatur juramento ipsius Burgensis de perjurio non reprehensi, si monitio, & contradictio solutionis dicti seruitij non extitit probata contra ipsum ; & si emerit aliquam possessionem, tenetur tantùm de laudibus & venditionibus, vbi consueuerunt leuari extra Villam, & non de aliqua alia recognitione, quocumque modo deueniat ad eum, exceptâ gageriâ arreragiâ à quatuor annis suprà, quia tunc tenetur tantùm in mediis laudibus & venditionibus, vbi consueuerunt leuari extrà Villam, & infrà Villam in mediis laudibus tantùm, & ipsam terram & possessionem vel rem potest dare. Burgensis ad suprà seruitium data, debet dictus Burgensis habere laudes & venditiones, & inuestire tanquam Dominus.

Miles vel domicellus non debet esse Præpositus Villæfranchæ.

Si coram Præposito clamor factus fuerit, coram ipso infrà Villamfrancham causa agatur.

Si quis Burgensis extrà Villam alicui fecerit injuriam, & inde clamor factus fuerit, infrà Villam causa agatur.

Si miles vel domicellus aliquem Burgensem percutiat, Dominus debet habere pro emenda ad voluntatem suam, & Burgensi percusso, ad dictum duorum Burgensium sanioris consilij de Villa, injuria emendetur, vel ad sacramentum ipsius Burgensis percussi, si Burgenses nollent se intermittere de hoc propter amorem, vel timorem militis vel domicelli ; & si Burgensis vim repellendo aliquam vim vel violentiam fecerit eidem militi, vel domicillo, non teneatur Domino ad emendam, nec militi, vel domicello, nec complicibus eorumdem.

Si Burgenses Villæfranchæ commune faciant ad opus Villæfranchæ, nec Præpositus, nec Chacipolus, nec aliquis de familia Domini debet interesse.

Si Burgenses Villæfranchæ commune faciant ad opus Villæfranchæ, nec Præpositus, nec Chacipolus, nec aliquis de familia Domini debet interesse.

Si Præpositus vel Chacipolus requisiti fuerint quod capiant pignora eorum qui commune nolint soluere, hoc facere debent sine contradictione, & mercede.

Si Præpositus vel Chacipolus, vel eorum familia fecerint injuriam alicui Burgensi, vel causam mouerint contra ipsum, ipsi tenentur cauere coram Domino vel Mandato eius : & si non obtinuerint quod obijciunt, debent emendare Burgensi sicut alius simplex homo ; & si verò causa moueatur super aliqua injuria, infrà annum & diem à tempore factæ injuriæ non fuerit terminata, postea non audiatur, passus super ea, nisi istud propter defectum Iudicis acciderit siue culpam.

Si leno vel meretrix, garcio vel garcia alicui Burgensi conuitium dixerit, & ipse Burgensis, vel aliquis de amicis eius percutiat eos de palma, vel de pugno, vel de pede, non teneatur Domino ad emendam, nec percusso : & super ipso conuitio credatur juramento ipsius Burgensis, quod ei conuitium dixit.

De verberatura cum sanguine si clamor factus fuerit, Dominus sexaginta solidos debet habere, si probatum fuerit legitime, quod ille de quo clamor factus est, sanguinem fecerit conquirenti de baculo vel gladio, nisi sit sanguis narris vel esgroysura ; si vero clamor inde factus non fuerit, nihil potest petere Dominus, vel aliquis pro eo.

De verberatura sine sanguine si clamor factus fuerit, debet habere Dominus septem solidos, & nihil amplius, & pro commodo verberaturæ : debet verberato per manus duorum vel trium Burgensium sanioris consilij de Villa injuria emendari : de pugno, per se tres solidos : de palma, per se tres solidos.

Quilibet Burgensis potest habere mensuram suam, vel mensuras & vlnas, si sint legales, & de illis non tenetur dare aliquid Domino, vel Mandato eius.

In falsis mensuris & vlnis habet Dominus septem solidos ; & si dicatur mensura falsa, vel vlna, ad mensuras & vlnas escandilandas vocentur duo vel tres Burgenses meliores de Villa, & illa de cuius est vlna vel mensura, & in præsentia eorum escandilietur, & videatur vtrum sit salsa, vel non ; & si aliquis de familia Domini ceperit aliquam mensuram vel vlnam, debet eam tradere alicui Burgensi fide digno incontinenti, qui custodiet illam quousque escandilietur, & primo idem Burgensis consimilem mensuram mensuratam ad mensuram captam debet tradere eidem cuius capta est mensura, ne ipse perdat venditionem suam.

Si quis portauerit pannum infrà operatorium, ad faciendum indumentum, non debet vadiari in operatorio, nisi ab eo cuius erat pannus, si non fuerit pagatus.

Quicumque venerit ad forum Villæfranchæ, quamuis debeat debitum in Villa, nisi forum fuerit eidem prohibitum, veniens & rediens saluus debet remanere.

Si alicui Burgensi debet debitum homo extraneus, & soluere contradicat ad instantiam ipsius Burgensis, 'Præpositus vel Chacipolus debet ei forum prohibere : & si post prohibitionem ad forum venerit, ipse cum rebus suis potest à creditore, vel mandato ipsius vadiari, & etiam detineri sine familia Domini, & ipsum poterit dictus creditor facere detineri, si voluerit, per Præpositum, vel per familiam Domini.

Nemo pro debito quod debet, de indumento quod habet indutum potest vadiari, nec de ostio domus suæ pro debito, nec domus eius firmari, nisi pro seruitio domus vel conducto, nec res eius immobiles vendi vel distrahi, nisi nominatim fuerint obligatæ, dum mobile habeat vnde satisfaciat creditori ; sed si mobile non habeat, omnia immobilia potest creditor sine authoritate & mandato Domini capere, vendere, & distrahere vsque ad valorem debiti sui, & etiam detinere.

Si quis injuriam passus fuerit, & ille clamorem fecerit, conuictus de injuria actor siue reus clamorem soluere debet.

Præpositus, Chacipolus, vel aliquis de familia Domini, pro se vel pro Domino non potest, nec debet ferre testimonium contra Burgensem dictæ Villæfranchæ in Curia Domini accusatum.

Quicumque in Villamfrancham venire voluerit ad morandum, Dominus debet eum retinere, si paratus sit de se conquerentibus stare Iuri ; si vero stare Iuri nolit, Dominus debet eum conducere ad locum securum, nisi sit latro publicus, vel homicida.

Si quis homo ex quacumque parte venerit in Villamfrancham, & franchesiam Villæ ejusdem jurauerit, in numero Burgensium computatur.

Si creditor debitoris pignus capiat, & debitor creditori pignus auferat, si clamor inde deueniat ad Præpositum, creditor debet per Præpositum pignus habere, & in tribus solidis debitor condemnetur : & si creditor clamorem fecerit de debitore suo antequam ad pignus defecerit, creditor tenetur foluere clamorem.

Adulteri fi brachiis tractis inuenti fuerint, vel fi nudus cum nuda inueniantur, & per teftes probatum fuerit, pro conuictis habeantur, & tunc tenentur fecundùm electionem ipforum nudi per Villam currere, vel curfum redimere ad voluntatem Domini.

Si quis puellam per vim deflorauerit, debet eam ducere in vxorem, fi fit par ei, vel eam ad confilium quatuor Burgenfium fanioris confilij de Villa maritare; & fi inde clamor factus fuerit, quia prædicta facere non vult de puella, & probatum fuerit de confilio duorum Burgenfium, & per Dominum emendetur puellæ vim paffæ injuriâ fibi factâ, & in voluntate Domini ipfe remaneat ad confilium Burgenfium prædictorum. Si vero aliqua puella vel mulier dicit fibi violentiam illatam fuiffe ab aliquo in tali loco vbi potuit clamare, & audiri ab aliquibus, fi non clamauerit, non debet ei credi : & fi in loco vbi non poffunt audiri, ne credatur ei, nifi probatum fuerit.

Si milites Burgenfi debitum debeant, de equo vel roncino, dum de fuper fuerint, non vadiantur, de rebus aliis poffunt vadiari.

Quicumque extraneus ad forum Villæfranchæ venerit, fe in foro leidias dederit, de pedagio non tenetur : de refiduo quod in foro vendere non poteft, debet pedagium, fi Villam tranfeat.

Miles fiue domicellus non debet habere domum in Villafrancha, nifi magnam domum de Lyergues.

Si quis poffeffionem aliquam, domum, pratum, vel agrum teneat per fe vel per alium ab aliquo Domino, & eam vendere voluerit, liberè & abfolutè fine contradictione Domini ipfius rei vendere poteft cùm voluerit, nec poteft idem Dominus rem venditam retinere ; & fi prædictus Dominus prædictum emptorem offerentem quod debet ei pro re vendita, nolit inueftire, Dominus Bellijoci, vel Bailliuus eius ad requeftam ipfius emptoris debet compellere eundem Dominum rei venditæ, quod ipfum emptorem inueftiat de eadem, nifi ipfe Dominus putat caufam rationabilem quare ipfum emptorem non debet inueftire.

Si quis enfem, cultellum, vel gladium euaginauerit contra aliquem, licet ipfum non percufferit, fexaginta folidos foluat, & emendet injuriam patienti.

Si quis Burgenfis Villæfranchæ voluerit fe transferre ad alium locum, debet tenere & habere pacificè res fuas quas habet in dominio Domini Bellijoci, & eas vendere, & diftrahere, & obligare cui voluerit, & de iifdem rebus fine aliqua contradictione fuam facere voluntatem.

Iudæi non debent commorari in franchefia Villæfranchæ, nec Corionarij ludere in eadem, nec Corfini : non debent commorari in Villafrancha, nifi de voluntate Domini & Burgenfium dictæ Villæ.

Si Burgenfis Villæfranchæ ante domum fuam logiam fecerit, non tenetur Domino affignari feruitium fuper ea, nifi logia fit lucratiua, & tunc affignandum fecundùm menfuram pedæ, & alter ante domum alterius non debet afferuifiare, fe ille cuius domus eft, illud voluerit retinere.

Quicumque habet domum in Villafrancha, & facit vfagia Villæ, immunis eft à lediis Villæ, & à pedagiis in terra Domini Bellijoci, & etiam Bordelarius ab iftis pedagiis immunis eft, faciendo vfagia dictæ Villæ.

De pomis, peris, caftaneis, & fimilibus, & minutis fructibus non debet leyda leuari.

Si Burgenfis Villæfranchæ aliquam injuriam fecerit, quod non fit homicidium, vel furtum, vel aliud confimile, vel majus delictum, & clamor inde fiat, Præpofitus poteft petere ab eo quod caueat: & fi non velit cauere, habet recurfum ad bona fua: & fi non habeat bona, corpus eius in honefto loco ponat, in domo Præpofiti, vel Chacipoli, dum tamen primo caueat qui clamorem fecit: & fi aliquis Burgenfis ad hoc fufficiens velit pro ipfo cauere de ftando Iuri, vel habere corpus eius perfonaliter ad certam diem, poteft & debet ipfum habere; fi vero inde clamor non fiat, Præpofitus vel aliquis pro eo non fe debet intromittere de eodem.

Omnes autem capti apud Villamfrancham tempore mutationis domini deliberentur, nifi tale delictum perpetrauerint pro quo mortem meruerint, & tunc promittant pro ipfa deliberatione fine reditu transfretare.

Si Dominus, miles etiam, vel quilibet alius dederit terram aliquam, feu poffeffionem aliquam alicui Burgenfi Villæfranchæ ad feruitium, qualecumque feruitium fuerit fuper hoc conftitutum, contra Burgenfem vel eius fucceffores non poteft reclamare, nec ad fe rem afferuitiatam reuocare, nec ipfum Burgenfem vel fuos conuenire, vel citare, nec facere vexari occafione ipfius rei extrà Bailliuiam in qua res ipfa extitit, nec eidem Domino teneatur idem Burgenfis extrà dictam Bailliuiam fuper hoc refpondere.

Si quis Burgenfis rem fuam vendiderit, poftea non audiatur reclamans.

Si qui Burgenfes Villæfranchæ inter fe aliquibus rebus faciant permutationes, non tenentur dare laudes, vel quodlibet aliud dominium earumdem rerum, nifi de hoc quod pro eifdem rebus compenfatum fuerit in pecunia numerata, nec debent domini ipfarum rerum ipfam permutationem aliquatenus impediri.

Quilibet Burgenfis poteft habere furnium in Villafrancha pro duobus folidis & fex denariis, forcium de feruitio: & quilibet poteft coquere vbi voluerit, & non tenetur dare pro turta, nifi tantummodo denarium Viennenfem, & afinata frumenti debet coqui pro fex denariis Viennenfibus: & qui habuerit furnium, poteft illud relinquere, fi voluerit, & tunc de dicto feruitio non tenetur.

Quilibet Burgensis potest molere vbi voluerit, & habere asinum ad portandum bladum ad molendinum, qui eat per Villam ad requirendum bladum.

Si quis Burgensis Villæfranchæ, vel aliquis de Bailliuia de Limans reddit, seu obligat titulo pignoris vel hypothecæ domum suam, pratum, seu possessionem aliquam mobilem vel immobilem, cùm nihil ei debeat cui obligauit, vel pro majori summa pecuniæ quam sibi debeat, & hoc sit in fraudem aliorum creditorum, si clamor inde fiat, & probatum fuerit legitime obligans, & cui obligatur : vterque in triginta solidis puniantur, & dicta obligatio nulla sit, nisi in hoc quod in veritate debetur.

Si quis de nouo voluerit fieri Burgensis Villæfranchæ, Præpositus vnà cum duobus Burgensibus recipit juramentum de franchesia Villæ obseruandum, nec aliquid petat pro hoc ab eodem.

Si Burgensis Villæfranchæ, vel aliquid pro ipso in domo, curtili, nemore, vinea, vel aliqua possessione sua aliquem injuriantem sibi inuenerit, licet inuentus neget injuriam Burgensi juranti, hoc si clamorem secerit, credatur, dummodò de perjurio non sit suspectus.

In Villafrancha non debent vendi carnes taurorum à Pascha vsque ad festum Beati Michaëlis, nec vllo tempore carnes leprosæ seu grauatæ pro sanis, & carnes suum pro masculis, nec debent carnifices dimittere carnes caprarum, seu aliarum bestiarum per aliquam moram temporis vel horæ in aqua per aliquod tempus : quæ si fecerint, & ementi carnes hoc non dixerint, in tribus solidis Domino teneantur, & Burgensi ementi ad emendam.

Sigillum Communitatis Villæfranchæ per duos Burgenses ejusdem Villæ, qui ab aliis Burgensibus eligantur, vnà cum Præposito Villæfranchæ, custodiatur : qui dicti tres jurent quòd bonâ fide sigillabunt de dicto sigillo, & quòd sint temporibus retiratis, & erit de dicto sigillo sigillatum : Volumus, & etiam confirmamus quod habeat perpetuam roboris firmitatem, & quòd credatur eidem sigillo sicut sigillo Domini Bellijoci, & sigillo Curiæ suæ ; & dicti duo Burgenses possunt permutari de anno in annum, pro voluntate Burgensium dictæ Villæ, & vnus dictorum duorum Burgensium habeat, & custodiat penes se in domo sua confinellum in quo seruabitur dictum sigillum, & aliquis de Villafrancha non debet dare pro dicto sigillo nisi duodecim denarios Franciæ, qui pro voluntate Burgensium ad muros Villæ vel ad gaytias ponantur, & expediantur.

Burgenses Villæfranchæ non tenentur dare pro sigillo Curiæ Domini Bellijoci, nisi vnum denarium Viennensem pro qualibet libra contenta in Litteris super mutuo confectis, & duos denarios Viennenses pro qualibet libra contenta in Litteris super conquerementis confectis sigillo dictæ Curiæ sigillandis.

Si quis Burgenfis Villæfranchæ condiderit teftamentum, hæredes, feu executores ejufdem poffunt facere aperiri & publicari dictum teftamentum vbi voluerint, nec debent compelli authoritate Domini vel ejus Mandati, nifi ad requeftam alicujus cujus interfit ad publicationem ipfius teftamenti faciendam. Et fi prædictum teftamentum aperiatur in Curia Domini Bellijoci, Iudex ipfius Curiæ, vel alius pro eo non debet petere vel leuare pro ipfa publicatione teftamenti figillanda vltrà quadraginta folidos Viennenfes, & fic defcendendo ad minores & mediocres Burgenfes, fecundum quod præfato Iudici fecundùm facultatem defuncti juftum videbitur recipiendum pro figillandis publicationibus teftamentorum Burgenfium prædictorum.

Iudex Curiæ Domini Bellijoci non poteft, nec debet facere aliquem Burgenfem Villæfranchæ compellere authoritate Domini, vel fuâ, ad confirmandum fibi tutelam vel curam alicuius pupilli vel minoris, nec petere ne leuare vltra viginti folidos Viennenfes pro figillando inuentario fuper bonis & hæreditate alicujus Burgenfis defuncti confecto, & fic defcendendo ad minores & mediocres Burgenfes fecundùm quod prædicto Iudici juxtà facultatem eorumdem, iuftum videbitur recipiendum.

Similiter fub eodem iuramento continetur quòd Dominus Bellijoci fit Dominus Villæfranchæ, & antequam Burgenfes dictæ Villæ teneantur promittere eidem Domino fidelitatem.

Primò tenetur & ipfe Dominus, pro fè & fuis fucceffioribus, ipfis Burgenfibus iurare fuper fancta Dei Euangelia, cum viginti militibus, fe prædictam franchefiam & libertatem confirmare, cuftodire, attendere, & tenere ficut in præfenti fcripto continentur, & firmiter & inuiolabiliter obferuare.

Dominus Bellijoci, vel Præpofitus, vel Chacipolus ipfius, feu aliquis pro eo, vel nomine ipfius Domini, non poteft, nec debet capere, nec capi facere, nec faifire feu faifiri facere per fe vel per alium, aliqua bona mobilia vel immobilia alicuius Burgenfis defuncti, pro aliquo maleficio vel delicto, feu occafione, vel caufa, nifi fuper eifdem dictus Burgenfis in vita fua conuentus fuerit, vel conuictus quòd tale fuerit delictum feu maleficium, vel alia occafio, quæ perfona Burgenfis & res eius fecundùm tenorem priuilegij præfentis, debeat ad manus Domini deuenire.

Si faifina aliqua facta fuerit per Præpofitum vel Chacipolum, vel per alium nomine Domini Bellijoci, ad inftantiam alicuius fuper aliquibus rebus, quæ citò partes concordauerunt pro quibus faifina facta eft, & tunc in continenti Præpofitus defaifire teneatur res faifitas fine dono & mercede, ad inftantiam illius qui faifire fecit, recepto tamen iure fuo & Domini, fi quod habet in faifina.

Si aliquis latro fuerit captus in terra Domini Bellijoci, & furatus fuerit res alicuius Burgensis Villæfranchæ, & confessus fuerit quòd res ipsius furatus est, reddantur eidem Burgensi, si extant; & si non extant, de bonis ipsius latronis, si quæ habeat, furtum restituatur.

Si quis Burgensis obierit, & testamentum fecerit, & executores ordinauerit, & habeat filios vel filias, dicti filij vel filię maritantur de consilio executorum, & parentum Burgensium defuncti : & si decesserit intestatus, filia vel filiæ debent maritari ad consilium quatuor Burgensium sanioris consilij, & parentum, & amicorum Burgensium defuncti, mandato vel consensu dicti Domini Bellijoci super his minime requisito.

Si Burgensis filiam suam maritauerit, de dote sua debet esse contenta, & nihil potest, nec debet petere in hæreditate paterna vel materna, nisi ei relictum fuerit, vel nisi aduenerit de escheytia, aliis tamen liberis vno vel pluribus existentibus Burgensibus supradictis.

Si miles, vel alius quilibet extraneus debeat debitum alicui Burgensi Villæfrancæ, Præpositus vel Chacipolus debet ire cum creditore sine dono & mercede ad gagiandum debitorem, & eum gagiare.

Si Burgensis vxorem suam percusserit seu verberauerit, Dominus non debet inde recipere clamorem, nec emendam petere, nec leuare, nisi illa ex hac verberatura moriatur.

Si quis Burgensis petram, baculum, & aliud consimile erexerit, vel leuauerit, & ille contra quem prædicta facta sunt, percussus non fuerit, si clamor inde fiat, tenetur Domino in septem solidis pro emenda, & ipsi contra quem facta sunt prædicta iniuria emendari ; si verò clamor inde non fiat, Burgensis Domino, vel Bailliuo suo propter hoc in aliquo non tenetur.

Si Burgensis Villæfranchæ aliquem percusserit in die fori, vel in die nundinarum eiusdem Villæ, nihil plus debet ex illa iniuria, quàm deberet sine foro, & nundinis supradictis.

Cùm aliqua terra & domus, vel vinea, nemus, pratum, seu quælibet alia pignora, mobilia vel immobilia pro vendendo per forum Villæfranchæ subhastata fuerint, Bailliui vel eorum familia per se vel per alium ea emere non possunt nec debent, seu aliqua de prædictis pignoribus habere, retinere, seu facere retineri.

Burgensi bonæ famæ, & laudabilis opinionis, per scripta sua, vel sine scriptis vsque ad centum solidos forcium Lugdunens. per iuramentum suum debet fides adhiberi : & similiter hæredi Burgensis defuncti bonæ famæ, cum scriptis patriciis vsque ad summam sexaginta solidorum forcium per iuramentum suum debet credi.

Si Burgensis Villæfranchæ faciat testamentum in scriptis vel sine scriptis, & retinet pro anima sua aliquam summam pecuniæ, seu aliqua immobilia,

Dominus exinde aliquas laudes non debet habere, nec percipere, nisi testator præceperit eas vendi, vel aliqua de eis, & de re vendita habebit Dominus laudes suas.

Si quis Burgensis pro debito, quod sibi debetur, saisierit aliquam rem, domum, vineam, agrum, vel pratum, vel aliud mobile vel immobile auctoritate Domini, primus saisitor debet primò persolui integre debito suo, nisi res ipsa saisita prius fuerit alij obligata, & de residuo alij saisitores & occasione ipsius saisinæ Dominus vel Bailliuus eius nihil potest petere de saisitis, nisi ab eo contra quem facta est saisina.

Burgenses Villæfranchæ possunt alter alterum vadiare per fora, & nundinas dictæ Villæ pro debitis suis, & in hoc nihil potest peter : Dominus, vel Bailliuus eius.

Si quis Burgensis Villæfranchæ aliquod pignus mobile vel immobile vendiderit, vel vendi fecerit in foro vel in nundinis Villæfranchæ, & ille contra quem, vel propter quem, vel alter pro eo infrà annum & diem non appellauerit de venditione pignoris facta contra ipsum, seu quicumque rationis contradictam venditionem dixerit, si præsens in Prouincia fuerit, deinceps super prædictis nullatenus audiatur.

Præpositus vel Chacipolus, vel aliquis de familia Domini non frangant, nec capiant, nec donent panem pistorum, vel pistorifarum propter paruitudinem panis, vel aliam aliquam ingratitudinem, nisi de consilio trium Burgensium, qui cum Præposito videant & iudicent quid de pane illo sit faciendum.

Nullus reuenditor piscium Villefranchę potest, nec debet emere pisces aliquos de piscatoribus riueriæ, à riueria citra, nisi ad comestionem suam, vsque ad horam nonam, nisi emerit illos à piscatoribus in ripperia, nec in piscaria Villæfranchæ possunt aliqui participando emere pisces à piscatoribus, nisi bini & bini, & si contra fecerint, pisces amittantur.

Si miles vel aliquis alius aliquem Burgensem Villæfranchæ super aliqua re seu possessione, quam tenet ab eo ad seruitium, impediat vel perturbet, & Burgensis offerat se daturum eidem impedienti idoneam cautionem de stando Iuri coram ipso infrà Bailliuiam, in qua res ipsa existit, & ille impediens nolit desistere à perturbatione ipsius, illud impedimentum, & perturbatio debent per Dominum Bellijoci remoueri.

Burgensis Villæfranchæ non debet in causam trahere aliquem Burgensem dictæ Villæ extrà Curiam Domini Bellijoci, dum tamen ille Burgensis contra quem agitur, paratus sit in ipsa Curia stare Iuri, nisi in causa matrimoniali, & super vsurarum prauitate, & quod cuilibet Burgensi liberum sit absque timore alicuius pœnæ vel cautionis præstandæ à qualibet interlocutoria &

diffinitiua fententia contra ipfum lata ad Dominum Bellijoci tantùm infrà tempus legitimum appellare.

Aliquis qui non eſt in ætate difcretionis, in clamore vel emenda Domino, vel eius Bailliuo non tenetur.

Qui de noƈte extrà horam inuenerit aliquem in domo fua fine igne, capere poteſt ipfum fine authoritate & mandato Domini : & fi fe defendat contra dominum eiufdem domus, & ipfe dominus, vel aliquis de familia eius vulneret ipfum capiendo, vel retinendo eundem : propter hoc Domino, vel eius Bailliuo in aliquo non tenetur, & ipfum captum debet reddere Præpofito, vel Chacipolo.

Aliquis Burgenfis non debet vendere vinum fuum ad potum in Villafrancha, nec augere pretium vltra quatuor denarios forcium, videlicet quodlibet feyty in qualibet doliata vini.

Nullus Burgenfis Villæfranchæ tenetur aliquem de familia fua pro aliquo furto fibi faƈto capere vel retinere, licet ipfum furantem inuenerit, & in hoc Domino, vel Bailliuo eius in aliquo non tenetur.

Dominus Bellijoci non debet inquirere fuper rebus immobilibus alicuius Burgenfis Villæfranchæ, nifi de voluntate Burgenfis, contra quem eſt, inquifitio facienda.

Claues portarum Villæfranchæ debent cuſtodire aliqui Burgenfes, à Præpofito, & ab aliis Burgenfibus deputati, & Dominus non poteſt alicui afferuifiare Turres dictæ Villæ : & quòd portæ omnes eiufdem Villæ firmatæ non teneantur siue clausæ propter commune debitum dictæ Villæ, nec propter deliƈtum alicuius Burgenfis, nifi de voluntate & confenfu fex Burgenfium dictæ Villæ.

Si quis habet domum infrà Villam coopertam de palea, ipfam faciat cooperiri de tegulis infrà duos annos, alioquin diruatur à Burgenfibus dictæ Villæ extunc.

Dominus Bellijoci, vel Bailliui eius non poſſunt, nec debent facere imponere aliquam pœnam alicui Burgenfi Villæfranchæ in aliquo cafu, nec percipere aliquid fub pœna ; quòd fi factum fuerit, pœnà non tenetur.

In aliis autem minoribus clamoribus in præfenti fcripto non expreſſis, habet Dominus tres folidos, & non plus.

Si Dominus Bellijoci mutat Præpofitum Villæfranchæ, vel Bailliuum in Terra fua, vel Iudicem in Curia fua : ipfi Præpofitus, Bailliuus & Iudex in ipfa mutatione debent iurare in manu quatuor Burgenfium de Villa, fe contra ſtatuta, libertates & franchefiam in præfenti fcripto contentas, præfentato tamen fibi præfenti priuilegio durante, eorum officio aliquatenus non venire.

Omnes autem confuetudines approbatas & obtentas in franchefia dictæ

Villæfranchæ & extra, quæ in præsenti scriptæ, & extra minime nominantur, sicut hactenus obseruatæ sunt, approbamus, & etiam confirmamus : Volentes, & espresse præcipientes quod quacumque pro nobis, & successoribus nostris in Terra Bellijoci Iudex Curiæ nostræ, qui pro tempore fuerit, & Præpositus Villæfranchæ, & Chacipolus, vniuersa & singula prædicta, prædictis Burgensibus Villæfranchæ firmiter, & inuiolabiliter obseruent, & hæc promittant facere per iuramenta, & quod ipsi Iudex siue Bailliuus nihil petant à partibus coram ipsis litigantibus pro habendo consilio super causis eorumdem.

Volumus etiam, & concedimus nos dictus Dominus Bellijoci, & Burgenses prædicti, quòd Dominus Guido, Dominus Sancti Triuerij seu eius hæredes, & successores habeant in perpetuum domum, quam ipse Dominus Sancti Triuerij quondam habebat apud Villamfrancham ante Ecclesiam iuxta domum liberorum Magistri Ioannis Policart, & iuxta domum Iacqueti Vesti, cum eiusdem domus appendiciis & pertinentiis vniuersis, quietam, & absolutam ab omnibus vsagiis dictæ Villæ.

Præterea cum discordiæ, quæstiones & controuersiæ motæ fuissent inter Dominum Ludouicum, quondam Dominum Bellijoci ex vna parte, & prædictos Burgenses Villæfranchæ ex altera, super eo quod datum fuerat intelligi eidem Domino Ludouico, ipsos Burgenses Villæfranchæ sibi teneri ad recognitiones pro terris & rebus ipsorum immobilibus, existentibus in Bailliulis de Limans, & de Polliaco Castro, quas ipsi Burgenses ab eodem tenebant, quæ de directo dominio ipsius Domini Bellijoci quondam existebant, seu pro quibus sibi soluebant, seu soluere consueuerant seruitia siue census, eaque occasione idem Dominus Ludouicus quondam Dominus Bellijoci petiisset, & leuari præcepisset à dictis Burgensibus Villæfranchæ recognitiones pro dictis terris & rebus propter mortem Illustris Dominæ Isabellæ olim Comitissæ Forensis, Dominæ Bellijoci, matris quondam dicti Domini Bellijoci, faciens ipsos Burgenses pignorari pro ipsis recognitionibus, cum eas soluere recusarent : tandem prædictus Dominus Ludouicus quondam volens certiorari quod Iuris esset super prædictis, consilium, & deliberationem maturam habuit cum sapientibus & probis viris Consiliariis suis, ne dictos Burgenses suos super prædictis fastigaret minus iuste ; habito itaque tractatu consilij & deliberatione prouida cum prouidis & discretis viris prædictis. & inquisita veritate super prædictis diligenti, tam super consuetudine hactenus obseruata per prædecessores suos super prædictis recognitionibus certarum rerum immobilium prædictarum, quàm super Iure scripto ; Idem Dominus Bellijoci quondam cognoscens, & cognoscere volens veritatem & bonam fidem in prædictis &, finem dictis contentionibus, quæstionibus, litibus, & controuersiis imponendo ; & vt eas totaliter decideret, confessus fuit, & recognouit pro se & suis successoribus in perpetuum, prædictos Burgenses non teneri ad soluendum sibi, vel successoribus suis, recognitiones aliquas pro terris & rebus prædictis, existentibus in Bailliuiis supradictis.

Item cùm prædictus Dominus Ludouicus, seu gentes eiusdem, pro ipso leuare consueuissent in Bailliuia de Lymans à prædictis Burgensibus, duodecim denarios Viennenses pro qualibet saisina, per ipsum Dominum Ludouicum quondam, vel eius gentes, facta in dicta Bailliuia de Lymans : ipse Dominus Ludouicus quondam Dominus Beilijoci, pro se & suis successoribus in perpetuum, & ex mera voluntate sua, & ex gratia quam facit eisdem Burgensibus, in hac parte donauit pure & irreuocabiliter inter viuos, & ex causa dictæ donationis remissis eisdem Burgensibus Villæfranchæ, medietatem dictorum duodecim denariorum Viennensium, de saisinis & dessaisinis supradictis faciendis, ratione Bailliuiæ de Lymans supradictæ : statuens firmiter, modo quo potuit fortiori, idem Dominus Ludouicus quondam, quòd per ipsum, vel successores suos, seu per gentes eiusdem, non tenentur à prædictis Burgensibus, seu successoribus eorumdem, nisi tantummodò sex denarij Viennenses pro qualibet saisina vel dessaisina, quæ fiet per ipsum, seu per gentes suas, vel successores eiusdem, seu nomine suo, & successorum suorum, ratione Bailliuiæ de Lymans ante dictæ.

Postmodum verò prædictus Dominus Antonius, Dominus Bellijoci nuper & vltimò defunctus, sua spontanea voluntate, & ex mera & pura liberalitate sua dederit, donauerit, cesserit, & concesserit, ac etiam promiserit Burgensibus, & habitatoribus dictæ Villæ originaliter natis in eadem, & vsagia dictæ Villæ facientibus, & aliis tunc & temporibus, tunc futuris in Villafrancha morantibus, non derogando, nec derogari volendo, nec etiam intendendo in aliquo aliis libertatibus, franchesiis, & immunitatibus supradictis : imo eas potiùs augmentando libertates, franchesias & priuilegia quæ sequuntur.

Et primò, quòd cùm ipse Dominus Bellijoci habeat, si habere debeat, suique prædecessores habuerint, & habere consuerint de & super omnibus & singulis denariatis, & mercaturis Villæfranchæ presiam & credentiam quatuor dierum ; hinc est, quod dictus Dominus Bellijoci scienter & sponte, prout suprà dictas presiam & credentiam pro se & suis hæredibus in perpetuum dictis Burgensibus & habitatoribus Villæfranchæ, & suis successoribus, cuiuscumque status & conditionis sint & existant, in perpetuum de iure suo ad plenum certioratus Quittat, dat, donat, & cedit & concedit pro se, & successoribus suis in perpetuum dictam presiam & credentiam, cum toto suo effectu, qualitercumque nucupetur : & eandem presiam & credentiam, quocumque nomine nuncupetur, quassat, irritat & annullat :

& vult totis temporibus perpetuis esse nullas & quassas, & nullius vtilitatis & valoris. Itaque ipsi, & sui successores perpetuò ipsis presia & credentia, seu captione denariatarum prædictarum, de cætero non vtantur, nec gaudeant, nec gaudere valeant, siue vti directe vel indirecte, seu alio quouismodo.

Item, quod dictus Dominus Bellijoci, seu eius successores Domini Bellijoci per se, seu eius vel eorum mandatum, seu eius vel eorum gentes vel Officiarios existunt, in antea non capiant, nec capi faciant nec procurent : sed potius si fierent, inhibeant & prohibeant in dicta Villafrancha vel extra, aliqua animalia, bouina, equina, mulina, asinina, porcina, ouina, vel alia quæcumque sint : quadrigas, currus, mansultos, blada, vina, panes, pastam, garnimenta, vtensilia, lectos, superlectilia, gausapia, mapas, dolia, tinas, bennas, baralia, saccos, seua, palleas, ligna, aut alia bona garnimenta, vtensilia seu capitalia, seu vasa, cyphos, vel alias vaissellas auri & argenti, seu metalla & alterius cuiuscumque, & in quibuscumque consistant, quæcumque dictorum Burgensium, & habitatorum dictæ Villæ, quæcumque sint, aut quocumque nomine censeantur, qui nunc sunt & fuerunt, temporibus pro futuris perpetuo.

Item quod dictus Dominus Bellijoci, & eius successores, per se aut eius vel eorum mandatum, aut eius seu eorum Officiariorum, & gentes quascumque non capiant, nec capi faciant ex nunc in antea quoquomodo, nec capi permittant, sed si fierent prohibeant, & cessari faciant, & prohibeant aliquem Burgensem vel habitatorem dictæ Villæ, nec ipsum arrestent seu arrestare faciant, nec detineri captum vel arrestatum, neque ponere seu ordinare vel destinare seruienti, seu vastatores in & super bonis ipsorum Burgensium vel habitatorum, seu in eorum hospiciis pro quacumque causa seu occasione, exceptis casibus in priuilegio supra scriptis contentis : scilicet pro homicidio, latrocinio, vel proditione, seu casu majori : & tunc informatione legitimâ præcedente, nisi tamen ipse Burgensis vel habitator in ipso fore facto & flagranti crimine deprehendatur, aut pro denariis & debitis ipsius Domini liquidis, & cognitis ; & si forte de facto caperentur, incontinenti facere illos expedire.

Item, quod quicumque Burgensis, & habitator Villæfranchæ possit, & debet, & sibi liceat libere & impune vinum suum vendere in grosso & ad minutum tali pretio quali sibi expedierit, & sibi videbitur, dum tamen mensura ad quam vendetur sit legalis.

Item, quod in casu in quo Dominus Bellijoci prædictus, aut successores sui per se vel per alium, seu eius vel eorum gentes, vel Officiarij aliquem Burgensem vel habitatorem Villæ prædictæ aut eius bona caperent, vel contra prædicta facerent, seu contra tenorem priuilegiorum supra scriptorum

& præsentium, quod quicumque Burgenses Villæfranchæ, & eorum familiares possint & debeant, & eisdem sit licitum amouere, & omnino retinere penes se impune seu costu, & absque eo quod propter hoc teneantur ad emendam aliquam dicto Domino, & eius successoribus qualitercumque illum Burgensem captum aut bona Burgensis, quæ contra tenorem priuilegiorum prædictorum, & præsentium, aut contra prædictas franchesias & libertates caperentur, vel detinerentur, & hoc sine aliqua forsactura, & absque eo quod ratione seu occasione recossæ prædictæ ipsi teneantur, & debeant dare aut soluere dicto Domino Bellijoci, seu eius successoribus, aut alicui alij aliquam emendam paruam seu magnam, nec propter hoc possint capi, nec capti detineri, nec ad soluendum emendam aliquam trahi : & si forte faciendo recostam prædictam, & retuntam, & dicti Burgenses, & habitatores, seu eorum familiares aliquas felonias, seu iniurias facto vel verbo committerent erga dictum Dominum, seu eius perpetuo successores Dominos Bellijoci, quod propter hoc ipsi Burgenses seu habitatores dictam recossam facientes, & feloniam prædictam committentes, (si felonia potest dici) propter hoc non capiantur, nec capi debent siue arrestari, nec soluere aliquam emendam paruam, siue magnam teneantur : imò de prædictis feloniis (si quæ dici possunt) sint & maneant quieti penitùs & immunes, siue sint criminales siue ciuiles, dum tamen ex illis recossa & felonia, si tales possint dici, homicidium aut mutilatio membrorum non subsequantur, aut iniuria in & de persona Domini non dicatur.

Item, quòd si Burgensis & habitator Villæfranchæ coram Præposito dictæ Villæ pro aliquo debito euocatus fuerit, & ipse debitum confiteatur : quòd propter hoc dicto Præposito in aliquo clamore minime teneatur, nec aliquod commodum ei facere siue dare.

Item, quòd dictus Dominus Bellijoci debet & tenetur tradere, seu tradi facere, & expedire dictis Burgensibus & habitatoribus dictæ Villæfranchæ, estalonos & patronos quarumcumque mensurarum bladi, vini, olei, & aliorum quorumcumque, pannorum quorumcumque, vlnarum, & ponderum quorumcumque, & infrà ipsas mensuras omne aduantagium extrà mensuras modernas dare consuetum in ipsis mensuris tradendis includere & ponere ; Itaque vltrà ipsas mensuras nihil vlterius emptoribus seu recipientibus tribui debeatur quouismodo, sed de ipsis mensuris de nouo tradendis sine aliquo aduantagio faciendo sint emptores, & alij ad quos pertinebit, nec aliquid vlteriùs possint, nec debeant petere vel habere.

Item, quòd si forte contingeret, quod absit, aliquem Burgensem vel habitatorem capi, seu captum detineri pro factis & debitis dicti Domini Bellijoci, vel suorum successorum : quod ipse Dominus Bellijoci, & sui successores dictum Burgensem & habitatorem sic captum, vnum vel plures redimere, &

reddere libere incontinenti teneantur & debeant, & eifdem omnia damna, miffiones & expenfas per ipfos Burgenfes fuftentas & folutas reddere & reftituere, reddi & reftitui facere, dicto Domino Bellijoci informato penitùs quod hoc fit & factum fuerit pro facto & debito dicti Domini, & quod illud quod petit foluerit pro Domino prædicto, vel fucceßoribus eiufdem.

Item, quod Burgenfes & habitatores Villæfranchæ, qui nunc funt, & pro tempore fuerint, poffint & debeant, & eifdem licitum fit facere, conftituere, & ordinare ex nunc in antea, perpetuis temporibus; & ex nunc Confules faciant, ftatuent, & ordinent, ac habeant per dictos Burgenfes, & habitatores, feu maiorem & faniorem partem ipforum, aut eos qui voluerint venire conftituendos, et ordinandos : qui Confules per fe, feu cum aliis Burgenfibus fe poffint et debeant, et eis fit licitum congregare in loco, feu locis quibus voluerint ipfi Confules.

Confules, Iconomos, feu Efcheuinos eifdem fit licitum libere & impune fua propria authoritate, abfque licentia dicti Domini Bellijoci, & eius fuccefforum, habere, & facere confilia, colloquia, tractatus, & alia ad hæc neceßaria pro factis, & negotiis dictæ Villæ, & Burgenfium & habitatorum eiufdem fingulariter, & generaliter : poffint que & debeant, & fibi liceat perpetuo habere, & tenere Domum Confilij, in loco feu locis quibus voluerint, & ibidem congregare & Confilium habere, & tenere fingulis feptimanis & diebus quibus voluerint, & toties quoties eis placuerit, & facere per fe abfque authoritate, mandato & licentia Domini vel fuorum fucceßorum, aut eius vel eorum Officiariorum, omnes & fingulas ordinationes contra quafcumque perfonas, et quacumque occafione vel caufa, excepto contra Dominum noftrum Francorum Regem, & contra Dominum Bellijoci, & eius fucceffores, nifi tamen pro tenendo, manutenendo, obferuando & attendendo franchefias, & libertates prædictas, & in præfenti additione contentas, & alias in priuilegiis fuprà fcriptis expreßatas, & contentas, excepto infuper quod ipfi Confules non poffint, nec debeant aliquas fubuentiones, dona, aut alia commoda dare vel concedere nomine dictæ Villæ, fiue Burgenfium & habitatorum eiufdem, alicui fuperiori, fine licentia dicti Domini, vel fuorum fucceßorum, & aliorum Burgenfium, & habitatorum dictæ Villæ.

Quiquidem Confules in eorum creatione in manibus dicti Domini Bellijoci, feu eius locum tenentis, vel Bailliui, ad fancta Dei Euangelia iurabunt fe honores, nobilitates, iura, & capitalia dicti Domini Bellijoci in omnibus cafibus bene, fideliter, & legitime cuftodire & feruare, excepto contra priuilegia & libertates fuprà fcriptas, quas poffint & debeant, nonobftante dicto iuramento, profequi & defendere, & feruari facere modo quo poterint meliori; & fi forte quacumque occafione dictus Dominus Bellijoci, feu eius locum tenens, vel Bailliuus, aut eius vel fuccefsores eorum, huiufmodi iuramentum Confulum prædictorum recipere recufarent, feu plus quindecim diebus differrent, nihilominus dicti Confules hoc nonobftante ex tunc poteftate, & Officio fuo fungantur, & vtantur iuxta priuilegia, et libertates in priuilegiis fuprà fcriptis contentas, et alia fuperius annotata: et eandem poteftatem, et authoritatem habebunt, et eà vtantur, et vti debeant, ac fi juramentum prædictum præftitiffent, vocato Procuratore Generali dicti Domini Bellijoci, durantibus quindecim diebus elapfis, ipfi Confules fuâ authoritate poteftate fungantur eorum, tempore fui Officij prædicti durante, dicto Procuratore, aut alio de gentibus dicti Domini Bellijoci, vel fuorum fuccefsorum, ad ipfas ordinationes per ipfos faciendas, minime vocatis, nifi de eorum Confulum præcefserit voluntate; ita tamen quod, elapfis dictis quindecim diebus, dicti Confules teneantur, & debeant juramentum prædictum præftare in manibus dicti Domini, feu eius locum tenentis, vel Bailliui, vel eorum fuccefsorum, quotiefcumque poftea fuerint fufficienter requifiti.

Item, quod dictus Dominus Bellijoci jurabit, fuique fuccefsores dicti Domini Bellijoci iurabunt, cum viginti de fuis militibus incontinenti: ipfi Domini Bellijoci nouis Dominis exiftentibus, libertates & franchefias in præfentibus Litteris contentas dictis Burgenfibus, & habitatoribus, & aliis quorum intererit in futurum, perpetuò inuiolabiliter obferuare, & tenere cum effectu, & contra ea vel aliqua ex eis non facere vel venire faciant: quod & procurabit, fuique fuccefsores facient & procurabunt, quod eius & eorum Bailliui, Iudices ordinarij, & appellationum, & eorum loca tenentes, Præpofiti Villæfranchæ, & alij Officiarij dicti Domini in eorum noua creatione iurabunt ad fancta Dei Euangelia, & promittent priuilegia & libertates prædictas Burgenfibus, & habitatoribus, & fuis fuccefsoribus, & eorum durantibus Officiis, inuiolabiliter obferuare, attendere & tenere, & contrà non facere, vel venire.

Hoc tamen faluo et retento in omnibus & fingulis claufulis & capitulis harum vltimarum Litterarum & franchefiarum per dictum Dñm Antonium Dominum Bellijoci de nouo concefsarum: Quod idem Dominus Bellijoci non intendat ipfas franchefias & libertates de nouo concefsas aliquibus Burgenfibus Villæfranchæ concedere aut concefsifse, nifi dumtaxat originaliter natis in Villa prædicta, factum & vfagia Villæ prædictæ facientibus, & contributiones eiufdem foluentibus Burgenfibus, & habitatoribus aliis nunc habitantibus in Villa prædicta: & illis qui in eodem tempore captionis corporum, fiue rerum fuarum, vt fuperiùs eft expreffum, in Villa prædicta morabuntur.

Provt hæc & plura alia in Litteris authenticis, de quibus suprà fit mentio, plenius continentur.

Et provt Baro Inclytus & potens Dominus Edoüardus, Dominus Bellijoci, qui prædicto Domino Antonio, Domino Bellijoci quondam, nuper & vltimo defuncto successit, & succedit, ex vna parte: Et Gaufridus Peyse, Guichardus de Monte Aperto, Guyonetus de Ripperia, & Ioannes Barberelli, Burgenses, & Consules Villæfranchæ, siue & aliorum omnium Burgensium & habitatorum dictæ Villæ, qui nunc sunt, & qui pro tempore fuerunt, ac etiam omnium aliorum quorum interest, & intererit, & interesse poterit in futurum, nominibus, ex parte altera. Personaliter, & specialiter constituti coram Michaële Meillam, authoritate Regia Notario publico, Mandato Tabellione & Iurato dicti Domini nostri Francorum Regis, & nostro Curiarum prædictarum Iurato ad hæc à Majestate Regia & Nobis, dictis Officiali & Iudice specialiter deputato, adhibitis & vocatis cum eodem Notario & Iurato, testibus infrà scriptis, ad infrà scripta vocatis pro testibus specialiter & rogatis, prædicta omnia vniuersa & singula ad plenum certiorati & certificati de eisdem sua spontanea voluntate confitentur & asserunt fore vera.

Hinc est quod prædictus Dominus Edoüardus, Dominus Bellijoci, sciens, prudens vt asserit & spontaneus, non vi, non dolo, non metu ad hoc inductus, non deceptus, non coactus, nec ab aliquo super hoc, vt dicit, circumuentus, nullo errore lapsus, nec ab aliqua machinatione, fraude seu ingenio ad hoc seductus, provt dicit : Imo de facto, Iuribus & actionibus ad plenum, vt fatetur, certificatus, certioratus & contentus, habito super hoc maturo consilio & deliberatione prouida, & tractatu diligenti cum suis quamplurimis parentibus, fidelibus Consiliariis & amicis, de omnibus vniuersis & singulis capitulis, clausulis dictorum priuilegiorum concessorum Burgensium, & habitatorum Villæfranchæ, tam per dictum Dominum Antonium quondam Dominum Bellijoci, nuper & vltimo defunctum, quàm per alios eius prædecessores Dominos Bellijoci, & de tenoribus eorumdem, & etiam de omni iure suo certificatus, provt dicit : Volens, satagens, & affectans Burgensibus hominibus, & habitatoribus dictæ Villæ, qui nunc sunt, & pro tempore fuerunt, pro se & suis sucessoribus perpetuis temporibus, tenere, attendere, complere & inuiolabiliter obseruare cum effectu, omnia vniuersa & singula supradicta ad finem, quod Villa prædicta, quæ propter libertates & franchesias ipsius Villæfranchæ nuncupatur suo nomine, cum regaudeat in futurum, & quod ipsa Villafrancha perpetuo valeat, & debeat nuncupari, & quod nomen suum ex facti veritate oriatur, & etiam perseueret : ipsaque priuilegia, ipsiusque franchesias, libertates, & immunitates prædictas cum toto eorum effectu, provt superius continentur, sibi lectis, & lingua materna expositis, & seriatim declaratis prædictis Burgensibus & habitatoribus dictæ Villæ, & suis in perpetuum successoribus, coram dicto Notario, & Iurato, & testibus infrà scriptis dictis, Gaufrido Peyse, Guichardo de Monte aperto, Guyoneto de Ripperia, & Ioanne Barberelli, Burgensibus, & Consulibus dictæ Villæ, ac etiam pluribus aliis Burgensibus ipsius præsentibus, stipulantibus, & receptantibus vice nominis, et ad opus sui, et omnium aliorum Burgensium et habitatorum dictæ Villæ, qui nunc sunt, & pro tempore fuerunt, ac etiam omnium aliorum quorum interest, intererit, aut interesse poterit in futurum, dicto etiam Notario ad opus et vtilitatem omnium aliorum et singulorum quorum interest, et interesse poterit in futurum : laudat, ratificat, emologat, gratificat, et acceptat, easque et ea cum toto earum effectu vult pro se et suis valere, et tenere per modum et formam in litteris et capitulis suprà scriptis comprehensas, et iuxta verborum superius descriptorum et insertorum seriem atque formam.

Has autem ratificationem, emologationem, approbationem, & acceptationem, & omnia vniuersa & singula, quæ in libertatibus, priuilegiis & franchesiis suprascriptis continentur : Et prædicta, & infrà scripta, & quæ in præsentibus Litteris continentur promittit prædictus Dominus Bellijoci pro se & suis hæredibus, & successoribus quibuscumque, coram dicto Notario Iurato, & testibus infrà scriptis dictis Consulibus, & Burgensibus superiùs nominatis, & dicto Notario, præsentibus & stipulantibus, prout suprà, per pactum solemne, efficax, nouissimum, validum & expressum, solemni & legitima stipulatione interpositum, & vallatum est per iuramentum suum super sancta Dei Euangelia corporaliter præstitum, tactis Dei Euangeliis corporaliter sacrosanctis, & sub obligatione omnium & singulorum bonorum suorum, & eius hæredum & successorum, mobilium & immobilium, præsentium & futurorum quorumcumque, vbicumque existentium, & quocumque nomine censeantur, dictis Burgensibus, & habitatoribus Villæfranchæ prædictæ, qui nunc sunt, & pro tempore fuerunt, ratas & rata, gratasque grata, firmas atque firma habere, tenere, attendere, complere, & inuiolabiliter perpetuò penitùs obseruare, teneri, attendi, compleri, et inuiolabiliter obseruari facere perpetuò cum effectu, & contra prædicta vel aliqua de prædictis & subsequentibus, seu contra tenorem præsentium Litterarum, aut contra libertates, immunitates, franchesias, & priuilegia suprascripta, per se vel per alium, aut cum alio, facto vel verbo, in Iudicio vel extrà, clam vel palam, tacite vel expressè, directè vel indirectè, aut modo alio qualicumque de cætero non facere vel venire, nec alicui contra facere vel venire volenti in aliquo consentire, vllo tempore vel aliqua ratione, nec præstare auxilium, consilium, fauorem, iuuamen, consensum vel accenfum, nec facere dicere, feu etiam proponere quominus prædicta omnia & fingula, & etiam fubfequentia, & libertates, immunitates, franchefiæ, & priuilegia fuprà fcripta vim & robur obtineant perpetuæ firmitatis.

Cuius quidem contrarium fi forte (quod abfit) dictus Dominus Bellijoci faceret, feu facere præfumeret, aut aliqualiter attentaret : Vult, & expreffe confentit, & concedit dictus Dominus Bellijoci, fibi & fuis, & quibufcumque aliis contra prædicta facientibus, aut facere præfumentibus, vel attentantibus in omni Curia & loco alio quocumque, coram quocumque Iudice, mero Iudicis ex officio, & perfona alia quacumque Ecclefiaftica & fæculari omnem fidem, vocem & audientiam penitùs denegari, tamque de perjuris & infamibus, & contra factum fuum proprium, & fuum proprium juramentum temere ver.ientibus inconfulte.

Promittit infuper dictus Dominus Bellijoci pro fe & fuis coram dicto Notario Iurato, & teftibus infrà fcriptis, prædictis Confulibus, & Burgenfibus, & Notario præfentibus, & ftipulantibus, & recipientibus prout fuprà, fub pacto, iuramento, & obligatione fuis prædictis, Quod ipfe non fecit, nec faciet, dicet, procurabit, proponet vel allegabit aliquid aliqualiter in futurum per fe vel per alium, aut cum alio, in iudicio vel extra, aut modo alio per quod prædicta, vel aliqua de prædictis, & fub fequentibus in aliqua fui parte infringi valeant fiue lædi, cùm per omnia fua capitula plenas, imo pleniffimas vires veritatis efficaciæ effectuantur, fortiatur. Et quia ipfe per fe vel per alium, aut cum alio aliquas litteras, priuilegia, refcripta vel indulgentias, aut aliquam fui præftiti iuramenti difpenfationem, feu relaxationem non impetrabit à fummo Pontifice facrofancto Romano noftro, Francorum Rege, aut alia perfona quacumque Ecclefiaftica feu feculari, quæ poteftatem habeat relaxandi feu difpenfandi cum eodem feu prædicta omnia in toto vel in parte annulandi, diminuendi, irritandi vel caffandi ; & fi forte de voluntate vel fiue fcitu, feu poftulatione ipfius Domini Bellijoci impetraretur, feu concederetur aliquid contra tenorem præfentium litterarum, aut difpenfaretur cum eodem de fuo præftito iuramento aut factum, dictum, vel impetratum feu difpenfatum cum eodem reperiretur, motu proprio concedens feu ex officio, aut ad poftulationem, & requeftam feu procurationem ipfius Domini Bellijoci feu aliorum quorumcumque ; Promittit idem Dominus Bellijoci fub iuramento & obligatione prædictis eis feu aliquis ipforum non vfurum, nec vti permiffurum : imo vult & præcipit, confentit, & concedit ex nunc id quod dictum, factum, dictum, vel allegatum aut difpenfatum cum eodem reperiatur quouifmodo, & quacumque caufa caffum, irritum & inane perpetuo remanere, nullius veritatis, efficaciæ foriturum & non aliquo modo vfurum, & proinde effe & effe debere, ac fi factum non fuiffet.

Se & fua bona quæcumque, fuofque heredes, & fucceffores, & eorum bona quæcumque, quæ tam ad prædicta omnia & fingula tenenda & complenda, ac inuiolabiliter obferuanda modis & formis fuperius enarratis, iurifdictionibus, coërtionibus, vigoribus & poteftatibus, ftilis, ftatutis, ordinationibus, & confuetudinibus Domini noftri Francorum Regis, eiufque Bailliui Matifconenfis, qui nunc eft, & pro tempore fuerit, noftri Cancellarij prædicti, & fucceflorum noftrorum, & aliorum quorumcumque Officiariorum, & Iuftitiariorum dicti Domini noftri Regis, Reuerendi in Chrifto Patris, & Domini, Domini Archiepifcopi & Comitis Lugdunenfis, noftri Officialis prædicti & fucceflorum noftrorum, & aliorum Officiariorũ eiufdem Dñi Archiepifcopi, & Curiarũ prædictarũ, et cuiuflibet earumdem, eorumque, et cuiuflibet ipforum loca tenentis, dictus Dominus Bellijoci, fupponẽdo, et indeclinabiliter fubmittẽdo.

Supponenfque et fubiiciens, volens et expreffe confentiens et concedens dictus Dominus Bellijoci, pro fe et fucceffioribus fuis prædictis, quòd ipfe poffit et debeat, fuique fucceffores poffint et debeant realiter et præcife cogi, compelli, et coërceri, ac iuftitiari per omnes Iuftitiarios, & Officiarios, & Curias prædictas, & quælibet ipfarum vno & eodem contextu temporis, & per diuerfa temporum interualla vfque ad perfectam & integram obferuationem, & complementum omnium & fingulorum promifforum ; itaque executio vnius Officiarij, feu vnius Curiæ, executionem alterius non impediat vel retardet; vel contra.

Si forte (quod abfit) dictus Dominus Bellijoci, vel eius fucceffores deficerent in præmiffis, vel aliquo præmifforum illa Conftitutione facro approbante confilio, & quamuis alia, ac quocumque Iure in contrarium fonante, non obftante; Volens infuper & præcipiens dictus Dominus Bellijoci, quòd de & fuper præmiffis fient, dictentur, groffentur, expediantur, & diftribuantur vnicuique Burgenfi, & habitatori dictæ Villæ petenti pleniores, & fortiores litteræ & Inftrumenta, quæ fieri, dictari, fcribi & expediri poterunt ; & quod poffint refici, ref... redictari, & reexpediri femel, fecundò, & pluries, & toties quoties opus ... erit, & dictis Burgenfibus aut alicui ipforum placuerit, cum omnibus promiffionibus, ftipulationibus, obligationibus, fuppofitionibus, renunciationibus, & cautelis, & fub figillatibus fuprà dictis, etiam per modum publici inftrumenti, fub nomine & ftillo facrofancti Romani Imperatoris, fi fit opus, fiue fuerint groffatæ & expeditæ, fiue non, fiue de ipfis & contentis in eifdem conceffa & facta fuerit copia pacti, fiue non ; fiue de & fuper contentis in eifdem facta fuerit executio, fiue non, ad dictamen & confilium fapientum, facti tamen groffa fubftantia non mutata; nec obftante fi dictus Notarius, & iuratus ea vlterius expedire non debeat, de quibus per modum expeditionis fuo fuerit officio femel functus.

Quo circa renunciat dictus Dominus Bellijoci, pro se & suis coram dicto Notario & Iurato, & testibus infrà scriptis, sub vinculo sui præstiti juramenti, & sponte, ex certa scientia in hoc facto, omni actioni & exceptioni dictarum laudationis, approbationis, ratificationis, emologationis, acceptationis, promissionum, obligationis, stipulationis, & suppositionis, bene, rite & legitime non factarum, dictarum, priuilegiorum, & libertatum non approbatarum, & non confirmatarum, prout superiùs continetur, & omnium aliorum prædictorum modo præscripto non ita actorum, & legitime non actorum exceptioni doli, mali metus & in factum conditioni sine causa, vel ex iniusta causa conditioni ob causam, omni deceptioni, circumuentioni, fraudi, gratiarum & errori beneficio restitutionis in integrum, & quacumque causa & clausula peti possit Iuri, per quod rescinduntur negotia seu contractus, quando apparent contrahëtes vel cedentes vltra dimidiam fore læsos Iuri ; per quod deceptis in contractibus legis auxilio subuenitur Iuridicenti, deceptis & non decipientibus Iura subueniunt Iuridicenti contractû non esse obligatorium, vel debere rescindi, quando dolus dedit causam contractui, aut si dolus incidit in ipso contractu, vel quando causa propter contractû non est secuta, Iuridicenti plus valere quod agitur, quàm quod simulate concipitur, & ne possit dici, obiici, vel opponi quod plus vel minus aliter vel aliud fuerit dictum vel actum, quam scriptum, illi Iuri aut Prætor, si qua mihi iusta causa videbitur, Iuridicenti, quod iuramentum non valet vltra id quod de iure non tenet Iuridicenti sub generali promissione, seu stipulatione non interuenire ea de quibus cogitatum non videtur vel non docetur, & quod quis non esset verisimile concessurus Iuridicenti, quod ex stipulatione inutiliter facta non oritur actio seu ex iuramento, nisi in iudicio sit delatum Iuridicenti, dolo futuro renunciare non posse, & omnibus iuribus quibus quis potest facere vel venire contra suum proprium iuramentum, Iuridicenti supponentem aliene iudiciorum ante litem contestatam pœnitere posse Iuridicenti, quod vbi iudicium incœptum est, ibidem finem accipere debet : Iuridicenti neminem propter vnam & eandem causam ad diuersa iudicia trahi posse aut per diuersos Iudices affligi, coërceri, seu compelli omnibus Iuribus, beneficiis, remediis, & cautelis tam iuris quam facti, quibus propter ingratitudinem, aut propter insufficientiam numeri testium, seu quacumque alia ratione seu causa, seu quia concernere possent factum, seu interesse alterius contenta in præsentibus litteris, in toto vel in parte possent, seu poterunt reuocari, annulari, cassari, & diminui, iuri militari & omni Iuri in fauorem minorum introducto : Iuridicenti confessionem extra iudicium, aut non coram suo Iudice factam, non valere : Iuridicenti rem inter alios actam, aliis præjudicare non debere : Iuidicenti confessionem factam per superiorem, ne soluantur tributa, seu annua debita, non valere : omnibus gratiis, priuilegiis, indulgentiis, litteris, & rescriptis Apostolicis, Imperialibus, & Regalibus, & aliis quibuscumque, à quocumque Prælato vel Principe, aut persona alia quacumque, sub quacumque verborum forma impetratis & impetrandis, concessis & concedendis, editis & edendis, Cruce signatis & Cruce signandis, & alijs quibuscumque : omni dispensationi & relaxationi juramenti, petitioni, & oblationi libelli, litis contestationi, copiæ præsentium litterarum exhibitioni, protocoli & notullæ earumdem : omni constitutionum consuetudini, priuilegio & statuto, omni appellationis, prouocationis, & supplicationis remedio, & omni Iuri scripto & non scripto, canonico vel ciuili, quod sibi vel suis ad veniendum contra prædicta, vel aliqua de prædictis, seu contra tenorem præsentium Litterarum possent competere modo aliquo vel prodesse, seu aliquod patrocinium impertiri, Iurique generalem renunciationem reprobanti, nisi præcesserit specialis.

Præterea Vir Nobilis & Potens Dominus, Dominus Girardus de sancta Colomba, Miles, Bailliuus totius Terræ Bellijoci. Nos Guillelmus de Moncellis, Iudex ordinarius prædictus, Guichardus Gacerij, Clericus, Procurator generalis dictæ Terræ Bellijoci, & Ioannes Bellijoci Notarius, Præpositus Villæfranchæ, coram dicto Notario Iurato, & testibus infrà scriptis; Personaliter & specialiter constituti, sua spontanea voluntate, libera, & consensu dicti Domini Bellijoci : promittunt, & promittimus coram dicto Notario & Iurato, tamquam publica persona, vnà cum dictis Consulibus stipulantibus & recipientibus vice nomine & ad opus Burgensium, & habitatorum Villæfranchæ præsentium & futurorum, & omnium aliorum quorum interest, aut intererit, aut poterit in futurum interesse, per juramenta sua, & nostrum juramentum super sancta Dei Euangelia corporaliter præstita & præstitum, prædicta omnia vniuersa & singula in præsentibus Litteris contenta, per Dominum Bellijoci prædictum confirmata, approbata, jurata, & promissa Burgensibus & habitatoribus Villæfranchæ, tenere, obseruare, attendere firmiter, & inuiolabiliter custodire suis & nostro posse, modis & formis superiùs annotatis, & contra contenta in præsentibus Litteris, seu aliqua ex eis modo aliquo de cætero non facere vel venire, nec alicui contrà venire volenti in aliquo consentire quouismodo. In quorum omnium robur & testimonium, ad preces & requestam dicti Domini Bellijoci, & aliorum superiùs Iuratorum nobis pro ipsis oblatas per dictum Notarium & Iuratum, cui super his & maioribus fidem plenariam adhibemus : Nos dictus Cancellarius Regius, sigillum commune Regium prædictum, & Nos dictus Officialis sigillum Curiæ nostræ, Nosque dictus Iudex sigillum Curiæ dicti Domini Bellijoci, præsentibus Litteris duximus apponenda.

Actum & datum Villæfranchæ, in domo Abbergariæ, ad fignum Mutonis, in aula poſtériori dicti Hofpitij, die Lunæ ante Feſtum Natiuitatis Domini vigefimâ fecundâ menfis Decembris, anno Domini milleſimo trecentefimo feptuagefimo fexto : præfentibus Domino Stephano Riuerij Presbytero, Curato de Curia Matifconenfis Diœcefis : Ludouico de Ruſſus, Domicello Herraldo parui Clerico, & Receptore dicti Domini Bellijoci : Ioanne Pomerelli de Dicefia, Ioanne de la Fay Ciue Lugduni, Stephano Berlionis de Guierreius, Clerico, & Stephano Comitis, teſtibus ad præmiſſa à dicto Notario & Iurato vocatis fpecialiter & rogatis; Et ego prædictus Notarius & Iuratus præfentem Litterarum expediui fub hoc figno meo. M. N I L L I.

Lefquelles libertez, priuileges & franchifes veûes & aduifées, confiderant l'affection que nofdits Predeceſſeurs ont eu, & que Nous auons à ladite Ville, & habitans d'icelle : & que icelles libertez, priuileges & franchifes ont eſté par pluſieurs nos Predeceſſeurs Barons de Beaujeu, confirmez & approuuez : inclinans à leur dite fupplication & requeſte, icelles libertez, franchifes & priuilleges par Nous & les noſtres à toûjours, Auons loüé, aggreé, confirmé & ratifié, loüons, agreons, confirmons, & ratifions par ces Prefentes; Et mandons & commandons par ces mefmes Lettres, à nos Amez & Feaux les Gens de nos Comptes, Bailly, Iuges, Procureurs, Preuoſt, & autres Iuſticiers & Officiers de noſtre Baronnie & terre de Beaujolois, qui de prefent font, & pour le temps aduenir feront, & à leurs Lieutenans, & à chacun d'eux, ſi comme à luy appartiendra, que lefdites libertez, franchifes, & priuileges tiennent & gardent, & lefdits Bourgeois & habitans faſſent, & laiſſent ioüir & vfer pleinement & paifiblement, felon la forme & contenu d'icelles; Et afin que ce foit chofe ferme & ſtable à toujours, Nous auons fait mettre nôtre Séel à ces Prefentes. Donné en nôtre ville de Montbrifon, le Lundy dix-huictiéme iour d'Octobre, l'an de grace mil quatre cens, Par Monfeigneur le Duc, Monfieur de Norry, Meſſire Robert de Thalus, Meſſire Iean le Viſte, Denys de Beaumont, Bailly de Foretz, Maiſtre Guillaume Garitel, Pierre Vermini, Licentiez ès Loix, Meſſire Mache Guionnet Chantre de Noſtre Dame de Montbrifon, & Eſtienne d'Entragues, Confeillers. Monfieur prefent. L. RONIER.

Les Gens des Comptes en Beaujolois pour Tres-Excellent & Puiſſant Prince Monfieur le Duc de Bourbonnois, Comte de Foreſts, Baron, & Seigneur de Beaujeu, Pair & Chambrier de France; A tous Chaſtellains, Preuoſts, & autres Iuſticiers, & Officiers de mondit Seigneur en la Terre & Baronnie de Beaujolois, & à leurs Lieutenans à qui il appartiendra, qui à presént sont, & seront pour le temps aduenir : Salut, et dilection. Pour la partie des Bourgeois, et habitans de la ville de Villefranche, nous ont esté exhibées les Lettres de mondit Seigneur, séellées de son grand Séel en cire verte, à filets de soye, contenans les libertez, priuileges & franchises par feus Nosseigneurs de Beaujeu (que Dieu absolue) données, & octroyées ausdits Bourgeois communs & habitans dudit Villefranche, par mondit Seigneur en son grand Conseil, confirmées & approuuées, si comme apparu nous est par icelles Lettres de mondit Seigneur le Duc : faites, données, & passées le dix-huictiéme iour du mois d'Octobre, l'an mil quatre cens; Lesquelles Lettres de poinct en poinct Nous auons fait registrer, & mettre pardeuers la Chambre desdits Comptes la copie, & d'icelles fait faire collation aux Lettres originaux afin de perpetuelle memoire. Si donnons en mandement par la teneur de ces Presentes à vous, & à chacun de vous, si comme à luy appartiendra, que lesdits priuileges, franchises, & libertez ainsi confirmées par mondit Seigneur le Duc, vous teniez, gardiez, sassiez tenir, & obseruer de poinct en poinct, selon leur forme & teneur : & d'icelles laissiez, souffriez et sassiez ioüir, et vser pleinement lesdits Bourgeois communs, et habitans, ainsi et par la maniere que mondit Seigneur le Duc par ces presentes Lettres de confirmation dessusdites, et designées, sans les empécher, perturber, ou attenter aucunement au contraire. Donné sous le Séel de la Chambre desdits Comptes, le dix-neufiéme iour du mois de Decembre, l'an mil quatre cens et vn. ALEX.MA.

Anne Dauphine, Duchesse de Bourbonnois, Comtesse de Forests, et Dame de Beaujeu; Sçauoir faisons à tous presens et aduenir, que oüie la supplication et requeste de nos amez et subjets, nos Bourgeois et habitans de nôtre ville de Villefranche, contenant en effet qu'il Nous plût les libertez, priuileges, et franchises à eux, et à ladite Ville octroyez par feus les Seigneurs, et Barons de Beaujeu nos Predecesseurs, (que Dieu absolue) loüer, ratifier, agréer et confirmer, et les faire tenir selon leur contenu, par la forme et maniere que feu mon tres-redouté Seigneur le Duc les a loüez, ratifiez et confirmez, comme appert par instrument public séellé de son grand Séel, et signé par son Secretaire en son Conseil, auquel instrument ces nos Presentes sont annexées : et lequel instrument contenant lesdites libertez et priuileges, a esté registré en la Chambre de nos Comptes audit Païs, et donné executoire ; Lesquelles libertez, franchises et priuileges, Nous considerant l'affection, et amour que nosdits Predecesseurs ont eu, et que Nous auons à nôtredite Ville, Bourgeois, & habitans d'icelle, & que icelles libertez, & franchises ont esté par plusieurs nos Predecesseurs Seigneurs, &

Barons de Beaujeu confirmées & approuuées, inclinant à leur dite fupplication & requefte, icelles libertez, & franchises par Nous & les noftres à toûjours, Auons loüé, agreé, confirmé & ratifié : Loüons, agreons, confirmons, & ratifions par ces Prefentes ; Et mandons, & commandons par ces mefmes Lettres à nos Amez, & Feaux les Gens de nos Comptes, Baillifs, Iuges, Procureurs, Preuofts, & autres Iufticiers & Officiers de noftre Baronnie, & terre de Beaujolois, qui pour le prefent font, & qui pour le temps aduenir feront, à leurs Lieutenans, & à vn chacun d'eux, fi comme à luy appartiendra, que lefdites libertez, franchifes, & priuileges tiennent, gardent, & iurent par la forme & maniere contenuë aufdits priuileges, & lefdits Bourgeois & habitans faffent & laiffent joüir, & vfer pleinement & paifiblement, felon la forme & contenu d'iceux ; Et afin que ce foit chofe vraye, & ftable à toûjours, Nous auons fait mettre nôtre Séel à ces Prefentes, faites & données en nôtre ville de Villefranche le cinquième iour de Nouembre, l'an de grace mil quatre cens & treize. Par Madame la Ducheffe en fon Confeil, où eftoient Monfieur de Fougerolles, Monfieur le Bailly Iofferant de fainte Colombe, M. d'Hôtel, le Iuge & Iencien prefens. SOISSY.

Et his permiffis tanquam rite & legitime factis & pactis, Nos dictus Iudex authoritatem noftram ordinariam, & Curiæ noftræ prædictæ interpofuimus, & interponimus pariter & decretum, figillumque ipfius Curiæ ad contractus Litteris præfentibus duximus apponendum, in robur & teftimonium præmifforum. Acta fuerunt hoc modo quo suprà iudicialiter Villæfranchæ prædictæ, die Martis decimafextâ menfis Septembris, anno Domini milleſimo quatercentefimo quadragefimo nono : præfentibus viris venerabilibus, & difcretis Magiftris Petro Ponceton, Ioanne Chafandari, Michaële de Ranciaco in Legibus Licentiatis, Petro Vineti in decretis Bachalaureo, Humberto de Mallaualle, Ioanne Cropeti, Guillelmo Garini, Regnaudo Tarbonnerij Grefferio Curiæ noftræ, Burgenfibus & habitatoribus Villæfranchæ coram nobis iudicialiter aftantibus.

Acta fuerunt præmiffa omnia & fingula modo & formâ fuperiùs defcriptis, in quorum suprà, & Notarij fubfcripti præfentia, & prout fuperiùs defcribitur contineri vidi in Litteris originalibus fuperiùs incorporatis, collationemque cum eifdem originalibus Litteris feci, & exinde præfentes Litteras, feu præfens Vidimus priuilegiorum Burgenfium Villæfranchæ fignaui figno meo manuali in talibus fieri confueto hic appofito in teftimonium præmifforum. GAYANDI.

Anno, die, loco, et præsentibus quibus suprà : prænominati Philibertus de Costa, Laurentius Bernard, Guillelmus Mausody, et Ioannes à les Motes, Scindici et Consules Villæfranchæ, nobis Iudici prælibato exhibuerunt, et monstrauerunt quas dictas Litteras patentes Domini nostri Caroli Bourbonij Ducis et Aluergniæ, ratificationis, confirmationis, et approbationis priuilegiorum Burgensibus, et habitatoribus Villæfranchæ, concessorum, superiùs insertorum et descriptorum : quarumquidem Litterarum patentia de verbo ad verbum sequitur, et talis est.

Charles Duc de Bourbonnois & d'Auuergne, Comte de Clermont, de Forests, & Seigneur de Beaujeu, Pair, & Chambrier de France; Sçauoir faisons à tous presens & aduenir, que pardeuers Nous se sont trouuez nos bien amez les Bourgeois, manans & habitans de nôtre ville de Villefranche en nôtredit Païs de Beaujolois : disans que de long-temps & grande ancienneté, par les Seigneurs de Beaujeu, qui estoient lors, leur ont esté octroyez & donnez plusieurs beaux & grands priuileges, libertez, & franchises, & depuis en çà continuez de Seigneur en Seigneur, & par eux approuuez & confirmez en special, nous ont monstré les Lettres patentes de nostre tres cher & Ayeul Monsieur le Duc, Loüis Duc de Bourbonnois, Comte de Forests, & Seigneur dudit Beaujeu, confectes sur la ratification, approbation, & confirmation desdites libertez, priuileges, & franchises de nôtredite Ville de Villefranche, seellées de son grand Séel en lacqs de soye, & cire verte ; & aussi veües autres certaines Lettres patentes de nostre tres-chere Dame & Ayeule Madame Anne Dauphine, Duchesse de Bourbonnois, Comtesse de Forests, & Dame de Beaujeu, en ce temps Vesue de nôtredit Seigneur & Ayeul Monsieur le Duc Loüis, annexées à sesdites Presentes, sous le Séel de madite Dame Anne, en lacqs de soye & cire verte : par icelles confirmant, loüant, ratifiant les priuileges, franchises & libertez dessusdites; Ensemble vne attache des Gens de nos Comptes audit Païs de Beaujolois, & lesquels Bourgeois & habitans de nostredite ville de Villefranche Nous ont tres-humblement & instamment suppliez, que iceux priuileges, franchisez & libertez contenus & specifiez bien à plein, & au long desdites Lettres de seu mondit sieur Loüis, Nous plût en ensuiuant nosdits Predecesseurs, loüer, ratifier, agréer & confirmer, & les faire tenir & confirmer selon leur teneur & forme, & comme ont fait iceux nos Predecesseurs. Nous desirans traiter nosdits Subjets, Bourgeois & habitans de Villefranche fauorablement en leurs affaires & requeste & en toute douceur, pour la grande & bonne affection qu'ils ont monstrez à nosdits Sieurs Predecesseurs, mesmement à nostredit Sieur Ayeul, & aussi à feu mon tres-redouté Seigneur & Pere, &

HISTOIRE DU BEAUJOLAIS

479

perseuerant auons & à notre aduenement à la Seigneurie : Voulans auſſi le bien & augmentation d'eux, & de leurs choses publiques, apres que icelles Lettres auons fait voir & viſiter, contenant les libertez, priuileges, & franchiſes deſſuſdites, en & parmy leſquelles ces nos Preſentes ſont annexées; En inclinant à ladite ſupplication & requeſte deſdits de Villefranche, icelles libertez & franchiſes, & le contenu eſdites Lettres, Auons loüé, ratifié, approuué & confirmé, Louons, ratifions, approuuons, & confirmons de noſtre certaine ſcience, authorité & grace ſpeciale, ſi meſtier eſt, par ces meſmes Preſentes : par la teneur deſquelles Mandons, & commandons à nos Amez & Feaux nos Baillifs, Iuges, Gens de nos Comptes, Preuoſts, Procureurs, Treſoriers, Receueurs, & autres Iuſticiers & Officiers d'iceluy notredit Païs de Beaujolois, qui de preſent ſont, & pour le temps aduenir feront, & chacun d'eux, ſi comme à luy appartiendra, Que leſdites libertez, priuileges, & franchiſes tiennent & gardent, & d'icelles noſdits Bourgeois, manans, & habitans de nôtredite ville de Villefranche, faſſent, laiſſent, & ſouffrent joüir & vſer pleinement & paiſiblement, ſelon la forme & teneur d'icelles; Et afin que ce ſoit choſe ferme, & ſtable à toûjours, Nous auons fait mettre nôtre Séel à ces Preſentes. Donné en nôtredite ville de Villefranche en Beaujolois, au mois d'Aouſt, l'an de grace mil quatre cens trente-quatre. Par Monſeigneur le Duc, & Seigneur de Beaujeu en ſon Conſeil. TRICHON.

CONCESSION
ET VENTE DE TOVTE
SORTE DE CHASSE AVX HABITANS
DV BEAVIOLOIS, L'AN 1436.

CHARLES Duc de Bourbonnois & d'Auuergne, Comte de Clermont, de Forests, Seigneur de Beaujeu, Pair & Chambellan de France : A tous ceux qui ces presentes Lettres verront, Salut. Sçauoir faisons, receuë par Nous & oüie l'humble supplication & requeste de nos hommes subjets de nôtre Païs de Beaujolois, tant Bourgeois & habitans de nos Villes closes, comme autres habitans audit Païs, en partie du Royaume, contenant que jaçoit que d'ancienneté nosdits hommes & Subjets, qui à present sont, et leurs Predecesseurs eussent accoûtumez de chasser et prendre à force et par maniere de chasse, et à engins à ce propices et conuenables, toutes manieres de bestes sauuages, noires et rousses, comme Loups, Sangliers, Cerfs, et autres : pour obuier aux dégats et consomptions de leurs biens champestres, bestiaux, et leurs semences, et autres fruits dequoy ils viuent, et en leurs soutenances, et icelles bestes sauuages pourfuiure et prendre par les forests et détroits dudit Païs, et autres pour cela où elles alloient cheoir et mourir, en rendant toutesfois et payant à nos Chatelains, Preuots et Officiers des lieux, esquels icelles bestes estoient prinses, ou plus prochain d'iceux, les droits d'ancienneté accoûtumez : C'est à sçauoir, des bestes noires, comme Sangliers et Truyes, d'vne chacune prinse la hure, et les quatre pieds : et des bestes rousses, l'épaule droite : et le residu desdites bestes sauuages demeure esdits preneurs ; Et de cette vsance eussent joüy par long-temps paisiblement, jusques feu nôtre Cousin Messire Edoüard lors Seigneur de Beaujeu, pour aucun débat qui suruint entre luy, et lesdits hommes et Subjets de Beaujolois, leur en fit, ou fit faire certaines inhibitions et defences : moyennant lesquelles et autres débats et controuerses mises entr'eux, furent lesdits Subjets démis & depointez de ladite vsance, & coûtume de chasser & prendre lesdites bestes sauuages,

& autres, laquelle chose leur a esté & est tres-prejudiciable & dommageable en leursdits fruits & biens, & leur font & portent de grands & excessifs dommages, & leur degâtent & consomment tellement & quotidiennement, que bonnement ne nous peuuent payer nos seruis, cens, rentes, redeuances, ny aussi supporter les autres necessitez. Et pource Nous ont suppliés & requis tres-humblement à grande instance, qu'il Nous plût sur ce leur pouruoir de nôtre grace & misericorde, attendu mesmes que n'auons accoûtumé faire nôtre demeurance en nôtredit Païs de Beaujolois; Pourquoy Nous ces choses considerées, voulans & desirans obuier ausdits dommages, gats et consomptions de biens & viures qui suruiennent & se contiennent par lesdites bestes sauuages, à faute de chasse, comme dit est; Ouy aussi laduis & le rapport tant des Gens de nôtre Conseil estans entre Nous, comme de nôtredit Païs de Beaujolois : Auons donné & octroyé, donnons & octroyons par ces Presentes, pour Nous & nos Successeurs Sieurs de Beaujolois, & mesmement pour & au nom de nôtre tres-cher & tres-aimé Fils Philippes de Bourbon Sieur de Beaujeu, pour lequel auons prins & prenons en main, à nosdits hommes & subjets d'icelle Seigneurie de Beaujolois, en partie du Royaume, & leurs successeurs perpetuellement licence & permission & congé de chasser & prendre lesdites bestes sauuages, noires, rousses, & autres, à force de gens, hayes, engins, & chiens, tels comme à eux affiert, & qu'ils ont accoûtumé d'auoir & faire le temps passé, pour eux garder desdits dommages & gats de leursdits biens, fruits & viures; & celles qu'ils poursuiuront & prendront, retenir & appliquer à eux, où elles voisent cheoir & mourir; Parquoy rendant au Châtelain, en quelques Iuridictions que la beste cherra & sera prinse, les droits susdits : c'est à sçauoir, de chacune beste noire de porcelin sauuage, la hure & les quatre pieds : & de chacune beste rousse prinse, l'épaule droite; le surplus demeure ausdits Chasseurs. Retenu toutefois & expressement reserué à Nous, & à nôtredit Fils Sieur de Beaujeu, & ses successeurs soient audit Païs de Beaujolois, ou que nôtre tres-chere & tres-aimée Compagne la Duchesse, ou nôtre Fils Philippes de Bourbon Seigneur, ou la Dame de Beaujeu, ou les Enfans du Seigneur de Beaujeu y soient tant que ce durera, & ils y seront, les hommes susdits n'auront ou seront ladite chasse : & de nôtre presente grace accordée & octroyée ne joüiront ou s'aideront aucunement quant à chasser celuy temps durant, sinon qu'ils ayent lors licence expresse de ce faire : ainsi lesdits Supplians joüiront de ladite chasse, tant que Nous & nostredit Fils Seigneur de Beaujeu, nôtre Compagne, & Sieur & Dame qui est Sieur de Beaujeu, ou leurs Enfans ne se tiendront au Païs de Beaujolois; Et lesquels hommes supplians par le moyen de nosdits congé, octroy & à cause d'iceux ainsi par

Nous à eux faits, Nous rendront & payeront pour vne fois la fomme de quatre cens cinquante écus ou reaux de foixante-quatre au marc; c'eft à fçauoir, la moitié à Pafques prochaines: & l'autre moitié, à la S. Michel enfuiuant, és mains de nôtre Amé et Feal Secretaire & Treforier de Beaujolois Philippes de Rancé, lequel en tiendra compte, & leur en baillera décharge & acquit, qui leur fera valable enuers Nous, nofiredit Fils, & nofdits Succeffeurs à toûjours. Si donnons en mandement par cefditez Prefentes à nos Amez et Feaux les Gens de nos Comptes, Bailliís, Iuges, Maîtres de nos Eaux & Forefts, Procureurs, & autres Officiers dudit Païs de Beaujolois, à chacun d'eux endroit foy, Que nofdits hommes, & Subjets d'iceluy Païs de Beaujolois, & leurs fucceffeurs perpetuellement faffent, fouffrent, & laiffent ioüir & vfer de noftre prefente licence & octroy paifiblement & fans contredit, & ne les molefter ou empêcher, à l'encontre de ce que dit eft; la fomme fufdite payée pour vne fois, és mains & en la maniere que dit eft, fans leur faire ny fouffrir eftre fait aucun empêchement, contradiction & détourbier : au contraire ains fi mis leur eftoit, les oftent ou faffent ofter à plain; Car ainfi Nous plait-il eftre fait par ces mefmes Prefentes, nonobftant Ordonnances ou Coûtumes à ce contraires. Et afin qu'il apparoiffe qu'on procede de nôtre volonté, & que ce fait chofe ferme & ftable à toûjours, Nous auons fait mettre nôtre Séel à ces Prefentes, fauf en autres chofes nôftre droict, & l'autruy en toutes. Donné en noftre Châtel de Moulins, au mois de Decembre, mil quatre cens trente-fix, Par Monfeigneur le Duc en fon Confeil, figné TRICHON, & féellé.

La quittance de quarante Royaux aduenus à la part des Habitans de Villefranche, des quatre cens cinquante Royaux, pour l'achept du droict de Chaffe, eft dans le vieil papier feüillet neuf vingt.

S'ENSVIT VN ARREST DV PARLEMENT
*de Paris confirmatif dudit Priuilege de Chaſſe,
rendu au profit des Habitans
de Villefranche.*

AROLVS Dei Gratiâ Francorum Rex, primo Parlamenti noſtri Hoſtiriario vel Seruienti noſtro ſuper hoc requirendo, Salutem. Pro parte manentium & habitantium Villæfranchæ, noſtræ Parlamenti Curiæ, fuit humiliter expoſitum, quòd cùm prædicti Exponentes & eorum conſortes in poſſeſſione & ſaiſina fugandi, ad groſſa animalia & alias beſtias & aues, cum arbaleſtis & canibus, & reliquis ingeniis ab omni æuo fuiſſent et eſſent, ac huiuſmodi iure, per priuilegia illis ſuper hoc à Chariſſimo Fratre & Conſanguineo noſtro Duce Borbonio conceſſa, & à Chariſſima etiam Sorore noſtra eius Vxore, pacifice & quiete, & abſque vllo impedimento vſi fuiſſent & gauiſi, his tamen non obſtantibus, & à modico tempore citrà, Petrus de Sancto Romano Commiſſarius ex parte dicti Fratris & Conſanguinei noſtri Ducis Borbonij, ſe dicens nonnullas proclamationes & defenſiones eiſdem Exponentibus, & eorum conſortibus, de non fugando, neque fugare faciendo, quibuſcumque beſtiis & auibus cum ſono tubefieri facere, ac huiuſmodi materiæ exquirendum intercapere ſaregat, à quibus proclamationibus et defenſionibus, aliiſque grauaminibus, loco et tempore latiùs declarandis, dicti Exponentes ad dictam Curiam noſtram appellauerunt, et dictam appellationem releuando, defenſiones aut cæteris expletis inter cauſam aſſuetis partibus aduerſis fieri ſecerat; et licet pendente dicta appellatione in ipſius ac dictarum defenſionum præiudicium acceptare ſeu innouare non deberet, neque debeat : nihilominus ſuprà dictus de Sancto Romano Commiſſarius prætenſus, contra dictam appellationem et defenſiones veniendo, dictos Exponentes in dictis eorum poſſeſſionibus et ſaiſinis rurſum turbare et inquietare, ac plures alios exceſſus, et acceptata committere niſus fuerat, et nitebatur, in noſtri et dictæ Curiæ noſtræ contemptum, dictorumque Exponentium præiudicium et damnum non modicum, illis ſuper hoc prouidere expoſcendo; Quapropter viſâ per dictam Curiam noſtram prædictorum Exponentium ſupplicatione, Tibi tenore Præſentium Committimus et mandamus, quoties antedicto de Sancto Romano, ac omnibus aliis de quibus expedierit, et fueris requiſitus : ne in præiudicium dictæ appellationis, vt præmittitur in dicta Curia noftra pendentis, feu contemptum, innouent quouis modo, neque ratione huius de quo proceffus pendet in prædicta Curia noftra inter dictas partes, dictos Exponentes tractent, feu profequentur, nec fe prouideant alio loco, quàm in Curia noftra, fub certis magnis pœnis nobis applicandis inhibeas et defendas : et vlteriùs de & fuper dictis exceffibus acceptatis, eorumque circumftantiis & dependentiis tibi latiùs infcriptis tradendis, vocato & tecum affumente aliquo Notario, feu Tabellione Curiæ fæcularis, tu diligenter & fecrete informes : & de his quæ feceris in præmiffis dictam Curiam noftram debite certificando, ac eidem informationem quam inde feceris fideliter claufam & figillatam tranfmittendo, vt eâ visâ, ipfa Curia noftra prouidere valeat, quodque fuerit vifum : ab omnibus autem Iuftitiariis & fubditis noftris tibi in hac parte parere volumus & iubemus. Datum Parifiis, in Parlamento noftro, vigefimatertiâ die Maii, anno Domini millefimo quadringentefimo nonagefimoquarto, & Regni noftri vndecimo, Per Cameram fignatum, DE CERIZAY, & féellé.

CONFIRMATION
DES PRIVILEGES
DE LA CHASSE.

ENRY DE BOVRBON Duc de Montpenfier, de S. Fargeau & de Chateleraut, Pair de France, Souuerain de Dombes, Dauphin d'Auuergne, Prince de la Roche fur-Yon & du Luc, Marquis de Maizieres, Comte de Caftres & de Mortain, Vicomte d'Auges & de Broffes, Baron de Beaujolois & de Thiron : A tous ceux qui ces prefentes Lettres verront, Salut. Nos chers & bien amez Subjets de nôtredite Baronnie de Beaujolois Nous ont remontré que dés l'année mil quatre cens trente-fix, Charles Duc de Bourbonnois & d'Auuergne, Comte de Clermont, Seigneur de Beaujeu, Pair & Chambrier de France, leur auroit par fes Lettres Patentes dont la copie collationnée eft cy-attachée, & pour les caufes y contenuës fous le contrefcel de nos Armes, accordé & permis de chaffer à toute forte de beftes noires & rouffes, Nous fupplians leur vouloir confirmer ladite permiffion. En quoy voulans bien les gratifier autant qu'il Nous eft poffible, fçauoir faifons, que apres auoir veu en nôtre Confeil lefdites Lettres patentes, Auons à nofdits Subjets & habitans dudit Beaujolois permis de joüir d'orefnauant de ladite permiffion de chaffer en la forme & maniere contenuë aufdites Lettres de l'année mil quatre cens trente-fix ; fauf que fi Nous ou aucuns des Enfans qu'il plaira à Dieu Nous donner, demeurions ou faifions nôtre fejour audit Beaujolois ou Païs de Dombes, en ce cas ladite permiffion n'aura lieu, & ne pourront nofdits Subjets chaffer pendant ladite demeure & fejour : & le tout auffi fans prejudicier aux Ordonnances du Roy fur le fait des Chaffes, & défenfes n'agueres faites pour raifon d'icelles. Si donnons en mandement au Bailly de nôtredite Baronnie de Beaujolois ou fon Lieutenant, Maiftre des Eaux & Forefts, & autres nos Officiers qu'il appartiendra, prefens & aduenir, de faire, fouffrir & laiffer ioüir nofdits Subjets habitans dudit Beaujolois, du contenu en ces Prefentes, en la mefme forme, charges, claufes, conditions & referues portées par icelles, ceffans & faifans ceffer tous troubles & empêchemens à ce contraires ; En témoin de quoy Nous auons figné cefdites Prefentes de nôtre main, & à icelles fait mettre le Scel de nos Armes. Donné à Paris le feiziéme jour de Ianvier mil cinq cens quatre vingts dix-huict. Signé, Henry de Bourbon, Et plus bas, Par Monfeigneur Sire & Baron de Beaujolois, figné CEBERET, & féellé.

BVLLA ANTIQVA,
*Per Eminentiſſimos DD. Dominos Sanctæ Romanæ Ecclesiæ
Cardinales infrà nominatos, in gratiam Capellæ
Hoſpitalis Beatæ Mariæ de Ronceval,
conceſſa.*

APHAEL Hoſtienſis, Dominicus Portuenſis, & Nicolaüs Albanenſis, Epiſcopi; Antonius tituli ſanctæ Praxedis, Petrus tituli ſancti Euſebij, Laurentius tituli Sanctorum quatuor Coronatorum, Adrianus tituli ſanctæ Sabinæ, Ioannes tituli ſanctæ Balbinæ, Bonifacius ſanctorum Nerei & Archilei, Scaramucius tituli ſancti Cyriaci, Iberius Pompeius Baſilicæ duodecim Apoſtolorum, Dominicus tituli ſancti Clementis, Laurentius tituli ſanctæ Anaſtaſiæ, Seromandus tituli ſancti Pancratij, Ægidius tituli ſancti Mathæi, Chriſtophorus tituli ſanctæ Mariæ in Ara Cœli, Presbyteri. Marcus ſanctæ Mariæ in via lata, Ioannes ſanctorum Coſmæ & Damiani, Nicolaüs ſanctorum Vitti & Marcelli, Martyrum, Hercules ſanctæ Agathæ, Franciſcus ſancti Theodori, & Ioannes ſancti Onofrij, Diaconi, miſeratione Diuinà Sacroſanctæ Romanæ Eccleſiæ Cardinales: Vniuerſis, & ſingulis præſentes Litteras inſpecturis, Salutem in Domino. Quanto frequentiùs Fidelium mentes ad opera Charitatis inducimus, tantò ſalubriùs animarum ſaluti conſulimus. Cupientes igitur in Capella Hoſpitalis Beatæ Mariæ de Ronceval extrà, & prope muros Oppidi Villæfranchæ Lugdunenſis Diœceſis, congruis frequenter honoribus à Chriſti Fidelibus jugiter veneretur, ac in ſuis ſtructuris & ædificiis reparetur, conſeruetur & manuteneatur; necnon Libris, Calicibus, Luminaribus, Ornamentis Eccleſiaſticis, de rebus aliis diuino cultui inibi neceſſarijs decenter muniatur; vtque Chriſti Fideles in eo libentiùs deuotionis cauſâ confluant ad eandem; & ad reparationem, conſeruationem, manutentionem, & remunerationes prædictas; necnon pauperum infirmorum in dicto Hoſpitali pro tempore exiſtentium ſubuentionem, manus propitius porrigant auxiliatrices, quo ex hoc ibidem dono cæleſtis gratiæ vberiùs conſpexerint ſe refectos. Nos CARDINALES præfati, videlicet quilibet Noſtrûm per ſe, Supplicationibus Dilecti Nobis in Chriſto Venerabilis Viri Stephani Doyeti ipſius Hoſpitalis Adminiſtratoris Nobis ſuper hoc humiliter porrectis, inclinati; De Omnipotentis Dei miſericordia, ac Beatorum Petri & Pauli Apoſtolorum ejus auctoritate confiſi: Omnibus & ſingulis vtriuſque ſexûs Chriſti Fidelibus vere pœnitentibus & confessis, qui Hospitale, & Capellam hujusmodi, in singulis, videlicet Assomptionis beatæ Mariæ, Commemorationis Animarum, Sancti Blasij, Dominicæ quà cantatur *Lætare*, & Annonciationis ejusdem Beatæ Mariæ festiuitatibus & diebus, à primis Vesperis, vsque ad secundas inclusiue, deuote visitauerint annuatim, & ad præmissa manus porrexerint adjutrices; ac semel Orationem Dominicam cum Salutatione Angelica, pro ipsius Stephani, cùm ab hac luce migrauerit, ac genitoris sui nuper defuncti, aliorumque parentum, consanguineorum, affinium, ac benefactorum suorum, ac omnium Fidelium defunctorum in præfatis Capella, ejusque Cimiterio, & vbique requiescentium animarum salute, deuote recitauerint : pro singulis festiuitatibus, & diebus præfatis, quibus id fecerint, Centum dies de injunctis sibi pœnitentiis misericorditer in Domino relaxamus : Præsentibus perpetuis futuris temporibus duraturis. In quorum fidem Litteras nostras hujusmodi fieri, nostrorumque Sigillorum jussimus appensione communiri. DATVM Romæ in Domibus, Anno à Natiuitate Domini millesimo quingentesimo vigesimoprimo, die verò vigesimasextà mensis Maij ; Pontificatus Sanctissimi in Christo Patris, & Domini nostri Domini Leonis Diuinâ Prouidentiâ Papæ Decimi, Anno Nono.

Faut observer qu'au bas de cette Bulle il y a vingt deux Seaux pendans dans des boëttes de fer blanc, où sont grauez les Noms & Armes des Cardinaux, qui ont concedé la Bulle.

TRANSACTION PASSÉE

ENTRE LES CVREZ DE VILLEFRANCHE,
ET LES FRERES RELIGIEVX
de Ronſceval, en l'année 1239,

L'Original eſt dans les Archives de l'Hôtel de Ville dudit Villefranche.

ÆYMERICVS Permiſſione Diuina Primę Lugdunenſis Eccleſiæ Archiepiſcopus, licet indignus : Omnibus præſentes Litteras inſpecturis, æternam in Domino Salutem. Vniuerſitati veſtræ facimus manifeſtum, Quód cùm Nobilis Domina Sybilla, Domina Bellijoci, & Nobilis Vir Humbertus filius ejus, pro ſalute animarum ſuarum, & parentum ſuorum dediſſent Hoſpitali Ronſcideuallis in perpetuam eleemoſinam, domum illam, quæ dicebatur Hoſpitale Villæfranchæ, cum appendiciis vniuerſis ejuſdem domus : vt per Fratres Ronſcideuallis commorantes ibidem Diuinum valeret Officium celebrari, & miſericordiæ opera exhiberi, prout dictæ Dominæ & filij ſui Litteræ, quas vidimus, continebant. Nos ipſorum precibus inclinati ad deuotionem & piam voluntatem eorum, & donationem ab eiſdem factam pietatis intuitu antecedentes, Conceſſimus, volumus, & ordinamus vt dicti Fratres conſtruerent in dicto loco Capellam, & Cimeterium haberent juxta Donationem ſuprà factam, poſſint celebrare Diuina & exercere opera Charitatis. Sed cùm Eccleſia Parrochialis Villæfranchæ, ſeu Capellanus nomine dictæ Eccleſiæ perciperet in loco præfato Iura Parrochialia, quocunque nomine cenſeantur, & miniſtrentur omnibus, tam majoribus, quàm minoribus, ægris, ſanis, morantibus & tranſeuntibus, cognitis & ignotis omnia Eccleſiaſtica Sacramenta : ne ſuperdictis Capella & Cimeterio inter Fratres Ronſcideuallis commorantes ibidem, & dictum Capellanum Villæfranchæ, poſſit impoſterum quæſtio, ſeu diſcordia ſuboriri, Authoritate noſtra interueniente, & expreſſo conceſſu taliter inter eos extitit ordinatum ; Videlicet : Quód prædicti Fratres poſſint ibidem liberè & abſque contradictione conſtruere Capellam, & habere Cimeterium ; Et quidquid in dicta

Capella constructa, seu construenda, & Cimeterio, ipsis euenit & prouenit, in oblationibus & absolutionibus, mortuariis, processionibus, commestibus, blado, candelis, denariis, & aliis quibuscumque, omni dolo, fraude & collusione submotis, bonâ fide inter Ecclesiam, seu Capellanum Villæfranchæ, & Hospitale, seu Fratres prædictos, totum per medium communiter diuidetur : Ita quòd Capellanus Villæfranchæ habeat medietatem, & Hospitale aliam medietatem; hoc excepto, quòd de Fratribus signum & habitum gerentibus, nihil percipiet Capellanus, seu Ecclesia Villæfranchæ. Signum verò & habitus nulli in fraudem debet porrigi, indui, seu dari, nec alicui, postquam fuerit ægrotans, nisi de mandato Capellani Villæfranchæ, nisi sit Parrochianus alterius Parrochiæ, & adhuc in alia Parrochia commoretur; & tamen si moriatur, inter ipsum Hospitale & Ecclesiam diuidetur. Si verò aliquis sanus veniat pro repiendo signo & habitu, & mortuus fuerit infrà annum probationis; quidquid Charitatis fecerit, bona fide & sine fraude inter dictam Ecclesiam & Hospitale diuidetur. Post annum probationis, si cum signo si habitu remanere voluerit, quidquid de eo humaniter contingat, nihil percipiet Ecclesia memorata; nec Parrochianus Villæfranchæ, ad sepulturam vel habitum ibidem recipietur, absque licentia Capellani, nisi solùm commorantes in Hospitali. Omni die Festo nouem Lectionum, & omnibus diebus Dominicis, Presbyter qui in dicta Capella celebrabit, quando voluerit incipere Missam, alta voce prohibebit Parrochianis Villæfranchæ, (exceptis commorantibus in Hospitali) quòd ibidem ad Diuinum Officium non intersint : sed accedant ad suam Ecclesiam, sicut debent; Et si præter prohibitionem ejus, & Capellani Villæfranchæ qui prohibebit, quando, & sicut voluerit aliquis, vel aliqui de dictis Parrochianis ibidem remanserint, vel venerint; quid obtulerint, (vt dictum est) per medium diuidetur. Dicti hospitalarij, vel Presbyter qui pro tempore seruiet in Capella prædicta, extrà Hospital; non visitabit, pœnitentias seu Eucharistiam, vel alia Sacramenta dabit, seu porriget alicui, nisi commorantibus in Hospitali, nec alia jura Parrochialia inuadet, vel exercebit ; Et quidquid in Hospitali visitando, pœnitentiam, seu Eucharistiam dando, vel alia Sacramenta min'strando, recipiet, vel percipiet, diuidetur inter Hospitale, & Ecclesiam Villæfranchæ. Item in Capella Hospitalis non fiet Baptisma, sed baptisandi ad Villæfranchæ Ecclesiam deferentur : Excommunicatos, vel Iudæos, sicut non debent, non recipiant ad Diuinum Officium, nec mulieres surgentes de puerperio, præter illas quæ in Hospitali jacebunt. In aliqua Dominica, vel in aliquo Festo nouem Lectionum, non incipiet, vel celebrabit Missam Presbyter in dicta Capella, quousque Euangelium majoris Missæ in Ecclesia Villæfranchæ sit cantatum. In die Parasceues in supresata Capella Crux non dabitur osculanda alicui Parrochiano Villæfranchæ, nisi commorantibus in Hospitali prędicto. Hospitalarius, vel Presbyter, qui in dicta Capella pro tempore seruiet, & Rector dicti Hospitalis, quandocunque ibidem de nouo instituetur, & omnes ibi ferentes & habentes signum & habitum, jurabunt super sancta Dei Euangelia, quòd bona fide super predictis omnibus, & singulis Capellanis Villæfranchæ, qui pro tempore fuerint, vt eorum mandato stabunt & respondebunt : & Capellanus Villæfranchæ, [si sibi placuerit] pro seruando jure suo, transmittet & habebit in dicta Capella Nuncium suum, qui benigne & absque contradictione ibidem debet recipi, & jus Capellani Villæfranchæ plenarie reportare. Contra præmissa verò, vel aliqua eorum, Fratres Ronscideuallis, vel alius pro eis, nunquam priuilegium impetrabunt ; Et si impetrauerint, vel jam impetrent, abrenuncient, & abrenunciare eidem non voluerint, quod valeat non valebit. Nos AVTEM considerata & cognita euidenter in hoc Fratrum vtilitate, tam dicti Hospitalis, quàm Ecclesiæ Villæfranchæ, & commodo euidenti, prædicta omnia, & singula ordinamus, & authoritate ordinaria confirmamus. Et in testimonium omnium prædictorum, & ordinationis & confirmationis nostræ, præsenti paginæ Sigillum nostrum, cum Sigillo Comitissæ Bellijoci, Majoris Prioris Roncideuallis, Stephani Iurati Villæfranchæ; qui omnia prædicta approbauerunt, & concesserunt, duximus apponendum. DATVM, & actum die Lunę post mediam Quadragesimam, anno Incarnationis Dominice millesimo ducentesimo trigesimonono, mense Martio.

LETTRES PATENTES

DV ROY CHARLES NEVFVIÈME,
pour l'Establissement des Iuges-Consuls
dans la Ville de Villefranche.

Du Mois de Mars, mil cinq cens soixante-six.

CHARLES par la grace de Dieu Roy de France : A tous presens & advenir, Salut. Les Marchands de Nôtre Ville de Villefranche en Beaujolois, ayans entendu le bon ordre qu'il Nous a plû par Nos Lettres d'Edit du mois de Novembre mil cinq cens soixante-trois, concedées & octroyées aux Marchands de Nôtre bonne Ville de Paris, pour le bien public, & abreuiation de tous procez & differens entre les Marchands, qui doiuent negotier ensemble de bonne foy, sans estre contraints aux subtilitez des Loix & Ordonnances : Nous auroient humblement fait supplier & requerir, que pour les causes & mesmes considerations Nôtre bon plaisir fust leur octroyer & conceder le mesme ordre de Iustice y estre gardé, pour estre releuez des grands frais & longueurs de ladite Iustice. Ayans égard au commerce & traffic ordinaire qui est en Nôtredite Ville de Villefranche, tant entre Nos Subjets que autres Marchands, pour leur donner plus grand moyen de viure, negocier & traffiquer par cy apres : SÇAVOIR FAISONS, qu'apres auoir eu sur ce l'advis de la Reine Nôtre tres honorée Dame & Mere, des Princes de Nôtre Sang & lignage, & autres Grands & notables Personnages de Nôtre Priué Conseil, AVONS en inclinant liberalement à la supplication & requeste des Supplians, DIT & DECLARE', & de Nôtre certaine science, pleine puissance & authorité Royale, Disons, Declarons, Voulons, Ordonnons, & Nous plaist que l'Ordonnance & Reglement par Nous fait sur l'ordre de Iustice des Marchands de Nôtredite bonne Ville de Paris, dont coppie est cy sous le contrefcel de Nôtre Chancellerie attachée pour les causes & considerations dessusdites, aura lieu, & sortira son plein & entier effet de poinct en poinct en Nôtredite Ville de Villefranche : comme il est au long par le menu specifié, & amplement declaré par Nôtre Edit dudit mois de Novembre, & tout ainsi que si le tout estoit cy particulierement specifié & declaré : fors & excepté toutesfois qu'au lieu que Nous auons permis au Prevost des Marchands & Escheuins de Paris de nommer & élire en l'Assenblée cent notables Bourgeois & Marchands, les Efchevins de ladite Ville de Villefranche n'en pourront nommer que vingt-cinq, & defdits vingt-cinq élire vn Iuge Marchand auec deux Confuls feulement ; Ce que Nous leur auons permis & oƈtroyé, permettons & oƈtroyons par ces Prefentes. Si Donnons en mandement à nos Amez & Feaux les Gens tenans Noftre Cour de Parlement à Paris, Iuge de Beaujolois, & à tous Nos autres Iufticiers & Officiers qu'il appartiendra, Que Noftredit Edit dudit mois de Novembre, cy comme dit eft, attaché à cefdites prefentes, ils faffent lire, publier & enregiftrer, garder & obferver de poinƈt en poinƈt, fans y contreuenir, ne permettre qu'il y foit contreuenu en quelque maniere que ce foit : Car tel eft Noftre plaifir ; Et afin que ce foit chofe ferme & ftable à toùjours, Nous auons fait mettre Noftre Séel à cefd. Prefentes, fauf en autres chofes Noftre droit, & l'autruy en toutes. DONNE' à Molins, au mois de Mars, l'an de grace mil cinq cens foixante-fix, & de Noftre Regne le fixième. Signé fur le reply, Par le Roy en fon Confeil, DE L'AVBESPINE, Et féellé du grand Seau de cire verte, pendant en lacs de foye rouge & verte. Et à cofté eft écrit, *Leües, publiées & enregiftrées, ouy fur ce le Procureur General du Roy, à la charge de venir par ceux qui feront éleus, faire le Serment en cette Ville, & autres charges contenuës és Lettres femblables, oƈtroyées aux Marchands de cette Ville, & autres. A Paris, en Parlement le huiƈtiéme iour de Iuillet mil cinq cens foixante-fix. Signé, DV TILLET.*

Collationné aux Originaux par moy
Confeiller, Secretaire du Roy,
& de fes Finances.
BOTTV
De la Barmondiere.

FIN.

PERMISSION.

VEV le Livre intitulé, *Memoires contenans ce qu'il y a de plus remarquable dans Villefranche, Capitale du Beaujolois* : Ie n'empefche pour le Roy qu'il foit imprimé par Antoine Baudrand, Imprimeur ordinaire de ladite Ville. Fait à Villefranche ce premier jour du mois de Septembre mil fix cens foixante & onze.

BOTTV de la Barmondiere.

CONSENTEMENT.

SOIT fait fuivant les Conclufions de Monfieur le Procureur du Roy. L'an & jour que deffus.

MIGNOT.

TABLE DES MATIÈRES
DU TOME SECOND

TROISIÈME PARTIE

De l'histoire du Beaujolais où il est traité du pays de Beaujolais au delà de la Saône, à la part du royaume de Bourgogne, dit vulgairement la souveraineté de Dombes..	1
Chapitre Premier. — Quel est le sujet de cette histoire de Dombes........	1
Chapitre II. — Quel état c'est que le pays de Dombes....................	4
Chapitre III. — En quelle monarchie est située la principauté de Dombes, si dans le royaume de France ou dans l'Empire......................	12
Chapitre IV. — Si les seigneurs de Dombes ont relevé de quelque puissance supérieure ou non..	20
Chapitre V. — En quelle qualité les ducs de Savoie prétendaient l'hommage sur la Dombes..	26
Chapitre VI. — Si la Dombes est un fief de la couronne de France et quel peut être le droit du roi pour obliger ses officiers a connaître des arrêts du Parlement de Dombes..	39
Chapitre VII. — Différend touchant les limites de Bresse et de Dombes appointement et expédient provisionnel pris sur icelui sous le bon plaisir du roi et de monseigneur de Montpensier..	47
Chapitre VIII. — Saisie du pays de Dombes par le roi François Ier après la retraite du connétable Charles de Bourbon................................	51
Chapitre IX. — S'ensuit la transaction de l'an 1560, entre le roi François II et Louis le Bon, IIe du nom, duc de Montpensier........................	81
Chapitre X. — De la ville de Trévoux, capitale du pays de Dombes et de sa châtellenie..	97
Chapitre XI. — De la châtellenie de Beauregard............................	114
Chapitre XII. — De la châtellenie de Montmerle............................	117
Chapitre XIII. — De la châtellenie de Thoissey............................	123
Chapitre XIV. — De la châtellenie de Villeneuve...........................	127
Chapitre XV. — De la châtellenie d'Ambérieu..............................	129

Chapitre XVI. — De la châtellenie du Chatelard.............................	133
Chapitre XVII. — De la châtellenie de Lent...............................	136
Chapitre XVIII. — De la châtellenie de Chalamont	138
Chapitre XIX. — De la châtellenie de Saint-Trivier.....................	142
Chapitre XX. — De la châtellenie de Ligniou............................	144
Chapitre XXI. — De la châtellenie de Baneins...........................	149
Chapitre XXII. — Table des fiefs de la souveraineté de Dombes et de ceux qui en ont rendu les hommages, aveux et dénombrements....................	152
Chapitre XXIII. — De Coligny, de Buenc et de Châtillon-les-Dombes.......	157
Chapitre XXIV. — Des querelles et guerres que les seigneurs de Beaujeu ont eues avec les comtes de Savoie, pour l'hommage que ces comtes leur demandaient....	164
Chapitre XXV. — Si les anciens seigneurs de Beaujeu étaient princes avant qu'ils fussent souverains du pays de Dombes.......................	168

QUATRIÈME PARTIE

De l'histoire de Beaujolais contenant les seigneurs de Beaujeu du nom et armes de Beaujeu..	173
Chapitre Premier. — D'où sont sortis les premiers seigneurs de Beaujeu.....	173
Chapitre II. — Quel a été le premier seigneur de Beaujeu................	177
Chapitre III. — Guichard, Ier du nom, cinquième seigneur de Beaujeu.......	183
Chapitre IV. — Humbert II, mari d'Auxille, sixième seigneur de Beaujeu	184
Chapitre V. — Guichard II, mari de Luciane de Rochefort, septième seigneur de Beaujeu	188
Chapitre VI. — Humbert, IIIe du nom, huitième seigneur de Beaujeu.......	198
Chapitre VII. — Humbert, IVe du nom, neuvième seigneur de Beaujeu	204
Chapitre VIII. — Incident touchant Vulcart de Beaujeu et d'Auvergne.......	208
Chapitre IX. — Guichard III, mari de Sibille de Hainaut, dixième seigneur de Beaujeu..	211
Chapitre X. — Humbert V, mari de Marguerite de Baugé, onzième seigneur de Beaujeu et connétable de France	222
Chapitre XI. — Guichard IV, douzième seigneur de Beaujeu et dernier de ladite maison	234
Chapitre XII. — Deux illustres seigneurs de la maison de Beaujeu, Guichard, seigneur de Montpensier, et Humbert, son fils, IIe du nom, connétable de France..	236

CINQUIÈME PARTIE

De l'histoire de Beaujolais contenant les seigneurs de Beaujeu de la maison des comtes de Forez.. 239

CHAPITRE PREMIER. — Isabelle de Beaujeu, héritière du Beaujolais, comtesse de Forez... 239

CHAPITRE II. — Louis de Forez, seigneur de Beaujeu et de Dombes............ 241

CHAPITRE III. — Guichard le Grand, cinquième du nom, seigneur de Beaujeu et de Dombes et de Semur-en-Brionnais..................................... 254

CHAPITRE IV. — Édouard Ier, seigneur de Beaujeu et de Dombes............... 273

CHAPITRE V. — Antoine, seigneur de Beaujeu et de Dombes................... 281

CHAPITRE VI. — Édouard II, dernier seigneur de Beaujeu et de Dombes....... 285

CHAPITRE VII. — Des seigneurs d'Amplepuis et de Lignières portant le nom de Beaujeu... 302

CHAPITRE VIII. — L'éclat et la grandeur des seigneurs de Beaujeu se connaît par les alliances illustres qu'ils ont prises en diverses maisons souveraines de l'Europe... 308

SIXIÈME ET DERNIÈRE PARTIE

De l'histoire de Beaujolais comprenant les seigneurs dudit pays de la royale famille de Bourbon... 313

CHAPITRE PREMIER. — Louis, IIe du nom de Bourbon, dit le Bon, seigneur de Beaujolais et de Dombes.. 313

CHAPITRE II. — Jean, Ier du nom, duc de Bourbon, pair et chambellan de France, seigneur de Beaujeu et de Dombes..................................... 324

CHAPITRE III. — Charles, Ier du nom, duc de Bourbon et d'Auvergne, pair et chambrier de France, seigneur de Beaujolais et de Dombes.................. 326

CHAPITRE IV. — Jean, IIe du nom, duc de Bourbon et d'Auvergne, pair chambrier et connétable de France, seigneur de Beaujolais et de Dombes........ 336

CHAPITRE V. — Pierre de Bourbon, seigneur de Beaujeu et souverain de Dombes, etc.. 339

CHAPITRE VI. — Suzanne de Bourbon, dame de Beaujolais et souveraine de Dombes, etc.. 342

CHAPITRE VII. — Charles II, duc de Bourbon, connétable de France, mari de Suzanne de Bourbon, seigneur de Beaujolais et de Dombes.................. 344

CHAPITRE VIII. — Louise de Savoie, duchesse d'Angoulême et mère du roi François Ier, dame de Beaujolais et de Dombes.................................. 347

TABLE DES MATIÈRES

Chapitre IX. — François Ier, Henri II et François II, rois de France, seigneurs de Beaujolais et de Dombes.. 349

Chapitre X. — Louis de Bourbon, dit le Bon, IIe du nom, premier duc de Montpensier, pair de France, souverain de Dombes, etc.................. 351

Chapitre XI. — François, Henri et Marie de Bourbon de Montpensier, seigneurs et dame de Beaujolais, souverains de Dombes..................... 369

Chapitre XII. — Anne-Marie-Louise d'Orléans, duchesse de Montpensier, souveraine de Dombes, etc.. 373

Mémoires contenans ce qu'il y a de plus remarquable dans Villefranche, capitale du Beaujolois... 375

Ire Partie. De la situation de Villefranche, 381 ; — IIe Partie. La fondation de la ville, 383 ; — IIIe Partie. De l'église paroissiale, 387 ; — IVe Partie. Des convens des religieux, 393 ; — Ve Partie. Des monastères des religieuses, 398 ; — VIe Partie. Des hôpitaux, 402 ; — VIIe Partie. Les corps de justice, 413 ; — VIIIe Partie. De la maison de Ville, 419 ; — Estat de ceux qui ont esté appellez à la charge d'échevins de la ville de Villefranche, capitale de Beaujolois, 435 ; — Privilèges, libertez et franchises de la ville de Villefranche, capitale de Beaujolois, 449 ; — Concession et vente de toute sorte de chasse aux habitants du Beaujolois, l'an 1436, 480 ; — S'ensuit un arrest du Parlement de Paris confirmatif dudit privilège de chasse rendu au profit des habitans de Villefranche, 483 ; — Confirmation des privilèges de chasse, 485 ; — *Bulla antiqua per Eminentissimos DD. Dominos, Sanctæ Romanæ Ecclesiæ Cardinales infrà nominatos, in gratiam capellæ hospitalis Beatæ Mariæ de Ronceval concessa*, 486 ; — Transaction passée entre les curez de Villefranche et les frères religieux de Ronceval, en l'année 1239, 488 ; — Lettres patentes du roy Charles neuvfième pour l'Établissement des Juges-Consuls dans la ville de Villefranche, 491.

MÂCON, PROTAT FRÈRES, IMPRIMEURS.

EN VENTE

chez le Trésorier-Archiviste de la Société des Bibliophiles Lyonnais
QUAI DE LA PÊCHERIE, 1,
LYON

LES CAHIERS

DE

MONSIEUR SEGUIN

Avocat en Parlement et aux Cours de Lyon

1710-1770

Publiés par Léon GALLE

DE LA SOCIÉTÉ DES BIBLIOPHILES LYONNAIS

Un volume in-8, de XVIII et 105 pages, tiré à 75 exemplaires
numérotés sur papier de Hollande.

Prix : 10 Francs.

Ce curieux petit volume, qui tient le milieu entre le livre de raison et les mémoires, renferme de piquantes anecdotes sur la société lyonnaise du XVIIIᵉ siècle. On y trouve d'intéressants récits sur l'histoire contemporaine et l'histoire particulière de Lyon, ainsi qu'un tableau très réaliste des mœurs du temps.

MÂCON, PROTAT FRÈRES, IMPRIMEURS

www.ingramcontent.com/pod-product-compliance
Lightning Source LLC
Chambersburg PA
CBHW050557230426
43670CB00009B/1161